抗日战争时期国共关系纪事

1931.9—1945.9

黄修荣 黄黎

—— 编著 ——

团结出版社

© 团结出版社，2025 年

图书在版编目（ＣＩＰ）数据

抗日战争时期国共关系纪事：1931.9—1945.9 / 黄修荣，黄黎编著 . -- 北京：团结出版社，2025.8.
ISBN 978-7-5234-0474-4

Ⅰ . K265

中国国家版本馆 CIP 数据核字第 2024DY8213 号

责任编辑：安胡刚
封面设计：谭　浩

出　　版：	团结出版社
	（北京市东城区东皇城根南街 84 号　邮编：100006）
电　　话：	（010）65228880　65244790（出版社）
	（010）65238766　85113874　65133603（发行部）
	（010）65133603（邮购）
网　　址：	http://www.tjpress.com
电子邮箱：	zb65244790@vip.163.com
经　　销：	全国新华书店
印　　装：	三河市东方印刷有限公司

开　　本：	185mm×260mm　16 开		
印　　张：	36.25	字　　数：	588 千字
版　　次：	2025 年 8 月　第 1 版	印　　次：	2025 年 8 月　第 1 次印刷

书　　号：978-7-5234-0474-4
定　　价：93.00 元

（版权所属，盗版必究）

目 录

1931 年	/1
1932 年	/11
1933 年	/21
1934 年	/36
1935 年	/50
1936 年	/73
1937 年	/153
1938 年	/246
1939 年	/286
1940 年	/323
1941 年	/392
1942 年	/441
1943 年	/459
1944 年	/485
1945 年	/531
后 记	/573

从1929年开始，资本主义世界发生了严重的经济危机。由于商品严重滞销，市场问题变得异常尖锐，主要资本主义国家争夺市场的斗争日益激烈。作为一战的战败国，德国国内要求强权人物出现的呼声极高。在这种形势下，以希特勒为首的纳粹党活跃起来，宣扬生存空间论和建立强权国家。从某种程度上，经济危机加速了法西斯主义在德国、日本和意大利的发展，使这些国家先后走上了对内强化军事统制、对外大肆侵略扩张的军国主义道路。

1931 年

9月18日 日本侵略者制造九一八事变，中华民族的危机进一步加深。日本帝国主义为了实现其蓄谋已久的首先占领我国东北，进而灭亡中国的既定方针，先后制造了一系列的挑衅事件。早在1930年冬，日本关东军就选定以柳条湖村作为制造武装侵略事件的地点。1931年7月，日本间谍机关在东北边境炮制了挑拨中朝关系的万宝山事件。8月，日本政府借口有一个日本军官中村在东北失踪，调集大批军队密布于沈阳一带，加紧进行武装侵略中国东北的准备。9月18日夜10时20分，日本关东军按照预定计划，由独立守备队岛本大队川岛中队的河本末守中尉按照关东军本庄繁的密令，在柳条湖附近距中国军队驻地北大营约800米的地方炸毁了一小段铁轨。日本关东军反诬中国驻军破坏南满铁路，袭击日本守备队，随即开始进攻中国东北军驻地北大营，同时命令各部队向沈阳集结兵力，发动进攻。而国民党南京当局却电示东北中国军政当局，命令军队"切勿妄动，以免误会"。蒋介石亦多次致电在北平的张学良，"不准抵抗"，"力避冲突，以免事态扩大"。东北军奉命："即使勒令缴械，占入营房，均可听其自便。"对此,爱国士兵极为愤慨,"持枪实弹,怒眦欲裂,狂呼若雷……甚有持枪痛哭者,挥拳击壁者"。由于南京国民政府实行不抵抗政策,10万余东北军不战而退,大片国土很快沦陷。

9月19日 日本侵略者侵占沈阳、长春、鞍山、抚顺等十余座城市。当天,关东军司令部由旅顺迁到沈阳。中共满洲省委发表《为日本帝国主义武装占领满洲宣言》,号召工农民众立即武装起来,驱逐日本侵略者。国民政府外交部就日军侵占沈阳事件照会日本驻华公使重光葵,提出紧急严重抗议,要求立即电告日本政府迅令关东军停止一切军事行动,将日军撤回原防。同时电令出席国际联盟大会代表施肇基,向国联报告日军入侵东北真相,请国联主持公道。当天,施肇基向国际联盟大会报告日军侵占沈阳情况,日本代表芳泽打断施肇基发言,宣读"满洲事件"声明,称"沈阳事件"是"地方事件",要求国联不必过分重视。芳泽发言后,施肇基声明:"中国保留解决关于此事之权利。"当天夜里,中国代表团就"沈阳事件"发表宣言,指出日军对此事应负完全责任。张学良电告国民政府并通电全国,报告日军占领沈阳情形,略称已严令沈阳近郊各部"力持镇静,不得抵抗"。全国人民对日军入侵沈阳义愤填膺,北平各大学立即组成抗日救国会,全国各报均揭露日军入侵罪行。上海市商会、各同业公会等分别发出通告、通电、宣言,要求停止内战,一致抗日救国。国民党北平市党部分别致电国民党中央党部、广州古应芬等要员及全国同胞,"请息内争,共抗外敌",以救危亡。

9月20日 中共临时中央发表《中国共产党为日本帝国主义强暴占领东三省事件宣言》,揭露日本帝国主义的侵华野心和国民政府的不抵抗政策,号召全中国工农兵士劳苦民众:"一致反对日本强暴占领东三省,实行变帝国主义压迫中国的战争为拥护苏维埃中国反帝国主义反国民党的革命战争,以解放中国。"

9月20日 中国国民党中央召开临时常委会议,讨论日军侵占沈阳事件,作出三项决议:一、电粤方对外交表示态度;二、定本月23日全国下半旗并停止娱乐一天,对沈阳被陷表示哀悼;三、推定戴季陶、邵元冲、陈布雷、王正廷、陈立夫起草《告全国国民书》及《告各国国民书》。同日,国民政府外交部就日军侵略东北事向日政府提出第二次抗议,要求日军立即退出占领区,恢复原状,并保留进一步提出正当要求之权。宋哲元、庞炳勋、吕秀文、刘汝明、张自忠、冯治安、沈克、马法五等原西北军将领及所部全体官兵通电全国,要求统一全国意志,集合全国实力一致抗日,表示"宁为战死鬼,不做亡国奴"。同日,商震、高桂滋也分别电张学良、蒋介石,愿率部抗日。

9月21日 中共满洲省委通过《日本帝国主义侵占满洲和目前党的任务》的决议,提出武装民众,发动游击战争。

9月21日 日本驻朝鲜第三十九旅团渡过鸭绿江,侵入辽宁、吉林,一周内,辽宁、吉林两省基本丢失。接着,日本侵略军于1932年1月3日侵占锦州,2月5日侵占哈尔滨。至此,我国东北三省全部沦陷。日本侵略军在攻占东北的过程中,烧杀抢掠,无恶不作,数以万计的中国军民被屠杀。事变中,中国官方损失达178亿元,仅沈阳兵工厂就损失步枪15万支,手枪6万支,重炮、野战炮250多门,各种子弹300多万发,炮弹10万发。东三省航空处积存的300多架飞机全部被日军掠取,金库所存现金7000万元亦被洗劫一空。九一八事变激起全国人民的抗日怒潮,各地人民纷纷要求抗日,反对国民党当局的不抵抗政策。上海学生罢课,工人罢工,平、津、沪、穗等地的学生纷纷奔赴南京请愿,要求国民政府对日宣战。在中国共产党的领导和影响下,东北各种群众抗日武装直接同日本帝国主义展开了英勇斗争。

9月22日 中共临时中央作出《中央关于日本帝国主义强占满洲事变的决议》,指出:"这严重的事变,是日本帝国主义的积极殖民地政策之产物。"决议号召全党同下层小资产阶级群众结成抗日反蒋统一战线,提出了"组织群众的反帝运动,发动群众斗争,来反抗日本帝国主义的侵略,加紧在北满军队中的工作,组织它的兵变与游击战争,直接给日本帝国主义以严重的打击"的任务。决议要求广大群众"为反对日本帝国主义的暴力政策,反对帝国主义的奴役和侵略,反对进攻苏联和苏区,拥护苏维埃,武装保卫苏联,反帝国主义的强盗战争而斗争"。

9月22日 南京市全体国民党员举行抗日救国大会。蒋介石在会上发表题为《国存与存,国亡与亡》的演说,声称"我国民此刻必须上下一致,先以公理对强权,以和平对野蛮,忍痛含愤,暂取逆来顺受态度,以待国际公理之判决",并要求民众"严守秩序,服从政府,尊重纪律,勿作轨外之妄动"。大会决议:一、通电全国各军政领袖,立息内争,共御外侮;二、呈请中央即日宣布对日绝交,准备作战;三、通电全国民众总动员;四、急电中央并张学良转东北全体官兵誓为抗日保国而战；五、通电全国对日永远经济绝交。

9月22日　国际联盟理事会讨论"东北事变"，要求日本撤兵，但日本不予理睬。

9月23日　南京国民政府就九一八事变发表《告全国国民书》，声称"政府现时既以此案件诉之于国联行政会，以待公理之解决，故已严格命令全国军队，对日军避免冲突，对于国民亦一致告诫，务必维持严肃镇静之态度"。

9月23日　中国国民党中央就九一八事变发表《告全国同胞书》，指出：九一八事变以来，日寇强暴之举，为国际法规约章所不许，实亦世界历史之创闻，我国家遭此无比之奇辱，民族受此重大之侵凌，凡有血气，莫不骇愤。它表示"中央必以最善之努力，挽此未有之危局。深信公理尚未沦丧，强暴必受制裁；吾同胞各有宁为玉碎之决定，至最后必要时机，必能为国家民族洒最后热血。"它要求全国同胞团结一致，在捍卫民族利益的原则下，"切戒一切阶级区域乃至见解情态分歧；保持坚定沉着，确定一切秩序，无时无刻不作牺牲之准备；全国工商学各界加倍努力，以坚定的意志，严格的纪律和必死的决心，作持久奋斗，救国御侮"。

9月28日　北平20万人举行抗日救国大会，要求对日宣战，收复失地。南京学生捣毁外交部，击伤外交部部长王正廷。蒋介石随后明令不准学生集队到南京请愿。

9月30日　中共临时中央发表《中国共产党为日帝国主义强占东三省第二次宣言》，揭露国民政府不抵抗主义对全民族抗日战争的阻挠和破坏，号召全中国的工农兵学生以及一切劳苦群众起来罢工、罢课、罢操、罢市，反对日本帝国主义。但宣言不顾九一八事变后中国政治形势的新变化，继续坚持"左"的立场，强调要打倒帝国主义，就必须打倒国民党，必须"反对一切投降帝国主义国民党的政治集团与派别"，如"第三党"。

9月　以秦邦宪（博古）为首的中共临时中央政治局成立。临时中央政治局揭露了九一八事变后日本帝国主义的侵略和国民党当局的不抵抗政策，号召全党同下层小资产阶级群众结成抗日反蒋统一战线，发动和领导群众开展反对日本侵略者和反抗国民党反动统治的武装斗争。但它继续推行王明的"左"倾冒险主义政策，不承认九一八事变是日本帝国主义妄图灭亡中国的一个极重要的步骤，而认为"是帝国主义反苏战争的序幕"；它不提"保卫祖国""收复失地"的口号；而提"武装保卫苏联""打倒一切帝国主义"的口号；它不承认九一八事变后，中日民族矛盾逐步上升和国内阶级矛盾逐步发生了新变化的事实，而错误地认为中间派别是"最危险的敌人"要与其进行"决死斗争"；它所讲的统一战线，是排斥一切上层分子，排斥一切中间势力，只要"兵"不要"官"的统一战线，也就是按当时共产国际的口径所说下层群众的统一战线。

10月初 上海80万工人组织了抗日救国联合会，派出代表到南京要求国民政府出兵抗日，组织义勇军，发给枪械对日作战。

10月10日 正在江西"剿共"的第十九路军第六十师和第六十一师，在赣州体育场举行阅兵，蔡廷锴发表训话，反对打内战，主张团结抗日，勖勉将士要"与国俱存，与国俱亡，死要死在国亡之前"。

10月12日 中共临时中央发表《中国共产党为反抗帝国主义、国民党一致压迫与屠杀中国革命民众宣言》。宣言揭露国民党南京政府、广州政府和北平政府对于人民反日运动的压迫与屠杀，号召人民群众为推翻国民党在中国的统治而斗争。

10月12日 蒋介石在南京发表讲话。讲话中说：日军虽然在东北不断扩大侵略，我国仍要镇静持重，拥护公理以抗御强权。"我们更应相信国际有公约，人类有公道，我们要以和平的心理去遵守，以牺牲的精神去拥护。"

10月21日 马占山在齐齐哈尔正式就任黑龙江省代理主席，并发表通电："倘有侵犯我疆土，及扰乱治安者，决心全力铲除之。"同日，中国代表施肇基在致国联主席白里安的备忘录中重申：一、解决满洲纠纷之谈判，必须以日军立即撤退为基础。二、日军撤退时及撤退后，必须有一中立委员团视察。三、必须承认中国因日军侵犯满洲所受损失有要求赔偿之权。四、必须成立一中日之间调和与公断的永久机关。

10月23日 南京国民政府向全国发出禁止排日法令。

10月27日 土肥原贤二由沈阳赴天津，秘密进行挟持溥仪活动。其计划是：破坏华北政权，若成功即扶植溥仪在北平建立朝廷，将东三省让给日本，若扰乱不成功，则将溥仪挟持到沈阳做伪满洲国傀儡。

10月 蒋介石宣称："攘外必先安内,统一方能御侮,未有国不统一而能取胜于外者。故今日之对外,无论用军事方式解决,或用外交方式解决,皆非先求国内统一,不能为功。"他还亲自书写一份手令说:"倭寇深入,赤匪狡獗,吾人攘外必须安内。"这就是说,国民政府的第一个责任"乃是剿匪来安内",第二个责任"才是抗日来攘外"。蒋介石向部下宣布"嗣后若再以北上抗日请命,而无决心剿匪者,当视为贪生怕死之辈,立斩无赦"。"攘外必先安内"成为国民政府处理内政外交的一个基本准则。

11月4日 日军第十六联队、嫩江支队等在日机配合下,于当天拂晓开始向马占山部嫩江桥阵地发起进攻,守军奋起抵抗,拉开了江桥战幕。马占山亲临前线指挥,给侵略者以重大杀伤。头七天就毙伤日伪军1460余人。后日军增兵至7000余人,并配以飞机、坦克协同作战,而马部只有三个团兵力,除伤亡外,所余不过2000余人。由于敌我力量对比过于悬殊,马占山被迫于19日率部撤离齐齐哈尔。历时16天的江桥抗战结束。

11月6日 苏联《真理报》刊登共产国际执委会为十月革命14周年纪念节发表的《告各国工人、告资本主义世界劳动人民和被压迫人民书》,谴责帝国主义在世界范围内的疯狂备战和侵略活动,抗议日本帝国主义强占中国东三省,号召全世界劳动人民帮助中国兄弟反对日本侵略,反对祸国殃民的国民党蒋介石,争取中国的独立和统一。共产国际执行委员会在《告各国工人、告资本主义世界劳动人民和被压迫人民书》中指出,"帝国主义者为了寻找摆脱危机的出路,事实上已在东方开始了战争。……侵占满洲——这不是对蒋介石和国民党的战争",而是"对我们的战争","是向反苏战争又前进了一步"。不久,共产国际执行委员会进一步指出,"欧美的资本家正在用火车、轮船把武器、弹药和毒气运往日本,这不仅是为了对华战争,而且是为了对苏战争","对华战争就是进攻苏联的序幕"。基于这种认识,共产国际反复强调要"武装保卫苏联",认为"所有共产党的最重要任务是,组织和领导工农与全体劳动人民的斗争,以保卫中国和中国革命,保卫各国工人的祖国——苏联";一再号召"共产国际各支部,世界各国工人和劳动者,以自我牺牲的精神来保卫苏联,反对帝国主义者的反革命阴谋"。

11月7日 中华工农兵苏维埃第一次全国代表大会在江西苏区瑞金叶坪召开。大会选出63人组成的中央执行委员会,正式宣告成立中华苏维埃共和国临时中央政府。11月27日,中央执行委员会举行第一次会议,选举毛泽东为中央执行委员会主席,张国焘、项英为副主席。

11月7日 鄂豫皖革命根据地的红四方面军与红二十五军在黄安县七里坪合编为中国工农红军第四方面军,徐向前任总指挥,陈昌浩任政治委员。从11月至1932年6月,红四方面军运用围点打援、迂回包围、近战夜战等战术,连续发起了黄安、商(城)潢(川)、苏家埠、潢(川)光(山)四场战役,粉碎了国民党方面的第三次"围剿"计划。这时红四方面军发展到4.5万余人。

11月9日 中国国民党第三届中央第二次临时全会开幕。在给即将召开的第四次全国代表大会的提案中,只字不提抗日,却声言要继续用兵"剿匪",继续推行禁止传播所谓"危害国家,破坏民族利益之反动文字或刊物"。

11月12日 中国国民党第四次全国代表大会在南京开幕,23日闭幕。会议发表的《对全世界宣言》表示"本大会坚决主张:国民政府应速准备实力收回东三省,保障中国领土之完整,勿令其有丝毫损失"。会议通过的《第四次全国代表大会宣言》继续鼓吹"戡平赤匪"的错误方针。这次会议还通过了蒋介石亲自北上,首赴国难案及奖慰马占山及黑龙江将士案。会议还作出决议:"剿灭匪共案,再交审查。"

11月27日 中华苏维埃共和国临时中央政府发表对外宣言,宣布本政府"主张取消一切帝国主义国家过去同中国地主资产阶级政府订立的不平等条约,一切中国的统治者为了镇压中国民众运动为屠杀而借用的外债"。本政府的"最后目的,不但在打倒帝国主义在中国的统治,而且在打倒帝国主义在全世界的统治"。

11月27日 蒋介石在被迫接见上海各大学请愿学生时表示:"如果三年以后失地不能收复,当杀蒋某人以谢天下。"

11月30日 蒋介石发表演说,声称:"攘外必先安内,统一方能御侮,未有国不统一而能胜于外者。"在所谓"先安内"的方针下,蒋介石指挥几十万大军不去打日本侵略者,而赴内地"围剿"主张抗日的红

12月5日　北京大学南下示威团300余人由中央大学出发游行示威,反对国民党政府对日不抵抗政策,沿途高呼"反对政策出卖东三省""打倒卖国政府""被压迫民众团结起来"等口号,遭到国民党军警残酷镇压,一人被打死,33人受重伤,185人被逮捕。一部分学生跑回中央大学,军警亦追至中大与中大学生冲突,中大学生1000余人到南京卫戍司令部要求释放被捕学生,交涉代表亦遭到扣留,大队学生冲进司令部大门。

12月上旬　朱德主持召开中央革命军事委员会会议,讨论和研究驻宁都的国民党第二十六路军起义的具体方案,决定派刘伯坚、左权和王稼祥具体负责起义的领导工作。

12月11日　中华苏维埃共和国临时中央政府发出《为国民党反动政府出卖中华民族利益告全国民众书》,揭露和谴责国民政府出卖民族利益承认丧权辱国的不平等条约等罪行,号召全国民众要组织和武装起来,与日本帝国主义作坚决的斗争,将侵略者驱逐出中国,同时打倒出卖民族利益的国民党反动政府。

12月14日　在全国抗日反蒋浪潮和红军反"围剿"不断取得胜利的推动下,被蒋介石派到江西进攻红军的国民党第二十六路军1.7万余人,由参谋长赵博生和旅长季振同、董振堂及黄中岳等人率领在宁都起义,参加红军,改编为中国工农红军第五军团。由季振同任总指挥,萧劲光任政治委员,董振堂任副总指挥兼第十三军军长,赵博生任参谋长兼第十四军军长,刘伯坚任政治部主任,黄中岳任第十五军军长,何长工、黄火青、左权分别任三个军的政治委员。宁都起义使红军增加了一支新的力量,反映了国民党反动统治的危机。

12月14日　北平、南京、上海、济南、天津、苏州、杭州、安庆等地学生4000余人从南京中央大学出发,前往国民政府请愿。

12月15日　在全国抗日反蒋怒潮的冲击和国民党内部矛盾日趋尖锐的情况下,蒋介石被迫宣告下野,"恳请中央准予辞去国民政府主席等本兼各职",但暗中仍掌握着实权。中国国民党中央执行委员会举行第四次临时常务会议,准蒋介石辞去国民政府主席兼行政院院长职,推选林森代理国民政府主席,陈铭枢代理行政院院长。

12月19日

宋庆龄在《申报》发表《国民党已不再是一个政治力量》的文章。这篇文章指出：自孙中山逝世以后，国民党内部各派别先后背叛了革命政策，并投入帝国主义怀抱，成为帝国主义镇压中国革命和中国人民的工具。"中国国民党早已丧失革命集团之地位，至今日已成为不可掩蔽之事实，亡其党者，非其党外之敌人，而为其党内之领袖。"蒋介石借反共之名，行反动之实，阴狠险毒，贪污欺骗，无所不用其极；宁粤对峙，并各自美名标榜，实则两者同为革命之罪人。因此，"当作一个政治力量来说，国民党已经不复存在了"。宋庆龄指出：我不忍见孙中山40年的工作被一小撮自私自利的国民党军阀、政客所毁坏；更不忍见四万万七千五百万人的中国因国民党背弃自己的主义而亡于帝国主义。宋庆龄宣布，对国民党的灭亡不必惋惜，并相信以群众为基础并为群众服务的革命，才能粉碎军阀、政客的权力，才能摆脱帝国主义的枷锁，真正实行社会主义。她表示深信中国之真正革命者，必不因反动势力之恐怖残杀而消极畏缩，他们将奋起斗争，朝着革命所树立的目标前进。

12月22日至29日

中国国民党四届一中全会在南京召开，宁、粤、沪三方中央执行、监察委员109人共同参加会议，宣告国民党的"统一"。会议通过《关于中央政治改革案》和《国民政府组织法》，规定国民政府主席为中华民国元首，只代表国家，不负实际责任，且不兼他职；行政院只对国民政府委员负责。会议还对国民党中央构成作出规定，原中央各部改成委员会，并增设民众运动指导委员会；会议还通过了《改进党务案》《树立党的中心干部以建筑党重心案》《民众运动方案》《召开国难会议、国民救国会议，缩短训政，实现宪政案》及压缩军备、实行征兵制等一系列决议。会议选举了中央领导机构，推胡汉民、汪精卫、蒋介石、叶楚伧、居正、顾孟余、孙科、陈果夫、于右任组成中央常务委员会。全会决定设立中央政治会议，不专设主席，设三人常委轮流任主席，并推蒋介石、汪精卫、胡汉民为中央政治会议常委。会议推选林森为国民政府主席，孙科为行政院院长，张继为立法院院长，戴季陶为考试院院长，伍朝枢为司法院院长兼代特种外交委员会委员长，于右任为监察院院长。会议承认宁、粤、沪三方选出的中执、监委，确定第四届中央执行委员72人，中央监察委员24人，候补中央执行委员60人，候补中央监察委员22人。

12月24日

中华苏维埃中央政府、中革军委在瑞金县叶坪召开庆祝红五军团成立并欢迎军团全体指战员和其他红军一起，站在同一条革命战线上,实行土地革命,打倒国民党反动派,打倒帝国主义。

12月28日 中国国民党四届一中全会通过大会宣言,坚持其对内压迫对外退让的政策。这个宣言宣称"心腹之患,胜于外敌",决定拨定军费、集中兵力,"继续努力肃清'赤匪',以安定社会秩序"。

12月29日 共产国际政治书记处给中共临时中央发出《关于反帝斗争问题》的指示。这个指示明确指出:当前的中心口号是"武装民众进行民族的革命战争,反对日本帝国主义,反对一切帝国主义,争取中国民族的解放与独立、统一中国"。指示要求反复宣传"只有苏维埃中国与中国红军才能够保证中国民族独立与解放及统一中国"。指示强调,推翻国民党的统治是反帝国主义民族革命战争胜利的先决条件。

12月30日 中华苏维埃共和国红军总司令朱德、总政治部主任王稼祥发布《为孙连仲部第二十六路军兵士投入红军告全国兵士书》,号召全国被压迫的兵士们,"哗变到红军中去!打倒国民党!驱逐帝国主义"!"争取中国民族的解放与独立,统一中国。"

在日本入侵中国东北的同时,帝国主义列强之间重新开始了军备竞赛。1932年2月,为了防止帝国主义之间矛盾的进一步激化和扩军浪潮的不断高涨,有64个国家代表参加了世界裁军会议,但未获任何结果。7月25日,为密切与欧洲邻国的关系,争取获得一个较长的和平间歇,苏联与波兰、爱沙尼亚、拉脱维亚、芬兰签订了互不侵犯条约。

1932 年

1月1日 中共临时中央发表《中国共产党对于时局的主张》,号召"全中国民众在争取中国革命在几个省份的首先胜利的总任务之下,必须更坚决的组织罢工、罢课、罢操,群众大会,示威游行,游击战争,灾民骚扰,兵士哗变,更普遍更大规模的自动武装起来,加入中国红军的队伍内,进行反帝国主义的民族战争与反国民党的国内战争"。

1月5日 中共临时中央发出《为反对日本帝国主义占领锦州号召民族的革命战争的宣言》,揭露并谴责国民政府对日侵略的不抵抗主义,号召"全中国的工农兵以及一切劳动民众,团结起来,组织起来,武装起来,打倒投降帝国主义、出卖民族利益、造成全中国民族奇耻大辱的国民党"!"争取中国的统一与中国民族的独立解放。"

1月9日 中共临时中央发出《关于争取革命在一省与数省首先胜利的决议》。决议把中间派别断定为中国革命的"最危险的敌人",强调"应该以主要的力量来打击";要求红军夺取"中心城市",规定长江以南的红军努力求得"占取南昌、抚州、吉安等中心城市,来结合目前分散的苏维埃根据地,开始湘、鄂、赣各省的首先胜利";并指示红一方面军"首取赣州",

决议还指出："右倾机会主义仍然是目前主要的危险"，"应该集中火力来反对右倾"。

1月23日 蒋介石、汪精卫、孙科在南京召开紧急会议，讨论对日方案。蒋介石、汪精卫仍主张"先行安内，方可攘外"。

1月27日 中共临时中央发出《中共中央为武装保卫中国革命告全国民众书》，号召"必须在反对帝国主义与反国民党的苏维埃旗帜之下武装保卫中国革命"。

1月28日 日本帝国主义发动了对上海闸北区的进攻，制造了一·二八事变。蒋光鼐、蔡廷锴领导的第十九路军，拒绝蒋介石的命令，奋起抵抗，开始了上海抗战。同时，中国共产党通过上海的地下党组织发动群众组织义勇军、敢死队、运输队、救护队协助作战，并捐献了大量物资。张治中率领的第五军激于民族义愤，也参加了作战。全国各地人民也用各种形式支持第十九路军抗战。上海军民在一个多月的抗战中，顽强地抗击了日军的多次进攻，打死打伤日军万余人，迫使其四次更换指挥，粉碎了日军用四个小时占领上海的迷梦。3月1日，第十九路军被迫撤出上海。5月5日，国民政府与日本签订屈辱的《淞沪停战协定》，承认上海为非武装区，中国在上海至苏州、昆山地区无驻兵权，日本军队可在上述地区暂驻"若干军队"。5月6日，上海各民众团体联合会通电全国，反对国民党当局出卖上海，反对对日屈辱协定。5月9日，中华苏维埃共和国临时中央政府发出通电反对《淞沪停战协定》。5月23日，国民政府军委会下令调第十九路军到福建"剿共"。

1月30日 国民政府决定迁都洛阳，并于当日颁布迁移洛阳办公宣言。宣言叙述了一·二八淞沪战役的起因和经过，呼吁国际强国干预日军的侵略，强调因上海战事威胁到南京的安全，"政府为完全自由行使职权，不受暴力胁迫起见，决定迁都洛阳办公，望我各省区行政长官及军队长官，同心协力，各尽所职，以靖地方，而安人民"。国民政府除留下何应钦维持治安，罗文干主持外交，其余1000多名国民党军政要员均迁往洛阳。因行事匆促，国民党中央党部及国民政府占据了河洛图书馆，行政院及中央政治会挤进了职业学校。同年3月，由汪精卫主持，在洛阳召开了国民党四届二中全会。国民政府接着又决定以西安为陪都，洛阳为行都。

2月2日 中共临时中央发表《中国共产党关于上海事件的斗争纲领》。号召工人阶级"总同盟罢工,反对日本帝国主义占领上海","总同盟罢工与民众自动武装起来,反对帝国主义与国民党压迫"。

2月2日 国民政府外交部对日舰轰击南京各要塞事,向日方提出强烈抗议。同日,上海日舰队炮击吴淞区。海军部部长陈绍宽奉最高当局命令,"不准还击"。

2月11日 共产国际执行委员会指示中国共产党派坚强的工人队伍到军队中去争取士兵群众,要在工人、兵士、学生、城市贫民的斗争基础上建立革命军事委员会。共产国际的指示还认为这个中央军事委员会应该起来推翻南京国民政府,宣布自己为革命的民众政权。

2月14日 中国工农红军总司令朱德、总政治部主任王稼祥联名发表《中国工农红军为日军进攻上海告十九路军士兵书》,赞扬第十九路军士兵奋起抗日的英勇行为;揭露蒋介石出卖上海和中国的阴谋;号召第十九路军士兵和工农群众密切联合起来,反对国民党,反对帝国主义。

2月15日 中共临时中央发出《中央为上海事变给各地党部的信》,指出:日本帝国主义的侵略,"遇到了十九路军士兵的英勇抵抗";揭露蒋介石派军队"监视十九路军,准备解除十九路军士兵的武装,以停止反日战争"的投降行径。该信认为:"在反帝与反国民党的旗帜下,宣传民众,组织民众与武装民众,这仍旧是我们党目前的中心任务。"

2月21日 共产国际在对于上海事变的指示中说,估计士兵群众不再服从投降的军官及一切民族情绪之高涨,必须用一切力量打入军队,在那里发展最大的工作。如果总罢工能够用来反对侵略者,那就可以组织总罢工包括在租界上的工厂在内。全国革命军事委员会应该起来推翻南京国民党政府宣布自己为革命的民众政权。

2月26日 中共临时中央作出《关于"一·二八"事变的决议》,决议指出:一·二八事变是国民政府不抵抗政策的必然结果,"要取得民族革命战争的胜利,必须推翻国民党军阀的统治,把领导权拿在民众自己的手里"。决议认为,国民党将领领导的反日战争是"利用士兵与民众的反日斗争,欺骗革命的兵士与革命的民众","是目前反日战争中最大的危险"!决议提出应成立一个革命军事委员会,领导抗日民族革命战争,并由革命军事委员会召集工农兵其他劳苦民众的代表会议,成立民众政府。

2月29日 共产国际执委会政治书记处在给中共中央的电报中指出:中共从满洲事变一开始之前,就应该号召民众自动武装起来,进行民族的革命战争,并且采取一切具体办法来进行这一战争。"利用红军的名义告诉民众,尤其是19路军的士兵,假使没有国民党的军队进攻着苏区,红军早已同19路军的士兵在一起,抵抗日本帝国主义对于上海的进攻,并在满洲与日军进行战争了。"

3月1日 中华苏维埃共和国临时中央政府人民委员会第八次常委会决议,正式宣布对日作战,以民族革命战争驱逐日本帝国主义出中国。

3月1日 中国国民党四届二次中央全会在洛阳开幕,3月6日闭幕。会议通过的宣言提出,方今之急,首曰御侮,同时"绥靖剿匪,所以巩固后方,昭苏民厄,亦不容忽视"。全会一方面致电慰劳蒋光鼐、蔡廷锴、张治中等参加淞沪抗日将士"抵御强暴"的苦战精神,又一方面通过决议要制定"防范赤匪及其他反动分子"的工作实施方案。汪精卫在闭幕词中也说要对外抵抗日本,对内"肃清共党"。

3月9日 "满洲国"在长春宣布成立,溥仪就任伪执政,发表"满洲国"成立宣言,定伪年号为大同。翌日,溥仪根据日方所提名单,任命伪政府官员。

3月11日 国民政府发表宣言,否认伪满洲国。同日,国民政府还发表中日间关于"东北事变"往来牒文。

3月12日 日本内阁会议发表《处理满蒙问题方针纲要》,坚持侵略扩张政策。日本政府提出"满蒙"要"脱离中国本部政权而独立","满蒙治安","由帝国担任","将满蒙地区作为帝国对俄对华的国防第一线"。同时,它还提出要增加满洲驻军。

3月13日 蒋介石对路透社发表谈话:"东北成立伪国,完全为日方一手包办,政府痛恨溥仪甘当傀儡,但如讨伐,则难免扩大战争,考虑结果,暂不颁发讨伐令。"

3月14日 淞沪抗战正在紧张进行,蒋介石却提出:"倭寇深入,赤匪猖獗,吾人攘外,必须安内。"

4月15日 中华苏维埃共和国临时中央政府发布《对日战

争宣言》，同时发出《为对日宣战告世界无产阶级及被压迫民族通电》及《关于动员对日宣战的训令》。宣言揭露了国民党南京政府置国家存亡于不顾，对于真正实行民族革命战争的中国工农红军，进行大规模军事进攻，企图消灭苏维埃政权和工农红军，并以此转移国内视线，掩盖其出卖民族利益的罪行。指出，"要不是国民党军阀集其全力来进攻苏区与红军，苏区工农劳苦群众与红军早已与抗日的义勇士兵和义勇军站在一起直接对日作战了"。宣言正式宣布"对日战争"，提出要"领导全国工农红军和广大被压迫民众，以民族革命战争，驱逐日本帝国主义出中国，反对一切帝国主义瓜分中国，以求中华民族彻底的解放和独立"，表明了苏维埃政府和红军抗日的决心。通电呼吁全世界无产阶级及一切被压迫民族援助中国的抗日战争，"尤其是希望日本的工人、农民、士兵兄弟们和我们一致起来，推翻日本帝国主义在中国和日本的统治"。训令指出"积极发展革命战争，消灭国民党军阀进攻苏区的部队，向外夺取中心城市，摧毁国民党的统治，正是进行反日的民族革命战争的必要前提"。训令要求中央革命军事委员会、工农红军总政治部，各苏区军事委员会、各地军区指挥部、红军各级政治部、各县赤卫队部，应对全体红军战士进行对日宣战的动员和宣传，"激励起全体红色战士对日宣战的热情与勇气"；要求苏区各级苏维埃政府对广大群众进行对日宣战的宣传和动员，使群众都能"自愿的担任参加革命战争的后方工作"，并积极扩大红军力量，准备同日本侵略者作战。同日，中共苏区中央局也发出《关于红五月运动中实行对日宣战的动员决议》，号召"民众自动武装起来，站在苏维埃领导之下，一致的对日作战，首先便是消灭帝国主义的走狗——国民党军阀及其统治"。

5月9日 中华苏维埃临时中央政府发出《反对国民党出卖淞沪协定通电》，号召群众进行民族战争来保卫中国的主权、独立和领土完整。

5月10日 鄂"绥署"主任何成浚发表救灾"剿共"谈话，声称"救灾与剿共同时进行"。

5月上旬 国民政府积极部署"剿共"。5月1日，何应钦到达南昌，部署闽、粤、赣三省"剿共"事宜。第四军张发奎部由醴陵出发赴赣"剿共"。2日，陈济棠在广州召开滇、黔、湘、桂、闽、赣等八省军事反共会议。

5月20日 中共临时中央电示苏区中央局："目前应该采取积极的进攻策略，消灭敌人的武力，扩大苏区，夺取一二中心城市，来发展革命的一省数省的胜利。"

5月24日　国民政府特派蒋介石为豫鄂皖三省"剿匪"总司令,李济深为副司令,对"剿匪"加紧进行部署,准备对各革命根据地发动第四次"围剿"。其基本部署分两个阶段,即首先集中兵力进攻鄂豫皖和湘鄂西苏区,然后再转向对中央苏区进攻。

5月28日　蒋介石、汪精卫联名发表通电,声称"救国必先剿共",对于共产党"必须以有效的方法去抵制它们,必须不顾一切代价去应付它们"。

5月　谢子长到兰州,经杜斌丞介绍和邓宝珊(西安"绥靖"公署驻甘肃行署主任)在兰州城外五泉山会晤,双方对如何抵制蒋介石瓦解异己和联合抗日等问题,谈得很投契。

6月5日　中共临时中央发出《致各苏区的军事训令》,通报了国民党当局第四次"围剿"苏区的兵力部署,并对各地红军反"围剿"的任务作了规定。其要点为:(一)中央苏区第一、五军团主力应与河西第三军团配合解决入赣粤敌,在可能条件下,占领梅岭关,再沿江北上占领赣州、吉安、樟树,以争取南昌为目的;(二)红十二军应向闽北发展,使闽西与赣东北苏区打通;(三)赣东北苏区首先要与闽北苏区连成一片,并向皖南发展;(四)湘赣苏区红军除与第三军团配合击破入赣粤敌外,应积极在永新、莲花、宁冈等一带活动;(五)湘鄂赣红十六军主力应加强在鄂东南,尤其应在崇阳、蒲圻、咸宁一带活动,破坏武长铁路;(六)湘鄂西红三军以一部兵力巩固洪湖苏区,主力应积极在襄北发展,以造成鄂中连成一片的苏区,与鄂豫皖苏区打成一片;(七)鄂豫皖红四方面军,除以红二十五军巩固皖西新苏区外,主力应扩大巩固鄂东苏区,以一师以上兵力过平汉路配合红三军行动,造成平汉路两侧的新苏区,必要时再进攻黄陂,造成包围武汉的形势。

6月9日　蒋介石在庐山召集赣、湘、鄂、豫、皖"五省剿匪会议",宣布把"攘外必先安内"的反动方针定为国民党处理对外对内关系的基本国策,并提出了"标本兼治"的"剿共"方针和第四次"围剿"的计划。6月15日,五省"清剿"会议召开,主要会商第四次"围剿"红军的计划:先集中兵力肃清鄂、豫、皖三省红军,而后转用兵力"围剿"中央苏区红军。6月16日,会议结束。在这次会议上,蒋介石发表了"七分政治,三分军事"的谈话,主要内容是:前几次"剿匪"未成功的原因,在于共产党有民众拥护,仅凭军事力量难以征服。要靠争取民心,瓦解其内容的策略,以军事政治相互配合,齐头并进,即七分政治,三分军事。此后,国民政府便制定和推行了一系列基层政治制度,维护其反动统治和军事独裁。蒋介石"七分政治,三分军事"策略的实质是加强其法西斯统治,割断中国共产党及其武装力量与人民群众的血肉联系,是其"攘外必先安内"国策在国内问题上的具体体现。

6月13日 中共临时中央在发给中共河北省委的秘密指示信中,要求将中共抗日同盟军前线委员会改组为秘密的革命军事委员会,把张家口和察哈尔在共产党影响下的队伍集中起来,建立司令部,向河北南部移动,发展为红军,实行土地革命。王明"左"倾教条主义者反对吉鸿昌率军北上,一味强调将共产党影响下的队伍从抗日同盟军拉出来到河北、山西边境一带进行土地革命,其原因之一是出于对冯玉祥的不信任。

6月17日 蒋介石召开五省"民政建设"会议。五省驻军将领、省主席及民政、建设厅厅长均出席会议,讨论并决定五省"围剿"全盘计划,议决对红军采取大包围方式,以政治、建设配合军事作为根本的"清除"办法,并着重讨论了"各省剿共部队之分配联络办法"及"进剿方略",军饷的筹措与供应等。蒋介石在会上发表演说,并分别对各省军事长官表示:"剿匪"要硬干、快干、实干,必须早日将匪类"肃清",然后始能充实力量对外。会议于19日闭幕。

6月20日 中共临时中央在给共产国际执委会的电报中说,在最重要的苏区和中共中央之间已建立了无线电联系。电报请求共产国际派一名军事专家和爆破专家来华帮助中共。

6月21日 中共临时中央发出《关于帝国主义国民党四次"围剿"与我们的任务的决议》。决议提出"必须最严厉的打击那些在帝国主义国民党这一'围剿'前面,表示张皇失措的,那些无气节的,对于革命力量没有信心的小资产阶级分子的机会主义的动摇"。决议要求苏区党组织尽量扩大与巩固红军,采取积极进攻的策略,击破国民党军的"围剿"计划,"争取中国革命在湘鄂赣等省的首先胜利"。

6月28日 蒋介石由九江抵汉口,鄂、豫、皖三省"剿匪"总司令部在汉口成立。

6月30日 蒋介石决定分三路进犯鄂、豫、皖三省革命根据地,并任命各路司令官:中路由蒋介石兼司令官,刘峙副,下辖六个纵队,进攻平汉线红军;右路军由李济深兼司令官,王均副,下辖三个纵队,进攻津浦线红军;右路军总司令官何成浚,徐源泉副,下辖四个纵队,进攻鄂中红军。此外,令长江上游总指挥王陵基进攻鄂西红军。这次"围剿"动用的总兵力约30万人。蒋介石在"剿匪"总部召集旅长以上军官会议上发表讲话,声称"要救国救党,御侮对外,须先肃清赤匪",并表示"匪如一日不肃清,本人即一日不回京"。

8月27日至9月15日 共产国际执委会召开第十二次全会。会议通过《国际形势和共产国际各分部任务的提纲》《关于远东战争和共产党员在反动帝国主义战争和反对武装干涉苏联的斗争中的任务问题决议案》等文件。会议认为:国际关系中的相对稳定时期已经结束,日本帝国主义武力侵犯中国,是帝国主义新战争的开始。中国"已出现革命的形势",中国共产党在反帝斗争中应"运用下层统一战线策略",进行革命的民族解放战争。

10月6日 中华苏维埃共和国临时中央政府发表《反对国联调查团报告书通电》,严厉地谴责该报告书是"最公开无耻地宣布了瓜分中国的计划"。揭露国联"调查团"出卖中国以讨好日本,号召全国民众武装起来,奋起抗日,以求中华民族完全的解放和独立。

10月7日 中共临时中央作出《中央关于李顿调查团的报告及加强反帝群众斗争的决议》。决议指出:应该"揭露李顿报告书是帝国主义瓜分中国的更进一步,是在更大的范围内组织反对中国民众及中国苏区的强盗战争,是进攻苏联的准备。同时必须指出国民党的及其政府无耻的出卖民族利益"。并向各级党部提出四条主要任务:(一)创立广大的反帝运动统一战线;(二)领导开展抵制日货运动;(三)扩大与加强无产阶级的领导权,用大力量去组织工人阶级的日常斗争;(四)各苏区红军要进行胜利的进攻,保卫和扩大苏区。

11月7日 中华苏维埃共和国临时中央政府为成立周年纪念发表宣言,号召全国工农兵学及一切劳苦群众,驱逐日本及其他帝国主义出中国,粉碎国民党军的第四次大"围剿",推翻国民党和帝国主义在中国的统治,彻底争取中华民族的真正独立和解放。

11月15日 中国国民党中央宣传部公布宣传品审查标准,规定凡宣传共产主义、国家主义、无政府主义者均为"反动";凡批评国民党政策者均为"危害民国","一律禁止"。

11月24日 周恩来、朱德和王稼祥向红一方面军全体指战员发布准备粉碎国民党军第四次"围剿"的《紧急训令》。训令指出:红一方面军在一个多月的作战中,"连占七城,赤化建宁、泰宁、黎川,扩大苏维埃领土数百里",破坏了国民党军大举进攻的封锁和包围的布置与其各个击破红军的企图,现在国民党军大举进攻的战火就在眼前,要求红军全体指战员"集中一切力量,准备一切牺牲,抛弃一切动摇,来争取战争胜利"。

12月15日 中国国民党四届三次中央全会在南京召开,12月22日闭会。全会以"安内攘外,兼顾两难"为由,推诿对日军妥协的罪行。全会通过《督促政府完成肃清共祸工作案》,交国民政府酌办。

12月19日 中共中央给共产国际执委会政治书记处政治委员会的电报中指出,在上海的中共中央代表是李竹声,并准备立即派康生去共产国际成为中共中央的新代表。中共中央政治局和共青团以及总会的其他成员,包括张闻天、秦邦宪和王云程。共产国际建议在中共中央迁至中央苏区后召开六届五中全会,以便总结近两年来的斗争经验,并确定目前的主要任务和苏维埃运动的策略。

12月30日 国民党赣粤闽边区"剿匪"总司令部下达对中央苏区进行第四次"围剿"的命令,限令于1933年1月6日前各部集结完毕。随后陆续调集约30个师共计四五十万人的兵力,分左、中、右三路对中央苏区发动全面围攻,以陈诚指挥的蒋介石嫡系12个师约16万人为中路,担任主攻任务,采取分进合击的方针,企图在黎川地区与红军决战。

12月31日 中共临时中央发出《中央为反对日本帝国主义进攻热河华北给河北省委的信》。信中指出:日本帝国主义进攻热河、平津的行动,是在国际联盟——尤其是英法帝国主义直接帮助下进行的,企图扩大进攻中国革命与苏联的根据地到热河、华北、蒙古去,以更进一步实现瓜分中国进攻苏联的目的。国民党在这一事变中,更加露骨地无耻地出卖中国的民族利益,将热河、华北恭送到日本帝国主义的手里。该信还指示河北省委开展武装民众的民族革命战争,坚决反对右倾机会主义。同日,中共临时中央还发出《中央关于"一·二八"周年纪念的通知》,提出:"在组织广大群众在革命的民族解放战争,求中国的独立、统一和领土完整,反对日本和一切帝国主义,打倒帝国主义的工具——国民党的口号之下,去组织和领导广大群众的反帝斗争,用群众的力量,开展反抗国民党的投降与对群众反日反帝斗争的压迫屠杀。"

1933年1月30日,希特勒就任德国总理,建立法西斯政权。9月,苏联与意大利在罗马签订《友好、互不侵犯和中立条约》。10月14日,德国以要求未得到满足为借口,退出国际裁军会议,19日又退出国联。而此时的苏联与美国经过谈判达成协议,于11月建立了外交关系。

1933 年

1月1日 驻榆关日军突然向山海关发动攻击,中国守军何柱国(东北军独立第九旅旅长兼临榆警备司令)所部,奋起还击。但由于孤立无援,在敌陆海空军联合攻击下,苦战两昼夜,终于失败。守关的安德馨营全部殉国。3日下午,日军占领山海关和临榆县城后,屠杀中国军民3000余人。6日,日军在飞机、坦克配合下进攻石河,并轰炸秦皇岛。

1月7日 中共临时中央作出《关于日本帝国主义进攻华北的决议》。决议指出:日军占领山海关的明确目标是占领整个华北,国民党的不抵抗政策替日本帝国主义清除了武力占领华北的道路。党的基本任务是:在苏区,巩固和扩大苏维埃区域,加强红军,对国民党的"围剿"进行反攻;在白区,动员群众,开展一切形式的群众的反帝斗争,反对日本帝国主义及一切帝国主义。

1月17日 在日本帝国主义继续扩大侵略,占领山海关,向华北进犯的形势下,中共驻共产国际代表团以中华苏维埃临时中央政府、工农红军革命军事委员会名义发表《为反对日本帝国主义侵入华北愿在三条件下与全国各军队共同抗日宣言》,首次提出中国工农红军在以下三个条件下,愿意与全国任何武装部队,订立对日作战协定:(一)立即停止进攻苏维埃区域;(二)立即保证民众的民主权利(集会、结社、言论、罢工、出版之自由等);(三)立即武装民众创立的武装义勇军,以保卫中国及争取中国的独立统一与领土完整。宣言呼吁"中国民众及士兵,拥护这个号召,进行联合一致的民族革命战争,争取中国的独立统一与领土完整,将反对日本及一切帝国主义的斗争与反对帝国主义的走狗国民党军阀的卖国与投降的斗争联结起来,开展武装革命战争,反对日本及一切帝国主义"。这一宣言得到全国广大人民的赞同,并且激发了国民党内部要求联共抗日的官兵的反蒋爱国情绪。宣言的发表,意味着中国共产党的策略向着抗日民族统一战线的方向迈出了最初的一步。

1月26日 中共临时中央发出《中央给满洲各级党部及全体党员的信——论满洲的情况和我们党的任务》,指出:在满洲群众运动现在发展的阶段上,"我们总策略方针,是一方面尽可能的造成全民族的(计算到特殊的环境)反帝统一战线,来聚集和联合一切可能的,虽然是不可靠的动摇的力量,共同的与共同敌人——日本帝国主义及其走狗斗争"。这封指示信规定了在东北地区组织全民族的抗日统一战线的策略,提出了统一战线的四条原则:(一)无论在什么时候,都坚持和保存自己政治上和组织上的独立性,即无产阶级政党自由的和不留情的批评,和揭穿统一战线中的一切不彻底、动摇、叛变、变节、投降的企图和事实。(二)在实际执行统一战线的策略时,必须具体的、注意的计算到客观的环境和主观的因素,须分别的对付各种不同的对象。(三)下层统一战线,必须是我们活动的基础,任何的上层统一战线,都只有在我们能够抓紧巩固的下层统一战线,和上层处于下层革命情绪的威胁下的时候,才可能和有用。(四)不保证反帝运动有无产阶级的骨干,没有无产阶级广大的群众革命组织(赤色工会、罢工委员会、反日会、工人纠察队、工人义勇军),则不必想在无产阶级的周围来实行真正革命的统一战线,或使之有利于无产阶级,也不必想夺得无产阶级的领导。

1月29日 蒋介石到达南昌,坐镇指挥对中央苏区进行第四次"围剿"。1月31日,蒋介石在南昌召开军事会议,陈诚、孙连仲、李默庵等将领出席,拟定"分进合击"的"剿共"计划。

2月6日 蒋介石决定亲自兼任江西"剿共"总司令。2月7日,蒋介石在南昌召集军事会议,决定组建南昌行营,以统一指挥对中央革命根据地的第四次"围剿"。同日,蒋介石电令第二军军长蒋鼎文,将该军由湖北宜昌调往江西"剿共"。

2月8日 中共苏区中央局作出《关于在粉碎敌人四次"围剿"的决战前面党的紧急任务决议》。决议认为，反对国民党第四次"围剿"的胜利，"将使我们取得一个以至几个中心城市，实现革命在一省与数省的首先胜利"，为争取这一决战的胜利，要"最大限度的扩大与巩固主力红军，在全中国各苏区创造一百万铁的红军"。此后，全国各苏区开展了轰轰烈烈的扩充红军运动。

2月10日 日本关东军司令官武藤信义召开会议，部署关东军热河作战要旨。会议决定集中三个师团分三路由绥中、锦州、通辽向热河、凌源、朝阳、开鲁进犯，以图占领热河，进窥华北。

2月10日 中共临时中央发出《中央致各级党部的一封信——关于召集全国民众团体的救国会议》，指出："揭破国民党一切欺骗民众的武断宣传，证明国民党是帝国主义的清道夫，推翻国民党是组织民众武装的民族战争之胜利的必要前提"，并宣布"全国救国代表大会拟于今年'五七'国耻日在上海召集"。

2月11日 国民政府行政院代院长宋子文抵达北平。在此之前，黄炎培、杜仲远、穆藕初、刘鸿生等知名人士利用自己的社会关系，积极推动国民党上层设法挽救华北。宋子文表示支持华北抗战，同张学良商议抗战事宜。

2月13日 国民党当局以顾祝同为总司令，陈诚为前敌总指挥，分左、右、中三路对中央革命根据地发动第四次"围剿"。其中中路军的12个师，在陈诚的率领下，采取"分进合击"的作战方针，分三个纵队，由乐安、南城、金溪等地向广昌进攻。红军以一部兵力将国民党军第二、第三两纵队向黎川方向吸引，主力秘密转移到国民党军之右翼，集中于广昌以西的东韶、洛口、吴村地区隐蔽待机。

2月26日 对中央革命根据地进行"围剿"的国民党中路军第一纵队三个师，分由乐安、宜黄向广昌推进。红军先以地方武装不断阻击、袭扰、迷惑国民党军；当其右翼第五十二、五十九两个师进至宜黄县南部的黄陂、大龙坪地区时，红军于27日拂晓突然发起猛烈的进攻，经两天激战，将其大部歼灭，取得第四次反"围剿"的第一个胜利。

3月3日 中共临时中央、共青团中央发表《为日本帝国主义进攻热河与华北告全国工农劳苦群众书》，重申中华苏维埃政府愿与一切真正抗日的军队订立作战协定,与日本军队直接作战;国民党只有完全实现"立刻停止进攻苏维埃区域"、"允许民众以民主的权利"、"武装民众与组织武装义勇军队伍",才能有效抵抗日本帝国主义。

3月3日 中华苏维埃临时中央政府为日本侵略热河发表宣言,指责国民政府依然采取不抵抗主义,步步撤退,放弃开鲁、北票、朝阳,而把最大部分兵力调来江西进攻苏区;宣言重申:"中华苏维埃政府准备与日本帝国主义者的军队直接作战。"宣言表示"愿意与一切真正抗日的军队订立作战协定,但是对于一切侵犯苏区的军队与武装,将给予最严厉的打击,直至把他们完全消灭"。

3月7日 因热河失陷,张学良致电中国国民党中央引咎辞职。

3月9日 日军前锋逼近长城脚下,守军奋起抗击,从此拉开长城抗战帷幕。此役,中国参战和担任侧翼钳制部队达12个军,即处于第一线的徐瑶第十七军、宋哲元第二十九军、商震第三十二军;处于第二线策应的肖之楚第二十六军、傅作义第三十五军、庞炳勋第四十军。另有东北军四个军(于学忠第五十一军、万福麟第五十三军、何柱国第五十七军、王以哲第六十七军)置于北宁路天津以东地区待命;此外还有晋绥军李服膺第六十一军以及孙殿英第四十一军等,分别于察北独石口和多伦地区担任侧翼钳制任务。日军共投入两个师团、三个独立旅团约10万人的兵力。战役至5月底结束,历时80余天。同日,第二十九军冯治安师赵登禹旅在长城喜峰口、王以哲部在古北口与日军激战。翌日晨,第十七军第二十五师关麟征部增援古北口,并接替王以哲部防线。

3月9日 蒋介石、宋子文约张学良到保定会见,逼张学良下野,"出国考察"。北平军分会代委员长职由何应钦接替。3月11日,张学良通电下野。3月12日,国民政府准免张学良本兼各职。

3月15日 对中央革命根据地进行第四次"围剿"的国民党军的中路主力,在黄坡遭到打击后,即改变部署,将其"分进合击"的作战方针改为"中间突破"。当天,以六个师分成两个梯队由宜黄地区出发,经东陂、甘竹直扑广昌,寻求红军主力决战。红军先以第十一军将其先头部队四个师向广昌方向吸引,主力则埋伏在草台岗、东坡地区。3月21日晨,红军主力突然向进至草台岗、东陂一带的国民党军的后面二个师发起攻击,激战一日,歼国民党军第十一师大部和第九师一部。国民党军余部仓皇撤退。红军经过黄陂、草台岗两仗，共歼国民党三个师，俘其1万余人，缴枪1万余支，取得第四次反"围剿"的胜利。此后，中共中央苏区与闽浙赣苏区连成一片，红军迅速扩大到8万人。4月3日，在第四次反"围剿"取得重大胜利后，为了扩大战果，红一方面军红一军团一部由于都秘密东移，进攻新淦；红三、五军团各部进攻永丰，闽浙赣军区方志敏部同时进攻金溪策应。新淦国民党军第二师仅抵抗两个小时即败退樟树。金溪国民党地方团队一经接触即败退逃临川，红军占领新淦、金溪。

4月6日 当长城抗战激烈进行的时候，蒋介石在南昌电告各"剿共"将领说："外寇不足虑，内匪实为心腹之患，如不先清内匪，则决无以御外侮。""本总司令来赣督剿，实示有我无匪之决心，如我剿匪各将领，若复以北上抗日请命，而无意剿匪者，当以贪生怕死者视之。""如再有贪生怕死、侈言抗日，不知廉耻者，立斩无赦。"

4月7日 蒋介石再次鼓吹"我们的敌人不是倭寇而是土匪。东三省热河失掉了，自然在号称统一的政府之下失掉，我们应该要负责，不过我们站在革命的立场说，却没有多大关系"。"无论外面怎样谤毁，我们总是以先清内匪为唯一要务，如果不是这样，那就是本末颠倒，先后倒置。"

4月7日 共产国际执委会远东局致电中央苏区指出，蒋介石返回江西的原因有两个：第一，不想抵抗日本人发起的新攻势；第二，因为不久前红军在江西取得的胜利。他们将做出新的努力来恢复对中央苏区的进攻。因此我们在东北战线的任务是："1.破坏永丰、乐安、宜黄和南丰地区敌人的后方。2.把敌军从上述设防的地区诱骗出来，并在开阔地带将其全歼。"

4月10日 蒋介石在南昌发表演说，声称"抗日必先'剿匪'，征诸历代兴亡，安内始能攘外。在匪未肃清前绝对不能言抗日，违者即予最严厉的外罚"。

4月15日 中华苏维埃共和国临时中央政府与工农红军革命军事委员会发表宣言，重申愿在"立即停止进攻苏维埃区域"；"立即保证民众的民主权利"；"立即武装民众"三项条件下，与任何武装部队共同抗日的主张，号召全国人民为中国的独立、统一与领土的完整而斗争。

5月1日 汪精卫在南京国民党中央党部讲话称："抗日必先剿共，剿共则要有最大决心。"

5月2日　日本关东军参谋长小矶国昭在东京与参谋本部、陆军省制定沿长城作战的作战方案,即"以迫和为主,内变策应为从"。同日,苏联人民外交委员会委员李维诺夫向日本驻苏大使太田提议出售中东路,太田即电告日政府。4日,日外务省次官有田与苏驻日大使尤列涅夫做私下商议。

5月8日　国民政府外交部电令驻苏大使颜惠庆就苏联出售中东路事,向苏联政府提出抗议。同日,外交部部长罗文干召见苏驻华大使鲍格莫洛夫,说明中国政府对此事的态度。9日,外交部为苏联出售中东路发表声明,表示任何新订办法未经中国同意者,应视为无效,中国政府绝对不予承认。

5月9日　共产国际执委会政治书记处政治委员会致电中共中央指出,为进一步开展反帝斗争和加强我们在这一斗争中的领导作用,根据统一战线策略,我们建议:第一,重新发表苏维埃政府与革命军事委员会对民众的宣言,准备在先前所提的条件下进行联合的武装斗争。第二,建议组成联合斗争的统一战线,保卫中国的独立和领土完整,保障劳动人民的切身利益。第三,掌握主动权,利用工会,在广泛的反帝统一战线基础上,组建全国民众"救国会"。

5月15日　中共满洲省委作出《关于执行反帝统一战线与无产阶级领导权的决议》。决议明确规定:(一)扩大中国共产党独立领导下的抗日游击队,坚决执行反日斗争的纲领,执行民族革命统一战线的策略;(二)使中国共产党成为聚集与联合一切反日力量的组织者和领导者,可以采取上层统一战线和反日联盟的形式,反对"左"倾关门主义。

5月25日　中共临时中央、共青团中央发出《为反对国民党出卖华北平津告民众书》,号召全国人民"反对日本帝国主义进攻平津,反对国民党南京政府和北方军阀的新卖国"。

5月25日　中共临时中央发出《关于中日秘密谈判与国民党出卖平津及华北问题的紧急通知》,要求各级党组织"揭露这一秘密谈判的黑幕和国民党及一切反动报纸的欺骗",在中心城市"召集大规模的群众大会及组织群众的游行示威反对卖国的谈判";"在义勇军部队中,须努力发动和组织义勇军士兵群众反对国民党解除其武装的斗争";"在工人中组织'工人反日会'";"在青年工人和学生中广泛的组织他们的斗争并成立义勇军"。

5月26日 爱国将领冯玉祥、吉鸿昌、方振武在张家口建立察哈尔民众抗日同盟军，冯玉祥任总司令，方振武任前敌总司令，吉鸿昌任前敌总指挥，并通电全国，主张民众和军队"结成抗日战线，武装保卫察省，进而收复失地，求争取中国之独立自由"。29日，冯玉祥令吉鸿昌组织抗日同盟军总部。

5月28日 中华苏维埃共和国临时中央政府主席毛泽东、中央革命军事委员会主席朱德联名发表《告闽粤白军士兵书》，向广东、福建的一切武装队伍提出，在承认三项条件的原则下，同他们订立停战协定，反对日本帝国主义和卖国的蒋介石南京政府。

5月31日 国民党当局与日本帝国主义签订《塘沽协定》。中日停战谈判正式会议在塘沽日陆军运输派出所举行。日方代表冈村宁次首先提出停战协定草案，并声言这是最后案，一字不容更改，中国代表应在一个半小时内做"允诺"或"不同意"的答复。中国首席代表熊斌在一字不改的情况下，正式签署《塘沽协定》。主要内容为：（一）中国军即撤退至延庆、昌平、高丽营、顺义、通州、香河、宝坻、林亭口、宁河、芦台所连之线以西以南地区，不再前进；（二）日本军为确悉第一项实行之情形，可用飞机或其他方法视察，中国方面应行保护；（三）日本军确认中国军已撤至第一项协定之线时，不超越该线续行追击，且自动回到大致长城一线；（四）长城线以南，第一项协定之线以北及以东地域内之治安维持，由中国警察机关任之；（五）本协定签字后即发生效力。协定实际确认了长城线为中日国界。

6月1日 中华苏维埃临时中央政府为国民党出卖平津华北发表宣言，严厉谴责国民党当局与日本帝国主义签订《塘沽协定》，"把整个满洲、热河与平津奉送给了日本帝国主义"，驳斥其所谓不能出兵抗日是由于"苏维埃政权的存在"，"中国没有力量抗日"，"故不得不忍痛停战"等谰言，宣言表示"绝对不容许日本帝国主义与一切帝国主义侵略我们的一寸土地，不容许帝国主义的走狗国民党这样无耻地大胆地出卖中国"！宣言再次重申愿意在三项条件下与各军联合抗日，号召全中国的民众"团结起来，武装起来，同中华苏维埃共和国中央政府在一起，扩大民族战争与收复东北失地，为保卫中国，为争取中国民族的独立解放而斗争"！

6月8日 中共临时中央发出《中央致各级党部及全体同志

的信——论反帝运动中的统一战线》。信中论述了建立广大的统一战线的重要性,检讨了目前不能在反帝斗争中建立统一战线的原因,提出了反帝统一战线的行动纲领和具体工作办法。信中指出,建立反帝运动中真正的统一战线是组织广大群众走上革命斗争的基本策略。党只有在坚决实行广大统一战线的基础之上开展反对帝国主义和国民党,才能揭露他们的阴谋毒计,团结和组织千百万的广大群众形成一个强大的革命阵营,进行反帝的革命斗争。

6月10日 毛泽东同项英等人发出《中华苏维埃共和国临时中央政府否认国民党签订卖国协定通电》,指出国民政府与日本帝国主义签订的华北停战协定(即《塘沽协定》),将华北广大地域与几千万民众完全出卖给日本帝国主义,苏维埃临时中央政府代表全中国民众绝对不承认华北停战协定,号召全中国民众一致起来反对国民当局的卖国协定,以坚决的革命斗争,如罢工、罢课、罢市、群众示威、组织民众自己的武装来反对与阻止协定任何一条的实行。

7月上旬 蒋介石积极准备第五次"围剿"中央苏区红军,在庐山组设军官训练团,自任团长,聘请以赛克特为首的德国军事顾问团及意、美军顾问为教官,分期抽调赣、鄂、湘等省"剿共"部队军官进行训练。

7月11日 蒋介石在庐山牯岭饭店对庐山军官训练团教官及顾问训话,声称:此次训练唯一目的,就是要消灭"赤匪",一切的设施,皆要以"赤匪"为对象,一切的训练方式动作及各种战术,统统要适合"剿匪"战术的需要,统统要针对"土匪"的实际情形与"匪区"的实地地形来做设想并实施训练。

7月18日 庐山军官训练团举行第一期开学典礼,蒋介石作《庐山训练之意义与革命前途》的演说,宣称"革命的成败,党国的存亡,以至各个人的生死,统统都看这次训练能不能发生效力"。训练团每期两周,至10月第五次"围剿"开始前完成三期,调训军官7500余名。

7月23日 蒋介石在庐山召集军事会议,筹备对革命根据地的第五次"围剿"。会议决定将华北驻军除一部留驻外,其余悉皆南调,向江西集中。

7月24日 中共临时中央作出了《关于帝国主义国民党五次"围剿"与我们党的任务的决议》,指出:"五次'围剿'是帝国主义经过国民党实行将中国完全殖民地化的最具体的最凶恶的步骤,它与帝国主义在华北的军事侵略及资本进攻都密切的联结着。粉碎五次'围剿'的斗争,即是阻止危机中的帝国主义的出路的斗争,即是争取独立自由的苏维埃中国的斗争。五次'围剿'的粉碎,将使我们有完全的可能实现中国革命一省或数省的首先胜利"。决议提出"不让敌蹂躏一寸苏区"的口号,号召根据地"创造一百万铁的红军",粉碎国民党当局的"围剿"。

8月5日 红一方面军召开政治干部会议,周恩来在会上作《粉碎敌人五次"围剿"中央区红军的紧急任务》的报告。报告要求"中央红军应该紧密的团结在共产党周围,以常胜的英勇精神,粉碎敌人五次'围剿'"。强调要建立"各方面的正式战线与游击战线",创造众多的游击队,深入敌人后方开展游击战争,牵制敌人的兵力,配合正面战场作战。

8月15日 中共临时中央发出《为帝国主义瓜分中国与国民党的五次"围剿"告全国民众书》,号召全国民众"进行各种斗争,反对日本与一切帝国主义,反对国民党出卖中国,反对帝国主义国民党封锁苏区与对红军的五次'围剿'"。

8月18日 共产国际执委会远东局在给中央苏区的电报中指出,"我们应该在敌人开始进攻之前歼灭其较薄弱的左翼。这个任务应该在9月中旬以前完成。那时我们才能占据有利阵地,阻止敌人在中路和右翼的图谋"。

9月6日 中华苏维埃共和国中央执委会主席毛泽东,副主席项英、张国焘,中华苏维埃共和国革命军事委员会主席兼工农红军总司令朱德,在瑞金联名发表《告全世界工农劳苦民众宣言》,希望各国民众帮助我们反对那些要使我们再过黑暗的非人生活并要屠杀我们的刽子手。宣言再一次向全国军队宣告:不论什么军队,只要赞成我们1933年1月17日提出的三个条件,就可以和我们签订战斗协约,以便共同反对日本帝国主义及其他帝国主义,保卫中华民族的生存和争取中华民族的解放。

9月22日 第十九路军联络代表陈公培等五人到达福建王台苏区,与中共联系共同反蒋抗日,彭德怀将陈公培之来意电告中共中央,并遵照周恩来电示的精神,偕同袁国平与陈公培接谈,当陈公培表示第十九路军要反蒋抗日,不反蒋就不能抗日时,彭德怀说:"抗日必须反蒋,因为蒋执行的是:'攘外必先安内'的卖国政策,只有抗日才能停止内战。"

9月25日 彭德怀写信给蔡廷锴,对第十九路军响应中共"共同抗日三条件"并同红军合作,表示欢迎;同时对第十九路军以往反共、压迫人民的错误行为,也提出严肃的批评;并告以反蒋大计,请第十九路军派代表到苏区首府瑞金,同中共中央进行谈判。从此,第十九路军与红军在福建延平前线进入休战状态。月底,蒋介石加紧部署第五次对中央苏区的"围剿",情势紧张,彭德怀派红军护送陈公培等人返回第十九路军。

9月25日 蒋介石集中了100万军队、200架飞机,向各个革命根据地发动了第五次军事"围剿"。其中,用于进攻中央苏区的兵力达50万。这些兵力分成四路:北路以顾祝同为总指挥,陈诚兼任前敌总指挥,指挥约22个师零两个旅,分别集结于南昌及其以南的临川、南城、南丰、永丰、吉水等地区,这是国民党此次"围剿"的主力;西路以何键为总指挥,指挥约14个师零一个旅,分别集结于安福、峡江、泰和、遂川、莲花、万安、宜春等地;南路以陈济棠为总指挥,指挥约14个师零两个旅,集结于漳平、延平、顺昌等地。蒋介石鉴于前四次军事"围剿"的失利,改变了"长驱直入"的作战方法,采取"步步为营,堡垒推进",企图逐步紧缩苏区,消耗红军有生力量,最后寻求红军主力决战,以达到消灭红军的目的。当天,国民党北路军的四个师向中央苏区的战略要地黎川进攻,第五次"围剿"开始。此时,红一军团在江西宜黄、乐安、南丰一线防守,红三军团东征福建还没有回来,黎川只有少数部队防守。

9月27日 共产国际执委会远东局在给中共中央的电报中指出:"始终存在着19路军不执行停战条件的很大可能性。无论他们诚实与否,但他们一直在寻求好处。现在他们力求做到以下几点:(1)在同我们的斗争中争取喘息机会;(2)改编和训练自己的军队;(3)如果我们处境恶化,他们将全力反对我们。但是,如果总的形势将对我们有利,那么他们就不得不在某种程度上执行停战条件。"

9月28日 国民党军占领黎川。

9月29日 共产国际执委会远东局致电中央苏区指出,对十九路军的策略应该是:第一,把游击队放在它的后方。第二,通过进行初步的非正式的谈判利用各种手段迷惑它,同时作出努力从内部瓦解它。第三,要表示出不同它的部队作战的愿望,并有它最近归还的土地上自由确定边界,如果说这是为它的和解付出的代价的话。

9月30日 世界反对帝国主义战争委员会远东反战大会(又

称远东反战反法西斯大会）在上海大连湾路秘密召开。宋庆龄在会上作《中国的自由与反战斗争》的报告，谴责国民党当局投降帝国主义出卖中国民族利益的罪行。大会通过关于反对帝国主义战争及反法西斯的决议和宣言，反对白色恐怖的决议，反对帝国主义进攻苏联红军的决议，反对帝国主义和国民党当局对苏区红军进行第五次"围剿"的抗议书等。

9月 中国国民党临时行动委员会主要负责人黄琪翔、章伯钧、彭泽湘等人到达香港，同李济深、陈铭枢等人商谈以"反蒋抗日"为号召，联络各方面力量，在福建组织人民政府事宜。

10月6日 陈铭枢由香港第二次秘密到达福州，与第十九路军将领蒋光鼐、蔡廷锴商谈发动反蒋介石的事变及与红军联合反蒋抗日等问题。他们决定由陈公培陪同福建省政府及第十九路军全权代表徐鸣鸿赴中央苏区瑞金。中共中央接到徐鸣鸿带去的第十九路将领给毛泽东、朱德的信后，召开会议讨论，决定由周恩来负责此项谈判工作，并派潘汉年（即潘健行）为苏维埃临时中央政府及工农红军全权代表与徐鸣鸿具体谈判。

10月7日 蒋介石开始实行对中央苏区的第五次"围剿"，发布行动纲要及"围剿"计划。

10月18日 中华苏维埃临时中央政府颁发《为粉碎第五次"围剿"紧急动员令》，要求各级政府、各红军部队立刻召集会议，详细说明当前革命战争的紧张情形，用全部力量来进行战争的动员，完成中央革命军事委员会扩大红军的计划，迅速恢复与扩大赤卫军模范营与模范少先队的组织，保障红军的供给。

10月20日 共产国际执委会政治书记处政治委员会致电中共上海中央局指出：看了你们关于决定歼灭敌人黎川兵团的通报，作为建议，我们提请注意以下两点：第一，你们决定在主要战线上利用第十军是正确的。第二，请把游击队派到正在进攻的敌人的后方、辎重车队的地方和基地去。

10月26日 中华苏维埃共和国临时中央政府及红军全权代表和福建省政府及第十九路军代表在瑞金签署了《中华苏维埃共和国临时中央政府及工农红军与福建政府及第十九路军反日反蒋的初步协定》。协定指出："双方为挽救中国民族之垂亡，反对帝国主义殖民地化中国之阴谋，并实现苏维埃政府及红军屡次宣言，准备进行反日反蒋的军事同盟。"协定共11条,主要内容是：(一)双方立即停止军事行动,暂划定军事疆界线；(二)双方恢复输出输入之商品贸易,并采取互助合作原则；(三)福建方面立即释放政治犯；(四)福建方面赞同福建境内革命的一切组织之活动,并允许出版言论结社集会罢工之自由；(五)在初步协定签订后,福建方面即根据订立本协定原则发表反蒋宣言,并立即进行反日反蒋军事行动之准备；(六)初步协定签订后,互派全权代表；(七)双方人员有必要往来时,由各驻代表要求签发护照通行证,双方负责保护安全之责；(八)本协定在福建方面反日反蒋军事部署未完成前,双方对于协定交涉应严守秘密；(九)在完成上述条件后,双方应于最短期间,另订反日反蒋具体作战协定；(十)双方贸易关系,依互助互惠原则另订商务条约；(十一)本协定在双方全权代表签订草约后即发生效力。代表双方在协定上签字的是徐鸣鸿和潘汉年。

10月30日 中共临时中央发出致福州市委与福建全体同志信。信中指出：中国共产党在福建国民党统治区域内的总方针应该是：一方面尽可能的造成民族的反帝统一战线,来聚集和联合一切可能的,虽然是不可靠的动摇的力量,共同反对日本帝国主义及其走狗国民党政府。另一方面准备并且就进行进一步阶级分化及统一战线内部的阶级斗争,准备和领导群众走向为着建立群众自己政权的前途,实现党的总方针。信中强调说,必须牢记下层统一战线是我们活动的基础,任何上层统一战线都只有在我们能够抓紧巩固的下层统一战线,和上层处于下层革命情绪的威胁之下的时候,方可能和有用。因此,在反帝斗争的统一战线中,中国共产党无论何时,都坚持和保存自己的政治上组织上的独立性,反对统一战线内部的动摇叛变投降事实,反对党内的右倾分子与思想和"左"倾关门主义。

10月 第十九路军电催徐鸣鸿回闽准备事变,并邀中共派人到福州进一步商谈。根据双方签订的《反日反蒋初步协定》第六条的精神,中共派潘汉年为正式代表,黄火青为潘汉年的秘书驻闽,他们先后到达福州,均驻在第十九路军总部内。

10月 毛泽东、朱德在瑞金会见前来谈判的国民党第十九路军代表徐鸣鸿和陪同人员第十九路军参议陈公培,对他们的到来表示欢迎,并表示赞同和第十九路军在抗日反蒋上合作。

10月 中国共产党驻共产国际代表团写信给中共中央政治局,提出了反对日本侵略的六条共同行动纲领:(一)全体海陆军总动员对日作战;(二)全体人民总动员;(三)全体人民总武装;(四)立刻设法解决抗日经费;(五)成立工农兵学商代表选出的中国民族武装自卫委员会;(六)联合日本帝国主义的一切敌人。

11月2日 中共临时中央发出《关于开展反对五次"围剿"运动的紧急通知》。要求各级党部动员党、团、工会及一切群众组织去进行反对五次"围剿"的运动,以对抗和粉碎国民党当局所进行的所谓"剿匪"运动周。

11月20日 中共临时中央、共青团中央发表《为反对五次"围剿"告全中国工人农民兵士雇员穷困的职业学生城市贫民青年书》,号召中国的工人举行示威,"不要为国民党及其他反革命军队运输军火与给养";农民要"扩大抗租、抗税、抗债的群众运动,不要给国民党军阀一颗米";国民党军队中的士兵要建立士兵委员会,"组织大批开小差及兵变",以"粉碎国民党对中国苏维埃区域的五次反革命战争"。

11月20日 在中国共产党抗日主张的影响和全国人民抗日浪潮的推动下,被调到反共前线的第十九路军的广大官兵,对国民党当局的不抵抗政策日益不满。第十九路军将领蒋光鼐、蔡廷锴等人认识到同红军作战没有出路,因而联合李济深、陈铭枢等人,于20日发动福建事变,在福州召开"中国人民临时代表大会",推举黄琪翔、徐鸣鸿等17人组成主席团。大会通过了《人民权利宣言》《组织人民政府案》等12项决议案。21日,第十九路军与中华苏维埃临时中央政府签订抗日停战协定。

11月22日 中华共和国人民革命政府(通称福建人民政府)在福州宣告成立,李济深任主席。同日,福建人民政府通电反蒋抗日,并宣布人民革命政府成立宣言及《人民政纲——最低纲领》18条。

11月24日 福建人民政府任命蔡廷锴为人民革命军总司令,将第十九路军扩充为五个军,随即向闽赣浙边界推进。蒋介石迅速从"围剿"苏区的前线抽调九个师入闽,蒋介石自任"讨逆军"总司令。在蒋介石的军事压力下,第十九路军内部发生分化,到翌年1月,历时53天的福建人民政府遂告失败。

11月27日 中华苏维埃共和国临时中央政府代表张云逸偕同福建省苏维埃政府代表方方在汀州,与中华共和国人民革命政府闽西善后处代表陈子航(即罗稷南),签订《闽西边界与交通条约》,明确划分了军事分界线,解决了双方人员往来的安全的交通问题。共产党和红军代表还驻在第十九路军总部,与李济深、陈铭枢、蔡廷锴等人就政治、经济、军事等方面进行了广泛接触。

11月27日 中共苏区中央局决定开展"扩大红军突击月"运动,规定12月要完成扩大红军2.3万人至2.5万人的任务。

12月5日 中共临时中央发表《为福建事变告全国民众书》,指出:"自从人民革命政府成立到现在,它除了反对帝国主义与反对军阀官僚豪绅地主等的空喊之外,并没有任何真正反帝与反对军阀官僚豪绅地主的实际行动。""事实上证明,这一政府还不是人民的,而且也不是革命的。"告全国民众书号召福建广大工农群众自动组织起来,成立自己的工会、农会、反日会、义勇军,立刻要求人民革命武装,与蒋介石、日本帝国主义决战。告全国民众书最后指出:"或者是帝国主义的国民党的殖民地道路,或者是坚决反帝国主义的与国民党的中国民族解放的道路,……中间道路是没有的,一切想在革命与反革命中间找取第三条出路的分子,必然遭到惨酷的失败。"

12月20日 毛泽东、朱德致电福建人民政府与第十九路军,针对蒋介石派重兵入闽讨伐的严峻形势,郑重指出"在这危险面前的任何消极与迟疑不决,对于中国革命是极大的罪恶",并指出:自订立反日反蒋的协定草约以来,已经有一个多月,"但是我们直到现在还没看到你们积极的反日反蒋的行动"。"蒋介石却已经派了3个纵队向福州与延平进攻,日本帝国主义亦已经准备好占领福州、厦门来响应蒋介石的军事行动,你们与福建广大民众是在极端危险之中。"电报要求"立刻依照我们反日反蒋草约中所决定的基本原则,采取断然的行动"。并诚恳地提出"我们苏维埃政府和工农红军准备在任何时候,同你们联合,同你们订立作战的军事协定,以反对与打倒我们共同的敌人——日本帝国主义与蒋介石的南京国民党政府"。

12月 福建事变后,蒋介石被迫从"围剿"中央革命根据地的北路军中,抽调一部分兵力去攻打第十九路军,毛泽东主张利用这一有利时机,以红军主力突进到以浙江为中心的苏浙赣皖地区,"将战略防御转变为战略进攻威胁敌之重地,向广大无堡垒地区寻求作战",迫使进攻江西南部福建西部地区之国民党军回援其根本重地,粉碎其向江西根据地的进攻,并可援助福建人民政府。但中共临时中央的领导者继续把中间派看成是"最危险的敌人",不仅拒绝了毛泽东的正确主张,反对红军继续在东线行动打击进攻第十九路军的蒋介石的后方,去帮助第十九路军,反而把红军主力西调,劳而无功地去攻击永丰地区的国民党军堡垒,使红军丧失了打破第五次"围剿"的一个有利的战机。

12月 李德以统一前方指挥为名,建议并经中共临时中央决定,前方总部(即中国工农红军总司令部兼第一方面军司令部)撤回后方,并入中革军委机关,由中革军委直接指挥中央苏区的各军团和其他独立师、团作战,取消中国工农红军总司令部和第一方面军司令部的名义和组织。

1934年1月26日,德国与波兰在柏林签订互不侵犯条约。3月17日,意大利、奥地利和匈牙利在罗马签订规定各方进行接触和协商原则的三国公约,即《罗马议定书》。8月2日,在兴登堡病故后,希特勒兼任德国国家元首和总理,并宣誓就任德国军队最高统帅。9月18日,在德国和日本相继退出国联之后,苏联政府为了把国联变成反对侵略、宣传和平主张和揭露战争挑动者的工具,决定加入国联。

1934 年

1月1日 秦邦宪致电共产国际执委会远东局,指出:"蒋军第7纵队司令吴奇伟已派代表到福州,开始同我们的代表就互不侵犯问题进行秘密谈判,并表示了反蒋意图,他把密电码交给了我们的代表。同时蔡廷锴告诉我们的代表,蒋军中央纵队副司令、陈诚的助手薛岳也有这样的意图。"2日,施特恩在回电里说,"应该认真对待同吴奇伟和薛岳的〈关系〉问题,通过两种途径:间接的是通过我们的代表和蔡廷锴,直接的是通过重申根据三项条件专门向他们的部门提出的建议"。

1月8日 中共临时中央作出《关于"一·二八"两周年运动的决议》。决议认为:"'一·二八'两周年纪念的主要任务应当是:在反帝统一战线基础上,号召与组织广大的群众进行民族革命战争,反对日本和一切帝国主义的新进攻,反对国民党新的出卖与'中日直接交涉',反对帝国主义国民党的五次'围剿'。"

1月11日 中共临时中央、共青团中央联合发表《关于国民党法西斯蒂绑架上海各学校学生宣言》,支持广大群众要求民主权利,要求言论、出版、集会、结社和罢工的自由,反帝斗争的自由，要求国民党当局释放被绑架的学生。宣言表示愿意同一切真正反帝国主义和反法西斯主义的分子，结成战斗的统一战线，发展一切争取民权和自由的广大运动。

1月13日 毛泽东、朱德代表中华苏维埃临时中央政府致电福建人民政府李济深、陈铭枢、蒋光鼐、蔡廷锴，指出："目前情势，福州既濒危急，人民政府已在危险之中。"为挽救危局，电报提出了福建人民政府应该立即实践人民民主权利、武装群众、赞助群众组织反日反蒋团体、采取反日反蒋与红军一致的军事行动等六项建议，指出这是挽救目前人民政府及第十九路军濒于危险的唯一出路。该电敦促福建人民政府"应立即实践其宣言中及协定上所允诺的人民民主权利"，"向十九路军全体官兵宣布为反日反蒋，只有与苏维埃合作到底，采取一切有效方法与联合一致的军事行动"。

1月15日至18日 中共中央在江西瑞金召开中共六届五中全会。这次全会错误地断定中国已存在"直接革命形势"，第五次反"围剿"是中国"苏维埃道路与殖民地道路之间谁战胜谁的问题"，"是争取苏维埃中国完全胜利的斗争"；继续贯彻错误的下层统一战线策略；继续坚持过左的土地政策，批判所谓"富农路线"；在国民党统治区域，要求党"用的最大的力量去准备组织领导工人阶级的罢工斗争"；全面肯定中共六届四中全会以来的"左"倾错误路线；等等。这就使"左"倾错误发展到顶点。

1月20日 中国国民党四届四中全会在南京开幕，25日闭幕。汪精卫在所致开幕词及会议宣言中，顽固坚持对日军侵略采取消极抵抗的方针，实行全力"清除共匪"的反动政策。会议还通过国民党四届四中全会"慰劳剿匪"全体将士电，声称"残余之匪肃清可待"。

1月22日至2月1日 中华苏维埃第二次全国代表大会在瑞金召开。大会主席毛泽东致电东北人民革命军及抗日义勇军，重申只要停止向苏区与红军进攻，允许人民的民主权利，武装民众进行民族革命战争，苏维埃及红军愿意与任何武装部队订立反对日本反对国民政府的作战协定。

1月26日 中共临时中央发表《对福建事变第二次宣言》，指出："福建事变的最深切与痛苦的教训"，"就是在一切改良主义者的第三条道路的找寻"，福建人民政府的失败表明"只有工农劳苦群众的革命斗争，反帝国主义的土地革命的胜利才能够把中国从严重的民族危机中解放出来，才能够使中国脱离殖民地奴役的地位而获得社会与民族的解放。只有苏维埃才能救中国，只有无产阶级及其政党——中国共产党才是胜利的中国革命的唯一的领导者"！

2月12日 中共临时中央发出《给满洲省委指示信》。信中批评满洲省委在实行统一战线策略时存在着"浓厚的关门主义的倾向"和"右倾曲解的错误"，表现为"或则没有统一战线，或则只是上层联合，放弃艰苦的下层统一战线的群众工作"。因此《指示信》要求满洲省委必须坚持下层统一战线的基本策略，到反日游击队中去宣传鼓动，解释中央对日作战纲领，说明统一作战的必要，号召一切反日武装部队联合起来去反对共同的仇敌。

2月19日 蒋介石发起"新生活运动"，在南昌行营扩大纪念周上讲演《新生活运动之要义》。他说："我现在所提倡的新生活运动"，简单地讲，"就是要使全国国民军事化"。同时提出要以孔孟的"四维"（礼义廉耻）、"八德"（忠孝仁爱信义和平）为道德标准，统一人们的思想。2月21日，南昌新生活运动促进会成立，蒋介石自任会长，旋颁《新生活运动须知》。"新生活运动"首先在南昌和江西推行。2月23日，蒋介石在南昌再次讲演，对"新生活运动"的目的、内容和方法作详尽说明，主张以中国固有的道德"礼义廉耻"为基本准则，"以改造国民全部日常生活的衣、食、住、行"为起点，以全国达到"国民生活军事化"为最后要求。

2月22日 中共临时中央给满洲省委发出指示信，同意将吉林磐石、间岛和黑龙江汤原、绥宁、珠河五个游击区作为工作中心。要求"满洲党必须把建立和扩大革命政权与革命根据地的任务，提到实际的工作日程上来"。此外还要"积极的参加一切群众的反日运动，广泛的运用统一战线的策略，在实际运动的每一个具体问题上提出我们的主张与纲领"。

2月 蒋介石为配合其军事"围剿"，对白区的进步文化和爱国民主运动也加紧镇压。早在1931年，国民政府即查禁228种书刊。1934年2月，仅上海一地，国民政府就查禁社会科学和进步文艺书籍149种以及进步刊物76种。11月，又暗杀了倾向抗日民主的民族资产阶级代表人物、《申报》主持人史量才。

2月 蒋介石在镇压福建事变后，将入闽部队组成东路军，和先已成立的北路军、西路军、南路军相配合，形成对中央苏区的合围之势，重新开始进攻。

3月1日 伪满洲国"执政"溥仪称帝。1日，发表所谓《建国宣言》，宣布"满洲国"成立。溥仪在长春郊外杏花村"祭天"称帝，改伪年号大同为"康德"。9日，日伪举行溥仪"就职典礼"。19日，日军在长城各口树立刻有"满洲国界"字样的界碑。20日，日伪将东北划为七个军管区。10月3日，伪满洲国又决定将东北四省改为十省。溥仪傀儡政权于1945年随着中国人民抗日战争的胜利而垮台。

3月11日 国民政府发表关于傀儡称帝通告，指出："伪组织改称帝制，群情愤激，环请声讨，惟政府始终认定此等傀儡，初无独立之人格，不成为讨伐之对象，而迹其卖国行为，自应与危害民国同科。其他败类如有附和伪组织，阴谋扰乱等情事，政府必按《危害民国紧急治罪法》及《惩治盗匪条例》，从严处置，决无宽贷。"

4月1日 杨靖宇在吉林蒙江县陈家碥子召开20余名抗日武装领导者参加的联合大会。会上成立抗日联合军总指挥部，推选杨靖宇任总指挥。

4月10日 中共临时中央发表《为日本帝国主义占领华北并吞中国告全国民众书》，抨击蒋介石已决定接受日本的要求，把华北送给日本，借口中国"无力"抗日，"治本莫先于建设、治标莫先于剿共"，以掩盖其卖国的罪恶。告全国民众书号召一切真正愿意反对帝国主义的不甘做亡国奴的中国人，不分政治倾向，不分职业与性别，都联合起来，在反帝统一战线之下，一致与日本和其他帝国主义作战。告全国民众书提出了反帝统一战线的纲领：（一）坚决反对国民党整个的投降出卖政策；（二）全国民众必须起来为保卫中国领土与独立而作神圣的民族革命战争；（三）号召民众参加反日战争与游击战争；（四）武装民众，没收日本帝国主义财产和一切卖国汉奸的财产，作为抗日经费；（五）完全脱离日本及一切帝国主义和卖国贼的影响；（六）中国必须完全对日绝交；（七）反对国民党南京政府出卖东北、华北和中国的《塘沽协定》。告全国民众书号召武装保卫华北，以民族革命战争来粉碎塘沽卖国协定，把日本帝国主义逐出中国。

4月上旬 蒋介石集中11个师的兵力分两路向广昌，欲打开中央苏区的北面门户，进而攻占瑞金。

4月13日 中共临时中央发出《关于目前在华北紧急形势

下各级党的任务的紧急通知》,要求各级党部针对国民党对内"围剿"苏区,压榨工农劳苦群众,对外出卖的行为,以最明了的、普遍的、最低限度的反帝统一战线的纲领,来指出广大群众进行民族革命战争的步骤,并团结和组织一切愿意反对帝国主义、不甘做亡国奴的分子,实现真正的反帝国主义的统一战线,同时在这一战线中树立和巩固无产阶级的革命的独立的领导。

4月20日 中华苏维埃共和国临时中央政府主席毛泽东针对日本"天羽声明"发表谈话,指出"天羽声明"是日本帝国主义全力强占中国的最明显的表示,它"直接的提出了日本将以武力保持日本对于中国一切军事政治和经济的垄断。日本帝国主义的这一企图,就是要在日本将以武力单独把中国完全殖民地化的过程中,用日本帝国主义自己的力量,直接镇压中国的革命,并且造成更巩固的后方,来进行反苏战争"。声明表示苏维埃中央政府"坚决地反动日本帝国主义独占中国的企图"。号召全国人民"在苏维埃政府领导下,粉碎帝国主义国民党对苏维埃红军的五次'围剿'","阻止中国完全殖民地化的道路,争取苏维埃新中国的胜利"。

4月20日 以上海反帝大同盟、中华全国总工会、上海工会联合会等为基础,在上海组设中国民族武装自卫委员会筹备会,由宋庆龄任主席,何香凝、马相伯、李杜、胡汉民等为委员。当天,该会发表了由中国共产党提出,经宋庆龄、何香凝、李杜签名的《中国人民对日作战基本纲领》。纲领共六条:(一)全体海陆空军总动员对日作战;(二)全体人民总动员;(三)全体人民总武装;(四)立刻设法解决抗日经费(没收日本帝国主义的在华财产,没收一切卖国贼的财产,国库一切收入用作对日作战经费,实行财产累进所得税,在国内人民、国外华侨及一切同情中国的外国人士中进行募捐);(五)成立工农兵学商代表选出的全中国民族武装自卫委员会为抗日的总机关;(六)联合日本帝国主义的一切敌人。纲领指出:中国人民只有自己自救才是救国的唯一出路。纲领号召一切不愿当日本侵略者的亡国奴的同胞采取各种方法来为本纲领推向全国而奋斗。

4月20日 中共临时中央就开展反帝反日运动和组织民族革命战争的策略问题,给各省委、县委、市委一封秘密指示信,指示各级党组织,采取各种形式宣传贯彻对日作战的基本纲领,"尽最大可能团结一切反日的力量来建立真正广大的民众的反日统一战线"。该信要求全党在执行《中国人民对日作战的基本纲领》,尽量争取一切名流学者、新闻记者，及其他社会上有相当地位的自由职业者，作为这一纲领及委员会的发起人或赞成人。人越多越好，不要尽是色彩浓的，要尽可能找到灰色的甚至平时是反动的，只要他们同意这个纲领就争取。要尽一切可能用各种分开的或半分开的方式和组织的名义发动起民族自卫运动，"不要怕群众与国民党发生关系"、"不要怕商会、国民党党部、政府当局等代表参加"，相反要利用各种机会动员一切团体和国民党的一切政府及商会的机关发生直接交涉，迫使他们答应抗日，并出钱出力。

4月中旬 为进行广昌战役，中共临时中央决定调集红军主力九个师的兵力，全力保卫广昌，与国民党军"决战"，由秦邦宪、李德直接指挥。为此，中共临时中央决定在前方组织野战司令部，朱德为司令员，秦邦宪为政治委员，周恩来在瑞金留守中革军委。广昌战役中，红军虽集中主力，苦战十余天，但由于采取以集中对集中，以堡垒对堡垒的阵地战和"短促突击"战术，尽管予敌重创，但自己亦遭受很大伤亡，无法守住广昌。4月28日，红军被迫撤离广昌，转移到贯桥、高虎垴一线进行防御。

4月23日 王明在给埃韦特和李竹声的电报中指出，要注意到日本的声明，有必要发表由中华苏维埃共和国中央执行委员会签署的声明，"要次呼吁国民党军队共同与日本帝国主义作斗争，还要重提六项条件，表明可以开展神圣的对日国民革命战争"。

5月17日 日本外务、陆军、海军三省商定侵华政策，即"铁则化的对华根本方案"。其主要内容如下："（一）使中国政府放弃反日政策。关于经济财政建设，不必利用远邦，须实行中、日两国合作，或以日本为主体之国际团体组织互相协助；（二）对于第三国之对华援助政策，尤其对于国联对华活动，不问其事业为技术方面或经济关系，根据脱离国联之根本精神，积极阻止之；（三）对国民政府积极交涉取缔排日抵货之一切行动，改订关税，整理旧债，及对满通车通邮等各项悬案，务须于最短期内，树立中、日两国之新关系；（四）关于解决悬案交涉，固不必坐待中国当局之提议，而应先向中国当局积极交涉，但中国当局如不表示诚意，则可暂放置，随时采取适当措置；（五）中国当局倘不确认日本为维护远东和平之责任者之地位，仍有利用第三国之事实，则日本决取断然打击手段，应将此次重大决定，传达中国当局，使其彻底谅解。"此项"铁则"，后由日本外相广田弘毅作为最后训令，交由驻华公使有吉明贯彻执行。

6月16日 共产国际执委会政治书记处政治委员会致电埃韦特和中共中央指出,争取保存中央苏区的前途,是与在外部地区、在交通线上和在靠近敌人设防地区的后方广泛开展游击战密切联系在一起的。为此,必须完成两项任务:"(1)为防备不得不离开,要规定加强在赣江西岸的基地,同这些地区建立固定的作战联系,成立运粮队和为红军建立粮食储备等;(2)现在就用自己的一部分部队经福建向东北方向发起战役,以期最后这些部队成为将来闽浙皖赣边区苏区的骨干力量,现在四省边境地区就有可观的游击行动和第10军的核心力量。"

6月19日 中华苏维埃临时中央政府发表《为国民党出卖华北宣言》,宣言痛斥国民政府自出卖了东三省、内蒙古、平津之后,又把整个华北出卖给日本帝国主义,指出:"华北的出卖不但不能停止日本帝国主义对于中国的侵略,而且更引起了它并吞全中国的野心与贪欲。同时,华北的出卖和日本帝国主义独占中国的企图,自然更促使其他帝国主义国家加速度的来直接瓜分中国。"宣言指出,在这种情形之下"只有全中国民众一致的团结起来,武装起来,开展武装群众的民族革命战争,驱逐日本与英美法等帝国主义出中国,打倒出卖华北、出卖整个中国的国民党,我们才能免去做亡国奴的痛苦,才能把中国从殖民地道路上挽救过来,建立独立自由与领土完整的新中国"!宣言宣布:中华苏维埃临时中央政府完全拥护中国共产党中央委员会所提出的反帝纲领,号召一切真正愿意反对帝国主义不甘做亡国奴的中国人,不分政治倾向,不分职业与性别都在这一反帝纲领之下团结起来,执行这个纲领,以求中国民族的彻底解放。

6月23日 中共临时中央在给山西工委的信中指出:要根据下层统一战线策略,把对日作战的基本纲领依据当地实际情形具体化;要在文化界在工人中尽可能团结一切反日力量,来建立真正广大的民众反日统一战线;尽可能取得公开或半分开的活动,在实际斗争中揭穿国民党卖国真相。

7月初 中共临时中央为了反对日本帝国主义的侵略,冲破国民党当局对中央苏区的"围剿",决定以红七军团组成中国工农红军抗日先遣队,以寻淮洲任军团长,乐少华任政治委员。红七军团奉命从福建连城地区调回瑞金。7月7日,红七军团在红九军团的护送下,从瑞金出发,经长汀、清流、永安。7月19日攻占大田。8月1日,攻占福州外围重镇水口。这时,部队正式宣布对外以"中国工农红军北上抗日先遣队"的名义活动。

7月上旬　国民党军经过部署后，集中31个师的兵力，从六个方向向中央苏区的中心区发动全面进攻。秦邦宪、李德为同时阻止各个方向上的国民党军，采取"六路分兵""全线抵御"的作战方针，在前方指挥各路红军节节抵御，同国民党军打阵地战。在其后的高虎垴、万年亭战斗中，尽管给国民党军以重创，但红军伤亡亦很大，最后不得不撤出高虎垴、万年亭，退至驿前等地设防。

7月15日　中华苏维埃共和国临时中央政府和中国工农红军革命军事委员会发表《为中国工农红军北上抗日宣言》，宣言郑重宣布：苏维埃政府与工农红军决心派遣抗日先遣队，北上抗日。愿意同全中国的民众与一切武装力量，联合起来共同抗日，开展民众的民族革命战争，打倒日本帝国主义。宣言重申愿意在"三个条件"下和全中国任何武装部队订立与敌作战的战斗协定，愿意把广大群众，不分男女老幼、宗教信仰、政治派别吸收到抗日团体中来，用罢工、罢课、罢市、罢商与示威来反对日本帝国主义的侵略与国民党政府的卖国投降。宣言还提出了五项具体主张：（一）坚决反对国民党政府出卖领土主权，反对"中日直接交涉"，反对承认伪满洲国；（二）"立刻宣布对日绝交"，宣布一切中日条约和协定无效，动员全国陆、海、空军对日作战；（三）武装全国民众，组织义勇军与游击队，直接参与抗日战争，积极支援东北义勇军和工农红军北上抗日先遣队；（四）没收日寇和汉奸卖国贼的一切财产，停止支付一切国债款本息；（五）"普遍组织民众反日团体"，"吸收广大的群众，不分男女老幼、宗教信仰、政治派别到反日团体中来"。11月初，北上抗日先遣队与方志敏领导的红十军在皖南太平县境会合，组成红十军团，并成立以方志敏为主席的军政委员会，继续北上抗日。12月寻淮洲在作战中壮烈牺牲；翌年1月，方志敏不幸被俘，8月6日在南昌英勇就义。红十军团余部在粟裕、刘英率领下，突破重围，转战到浙南，开辟根据地，坚持游击战争。

7月25日　中共中央局发出《关于开展武装自卫运动的指示信》。信中指出：中央局曾于4月间发出反日统一战线的秘密指示信及对日作战的基本纲领，要求各级党部"拿这个反日作战的基本纲领深入广大群众中去开展签名运动和民族武装自卫运动"，但由于工作中的"弱点与错误"，"使这一运动还没有得到应有的成绩，还没有成为广泛的群众的反日运动"。

7月26日 中共中央发出《关于红军北上抗日行动对各级党部的工作指示》。指出：（一）"各级党的组织应该经过各种文字与口头的宣传，在群众中最广大的解释红军北上抗日先遣队的行动的政治意义，证明中国工农红军与苏维埃是中国唯一的武装民众的民族革命战争的领导者"；（二）"组织拥护红军北上抗日的广大的群众运动，组织中国民族武装自卫委员会筹备会，组织抗日会等一切群众的抗日团体与抗日义勇军等一切群众的抗日武装，来推动与开展群众的抗日行动"；（三）"党必须迅速的到一切国民党与反革命派所领导的有群众的抗日会、义勇军、各学校、各黄色工会内，有群众的反日的和爱国的组织或锄奸团等，在群众的组织中，加紧活动，发动群众的各种反日活动"；（四）"应该极大的加强在白军士兵中的工作"；（五）在游击区中，"在抗日的旗帜下，去武装民众"。

7月至8月 国民党广州"绥靖"公署主任、湘鄂"剿匪"军南路军总司令陈济棠，在蒋介石再三催促之下，一面命令所属李扬敬纵队佯作恣态，向苏区推进；一面暗派代表向红军输诚，表示愿意与红军建立互不侵犯的谈判。红军决定利用蒋、陈矛盾，同陈济棠建立抗日反蒋统一战线。

8月5日 国民党当局对中央革命根据地进行第五次"围剿"的北路军，在占领了广昌和广昌以南的大寨脑一带的红军阵地后，集中九个师的兵力，在飞机、大炮的强大火力支援下，向广昌以南、驿前以北地区发动进攻。红一方面军第三军团和第五军团一部，奉命在高虎垴、万年亭到驿前约15公里纵深，构筑了以五道支撑点为骨干的防御阵地进行固守。8月6日，在高虎垴、半桥，8月13日在万年亭，红军凭借步枪、手榴弹、大刀，击退了国民党军的多次集团冲锋，使蒋介石的精锐部队汤恩伯部第八十九师丧失了战斗力，歼其4000余人，第八十九师不得不退出战斗。红军亦伤亡2300人，也不得不于8月27日放弃驿前以北的全部阵地。

8月28日 国民党当局对中央革命根据地实行第五次"围剿"的北路军第三路军，开始向红三军团和少共国际师据守的驿前北部豹子山、洛寨、南岭、大岭及刘季尖等阵地发起攻击。国民党军三个纵队在飞机和炮火的配合下发动进攻，占领了红军第一线阵地豹子山、洛寨及刘季尖东南牛屎台、南岭脑、金鸡寨，红军退守牛角山、大排岭、钟子寨等高地准备组织反击。8月29日，红军组织兵力反攻南岭脑一线阵地，冒着国民党军的强大炮火，红军英勇前进，但由于国民党军飞机的猛烈轰炸扫射牺牲极多，反击遭到失败。8月31日,国民党军又占领了驿前,红军被迫退守石城一带准备固守。9月22日,对中央革命根据地进行第五次"围剿"的国民党北路军第三路军,开始对石城一线阵地进行攻击。当天,向红一军团守卫的蓝田圩阵地发动进攻。经过激战,国民党军占领蓝田圩。23日,红军一部由长汀增援未成,红一军团退守石城一带。9月26日,国民党军为攻占石城,向红三军团扼守的中华山、黄泥寨、牛角山一线阵地发动进攻,经过两天激战,红军利用堡垒顽强反击,消灭国民党军1000余人。但红军在敌人的炮火轰击下伤亡亦重,阵地被国民党军占领。中央革命根据地北部仅剩石城一线阵地,国民党军已打开了通往兴国的道路,红军处于非常被动的局面。

8月 红四方面军在川陕革命根据地人民大力支持下,经过十个月的苦战,粉碎了国民党军的六路围攻,歼其25个团。

9月4日 共产国际执委会政治书记处政治委员会致电中共中央提出以下建议,第一,中共中央在中国南方的一个港口建立一个为苏区采购和运输武器、弹药和药品的不大而有效的机构。第二,建议中共中央从中央苏区抽调一位有威信的政治工作人员和一位军事工作人员来加强对贺龙部的领导。第三,同意你们关于四川问题的意见。第四,中共中央应该做好下列工作:"(1)在中国国统区加强对苏区实行的经济、政治和文化措施的宣传;迄今为止这项工作都没有认真地去做;(2)向中国人民发表苏维埃政府和革命军事委员会的宣言,号召积极援助红军这支能够捍卫中国的独立和完整的唯一力量(如果你们愿意的话,我们可以在这里起草这种宣言的草稿并寄给你们);(3)开展反对蒋介石的法西斯组织——蓝衣社的斗争,在这种斗争中利用一切在野的反对蒋介石的力量;(4)加强〈中共〉上海中央局并对那里党的机关进行必要的改组。"9月19日,中共中央回电表示:1.最合适的港口是香港或澳门,我们将派两位同志到那里建立机构。2.至今我们与贺龙没有联系。3.请你们把告中国人民书寄来,直接寄到上海。4.其他各项我们正在完成。

9月8日 胡汉民和两广地方实力派对即将召开的中国国民党第五次全国代表大会提出"整饬政治风化,惩戒丧权辱国的军政当局"等四项提案,抨击以蒋介石为代表的对日妥协退让的南京当权派。

9月16日 中共驻共产国际代表团在致中央政治局信中指出,我们在运动中要利用一切可能反蒋的力量，即使是军阀国民党内部的反蒋力量，也必须尽量利用。

9月17日 秦邦宪致电共产国际执委会说，中共中央和革命军事委员会决定从10月初集中主要力量在江西的西南部对广东的力量实施进攻战役。"最终目的是向湖南南部和湘桂两省的边境地区撤退。全部准备工作将于10月1日前完成，我们的力量将在这之前转移并部署在计划实施战役的地方。"

9月 为了同国民党广州"绥靖"公署主任兼第八路军总指挥、赣粤闽湘"剿匪"军南路军总司令陈济棠建立抗日反蒋统一战线，朱德和周恩来主持同陈济棠的谈判。在谈判期间，朱德致信陈济棠，欢迎他表示的"合作反蒋抗日之意"，指出："华北大好河山，已沦亡于日本，东南半壁亦岌岌可危。中国人民凡有血气者，莫不以抗日救国为当务之急，抗日救国舍民族革命战争之外，实无他途，而铲除汉奸卖国贼尤为民族革命战争胜利之前提"，"如蒙同意，尚希一面着手实行，一面派负责代表来瑞，共同协商作战计划"。信中还提出"双方停止作战行动""恢复双方贸易自由"等五项建议，希望双方达成协议。

10月5日 中共临时中央、中革军委派潘汉年、何长工为代表，同陈济棠的代表在寻邬与陈济棠的代表杨幼敏、黄质文、黄旭初谈判，双方达成五项协议：（一）就地停战，取消敌对局面；（二）解除封锁，互相往来；（三）互通情报，用有线电通报；（四）红军可以在粤北设后方医院；（五）可以互借道路，各从现在战线后退20里。这个谈判为红军长征突破第一道封锁线做了有利的准备。

10月7日 中央革命军事委员会陆续命令周建屏红二十四师、十多个独立团及其他地方部队1.6万余人接替红军主力防务。当天起，红一方面军林彪、彭德怀、董振堂、周昆、罗炳辉第一、三、五、八、九各军团先后奉命向兴国、于都、会昌地区集中，准备进行长征。

10月8日 共产国际执委会政治书记处政治委员会致电中共中央指出，如果关于蒋介石在最近准备向广州人发起进攻的消息可靠，我们就应该力求与广州人签订军事协议。签订这个协议之后，我们不应该把它看作是一种策略手段，而应该真正积极参加同广州人联合反对蒋介石这个主要敌人的行动。不要重犯在福建事变期间所犯的错误，当时我们没有积极地支持第十九路军。

10月10日晚 中共中央和红军总部从福建长汀、宁化和江西瑞金出发,率领红一、三、五、八、九军团连同中央、军委机关及直属部队共8.6万余人,开始战略转移,向湘西进发。在此之前,中革军委副主席周恩来先期赴雩都,选择行军路线,组织架桥,为大部队行军做准备。

10月18日 蒋介石得知红军主力突围西进,命令陈济棠、何键、白崇禧分别在粤赣、湘南、桂北布防,阻击红军,并令第二路军薛岳率吴奇伟、周浑元两纵队追击。

10月21日晚间 红一方面军主力在雩都开始突围,以第一、九军团为左翼,第三、八军团为右翼,第五军团担任后卫,掩护庞大的中央领导机关转移。到10月25日,渡过信丰河,通过国民党军第一道封锁线。

11月5日 红一方面军自当天起开始进入国民党军在汝城、城口间第二道封锁线。红三军团以一部猛攻汝城濠头圩,红三、五、八军团大队经汝城南部天马山、大围山前往廷寿、文明司、赤石司;红一、九军团由城口东昌县杉木洞、茶料入大王山脚下,前往九峰。两部均沿湘赣粤边界西进宜章。11月8日,红一方面军全部由汝城南部天马山及城口间通过国民党军第二道封锁线。

11月11日 在国民党军进行围攻的情况下,中共鄂豫皖省委根据中央指示,决定由省委委员高敬亭领导部分武装组成红二十八军,坚持鄂豫皖边区游击战争,省委率红二十五军从鄂豫皖革命根据地转到外线开辟新的根据地。13日,红二十五军进行整编,共2900余人,程子华任军长,吴焕先任政治委员。16日从河南省罗山县境内出发,开始西征,于12月进入陕南,开辟了鄂豫陕游击根据地,并将鄂豫皖省委改为鄂豫陕省委。翌年8月吴焕先牺牲,徐海东任军长,程子华任政委。9月16日,在陕西省延川县永平镇(今永坪)同陕甘红军会师。

11月12日 蒋介石南昌行营发布"追剿"计划,以何键为"追剿"军总司令。同时电令黔、桂军阀出兵堵击,企图于湘江以东消灭红军。11月23日,国民党军占领会昌。至此,整个中央苏区全部被国民党军占领。国民党军占领中央苏区后,立即进行大屠杀。据不完全统计,瑞金被杀的有1.8万人;宁都被杀的有4800多人;兴国被杀的有2100多人;于都被杀的有3000多人。国民党军的血腥暴行,给苏区人民带来了深重的灾难,到处出现了田园荒芜、人口稀少的惨象。

11月22日　爱国将领、中共党员吉鸿昌被国民党武装军警由天津陆军监狱秘密押解至北平军分会军法处,当晚对吉鸿昌进行审讯。吉慷慨陈词,历数蒋介石的卖国罪行,并将上衣解开,袒露出在察北抗日作战中所负的累累伤痕。24日,蒋介石密电北平军分会将吉鸿昌"就地枪决"。临刑前,吉鸿昌以手为笔在地上疾书绝命诗一首:"恨不抗日死,留作今日羞。国破尚如此,我何惜此头!"

11月25日　红一方面军继续西进,在湘、桂边界同桂军周祖晃部激战,相继突破龙虎关、永安关、雷口关、清水关四关,其先头部队进抵双寅铺、山头、江村、伏华铺一线。

11月27日　红军先头部队在广西的兴全、全州之间突破国民党军第四道封锁线,渡过湘江,并控制了界首至脚山铺之渡河点。湘桂两省敌军分路向红军占领的阵地猛攻,妄图夺回渡河点,阻止红军西进。从中央革命根据地追来的敌军也与红军后卫部队展开激战。

12月1日　中共中央机关和红一方面军主力全部渡过湘江,突破了国民党军第四道封锁线。但红五军团第三十四师、红三军团第六师第十八团因掩护主力未能过江,大部在作战中牺牲;红八军团一部被击溃。至此,红一方面军折损过半,从长征开始时的8万余人锐减为3万余人。湘江战役后,蒋介石判断红军将沿湘桂边境北上湘西,同红二、六军团会师,遂在湖南洪江、芷江、贵州松桃、铜仁、石阡一带集结近20万军队,设了四道防线,布置好口袋形阵势,企图把红军一网打尽。

12月上旬　从中央革命根据地出发以来,由于中共临时中央和中革军委一、二纵队及各军团、师的后方机关过于庞大,使所有的野战部队都成了掩护队,致使红军西征过程中行动迟缓,被动挨打,失去了到达湘西的先机。从过老山界起,毛泽东、王稼祥、洛甫公开批评中央的军事路线,他们认为,第五次反"围剿"以来的失败是由于军事领导上战略错误路线造成的。毛泽东、王稼祥提出:在同红二、六军团会师的道路上蒋介石已布置重兵,建议转向国民党军力量薄弱的贵州进军,建立川黔根据地。

12月12日　中共临时中央在湘西通道城召开会议,讨论红军的行动方向问题。会上,多数人支持毛泽东、张闻天、王稼祥提出的红军向国民党军力量比较薄弱的贵州前进的建议。12月13日,中革军委命令部队迅速脱离桂敌,西入贵州,寻求机动,以便北上。红一方面军开始由通道分两路进军贵州。

12月15日 红一方面军占领贵州省黎平县，突破国民党军在黎平、锦屏的防线。

12月18日 中共中央政治局在黎平召开会议。会上，多数人同意毛泽东提出的放弃和红二、六军团会合的原定计划，改为西进渡乌江北上，向国民党军力量薄弱的川黔边地区进军的意见。会议决定到遵义地区后开会总结讨论第五次反"围剿"以来军事指挥的经验与教训。会后，红军开始经贵州腹地向黔北前进。同日，中革军委第一、二纵队在黎平县城合编为中央纵队。1935年1月19日，朱德任命总参谋长刘伯承兼任中央纵队司令员。

12月20日 红一方面军分两路西进，相继占领剑河、台拱、施秉、镇远等城；12月28日，进至黄平、余庆等地；12月29日占领瓮安，迫近乌江。

12月29日 中共上海中央局写信给王明和康生，汇报当前的严峻局势。"在1934年3月江苏省委组织部暴露后，几乎每三个和最近一个时期几乎每个月都发生大暴露事件。11月初组织部彻底暴露。暴露的还有联络点和报警网，因此，〈中共〉上海中央局也受到了严重的损害。9月底特科大暴露。10月党中央驻上海代表处彻底暴露，还有电台彻底暴露，此后海员工会海外委员会被彻底捣毁。10月底和11月初，共青团中央局和共青团江苏省委彻底暴露。"信中特别指出，这是对白区组织的一次空前的打击，这样的打击在历史上还从来没有过。

1935年2月26日，德国宣布重建空军，废除《凡尔赛和约》限制德国军备条款。3月16日，希特勒宣布废除《凡尔赛和约》关于解除德国武装条款，恢复义务兵役制。6月18日，英国和德国在伦敦签订海军协定。在全世界都受到法西斯奴役和战争威胁的情况下，共产国际第七次代表大会于七八月间在莫斯科召开，制定了各国共产党在工人阶级反对法西斯进攻的斗争中以及对付帝国主义准备新的世界大战方面新的策略和策略路线。10月3日，意大利军队不宣而战，侵入埃塞俄比亚。

1935 年

1月1日 红一方面军先头部队红一军团第二师进抵乌江南岸，其前卫第四团逼近乌江江界渡口，进行火力侦察，准备渡江。1月2日，红一方面军开始分三路抢渡乌江。至1月6日，红一方面军全部渡过乌江，向遵义地区前进。1月7日，红一方面军红一军团第二师占领遵义。驻军残部由城北门溃退。

1月1日 汪精卫在《东方杂志》第32卷第1号上发表《救亡图存之方针》一文，宣称要抵御日本侵略，必先"剿除"红军，甚至荒谬地提出"剿匪即是御侮"。

1月4日 日本关东军在大连星浦旅馆举行会议，讨论对华侵略方针，要求中国政府充分履行《塘沽协定》，调整华北中日关系，实行"中日提携"，决定以"侧击旁敲办法"逐步吞并华北。

1月15日至17日 中共中央政治局在遵义召开扩大会议（也称遵义会议）。会议着重批判了中共中央主要领导人秦邦宪以及李德在军事上的严重错误，通过了

《中央关于反对敌人五次"围剿"的总结的决议》。在党的统一战线工作方面，决议肯定了同十九路军订立抗日反蒋协定是"正确的政治战线"，阐明利用反革命内部的每一次冲突，从积极方面扩大他们内部的裂痕，使我们利于转入反攻与进攻这一马列主义的策略原则，批判了秦邦宪把利用敌人内部矛盾与冲突使自己转入反攻与进攻说成是"冒险的行动"的错误的观点。决议还指出，不论是白区党还是苏区党，过去的工作方式都必须有"彻底的转变"，来"适应新的环境"。会议重新肯定了毛泽东等人关于红军作战的基本原则，增选毛泽东为政治局常委；取消秦邦宪、李德的最高军事指挥权，由中革军委主要负责人周恩来、朱德指挥军事。会后，根据会议精神，2月5日决定张闻天代替秦邦宪担负党的总的责任。3月12日组成了以毛泽东、周恩来和王稼祥参加的三人小组，负责指挥红军的作战行动。遵义会议，是在中国共产党和共产国际联系中断的情况下，第一次独立自主地运用马克思列宁主义的基本原理解决自己的路线、方针和政策的会议。会议解决了中国共产党当时所面临的最迫切要求解决的军事问题，又在组织上结束了"左"倾教条主义在中共中央的统治，确定了以毛泽东为代表的新的中央的正确领导，这是中国共产党从幼年的党走上成熟的党的重要标志。

2月2日 蒋介石调整兵力部署，将"追剿"军编为第一、第二两路军：第一路军总司令为何键，以主力"围剿"红二、六军团，一部封锁黔东；第二路军总司令为龙云，前敌总指挥为薛岳，下辖四个纵队（第一纵队司令吴奇伟，第二纵队司令周浑元，第三纵队司令孙度，第四纵队司令王家烈）"围剿"红一方面军。

2月14日 蒋介石在庐山答日本《朝日新闻》记者问时说："中日两国不仅在东亚大局上看来有提携之必要，即为世界大局设想，亦非提携不可"，"中国不但无排日之行动与思想，亦无排日之必要"，中日"经济提携应先从改善两国间之现状，并恢复其正常关系做起"。20日，汪精卫在中央政治会议报告外交方针时宣称："中国愿意与任何友邦保持友谊与和平，中日两国所发生的纠纷，可用诚意来解决。广田外相之演说，与我们素来主张大致吻合。"

2月15日 蒋介石电令张学良和豫鄂皖边区各总指挥、军长、师长，限1935年4月前将该边区红军"肃清"，红军主要首领全部捕获或加斩杀，否则以"纵匪抗命论罪"。

2月27日 蒋介石、汪精卫联名向全国国民党各机关团体发表严禁排日运动的命令。

5月1日 红一方面军主力开始抢渡金沙江。红军分三路抢渡：红一军团抢占龙街渡；红三军团抢占洪门渡；中革军委纵队和红五军团抢占皎平渡。5月3日在皎平渡偷渡成功，全歼对岸守军，并击溃了川军两个团的增援，俘600余人，控制了渡口。由于洪门渡江流太急，龙街渡江面太宽，敌机低飞骚扰，两处均不便渡江，中革军委决定，派少量部队在龙街渡佯作架桥渡江姿态迷惑敌人，留第十三团在洪门渡过江。红一、红三、红五军团及中央军委纵队全部由皎平渡渡江。从5月3日至5月9日，红军主力在皎平渡靠七只小船全部渡过金沙江。与此同时，红九军团也在东川以西的树节、盐井坪地区，渡过金沙江。至此，红一方面军跳出了几十万敌军"围剿"的包围圈，把尾追之敌全部甩在金沙江以南。

5月10日 蒋介石由贵阳飞抵昆明。11日，做出封锁红一方面军于金沙江以北、大渡河以南、雅砻江以东地区，予以根本消灭的部署：川军杨森、刘文辉扼守大渡河，主力在西康富林、薛岳、周浑元、孙渡向金沙江边追击。

5月24日 红一方面军主力在大渡河南岸的安顺场一带开始强渡大渡河。5月26日起，大渡河东、西两路红军冒雨前进，翻山越岭，冲破国民党军据险扼守的数道隘口，突向泸定桥。西路军第二师于28日晨至29日晨一昼夜急行军120公里，抢先占领桥西头，立即组织夺桥战斗。由第二师第二连22名勇士组成的突击队，在连长廖大珠率领下，冒着国民党军密集火力，攀踏着悬空的铁索链冲向对岸，占领了桥东头。后续部队迅速渡河攻占泸定桥，歼灭守军一个团，与东岸第一师一部胜利会合。

5月29日 日本政府制造"河北事件"。日本华北驻屯军参谋长酒井、日本驻华使馆武官高桥等人，到北平会见国民政府北平军分会代理委员长何应钦，借口所谓中国当局援助东北义勇军孙永勤部进入滦东非武装区、天津日租界国权报社社长胡恩溥和振报社社长白逾桓两汉奸被杀，向国民政府提出抗议，并要求撤销国民党河北省市党部；调走驻河北的中央军；逮捕暗杀胡、白的犯人；取缔排日书籍。同日，日军在天津举行武装游行，并由东北调日军进入关内。日本侵略者实际上控制了河北和察哈尔的大部分主权，进一步造成了中华民族空前的民族危机，激起了全国范围内抗日民主运动的高涨。这就在中国共产党和中国人民面前更紧迫地提出了建立抗日民族统一战线的任务。

6月3日 中共驻共产国际代表团发出《关于最近华北事变与党的紧急任务》的指示,提出在华北事变中,各级党组织应当在武装对日作战的基本纲领之下,坚决地、积极地为着开展反日统一战线与创造反蒋统一战线而斗争。但这两个统一战线不是对立的而是统一的。要在这统一战线的策略运用之下,抓紧华北这次严重事变,号召与组织全国人民通电抗议与罢工、罢课、罢市、示威以至武装斗争。指示指出:华北事变引起了中国新的危机,"造成了开展全国反日反蒋战争新的顺利条件","应当动员各级组织在武装对日作战的基本纲领之下,在推翻卖国残民的罪魁蒋介石及其法西斯统治,顺利实现对日作战基本纲领之下,在苏维埃红军愿与任何武装部队协定共同武装反日的迭次号召之下,坚决的、积极的为着开展反日统一战线与创造反蒋统一战线而斗争"。

6月5日 察哈尔省中国驻军在张北县(今属河北省)扣留了四名潜入察省偷绘地图的日本特务。日本向国民政府提出抗议,并以此为借口屯兵察省边境,派飞机在北平上空示威要挟。国民政府命察省民政厅厅长秦德纯与日关东军代表土肥原贤二在北平谈判,27日达成协议,是为"秦土协定"。主要内容为:(一)向日军道歉,撤换与该事件有关的中国军官,担保日本人可在察省自由行动;(二)取消察省境内一切国民党机关;(三)成立察东非武装区,第二十九军从该地区全部撤退;(四)将察省主席宋哲元撤职。"秦土协定"和随后订立的"何梅协定"使冀察两省主权大部丧失,华北门户大开。

6月7日 日本制造"新生事件"。上海《新生》杂志(周刊)2卷15期于5月发表易水(艾寒松)之《闲话皇帝》一文。文中说:现在的皇帝"有名无实",是"古董""傀儡"。日本的统治者要保留天皇,"是企图用天皇来缓和一切内部各阶层的冲突和掩饰了一部分人的罪恶"。6月7日,日本驻上海总领事以"侮辱天皇、妨害邦交"为借口提出抗议和无理要求。国民政府一一允诺,即令上海市政府向日道歉,并由国民党中央宣传委员会主任叶楚伧向日方道歉,取消图书杂志审查委员会,撤换上海市公安局局长。6月24日,上海市公安局以"触犯刑章""妨碍邦交"罪名查封《新生》周刊,将主编杜重远判处一年又两个月徒刑。7月7日,国民党中央宣传委员会为此事件电令各省、市党部转饬当地出版界、报社、通讯社,"嗣后对于此类记载或评论,务须严行防止",并要求各地切实遵守国民政府《邦交敦睦令》,取缔反日运动。

6月9日 日本中国驻屯军司令官梅津美治郎向何应钦提出"觉书"。经何方与日方秘密会谈，7月6日，何应钦正式复函梅津美治郎，表示全部接受日方要求。梅津美治郎的"觉书"和何应钦的复函，通称"何梅协定"，其主要内容为：中国政府取消在河北的党政机关；撤退驻河北的国民党中央军和东北军；撤换日方指定的中国军政人员，以及禁止一切抗日活动等。华北事变不仅造成严重的民族危机，也直接威胁到国民党的统治，迫使蒋介石不得不在对中共的策略上，从以大规模的军事"围剿"为主，逐步转向军事、政治两手交互并用。

6月10日 中共上海临时中央局发表了由贺昌之起草的题为《关于最近华北事变与党的紧急任务》的宣言。这一宣言分析了华北事变后的国内形势，指出华北事变的影响，"已扩大到全中国的范围，而引起了中国的新的危机"。这一危机"使日本与其他帝国主义的利益冲突日益加紧，必更引起日本与美帝国主义争夺太平洋霸权的强盗战争"，"更引起了反动营垒内部的冲突和崩裂，特别是激起了全国反日反蒋的浪潮，造成了开展全国反日反蒋战争新的顺利的条件"。宣言不再强调日本帝国主义与其他帝国主义侵略中国的一致性，并初步看到了日本侵华引起的反动阶级营垒内部的分化和全国出现的反日反蒋的新形势。宣言对形势的估计比九一八事变时前进了一步。宣言明确指出必须防止机械地、死板地提出红军关于共同抗日的三条件而走向"左"倾关门主义，假使对方不愿意全部接受三个条件，只愿意在反蒋的军事上与我们合作，我们也应当灵活地抓住这个机会，求得有联合反蒋的部分协定，更广泛地开展反日斗争。宣言号召各级党组织必须与一切可能反日反蒋的政治军事派别协作，共同进行反日反蒋的武装斗争。这个宣言关于开展上层统一战线工作、联合一切反日反蒋派别共同抗日反蒋的思想，初步体现了抗日民族统一战线的基本精神，表明在共产国际关于建立世界反法西斯统一战线的新策略影响下，中国共产党开始改变以往否认中间阶级的抗日倾向，把统战工作当作策略手段而不真正实施的错误做法，实行了政策和策略上的某些转变。从1935年下半年起，蒋介石在用武力继续对共产党及红军"清剿"的同时，开始注意用"抚"的一手"消弭赤化"。所谓"抚"主要是"招安"，即利用各种手段，妄图分化瓦解革命力量，以"溶共""防赤"。当时，陈立夫以他在江西"剿共"时主持这项活动的"经验"说明"抚"的作用："吾人所采取之政策为渗透为招抚"，使共产党"自首自新，而予以思想改造"。蒋介石在"三分军事，七分政治"的基础上，更极力提倡所谓"政治防共""思想防共"。1935年7月25日，南京政府修改公布了《共产党自首法》十条，规定共产党人"自首者"可以免刑、减刑或缓刑；免刑、缓刑者，得交保释放或移交反省院；减刑者移交反省院以代执行。妄图以此引诱革命队伍中的意志薄弱者屈膝投降。

7月25日至8月20日

共产国际第七次代表大会在莫斯科召开。季米特洛夫在会上作《法西斯的进攻和共产国际为建立反法西斯统一战线而斗争的任务》的报告。大会根据报告通过决议。决议指出：为了战胜法西斯，必须建立广泛的统一战线。在帝国主义国家建立工人阶级反法西斯的统一战线和各民主阶层反法西斯的人民阵线，在殖民地半殖民地国家建立反帝国主义侵略的民族统一战线。决议强调，为实现统一战线，共产党必须消灭自己队伍中自满自足的关门主义。决议号召世界无产阶级尽量支持中国红军"反对日本帝国主义及其走狗"的斗争。决议指出中国共产党的任务是"必须扩大苏维埃运动和加强红军的战斗力，同时要在全国范围内开展人民反帝运动"。大会还通过《关于共产国际执行委员会工作》的决议，提议共产国际执委会将工作重心转移到规定国际工人运动基本政治路线及策略路线方面去，一般的不要直接干涉各国共产党内部组织上的事务。大会着重指出，自1933年希特勒在德国建立法西斯独裁政治以后，世界局势面临着法西斯恐怖的威胁，工人阶级和劳动人民面临着战争的危害。大会指出，根据国际和国内情况的改变，在殖民地半殖民地国家中建立反帝国主义的统一战线，已经成为非常重要的迫切的问题。共产国际完全同意在中国建立一个反对日本帝国主义及其中国代理人的非常广泛的统一战线，并对中国共产党领导下的中国人民反对日本帝国主义的斗争予以热烈的支持。这次大会，是共产国际最后一次代表大会，它所制定的反法西斯策略方针对各国党具有重大的指导作用。参加大会的中共代表有王明、康生、吴玉章、林育英、周和生、滕代远、孔原等人。王明在会上作《关于建立反帝统一战线问题》的长篇发言；周和生向大会介绍中国苏区发展状况和苏维埃政府的具体政策；孔原介绍中共在国民党地区工作中取得的成就、存在的缺点和应吸取的教训，承认过去犯了"左"倾宗派主义错误。

7月29日

山西"绥靖"公署主任阎锡山在省府纪念周上宣布"防共"政策，宣称山西"防共"应有两个途径：（一）将全省"做共产党目标"者共120万户人民自行武装起来，在"大空隙"中大奋斗，拼命自卫；（二）实行耕者有其田，使佃农雇农安定化，以消灭其"大空隙"，并使基干农民武装化,以保卫社会安定。8月5日,阎锡山报告《防共与明辨苛杂之意义》,谬称:"各国之所以富强文明,由苛捐杂税而来。岂可曰苛捐杂税而免除之乎?穷人对富人出利息,富人对国家纳捐税,只可安慰富人,不能安慰穷人。共党系利用土地私有制,废除苛杂不能消弭共党。"10月1日,阎锡山确定晋西"防共"办法两项:(一)各村均办"防共保卫团";(二)各村均办"主张公道团",并手谕各县长、公务员、村长等切实研究实行。

8月1日 中国共产党驻共产国际代表团草拟了《为抗日救国告全体同胞书》(即"八一宣言")。9月7日,"八一宣言"草案在共产国际执委会书记处会议上进行了审议。9月24日在共产国际执委会书记处会议上得到批准。10月1日,这个宣言以中国苏维埃中央政府和中共中央的名义在巴黎《救国报》上正式发表。宣言号召全国人民团结起来,停止内战,抗日救国,组织国防政府和抗日联军。这个宣言是标志中国共产党对国民党政策开始了新的转变的重要文献。它的主要内容有以下三部分:第一,揭露了日本帝国主义要把全中国变为它的殖民地的侵略野心,指出了中华民族面临亡国灭种的严重形势,抗日救国是全国人民面临的首要任务。宣言说:"日本帝国主义加紧对我们进攻,南京卖国政府步步投降,我北方各省又继东北四省之后而实际沦亡了!"它沉重地指出,田中奏折所预定的完全灭亡我国的毒计,正在实行,中国的"领土一省又一省地被人侵占,人民千万又千万地被人奴役,城村一处又一处地被人血洗,侨胞一批又一批地被人驱逐,一切内政外交处处被人干涉,这还能算什么民族"?! 宣言认为,蒋介石等卖国贼是民族的败类,他们的不抵抗政策是导致祖国大好山河沦丧的根源。这个文件抓住了当时的主要矛盾,把斗争的锋芒直指日本帝国主义的侵略和蒋介石集团的投降卖国政策,强调了抗日救国是中国人民面临的最重要的任务,公开号召全国"工农军政商学各界男女同胞","为民族生存而战"!"为祖国独立而战"!第二,指出了中华民族正处于"亡国灭种大祸迫在眉睫之时",应当立即停止内战,集中一切国力去为抗日救国的神圣事业而奋斗,号召全国人民建立广泛的抗日反蒋统一战线。这个文件认为九一八事变后中国抗战屡遭到失败的一个重要原因,"一方面是由于日寇蒋贼的内外夹攻,另方面是由于各种抗日反蒋势力互相之间存在有各种隔阂和误会,以致未能团结一致"。因此,宣言向全体同胞呼吁:"无论各党派间在过去和现在有任何政见和利害的不同,无论各界同胞间有任何意见上或利益上的差异,无论各军队间过去和现在有任何敌对行动,大家都应当有'兄弟阋于墙外御其侮'的真诚觉悟,大家首先都应当停止内战,以便集中一切国力(人力、物力、财力、武力等)去为抗日救国的神圣事业而奋斗。"这个主张扩大了抗日民族统一战线的范围,不再满足于下层统一战线,开始注意到上层;不再限于一部分抗日军队的联合,开始号召一切抗日的党派、团体、阶级和阶层(除蒋介石等少数人之外)实行抗日大联合。这种主张开始冲破关门主义的小圈子,符合马克思主义的策略原则。第三,提出了中国共产党当时的政治主张是:"组织全中国统一的国防政府","组织全中国统一的抗日联军"。宣言重申:"只要国民党军队停止进攻苏区行动,只要任何部队实行对日作战,不管过去和现在他们与红军在对内问题上有何分歧,红军不仅立刻对之停止敌对行为,而且愿意与之亲密携手共同救国。"宣言倡议成立国防政府和组织抗日联军,建议一切愿意参加抗日救国的党派、团体、名流学者、政治家和地方军政机关进行谈判,共同成立国防政府;在国防政府领导下,一切抗日军队组成统一的抗日联军。宣言还提出国防政府抗日救国的十大方针:(一)抗日救国,收复失地;(二)救灾治水,安定民生;(三)没收日军在华一切财产,充作对日战费;(四)没收汉奸卖国贼财产、粮食、土地交给贫苦同胞和抗日战士享用;(五)废除苛捐杂税,整理财政金融,发展工商业;(六)加薪加饷,改善工农军各界生活;(七)实行民主自由,释放一切政治犯;(八)实行免费教育,安置失业青年;(九)实行中国境内各民族一律平等政策,保护侨胞在国内外生命、财产、居住和营业的自由;(十)联合一切反对帝国主义的民众(日本国内劳苦民众、高丽、台湾等民族)做友军,联合一切同情中国民众解放运动的民族和国家作同盟,与一切对中国民众反日解放战争守善意中立的民族和国家建立友好关系。这个宣言认为,"国防政府,应该作为救亡图存的临时领导机关";应当设法召集各方面在民主条件下选出真正代表全体同胞利益的代表,"更具体地讨论关于救亡救国运动的各种问题"。宣言表示:"苏维埃政府和共产党绝对尽力赞助这一全民代表机关的召集,并绝对执行这一机关的决议。"至于抗日联军问题,这个宣言认为,"抗日联军应由一切愿意抗日的部队组合而成,在国防政府领导之下,组成统一的抗日联军总司令部",它表示"红军绝对首先加入联军,以尽抗日救国的天职"。《为抗日救国告全国同胞书》发布后,很快传遍国内外,极大地鼓舞了全国人民的抗日斗志和爱国热情,有力地推动了全国人民的抗日大团结,为建立抗日民族统一战线起了很好的宣传作用。

8月25日 中共驻共产国际代表团团长王明在莫斯科作

报告时,提出:"仅靠红军的力量还不能战胜日本帝国主义及其走狗","国民党在当前是一个最大和最有影响的党"。

8月29日 阎锡山在太原召集晋西沿河21县县长及文武官员开防共联席会议,研究"防共"办法,阎锡山为会议主席。会上讨论通过了《土地村公有办法大纲》《山西省防共保卫团办法大纲》《防共区内各县联防办法大纲》《组织好人团制裁坏人办法》《组织主张公道团》等33案,令各县长携回遵行。会议决议防共根本办法为:"发行村公债,将土地收归村公有,实行耕者为其田,以补土地私有、共党造乱之隙。"阎锡山宣称:"解决土地问题,为防共釜底抽薪之根本办法。若不急切解决,则所议之武力防共、政治防共、思想防共之具体方案,亦将失其效力。"9月8日,阎锡山对政治工作人员谈"防共"办法,略称:现在"防共"要废除土地私有权,树立土地公有制,实行耕者有其田;农民对于土地只有使用权,不准出租或私相买卖授受,地主富农多余土地由地方政府发行无利"公债"收买,以"和平"方法达到"平均土地"目的。会上宣布晋西沿黄河的河津、中阳等21县为"防共"区,其行政权划归防共会议管辖,及动员晋军入陕"剿匪"等。

9月22日 毛泽东、周恩来等人召集红军团以上干部会议。毛泽东在会上宣布要到陕北去,那里有刘志丹的红军。

9月26日 蒋介石在西安成立西北"剿匪"总司令部,自兼总司令,张学良任副总司令并代行总司令职权,统一指挥陕、甘、宁、青、晋五省军队。

9月27日 中共中央政治局在榜罗镇召开会议,讨论了当前的形势与任务。会议根据进一步了解到的陕北苏区和陕甘红军情况,改变了俄界会议关于红军经过陕北到靠近苏联边界创造根据的计划,而决定"在陕北保卫与扩大苏区","以陕北苏区来领导全国革命",正式决定以陕北作为领导中国革命的大本营。

10月2日 蒋介石兼西北"剿匪"总司令,张学良为副总司令。3日,西北"剿匪"总部成立。

10月4日 日本内阁会议通过新任陆相川岛义之所拟,并经外、陆、海三相向内阁提出之《关于对华政策方案》(即《关于对华政策的谅解》)。方案提出:"我国对外政策的根本方针,在于通过以帝国为中心的日满华三国的合作互助,确保东亚安定,并求其发展;我国对华政策的目的,亦在于此。"要求中国:(一)取缔排日的言论和行动,摆脱依靠欧美的政策;(二)默认"满洲国"的独立,最后必须正式承认"满洲国";(三)共同"防共"。在日本确认中国有诚意和日满两国亲善合作时,首先签订《日华亲善合作关系总协定》,其次签订《日满华新关系协定》。

10月9日 南京国民政府财政部部长孔祥熙约见苏联驻华大使鲍格莫洛夫,暗示中国政府准备武装抗日,希望得到苏联的军事援助,对此,苏联政府很快做出了反应。10月18日,在根据鲍格莫洛夫的要求举行的一次秘密会谈中,这位苏联大使向蒋介石和孔祥熙转达了苏联政府对改善两国关系,签订贸易协定和互不侵犯条约的设想。蒋介石告诉鲍格莫洛夫,他希望在保障远东和平方面,中苏能够采取有实际意义的具体步骤。这时,蒋介石一方面通过与中共谈判作为要改善同苏联关系的一种表示,另一方面又想利用苏联的影响来达到"以政治方法"解决中共问题的目的。12月19日,蒋介石向鲍格莫洛夫表示:"如果苏联政府能够促进国共团结,我将感到很高兴。"不久,蒋介石又在1935年1月告诉这位苏联驻华大使,他"准备同意中共合法化,但不能让中国红军存在。请苏联政府利用自己在中国共产党人心目中的声望,说服红军承认中国实际存在的政府"。随后蒋介石又进一步表示:"可以在以下基础上同中国共产党人达成协定:红军承认中央政府及司令部的权威,同时保留自己目前的编制,参加抗日战争。"

10月19日 中共中央率领中国工农红军陕甘支队到达陕北保安县吴起镇。至此,红一方面军胜利地完成了历时一年,纵横11个省,行程二万五千里的长征。10月24日中共中央政治局在吴起镇召开会议。会议认为红军经过长达一年的行军到达苏区,开始新的有后方的运动战,当前任务是保卫与扩大陕北苏区,以陕北苏区来领导全国革命,这是一个新历史时期的开始。会议还提出由于日本帝国主义的侵略,中共要将保卫苏区变为直接的民族革命战争,把反帝与土地革命联系起来,因此,要加强白区、白军的工作。

10月29日 王明在写给季米特洛夫的信中说,蒋介石声明,中共现在"确实在维护自己国家的利益,并想改变自己的战线,也就是同我们缔结抗日统一战线"。王明接着写道,"事情今后如何发展,目前还不知道,但有一点是毫无疑问的,就是在中国建立抗日统一战线的事业,在实行正确政策和进行顽强斗争的情况下,可以从根本上改变国家的局面"。

10月下旬 中国国民党中央委员、南京国民政府铁道部政务次长曾养甫打电报给在杭州的谌小岑,要他到南京去。谌小岑是曾养甫在天津北洋大学上学时的同学,五四时期曾养甫是觉悟社的社员,同周恩来、邓颖超相识,常和左派朋友交往。11月初,曾养甫见到谌小岑,要他"打通共产党的关系"。谌小岑当即找翦伯赞商量。翦伯赞提议从监狱释放一二个共产党员为此事奔走,但此建议未被曾养甫接受。翦伯赞又建议写信给北平自由职业者大同盟书记、北平中国大学教授吕振羽,邀请他来南京商议,因为他有不少学生是共产党员。于是谌小岑便给吕振羽写信:"东邻欺我太甚,惟有'姜府'和'龚府'联姻('姜'、'龚'为蒋、共的谐音——引者注),方期可以同心协力,共谋对策,以保家财。兄如有意作伐,希即命驾南来。"吕振羽收到信后立即把该信交给中共北平市委宣传部长周小舟请示组织。中共北平市委决定吕振羽立即去南京,"探明此事系何人发动和主持"。11月底,吕振羽到达南京,当天晚上由谌小岑陪同到曾养甫家。曾养甫表示希望吕振羽找一个共产党方面的谈判线索,吕振羽回答可以从学生或教授中找到。中共中央北方局对此事十分重视,1936年1月派周小舟专程到南京同吕振羽研究谈判一事。周小舟向吕振羽传达了中共中央北方局有关国共谈判的条件:第一,组织国防政府和抗日联军;第二,停止内战,一致抗日,停止进攻苏区,承认苏区的合法地位。以这两项要求作为国共谈判共同抗日的先决条件。周小舟希望吕振羽辞掉教授职务,留在南京继续同国民党方面接触。这次见面后,吕振羽通知谌小岑谈判线索已找到,要求国民党方面保证共产党方面往来人员的安全和通信自由,不得检查、扣留。曾养甫答复可以保证。周小舟随即在吕振羽的陪同下同谌小岑见面。周小舟告诉谌小岑,他是"奉命来了解情况的"。谌小岑告诉周小舟,他"只是一个科级干部,无权担任谈判任务","只是受曾养甫的委托,打通关系"。在这次接触中,谌小岑根据陈立夫和曾养甫的意图,要求中国共产党和红军放弃阶级斗争和暴力革命,承认蒋介石和南京国民政府的权威,赞助其统一中国,以便合作抗日。周小舟则要求国民党方面做到:(一)立即发动抗日战争;(二)开放民主自由;(三)释放政治犯;(四)恢复民众组织与活动,保护民众爱国运动。两天后,周小舟动身返回天津,向中共中央北方局汇报了有关情况。2月初,北方局的负责人之一王世英离开天津,3月初经西安到达山西前线,当面向毛泽东、周恩来等中央负责同志汇报了同南京国民政府接触的情况。这次以曾养甫直接负责,由谌小岑出面与中共北方局代表周小舟、吕振羽进行的接触虽没有达成任何协议,但双方初步交换了各自的意见和通信联络的办法,为以后的接触和谈判创造了条件。

10月 中共中央发出《中央目前反日讨蒋的秘密指示信》。这封指示信指出,日本帝国主义正在实行灭亡中国的计划,"因此全中国人放在面前唯一救国自救的出路,只有抗日,不抗日则死,抗日则做人,不抗日则做亡国奴"。这封信认为,"日本帝国主义及其走狗蒋介石是中国革命的主要敌人。抗日讨蒋是目前中国唯一的出路,是中国共产党目前工作中最主要的任务"。基于这种认识,中国共产党制定的"总的策略方针是进行广泛的统一战线,这就是说党要联合一切抗日讨蒋的力量来打倒日本帝国主义、消灭蒋介石"。指示信认为,在抗日反蒋斗争洪流中,参加者不仅有中国工农红军,更有许多小资产阶级、大学教授、大中学生、知识分子,甚至国民党中上级军官、中委、政客、银行家,及一部分地主资产阶级参加进来。目前中国革命的社会基础大大的扩展了。因此,中国共产党要实行策略上的转变,"若果他们有分厘的革命性,革命者都不能拒绝与之联合战线","党现在如果不见到中国这些新的阶级,不认识新的革命力量,不会使用这些新的力量,那末中国革命的胜利是不可能的"。指示信强调:"党要毫不犹豫地去与一切反日讨蒋的团体和个人进行联合,共同向危害中国的重要敌人——日本帝国主义及汉奸蒋介石进攻。""从阶级观点上说,党不管什么阶级(从工农经资本家止),如果他们不愿意做亡国奴,愿尽一点救中国的义务,中国共产党愿与之联合以共同策谋抗日反蒋行动;再从政党的观点上说,不管什么党(自生产党至社会民主党、国家主义派止),如果他们愿意做任何反日反蒋的活动,有一点救国救亡的情绪时,中国共产党都愿意很诚意诚恳地与之统一战线共同担负起救中国的责任。"指示信详细阐述统一战线的三种形式的运用方法与对象。第一种形式,是上层统一战线;第二种形式是下层统一战线;第三种形式是上层和下层相结合。信中指示各级党组织,为争取中国的独立解放"要毫不犹豫地去与一切反日讨蒋的团体,和个人进行联合"。这封指示信批评了中国共产党内存在的"左"倾关门主义,比较全面地提出了中国共产党抗日民族统一战线的策略思想。这封指示信虽然没有涉及抗日民族统一战线的组织形式——国防政府、抗日联军,但它基本上解决了大革命失败以来,长期被"左"倾机会主义拒之门外并被当作主要打击对象的中间阶级的策略问题。

11月1日 中国国民党四届六中全会在南京召开。汪精卫在开幕词中承认"国难严重,比之四代会时候有增无减",强调以"精诚团结之精神",谋国难之解除。汪精卫致开幕词后,在会场外摄影时遇刺受伤。2日,国民党中央委员冯玉祥、李烈钧等22人联名向四届六中全会提出救亡大计案。

11月3日 中共中央召开政治局常委会议,听取陕甘晋省委副书记郭洪涛和西北军委主席聂洪钧关于陕北苏区、陕北红军及其作战情况的汇报。在此之前,毛泽东得知陕北肃反扩大化和刘志丹被关押的情况,立即下令停止逮捕,停止审查,停止杀人,一切听候中央解决。

11月3日 中共中央政治局开会讨论中央对外名义和组织分工等问题。会议决定:对外使用中共西北中央局和中华苏维埃共和国中央政府西北办事处的名义。成立西北革命军事委员会,毛泽东为主席,周恩来、彭德怀为副主席,成员有王稼祥、林彪、程子华、徐海东、聂洪钧、郭洪涛。会议确定:大的战略问题,军委向中央提出讨论;至于战斗指挥问题,由军委全权决定。会后,毛泽东、周恩来、彭德怀率红一军团南下和红十五军团会合,准备粉碎国民党军对陕北苏区的第三次"围剿";张闻天、秦邦宪等人率领中共中央机关前往瓦窑堡(今子长市区)。

11月13日 中共中央发表《为日本帝国主义并吞华北及蒋介石出卖华北出卖中国宣言》。宣言指出,由于日本帝国主义对中国的进攻,中国正处在亡国的危急关头,蒋介石却答应日本帝国主义对华北的无理要求,出卖华北,进而出卖整个中国,同时血腥地镇压全中国的革命运动。宣言强调:"抗日反蒋是全中国民众救国图存的唯一出路。宣言重申一切抗日反蒋的中国人民与武装队伍,不论他们的党派、信仰、性别、职业、年龄有如何的不同,都应联合起来,为打倒日本帝国主义与蒋介石国民党而血战!……中国苏维埃政府与工农红军愿意与任何武装队伍,订立抗日反蒋的作战协定,愿意实际的援助一切方式的抗日反蒋的组织。"宣言号召全中国的民众动员、武装、组织起来,拥护与参加中国共产党所领导的抗日反蒋的战争。同日,中国共产党西北中央局作出《关于开展抗日反蒋运动工作的决定》。这个决定指出:必须加紧瓦解白军争取白军士兵与中下级军官到抗日反蒋的战线上来,这首先应该是东北军;同时,应该利用军阀的一切冲突矛盾,推动反蒋战争并进到反日战争。同一切抗日反蒋的武装队伍,在"三个条件"之下,订立停战协定;必须加紧少数民族的工作,特别是蒙古族人民的工作,发动他们反对日本帝国主义的侵掠与汉人官僚的奴役，同他们一切的反日反汉奸军阀的武装队伍订立停战协定，为抗日反蒋共同战斗。这个决定指出："各级党部必须立即开展反日、反蒋的民族武装自卫运动"，具体工作为：扩大与巩固陕甘苏区；猛烈壮大主力红军；瓦解与争取东北军。

11月20日 蒋介石在召见日驻华大使有吉明时，就"华北自治运动"指出：中国对引起损害国家主权完整，破坏行政统一的自治制度，绝对不能容许；他提议以取消"华北自治运动"、中止"自治宣言"发表为条件，承认广田对华"三原则"。同日，蒋介石电令宋哲元，提醒他不要中了日人"诱陷之毒计"，要他"仍本初旨，坚定应付……万一彼方因此不满，对兄等为局部压迫，中央必当以实力为兄后盾"。

11月中旬 中共驻共产国际代表团成员张浩（林育英）从莫斯科到瓦窑堡，带来共产国际第七次代表大会关于建立反法西斯统一战线的精神、"八一宣言"以及同共产国际联系的密码。

11月23日 河北省滦榆、蓟密区行政专员殷汝耕，在日军唆使和支持下，在天津召集停战区各特警总队长讲话，宣布在停战地区实行所谓自治。24日，殷汝耕由天津抵通县，召集停战区特警队等开临时会议，宣布合并滦榆、蓟密两区为滦蓟区，划昌平、宝坻、香河、宁河四县归其管辖。是夜，发表脱离中央、组织伪冀东防共自治委员会宣言。25日，伪冀东防共自治委员会在通县成立，以池宗墨、王厦材、张庆余、张砚田、赵雷、李海天、李允声、殷体新、殷汝耕九人为委员，殷汝耕自任委员长。"自治区域"除停战地区22县外，还包括延庆、龙门、赤诚三县。委员会分设秘书、保安、外交三处，民政、财务、教育、建设四厅及税务管理处、唐山办事处等。其组织大纲妄称："本委员会根据塘沽协定特殊之区域为范围，脱离中央政权，完成人民自治，以防止赤化，刷新内政，敦睦邻邦，开发富源，尽力于确保东亚和平而增进人民福利为目的。" 12月25日，伪冀东防共自治委员会改名为冀东防共自治政府。其辖区达25县，共500万人。伪政府设于通县。26日，公布组织大纲，并发表四厅三处人选：民政厅厅长张仁蠡，财政厅厅长赵从懿，建设兼教育厅厅长王厦材，保安处处长董凤祥，秘书兼外交处处长池宗墨。战区保安队张庆余、张砚田、李海天、赵雷、李允声等部，改编为"冀东防共自治政府"军第一、二、三、四、五师，张庆余等人分任师长。12月，国民政府指派宋哲元等人成立冀察政务委员会，以适应日本关于"华北政权特殊化"的要求。

11月28日 中华苏维埃共和国中央政府主席毛泽东和中国工农红军革命军事委员会主席朱德发表《抗日救国宣言》，表示不论任何政治派别、任何武装队伍、代表社会团体、任何个人，只要他们愿意抗日反蒋，"我们不但愿意同他们订立抗日反蒋的作战协定，而且愿意更进一步同他们组织抗日联军与国防政府"。宣言还提出抗日联军和国防政府应该施行的十大纲领：(一) 没收日本帝国主义在华的一切财产做抗日经费；(二) 没收一切卖国贼及汉奸的财产，救济灾民及难民；(三) 救灾治水，安定民生；(四) 废除一切苛捐杂税，发展工商业；(五) 发薪、发饷，改良工人、士兵及教职员的生活；(六) 发展教育，救济失学的学生；(七) 实现民主权利，释放所有的政治犯；(八) 发展生产技术，救济失业的知识分子；(九) 联合朝鲜、日本国内的工农及一切反日力量，结成巩固的联盟；(十) 同对中国的抗日民族运动表示同情、赞助或守善意中立的民族或国家，建立亲密友好的关系。

11月29日 张闻天撰写《拥护苏维埃与工农红军的抗日宣言》，对广泛的统一战线作了全面阐述。主要内容是：(一) 提出共同组织抗日联军与国防政府，作为统一战线的组织形式。(二) 提出抗日救国的"十大纲领"，作为统一战线的共同纲领和行动方针。(三) 强调"反对最主要敌人"的最广泛统一战线的指导思想。宣言提出对于敌对的军阀，政治派别可以不念旧恶；同英美帝国主义可以建立友谊；要争取各种机会，利用各种方式反对日本帝国主义，即使是"只反日不反蒋"也可以。(四) 系统分析了关门主义的特点、表现、产生原因及危害，提出"同党内'左'的关门主义开展最坚决的斗争"。

11月 红军在中共中央和毛泽东的直接指挥下，在陕西鄜县 (今富县) 直罗镇全歼东北军第一〇九师，接着又在张家湾地区歼东北军第一〇六师一个团，彻底粉碎了国民党军对陕北革命根据地的第三次"围剿"。这次战役俘东北军5000余人，缴枪3500余支。这给中共中央把全国革命大本营放在西北的任务，举行了一个奠基礼。

11月 中国国民党召开第五次全国代表大会。会上，蒋介石在所作的对外关系报告中说："和平未到完全绝望时期，决不放弃和平；牺牲未到最后关头，亦不轻言牺牲。"同时表示和平、牺牲到了最后关头，"即当听命党国，下最后之决心"。这表明以这次大会为契机，国民党当局对日政策开始发生某些变化。大会后，南京国民政府进行改组，蒋介石取代汪精卫为行政院院长,大部分部长为亲英美派所担任,亲日派多被排除。在1936年7月召开的国民党五届二中全会上,蒋介石作了《外交的限度与组织国防会议之意义》的报告,明确表示决不签订承认"伪国"的协定,并对"牺牲的最后关头"做了"最低限度"的解释。这就是"假如有人强迫我们承认伪国等损害领土主权"的时候,"就是我们最后牺牲的时候"。在全会发表的宣言中也宣布:"遇有领土主权被侵害之事实发生,如用尽政治方法而无效,危及国家民族之根本生存时,则必出最后牺牲之决心,绝无丝毫犹豫之余地。"与对日政策变化相适应,国民党当局在行动上也开始着手准备抗战,制订了三年国防计划,主要内容为:争取国际支援,特别是争取苏联的援助;实行币制改革,为战争准备财源;在京、沪、杭等战略要地,修建国防工事,在交通方面,迅速修通粤汉、浙赣路,延伸陇海路,新建桂越、甘新、川康等战略公路;整编军队,实行兵役法征集新兵;保护和转移北平等地的文化古物,准备撤退沿海地区的大学;等等。

11月 谌小岑在同翦伯赞商量如何寻找共产党的关系的同时,还和左恭商议过这个问题。左恭是中国共产党的地下党员,他很快向中国共产党上海地区的党组织作了汇报,随后便介绍了一位自称中共长江局系统的姓黄的男子给谌小岑。此人真名王绪祥,党内化名张子华,曾担任中共上海临时中央局组织部秘书。张子华和谌小岑交谈几次以后,建议国民党派人直接去陕北。于是,曾养甫准备派一名叛徒去,但因中国共产党方面反对而作罢。中国共产党上海地区党组织决定派张子华去陕北面见中共中央领导汇报曾养甫等人的意见。张子华赴陕前,通过谌小岑征得曾养甫的同意。这时,董健吾受宋庆龄的委托去陕北苏区送信,所以张子华与董健吾同行。但董健吾并不知道张子华的真正身份和进入陕北苏区的目的。他们到达瓦窑堡后,秦邦宪立即单独接见了张子华。张子华口头汇报了国民党内部各派对抗日的态度,传递了陈立夫等人希望与中共中央举行谈判的消息。

11月 正在天津的中共党员南汉宸委托杨虎城驻北平代表申伯纯见杨虎城,告诉他"八一宣言"的内容,建议双方合作。申伯纯见杨虎城后转达此意时,杨虎城即表态完全同意宣言主张,希望南汉宸提出实行合作的具体办法。

12月2日 中国国民党五届一中全会在南京召开。国民党中央执行委员、监察委员174人出席。会议的中心议题是确定决策机构的人选问题。会议推选胡汉民、汪精卫、蒋介石、冯玉祥、丁惟汾、叶楚伧、孔祥熙、邹鲁、陈立夫组成中央常务委员会，主席胡汉民，副主席蒋介石。推张静江、阎锡山、许崇智、李烈钧、王宠惠、李文范、张学良、唐生智、陈璧君、宋子文、朱培德、顾孟余、朱家骅、马超俊、邵元冲、刘守中、陈公博、王伯群、程潜、陈果夫、梁寒操、张定璠、何应钦、黄绍竑、王陆一组成中央政治委员会，主席汪精卫，副主席蒋介石。推举林森任国民政府主席，蒋介石、孔祥熙分任行政院正、副院长，孙科、叶楚伧任立法院正、副院长，居正、覃振任司法院正、副院长，戴传贤、钮永建任考试院正、副院长，于右任、许崇智任监察院正、副院长。会议决定1936年5月5日公布宪法草案，11月12日召开国民大会。中国国民党五届一中全会决定改组南京政府。改组后的南京政府各部部长大多数是亲英美派，蒋介石取代汪精卫亲任行政院院长。亲日派大部分被排除出政府。汪精卫已经被迫出国养伤。这反映了国民党内亲英美派与亲日派之间裂痕增大。这次全会还决定于1936年5月5日宣布宪法草案；11月12日召开国民大会。

12月5日

为了沟通中共中央与杨虎城的联系，毛泽东与彭德怀致信杨虎城。信中说："盖日本帝国主义实我民族国家之世仇，而蒋介石则通国人民之公敌。""是以抗日反蒋，势无偏废。建义旗于国中，申天讨于禹域，驱除强寇，四万万具有同心，诛谬神奸，千百年同兹快举。鄙人等卫国有心，剑履俱奋，行程二万，所为何来，既达三秦，愿求同志。倘得阁下一军，联镳并进，则河山有幸，气势更雄，减少后顾之忧，增加前军之力。""凡愿加入抗日讨蒋之联合战线者，鄙人等无不乐与提携，共组抗日联军，并设国防政府，主持抗日讨蒋大计。"信中还以"重关百二，谁云秦塞无人；故国三千，惨矣燕云在望。亡国奴之境遇，人所不甘，阶下囚之前途，避之为上"的语句，激发杨虎城的爱国热情。毛泽东派曾在第十七路军做过地下工作的红军第二十六军二团代政委汪锋携信到西安与杨虎城联系。

12月5日

毛泽东致信第十七路军参议杜斌丞。信中说："从汪锋同志知先生不忘情于革命，甚感事也。时至今日，论全国，论西北，论陕西，均舍抗日反蒋无第二条出路。""为今之计，诚宜急与敝方取一致行动，组成联合战线，敝方愿在互不攻击的初步条件下，与虎城先生商洽一切救亡图存之根本大计。""如得先生居中策划，以共同作战对付公敌为目标，则敝军甚愿与虎城先生成立谅解，逐渐进到共组抗日联军、国联政府之步骤。先生为西北领袖人物，投袂而起，挺身而干，是在今日。东北军中如沈克等（此次敝军追击董英斌，消灭沈师一个团,非所愿也),均应与之联合。甘肃邓君宝,亦为绝无出路之人,敝军亦愿与发生关系。"

12月6日 中共中央召开政治局会议。会议作出《关于改变对富农策略的决定》。决定指出,在目前民族革命战争紧迫的时期,富农也开始参加反对帝国主义侵略和军阀官僚的革命,或采取同情与善意、中立态度,过去反对富农的策略已经不适当了。在白区抗日反蒋、反苛捐杂税与军阀的斗争中,富农一般是参加的。所以"我们应该联合整个农民,造成广泛的农民统一战线",故意排斥富农(甚至一部分地主)参加革命是错误的。决定指出,在苏区土地革命深入时,对于富农只取消其封建式剥削的部分,即没收其出租的土地,并取消高利贷;其他经营的土地、商业和财产不予没收;苏维埃政府保障富农扩大生产与发展工商业等自由;除统一的累进税外苏维埃政府不再加富农以特别捐款或征收;对于参加苏维埃革命的地主,富农出身的知识分子,应该受到苏维埃工作人员同等待遇。决定还指出:"党无论何时、何地在这一广泛的农民统一战线中,必须争取自己的领导权。"上述政策调整有利于团结富农抗日,加入抗日民族统一战线。这是中共中央到达陕北后为纠正政治策略上的"左"倾错误而实行的第一个重大的政策改变。

12月8日 毛泽东、彭德怀、刘志丹联名发表《告陕甘苏区工农劳苦群众书》,指出日军的侵入,中国亡国灭种的大祸已迫在眼前,蒋介石围攻革命根据地,实际上要"把我们陕甘的土地出卖给日本帝国主义,要使我们做亡国奴"。它号召劳苦群众争当红军,反对国民党当局的武力进攻和日本帝国主义的宰割,与万恶的敌人血战到底,保卫神圣的苏区。

12月9日 在中国共产党领导下,北平爆发了一·二九抗日救亡运动。当天,北平各大、中学生数千人,在中共北平临时工作委员会领导和组织下,为反对设立冀察政务委员会,反对华北自治运动,反对日本侵略华北,冲破国民政府的恐怖统治,举行了声势浩大的抗日救国示威游行。上午10时半,学生齐集新华门前请愿,要求见国民政府北平军分会代委员长何应钦,何应钦避匿不见,由秘书侯成代见。学生提出六项要求:(一)反对所谓防共自治运动;(二)公开宣布中日交涉经过;(三)不得任意捕人;(四)保障地方领土安全;(五)停止一切内战;(六)要求言论、集会、结社、出版自由。并要求开放西直门,让城外学生进城。侯未许,激起众愤,学生遂结队游行,沿途高呼"反对华北自治运动""打倒日本帝国主义""停止内战,一致对外"等口号。游行队伍在西单及东长安街遭到军警木棍、鞭子、水龙、大刀的攻击,百余人受伤,30多人被捕。城外清华、燕京两校学生,因城门关闭未能入城,在朔风凛冽中坚持终日,含泪向围观市民控诉日军在东北的暴行,指责国民党的不抵抗政策。一二·九运动,冲破了国民政府的黑暗统治,有力地揭露了日本帝国主义侵略中国的阴谋,广泛地宣传了"停止内战,一致抗日"的主张,促进了中华民族的觉醒,进一步推动了全国抗日救亡运动的发展。继五四运动、五卅运动之后,中国学生通过一二·九运动,又一次在民族革命斗争中起了先锋和桥梁作用。一二·九运动,标志着中国人民抗日民主运动的新高潮的到来,对促进抗日民族统一战线的形成起了重大作用。

12月上旬 中共中央北方局负责人王世英经南汉宸介绍到西安与杨虎城会谈。经过协调,双方达成四点协议:红军与第十七路军在共同抗日的原则下各守原防,互不侵犯;互派代表,设立电台,互通情报,密切联系;第十七路军在适当地点设立交通站,帮助红军运输物资和掩护中共往来人员;共同为抗日进行准备工作,先从部队进行抗日教育开始。从此,中共与杨虎城之间的合作关系进入一个新的阶段。

12月15日 根据形势的变化和土地革命的经验教训,中华苏维埃共和国中央执行委员会主席毛泽东发布命令,改变对富农的政策,以更好地实行抗日讨蒋的革命路线。命令规定:(一)富农之土地,除以封建性高额出租应全部没收之外,其余富农自耕及雇人经营之土地,不论其土地之好坏,一概不在没收之列;(二)富农之动产及牲畜耕具,除以封建性高额高利贷出借者之外,均不应没收;(三)除统一累进税外,禁止地方政府对于富农之惩罚及特殊税捐;(四)富农在不违反苏维埃法律时,各级政府应保障其经营工商业及雇用劳动之自由;(五)在实行平分一切土地之区域,富农有与普通农民分得同样土地之权。这一政策使富农问题基本上得到正确的解决。命令同时还规定:富农仍无权参加红军及一切武装部队,并无选举权。

12月17日至25日 中共中央政治局在陕西省安定县瓦窑堡召开会议,通过《关于军事战略问题的决议》。决议确定"把国内战争同民族战争结合起来","准备直接对日作战的力量"和"扩大红军"的方针;同时,提出了抗日游击战争在战略上的重大作用。参加会议的有毛泽东、张闻天、周恩来、秦邦宪、刘少奇、邓发、张浩(林育英)、何克全、李维汉、杨尚昆、郭洪涛11人。会议主要讨论了政治形势和中国共产党的策略路线问题及军事问题。会议通过了《中央关于目前政治形势与党的任务决议》。这个决议指出，目前时局的基本特点是日本帝国主义"正准备并吞全中国，把全中国从各帝国主义的半殖民地变成日本的殖民地"，中华民族正面临着亡国灭种的大祸。在这种形势下，中国各个阶级、阶层、政党以及各种武装力量，改变了和正在改变着它们之间的相互关系。工人、农民、小资产阶级、知识分子、一部分民族资产阶级、许多乡村富农和小地主，一切爱国的中国人，都走上了反对日本帝国主义及其走狗的民族革命斗争的道路。因此，民族革命战线进一步扩大了。为了适应新的革命形势的要求，决议特别强调建立最广泛的抗日民族统一战线的重要性。决议认为中国的工人阶级的农民依然是中国革命的基本动力，广大小资产阶级和革命知识分子是最可靠的同盟军。一部分民族资产阶级和军阀，尽管不赞成土地革命和苏维埃制度，但当他们在反日反汉奸卖国贼的斗争中采取各种适当的方式，去争取这些力量到反日战线上来。至于地主买办阶级，中国共产党也应利用其内部的矛盾和冲突，以利于抗日民族解放斗争。决议在分析了形势和阶级关系变化的基础上，规定了党的策略路线："发动、团结与组织全中国全民族一切革命力量去反对当前主要的敌人——日本帝国主义与卖国贼头子蒋介石。"决议认为最广泛的抗日民族统一战线不仅是下层的，而且是上层的。决议重申国防政府和抗日联军是抗日民族统一战线的最高组织形式。这个决议提出改变不适应抗日要求的部分政策，以便使抗日民族统一战线建立在更加广泛，更加坚固的基础之上。决议认为，人民共和国是以工农为主体的，同时又容纳一切反帝反封建的阶级。人民共和国既保护工农群众利益，同时又保护民族工商业的存在和发展。对于富农和地主的财产，除封建剥削部分外，采取保护政策。决议重申统一战线的最高组织形式是国防政府和抗日联军，这在阶级意义上说来，它是在反日反卖国贼共同目标下之下的各阶级联盟。为了建立广泛的抗日民族统一战线，决议批评了中国共产党内长期存在的"左"倾关门主义。决议指出，在目前形势下"关门主义是党内主要的危险"，必须同它做坚决的斗争。同时，决议还提醒中国共产党人要警惕陈独秀右倾错误的复活，不要放松反对右倾错误的斗争。决议规定将"工农共和国"的称号改为"人民共和国"。会议确定了抗日民族统一战线的策略方针，批评了党内的主要危险关门主义，保证了党在新形势下，在极其复杂的斗争中，团结一切可能团结的力量，领导全国人民迎接伟大的抗日战争。瓦窑堡会议是中国共产党历史上的一个里程碑，也是遵义会议的继续发展。瓦窑堡会议从中国实际出发,把当时共产国际提出的反法西斯统一战线的总方针,具体运用来指导中国革命运动。瓦窑堡会议所确定的抗日民族统一战线政策是共产党适应抗日斗争的历史要求在政治路线上的一次重大改变。

12月19日 蒋介石在同苏联驻华大使鲍格莫洛夫的谈话中提到,他希望把1923年1月26日的《孙越宣言》作为中苏关系的基础。蒋介石还说,他并不反对共产党的存在,但由于它主张推翻中央政治,因为不得不采取严厉措施。他希望苏联能帮助说服中共改变其对国民党中央政府的态度,要求中共服从国民党中央的领导,并希望苏联能促成他统一中国的事业。

12月中旬 汪锋见到杨虎城。杨虎城对信中提出的西北大联合,共同抗日的主张,深表同意,但是对红军四方面军发动的陕南战役,造成杨部一团长阵亡,部队受到损失,违反双方互不侵犯协定提出意见,还对红二十五军在处理兰田战俘时,将杨虎城之警二旅旅长张汉民(中共地下党员)等20人当作反革命处决表示不满。对此,汪锋详加说明原委并承认了错误,取得杨虎城的谅解。汪锋还与杨虎城的代表王菊人进行两次商谈,双方达成了"抗日友好、互不侵犯、互派代表、帮助红军运输必要物资和掩护中共人员的往来、作抗日准备工作"等项协议。

12月27日 毛泽东根据瓦窑堡会议精神,在党的活动分子会议上作《论反对日本帝国主义的策略》的报告。报告深刻地分析了九一八事变和华北事变以来中国内部阶级关系所发生的新变化,指出,不但工人、农民、小资产阶级要求抗日,民族资产阶级也有参加抗日的可能,即使其右翼也有由动摇而采取中立态度的可能,就是地主买办营垒也可能发生分化;报告同时正确地估计了革命和反革命力量的对比,指出反革命力量暂还大于革命力量,说明了在抗日条件下与民族资产阶级重新建立统一战线的可能性和重要性。党的基本策略方针是"组织千千万万的民众,调动浩浩荡荡的革命军",建立起广泛的抗日民族统一战线。报告尖锐地批评了党内长期以来存在着的关门主义,指出,他们看不到日本帝国主义变中国为殖民地的行为能够变动中国革命和反革命的阵线,否认组织广泛的民族革命统一战线的可能性;他们看不到革命势力还有严重的弱点,否认组织广泛的民族统一战线的必要性。因此,他们不会拿着统一战线这个武器去团聚一切革命友军,向着日本帝国主义及其走狗进攻,反而把子弹打在次要敌人甚至同盟者身上,博得了敌人的喝彩。报告强调必须坚持共产党在抗日民族统一战线中的领导作用，告诫全党要警惕右倾投降主义，吸取1927年无产阶级放弃领导权而遭到革命失败的教训。总之，这个报告从中国革命的性质是反帝反封建的民主革命出发，阐明了中国民族资产阶级的特征及其参加抗日民族统一战线的可能性；从中国是各帝国主义国家争夺的对象这一特点出发，阐明了地主买办阶级内部的矛盾以及利用这些矛盾的必要性；从总结中国共产党历史上的经验教训出发，批判了党内"左"倾关门主义的错误。

12月

蒋介石在抗日民主运动的压力下，秘密派驻苏联大使馆武官邓文仪与中共代表团接触。邓文仪于1936年1月回到莫斯科后，马上开始进行紧张地活动，同"对于莫斯科与中国有关的俄国高级将领、过去曾在中国担任顾问的人，及中国共产党在莫斯科的代表，曾有相当联系及恳谈"。1936年1月13日，潘汉年受中共代表团委托，经胡秋原介绍首先与邓文仪举行初次会谈。会谈时，潘汉年问邓文仪："王明同志听说你要找他谈话，是私人资格，或正式代表南京政府当局？我们很想知道国民党与南京政府当局在全国同胞已经要求停止内战，一致抗日的今天，到底有什么表示？"邓文仪答称："我这次来莫，完全是受蒋先生之嘱，一定要找到王明同志讨论彼此联合抗日的问题。我们曾经在上海、南京等地找寻共产党关系，进行了一礼拜，毫无结果，后想起由四川或陕北直接与红军谈判，但是事先毫无接洽，恐进不去。最近蒋先生看到王明在七次大会的讲演及最近共产国际杂志上的文章，要我立刻来找王明谈彼此如何合作的问题。我们在南京曾召集几次高级干部会议，由蒋先生提出统一全国共同抗日的主张，（大家）完全同意蒋的主张。可以说，联合共党的原则是已经决定了。因此，我可以代表蒋先生与你们谈判合作的初步问题。具体合作条件，双方自然还要请示。"他还说："日本给我们的时间已经不多了。蒋先生认为，现在要抗日，非首先集中八十师人马不可，否则必受日本先发制人的危险，而现在这八十师人马却被红军牵制住了。国内只有我们和你们两个力量。假如能联合起来，象一九二五年的合作，一定有办法。可惜我们两个主要力量还没有找到联合的道路。"他断言："我们与红军停战之日，即为与日本宣战之时。所以我希望能早与你们谈妥。"但他同时表示，"要合作应解决两个问题，即（一）统一指挥；（二）取得苏联援助"。言外之意，就是要求中国共产党及红军应在蒋介石领导之下统一起来，准备抗日，并希望通过共产党与苏联的特殊关系，说服苏联向中国提供全面的援助。这次接触，双方都表明了合作抗日的愿望和各自的主张。会谈中邓文仪表示同意中国共产党提出的抗日救国统一战线的原则和国共联合的主张,但双方对两党合作后对日作战的统一指挥问题和苏联援助国民党军需和粮饷等问题上存在着较大分歧。随后,王明与邓文仪也举行了会谈。会谈中,邓文仪按照蒋介石的旨意提出三项条件:(一)取消中华苏维埃政府,它的全体人员参加南京政府;(二)将中国工农红军改编为国民革命军;(三)国共两党恢复1924年—1927年的合作形式或其他形式,在这种情况下,共产党可以独立存在。对此,王明未予同意。这些会谈虽没有取得实质性的进展,但为了保持这种接触和有利于直接解决问题,王明在1936年1月23日专门写信给毛泽东、朱德、王稼祥,介绍邓文仪去苏区直接与中央协商抗日救国的具体办法。当天,潘汉年也以中华苏维埃中央政府人民外交部副部长的身份致信蒋介石,代表苏维埃政府主席毛泽东和红军总司令朱德,保证邓文仪进入苏区谈判时的人身自由与安全。这时,王明认为无论是共产党还是国民党的中央都在国内,谈判应以在国内进行为好。邓文仪同王明接触的结果是,王明决定派潘汉年回国,以促成国共两党直接谈判。潘汉年动身回国前曾同邓文仪见面,商谈回国后同中国国民党中央党部联系的办法。1936年5月初,潘汉年同胡愈之同回到香港。潘汉年到香港后便给陈果夫写信,要他派人前来联系。同年7月,胡愈之到上海,从沈雁冰那里得知中共中央已派冯雪峰来上海,便随即找到冯雪峰,并告知潘汉年已从莫斯科回到香港。于是冯雪峰便同胡愈之一起来到香港。冯雪峰告诉潘汉年,上海有秘密电台可以直接同陕北联系,同时还有去陕北的秘密交通线。陈果夫收到潘汉年的信后便派中国国民党中央组织部调查科总干事张冲到香港会见潘,并邀请潘去南京。潘汉年到南京后,中国国民党派中央委员、南京国民政府铁道部副部长曾养甫与他会见。曾养甫建议潘汉年先回陕北找中共中央负责人,取得中共中央对举行国共合作谈判的意见,再回南京与陈果夫见面。于是潘汉年便通过冯雪峰的关系取道西安去陕北,于8月8日回到中共中央的驻地保安,向中共中央传达共产国际指示,并汇报他在上海、南京同国民党代表张冲等人会晤的情况。

1936年3月7日,德国政府宣布废除《洛迦诺公约》,重新占领莱茵兰。23日,意、奥、匈三国签订罗马条约。3月25日,美、英、法在伦敦签订《限制海军军备条约》。5月,意大利正式宣布吞并埃塞俄比亚。7月17日,在得到墨索里尼和希特勒的支持后,佛朗哥发动武装叛乱,西班牙内战爆发。10月25日,德意两国签订柏林协定,形成"柏林—罗马轴心"。此后,日本不断向德国靠拢,于11月25日与德国在柏林缔结了《日德关于共产国际的协定》,结成政治同盟。

1936 年

1月1日 毛泽东致电朱德说,以张学良东北军为主力对北方苏区之第三次"围剿"被粉碎。目前正猛烈扩大红军,苏区有极大发展,民众斗争十分热烈,游击战争正向陕、甘、晋、绥、宁五省发展。"国际除派林育英同志来外,又有阎红彦同志续来。据云,中国党在国际有很高地位,被称为除苏联外之第一党,中国党已完成了布尔什维克化,全苏联全世界都称赞我们的长征。"电报指出,"政治局在国际指示之下,有新策略决定","其主要口号为民族统一战线,苏维埃人民共和国,国防政府,抗日联军,土地革命与民族革命相结合,国内战争与民族战争相结合"。

1月4日 中共驻共产国际代表团在《救国时报》上发表《第二次国共合作有可能吗?》一文,第一次公开提出了第二次国共合作的主张。文章说,虽然蒋介石犯有无限卖国殃民的罪恶,但是,如果他真正停止与红军作战,并掉转枪口去反对日本帝国主义,那么,中国共产党和苏维埃政府不仅给其以向人民赎罪的机会,而且准备与他及南京军队一起,在共同的一条战线上,去反对日本帝国主义。文章最后认为,第二次国共合作是完全可能的。

1月初 东北军团长高福源被红军释放后,向王以哲和张学良汇报了他这几个月在苏区听到的、见到的情况和红军抗日救国的主张,陈述了东北军将士丧家亡土的痛楚和收复家园的激情,转达了中共中央和红军不计旧怨、与东北军携手抗日的真诚意愿,并建议和红军联合抗日。张学良、王以哲表示同意他的看法,要他赶到瓦窑堡,请红军派一位正式代表前来谈判。16日,高福源回到瓦窑堡向李克农汇报后,李克农将他带去见毛泽东和周恩来。为了加强对东北军的工作,中国共产党成立了以周恩来为主任的中共中央东北军工作委员会。在此前后,中共中央北方局派宋黎、粟又文、刘澜波、苗勃然,中共上海地下组织派刘鼎分别到东北军开展统战工作。

1月15日 毛泽东致电彭德怀,提出同东北军谈判的条件:全部军队停战,全力抗日讨蒋;目前各就原防互不攻击,互派代表商定停战办法;提议组织国防政府、抗日联军;请表示目前东北军可能采取之抗日讨蒋最低限度之步骤(不论是积极的或消极的);立即交换密码。

1月16日 毛泽东致电彭德怀,提出去洛川同东北军进行谈判的代表从前方选派;要彭德怀即刻印刷中共中央政治局瓦窑堡会议政治决议案,由高福源、伍修权去洛川带给王以哲等人。同日,彭德怀致电毛泽东:谈判人选改派李克农,由李克农带发电密码本并同高福源去洛川。

1月19日 李克农抵达洛川,首次与张学良面谈。李克农向张学良说明了中共停止内战,组织国防政府与抗日联军一致对外的主张。张学良表示,东北军同意建立国防政府和共同抗日,只要中共确有联合抗日诚意,他愿为此奔走;张学良对"剿共"态度消沉,并说双方为应付环境,避免牺牲,可各守原防,恢复通商;中共可派代表来谈判。

1月19日 毛泽东致电彭德怀,告以"近与高桂滋谈判合作问题,有成功希望"。高桂滋当时任国民党军第八十四师师长,驻守陕北绥德、米脂、清涧地区。在此前后,毛泽东以中国抗日红军西北革命军事委员会主席名义,同副主席周恩来、彭德怀致信高桂滋,提出两军各守原防,互不相犯;互相接济所需物资;互派代表在共同基础上订立初步的抗日讨伐卖国贼协定等谈判合作条件。毛泽东在信中还说:"居今日而言,抗日讨卖国贼,非有广大之联合战线不为功,此不但在国内者为然。""嘤其鸣矣,求其友声,暴虎入门，懦夫奋臂，谁谓秦无人而甘受亡国奴之辱乎？寇深情急，竭意进言，惟阁下熟思而审图之。"

1月19日 毛泽东同周恩来、彭德怀签署《西北革命军事委员会东进抗日及讨伐卖国贼阎锡山的命令》：命令主力红军即刻出发，打到山西去，开通抗日前进道路，同日本直接开火；命令陕甘苏区的抗日红军和游击队、赤卫军、少先队，坚决保卫陕甘苏区，扩大陕甘苏区这个抗日战争的根据地；命令黄河两岸的抗日红军、游击队和民众，奋勇过河东去，在河东发展抗日根据地，配合红军主力打大胜仗。为严守行动秘密，这项命令直至2月12日红一方面军主力东渡黄河前才予以公布。

1月20日 毛泽东就同东北军谈判问题致电彭德怀即转中共中央联络局局长李克农，提出："向彼方表示在抗日反蒋基础上我方愿与东北军联合之诚意"，"向彼方指出，东北军如不在抗日反蒋基础上求出路，则前途是很危险的"。当天晚上，李克农与张学良在洛川举行会谈。21日，李克农致电毛泽东、周恩来、彭德怀，报告同东北军会谈中了解的情况：张学良表示愿意为成立国防政府奔走，东北军中同情中共抗日主张者不乏其人，对"剿共"态度消沉，愿意目前各守原防，恢复通商。

1月25日 毛泽东、周恩来、彭德怀、林彪、叶剑英、杨尚昆、聂荣臻、朱瑞、程子华、徐海东、张云逸、郭述申、刘志丹、陈光、刘亚楼、彭雪枫、萧华、杨森、高岗、阎红彦20位红军将领发出《红军为愿意同东北军联合抗日致东北军全体将士书》，在这封公开信中，红军领导人揭露了蒋介石不抵抗主义的罪恶和全力瓦解、消灭东北军的阴谋。针对东北军当时的处境和现状，该信指出：抗日反蒋是东北军唯一的出路。信中表示："中国苏维埃政府与工农红军是愿意与任何抗日的武装队伍联合起来，组织国防政府与抗日联军，去同日本帝国主义直接作战的。我们愿意首先同东北军来共同实现这一主张，为全中国人民抗日的先锋。"该信建议互派代表，协商关于组织国防政府和抗日联军的问题。

1月29日 毛泽东和王稼祥与红色中华社记者谈话时宣布："中华苏维埃政府对于蒋介石的态度非常率直明白。倘蒋能真正抗日，中华苏维埃政府当然可以在抗日战线上和他携手。""中华苏维埃政府无时无地不在预备着和一切愿意抗日者谈判。"这是中共中央领导人第一次明确表示"联蒋抗日"的态度。

1月31日 秦邦宪、周恩来致电洛甫、毛泽东、彭德怀：依目前形势的发展，应将国内战争同民族战争结合起来为总方针。现在的军事行动应以巩固扩大根据地，而不是远离苏区，形成流动；须能扩大武装人员和解决经济困难；推动抗日统一战线的建立。

1月 蒋介石对苏联驻华大使表示："准备同意中共合法化，但是不能让中国红军存在。"

1月 宋庆龄在上海请董健吾到她家里，交给他一封信件，要他送到陕北，面交毛泽东、周恩来。此事的起因是：宋子文受蒋介石的指示，于1935年底和宋庆龄商议打通与中共的关系，他们决定请董健吾去陕北，直接向中共中央传递国民党愿意谈判的信息。董健吾是中共地下党员，以上海圣彼得教堂牧师身份作掩护。董健吾和宋子文原是圣约翰大学的同学，素有交往，便接受了委托。经孔祥熙许可，他以南京国民政府财政部"调查员"的身份前往陕北。1月中旬，董健吾携宋庆龄用以慰劳红军的一大包云南白药及宋庆龄的电台呼号密码等，前往西安，准备进入陕北苏区。董健吾到西安，面见张学良，要求通过东北军防地进入红军阵地。张学良电南京核实此事后，知道南京政府派人和中共中央联系，因而派飞机送董健吾等人至肤施，再派一连骑兵护送去苏区。红军边防司令李景林在苏区边境接待了董健吾一行，并于2月27日到达瓦窑堡，受到林伯渠、张云逸、袁国平等人的欢迎。次日，林伯渠即陪同董健吾会见中共中央负责人秦邦宪，转交了南京方面的密函，传递了南京政府要同中国共产党谈判的意向。董健吾等人称，此次使命仅为了解共产党可能"输诚"之条件，若中共肯于向南京国民政府"输诚"，则蒋介石可同意：甲、不进攻红军；乙、一致抗日；丙、释放政治犯；丁、武装民众；戊、顷（倾）蒋尚有款。这时，毛泽东、张闻天等人均在前方，秦邦宪便把这一情况电告毛泽东等人。3月4日，张闻天、毛泽东、彭德怀集中各方面意见，致电秦邦宪转董健吾，请他转告南京国民政府，提出了与南京当局谈判的具体意见，电报说："甲、弟等十分欢迎南京当局觉悟与明智的表示，为联合全国力量抗日救国，弟等愿与南京当局开始具体实际之谈判。乙、我兄复命南京时望恳切提出弟等之下列意见：（一）停止一切内战，全国武装不分红白，一致抗日；（二）组织国防政府与抗日联军；（三）容许全国主力红军迅速集中河北，首先抵御日寇迈进；（四）释放政治犯，容许人民政治自由；（五）内政与经济上实行初步与必要的改革。"3月5日，在接获中共中央五项条件的指示的当天，董健吾就与高福源一起立即离开了瓦窑堡,经洛川返回西安再转回南京。而张子华则应张闻天、毛泽东等中共中央领导人之约前往山西汇报工作。在董健吾返回南京时,林伯渠特意交给他三枚江西中央苏区铸造的刻有镰刀斧头的银圆和一套纸币,请他转交宋庆龄,以资纪念。董健吾带着这个密件离开瓦窑堡,回宋庆龄处复命。国共两党中断了近十年的联系,终于在宋庆龄的推动下接通了。董健吾的陕北之行很快被国民党西北经济委员会主任委员郭正凯知道,他立即向阎锡山报告,阎锡山听后十分恼火,马上打电报给蒋介石,责问蒋介石为什么派人去瓦窑堡,为什么同红军联络打晋军。宋子文等人感到难堪,便收回了给董健吾的财政部"调查员"的委任状。这样,董健吾的使命就到此结束了。

2月1日 中共北平市委根据日益高涨的抗日救亡新形势和建立广泛民族统一战线发展的要求,在北平召开会议,成立了以抗日民主为奋斗目标的先进的群众性青年组织中华民族解放先锋队。会议通过民先队《斗争纲领》等文件,并发表宣言,要求联合一切抗日反帝力量,不分党派,在抗日救亡的旗帜下,一致团结起来。《斗争纲领》提出:(一)动员全国武装力量驱逐日本帝国主义出境;(二)成立各地民众武装自卫组织;(三)成立各界抗日救国会;(四)铲除汉奸卖国贼;(五)没收日本帝国主义者的在华财产及汉奸卖国贼的产业充作抗日军费;(六)联合世界上以平等待我之民族共同抗日;(七)联合全世界弱小民族及被压迫民族共谋解放。当时正式队员有300人左右。民先队成立后,就在共产党领导下团结广大先进青年,战斗在抗日救亡的最前线,很快发展成为拥有2万余人的全国性革命组织,成为华北和抗日救亡运动的一支骨干力量。

2月10日 周恩来派李克农再去洛川,同张学良谈判,周恩来对李克农说:按照中央政治局12月会议决议的精神,先商谈局部合作抗日和经济通商问题;力争谈成;对重大问题,要及时向中央请示。

2月17日 为了以实际行动促成全国抗日的实现,中华苏维埃人民共和国中央政府和工农红军革命军事委员会组成了中国人民红军抗日先锋军,彭德怀任总司令,毛泽东任总政治委员。当天发表《东征宣言》,说明为实现抗日,渡河东征,宣传党的停止内战,一致抗日的主张,号召全国各界联合起来,打倒日本帝国主义。

2月19日 毛泽东同彭德怀致电王以哲并转张学良。电文说:贵军与敝军之联合抗日号召全国，必为蒋介石等所深恨，制造谣言以中伤破坏两方团结，实意中事。希望贵方不为奸人谣言所动，威利所屈，坚持联合抗日之立场。特派李克农即日起赴洛川面谈一切。

2月20日 为了扩大抗日武装和根据地，准备东出与日军直接作战，红一方面军以中国人民红军抗日先锋军的名义，在毛泽东、彭德怀率领和指挥下，从陕北清涧以东的沟口、河口等地渡过黄河，发起东征战役。阎锡山军队拦击红军。红军英勇战斗，取得很大胜利。刘志丹在战斗中英勇牺牲。3月上旬至4月下旬，蒋介石调集十个师的兵力增援阎锡山，企图彻底消灭红军和摧毁陕甘革命根据地。

2月21日 中共中央及中革军委发出给李克农训令。训令指出，估计张学良愿意与我们继续谈判，准备订立互不侵犯协定；同意抗日，但不同意讨蒋；不反对国防政府、抗日联军口号，但不同意马上实行这个口号；接受蒋介石的策略是，取消苏维埃红军、取消苏维埃制度与暴动策略。在这种情况下，我们的策略：处处把张学良与蒋介石分开；求得互不侵犯协定的订立；坚持抗日救国代表大会，坚持抗日、讨伐卖国贼不可分离；如张提出取消苏维埃，则克农提出取消南京政府，在抗日救国代表大会中做取消双方政府、成立全国人民公意的政治制度的初步讨论；如张提出取消暴动，则克农提出取消一切国民党的压迫制度、封建剥削；要求停止内战，不拦阻全国红军集中河北，不反对红军充任抗日先遣队；原则不让步，交涉不破坏。经周恩来安排，李克农、钱之光、戴镜元等人由高福源陪同从瓦窑堡出发。

2月21日 中华苏维埃人民共和国中央政府发表《关于召集全国抗日救国代表大会通电》，主张立刻召集全国抗日救国代表大会，正式组织国防政府与抗日联军，开始实行抗日战争的具体步骤。通电提出在召集全国抗日救国代表大会之前，必须保障下列条件：（一）取消国民党一党专政，容许一切党派的自由活动，释放一切政治犯。（二）实行外交公开。（三）取消国民党一切禁止抗日反卖国贼运动的命令（危害民国紧急治罪法，出版物取缔检查条令，禁止抗日命令等），保障言论、出版、集会、结社的自由。（四）停止内战，一致抗日讨逆。（五）凡愿意抗日反卖国贼的政治的、社会的、职业的团体与武装队伍，都有公开选举自己的代表参加全国抗日救国代表大会的权利。（六）确实保障一切参加全国抗日救国代表大会的代表言论行动的自由与生命的安全。通电要求在全国抗日救国代表大会之后,必须立刻讨论并决定下列紧急问题:(一)宣布对日绝交宣战,讨伐"满洲国",收复失地;(二)公开宣布一切中日间的不平等条约与卖国借款的完全无效;(三)颁布对日作战的动员令;(四)号召与帮助全中国人民组织起来,武装起来;(五)正式成立国防政府与抗日联军。

2月25日 中共中央联络局局长李克农、苏区政府国民经济部贸易总局局长钱之光抵洛川,并同东北军代表王以哲会谈,达成了局部停战的口头协议:第一,为巩固红军同东北军第六十七军共同抗日,确定互不侵犯,各守原防;第二,红军同意恢复第六十七军在鄜县、甘泉、延安马路上之交通运输及经济通商;第三,延安、甘泉两城现住第六十七军部队所需粮、柴、蔬菜等物,可向当地苏区群众购买;第四,红军同意在甘泉被围东北军两个营换防;第五,恢复红白通商,往来苏区和白区的办货人员均穿便衣,红军与第六十七军有保护之责。

2月28日 毛泽东同彭德怀致电李克农,通报国民党各派政治主张及东征战况。电报指出:周继吾、张子华昨日到瓦窑堡。据谈,蒋介石系陈果夫主张联红反日,曾扩情主张联日反红,此外孙科、于右任、张群、冯玉祥均主张联俄联共,并云蒋介石亦有与红军妥协反日的倾向。我方所组织抗日东征军,连日突破东岸200里封锁线,消灭与击溃杨耀芳、杨澄源、李生达等部共三个旅,占领石楼、中阳、孝义县、隰县、永和县广大地区。

2月29日 毛泽东同彭德怀复电李克农,对他们同王以哲初步达成的协定草案提出补充意见:(一)为巩固两军团结一致抗日,确立互不侵犯,各守原防之原则(包括陕甘边区及关中区)。(二)鄜县、甘泉、肤施交通可即恢复往来。(三)肤施、甘泉两城现驻部队所需粮柴等物,可向当地苏区群众平价购买。(四)恢复红白两区通商关系。

2月 中华民族解放行动委员会发表《组织反日阵线提议宣言》,宣言拥护共产党建立抗日民族统一战线的主张;认为一切革命的党派,在民族生死的关头中,"应该放弃其宗派的偏见,在反帝反日和土地革命两大原则之下,形成巩固的联合战线"。宣言呼吁"以最快的速度,组成全国的'反日阵线'",宣言建议"'反日阵线'只能由各党派各社团共同集结而成,并由各党派各社团迅速地推定负责人相互交换意见",除筹创"反日阵线"以外,还要商讨实际的反日工作。宣言指出凡愿意为民族解放出力的党派,团体都应该参加"反日阵线"。

3月1日 毛泽东、彭德怀发布《中国人民红军抗日先锋军布告》，提出："一切爱国人士、革命仁人，不分新旧，不分派别，不分出身，凡属同情于反抗日本帝国主义者，本军均愿与之联合，共同进行民族革命之伟大事业。本军所到之处，保护爱国运动，保护革命人民，保护工农利益，保护知识分子，保护工商业。本军主张停止一切内战，红军、白军联合起来，一致对日。""以一当十，是我精神；以十当一，是我实力。"布告还指出："有不明大义，媚外残民，甚至抵抗本军者，是自弃于国人，本军当以汉奸卖国贼论罪。"

3月2日 毛泽东、张闻天、彭德怀致电秦邦宪，要他和林伯渠、高福源、周继吾、张子华到石楼，讨论外交问题、对日作战的战略和策略问题、主力红军取道问题等。电报说，已约周恩来来此。

3月2日 毛泽东同彭德怀、杨尚昆致电林彪、聂荣臻等人，指出："必须向全体红色战士指战员说明优待俘虏、特别优待官长的用意何在，……一经解除武装，一律不得剥衣，不得搜身，不得打骂，不得捆绑，不得讥笑，而以热烈欢迎、诚恳招待的态度向着他们，以此策略以瓦解白军。"

3月4日 张学良亲自驾机飞到洛川，并于当天下午与李克农谈判。在谈判中，他对中国共产党建立抗日民族统一战线不把蒋介石包括在内表示了异议。李克农解释说，蒋介石专打内战，不抗日，所以不能把蒋介石列入抗日民族阵营。如果他放弃反共、反人民、不抵抗日本的反动政策，那就可以另外考虑。张学良表示希望中共中央派全权代表毛泽东或周恩来与他进一步谈判。经过协商，双方就联合抗日问题达成了如下协议：(一)政治上东北军拥护中国共产党在"八一宣言"中提出的抗日要求；(二)军事上互不侵犯；(三)经济上同意为红军运输物资，并由东北军予以保护。洛川会谈结束后，李克农电告中共中央，并请示行动。当天得到中央复电，同意谈判结果，并要他到山西石楼红军前线指挥部当面报告。李克农于3月16日赶到石楼作了汇报后，中共中央当即决定以周恩来为全权代表去肤施(延安)与张学良谈判。在这期间，上海地下党组织派刘鼎到东北军中做统战工作。刘鼎与张学良进行了多次长谈，使张学良对中共的现状及所执行的政策有了较确切的了解，增强了他联共抗日的决心，为即将到来的肤施会谈做了思想准备。

3月4日 毛泽东、张闻天、彭德怀致电秦邦宪、李维汉、林伯渠、张云逸，指出红军与王以哲军互不侵犯及经济通商口头协定业已订立,请通知陕甘省委、省苏、军区对鄜县、甘泉、延安、洛川等县,凡属王以哲军,务以友军相待,对其通过苏区者表示诚意的欢迎与招待;另要钱之光前往洛川找李克农,采办西药、布匹等物资。

3月4日 张闻天、毛泽东、彭德怀致电秦邦宪、周恩来,提出同南京国民党当局谈判联合抗日的三个基本条件。电文说:(甲)向彼方提出如下三个基本条件,做谈判联合抗日具体步骤的先决条件:(一)停止进攻红军,并容许主力红军向河北集中,首先抵御日帝迈进;(二)政治自由;(三)释放政治犯。(乙)邓发、稼祥能来石楼均请同来。彭已电王以哲许高福源来前方一行,商向晋冀活动问题。

3月5日 洛甫、毛泽东、彭德怀、秦邦宪、周恩来致电各军、各省委负责人:李克农和王以哲订立的口头协定今日开始实行。协定如下:(一)确定互不侵犯、各守原防的原则。(二)红军同意恢复第六十七军在鄜县、甘泉的交通运输。(三)延安、甘泉两城现驻第六十七军部队所需粮秣等物,可向当地苏区群众购买。(四)恢复红区白区之间通商:红军采办货物过往洛川、鄜县等地,第六十七军有保护之责;第六十七军入苏区办货,红军有保护之责。此电要陕北、陕甘省苏维埃政府、省委、军区口头传达,"务使我方军民与第六十七军官兵结成亲密之关系,以达到进一步与整个东北军讨论抗日讨蒋讨卖国贼之目的"。

3月10日 毛泽东、周恩来、彭德怀电告朱理治、萧劲光:同意王以哲派兵到甘泉换防,不得对王部攻击。

3月10日 中共中央北方局发表《为抗日救亡宣言》,略谓:中共中央北方局受中共中央、中华苏维埃中央政府与朱德、毛泽东之托,发表如下宣言:"中国苏维埃与共产党准备立即派遣代表和一切愿意抗日的部队、政党、团体、机关以及一切名流、学者、政治家举行谈判,共同成立国防政府与抗日联军的问题,并欢迎上述军队、政党、团体、机关、个人派代表到苏区去进行谈判,苏维埃政府和红军绝对保障这些代表的安全与自由。"

3月16日 毛泽东等人听取16日到达石楼的李克农作洛川会谈情况的汇报,了解张学良、王以哲对于抗日救国的进一步计划。毛泽东认为张学良的抗日要求是有诚意的。中共中央立即决定派周恩来为中央全权代表到肤施(延安)同张学良会谈,共商停止内战、一致抗日的根本大计。本日,毛泽东同彭德怀致电王以哲,将中共中央上述决定通知他和张学良,并对他惠赠图书表示感谢。

3月18日 周恩来电示朱理治、萧劲光、欧阳钦:决不应组织或同意在东北军中的兵变和士兵暴动,以免影响统一战线的进行。

3月20日 毛泽东同彭德怀致电王以哲转张学良及抗日东北军全体官兵,指出:"敝军迭次宣言,全国红军、白军亟应停止内战,一致抗日",但"阎锡山置若罔闻,不顾民族国家之存亡,甘心依附仇人,而与同胞为敌,诚不识是何居心?诸公深明大义,抗日救国早具同心,应请仗义执言,责阎锡山以叛国之罪,劝其即刻悔悟,撤其拦阻红军之兵,开赴张家口,与红军一同执行抗日任务。敝军本民族大义,决不追究既往"。"至于陕甘苏区(包括陕甘边区及关中区)为抗日战争之后方,坚决巩固此后方,使我抗日将士安心杀敌,应不独红军与全苏区抗日人民之责,诸公近在接壤,自亦具有爱护维持之心。倘有捣乱此抗日后方者(例如毛炳文辈),愿诸公与敝军联合制止之。"

3月中旬 周恩来、秦邦宪等人到交口县大麦郊地区,与洛甫、彭德怀等人会合。中共中央领导人分别听取王世英和张子华的汇报。王世英汇报了北方局党组织情况;周小舟、吕振羽汇报到南京同曾养甫接触的情况;北方局做第十七路军工作情况及2月同杨虎城达成的四项协议;张子华汇报了同曾养甫接触的经过和上海地下党的情况。3月16日,张子华在前往山西石楼前线汇报了工作之后,也赶往洛川,并于17日转往西安。张随身携带有林伯渠3月15日写给覃振、于右任、孔祥熙等人的信。林伯渠在复覃振的信中说:"外患日亟,亡国灭种之祸迫于眉睫,凡属华族,应放弃曩昔政治上主张异同之清算,不问任何阶级、任何派别、任何团体、任何武装部队,一同团结,急起直追,以求神圣的民族革命战争之胜利,海内贤能应同具此见解也。"

3月20日至27日 中共中央在晋西召开政治局会议,讨论抗日统一战线和军事战略方针问题。3月27日,毛泽东在会上作了关于外交(统一战线)问题的报告,指出:国民党破裂为民族反革命派与民族革命派。民族反革命派,以蒋介石为代表,坚持其自大革命失败以来的反动路线。他们可能在民众逼迫下假装抗日,其作用在瓦解抗日阵线。民族革命派中的右翼(其中又分左派和右派),是民族改良主义,不相信有力量抗日,不同意苏维埃与土地革命，但反对日本帝国主义的殖民地政策，赞成联俄联共。民族革命派中的左翼，包括宋庆龄等人和中下层军人、中小工商业者、中小资产阶级，他们坚决联俄联共，有坚决进行民族战争的勇气，赞成土地革命，在我们的领导下可以坚决走上抗日。这一派很有势力，是我们同反革命派争夺的中心。中共中央的外交（统一战线）方针是：（一）不但要把民族改良主义与民族反革命派区别开来，而且要把民族改良主义的左派和右派区别开来。要在"停止内战，一致抗日"的口号下，使民族改良主义中的右派同蒋介石进一步分离，使其中的左派同蒋决裂。（二）同民族革命派的左翼建立坚固的同盟。（三）向蒋介石提出的五个条件，是同一切人交涉的基本。（四）中央对李克农的外交训令，今天仍然适用。对张学良的策略是：（1）蒋、张分开；（2）互不侵犯；（3）坚持抗日救国代表大会，对蒋召集的会议原则上反对；（4）不破裂，求得实际利益；（5）提出"取消苏维埃"，则以"取消国民政府"相对；（6）提出"取消暴动"，则以"取消国民党压迫"相对；（7）不反对红军集中河北。（五）苏维埃成为问题时，由人民投票。（六）不管任何派别，都与其进行外交谈判。（七）在基本原则上不能让步妥协。（八）对民族反革命派采取各个击破，对民族革命派采取各个争取。（九）外交谈判随时准备破裂，届时宣布谈判经过与内容，以扩大我们的影响。（十）发表普遍的或个别的请求书。报告最后指出，关于外交（统一战线）工作的领导，军事外交集中于军委，政党外交集中于常委，全部由常委指挥。会议一致通过毛泽东的报告。会议认为1935年12月中央政治局会议（瓦窑堡会议）决议符合共产国际第七次代表大会决议精神；中国共产党的东征方针是正确的；党的任务是准备开展大规模民族革命战争，集中力量反对最主要的敌人日本帝国主义，目前的关键是建立抗日的人民统一战线。为此，有必要与可能同各种政治派别进行上层统一战线。鉴于东征的胜利进展，会议进一步确定"发展中求巩固"的方针，目前以经营山西为主，猛烈扩大红军，争取迅速对日作战，并准备向河北、河南、绥远发展。会议批准王世英与杨虎城达成的四项协议，肯定了李克农同张学良的洛川会谈。会议还决定派遣周恩来为全权代表同李克农一起前往延安同张学良会谈。

3月29日 毛泽东、彭德怀、周恩来发表《中国人民抗日红军西北军事委员会为一致抗日告全国民众书》，重申：停止一切内战，不分红军、白军、联合抗日；召开全国抗日救国代表会，组织国防政府、抗日联军；要求全国红军首先集中河北，阻止日军前进。

3月30日 宋哲元在天津宴请天津日驻屯军司令多田骏和日北平特务机关长松室孝良等人,交换"防共"意见,并与多田骏秘密订立《华北防共协定》,31日双方签字。主要内容为:(1)冀察政权协同阎锡山"扫荡"红军,力争与阎缔结防共协定,阎若拒绝,在适当时机可独立出兵入晋与红军作战;(2)交换有关共产运动的情况;(3)为贯彻"防共"方针,冀察政权可与山东、绥远方面共同行动,缔结防共协定;(4)日方支持冀察有关"防共"行动,并给予必要援助。

3月下旬 受中共中央派遣,刘少奇到天津主持中共中央北方局工作。在刘少奇领导下,北方局大力肃清党内"左"倾错误影响,正确地贯彻执行了抗日民族统一战线政策,为联合华北一切可能抗日的党派、阶层,包括争取在华北的第二十九军,进行了大量的工作,推动了全国各阶层人民群众的抗日救亡运动。

3月底 周小舟第二次来到南京,向吕振羽传达了中共中央北方局的指示:(一)在合作抗日的形势下,只要国民党实施适合工农要求的适当政策,改善工农群众的生活,调整阶级间的关系,我们为战胜日军,加强国内团结,将实行战时阶级休战。(二)国民党必须实行"二五减租"政策,为了团结抗日,暂不没收地主土地。(三)国民党必须承认苏区的合法地位。(四)在组成国防政府的情况下,武装推翻国民政府问题将不存在。周小舟这次到南京,带来了向国民党提出的六项要求:(一)开展抗日群众运动,给抗日爱国人民以集会、结社、言论、出版自由等抗日民主权利;(二)由各党各派各阶层各军的代表联合组成国防政府和抗日联军;(三)释放一切抗日爱国政治犯;(四)改善工农群众的生活;(五)停止内战、一致抗日,停止进攻苏区,承认苏区的合法地位;(六)划定地区给南方各省游击队集中训练,待机出发抗日。此外,周小舟还带来了由毛泽东、周恩来、彭德怀等中共中央负责人签名盖章,用毛笔写在白绸上给宋子文、孙科、冯玉祥、程潜、覃政、曾养甫等人的信件,每封信均附上了一份"八一宣言"。曾养甫接到来信后于1936年5月14日给毛泽东、周恩来、彭德怀写了复信,信中简略地谈到团结抗日的重要性。信中说:"读北平转来大札,得知先生等救国志愿毋任钦迟,国脉倾危,民命垂绝,非集中革命力量不足以抵抗侵略,挽救危亡,此理至明,毋庸多赘。然能深切认识者几人,能深切认识笃行者又几人,即如先生等抱国宏愿,来示所论,对负责当局已努力与要求尚多所误会,其他则又何说。此实足以分散革命力量,阻碍民族解放运动之前途。应如何补救,深盼先生等加以研究。国难日亟，愿赋同仇，翘首秦中，毋任怅望。"5月15日，周恩来致信谌小岑。信中对他为国共合作奔走表示"益增兴感"，希望他继续推动各方，"迅谋联合"，"共促事成"。信中还表示欢迎曾养甫、谌小岑到陕北来"商讨大计"。信中写道："别了十五六年，几如隔世，黄君（即张子华）来，得知老友为国奔走，爽健犹昔，私衷极慰，十余年来，弟所努力，虽与兄等异趣，但丁兹时艰，非吾人清算之日，亟应为民族生存，迅谋联合，此间屡次宣言，具备斯旨，今幸得兄相与倡和，益增兴感，黄君回面托代罄积愫并陈所见，深愿兄能推动各方，共促事成。养甫先生本为旧识，幸代致意。倘愿惠临苏土，商讨大计，至所欢迎，万一曾先生不便亲来，兄能代表贲临，或更纠合同道就便参观，尤所企盼。国难当前，幸趋一致，矧在老友，敢赴同仇，春风有意，诸维心照不宣。"中国国民党方面收到毛泽东等人亲笔签名的信件后十分重视。陈立夫、曾养甫等人经多次密商并向蒋介石汇报后，于5月中旬正式向中共代表提出四项条件作为进一步谈判的基础。这四项条件是：（一）停战自属目前迫切之要求，最好陕北红军经宁夏趋察绥外蒙之边境。其他游击队则交由国民革命军收编；（二）国防政府应就现国民政府改组，加入抗日分子，肃清汉奸；（三）对日实行宣战时，全国抗日武装队伍自当统一编制；（四）希望共产党的领袖来南京共负政治上之责任，并促进联俄。6月下旬，周小舟等人根据北方局的指示，第三次来到南京，以中国共产党的正式代表身份与曾养甫会谈，谌小岑和吕振羽也在场。会谈时，周小舟系统地介绍了中国共产党同国民党合作抗日的愿望和六项要求，并对国民党的四点要求做了回答。然后，双方就国民政府作为国防政府的组织形式问题、红军改编为国民革命军问题、南方游击队集中问题、释放政治犯等问题进行了讨论，在领导权问题上双方发生了激烈的争论。6月底7月初，中共中央北方局代表与谌小岑等人在多次会面后，达成了一项由双方共同签字认可的谈话记录草案，该草案商定了三项基本原则：（一）全国统一；（二）共同抗日；（三）以国民党为主导力量等。在此原则基础上双方达成停止内战，建立抗日统一战线的具体办法。在此记录的基础上，谌小岑进一步起草了一份正式协定条款。该条款为：（一）K方（国民党）为集中民族革命力量，要求集合愿意参加民族革命之一切武装力量，不论党派，在同一目的下，实现指挥与编制之统一。（二）C方（共产党）如同意K方主张，应于此时放弃过去政治上一切足以引起国内阶级纠纷之活动，K方可承认苏维埃主要区域在民主政府指挥之下作为特别实验区。（三）K方在C方承认全国武装队伍应统一指挥与编制的原则时，即行停止"围剿"，并商定其武装队伍之驻扎区域，与以其他国军同等之待遇。(四)K方在C方决意接受K方之上述军事政治主张之原则下,执行:(1)抗日民族革命之民主自由,但其限度以不反党国为原则;(2)红军之驻扎区域采商定方式,依双方之同意而决定;(3)苏维埃政权取消系指苏维埃之独立于中央而言,其地方组织形式可适当保留;(4)C方之表示与K方所负之义务应在同时实行,其实现方式由双方协议后实行之。对此,陈立夫7月4日对(二)和(四)做了如下修改:(二)C方如同意K方上述之主张,应于此时放弃过去政治主张,并以其政治军事全部力量于统一指挥之下,(四)K方在C方决意放弃苏维埃政权的条件下,即以K方为主体,基于民主的原则,改善现政治机构,集中全国人才,充实政府力量以负担民族革命之任务。周小舟在离开南京前,告诉吕振羽必须取得国民党方面对中国共产党六项要求的答复。为此,吕振羽又同曾养甫谈了五六次,并要谌小岑写成书面材料。7月16日,曾养甫给周恩来写信,提出"盼两地能派负责代表切实商谈,如兄等屏除政务来豫一叙至所盼祷"。曾养甫请张子华到陕北将此信面交周恩来,并口头表示也可让邓颖超来。7月底,曾养甫被任命为广州市长,行前,给吕振羽一份密电码,表示和周小舟、吕振羽的谈判到此结束,以后由武汉电台和陕北电台直接联系。1936年10月,中共中央正式通知北方局,同南京方面的接触由中央统一处理,以免步调不一致。

4月1日 为贯彻中共中央政治局晋西会议精神,西北革命军事委员会主席毛泽东和副主席周恩来、彭德怀发布关于红一方面军改编的训令。训令指出:"为执行党中央争取迅速对日作战的决定,将第一方面军全部改为中国人民红军抗日先锋军,第一军团改为中国人民红军抗日先锋军第一路军,第十五军团改为第二路军。""抗日先锋军以华北五省为作战范围,第一阶段以在山西创造对日作战根据地为基本方针。以山西为方针下,可以全部或一部跃入绥远或河北或河南之一部,作为临时步骤。"训令重申"以发展求巩固"的方针,指出"战略上以少胜多,战役上以多胜少为目前军事指挥的基本原则";要求先锋军在七个月内完成5万人的编制并武装起来,以扩红为总方针的第一等任务。

4月5日 中华苏维埃共和国中央政府主席毛泽东、中国抗日红军革命军事委员会主席朱德联名发布《为反对卖国贼蒋介石阎锡山拦阻中国人民红军抗日先锋军东下抗日捣乱抗日后方宣言》。

4月6日 毛泽东同彭德怀复电王以哲并转张学良:"敝方代表周同志偕克农依约于八日赴肤

施与张学良先生会商救国大计"，"双方会谈之问题，敝方拟定为：一、停止一切内战，全国军队不分红白一致抗日救国问题。二、全国红军集中河北，首先抵御日帝迈进问题。三、组织国防政府、抗日联军具体步骤及其政纲问题。四、联合苏联及先派代表赴莫斯科问题。五、贵我双方订立互不侵犯及经济通商初步协定问题"。

4月7日 周恩来由李克农陪同，从瓦窑堡启程，8日晚到达肤施城东北20余里之川口。9日晚张学良、王以哲偕中共党员刘鼎乘飞机到肤施。当夜，周恩来与张学良在肤施城内一座教堂里举行谈判。张学良的意见大致可以归结为以下四点：（一）完全同意停止内战一致抗日；同意组织国防政府与抗日联军，愿意参与酝酿此事。他再不进兵无以回答蒋（蒋有电责他，并转阎电说他隔岸观火）。四方面军如北上，他可使陕甘部队让路。（二）同意红军集中河北，但认为红军在山西恐难立足，出河北太早，最好走绥远。如红军坚持东出，他可以通知在直南、平汉路的东北军与红军联络。他还答应可使驻陕甘的东北军为红四方面军北上让路。在云南的红二、红六军团的活动则需取得中央军同意，他愿为此事活动。（三）蒋介石现在歧路上，虽不会彻底抗日但有可能争取与其合作。目前他尚做不到反蒋，如蒋降日，当离开蒋；在张公开抗日之前，不能不接受蒋介石的命令，进驻苏区。（四）派代表去苏联，中共方面的由他派人送至新疆，他可联络盛世才。周恩来说：关于对蒋介石的政策中共中央已有考虑，愿将张的意见带回去慎重研究。法西斯主义是反共反人民的，没有群众基础。要收复东北，没有广泛的群众参加是不可能的。双方并就通商、互派代表等问题达成了口头协定：（一）中共赴莫斯科的代表由新疆到苏联，东北军的代表由欧洲去苏联。（二）防止内战，联合抗日。（三）张没有公开表示抗日之前，不能不接受蒋介石的命令进攻苏区，第六十七军准备开到延安以北一带来（1936年6月，中共主动让出瓦窑堡，即恪守延安谈判协议的一例）。（四）双方互派代表常驻。（五）张认为红军主力在山西恐难立足，出河北太早，最好出绥远，靠外蒙。如中共坚决东进，他可通知东北军万福麟部不加阻挠。（六）互相通商。普通办货由中共设店自购，军品由东北军代购，子弹可供给。张对这次谈判的结果十分满意，并拿出2万块光洋，说是他私人的钱，支持抗日的。会谈后，中共专门设立了东北军工作委员会，并派李克农去洛川张学良指挥部工作。张又送给中共方面20万法币。这次谈判对张走上联共抗日的道路起了很大的作用。

4月9日 毛泽东、彭德怀在给张闻天的电报中明确指出,"目前应团结抗日,不应发讨蒋令","我们的基本口号不是讨蒋令,而是抗日令"。电报认为,抗日是中国共产党"最高的政治旗帜",应该在停止内战的基础上实行一致抗日。而反蒋则是在"停止内战一致抗日"的前提下,"反对蒋介石接受广田三大原则",反对他"拦阻红军抗日和捣乱抗日后方"。电报说:"(甲)目前不应发布讨蒋令,而应发布告人民书与通电。(乙)在此时机发讨蒋令,策略上把我们自己最高的政治旗帜弄模糊了。我们的旗帜是讨日令,在停止内战旗帜下实行一致抗日,在讨日令旗帜下实行讨蒋,这是最便利于实行国内战争与实行讨蒋的政治旗帜,中心口号在停止内战。在这口号之外,同时发布主张内战的讨蒋令,在今天是不适当的。"这个电报表明,中共中央这时已开始认识到继续提"抗日反蒋"口号与停止内战一致抗日的提法不大协调。

4月10日 中共北方局负责人刘少奇在中共河北省委内部刊物《火线》第55期发表《肃清立三路线的残余——关门主义、冒险主义》一文,强调建立广泛的民族革命统一战线已成为党领导中国革命走向胜利的中心问题,中共在白区工作的主要任务是要"把全民族抗日反卖国贼的统一战线建立起来",团结一切抗日力量,开展神圣的民族解放战争,战胜日本帝国主义及其在中国的走狗。

4月初 谌小岑等人再托张子华进入苏区。4月中旬,张子华同中央派到上海开展统一战线工作的冯雪峰一起从瓦窑堡出发前往上海、南京。4月底,张子华到达南京,曾养甫在家里接见了他。5月下旬,谌小岑将陈立夫在曾养甫家提出的四条意见抄了一份给张子华,但没有说明这是南京方面的意见,只说是他自己的看法,给中共参考。同时,曾养甫向张子华传达口信,约中共主要负责人见面。5月底张子华再次回到瓦窑堡。6月初,张子华带着周恩来的亲笔信返回南京。周恩来在写给谌小岑的信中说:"养甫先生本为旧识,幸代致意。倘愿惠临苏土,商讨大计,至所欢迎。万一曾先生不便亲来,兄能代表贲临,或更纠合同道就便参见,尤所企盼。国难当前,幸趋一致,矧在老友,敢赋同仇。春风有意,诸维心照不宣。"8月初,谌小岑将国民党方面联络电台的呼号及密码分别交给周小舟及张子华,希望立即建立直接的电讯联系。同时,谌小岑复信周恩来,表示:"敬邀临西北之游,使得吾兄及诸友畅途叙一堂,交换中国革命动向意见,在个人衷心亟为感奋。""其所以至今未能成行者,盖故乎:(一)统一军政组织问题,此间至为重视,然民主方式究能实行至若何程度,当待初(部)步之商讨;(二)停止军事行动问题,希望西北有军事负责人在陇海线西北段择一地点,作一度之会商,我兄如能命驾,更所欢迎;(三)两广问题发生,彼此间不无新的隔阂。""兹特奉上电台符号及密码","如能有所决定,即可约期晤谈,盼能早日面聆教诲也"。于是,张子华又匆匆持曾养甫的信第三次奔向陕北,于8月27日到达保安。这时,中共中央已确定转变对蒋介石的策略方针,为了"逼蒋抗日",准备派周恩来为全权代表同中国国民党代表谈判。因此,周恩来于8月31日复信给曾养甫:"黄兄带回手札,陈述盛意,此间同志极引为幸。"复信指出:"国难危急如此,非联合不足以成大举。"周恩来在信中表示:为促事速成,极愿与贵方负责代表进行具体谈判;然由于苏区被封锁,外出不易,希望曾养甫与陈立夫先生能"惠临敝土";"万一有不便之处,则华阴之麓亦作为把晤之所"。9月1日,周恩来又给陈果夫、陈立夫写信,说:"黄君(即张子华)从金陵来,知养甫先生所策划者,正为贤者(指陈立夫、陈果夫)所主持。"周恩来在信中写道:"两先生居贵党中枢,与蒋先生又亲切无间,尚望更进一言,立停军事行动,实行联俄联共,一致抗日,……敝方为贯彻此主张,早已准备随时与贵方负责代表作具体谈判。现养甫先生函邀面叙,极所欢迎。但其望两先生能直接与会。"9月20日,中共中央派张子华抵达广州,和国民党代表曾养甫进行谈判。张子华表示了共产党的严正立场:(一)日寇进攻甚急,共产党方面愿以全力为助,希望宁方坚持民族立场,不做任何丧权让步;(二)共产党方面首先执行停止对国民党军队攻击,仅取防御方针,等候和议谈判集力抗日;(三)欲图和议谈判早日实现,请蒋介石暂时以任何适当名义停止,军队进攻,以便开始和谈,若一面进攻一面谈判是没有道理的;(四)在进攻未停止周恩来未出动以前,准备以潘汉年进行初步谈判。主要目的是实现第一步目标,订立停战协定。国民党方面也提出四条:(一)共产党公开活动;(二)苏维埃继续存在;(三)苏区派代表参加国会;(四)红军改名,照国民革命军编制及待遇,但不变更原有人员。共产党方面表示可接受上述条件。

4月13日 中共中央决定:派刘鼎到张学良处继续谈判;白坚任驻张学良处联络员;李克农与王以哲保持密切关系;派戴季英经张学良处去陕南巡视;邓发为中央代表经西安、新疆赴苏联。在肤施、宜川、洛川、店子、西安建立中共与白区的交通机关。鉴于张学良不能不执行蒋介石的进攻苏区的命令,中共中央决定在关中加强军事力量,并加紧抗日宣传,争取东北军不打红军。

4月25日　中共中央发表《为创立各党各派的抗日人民阵线宣言》。这个宣言第一次将中国国民党包括在抗日民族统一战线之内，不再提打倒蒋介石。这是中国共产党政策的一个重大变化。

4月28日　毛泽东同彭德怀致电周恩来、林彪、聂荣臻、徐海东、程子华、叶剑英、杨尚昆，决定红一方面军主力西渡黄河。电报指出：山西方面，阎锡山和蒋介石有51个团，取堡垒主义向我推进；陕西方面，蒋介石强令张学良、杨虎城军向陕北进攻，企图封锁黄河；国民党军控制下的神府、三边地区和环县、合水及其以西地区均较空虚。"根据上述情况，方面军在山西已无作战的顺利条件，而在陕西、甘肃则产生了顺利条件，容许我们到那边活动，以执行扩大苏区、锻炼红军、培养干部等任务。另一方面，则粉碎卖国贼扰乱抗日后方计划，亦是当前的重要任务。此外，则有派一支队去陕南扩大苏区、吸引敌人之必要。""我军决西渡黄河，第一步集结于延长地域。渡河时机、渡河秩序及集结地域，分别命令定之。""向西执行上述任务，仍然是为着争取迅速直接对日作战之基本的政治任务。华北各省仍然是战略进攻方向的主要方向。在把蒋介石调出山西以后，在积极地进行山西干部的创造，山西士兵运动的加强，神府苏区的扩大等条件下，再一次进入山西作战的机会是会有的。坚持以陕甘苏区为中心，向各方面作战，而以东方各省为长时期内的主要方向，这是确定的方针。"

4月　中共驻共产国际代表团派王炳南回国，向杨虎城建议与红军合作，抗日反蒋，实现西北大联合。经过协商，红军与第十七路军（即西北军）达成以下四项协议：（一）在共同抗日的原则下，红军愿与第十七路军建立抗日友好互不侵犯协定，双方各守原防，互不侵犯，必要时可以事先通知，放空枪，打假仗，以应付环境；（二）双方可以互派代表，设立电台、互通情报；（三）第十七路军在适当地点设立交通站，帮助红军运输必要的物资和掩护中共人员往来；（四）双方同时做抗日准备工作，首先对部队进行抗日教育。根据这一协议，双方停止了军事敌对行动，红军在西安等地建立了秘密交通站。这样，红军与西北军建立了抗日民族统一战线。随后，中共中央派叶剑英作为红军驻西安代表团团长，协助张学良、杨虎城改造部队，准备抗日。8月13日，毛泽东亲自给杨虎城写信，信中说："先生同意联合战线，盛情可感。……全国各派联合抗日渐次成熟，而先生反持冷静态度——若秘密之联系，暗中之准备，皆所不取，甚非敝方同志所望于先生者也。兹派张文彬同志奉诚拜谒，望确实表示先生之意向，以便敝方作全盘之策划。先生如以诚意参加联合战线,则先生之一切顾虑与困难,敝方均愿代为设计,务使先生及贵军全部立于无损有益之地位。"张文彬作为中共驻杨虎城部的联络代表,被杨虎城委任为少校秘书,从此双方的联系得到加强。

4月 陈铭枢到莫斯科同中共驻共产国际代表团会谈,提出要与中共签订抗日救国的合作协定,得到中共代表团的赞同。中共代表团同陈铭枢达成四点口头协议:(1)对于陈等所办的《大众日报》《前驱日报》等采取合作态度;(2)在香港共同组织培养民族革命战争干部训练班;(3)在英法等国共同开展华侨工作;(4)派中共干部去进行上层工作,并以中共中央的名义答应在经济上给以支持,作为报纸和训练干部的费用。

5月3日 中国共产主义青年团中央委员会发出《给全国学生的信》,对学生救国运动提出:"注意人民统一战线的建立,不分党派,不分政治信仰,不分宗教信仰,只要愿意抗日救国的就结成联盟。"

5月5日 中国人民红军抗日先锋军回师河西。当天,中华苏维埃共和国中央政府和中国人民红军革命军事委员会发表《停战议和一致抗日通电》。通电指出:"中国人民抗日先锋军,本当集中全力消灭蒋氏拦阻抗日去路的部队,以达到对日直接作战之目的。但红军革命军事委员会一再考虑,认为国难当前,双方决战,不论胜负属谁,都是中国国防力量的损失,而为日本帝国主义所称快。"所以,红军革命军事委员会为了保存国防实力,以便利于迅速进行抗日战争,为了坚决履行我们每次向国人宣言停止内战、一致抗日的主张,为了促进蒋介石氏及其部下爱国军人们的最后觉悟,故虽在山西取得许多胜利,仍然将人民抗日先锋军撤回黄河西岸。以此行动向南京政府、全国海陆空军、全国人民表示诚意。通电提出:"我们愿意在一个月内与所有一切进攻抗日红军的武装队伍,实行停战议和,以达到停战抗日的目的。""在全国范围内,首先在陕甘晋停止内战,双方互派代表磋商抗日救亡具体办法。""五五通电"不再称蒋介石为卖国贼,而称"蒋介石氏"、"南京政府诸公"。这标志着中国共产党开始放弃"反蒋抗日"口号,采取"逼蒋抗日"的方针。"五五通电"的发表是中共政策上的一个重要转变,受到全国各界的热烈拥护,在国民党统治集团,特别在各派反蒋军事势力的地方实力派当中产生了巨大影响,促进了国民党内部矛盾的发展。

5月7日 毛泽东、周恩来、彭德怀电刘鼎转张学良，提出"再度会谈极为必要"，希望讨论东北军与红军今后行动方针问题，东北军准备抗日的具体步骤，同杨虎城、阎锡山、马鸿逵等部建立联合战线问题。随后，周恩来即和张学良会商。

5月15日 周恩来写信给国民党候补中央委员时子周。信中说明中共停止内战一致抗日的主张，询问时子周现在是否有意联合各界做救亡图存之举，信中表示"愿先生广布斯旨于华北，求得抗日战线迅谋成立"。同日，周恩来致函张伯苓。信中赞扬张伯苓呼吁停止内战对外的救国热情；说明中共主张"组织国防政府与抗日联军"实现团结抗日的方针，希望张伯苓赞同，"请一言为天下先"。同日，周恩来致信谌小岑，对他为国共合作奔走表示"益增兴感"，希望他继续推动各方，"迅谋联合"、"共促事成"，并表示欢迎曾养甫、谌小岑到陕北来商讨大计。

5月18日 中央革命军事委员会决定举行西征。红一方面军东征回师后，蒋介石继续坚持"剿共"政策，调集25万军队"进剿"陕甘根据地。中共中央确定：中国共产党在今后的政治任务是，保卫西北，扩大和巩固西北抗日根据地，扩大红军，努力争取西北抗日力量大联合，进而推动全国国防政府和抗日联军的建立，实现全国性的对日抗战。西北革命军事委员会主席毛泽东和副主席周恩来、彭德怀在西征战役命令中指出："为着极力扩大西北抗日根据地并使之巩固，为着扩大抗日红军，为着更加接近外蒙和苏联，为着一切抗日力量有核心的团聚"，西北军委决定：以红一方面军第一军团、第十五军团和第八十一师、骑兵团组成西方野战军，彭德怀为司令员兼政治委员，进行西征战役，向陕、甘、宁三省边界地区发动进攻；以红二十九军、红三十军等和陕北地方部队牵制蒋介石、阎锡山的西渡部队以及陕北、渭北敌人；以红二十八军准备出陕南，与陈先瑞第七十四师会合，活动于陕、鄂、豫三省，调动并吸引蒋介石主力于该方面，使我主力易于在西方取得胜利。

5月18日 中共中央发出《关于两广出兵北上抗日给二、四方面军的指示》，指出：两广的发动，是"抗日讨逆的大规模的民族革命战争的阶段"的开始的标志，"我们的策略，是在使这次发动支持久、扩大、充实而转变成全中国人民武装抗日的神圣的民族革命战争。因此：(一)我们赞助与拥护这一发动，从各方面，首先是加速西北的发动，来响应与配合这一发动；(二)反对蒋介石一切破坏这一发动的阴谋诡计,反对他制造内战,拦阻两广北上抗日;(三)提出立刻召集全国抗日代表大会与它所应该即刻实行的彻底的抗日纲领;(四)对发动者的弱点,采取积极的善意的诱导方法"。

5月23日 中共中央举行常委会议讨论对东北军的工作问题。毛泽东在会上指出:为扩大抗日民族统一战线,我们要争取军队,要在抗日问题上接近东北军,工作重心摆在第五十七军上。要集中力量去做,在三个月内一定要有大的进步。周恩来指出:由于东北军已从要求抗日发展到有反日反蒋的初步决心,我们党可以争取东北军的大多数,目前的政策不是瓦解东北军,而是巩固它;建议成立抗日会、俱乐部等组织,团结其左派,坚决打击其内部的法西斯分子。

5月25日 张浩、洛甫、毛泽东、周恩来、彭德怀等人致电朱德、张国焘、刘伯承、徐向前、陈昌浩并转任弼时、贺龙等人,告以统一战线顺利开展的情况,指出:"四方面军与二方面军,宜趁此十分有利时机与有利气候速定大计,或出甘肃,或出青海,在兄等大计决定之后,一方面军适时向天水、兰州出动,进一步策应兄等,使蒋军不能拦阻,至于奉军已与秘密约定不加拦阻。"

5月25日 毛泽东致函国民政府军委会副委员长、太原"绥靖"公署主任阎锡山,并附5月5日红军回师黄河西岸的通电,希望阎锡山能与红军联合一致,抗日反蒋。此信是交由阎锡山部第六十六师第三九二团团长郭登瀛送去的。信中指出:"敝军西渡,表示停止内战,促致贵部及蒋氏的觉悟,达到共同抗日之目的。""救国大计,非一手一足之烈所能集事。敝军抗日被阻,然此志如昨,千回百折,非达目的不止,亦料先生等终有觉悟的一日。侧闻蒋氏迫先生日甚,强制晋军二度入陕,而以其中央军监视其后,是蒋氏迄无悔祸之心。""敝方同志甚愿与晋军立于共同战线,除此中国人民之公敌。""今遣郭团长返晋,面致手书,如有所都,迄令郭君再来,以便沟通两方,成立谅解。"在此之前,毛泽东会见被红军俘获的阎锡山部第六十六师第三九二团团长郭登瀛。

5月29日 中国学生救国联合会在上海召开成立大会,大会通过重要提案和宣言。大会呼吁停止一切内战,全国总动员对日作战,联合一切被压迫民族和民众,联合以平等待我之民族共同奋斗!

5月31日至6月1日 全国各界救国联合会在上海召开成立大会。华北、华南、华中及长江流域20余省市60多个救亡团体的代表共70余人出席大会。会议通过的文件指出：国民党"中央已往的错误，是在政治上放弃了民族革命任务，而只在武力上企图征服中国；中央目前的错误，是对外放弃了民族共同的大敌，而只对内在消灭异己上面把国防力量作孤注一掷"。文件规定：救国会的宗旨是"团结全国救国力量，统一救国方案，保障领土完整，谋取民族解放"。其现阶段的主要任务是：促成全国各党各派团结合作，共同抗日；要求各党各派立即停止军事冲突，派遣正式代表进行谈判，制定共同抗敌纲领，建立统一的抗敌政权。文件还要求集会、结社、言论、出版自由，坚决反对任何当局压迫民众运动，摧残议论自由。因此，大会建议；（一）各党各派立刻停止军事冲突；（二）各党各派立刻释放政治犯；（三）各党各派立刻派遣正式代表，人民救国阵线愿为介绍，进行谈判。以便制定共同抗敌纲领，建立一个统一抗敌政权；（四）人民救国阵线愿以全部力量，保证各党各派对于共同抗敌纲领的忠实执行；（五）人民救国阵线愿以全部力量，制裁任何党派违背共同抗敌纲领，以及种种一切足以削弱抗敌力量的行动。全国各界救国联合会以抗日救国为职志，推动了全国的抗日救亡运动的开展。各地也相继成立全救会分支组织。

6月1日 中华苏维埃共和国中央政府主席毛泽东、中国人民抗日红军革命军事委员会主席朱德发表《中华苏维埃人民共和国中央政府、中国人民抗日红军革命军事委员会布告》，向全国人民，全国各党派、团体、军队提出20项主张：停止内战，一致抗日；全国各党各派各团体创立抗日人民联合战线；召集全国抗日救国代表大会，成立国防政府和抗日联军；释放一切政治犯，保障抗日的言论、出版、集会、结社自由；推翻汉奸卖国贼的统治；保护爱国运动等。

6月1日 李济深、陈济棠、蔡廷锴、李宗仁、白崇禧等人联合发动了两广事变，主张反蒋抗日，准备挥军北上抗日。章伯钧、彭泽湘代表中华民族解放行动委员会亦参与其事。当天，国民党西南执行部委呈文国民党中央和国民政府，吁请抗日。6月2日，通电全国，吁请全国党政军民各界一致督促国民党中央领导抗日。6月4日，陈济棠、李宗仁、白崇禧等西南陆海空军将领数十人，通电响应并成立军事委员会，组成中华民国国民革命抗日救国军。6月9日，陈济棠出兵湖南。7月13日，国民党五届二中全会通过西南问题决议，撤销西南政务委员会和国民党西南执行部，委任余汉谋为广东"绥靖"主任，李宗仁为广西"绥靖"主任，白崇禧为副主任；免去陈济棠本兼各职。7月14日,余汉谋在大庾就职,回师韶关,通电限陈济棠于24小时内离粤。7月17日,陈部军长张达为蒋介石收买投蒋。陈济棠失败,离广州逃往香港。蒋介石为进一步瓦解两广力量,电令白崇禧出洋考察,调李宗仁到南京。李、白反对。蒋改任白为浙江省主席,李为军委常委。李、白又表示难以从命。蒋调集大军准备以武力解决。8月19日,李宗仁、白崇禧在两广组织中华民国人民抗日救国政府,李宗仁任主席,白崇禧、蔡廷锴为副主席,并动员10万军队准备应战。9月2日,国民党要员居正、程潜、朱培德等人携蒋介石亲笔信,前往两广调解。9月6日,蒋介石改任李宗仁为广西"绥靖"主任,白崇禧为军委会常委。9月14日,李宗仁、白崇禧发表通电,表示服从"中央",接受任命。两广事变结束。两广事变发生后,中共中央派云秀英(化名林秀先)往南宁会见李宗仁,讲述目前形势及中共的停止内战,一致对外,组织抗日民族统一战线的主张。李宗仁表示赞同中共提出的成立抗日民族统一战线的政策。随后又见李济深,李济深表示,中共提出的抗日民族统一战线政策很正确,只有这样才能团结全国各方面力量战胜日军,挽救民族危亡。

6月初 张子华从延安带来一批周恩来写的信,除林伯渠致覃振的复信外,均交给曾养甫。六天以后,张子华返回上海编了联络电台密码,由谌小岑转给曾养甫,谌要来据说是汉口电台的呼号,并转达曾养甫的口信,请周恩来到南京面谈。

6月12日 中共中央召开政治局会议,讨论两广事变及整个形势发展的问题。周恩来在会上作了关于西南问题的报告。毛泽东发言指出:时局发展到一个新的阶段。日本派兵到华北,蒋介石的国民党中央势力退出华北,中国内部整个起了很大变化。帝国主义世界也起了变化,英国原是支持日本侵略中国的,现在变为反对日本侵略中国。西北是抗日的大本营,西南事变的发动,对西北也起了作用。我们的口号,我们的重心是抗日,请蒋出兵,以扫除抗日阻碍。蒋介石在群众中还有欺骗作用。我们的办法是坚决驳斥胡适之的亦即蒋介石的民族改良主义的言论,指出蒋介石的政策是卖国的政策。要广泛宣传抗日救国大会,以对抗蒋介石的国民大会。要使西南从不是武装民众抗日变为武装民众抗日。会议决定中共策略是:(一)支持两广提出的北上抗日,反对蒋介石派兵南下;(二)用召开救国会议来反对国民党五届二中全会;(三)号召全国人民抗日,实现西北大联合。

6月12日 中华苏维埃共和国中央政府、中国人民抗日红军革命军事委员会发出《为两广出师北上抗日宣言》。表示"愿意同两广当局缔结抗日联盟共同奋斗",并号召全国军民"配合两广的起义,务使此次抗日的军事发动,扩大为全国人民武装抗日的神圣的民族革命战争"。宣言要求南京国民政府立刻幡然改悟,答应两广要求,动员全中国的海陆军北上抗日。宣言表示中国人民红军"愿首先全部集中河北,担任抗日先锋军的任务,开始同日本帝国主义直接作战"。宣言提出立刻召集全国抗日代表大会,并实现下列纲领:"(一)宣布对日绝交宣战,讨伐'满洲国',收回华北与东北失地。(二)取消一切中日的不平等条约与卖国借款。(三)惩办丧权失地祸国殃民的汉奸卖国贼。(四)动员全中国的海陆空军直接对日作战。(五)没收日本帝国主义与汉奸卖国贼的一切财产作为抗日经费。(六)保证抗日救国的言论、出版、集会、结社的完全自由,释放一切政治犯。(七)成立国防政府与抗日联军。(八)联合全世界以平等待我的国家与民族,联合日本国内的一切被压迫民族与被压迫民众。"

6月14日 东北军兵分三路向瓦窑堡推进,已到平步塔、青化砭、下寺湾一线,驻绥德、清涧的中央军有配合进攻的可能。14日,周恩来出席中共中央常委会。会议决定中共中央撤离瓦窑堡,由周恩来留守东线指挥东面各军及地方部队,抗击东北军进攻并布置中共中央及军委转移。同日,周恩来致电王以哲:"务望火速电令前线兄部停止前进,否则造成两方敌对,于目前局势实有大害。"王以哲部立即撤回潘龙、永坪以南。

6月19日 就中共代表同陈铭枢谈判问题,共产国际执委会书记处指示中共中央要注意以下几方面:"(1)考虑到陈铭枢集团中有相当多无原则的政客,要加倍小心;(2)不要让陈铭枢集团有任何理由认为,他们同中共代表进行的谈判是在苏联领导人知道,并得到他们支持或批准的情况下进行的;(3)不要把陈铭枢集团看作是在全国范围内形成的救国同盟,而应看作是原19路军和前福建政府的拥护者集团;(4)大力提高中国共产党作为一个独立的因素的威信和中共中央作为一个拥有全权解决与具体实施抗日统一战线策略有关的问题和以共产党名义承担相应义务的唯一机构的声望。"

6月20日 中共中央发出《致国民党二中全会书》,再次向中国国民党正式提议:"当着亡国灭种大祸迫在眉睫的最后一瞬间","立即停止你们与我们之间互相残杀的内战及一切仇杀的行为,并立即联合起来,为挽救中国民族的灭亡进行神圣的抗日民族革命战争,保卫中国,驱逐华北、内蒙的日兵并收复东北失地"。中共中央郑重宣布:"只要你们立即停止进攻红军和苏区,立即动员全国对日抗战,并实现民主自由与制裁汉奸,我们和红军不独不妨害你们抗日,而且用一切力量援助你们,并愿和你们密切合作。"中共中央表示支持西南的抗日行动,愿意与西南诸领袖合作,呼吁南京政府军队开进华北、内蒙古对日作战。

6月20日 中共中央发出《关于东北军工作的指导原则》。中共中央指出:"由于东北军现在所处的特殊的政治的地位(亡国奴的地位),由于红军对于东北军的革命的影响,东北军有极大可能转变为抗日的革命的军队。"因此,"争取东北军走上抗日是我们的基本方针"。"在东北军中的工作目标,第一,不是瓦解东北军,分裂东北军,而给东北军以彻底的抗日的纲领,使东北军在这一纲领的周围团结起来,成为坚强的抗日的武装力量;第二,也不是把东北军变为红军,来拥护共产党的基本政纲,而是要使东北军变为红军的友军,把共产党所提出的关于抗日救国的纲领变为他们自己的纲领。""争取东北军的办法,主要的是依靠于我们耐心的说服与解释的政治工作,从政治上去争取它到抗日战线上来。"在东北军的统一战线工作"应该是上层的与下层的同时并进",达到"使东北军成为抗日军的目的"。争取东北军的主要关键,"是在使东北军脱离卖国贼头子蒋介石的控制与影响,公开起来反对蒋介石丧权辱国的一切无耻行为,拒绝执行蒋介石进攻苏区与红军的命令"。这个指导原则规定了对东北军统战工作的政策界限,表明了中国共产党团结抗日的诚意和对待同盟者的基本态度。经过共产党的一系列工作,西安事变前夕,红军与东北军、西北军实现了西北大联合,形成了三位一体。

6月底 在恢复了同共产国际的无线电联络之后,中共中央向共产国际执委会通报了红军各兵团的情况,并征询莫斯科对它所采取的依靠红军和张学良的东北军建立西北国防政府的计划的意见。为养活这支总数为20万人的军队,每月预计需要苏联提供300万美元的援助。

7月1日 毛泽东就今后战略方针和任务问题致电彭德怀:"我野战军行动方针应依你的计划,七月以赤化现地为目标,八月以迫近河边求战为目标,九月以后依情况决定。如外蒙能出兵策应并解送军械,我军又有渡河条件,则出宁夏最为有利,否则只好候冰期。如须等候冰期,则十二月以前我军活动区域除灵武、金积外,自当展及固原、海原、靖远地区,将三边、靖远之间完全赤化。那时东北军当无理北进,甘、宁之交当可巩固。"

7月1日 毛泽东同林育英、张闻天、周恩来、秦邦宪、彭德怀等68名在陕甘根据地的党政军负责人联名致电朱德、张国焘、徐向前、陈昌浩、任弼时、贺龙、萧克及红二、四方面军指战员,庆祝红二、四方面军在甘孜会师。电报指出:"我们以无限的热忱庆祝你们的胜利会合,欢迎你们继续英勇地进军,北出陕、甘与一方面军配合以至会合。在中国西北建立中国革命的大本营,与苏联、外蒙打成一片,与全国抗日人民、抗日军队、抗日党派建立抗日救国的统一战线,组织人民的国防政府与抗日联军,向着日本帝国主义及其走狗卖国贼,开展神圣的民族革命战争,挽救中国之危亡,解放中华民族于日本帝国主义的铁蹄之下。""西北的政治环境是很好的,二、四方面军北上之后,我们就有更伟大的力量来进行西北各民族、各党派、各武装势力的大联合。""我们是准备着庆祝你们北上抗日的伟大胜利。"

7月1日 陈铭枢就合作抗日问题致信中共中央委员会,指出:"贵党1935年8月1日的声明与我们同盟的纲领精神完全一致,特别是关于国防政府和抗日联军(什么名称并不重要)。所提的十条行动纲领也都符合当前形势的具体要求。我们保证竭尽全力来加以实现。"

7月5日至7日 毛泽东、洛甫和周恩来在安塞召开会议,听取刘鼎关于东北军情况的汇报。会议要刘鼎放手大胆地工作,争取张学良,做好东北军的工作,并指出对东北军的政策不是瓦解、分裂或把它变成红军,而是帮助、团结、改造,使之成为抗日的力量,成为红军可靠的友军。

7月9日 全国各界救国联合会请愿代表团沈钧儒、章乃器、史良、沙千里、彭文应五人由上海到南京,向国民党五届二中全会提出要求:立即对日宣战;各党各派各作释放政治犯,一致对外;开放民众运动,保障救国自由。

7月10日 中国国民党五届二中全会在南京召开。蒋介石在会上表示他不能签订承认伪满洲国的协定。他说:"中央对于外交所抱的最低限度就是保持领土主权的完整。任何国家要来侵扰我们的领土主权,我们绝对不能容忍,我们绝对不签订任何侵害我们领土主权的协定,并绝对不容忍任何侵害我们领土主权的事实。再明白些说,假如有人强迫我们签定承认伪国等损害领土主权的时候,就是我们不能容忍的时候,就是我们最后牺牲的时候。"这就反映出与英美帝国主义利益相密切联系的蒋介石集团，在日本帝国主义与英美帝国主义利益发生严重的冲突时，他就有可能在英美的授意下，改变对日本的态度。会议通过了组织国防会议的决议。显而易见，蒋介石的对内对外政策开始发生明显变化。这就为中国共产党改变"抗日反蒋"政策，实行"逼蒋抗日"方针提供了必要的条件。

7月初 季米特洛夫在给斯大林的信中说，自中国红军主力于1934年10月撤离江西和福建后中断的共产国际同中共中央的电讯联系，已由共产国际无线电台恢复。现在的主要问题是：(1)关于中共和中国红军在西北的政治军事计划，以及与此相关的中共在建立抗日人民统一战线问题上总的政治方针。(2)关于向中国红军提供物资援助。(3)关于中共中央书记处多数成员与其个别成员张国焘之间的分歧。

7月13日 蒋介石在"中央纪念周"发表讲演称，"我们要解决外交问题，就是要先解决内政问题，自从'九·一八'以来，中央一贯的方针就是'安内攘外'这四个字，认定内不能安，不仅外不能攘，而且'外交'二个字也说不来"，"只要内政问题能够得到妥善的解决，外交总是自然得到完满的结果"。这表明蒋介石继续坚持对日妥协，对内反共的错误方针。

7月15日 沈钧儒、章乃器、陶行知、邹韬奋联名发表《团结御侮的几个基本条件与最低要求》一文，分析了自一二·九学生救亡运动以来，国内政治形势的重大变化；明确表示赞同和支持中国共产党提出建立抗日民族统一战线的主张；要求国民党政府做到："第一，停止对西南军事行动；第二，和红军停战议和，共同抗日；第三，开往抗日言论自由和救国运动自由。"指出"先安内后攘外"的政策，只对敌人有利；表示要坚定不移地站在救亡战线的立场上，不躲避，不退却，不动摇意志，一直到中华民族解放运动取得完全胜利。

7月16日 毛泽东同美国记者斯诺谈话，指出：中国战胜日本的主要条件是中国人民的大联合；抗日战争是持久战。

7月21日 共产国际执行委员会书记处根据中国共产党的报告，开会讨论了中国共产党抗日民族统一战线的方针。会议决定放弃共产国际第七次代表大会所确定的必须把扩大苏维埃的运动同人民的反帝运动连结起来的方针，主张改变共产国际过去提出的"国内战争与民族战争"同时并举的政策。

7月23日 季米特洛夫在共产国际执行委员会书记处中国问题的会议上发言时指出,中国共产党人很勇敢、很出色,但不能认为他们在政治上成熟到足以掌握今天中国所面临的复杂形势。季米特洛夫在共产国际执委书记处发言,对中共既有表扬、肯定之处,又提出了批评和建议。他批评红军东征,说:"在中国的任务,现在不是扩大苏区和发展红军,而是寻找机会,寻找途径和寻找适当的口号,适当的方法,使绝大多数中国民众联合起来抗日。"他批评中共的对蒋政策,说中共应同中国国民党蒋介石谈判,谈判条件应作改变,应提出"建立统一的中华全国民族民主共和国"来代替苏维埃人民共和国,提出"成立中华全国国民会议",高举民族团结、反对分裂的旗帜,争取群众。他说,"我们对南京政府、蒋介石和国民党的政治方针有些不正确的地方。这是过去遗留下来的。应该说,我们的行动迟了两三年。不过亡羊补牢,未为晚矣。现在是必须转到正确的方向上去的时候了。蒋介石本人并不想建立统一战线,害怕统一战线,但是,必须在中国制造一种应有的局势,必须在蒋介石的军队和国民党内部制造一场运动,让蒋介石被迫接受抗日统一战线,让蒋介石率领南京军队的其他将领加入共同的抗日统一战线。现在的情况是蒋介石在利用中国革命的全民族因素,是他已经把全国四分之三的人都组织起来。不过,他不是反对各派军阀、反对分裂中国和中国人民、主张中国统一的战士。明天他就会调兵遣将,在反对地主割据、统一全中国的口号下攻打我们的苏区。要利用这一点。如果我们共产党人向国民党这个政党和它的中央〈执行〉委员会提出具体的政治性建议,告诉他们,我们的总指挥部正在向南京军队的总司令蒋介石提出具体的政治性建议,那么我们共产党人就做对了。我们的同志们应该同救国会和它的组织们对话。因此,我们的同志们应该充当抗日统一战线的首倡者、发起者和组织者,到那时就要努力在斗争过程中和实施这条抗日统一战线的过程中建立统一的中华民国,建立我们上面说及的全国性的国会。到那时,我们苏区也要派代表参加国会,那时候我们的苏区就可以提出建立苏维埃这一全中华民国的民主机构的问题,就能够巩固自己的根据地,直到中国劳动人民争取苏维埃政权的斗争取得彻底胜利"。

7月27日 中共中央举行政治会议,在讨论东北军工作委员会的工作问题时,毛泽东发言指出:这个时期的工作委员会有很大的进步,可谓很好的模范,请恩来同志写一篇文章。过去我们确定的工作方针是:

第一，在西边建立根据地；第二，在东边开展游击战争；第三，建立联合战线。以后的工作方针还是这三条，但次序要变更，把建立联合战线放在第一位，对东北军，对杨虎城部队，对南京部队，都要建立工作委员会。最重要的是庆阳方面，这里敌军多，应广泛地去联合他们。建立联合战线的工作，应大家出马，不应关起门来。不仅注意上层，还应该抓紧中级的工作。红军的行动应配合这一工作。在目前，要注意蒋介石的进攻。中共中央政治局会议决定：将扩大联合战线放在工作的首位，成立白军工作部，由周恩来主持。

7月 宋哲元派刘子青秘密赴陕北，同中共中央接洽，表达他联合御侮的决心。中共中央领导人亲切与之交谈，充分赞扬了宋哲元的爱国精神。8月中旬，中共中央派张金吾为特使，携毛泽东8月14日写给宋哲元、傅作义等人的亲笔信，先后至北平、归绥等地，同国民党华北各省市军政当局联络，表达中国共产党愿与他们携手御侮的决心。毛泽东在写给宋哲元的信中，充分肯定了他的抗日功绩，说"先生情殷抗日，曷胜仰佩"，赞扬他在长城抗战中"奋力边陲，慨然御侮，义声所播，中外同钦"；而今"对华北民众运动，亦不复去冬之政策"。同时，信中指出华北局势极为险恶，"甚望先生能于艰难困苦之中作坚持初志"，中国共产党及红军将"誓竭全力以为后援"。毛泽东在信中希望通过宋哲元密切与"鲁韩绥傅晋阎三处"的联络，共组北方联合战线。在华北局势日益恶化的情况下，中国共产党还通过地下党的秘密联络渠道，争取宋哲元等国民党将领率部抗日。8月5日，中共中央书记处在给刘少奇及中共北方局的指示信中指出："目前同各党派建立抗日统一战线中，应当注意国民党内的政治的军事的各派别"；并肯定了北方局"在二十九军中所采取的新办法，是完全正确的"。8月9日，张闻天又致信给刘少奇："军队中特别是二十九军中的工作，现在特别重要，我们应该用最大的力量进行。"8月14日，毛泽东也给刘少奇、王世英写信，强调要把争取国民党军队的工作放在第一位，除继续做宋哲元及第二十九军的工作外，派人分别与韩复榘、傅作义、阎锡山、张自忠、刘汝阳、商震等处接洽。根据中共中央指示，8月25日中共北方局发出《给各级党部一封指示信》，指出："许多旧的军事政治领袖找党进行谈判"，尤其是两广事变后，"已经逼迫着蒋介石不立即站在抗日战线上来，就必须公开宣告自己作日本帝国主义的走狗和汉奸"；因此，中国共产党的中心任务就是团结聚集一切抗日反汉奸的力量，进行民族革命战争，要求各级党部用党的名义向各党各派、各地政府官吏写信，"设法派代表和他们接洽谈判"。同年7月，为了支持两广出师抗日,并了解事变的情况,中共中央特派曾在广西红七军工作过、时任红军大学政治部组织科科长的云广英为代表,前往广西。行前,毛泽东、周恩来亲自与之谈话,讲明形势,交代任务。周恩来嘱其入桂后与宣侠父联系。云广英由北方局王世英安排,于7月下旬经香港抵广西。全国各地的抗日团体、派别的代表,如原十九路军和福建事变领导人李济深、蔡廷锴、蒋光鼐、翁照坦,中共派驻香港工作的宣侠父,全国各界救国联合会代表杨东莼,以及第三党、乡村建设派及其他实力派代表等,纷纷来到南宁,共商抗日救国大计。中共代表云广英抵广西后,立即会见李宗仁、李济深、白崇禧等人,代表中共中央领导人向广西抗日将领表示支持与慰问,并说明华北局势的危难及中共停止内战、一致抗日的主张,指出:"只有全国决心抗日的力量团结起来,才能发动神圣的全民族抗战。"李宗仁当即表示:"中共所提出的抗日民族统一战线政策,我们完全赞成。我们正在进行促进抗日运动的发展,希望今后在抗日斗争中我们互相配合。"云广英与宣侠父一起在广西同各方面的代表和抗日人士进行接触、磋商,促进了相互的了解与合作。

8月9日 洛甫、周恩来、秦邦宪、毛泽东致函张学良,建议"兄部须立即准备配合红军选定九十月间有利时机决心发动抗日局面,而以占领兰州,打通苏联,巩固内部,出兵绥远为基本战略方针"。指出蒋介石一解决西南问题就有极大可能进攻西北,"无论无何兄不要再去南京了,并要十分防备蒋的暗害阴谋,目前此点关系全局,卫队的成份应加查考,要放在政治上可靠的干部手里"。说准备派潘汉年、叶剑英、朱理治到西安同刘鼎一起协助张学良工作。

8月10日 中共中央政治局召开扩大会议,研究国共两党关系、统一战线问题。毛泽东在会上作国共两党关系和统一战线等问题的报告,并作结论。他说:蒋介石依靠日本、出卖投降的基本的战略没有改变,但他准备开国防会议,实行局部的对日作战等,战术有所改变,而战术的改变有可能影响其战略的动摇。两广事变虽然遭到挫折,但它使蒋介石内部裂痕加深。蒋介石过去让出东三省,镇压群众,不同我们往来。现在改变了,也说统一战线、国防政府,要同我们往来,这是为了得到群众的拥护和日本的退让,以巩固他的统治。我们愿意与南京谈判,现在还是这个方针。在今天应该承认南京是一种民族运动的大力量。我们可以承认统一指挥、统一编制,在许多策略方面要有所改变,但是一定要停止"剿共",一定要实行真正的抗日。报告指出，创造西北国防政府，红军与东北军正在协商中，两方面都要做艰苦的努力，在东北军要加强政治工作，在地方应加紧巩固工作。报告认为，红二、四方面军的北上对于打通苏联，保卫苏区，统一红军领导，都有很大的意义，应极力欢迎红二、四方面军，并使他们完全在中央领导之下。毛泽东在结论中进一步指出：民众抗日已经冲破蒋介石的压迫，但是还没有冲破蒋介石的最高界限，即还没有实现民主。蒋介石总是说先统一，我们则要求他先抗日的民主。"抗日必须反蒋"的口号，现在已不适合，要在统一战线下反对卖国贼。同时要注意提高对同盟者的警戒性，保持党的独立性。周恩来认为，同南京谈判时应提出实际问题：（一）停止内战；（二）实行抗日民主，发动抗日战争。他明确地建议：放弃"抗日必须反蒋"的口号。毛泽东做结论时，同意周恩来所说现在提"抗日必须反蒋"不合适。他指出：我们在苏维埃形式、红军形式、土地政策等方面也应有新的变化。会议根据毛泽东的提议，确定把开展统一战线工作放在党和红军三大战略任务的首位。会议认为：蒋介石由对日退让，镇压革命运动，改变为愿谈统一战线，同中共往来，是为了得到群众的拥护和使日本退让，以巩固他的统治。会议确定：放弃抗日必反蒋的口号，实行逼蒋抗日的方针，继续国共谈判，同时对国民党各地方实力派分别进行统战谈判，并大力开展群众抗日运动，以推动国民政府走向抗日道路。会议决定：推动蒋介石联共抗日，在确保中共对苏区、红军领导的前提下，可以放弃苏区、红军的名称，并决定起草致国民党的信及关于对蒋政策的党内指示。

8月12日 中共中央在《关于今后战略方针之建议》文件中确定了对待南京国民党的具体方针：（一）认定南京为进行统一战线的必要的与主要的对手，要与南京及南京以外的国民党各派，同时分别进行谈判。（二）提出"继续停战议和请蒋抗日"的口号，目前阶段实行他不来攻，他不去打，他若来攻，则一面坚持作战，一面申请议和。（三）在抗日进军路上，遇到蒋介石部队和其他部队阻挠，实行"先礼后兵"的政策。中共中央指出，采取上述策略方针的目的是为着分化南京国民党，揭露其欺骗，孤立其首领，争取其群众，排斥其汉奸部分，进而推动其爱国部分，使之走上真正抗日救亡的道路；同时又影响南京以外各派，便于中国共产党进行统一战线的谈判，求得人民爱国运动的进一步的发展。

8月12日 中共中央经同张学良等人协商后，提出夺取宁夏的战略计划，其要点是：（一）红军同东北军合作，打通与苏联的陆上交通，建立西北国防政府。出兵绥远,以推动全国大规模抗日战争的实现;(二)在9月底以前,红四方面军尽可能夺取岷县或其附近地区作为临时根据地,以有力一部,分别攻击陇西和河州(即临夏),相机消灭毛炳文部和调动马步芳部东援,以支援东北军于学忠部占据兰州,进而控制河西走廊;(三)10月和11月,红军三个方面军在甘肃北部会师,完成进攻宁夏的准备;(四)以红一方面军保卫陕甘苏区:以两个方面军趁冰期过黄河,占领宁夏,完成打通苏联任务;(五)宁夏占领后,红军和东北军各出一部,合组抗日联军先锋军,向绥远出动,直接抵抗日军和伪蒙军的进攻,以此将全国抗日运动推向更高的阶段。

8月13日 毛泽东致信杨虎城,肯定他同意联合战线的盛情,希望他抛弃一切顾虑,早日明确表示参加联合战线,实现中共一贯主张的"全国不分党派,一致团结御侮"。

8月14日 毛泽东分别写信给宋哲元、傅作义、宋子文等人,呼吁"全国各界一致联合,共同抗日,组织国防政府、抗日联军"。同时写信给在上海协助朱学范工作的易礼容,望他努力促成上海工人运动联合,建立国共两党统一战线。

8月15日 共产国际执行委员会书记处致电中共中央书记处,详细阐述了共产国际对建立抗日民族统一战线的主张和有关的方针政策。这封电报的主要内容如下:第一,中国的国际国内形势给中国共产党提出的重要任务,是联合一切抗日力量保卫中国领土的完整和停止中国人民遭到全面的殖民奴役。因此,共产国际认为中国共产党最好发表一个声明,表明它主张建立统一的中华全国民主共和国,主张在普选基础上召开中华全国议会和成立中华全国国防政府。如果建立中华全国民主共和国,苏区将加入统一的中华全国民主共和国,并将加入中华全国议会。共产国际认为这样做,是在目前条件下联合中国人民的一切民主力量保卫祖国、抵御日本侵略者的最好手段。第二,共产国际强调指出,中国共产党不应当把国民党、蒋介石同日本侵略者混为一谈,因为中国人民的主要敌人是日本帝国主义,在现阶段,一切都应服从抗日。此外,绝不能同时既反对日本侵略者又反对蒋介石,也不能认为整个国民党和整个蒋介石的军队都是日本的同盟者。为了切实有效地进行抗日斗争,就必须有蒋介石的军队参加,至少有其绝大多数军队参加。鉴于这种情况,共产国际认为必须采取停止红军同蒋介石军队之间的军事行动和同蒋介石军队协调抗日的方针,尽管蒋介石和国民党迄今为止还是害怕同任何人签订抗日协议,但这样做是必要的。第三,共产国际认为中共中央和红军司令部必须正式向国民党和蒋介石提出建议,立即就停止军事行动和签订共同抗日协议进行谈判。中共中央和红军司令部应该宣布它们准备马上派出谈判代表团,或者在苏区接待国民党和蒋介石的代表。在谈判中应该提出以下几点要求:(一)停止内战,联合中国人民的一切武装力量真正抗日;(二)成立联合司令部,制定共同的对日作战计划,条件是完全保持红军在政治上和组织上的独立性,红军负责对日战线的一定地段;(三)向红军提供相应的根据地及必要的武器装备和补给;(四)释放在押的共产党人,停止迫害国统区的共产党人。第四,认为中国共产党发表的关于支持两广事变的声明是错误的,从政治上讲,正确的做法应该是坚决反对进一步挑起日本帝国主义所煽起的内战,集中主要火力打击日本帝国主义。第五,共产国际表示同意中国共产党提出的下述意见:为了建立抗日民族统一战线,中国共产党应该对以前的经济政策作出重大修改:停止不必要的没收,特别要停止没收小私有者出租的土地及积极抗日的士兵和军官的土地,实行买卖自由。但共产国际反对让有产阶级代表参加苏区政权管理工作,理由是他们有可能从内部破坏政权机构。第六,共产国际主张中国共产党人保持同张学良的接触,利用这种接触开展对张学良军队的工作,加强共产党人在他的各个部队的地位,并在军官和士兵中广泛宣传抗日民族统一战线思想。但是,共产国际又告诫中国共产党,不能把张学良本人看作是可靠的盟友,特别是在两广事变失败之后,张学良有可能再次动摇,甚至直接出卖中国共产党人。第七,共产国际特别强调,中国共产党和红军的领导应该对抗日民族统一战线的实质和性质有明确的认识;并明确指出,建立抗日民族统一战线的方针绝对不能削弱苏维埃,绝对不能把红军变成普通的抗日军队、把共产党变成某种普通的政治联盟。共产国际设想,在政治方面,抗日民族统一战线应该使中国共产党、国民党和其他组织,在完全保持它们在政治上和组织上独立性的情况下,在共同的抗日立场上协调一致。在军事方面,抗日民族统一战线应该使红军和其他武装力量在组织抗日联军问题上协调一致,但这些力量当中的每一支力量都保持自己的独立性,都对自己的作战地段负责,而在完成共同的作战任务时都服从统一的指挥。国防政府应该是所有加入抗日民族统一战线的政党和组织的真正代表机关。共产国际执行委员会书记处8月15日的电报表明,在新的形势下共产国际已完全改变了过去的观点,认为在当时的条件下任何内战都是有利于日本侵略者的,因而不同意中国共产党仍在执行中的抗日反蒋方针。这封电报指出了中国人民面临的主要敌人是日本帝国主义，不能把蒋介石和日本侵略者同等对待；阐述了在保持中国共产党和工农红军完全独立的前提下，实现国共两党再度合作的基础和条件；提出了建立全中国统一的民主共和国、国防政府和抗日联军的主张。

8月25日 中共中央发出《中国共产党致中国国民党书》，批评了国民党"攘外必先安内"的错误政策，对蒋介石在中国国民党五届二中全会的报告比过去有了某些进步，表示诚恳欢迎。信中呼吁国民党"立即停止内战，组织全国的抗日统一战线，发动神圣的民族自卫战争"。中共中央在这封信中郑重宣布：中国共产党、中国苏维埃政府、中国红军"赞助建立全中国统一的民主共和国"，当"全中国统一的民主共和国建立之时，苏维埃区域即可成为全中国统一的民主共和国的一个组成部分，苏区人民的代表，将参加全中国的国会，并在苏区实行与全中国一样的民主制度"。该信指出蒋介石"依然不愿提出组织抗日统一战线的任务，依然拒绝了立即发动神圣的抗日战争"的消极态度，并明确提出在抗日的大目标下国共两党实行第二次合作的主张，宣布："我们赞助建立全中国统一的民主共和国，赞助召集由普选权选举出来的国会，拥护全国人民的抗日军队的抗日救国代表大众，拥护全国统一的国防政府"，准备在任何地方与任何时候派出自己的代表同国民党的全权代表进行谈判，以期迅速订立抗日救国的具体协定。在这封信中，共产党用"民主共和国"的口号代替"人民共和国"的口号，以动员更广泛的阶级参加统一战线。在这封信中，中国共产党公开阐明了建立第二次国共合作主张，是促成国共两党第二次合作的一个重要步骤。从中共中央致国民党的信发出之后，到西安事变爆发前，毛泽东、周恩来等人先后给宋庆龄、蔡元培、邵力子、李济深、李宗仁、白崇禧、蒋光鼐、蔡廷锴、于学忠、傅作义、许德珩、陈公培、冯玉祥、陈果夫、陈立夫、胡宗南等人写信，请他们阅览这封信，并希望他们利用自己的资望或地位积极响应，促成停止内战，一致对外，实现第二次国共合作。

8月25日 毛泽东致电潘汉年：同南京进行具体的进一步的谈判，以期在短期内成立统一战线，这是我们进行整个统一战线的重心。应于接电后七天内回到保安，领受新的方针，再以七天至十天到达南京开始谈判。

8月25日 毛泽东同张闻天、周恩来、秦邦宪联名致电中共驻共产国际代表陈绍禹：为着避免与南京冲突，为着靠近苏联，为着保存现有根据地，"红军主力必须占领甘肃西部、宁夏、绥远一带"。

8月26日 毛泽东致电潘汉年，指出："因为南京已开始了切实转变，我们政策重心在联蒋抗日。"张学良"继续保持与南京的统一是必要的"。

8月27日 毛泽东同周恩来、杨尚昆致电彭德怀、刘晓、聂荣臻、程子华等人，要求西征军目前抓紧对马鸿逵、马鸿宾的争取工作。

8月30日 毛泽东同林育英、张闻天、周恩来、秦邦宪致电朱德、张国焘、任弼时，指出：日本向绥远有急进之势。全国民众抗日运动有更大发展。南京抗日、联日两派斗争颇烈。估计蒋介石在西南问题解决后出兵到西北，尚有两个月左右时间。蒋介石有于西南问题解决后分化东北军撤换张学良的企图。我们的基本方针是："（一）迫蒋抗日，造成各种条件使国民党及蒋军不能不与我们妥协，以达到两党两军联合反对日本的目的。（二）紧密地联合东北军，并进行西北其他各部的联合谈判，造成西北新局面。（三）反对日本截断中苏关系的企图，准备冬季打通苏联。（四）发展甘南作为战略根据地之一，同时巩固与发展陕南苏区，使之成为另一战略根据地，与陕北、甘北相呼应。（五）迫使胡宗南部停止于甘肃以东。"

8月30日 李宗仁、李济深的代表钱寿康到保安，要求订立抗日救国协定。中共中央表示同意，并对协定做了修改。9月下旬钱寿康离保安南返。

8月30日 中共中央就《关于冬季以前一二四方面军行动方针的意见》致电西北局，指出我们的基本方针是：（一）逼蒋抗日；（二）同东北军及国民党西北各军谈判，共同抗日，造成西北新局面；（三）反对日本截断中苏关系的企图，准备冬季打通苏联；（四）发展甘南，作为战略根据地之一，使之与陕北、甘北苏区相呼应；（五）迫使胡宗南部停止于甘肃以东。

8月30日 彭德怀在关于西征中统战工作的指示中指出，我们对统一战线工作的认识要有一个基本的转变。要使指战员深刻认识到，争取中国革命胜利，不仅要靠红军打天下，而且要争取白军到我们这边来。要能争取白军就必须靠抗日民族统一战线策略的广泛与灵活的运用。统一战线工作是为着要团结一切抗日力量使民族革命战争组织与行动起来，达到国防政府与抗日联军的实际。指示说，各级政治部要挑选和培养统一战线工作

8月31日 林育英、张闻天、周恩来、秦邦宪、毛泽东联名致电朱德、张国焘、徐向前和陈昌浩等人,提出一、二、四方面军在1936年冬季以前的基本方针。电文说:"(一)迫蒋抗日,造成各种条件使国民党军及蒋军不能不与我们妥协,以达到两党两军联合反对日本的目的。(二)联合东北军以西北其他各部,造成西北新局面。(三)反对日本截断中苏关系的企图,准备冬季'打通苏联'。(四)发展甘南为战略根据地之一,巩固、发展陕南苏区。使之成为另一战略根据地。(五)迫使胡宗南部停止于甘肃以东。"

8月31日 周恩来致函曾养甫,表示"亟愿与贵方代表进行具体谈判",但是"弟等外出不易",请曾养甫、陈立夫到苏区或陕西省华阴县会晤。

8月 彭德怀派人送给东北军骑兵军军长何柱国一封亲笔信,阐述抗日救国应不分党派和政治见解,同舟共济,并建议东北军让出海原和同心城一线,全部撤至固原以南,以使红军二、四方面军顺利北上抗日。何柱国踌躇多日,最后表示:"现在国难当头,只有国共两党通力合作,团结一致,方能抵御外侮。"遂不顾个人仕途安危,毅然决定为红军让路。

8月 毛泽东致电东北军第六十七军军长王以哲,提出:日军侵略益厉,兄我双方救亡之准备大宜加紧,对于救亡阵线有重大之神益。毛泽东在信中说,蒋介石的政策开始有若干的转变,"南京国民党左派之开始形成,实为近可喜之现象。蒋氏及国民党果能毅然抛弃过去之政策,恢复孙中山先生联俄联共扶助农工三大政策,停止进攻红军,开放各派党禁,弟等极愿与之联合一致,共同担负抗日救亡之事业。双方谈判现将进至比较具体的阶段,虽何时成就尚不可知,然希望实已存在。倘能达到成功之域,对贵我双方之合作事业自有极大之便利也"。信中认为,王以哲等"仍宜严密警戒,十分团结自己的团体,预告防止东北团体中某些居心不正分子的乘机捣乱,则以全国与西北的有利形势,以东北军与红军的联合力量,决不怕外间若何之风波也"。毛泽东在信中指出,近日外间谣传蒋(介石)氏将于西南问题(即两广事变)解决之后进攻东北军,谓将用分化政策不利用张(学良)副司令。信中表示"谁要反对张副司令及我兄,不但弟等所率领的红军必以全力出声讨蒋氏及东北军中叛逆分子之罪恶行为,即全国爱国人民及国际革命势力亦决不容蒋氏等胡干"。希望王以哲等人严密警戒，团结自己的团体，予先防止东北团体中某些居心不正分子乘机捣乱。

8月 中共中央又派毛泽东的秘书张文彬为驻第十七路军的代表。张文彬携毛泽东致杨虎城、杜斌丞的亲笔信到西安，代表中共中央领导人向杨将军致意，并表示进一步加强双方合作的愿望。毛泽东在信中指出，日本正在绥远一带蠢蠢欲动，陕甘受其威胁，"覆巢之下，将无完卵"，在"全国各派联合抗日渐次成熟"的新形势下，希望双方的合作，"百尺竿头，更进一步"。信中还说："双方关系更臻融洽，非特两军之幸，抑亦救国阵线之福。"毛泽东信中提出："切望贵部维持对民众之纪律，并确保经济通商"等具体要求。经张文彬与杨虎城多次深谈，达成三项口头协议：（一）互不侵犯，双方在防区取消敌对行动；杨负责抑制民团，不摧残革命组织；改善军队纪律，密切与群众的关系。（二）取消经济封锁，设专门贸易站保障苏区贸易，第十七路军负责掩护；群众自由通商，苏区不禁止群众供应第十七路军食料。（三）建立军事联络，双方军事行动事先通报，杨方供给南京等各方情报，如有纠纷，双方磋商解决。此后，张文彬以第十七路军总指挥部政治处主任秘书的名义驻在杨部，专事双方的联络与合作工作。

8月 李宗仁派钱寿康携带他们提出的与中共合作抗日救国的协定草案到陕北。8月30日，钱寿康抵保安，受到中共中央领导人的欢迎和接见。毛泽东、周恩来等人对桂系提出的草案，进行了仔细研究，认为"双方订立抗日救国协定，实属绝对必要"，并对草案提出若干修改意见，要钱寿康携回广西再请李、白等审察，待"往返商妥，再行确定"。毛泽东并于9月22日亲笔写信给李济深、李宗仁、白崇禧，高度赞扬他们为抗日救国进行的斗争，希望桂系与中共一起对蒋氏"督促批判，责其更新"。毛泽东在信中写道："钱寿康君来，具悉贵方情形及所示协定草案，谋国伟画，无任钦迟。目前，抗日救国大计必须进入具体实际之阶段，敝方八月二十五日致中国国民党书即提出此种实际方案，现托钱君携呈尊览。诸公高瞻远瞩，对此谅有同心。当前急务，在于全国范围内停止内战一致对日。现贵方与南京之间虽幸免战祸，然西北方面尚未停息。全国各党各派各界各军向南京当局一致呼吁，请其将仇恨国人之心移以对外，蒋介石氏及中国国民党一律参加抗日统一战线，实为真正救国政策之重要一着。全国汹涌，抗日不成，实为南京当局缺乏抗日救亡之认识与决心，因循于对外退让对内苛求之错误政策而不变。督促批判，责其更新，全国人民及各实力派系与有责焉。贵我双方订立抗日救国协定，实属绝对必要。兹对贵方所提草案各条,提出敝方意见,略有修改,缮写两份,仍由钱君携回,敬祈审察。如荷同意即祈诸位先生签名盖章,自存一份,以另一份再由钱君携来敝处,即成定案。起效时间,以诸位先生签署之月日为准(请填上时间),如有尚待磋商之处,即祈惠示,往返商妥,再行确定。一俟确定之后,双方根据协定一致努力,务达抗日救亡之目的而后已。中华民族之不亡,日本帝国主义之驱逐出中国,将于贵我双方之协定开其端矣。"这表明,中共与桂系不仅有联合救国的愿望,且已就合作的具体内容、方式与目标进行了详细商讨,并开始协调彼此的行动,共同逼蒋抗日。

9月1日 周恩来致函陈果夫、陈立夫:"近者寇入益深","国共两军犹存敌对,此不仅为吾民族之仇者所快,抑且互消国力,自速其亡"。信中重申中国共产党为实现国共两党合作抗日的诚意。希望他们敦劝蒋介石"立即停止军事行动,实行联俄联共,一致抗日"。同时希望他们参加国共两党谈判。同日,周恩来还致函胡宗南,希望他"力排浮议,立停内战"。

9月1日 为反对日本帝国主义,迅速推动抗日民族统一战线的建立,统一全党的思想,中共中央向党内发出《中央关于逼蒋抗日问题的指示》,指出目前中国人民的主要敌人是日本帝国主义,把日本帝国主义与蒋介石同等看待是错误的,"反蒋抗日"是不适当的。中国共产党的方针应由"反蒋抗日"变为"逼蒋抗日",即一方面对蒋介石的卖国内战政策及其一切退让、妥协、丧权辱国的言行进行揭露与斗争,动员人民群众继续开展抗日民主运动,给蒋介石造成一个强大压力,使他感到非抗日无以图存;另一方面,对蒋介石转向抗日的某些表现,给予肯定和支持,向他建议与要求建立抗日统一战线,订立抗日协定,使他感到只有联合抗日才是出路。中共中央的这个指示共分五部分:(一)目前中国人民的主要敌人,是日本帝国主义,所以把日本帝国主义与蒋介石同等看待是错误的,"抗日反蒋"的口号也是不适当的。(二)在日本帝国主义继续进攻,全国民族革命运动继续发展的条件下,国民党中央军全部或其大部有参加抗日的可能。我们的总方针应是逼蒋抗日。一方面继续揭破他们的每一退让、妥协,丧权辱国的言论和行动;另一方面要向他们提议与要求建立抗日的统一战线,订立抗日的协定。我们正在通知他们,共产党中央立刻准备派代表出去,或接受国民党和蒋介石的代表到苏区来,以便进行谈判。(三)我们目前的中心口号,依然是"停止内战一致抗日",因此要解释我们是真正主张"和平统一"的,我们的主张同全中国人民的要求是完全一致的。中国共产党并宣布他赞助建立全中国统一的民主共和国,赞助召集由普选权选出的全国的国会,拥护全中国统一的国防政府与抗日联军。在全中国民主共和国建立时,苏区可成为统一民主国的一个组成部分,苏区代表将参加全中国的国会,红军将服从统一的军事指挥。指出"攘外必先安内"的方针是破坏和平统一全中国的抗日力量的。(四)在逼蒋抗日的方针下,并不放弃同各派反蒋军阀进行抗日的联合。我们愈能组织南京以外各派军阀走向抗日,我们愈能实现这一方针。对广西方面,我们赞成他们的抗日发动,是正确的。但我们更应要求他们在实际行动上表现他们抗日的诚意,主要的给人民以抗日救国的一切民主权利,发动群众的抗日运动。也只有这样,他们才能把抗日运动坚持与扩大下去,才能使抗日运动成为有力的运动。对他们的错误,决不能放弃批评的自由。对蒋方应指出用内战决不可能解决集中统一的问题,而要求停止内战一致抗日。(五)在对付宁、粤两方这种冲突时,我们应力求避免全中国人民前面袒护一方面的态度。在全国人民面前,我们应表现出我们是"停止内战一致抗日"的坚决主张者,是全国各党、各派(蒋介石国民党也在内)抗日统一战线的组织者与领导者。这种态度最能争取广大抗日人民的同情与拥护。在国民党区域中也便于我们的活动。

9月1日 中共中央电告正在西安的潘汉年,任命潘汉年为中共中央谈判代表,与陈立夫等人直接面谈。其他同国民党谈判的渠道逐渐停止活动。

9月3日 毛泽东致信国民党第十七路军第十七师师长孙蔚如,指出:贵我双方彼此接壤咫尺,同是中国人,何嫌何仇自相煎灼!"自即日起,双方即应取消敌对行为,各守原防,互不侵犯;同时允许经济通商,保证双方来往人员之安全。"

9月8日 毛泽东写信给陕西省政府主席邵力子,说邵力子"尚斤斤于'剿匪',无一言及于御寇",希望邵力子能接受国共两党合作抗日的主张。

9月8日 毛泽东写信给国民政府驻甘肃"绥靖"公署主任朱绍良,并附送中共8月25日致国民党书,呼吁为国家民族利益,两党两军应同舟共济,抛嫌释怨,以对付共同之敌。

9月8日 毛泽东致信国民党军西北"剿总"第一路副总司令兼第三军军长王均:"从井冈山就同先生打起,打了十年,也可以休息了!""两党合作之局既为时不远,双方前线宜尽可能减少冲突。如何之处,敬候卓裁。"

9月8日 毛泽东致信国民党军西北"剿总"第一路总司令、甘肃"绥靖"公署主任朱绍良："两党两军之间，无胶固不解之冤，有同舟共济之责。"望抛嫌释怨，以对付共同之敌。"尚祈致意蒋先生，立即决策，国事犹可为也。"

9月8日 毛泽东致信国民党军第三十七军军长毛炳文："红军北上为抗日，此外悉无所求，先生断乎不可以恶意抗拒。""已电告甘南甘北部队，在贵军不过于已甚条件下，不与先生以困难。如先生赞同一致抗日之议，可随时派人与前线红军首长协商。"

9月8日 洛甫、周恩来、秦邦宪、毛泽东就抗日反蒋不能并提等问题致电张国焘、任弼时。电报指出：(一)"中国最大敌人是日本帝国主义，抗日反蒋并提是错误的。我们从2月起开始改变此口号。3月南京有人来接洽。我们提出一般的条件再往南京。6月、8月南京又有两次来件。8月上旬政治局讨论了对南京的方针，大体见以前给你们的电报，然而我们的估计还是不足的，8月下旬国际又进一步指示。目前我们的连络代表又出去向南京接洽双方正式负责代表进行具体谈判问题，依情势看来有成就之希望。在南京方面，不单是我们问题，还有联俄问题。依南京发表蒋廷黻为驻苏大使看来，联俄问题也有成就之希望。我们现已发表了中国共产党致中国国民党书，这是我们新宣言，包括了民主共和国、民主国会与民主政府等新的内容。"(二)"你们不要提出'打倒中央军'及任何中国军队的口号，相反的是要提出'联合抗日'口号。向毛、王等部派出人员进行接洽，仅要〔在〕我们必要占领的地方遇到他们的反对才与之作战，但同时进行宣传与接洽。希望你们依据两〔这〕个方针，把自己的宣传工作改造一下。"(三)"对张学良任何部分不要取真正攻击态度，应向他的师、团、营长写信，向士兵作普遍宣传。在我们与南京谈判没有成就以前，张学良指挥下的西北各部包括东北军在内，都还不能停止对我们的敌对行为。东北军之何、余两部受我们影响尚小。何与蒋有联系，张不能以联红事告他，你们更要加紧工作。"(四)"你们提出的出川、陕、豫、鄂方案，是一种向南京进攻的姿势，只在不能出西北及与南京谈判破裂时，才是可行的与必须的。"

9月15日、16日 中共中央召开政治局会议，讨论目前政治形势和统一战线问题。毛泽东在发言中着重阐明了党对统一战线的领导和建立民主共和国问题。他说：

民族资产阶级在大革命时参加过革命，1927年叛变了革命。现在，由于经济危机的加深，日本的压迫，买办资产阶级在南京政权占据了绝对优势，民族资产阶级有转变到革命方面的可能。事实证明，只有共产党有力量领导抗日统一战线，但这样的领导是要争取，现在正在争取。国民党也正在争取对农民和小资产阶级的领导。中间阶级有成立新的政党的可能，他们有广大的群众，但他们是动摇的，我们应当争取他们。大革命时，我们同资产阶级实行联合，这是世界上第一次，那次联合实际上是共产党领导的。现在重新与资产阶级联合，更应该由我们领导，这样才能实现抗日的胜利。要用各种办法逼蒋抗日。加紧对南京以外各党派的统一战线工作，更能逼蒋走到抗日。我们改倒蒋为批蒋，改反蒋为联蒋，而我们的警戒是不能放松的。根据共产国际指示，建立民主共和国是当前的任务。民主共和国是资产阶级性质的，但不是国民党所说的西方现代国家，它是有资产阶级参加的工人农民的国家。一旦民主共和国建立起来，我们应该参加，但要保持共产党政治上的独立性。民主共和国一定要在群众运动、红军和苏维埃不断扩大的条件下，才能建立起来。毛泽东还批评了过去中央苏区在组织问题上的宗派主义错误，指出对"罗明路线"、对萧劲光等人的处理是错误的，不让瞿秋白随军长征也是不对的。17日，中共中央政治局作出《中央关于抗日救亡运动的新形势与民主共和国的决议》，指出："中央认为，在目前形势下，有提出建立民主共和国口号的必要"，这是团结一切抗日力量最好方法，也是从广大人民的民主要求产生出的最适当的统一战线的口号。"扩大与巩固共产党，保障共产党政治上组织上完全独立，和内部的团结一致性，是使抗日的民族统一战线与民主共和国得到彻底胜利的最基本的条件。"

9月18日 东北军骑兵第六师代表汪瑢与红军代表朱瑞，在固原西北的杨郎镇签订了《停止内战、抗日救国》的协定，宣告骑兵第六师与红军结成"亲密联盟"，骑兵第六师保证："（一）不受命进攻红军。（二）万一须敷衍，则不打枪或不作杀伤射击，不前进。（三）事先向红军通报行动及骑兵师位置，以免误会。（四）在可能与需要时，经过互相协商可作友谊退让，但应以实现抗日利益为原则。"

9月18日 毛泽东致函宋庆龄并附去8月25日《中国共产党致中国国民党书》，请她为"唤醒国民党中枢诸负责人员，觉悟于亡国之可怕与民意之不可侮，迅速改变其错误政策"作具体实际活动，并请宋庆龄将潘汉年介绍与吴稚晖、孔祥熙、宋子文、李石曾、蔡元培、孙科诸人一谈。

9月18日 山西牺牲救国同盟会在山西太原成立。阎锡山任会长，戎伍胜、刘玳、张隽轩、宋劭文、牛佩琮、宋维静、杜任之等人为委员。10月，薄一波等人到太原后，加紧扩大牺盟会组织。他们在中共领导下，提出"不分党派，不分男女，不分职业，只要不愿做亡国奴的人们，一齐动员起来，积极参加一切救亡运动"的总纲领，团结了许多青年学生和干部，并在全省各县都建立了组织，会员发展到100多万人。全民族抗日战争爆发后，阎锡山为求自保，表示支持牺盟会的工作。在八路军的协助下，牺盟会组织了青年抗敌决死队、工人武装自卫队和政治保卫队等数万人的新军武装，使中国共产党通过牺盟会掌握了达10万人的武装力量，并建立敌后抗日根据地与抗日政权。1938年2月，日军占领临汾，阎锡山惊恐中共力量的壮大，对牺盟会开始采取限制和削弱的方针。

9月22日 毛泽东代表中国红军，张学良代表东北军，分别在《抗日救国协定》上签字。至此，红军与东北军的联合就更加巩固。

9月22日 毛泽东致函蔡元培，请他于民族危亡之倾，作狂澜逆挽之谋，起而痛责南京当局立即停止内战，放弃其对外通让对内苛求之错误政策，实行真正之抗日作战，恢复三民主义与三大政策，召开各党各派各界各军救国代表大会，建立统一国防政府和真正之民主共和国。

9月22日 毛泽东致函李济深、李宗仁和白崇禧。表示"贵我双方订立抗日救国协定，实属必要"，并对他们提出的协定草案，提出了修改意见，"如荷同意"，即成定案。

9月22日 毛泽东写信给蒋光鼐、蔡廷锴，特向第十九路军全体官兵提议，订立新的抗日救国协定，并附草案八条借供研讨，希望互派代表举行会谈并签订协定。这八条是中共起草的《关于国共两党抗日救国协定草案》，主要内容是双方停止敌对行为，互相合作，唤起民众，实行对日武装抗战，驱逐日本帝国主义等。

9月22日 毛泽东写信给于学忠，指出：西北停战议和，首先东北军与红军停止自相残杀，实为刻不容缓，并派彭雪枫前往商谈联合救国之策。

9月22日 周恩来再次写信给陈果夫兄弟，介绍潘汉年前往南京与之谈判。信中指出："现为促事速成，特委潘汉年同志前来详申弟方诚意，并商双方负责代表谈判之地点与时间，到时希望赐接洽。"信中并特别注明："汉年同志是联络代表,他不负任何谈判责任。"

9月22日 周恩来再次致信蒋介石,殷切陈词,重申"共产党今日所求者,唯在停止内战、建立抗日统一战线与真正发动抗日战争"!提议"商定停战地区,邀请国内救国团体各界代表监视停战"。并指出蒋如徘徊歧路,"则日寇益进,先生之声望益损,攘臂而起者,大有人在。局部抗战,必将影响全国。先生纵以重兵临之,亦难止其不为抗战怒潮所卷入,而先生又将何以自处耶"?同日,周恩来致函陈果夫、陈立夫,希望他们力促蒋介石"停止内战,早开谈判,俾得实现两党合作,共御强敌"。"为促事速成,特委潘汉年同志前来详申弟诚意,并商双方负责代表谈判之地点与时间。"24日,潘汉年携周恩来致蒋介石函,周恩来致陈果夫、陈立夫函以及《中国共产党致中国国民党书》《国共两党抗日救国协定(草案)》离保安,经西安前往上海,继续商谈。叶剑英等人同行到西安做东北军工作。

9月23日 毛泽东在保安接受美国记者斯诺的访问,主要谈联合战线问题。在解释共产党对国民党政策的改变时说:主要有三个因素影响这种改变,第一,日本的严重侵略,如果不同国民党合作,我们对日抗战的力量是不够的;第二,中国的民众和许多爱国的官员都渴望国共两党为抗日救国而重新合作;第三,国民党内的许多爱国分子也赞成同共产党重新联合。为了实现这一联合,一定要建立一个民主共和政治制度和国防民主政府。这个政府的主要任务是:(一)抵抗外敌侵略;(二)给予民众以民主权利;(三)发展国民经济。在回答实行联合战线,共产党是否放弃没收地主土地的政策时,毛泽东说:这要由反日运动的发展来决定。如果不救济农民,反日纲领是不能实现的。土地革命是资产阶级的性质,它有利于资本主义的发展。我们反对帝国主义,但并不现在在中国发展资本主义。

9月24日 洛甫、周恩来、秦邦宪、王稼祥、毛泽东电告朱德、张国焘、任弼时等人,国民党军胡宗南部进入西北,我们应集中三个方面军于静宁、会宁及其南北,给胡宗南以相当打击,使胡敌不能达到隔断红军,各个击破之企图。再以两个方面军占领宁夏,以一个方面军控制胡敌。在占领宁夏之后,我们处于有利地位,分兵略取甘西、绥远。现红一方面军一师已占领界石铺,红四方面军宜以先头师迅速进入界石铺,余部则陆续北上。

9月27日 毛泽东、周恩来、彭德怀就与南京国民党当局谈判重提国共合作停止内战等问题致电朱德、张国焘等人。电报指出："(甲)与南京谈判系国际指示,南京内部已起变化,民族资产阶级与上层小资产阶级均与前不同,所以我们重提国共合作,力求停止内战,以便真正抗日,是当前唯一正确方针。恩来准备出去仍应南京要求,实亦有此必要,因7个月来,往来接洽均次要代表,非负责人不能正式谈判。(乙)李毅与我益加接近,杨虎城亦与我们实行停战,李、白有代表来求订抗日协定,华北宋哲元、傅作义、韩复榘均接洽中,马步芳亦有妥协线索,惟马洪〔鸿〕逵坚决反动,我应集力消灭。"

9月28日 中共中央接张子华电:曾养甫再次邀请周恩来去香港或广州谈判,中共中央复电指出:国民党必须不再做丧失领土主权的事,不再进攻红军;只要国民党军队不拦阻红军的抗日去路与侵犯红军的抗日后方,我们首先实行停止向国民党军队的攻击,仅在国民党军队向我们攻击时,才在自卫的方式上予以必要的还击。

9月下旬 中共中央就开始起草《国共两党抗日救国协定草案》,"准备恩来带往谈判"。这个草案具体地说明了中共中央关于实现两党合作的基本设想和基本条件。该草案主张:"(甲)从本协定签字之日起,双方立即停止军事敌对行为。(乙)中国国民党方面承认经过国民政府军事委员会下令停止进攻红军与侵犯苏区,取消经济封锁,并承认经过单独协商。一方面调动进攻红军之部队离开现在区域开赴抗日战线,一方面划定红军必需的与适宜的根据地,给以必需的军械、军服、军费、粮食与一切军用品供给,以便红军安心对日抗战。中国共产党方面承认经过苏维埃政府革命军事委员会下令红军不向国民党部队攻击,承认在抗日作战时在不变更共产党人员在红军中的组织与领导之条件下,全国军队包括红军在内实行统一的指挥与统一的编制,红军担负一定之防线与战线。(丙)中国国民党方面承认改革现行政治制度,撤废一切限制民主权利之法令,允许人民言论、出版、集会、结社等自由,惩办汉奸与亲日分子,释放政治犯,释放已被逮捕之共产党员,并承认以后不再破坏共产党之组织与不再逮捕共产党之人员。中国共产党方面承认停止以武力推翻国民党政权之言论与行动,承认在全国建立民主共和国与召集根据普选权选举的全国国会时苏维埃区域选举代表参加此国会,苏区实行与全中国一样的民主制度。(丁)中国国民党与中国共产党共同承认,在全中国未召集与民主政府未建立之前为着实行真正的对日武装抗战,有召集基于全国各党、各派、各界、各军选举的抗日救国代表大会或国防会议之必要,此种抗日救国代表大会或国防会议有决定一切抗日救国方针与方案之权。(戊)中国国民党与中国共产党共同承认,为实行真正的对日武装抗战,有迅速建立统一全国的军事指挥机关(军事委员会与总司令部),及由此机关采取真正对日抗战的一切实际军事步骤之必要。中国共产党承认,红军军事委员会及总司令部有选派代表参加全国军事委员会与总司令部之必要,并保证该代表等顺利进行其工作。中国共产党承认,中国国民党人员在此种机关中占主要领导的地位。(己)中国国民党与中国共产党共同承认,为着实行真正的对日武装抗战,有与苏联订立互助协定之必要,同时对日本以外之其他国家在不丧失领土主权条件下,应保持友谊并取得其帮助。"草案同时主张:双方应一致为实现对日武装抗战,建立抗日救国联合战线和建立中华民主共和国的伟大政治任务而斗争。为此,国共两党中央应"各派出同数之代表组织混合委员会作为经常接洽与讨论之机关",但在忠实执行此协定的同时,"双方均保持其政治上与组织上之独立性"。10月上旬,该草案正式形成,并很快由中共谈判代表潘汉年带往上海。

9月 毛泽东为国共两党谈判草拟《国共两党抗日救国协定草案》。草案提出:鉴于日本帝国主义者对于中国侵略的有加无已,唯有两党合作并唤起民众,联合全国各党各派各界,联合世界上以平等待我之民族与国家,实行对日武装抗战,实现抗日救国联合战线,建立民主共和国,从本协定签字之日起,双方立即停止军事敌对行为。国民党方面承认:停止进攻红军与进犯苏区,划定红军屯驻地区,改革现行政治制度,允许人民的言论、出版、集会、结社等自由,释放政治犯。共产党方面承认:红军不向国民党区域攻击,停止推翻国民党政权的议论与行动,抗日作战时,在不变更共产党人员在红军中的组织与领导的条件下,全国军队包括红军在内实行统一指挥与统一编制。这个协定草案的基本内容成为后来国共谈判的基础。同时它也是中国共产党同各地方实力派谈判建立抗日民族统一战线的基础。

秋 中共中央北方局派薄一波等人到山西开展统战和抗日工作活动,在取得阎锡山同意后,相继成立了山西国民军军官教导团、山西青年抗敌决死队、山西少年抗敌决死队、山西少年抗敌先锋队。这几支队伍统称为山西新军,是与阎锡山合作而由共产党控制的部队。

10月1日 毛泽东、周恩来、彭德怀致电朱德、张国焘、徐向前、陈昌浩、贺龙、任弼时、关向应、刘伯承,建议他们发一通知给各部队,"对一切白军相遇接近时,先由我方试派人员携带要求建立反日统一战线而态度诚恳的信件"。如白军派人同红军接洽,"我方均一律以诚恳面貌招待他们,以期沟通关系,扩大西北统一战线范围"。

10月2日 毛泽东、周恩来、彭德怀致电朱德、张国焘、徐向前、陈昌浩指出:现全国人心愤激,要求南京抗战,南京亲日、抗日两派急诊未决,新事变在酝酿变化中。

10月2日 全国各界救国联合会发表《为团结御侮告全国同胞书》,要求国民政府对于正在进行的同日本驻华大使川越解决整个中日问题的交涉中,绝不能用新的退让和屈辱,去交换回来一部分已丧失的领土主权。指出:"国民党过去对于政敌的铲除,消耗了极大的民族力量,而未能得着很大的效果;倘使再要进一步而想消灭党外的爱国分子,那恐怕是不应该而且是绝对的不可能。我们希望国民党从今天起,能把过去消灭防范民众的力量,转移到领导民众共同抗敌的任务上去;能把所有的特务工作力量,集中到铲除汉奸的任务上来,不要再来摧残救国阵线。"

10月5日 毛泽东、周恩来致信张学良,宣布为了迅速执行停止内战一致抗日主张,只要国民党军队不阻拦红军的抗日去路与侵犯红军的后方抗日根据地,红军首先实行停止向国民党军队的攻击。信中说:中共建议建立抗日民族统一战线已经一年多,国民党仍游疑不决,反令胡宗南军深入陕甘扩大内战,我们仅在自卫的方式上予以必要的反击。希望张学良当机立断,立即停止西北各军向红军的进攻,并请转达蒋介石速即决策,互派正式代表谈判停战抗日的具体条件。

10月8日 毛泽东同张闻天致电朱德、张国焘、徐向前、陈昌浩、任弼时、贺龙、关向应、刘伯承并彭德怀,通报同南京谈判的情况,并指出:"估计南京在日本新进攻面前,有与我们成立妥协可能,但一面仍以重兵压境,企图迫我就范。我们应争取迅速开始主要代表之谈判,求得在实行抗日与保存苏区、红军等基本条件下,成立双方之统一战线。"

10月8日 中共中央表示:为了推动南京政府抗日,周恩来可以飞往广州谈判;但先决条件是国民党不再做丧失领土主权的事,暂停进攻红军,立即准备抗战。由于蒋介石对谈判缺乏诚意,并大举进攻苏区,在这种情况下,两党高级人员的谈判无法进行。14日,中共中央决定周恩来暂不出去,由在上海的潘汉年作为代表,同国民党作初步谈判。21日,周恩来将此决定通知正在西安的张子华,要他电告曾养甫、陈立夫。

10月9日、21日 红军三大主力胜利会师。张国焘自1935年9月率部南下后,红四方面军在作战中歼灭了许多敌人,但本身也遭到严重损失,减员一半,在强敌围攻下被迫于本年2月间撤离天全、芦山和宝兴地区,向西康东北部转移。6月,张国焘宣布取消"第二中央"。红二、六军团于1935年11月由湖南桑植出发,开始长征。6月,抵达四川甘孜地区与先期到达的红四方面军会合,并于7月初召开庆祝会师大会。7月5日,红二、六军团奉命改编为中国工农红军第二方面军,贺龙任总指挥,任弼时任政委。红二、四方面军会合后,在党中央的积极争取,朱德、任弼时、贺龙、关向应、刘伯承等人的斗争和红四方面军指战员要求与中央会合的压力下,张国焘被迫与红二方面军共同北上。10月9日,红四方面军到达甘肃会宁,与红一方面军会师。10月22日,红四方面军指挥部到达宁静以北的将台堡,同红一方面军会合。至此,红二、四方面军也胜利地完成了长征。

10月10日 中国共产党中央委员会、中华苏维埃中央政府、中央革命军事委员会致电朱德、张国焘及全军指战员热烈祝贺红一、红二、红四方面军在甘肃会宁会师。电文说:"全国主力红军的会合与进入抗日前进阵地,在中国与日本抗争的国际线上,在全国国内政治关系上,将要起一个决定的作用。"号召全军在即将到来的抗日民族革命战争的新阶段中,为开辟、扩大和巩固抗日根据地,联合工农商学兵,联合各党各派各军,驱逐日本帝国主义而战斗。至此,伟大的长征胜利结束。

10月11日 潘汉年在局势险恶,前途未卜的复杂形势下,肩负中共的重托,动身去上海,10月14日抵沪。抵沪后,他一面与张冲接洽双方谈判的地点、时间;一面按毛泽东的嘱托,向宋庆龄、蔡元培及救国会诸领袖们转交毛泽东的亲笔信及所携文件的副本,以便共同促使蒋介石停止内战、一致抗日。同时与张学良保持电讯联系,以便知道蒋介石10月中旬在西安与张会谈的结果,采取相应对策。

10月14日 周恩来接到张子华的电报。电报说,国民党方面的谈判条件是:(一)苏维埃区域可以存在;(二)红军名义不要,改联军,待遇同国军;(三)中共代表参加国民大会;(四)即派人具体谈判。

10月14日 毛泽东致电叶剑英:要迟延胡宗南进攻,以便红二、四方面军休息整理,顺利执行新任务。毛泽东在电报中告诉叶剑英,我方已向南京提出四项意见:第一,希望宁方坚持民族立场,不做任何丧权让步。第二,我方首先执行停止对国民党军队攻击,仅取防御方针,等候和议谈判集力抗日。第三,请蒋暂时以任何适当名义停止军队进攻,以便开始谈判。第四,在进攻未停止、周恩来未出动以前,准备派在沪的潘汉年进行初步谈判。

10月15日 毛泽东、张闻天、秦邦宪致电朱德、张国焘、徐向前、陈昌浩、贺龙、任弼时、关向应、刘伯承并告彭德怀,指出:现中日关系极度紧张,蒋介石似有以重兵保长江流域及黄河以南,而于晋、绥实行局部抗战之意。我们为抓紧目前有利时机扩大停战抗日运动,除公开致函国民党并去电要求停战谈判外,现拟以红军各将领名义发布致西北各军将领书,重申请其立即停止内战,出兵援绥,并表明红军愿作前驱,以保卫西北、保卫华北、保卫中国、收复东北。此文件苏区发布后,拟向我周围白军白区进行广大的停战抗日运动,以响应和援助可能发动的绥东抗战。

10月15日 毛泽东代表苏维埃中央政府发表关于停战抗日的谈话,指出:"目前察晋绥三省形势,已属危急万分。"宣布红军单方面停战。他说:"苏维埃中央政府与人民红军军事委员会,现已发布命令:(一)一切红军部队停止对国民革命军之任何攻击行动;(二)仅仅在被攻击时,允许采取必需之自卫手段;(三)凡属国民革命军,因其向我进攻而被我缴械之人员武器,在该军抗日时,一律送还,其愿当红军者听;(四)如国民革命军向抗日阵地转移时,制止任何妨碍举动,并须给以一切可能之援助。吾人已决定再恳切申请一切国民革命军部队与南京政府,与吾人停战携手抗日。该项申请书,已在草拟中。目前察晋绥三省形势,已属危急万状。吾极愿与南京政府合作,以达援绥抗日救亡图存之目的。如南京政府诚能顾念国难停止内战出兵抗日,苏维埃愿以全力援助,并愿以全国之红军主力为先锋,与日寇决一死战。"

10月17日 毛泽东、张闻天、秦邦宪致电朱德、张国焘、徐向前、陈昌浩、贺龙、任弼时、关向应、刘伯承并告彭德怀,指出:"与南京谈判有急转直下势,第三次与南京联络之代表十四日回西安,携带来国民党条件如下:(一)苏维埃区域可以存在;(二)红军名义不要,改联军,待遇与国军同;(三)共产党代表公开参加国民大会;(四)即派人具体谈判。"并指出,蒋介石16日到西安,我们正交涉由蒋派飞机接恩来到西安与蒋直接谈判。

10月17日 中共中央得知蒋介石将到西安后,通知张子华,要他出面要求蒋派飞机接周恩来到西安同蒋谈判。10月21日,因蒋介石下达对苏区的"进剿"令,中共中央致电张子华,要他转告曾养甫、陈立夫,由潘汉年进行初步的谈判。

10月18日 毛泽东、张闻天、秦邦宪致电朱德、张国焘、徐向前、陈昌浩、贺龙、任弼时、关向应、刘伯承并告彭德怀,指出:"我党致国民党书已在全国各地及国民党军队中发生极大影响,得到国民党中及各阶层中广大同情。日本侵略日亟,亦不能不影响国民党军队之干部。我三个方面军集中,彼等又有所畏惧。正与国民党谈判,彼方当有不欲使谈判弄僵之意。""总观各方情况,目前时局正处在转变交点,我应不失时机,善于运用,争取国内和平转向对日抗战。请照昨电意旨由朱总司令致书王均、毛炳文,向前同志致书胡宗南及其他黄埔生,贺龙同志致书何柱国各部及胡部,发展我们影响。书中一本诚恳相劝之意,不作任何自夸语,自能发生效力。一面严整壁垒,提高士气,立于不败之地。"

10月18日 毛泽东起草徐向前致胡宗南书,表示双方宜"弃嫌修好"。信中说:"吾辈师生同学之间倘能尽弃前嫌,恢复国共两党之统一战线,共向中华民族最大敌人日本帝国主义决一死战,卫国卫民,复仇复耻在今日。"19日,毛泽东、周恩来将此信电达朱德、张国焘、徐向前、陈昌浩,"请专函缮送胡宗南,并即印刷多份向各军发送"。

10月22日 蒋介石亲自赶到西安督战,加紧部署对红军的大规模军事"进剿"。蒋介石对记者发表谈话,宣称"政府决贯彻戡乱方针"。同时,组成由蒋介石任总司令,张学良任副总司令的西北"剿总",企图趁红军从会宁及其东西地区北移时,歼灭红军于黄河以东的甘肃、宁夏边境地区。

10月23日 毛泽东致电叶剑英、刘鼎,要他们通过张学良或另设他法向阎锡山表示下列各点:"一、完全同情晋绥当局及其军队对日抗战捍卫疆土的决心与行动,他们的这种决心与行动将获得全国人民的拥护,苏维埃与红军将竭以全力以为之助。二、我们十分盼望与晋绥当局成立谅解以至订立抗日协定。三、只要晋绥当局真正抗日,而不与日本妥协,红军在未得晋绥当局同意之前,决不冒然向晋绥开进。四、在双方谅解之后,红军依约进入划定之地区与防线,担任一定战斗任务,并服从统一之指挥,红军不干涉晋绥当局之行政事宜。五、某方援助我们可担任介绍。"

10月25日 毛泽东致函绥远省政府主席、第三十五军军长傅作义,阐述抗日统一战线,各方划定防线,达成谅解,实行抗战的意愿,并派彭雪枫接洽一切,希望能建立直接通讯关系。

10月25日 《救国时报》发表陈铭枢《致蒋介石电》,将中华民族革命同盟成立时的"反蒋"改变为"联蒋"抗日,并提出新的八项行动纲领:召集人民救国会议,组织国防政府,成立全国抗日联军,释放政治犯,争取救国自由,扩大民族反日战线等。呼吁全国"非停止内战无以抗敌,非全国抗敌无以图存"。

10月26日 毛泽东、朱德、周恩来、彭德怀等46人,联名写信给蒋介石及国民党在西北的高级将领,指出:"国势垂危,不容再有萁豆之争",希望蒋介石及各将领"悬崖勒马,立即停止进攻红军",一致抗日,并再次表示:(一)一切红军部队,停止对国民革命军之任何攻击行为;(二)仅在被攻击时,采取必要的自卫;(三)释放一切愿意抗日的国民党被俘人员;(四)国民党军队向抗日阵地转移时,红军给予一切可能之帮助。信中说:

"我苏维埃红军自去年8月发表宣言,提议建立抗日统一战线以来,转瞬一年多了。这一年间日寇的侵略有加无已,国土日促,国势日衰。现在日寇的凶焰益张。华北分离,绥宁沦亡,已经迫在目前。即长江沿海亦莫不敌船云集,蠢蠢欲动。亡国灭种的条件,接连提出。亡国奴的命运威胁着全中国人民。和平久已绝望,牺牲是无可幸免。局势至此,非抗战不足以图存,已为全中国人民所共信。全中国人民今日所仰望于贵党政府的,是领导抗战,驱除日寇。但直至今日,我们犹未闻贵党政府下最后决心,反而见蒋总司令亲临西北,督剿红军。这不能不使全国人民失望,不能不使日寇称快。时至今日,贵党政府犹欲以捣乱抗日后方加罪于苏维埃和红军么?诸位先生亲在西北,应知真相。红军自去年北上后,即向四周各军倡议停战抗日。今春借道过晋,屡屡声明系东向抗日,又不蒙蒋、阎两先生见谅,只行半途折回,另辟途径。现在全国红军主力三个方面军已会合于西,正拟与诸先生所部共赴国防前线,合力抗战,乃蒋先生忽于绥东告急大祸临头之际,不加调兵增援绥远,反而派来甘肃进攻红军。这是谁来捣乱抗日后方?难道中国可亡,日寇可以听其长驱直入,惟独愿意抗日的红军非扑灭不可么?恐怕红军未灭,日寇已来。诸先生纵欲继续内战,全中国的人民、诸先生的部下,也决不会再让诸先生自相残杀了吧！"

10月26日 蒋介石在王曲军官训练团发表讲话，顽固坚持反共政策，他说，"积极反共而轻言抗日，便是是非不明，前后倒置，便不是革命"。29日，蒋介石在洛阳接见记者时说："政府决心贯彻戡乱方针。"

10月28日 毛泽东发表《关于停战抗日的谈话》，再次声明红军愿意与一切国民党军队停战，携手抗日。

10月28日 国民党中央军胡宗南部先头部队进到硝河地区，向海原、打拉池之间急进。中革军委为阻止胡宗南部追击并加强对各部红军的统一指挥，任命彭德怀为前敌总指挥兼政治委员，刘伯承为参谋长，准备组织海（原）打（拉池）战役，重点打击胡宗南部。

10月 薄一波、杨献珍等人受中共北方局的委派到达山西，同阎锡山建立了特殊形式的抗日统一战线，接办了阎锡山创办的山西牺牲救国同盟会。他们将牺盟会变成抗日进步团体，并赞利用这个合法的组织形式，宣传党的抗日主张，动员、组织和武装群众，开办多种训练班、教导团，培养了一大批领导抗日救亡工作的骨干。

薄一波后来回忆此事时，这样写道：1936年10月下旬，一回到太原，"我很快同阎锡山见了面，在座的有赵戴文、梁化之。寒暄几句之后，我说山西当局对我是有通缉令的。阎当即表示：通缉令取消，这次是请你回来。我说：这次回来，是在阎先生领导下做工作的，有几件事，用家乡话来说，'先小人，后君子'，说清楚才好共事。阎说，以后是自家人了，有话好说。我提出3点要求：第一，我参加共产党多年，说话，办事总离不开共产党的主张，希望得到理解，我要经常宣传抗日救亡，不应受到限制；第二，我只做抗日救亡工作，对抗日救亡有利的事情都做，不利的事情都不做；第三，在用人方面给予实权和方便，对我荐用的人要保障安全。阎一一表示同意。赵戴文在一旁说，还有一条，就是不要挖山西当局的墙脚。我笑着说：可以放心，我只能加固山西墙脚。从此，我们逐步与阎形成了特殊形式的统一战线关系。阎锡山明知我们是有党组织关系的共产党人，除了郭挺一从北平回去向阎证实了这一点之外，国民党情报机关和国民党组织部长张厉生也一再向阎通报过这方面的情况。而阎正是想利用一些共产党员帮他完成所谓'保晋大业'，即保住他在山西的统治地位和利益。我们也明知，阎锡山不会根本改变他对共产党的立场，他不会同我们真正走一条路，同他的合作只是在抗日这个交叉点上走到一起的暂时同盟。我们也正是要在合法斗争中，扩大抗日民族统一战线和救亡运动。前途如何，双方信心都很大，关键就看形势的发展和策略的运用了"。

10月 中共上海地下党负责人冯雪峰(化名李森)奉命前往四川与刘湘谈判。10月23日，冯雪峰抵成都，先与刘湘的参谋长傅真吾、四川财政厅厅长刘航琛洽谈。冯雪峰向他们指出：军事上反蒋没有出路，内战只会有利于日本；政治上要联合各实力派促蒋抗日。傅、刘均同意中共"逼蒋抗日"方针。经双方协商，达成四条协议：(一)四川方面将向中国国民党及蒋介石提出国共合作建议；(二)推动与联合南京抗日派准备抗日；(三)与各实力派共同在政治上逼蒋抗日；(四)国际上联合支持中国抗日的国家，陷日本于孤立。冯雪峰还建议四川开放爱国民众运动。傅、刘提出：愿先在上海与中共保持联系；如中共同意，也可派代表至成都。他们告诉冯雪峰：刘湘刚与张学良秘密谈过，希望三方(川军、红军、东北军)一起订立联合抗日协定。10月25日，冯雪峰与刘湘会面，刘同意双方谈判的意见和达成的协议；并商讨了川军、红军和东北军三方的军事联合协定问题。刘湘还答应资助红军10万元经费，以表示与中共合作抗日的诚意。不久，刘湘通过他设在上海租界的机构，将6万元银圆转到王昆仑账号上，再由冯雪峰派交通员将这笔款取出，用此款建立了中共上海地下党的电台，以保证同陕北中共中央联络的畅通。

11月1日 蒋介石在洛阳公然宣称："现在断不能用任何理由去主张联共，否则就是要出卖国家民族，存心与赤匪同声相应，甘为共产党下面的二等汉奸。"

11月2日 毛泽东致信许德珩等人，指出："我们的敌人只有一个，就是日本帝国主义。"为驱逐日本帝国主义而奋斗，为中华民主共和国而奋斗，这是全国人民的旗帜，也就是我们与你们共同的旗帜。

11月4日 毛泽东写信给陈公培，希望他斡旋各方，促成抗日统一战线，对内则干戈化玉帛，对外则求一致之抗战，争取民族革命战争与民主共和国彻底胜利之前途。

11月7日 中共中央致电正在上海的潘汉年，要他以中共正式代表资格赴南京和陈立夫会谈。

11月9日 毛泽东、周恩来电示张子华，要他转告陈立夫、曾养甫："只要国民党方面不拦阻红军抗日去路，不侵犯红军抗日后方，红军愿首先实行停止向国民党军队攻击",并提议"国民党方面,立即下令停止西北各军向红军进攻,双方各守原防",以便互派代表举行谈判。在双方主要代表未会谈前,中共方面拟派在沪的潘汉年先与陈立夫、曾养甫会谈。

11月10日 中共代表潘汉年和国民党代表陈立夫、张冲在上海沧州饭店晤谈。潘汉年向陈立夫转交了周恩来致蒋介石、陈氏兄弟的信,并口头传达了《国共两党救国协定草案》的八项条件。陈立夫问潘:此来代表周恩来还是毛泽东?潘汉年答:代表整个苏维埃政府与红军同南京政府及中央军谈判。会谈时潘汉年根据中共中央起草的《国共两党抗日救国协定草案》的精神,向陈立夫陈述了中国共产党关于两党合作抗日的政治目标:双方共同努力,实行对日武装抗战,保卫与恢复全中国领土与主权;实现全国各党、各派、各界、各军抗日救国联合战线;依据民主纲领建立中华民主共和国,双方立即停止军事敌对行动;划定红军必需的与适宜的屯驻地区,供给军费、粮食和一切军需品,不得变更共产党在红军中的组织与领导;改革现行政治制度,释放政治犯,不再破坏共产党之组织与不再逮捕共产党的人员,共产党停止以武力推翻现政府;召开抗日救国代表大会;建立统一的全国军事指挥机关,红军派人参加,共产党承认国民党在此机关中占主要领导地位;与苏联订立互助协定;国共均保持其政治上、组织上的独立性;等等。潘汉年希望以此为基础进行具体协商。陈立夫在这次会谈中声明他代表"蒋委员长作答复"。此时,陈立夫的态度大不如前。在此之前,10月中旬,国民党方面提出的谈判条件是:(一)苏维埃区域可以存在;(二)红军名义要,改联军,待遇同国军;(三)中共代表参加国民大会。当天,陈立夫代表蒋介石对共产党所提出的条件做了答复:(一)既开诚合作,就不好有任何条件;(二)对立政权必须取消;(三)目前只保留3000名红军,师长以上领袖一律解职出洋,党政干部可按才分配到南京政府服务。陈立夫还说:"如军队能如此解决,则你们所提政治上各点都好办。"潘汉年当即指出:"这是蒋先生站在剿共立场的收编条件,不能说是抗日合作的谈判条件。""蒋先生为甚目前有此设想,大概误会了红军已到了无能为力的时候,或者受因于日本防共协定之提议。"他还说:中国共产党主张国共合作抗日,是为了挽救民族的危亡,如果把中共的联蒋抗日政策错订为处境困难,以此求生存,那就大错特错了。陈立夫急忙转换了话题,说"你我均非军事当局,从事谈判也无结果,可否请周恩来出来一次",蒋答应愿和周恩来面谈。潘汉年断然回答:"暂停战问题不解决,我想他是无法出来的。"

11月上旬与12月初

北方局和中共中央分别派山西籍共产党员南汉宸、王世英到太原,与阎锡山进一步会谈,特别是王世英入晋时,毛泽东指示他就三项条件与阎锡山谈判:(一)晋绥容许红军参加抗日前线,划给一定阵地,帮助解决给养、弹药;(二)红军服从阎的统一指挥,并不干涉晋绥行政;(三)红军派代表住晋阎绥傅处,以资联络。双方经协商就上述问题达成协议。

11月11日

潘汉年将谈判详情报告中共中央。11月12日,中共中央复电潘汉年,对于国民党方面谈判条件突然变得如此苛刻感到不解,要求潘汉年弄清楚"南京对红军究能容许至何限度"?根据张子华不久前的报告,虽然国民党方面条件已经变得十分苛刻,但还可以考虑。如今已经没有考虑的余地了。中共中央电称:"据张子华说,曾养甫云:一、党公开活动;二、政府继续存在;三、参加国会;四、红军改名受蒋指挥,照国民革命军编制与待遇,个别变更红军原有之组织与领导。为一致对日,我们并不坚持过高要求,可照曾谈原则协定。"如果条件使红军无法接受,"恩来出去也无益"。

11月12日

彭雪枫抵太原。在与阎锡山密谈中,他针对阎怕联共丧失地盘和政权的顾虑,首先表明中共的合作诚意和态度,说红军虽志切抗战,但在未得友军谅解,尤其是晋绥地区友军及地方行政长官谅解之前,决不冒然向晋绥阵地开进。只有在取得双方正式谅解后,红军才依约进入协定地区,担任一定防线,并服从统一指挥,以全力为友军之助,不妨碍友军及其后方的安全秩序,不干涉地方行政事务。这使阎锡山进一步消除了顾虑,彭雪枫还多次与阎锡山的外甥、政治处主任梁化之密商。最后,阎同意红军在太原设立秘密办事处。中共中央令彭雪枫主持办事处工作,公开身份是上海某公司副经理,办事处对外称"彭公馆"。

11月12日

毛泽东致电中共驻东北军联系代表刘鼎,通报同国民党谈判的情况,表示对曾养甫、陈立夫所提的四条,即共产党公开活动,苏维埃继续存在,苏区派代表参加国会,红军改名照国民革命军编制及待遇但不变更原有人员等,我方均可同意,并派潘汉年为正式代表迅速进行谈判;请告知张学良,要他多方设法促其早成。

11月13日

中共中央政治局会议分析了苏区、红军面临

被"围剿"、给养困难的严峻形势,认为在国内各种政治力量中,张学良、杨虎城坚持抗日,傅作义、刘湘、桂系、阎锡山同意抗日,中共要利用统治阶级之间的矛盾达到逼蒋抗日的目的;红军的军事行动应以促成统一战线的形成为方向;可能同意南京政府提出的红军改为国民革命军的条件,但要坚持党的领导。毛泽东在会上说:红军的行动方向,原来是向宁夏,被蒋介石破坏了,现在要改变。我们新的方针有两个方向:一个方向是向东南,即向京汉路发展。但这在政治上不是抗日的方向,在军事上有很多限制,不甚有胜利的把握;好处是没有自然界很多阻碍,有游击队帮助,可以扩大陕甘宁苏区。另一个方向是向东,即是原来的过黄河。这在政治上是很好的,是抗日的,对扩大红军也有利,但要估计会受到敌人的限制。这两个方向各有利害,一般地说是向东,向东南比较困难。阎锡山说日可抗,红军不可抗,向东有逼阎与我们讲和的可能。他在讲到统一战线问题时说:我们总的方针就是要团结群众,用群众的力量,利用国民党将领张学良、杨虎城、阎锡山等要求与红军联合的变化,逼蒋介石走到与我们联合。我们的原则是在抗日的目标下逼蒋抗日。现在与南京妥协的范围缩小到红军怎样处理的问题,他们要求我们改红军为国民革命军,我们准备承认,这在政治上是胜利的。在做结论时,毛泽东更明确地指出:红军行动方向主要是向东,预计明春过黄河。四方面军一部分已向西,能否调回来是个问题。现在我们的行动,都是脚踏两只船,最好是,向西的还是向西,向东的还是向东。如果向西不能达到目的,当然可以转向东。同南京谈判改红军番号问题,我们没有急诊,但群众方面要很好地解释。周恩来发言指出:蒋介石是资产阶级的代表,他一面派人同我们谈判、妥协,一面向我们进攻,即使他参加了抗日民族统一战线,也始终要动摇的。蒋企图控制各种矛盾来维持他的统治。两广事变结束后,他积极派兵封锁黄河,阻止我们抗日,逼我就范。并分析逼蒋抗日目前有四种力量:国际上的;群众的;南京在野势力、各地反蒋的统治者及蒋集团内部的矛盾;红军及游击队的力量。强调以实现逼蒋抗日来决定我们的策略计划。

11月20日 季米特洛夫致电王明,指出当前形势下正确的做法是:"(1)必须保持领导的团结一致,保持我们的组织系统、我们的指挥人员,不允许蒋介石和国民党干涉红军的内部事务;(2)同意在建立全国抗日战线和着手采取具体对日作战行动的条件下,成立以蒋介石为总司令的统一司令部;(3)红军在共同抗日战线的规定地区执行统一司令部的命令;(4)红军保留自己现在的名称,但宣布自己和南京军队一样,是全国救国军的一部分。"

11月中旬　胡宗南部孤军深入,进至豫旺地区,分三路尾追我军。11月17日,红四方面军第四军、第三十一军在萌城以西地区设伏,将其中路第一师之第二旅击溃。19日,红军隐蔽集结于环县以北之山城堡南北地区待机,并诱国民党军右路第七十八师大部于20日进入山城堡地区。21日,红一方面军第一、第十五两军团和红四方面军一部,在红二方面军配合下,对国民党军发起猛烈进攻,经一昼夜激战,歼灭国民党军一个多旅。同时,红二十八军也击溃了向盐池、定边方向进攻的国民党军的右路第一师之第一旅。山城堡战役的胜利,显示了红军的力量,对国内和平的实现起了重要的促进作用。

11月21日　毛泽东、朱德致电傅作义,祝贺绥远守军抗日胜利,电报说:"足下英勇抗战,为中华民族争一口气,为中国军人争一口气。""红军抗日援绥,且具决心。""吾人相信,吾人现所努力之停止内战、抗日救国之行动,必能对于足下之抗日义举,遥为声援。"

11月22日　毛泽东、张闻天致电潘汉年,强调对国民党谈判的方针是,我只能在保全红军全部组织力量、划定抗日防线的基础上与之谈判。并指出,从各方面造成停止战红军的运动,以此迫蒋停止"剿共","此是目前抗日统一战线的中心关键"。

11月23日　毛泽东致电朱德、张国焘、彭德怀、贺龙、任弼时,指出:"现时敌军中发展着四种矛盾:第一种是抗日与'剿共'之间的矛盾;第二种是蒋军和东北军之间的矛盾;第三种是上级的严令进攻与下级的对红军恐惧的矛盾,此种矛盾现在极大发展着;第四种是官长与士兵间的矛盾,此种矛盾以近日的物质困难与疲劳而加深。我们的任务是捉住这些矛盾,更加团结一致,统一指挥,忍受与克服一切困难,不失每一个有利时机,灵活调动部队,准备连续战斗,坚决地各个击破进攻之敌,首先是彻底地击破胡宗南。"

11月30日　毛泽东致电彭德怀,通报胡宗南败后其内部充满联俄容共、一致抗日空气,张学良建议我们"对胡军勿作仇敌,应尽力争取"。电报指出:我们完全同意张的建议,希望立即采取如下具体办法:(一)首先释放一部分俘虏,勿骂其长官。(二)用诚恳和气与尊重彼方态度,分别写信致胡宗南、孔令恂、周祥初。(三)派人到豫旺见胡。(四)用毛、朱、张、周及各方面军各军团各军首长名义,发表告胡军官佐士兵书,简单明了说明停战议和、一致抗日的志愿。

11月 陈立夫与潘汉年在南京会谈。陈立夫说蒋介石仍坚持原各点,决无让步可能,并要求潘汉年将此意见电告中共中央。还说:日德正在拉蒋先生加入反苏战线,中苏关系可能会恶化,那时,红军岂不更糟糕。潘汉年严正指出:蒋先生要加入反苏阵线,就不会抗日,我们今天的谈判也不需要了。陈立夫表示:我们不希望中国加入反苏阵线,因此更希望红军方面能为民族捐除成见。潘汉年将《国共两党抗日救国协定草案》交给陈立夫,并说:"这是我党对民族、国家最负责任、最尽职的意见,供两党合作之参考。"当谈到曾养甫提出国共合作的四个条件时,陈立夫竟矢口否认没有此事。至此,会谈已无法继续进行。但张冲还屡屡会见潘汉年,表示国共谈判不宜中止。由于双方缺少相互接近的可能,此次会谈未及深入即告终止。事后,陈立夫托张冲非正式地转告潘汉年:坚持10日所谈原则,实在是蒋介石的意思,他个人也无可奈何。但他相信,如果周恩来能与蒋介石亲自面商,条件或有松动的可能。这样,国共谈判已陷入僵局。潘汉年将结果报告中共中央。11月22日,毛泽东、张闻天再次电示潘汉年,鉴于国民党无合作抗日的诚意,便以"恩来事忙,暂难出去"为由,拒绝派全权代表与国民党谈判。电文表示:"我只能在保全红军全部组织力量、划定抗日防线的基础上与之谈判";电文指出,目前抗日民族统一战线的中心关键,是要"从各方面造成停止进攻红军的运动,先酝酿,后发动,一处发动,到处响应,以此迫蒋停止'剿共'"。

12月1日 毛泽东、朱德、张国焘、周恩来、王稼祥、彭德怀、贺龙、任弼时、林彪、刘伯承、叶剑英、张云逸、徐向前、陈昌浩、徐海东、董振堂、罗炳辉、邵式平、郭洪涛19位红军将领暨全体红军发表《致蒋介石书》。批评他调集胡宗南等部共260个团进攻红军和苏区,希望他当机立断,化敌为友,共同抗日。信中写道:"今日之事,抗日降日,二者择一。徘徊歧途,将国为之毁,身为之奴,失通国之人心,遭千秋之辱骂。吾人诚不愿见天下后世之人聚而称曰,亡中国者非他人,蒋介石也,而愿天下后世之人,视先生为能及时改过救国救民之豪杰。语曰,过则勿惮改,又曰,放下屠刀,立地成佛。何去何从,愿先生熟察之。寇深祸亟,言重心危,立马陈词,伫候明教。"该信表示,"吾人敢以至诚,再一次请求先生当机立断,允许吾人之救国要求,化敌为友,共同抗日"。

12月1日 中共中央及中华苏维埃中央政府发表《关于绥远前线抗战通电》,要求南京国民政府立即调集大军增援晋绥前线,停止进攻红军,一致抗日,开放人民抗日救亡运动,立即释放政治犯及上海各爱国领袖,召集各党、各派、各军的抗日救亡代表大会或国防会议,商讨救国大计。通电号召全中国人民不分党派、不分阶级、不分职业,更紧密地联合起来,督促南京政府开赴抗日前线。

12月1日 毛泽东、周恩来、朱德、张国焘致电彭德怀、任弼时,指出:张学良承认尽力使全线停战,但又谓无法长停,似蒋介石尚不愿取长期守势。我军似须一面整理,一面准备作战,再打一仗则定大局。12月确定在现地区以随时准备打胡姿态,加紧休息整理。一二月后绥远、西北、全国有起较大变化的可能。

12月2日 毛泽东两次致电刘少奇,提出:急须同晋绥当局成立友好关系,以便利红军行动。速以民族解放同盟或其他关系与晋阎、绥傅接洽,其条件为:"(一)晋绥容许红军参加抗日战线,划定一定防地,帮助解决给养、弹药。(二)红军愿意服从阎氏之统一指挥,并不干涉晋绥行政。(三)红军派出代表驻在晋阎、绥傅处,以资联络。"

12月4日 蒋介石亲自到西安督战,以临潼华清池为行辕。他的嫡系部队纷纷开赴潼关,其重要将领陈诚、卫立煌等人也陆续来到西安。蒋介石向张学良和杨虎城提出两个方案,要他们择一而行:(一)服从"剿共"命令,将东北军和西北军全部开赴陕北前线,进攻陕甘红军,中央军在后面接应督战;(二)如不愿"剿共",则将东北军调往福建,西北军调往安徽,陕甘两省让给中央军自己"剿共"。这两个方案都是张、杨绝对不能接受的。大敌当前,他们不愿再与红军作战。他们深知,如去攻打红军必将自己的实力损耗殆尽;而离开西北,得不到红军的支援,迟早会被蒋介石改编吞并。他们从中华民族命运的大局出发,下决心联共抗日,不再打内战;同时不离开西北,以免被蒋军收编,消灭。这样,张学良、杨虎城坚决要求联共抗日,而蒋介石则顽固坚持"剿共"内战,双方矛盾无法调和,张、杨被逼上了梁山。

12月5日 毛泽东致函冯玉祥,指出"在亡国惨祸面前,不分党派信仰将同遭浩劫",必须合作救亡,立即停止内战。希望冯"登高一呼",促成西北"剿共"各军与红军停战,而后开赴抗日前线。

12月5日 毛泽东致信孙科,说:"今日天下之人莫不属望国民抗日,然国民党中如不战胜其降日派与妥协派则抗日不可能,因此天下之人莫不属望于国民党中之抗日派能有计划地有步骤地向着降日妥协之辈进行坚决之斗争。进行此种斗争,非有有组织的政治力量不可,非有领袖不可,因此天下之人又莫不属望于哲生先生。"

12月5日 毛泽东致信杨虎城,就以下事情同他协商:其一,联合救国之大计,以长安为中心的五六省区宜有一种具体合作计划。其二,敝方三个方面军会合之后,部队甚大,给养困难,弹药亦待补充,拟向兄处暂借30万元。其三,敝军行动方向目前虽尚难确定,然不论东西南北,均与贵军唇齿相关患难与共。其四,空间通信再不可缓。

12月7日 张学良抱着破釜沉舟的决心,到临潼华清池向蒋介石做了一次"哭谏",痛陈东北失陷,华北危机的严重形势,要求蒋介石改变他的内战政策。张学良慷慨陈词,声泪俱下,他说:"国家民族的存亡,已到最后关头,非抗日不足以救亡;非停战不足以抗日。继续'剿共',断非出路。"蒋介石听后勃然大怒,训斥张学良无知,受中共"迷惑",最后竟拍案厉言:"现在你就是拿枪把我打死,我的'剿共'计划也不能改变。"

12月7日 中央革命军事委员会主席团转发中华苏维埃中央政府关于扩大中央革命军事委员会组织的命令:以毛泽东、朱德、周恩来等23人为中央革命军事委员会委员;以毛泽东、朱德、周恩来、张国焘、彭德怀、任弼时、贺龙七人组成中央革命军事委员主席团,毛泽东为主席,周恩来、张国焘为副主席;以朱德为中国工农红军总司令,张国焘为总政治委员,任命刘伯承为总参谋长,叶剑英为副总参谋长;王稼祥为总政治部主任,杨尚昆为副主任。

12月8日 张学良、杨虎城下决心实行"兵谏",并进行部署:东北军负责到华清池捉蒋,由第一〇五师师长刘多荃、团长白凤翔及张的卫队营长孙铭九负责,第十七路军负责拘禁西安城内的蒋系军政大员,解除蒋系部队的武装,封锁机场,扣留飞机。

12月9日 西安学生万余人为纪念一二·九运动一周年,举行示威大游行。学生集会时,警察竟开枪射击,伤12岁的小学生一人,大队遂向"剿匪"总部、省政府、"绥靖"公署大请愿。学生高呼"反对内战,一致抗日"等口号,并要去华清池向蒋介石请愿。蒋介石闻讯后亲自打电话给张学良,要他制止,如果学生不服制止,就要派军警镇压,连说"格杀勿论"。张学良立即驾车赶至灞桥,劝学生回去,学生不肯,东北学生且悲愤地向他慷慨陈词,他很受感动,表示在一星期内,用事实来答复他们的要求,学生遂整队而归。同日,蒋介石为了向张、杨施加压力,宣布派蒋鼎文为西北"剿匪"军前敌总司令,卫立煌为晋、陕、绥、宁四省边区总指挥,陈诚以军政部次长名义指挥绥东中央军各部。

12月10日 毛泽东和周恩来致电张学良,告知中共与蒋介石谈判的情况,申述共产党对国共谈判的态度,指出,陈立夫第三次找潘汉年谈,红军留3万,服从南京,要中共让步,我们答复根本不同意,反对蒋介石对外妥协,对内苛求之政策。更根本拒绝其侮辱红军之态度,红军仅可在抗日救亡之前提下承认改换抗日番号,划定抗日防地,服从抗日指挥,不能减少一兵一卒,并须扩之,彼方如有诚意须立即停战,并退出苏区以外静待谈判结果。电报强调指出,我们宁愿以战争求和平,绝对不做无原则让步。

12月10日 毛泽东致电潘汉年,指出:"合作为实行抗日救亡,但至今蒋介石似无抗日救亡之决心。"合作谈判缺乏必要之前提,毛泽东在电报中表示:"南京抗日派诸君如不能促成蒋氏此种决心,则谈判显无速成之望。""红军在彼方忠实地与明确地承认其参加抗日救亡之前提下,可以改换抗日番号,划定抗日防地,服从抗日指挥。在这些上面我们并不坚持形式上的平等,也不须用两个政府出面谈判,但是必须两党(不是两政府)平等地签订抗日救亡之政治军事。红军不能减少一兵一卒,而且须要扩充之。离开实行抗日救亡任务,无任何商量余地。"

12月上旬 潘汉年与陈立夫再度谈判。陈立夫表示了一些让步,同意红军大部不由宁方改编,但只同意保留3万人。同时,国民党方面仍坚持收编红军的政策。在这次会谈中陈立夫提出的原则是:(一)为彻底实现三民主义而奋斗;(二)取消一切反政府之暴动政策与赤化运动,停止以暴力没收地主土地的政策;(三)取消红军,改编为国民革命军,受军事委员会的统辖,担任抗日战争之任务;(四)取消苏维埃组织,改为行政区,以期全国政权之统一。中共中央研究了潘、陈谈判的情况后,认为应该坚持以下原则,即红军仅可在抗日救亡之前提下承认改换抗日番号,划定抗日防地,服从抗日指挥,不能减少一兵一卒,国民党方面如有诚意,须立即停战,并退出苏区以外,静候谈判结果。

12月11日 蒋介石召集中央军将领商议军事计划,决定于12月12日发布第六次"围剿"红军的命令。

12月11日 张学良、杨虎城决定于12月12日晨6时开始发动"兵谏"。同日晚,张学良再次赴临潼,对蒋介石做最后一次劝谏,又遭蒋介石痛斥和拒绝。"哭谏"和"苦谏"均告无效。在这种情况下,张学良、杨虎城只有实行"兵谏"把蒋介石捉起来,逼他抗日,别无他路了。深夜,张赶回西安并与杨分别召集亲信举行紧急会议,宣布"兵谏"计划。随后,张学良率将领到新城大楼,与杨共同指挥行动。夜间,张学良、杨虎城接高崇民、宋绮云等四人到张的公馆,起草张学良和杨虎城扣蒋后的"八项主张"的电文。高崇民向张学良建议扣蒋之举定名为"兵谏"。

12月12日 凌晨,西安事变爆发。张学良、杨虎城按照预定计划,派东北军军官数人率领卫士一连,至华清池解除蒋介石卫队的武装,蒋跳墙逃匿骊山崖石下,寻获后,即予以扣留,西北军则包围了西京招待所,囚禁了蒋鼎文、朱绍良、陈诚、卫立煌、陈调元等十几名国民党军政要员。同日,张学良、杨虎城及东北军、西北军高级将领联合通电全国,说明在国难当头的形势下,被迫发动西安事变是为了敦促蒋介石进行抗战。谓:"对介(蒋)公为最后之诤谏,保其安全,促其反省。"通电提出八项抗日主张:(一)改组南京政府,容纳各党各派共同负责救国;(二)停止一切内战;(三)立即释放上海被捕的爱国领袖;(四)释放全国一切政治犯;(五)开放民众爱国运动;(六)保障人民集会结社一切之政治自由;(七)确实遵行孙总理遗嘱;(八)立即召开救国会议。同日,张学良致电中共中央:"吾等为中华民族及抗日前途利益计,不顾一切,今已将蒋扣留,迫其释放爱国分子,改组联合政府。兄等有何高见,速复。"同时,张、杨派出代表去新疆、山西、广西、四川等省游说,说明对蒋介石实行"兵谏",是为了促其反省自咎,改变其内战政策,实现抗日救国。

12月12日 中共中央收到张学良关于发生西安事变的电报后,立即做了紧急处置。一面急电张学良,要求证实来电的可靠性,并建议张学良和杨虎城立即将东北军主力调集西安、平凉一线,西北军主力调集西安、潼关一带,红军担负在北面钳制胡宗南等部的任务;一面致电共产国际执委书记处,报告张学良来电的有关情况。同时,提议派周恩来赶赴西安与张、杨共商大计。

12月12日 中国国民党中央常务委员暨中央政治委员联席会议在南京召开,讨论西安事变问题。会议决定:孔祥熙任行政院代院长;何应钦以军政部部长名义负责指挥调动军队,武力"讨伐"张、杨;褫夺张学良所兼各职,交军事委员会严办。同日,何应钦以中常委名义电请旅居德国的汪精卫回国。孔祥熙、宋美龄于13日晨由上海赶回南京,主张和平营救蒋介石。

12月12日 西安事变发生后,中共中央在给刘少奇的《关于西安事变后我们的任务的指示》中,提出七条任务,号召中国人民起来,支持张学良、杨虎城二位将军的正义行动和八项主张,要求立即召集抗日救亡代表大会,在西安开会讨论抗日大计。

12月12日晚 中共中央再次致电共产国际执委书记处,汇报了中国共产党为处置西安事变准备采取的步骤:(一)由周恩来、张学良、杨虎城组成三人委员会,以叶剑英为参谋长,主持大计;(二)准备在西安召集抗日救国代表大会;(三)组织抗日联军,以红军、东北军、西北军、晋绥军四部为主,争取陈诚所属之蒋军加入抵抗日军之进攻;(四)以林森、孙科、冯玉祥、宋子文、于右任、孔祥熙、陈立夫等暂主持南京局面,防止并抵抗亲日派勾结日本进犯沪宁,以待革命的国防政府成立;(五)争取蒋军全部参加抗战,要求共产国际赞助。这些步骤的基本精神是督促与推动南京政府中的抗日派及中间派走上抗日的道路,而不是同国民党打内战。

12月13日 中共中央政治局召开会议,讨论西安事变问题。会上,毛泽东首先发言。他在发言中指出:虽然事变是张、杨独自发动的,共产党没有参与此事,但事变是革命的、抗日的,没有任何帝国主义背景。周恩来在发言中分析了事变后国内外各种力量可能出现的反应及其错综复杂的关系。他说:日本可能会在南京搞政变,在沿海地区增兵。这样,就会加剧日本和英、美的矛盾,英、美将支持南京政府中的抗日派、中间派。苏联则会在英、美之后表态支持我们。基于这样的分析,周恩来提出中国共产党对国民党内各种政治派别的态度,即为防止日本变南京政府为傀儡政权,我们在政治上不要与南京对立;要稳定及争取黄埔系、CC派、元老派、欧美派,推动他们赞成西安事变,团结抗日。具体地说,要争取林森、宋子文、孔祥熙、孙科、冯玉祥,孤立何应钦;同时,深入发动群众,巩固地联合西北三方抗日力量,把西安变成抗日的中心;在抗日援绥的口号下联合阎锡山和刘湘(这是我们的两翼),再进一步联合桂系,以造成对华东的包围；东南七省是南京的势力,是我们团结的对象,要争取他们抗日。洛甫说:"我们不采取与南京对立的方针。"他主张:"尽量争取南京政府正统,联合非蒋系军队。在军事上采取防御,政治上采取进攻。"并强调:"我们的方针把局部的抗日统一战线,转到全国性的抗日统一战线。"毛泽东最后说:我们现在处在一个历史事变的新阶段,前途上摆着许多通路,同时有很多困难。敌人要争取很多人到他们方面去,我们也要争取很多人到我们方面来。会议肯定西安事变是革命的,推动抗日的,并决定:采取不与南京对立的方针,不组织与南京对立的政权；中共中央暂不发表宣言；决定由中革军委将蒋被扣一事通知各军团,令各军团加紧准备,待命行动。初步确定了和平解决西安事变的方针,决定采取推动人民团体向全国揭发蒋介石对外投降,对内镇压人民,坚持内战,并压迫其属下"剿共",不准红军及全国军队抗日之罪状,拥护西安义举；推动人民要求南京罢免蒋介石并交付人民审判等四项处置办法。

12月13日 宋美龄委托端纳(英籍澳大利亚人,当时任蒋介石的顾问,以前担任过张学良的顾问)到西安斡旋,张学良、杨虎城复电欢迎端纳莅陕。

12月13日 中共中央致电共产国际执委书记处,说明张学良等人的行动是完全带有革命性的,并说明已电告天津、上海、西安等地党组织执行下列措施:(一)推动人民团体揭发蒋介石对外投降、对内镇压人民、坚持内战,压迫其部下"剿共",不准红军及全国军队抗日之罪状,拥护西安义举；(二)推动人民要求南京罢免蒋介石交付人民审判；(三)推动人民要求与张学良、杨虎城立即召集抗日救亡代表大会,讨论救亡大计；(四)稳定CC派、黄埔系、元老派、欧美派及地方实力派,站在救亡运动方面；(五)号召人民、政府、抗日派及全国军队警惕,并准备抵抗日本与中国汉奸乘机要侵犯上海、南京、青岛、华北及西北；(六)推动林森、宋子文、孔祥熙、孙科、冯玉祥、蔡元培、李石曾等,争取英、美、法三国同情与谅解西安事变。与此同时,中共中央还要求共产国际:(一)在世界舆论上帮助红军、东北军和西北军的抗日义举；(二)争取英、美、法三国赞助中国革命的国防政府和抗日联军；(三)苏联大力援助中国。

12月13日 毛泽东、周恩来致电张学良,就西安事变后西北的局势陈述意见:甲、重兵置于潼关、凤翔、平凉,潼关尤要。乙、号召西安及西北民众起来拥护义举,对全国亦然,只有将全部行动基础置于民众之上，西安起义才能确定地发展其胜利。丙、对全军举行广大深入的政治动员，此着是最紧要任务之一。丁、胡宗南、曾万钟、关麟征等军向南压迫时，红军决从其侧后配合兄部坚决消灭之。恩来拟来西安与兄协商尔后大计，请派飞机来延安接。电报认为："宜逮捕驱逐部队中法西斯分子，对全军奉行广大深入的政治动员，向全体官兵宣布蒋氏卖国残民罪状，政治上团结全军，此着是最紧急任务之一。"张学良复电表示："现此间诸事顺利，一切恩兄来后详谈。"

12月14日 中共中央书记处就西安事变后促进南京政府停战抗日运动的方针办法电告刘少奇：在南京亲日派下令讨伐张学良，日本方面更公开宣传张之赤化，以扩大灭亡中国的防共战线的形势下，应发动民众，要求南京政府接受张学良的八项抗日要求，停止内虞，把全部军队开赴晋绥前线抗战，即刻召集全国各党、各派、各界、各军的救国会议，解决救亡大计。在各地可组织停止内战促进会、全国救国会议促进会之类的团体，以扩大运动。在运动中不要同南京处于对立地位，但对于亲日派的罪恶行为应坚决反对之。

12月14日 毛泽东同朱德、周恩来、张国焘及红军各方面军负责人联名致电张学良、杨虎城，提出西安事变后的行动方针：(一)立即宣布组成西北抗日援绥联军，张学良为总司令，东北军、第十七路军、红军分别编为三个集团军。成立联军军政委员会，以张学良、杨虎城、朱德为主席团，张为主席，杨、朱为副。(二)目前军事步骤为，抗日援绥军三部主力应集中于以西安、平凉为中心之地区，发扬士气，巩固团结，与敌决战，各个击破之，只要打几个胜仗即可大大开展战局。(三)目前第一要务是巩固内部，战胜敌人。14日，毛泽东还同周恩来致电张学良："十分注意洛阳、咸阳之敌，彼等有围城救蒋之企图，请将全部精力注意于集中与团结东北军及十七路军上面。"

12月14日 中革军委主席团发出关于西安事变的指示电，指出：西安的抗日起义，开始了中国革命形势的又一新阶段。我们要从政治上和组织上巩固东北军、第十七路军和西北民众今后的联合；争取全国民众、南京抗日派、各省和蒋系军队中一切可能参加抗日的力量到我们方面来；争取英法的同情赞助，在反对内战的旗帜下坚决击破亲日派的进攻，巩固西北抗日局面；暂不公开反对南京政府，以便争取可能抗日的部分。

12月14日 张学良、杨虎城撤销西北"剿匪"总司令部，成立抗日联军临时西北军事委员会，张、杨分任正副主任，其下设参谋团和设计委员会。参谋团由孙蔚如、王以哲等七人组成，以鲍文樾为主任，设计委员会由高崇民、杜斌丞、刘澜波等组成，高为召集人。同时，张、杨还采取了若干重大军政措施，如组织抗日援绥军，集结待命；调动军队，准备迎击南京政府的"讨伐军"；成立以高崇民为首的设计委员会，研讨重要政治问题；改组陕西省政府，以杜斌丞为省秘书长；解散国民党省党部，成立以王炳南为主任委员的民众运动指导委员会；释放西安的政治犯；接收国民党的《西安日报》，改为《解放日报》；等等。

12月14日 孔祥熙接受宋美龄建议，召集高级会议，决定在讨伐之前先着手和平营救蒋介石。同日，端纳从南京飞到西安，当晚在张学良陪同下见蒋介石，面交宋美龄的一封信。端纳劝蒋介石接受停止内战，一致抗日的主张。蒋为了早日获释，态度由强硬变和缓。

12月14日 阎锡山致电张学良、杨虎城，对发动西安事变提出四个问题，态度暧昧。其他地方实力派均采取观望态度，只有李宗仁、白崇禧、李济深和刘湘分别于12月16日、12月18日发表通电，主张政治解决西安事变。

12月14日 季米特洛夫在给斯大林的信中做出这样的推测，"很难想象，没有同他们（中国共产党人）协商甚至没有他们的参与，张学良会采取这种冒险行动"，因此应该劝告中共中央采取措施和平解决冲突。

12月15日 周恩来偕罗瑞卿、杜理卿（即许建国）、张子华、吴德峰等人启程赴西安，当晚宿安塞，16日晚到肤施城外。

12月15日 毛泽东、朱德、周恩来、张国焘、林祖涵、徐特立、王稼祥、彭德怀、贺龙、叶剑英、任弼时、林彪、徐向前、陈昌浩、徐海东联名发表《红军将领关于西安事变致国民党国民政府电》，指出西安事变，"实蒋氏对外退让、对内用兵、对民压迫三大政策之结果"。该电指出，"南京当局亟宜引为反省之资，而绝不可负气横决，反而发动空前之内战，如近日电讯之所传者"。电报重申红军将领"谋国内之合作，化敌为友，共赴国仇"的态度，建议南京政府"接受张、杨二人主张，停止正在发动之内战，罢免蒋氏，交付国人裁判，联合各党、各派、各界、各军、组织统一战线政府"，"开放言论自由，启封爱国刊物，释放爱国人犯，举内战之全军，立即开赴晋绥，抗御日寇"。

12月15日 毛泽东致电张学良：闻兄之前顾问英人端纳有来陕说，如宜经过端纳停止南京正在发动的内战，并争取英国同情，趁端纳返宁派人同去，与何应钦、孔祥熙、陈立夫三人接洽。

12月15日 日本关东军发表声明：如国民政府实行"反共""防共"，日本政府将"不惜给予援助"。同日，日本《朝日新闻》发表社论称西安事变是"受了赤化的浸润"，南京政府若只依靠欧美、苏联，"将来会招致不可收拾的破局"。同日，上海英文《字林西报》发表社论，同情张学良的抗日主张，指责南京对抗日有延误之责，并指出南京政府如希望尽快恢复蒋介石的自由，就应该准备采取联合阵线的方式。

12月16日 毛泽东致电张学良、杨虎城，提出："为了坚持决战胜利，千祈注意发动民众，主要将沿陇海路、西兰公路、西梁公路各县之民众发动起来，拥护抗日联军，拥护西安起义，反对中央军进攻，保卫抗日首都，保卫抗日根据地。"

12月16日 毛泽东致电阎锡山提出："时局应和平解决，万不宜再起内战，自速覆亡"，"先生一言九鼎，敢乞周旋宁、陕之间，先停军事行动，再议时局善后"。"当前急务抗日第一，抗日所急在于援绥，谓宜举宁方西进之军改道北进，张、杨二公所部尤志同仇。红军则久矣，愿附骥尾与国仇相见，于绥、察之间共组抗日联军，推先生为统帅，各军指挥高遣惟先生之命是从。给养方面以红军言，所需甚少，但能发伙食费，即可不事征发，一切地方行政社会秩序不加丝毫干涉。"

12月16日 中国国民党中央政治会议开会决议："一、推何应钦为讨逆军总司令，迅速指挥国军，扫荡叛逆；二、由国府下令讨伐张学良；三、推于右任宣慰西北军。"同日，南京政府明令讨伐张学良、杨虎城，何应钦任"讨伐军"司令，下设东、西两集团军，刘峙、顾祝同分任司令。调大军沿陇海线进攻华县，并派大队飞机准备轰炸西安。

12月16日 经端纳斡旋，宋美龄表示愿同宋子文、顾祝同到西安会商。张学良表示欢迎。

12月16日 共产国际执行委员会给中共中央发来了由季米特洛夫签发的电报。电报说："作为对你们来电的答复，我们建议采取以下立场：（一）张学良的行动，不管出自何种动机，客观上只能有损于中国人民抗日统一战线力量的团结，并鼓励日本对中国的侵略。(二)既然这个事变已经发生,中国共产党必须考虑到现实情况并坚决主张在以下基础上和平解决事变:(1)改组政府,吸收抗日运动的若干代表和拥护中国领土完整与独立的人士参加政府;(2)保障中国人民的民主权利;(3)停止消灭红军的政策并在反对日本侵略的斗争中与红军实行合作;(4)和那些支持中国人民从日本帝国主义的进攻下获得解放的国家实行合作。最后,我们建议不要提出与苏联联盟的口号。"但是,这封电报因电码差错难以译出,中共中央只好于12月18日要求共产国际重发这封电报。

12月16日 苏联外交部给苏联驻南京外交代表斯皮尔瓦涅克发去电报,要求他紧急会见孔祥熙或张群,并发表如下声明:"(一)苏联政府得悉发生西安事变后(见1936年12月14日《消息报》)当即表示明确而肯定的立场,谴责张学良这一客观上只能有利于企图分裂和奴役中国人民的一切敌人的行为。(二)苏联政府……不仅与西安事变没有任何联系(这是不言而喻的),而且自日军占领满洲之时起,从未与张学良保持任何直接或间接的联系。(三)鉴于各种虚假和诽谤性报道仍不断出现,苏联政府……不能对中国红军的行动负任何责任。(四)中国国内少数人士和少数报刊一再重复中国的敌人散布的无耻谰言,似乎苏联政府与西安事变有某种牵连,苏联政府对此感到无比的惊讶和愤慨。苏联政府对此提出抗议并期待中国政府采取措施制止类似诽谤谣言的传播。"12月19日,斯皮尔瓦涅克回电向苏联外交人民委员部报告称:"当日早晨张群接见。在听取苏联政府抗议后,张群作了如下答复:(一)还在发动西安事变之前,张学良就曾散布消息,说他与苏联有联系,与中国红军建立了联盟关系,他在莫斯科派有代表,中共则在西安驻有代表;(二)张群本人及其他政府成员和首脑十分清楚,这类传说纯系谣言和捏造;(三)中央政府极为珍视同苏联的友谊,高度评价它的支持和友善态度,因此,决不会相信也决不相信张学良或其他第三者的散布的流言蜚语;(四)张群本人将力尽所能,制止来自中国国内第三者之口的种种暗示诽谤的扩散。"

12月17日 中共代表周恩来趁张学良所派专机偕罗瑞卿、许建国等人从肤施飞抵西安。途中周恩来听取专程到肤施迎接的刘鼎有关西安事变情况的汇报,周对刘鼎说,这次是军事的突然行动,没有打垮蒋介石的武装力量。蒋被捉既不同于俄国十月革命以后被擒的尼古拉,也不同于滑铁卢役以后被捕的拿破仑。可能会出现更大的困难。共产党要多做工作,不要使事变酿成更大的内战,而要推动抗日,推进革命形势的发展。当日晚,周恩来和张学良会谈。双方商定东北军、第十七路军集中于西安、潼关一线,红军南下延安、庆阳一带接防,必要时侧击甘肃的胡宗南,支援关中;红军加入由东北军、第十七路军成立的抗日联军临时西北军事委员会。周恩来表明中共对蒋态度:要保证蒋的安全,可以声明如果南京挑起内战,则蒋的安全无保障。周还和张学良商定同宋子文谈判的五项条件:(一)停止内战,中央军全部开出潼关;(二)下令全国援绥抗日;(三)宋子文负责成立南京过渡政府,肃清一切亲日派;(四)成立抗日联军;(五)释放政治犯,实现民主,武装群众,开救国会议,先在西安开筹备会。张学良十分关心苏联政府和共产国际的态度。周恩来回答说:他们的意见尚不知,但是中共中央已多次向共产国际发电说明情况。会谈后,周恩来连夜将情况电告中共中央。

12月17日 蒋介石同意张学良要求,令何应钦12月19日前停止军事行动。蒋介石致何应钦手令说:"万不可冲突,并即停止轰炸。"同日,蒋鼎文致电何应钦,告以将持蒋手令飞南京;蒋鼎文自西安飞抵洛阳。

12月17日 朱德致函国民党第三军军长曾万钟、第三军第十二师师长唐淮源说,张学良、杨虎城所提出的八项主张,是综合朝野意见,归纳而得之结论,如以国难为前提,对此谅亦不持异议。望警惕日军阴谋,共赴国难,组织抗日联军,共同抗日,并希望能派人来苏区商讨。

12月18日 周恩来致电毛泽东并中共中央,反映国内各派对事变的反应:南京亲日派的目的在造成内战;宋美龄给蒋介石的信中称"宁抗日勿死敌手";孔祥熙企图调和;宋子文以停战为条件来西安;汪精卫将回国;阎锡山向张提议,将蒋送山西;韩复榘认为南京现在办法不能解决西安问题;李宗仁、白崇禧表示张此举乃逼不得已;余汉谋、何键表示拥护国民党中央;蒋态度开始强硬,现亦转取调和,企图求得恢复自由,对红军非降非合,表示要将西北地区交给张管理,对中共也交张处理。

12月18日 中共中央发出《关于西安事变致国民党中央电》,正式向国民党表达了中共解决事件的具体主张。中共中央指出:"蒋介石在此次被幽,完全是因为蒋氏不肯接受抗日主张,不肯放弃'攘外必先安内'的错误政策所致。""为国家民族计,为蒋氏个人计,贵党必须毅然决然立刻实行下列处置:(一)召集全国各党各派各界各军的抗日救国代表大会,决定对日抗战,组织国防政府、抗日联军；（二）将讨伐张、杨与进攻红军的中央军，全部增援晋绥前线，承认红军、东北军及第十七路军的抗日要求；（三）停止一切内战，一致抗战；（四）开展人民抗日救国运动，实行言论、集会、结社的民主权利，释放一切政治犯及上海爱国领袖；（五）实现孙中山先生的三大政策。""如贵党能实现上项全国人民的迫切要求，不但国家民族从此得救，即蒋氏的安全自由当亦不成问题。"这样，中共中央就把和平解决西安事变与释放蒋介石统一了起来。中共中央关于在五项条件下和平解决西安事变，恢复蒋介石自由，以转变整个局势的方针，得到国民党上层人士的广泛支持。

12月18日 中共代表周恩来同杨虎城会谈。周恩来说明中共中央关于和平解决西安事变的主张。杨虎城无异议，只是怀疑蒋介石是否能抗日，担心蒋报复。周恩来指出抗日已是大势所趋，蒋是抗日则生；只要西北三方联合一致，进而团结全国人民，蒋想报复也不可能。

12月18日 蒋鼎文带着停战手令飞回南京。何应钦遂下令12月19日下午6时以前暂停轰炸，但仍表示"如张逆借此缓兵，不送蒋委员长回京，则本人自当严厉执行原计划，彻底扫荡"。

12月18日 周恩来与杨虎城进行会谈，转告了与张学良会谈的内容，杨虎城深为赞同。

12月18日 潘汉年在南京中央饭店同陈立夫、曾养甫谈了和平解决西安事变的问题。

12月19日 共产国际执委会书记处致电中共中央："我们认为，和平解决西安事变具有特殊的意义。……现在党的主要任务是争取切实停止内战，首先是争取使国民党和南京政府放弃消灭红军的政策，争取同南京共同抗日。"

12月19日 毛泽东就向南京接洽和平解决西安事变问题致电潘汉年。电文说："请向南京政府接洽和平解决西安事变之可能性，及其最低限度条件，避免亡国惨祸。"

12月19日 中共中央政治局召开会议，研究西安事变以来的国内外局势，讨论中央关于西安事变的通电。毛泽东在会上首先发言指出：西安事变后南京一切注意力集中在捉蒋问题上，把张、杨一切抗日的主张都置而不问，更动员所有部队讨伐张、杨。这是事变发生后所引起的黑暗的一面。这次事变促进抗日与亲日的分化，使抗日战线更为扩大，这是事变发生后所引起光明的一面。现在光明面被黑暗面掩盖住。我们应坚定地站在抗日的立场上,对于光明面予以发扬,对于黑暗面予以打击。西安事变有两个前途,胜利或失败。我们应争取和帮助西安方面,把阵线整理好,打击讨伐派,反对内战,要求和平,夺取胜利。我们应与东北军、西北军接近,对他们的态度,不仅不与南京混同,而且与阎锡山也不同,我们对张、杨是同情的。应当根据这样的立场发表通电。张闻天在发言时主张尽量争取时间,进行和平调解,不站在反蒋立场。毛泽东在做结论时指出:西安事变是站在红军的侧面,受红军的影响很大。它要取得斗争的胜利,无疑地是要无产阶级政党的领导与广大群众的帮助。现在的营垒是两方面,一方是日本帝国主义与亲日派,另一方是共产党与抗日派。中间还有动摇与中立的一派,我们应争取这些中间派。要争取南京,更要争取西安,只有内战结束才能抗日。有六种力量可能使内战结束:一是红军,二是东北军,三是西安的友军,四是人民,五是南京的内部分化,六是国际援助。应把六种反内战的力量团结起来,使内战结束,变国内战争为抗日战争。会议认为西安事变有两种前途,或内战爆发,或结束"剿共"内战。我们要争取和平前途。

12月19日 中共中央发出《中央关于西安事变及我们任务的指示》。在这个指示中,中共中央正确地分析了西安事变的原因、性质和意义,认为西安事变"是中国一部分民族资产阶级的代表,也是国民党中的实力派之一部不满意南京政府的对日政策,要求立刻停止'剿共',停止一切内战,一致抗日,并接受了共产党抗日主张的结果"。张学良和杨虎城发动西安事变的目的,"是为了要抗日救国","是要以西北的抗日统一战线去推动全国抗日统一战线"。中共中央认为,由于事变采取了武力要求的方式,扣留了蒋介石及其一部分将领,使南京和西安处于公开对立地位;而蒋介石的实力并未受到任何打击,因而如果对这一事变处理不当,就有可能造成新的大规模的内战,妨碍全国抗日力量的团结。根据上述的分析,中共中央预见到事变的发展有两种前途:一种是引起新的大规模内战,"使南京中派(民族改良派)一部或大部主观上与客观上走向亲日,削弱全国抗日力量,推迟全国抗战的发动",造成日本扩大侵略的有利条件。另一种是和平解决,结束内战,"使全国的抗日救亡的统一战线反而更迅速的实际建立起来",使民族抗战早日实现。因此,正确对待和平解决西安事变,就成为时局转换的枢纽。为了争取第二种前途,中共中央制定了正确解决西安事变的四条基本方针:"(一)坚持停止一切内战一致抗日的组织者与领导者的立场,反对新的内战,主张南京与西安间在团结抗日的基础上,和平解决。(二)用一切方法联合南京左派,争取中派,反对亲日派,以达到推动南京走向进一步抗日的立场。揭破日寇及亲日派利用拥蒋的口号,发动内战的阴谋。(三)同情西安的发动,给张杨以积极的实际的援助(军事上的、政治上的),使之彻底实现西安发动的抗日主张。(四)切实准备'讨伐军'进攻时的防御战,给'讨伐军'以严重的打击,促其反省,这种防御战不是为了要扩大内战的方针代替一致抗日的方针,而依然是为了促成全国性统一战线的建立与全国性抗日战争的发动。"

12月19日 中华苏维埃中央政府和中共中央向全国人民及各党各派各界发出提议召开和平会议,团结对日的通电。通电建议:(一)双方军队暂以潼关为界,听候和平会议解决;(二)由南京立即召集和平会议,除南京和西安各派代表外,并通知全国各党各派各军派代表参加;(三)在和平会议前,由各党各派各界各军先提抗日救亡草案,并讨论蒋介石的处置问题;(四)会议地址暂定在南京。

12月19日 南京当局接到蒋介石手令后,同意宋子文以私人身份飞西安营救蒋介石,并决定停止轰炸到12月22日。

12月20日 中共中央再次收到并译出了共产国际执行委员会于16日发出过的电报。共产国际的来电对张学良的评价方面,与中国共产党有明显的区别;但在和平解决事变的方针上,与中国共产党基本一致,对中国共产党和平解决西安事变起了积极作用。西安事变发生后,不论是《真理报》《消息报》和《国际通讯》发表的社论、文章,苏联外交人员发表的谈话,还是共产国际的电报,不管其侧重点有何不同,在解决西安事变和基本立场上有两点是共同的:第一,坚持要求和平解决西安事变;第二,释放蒋介石回南京。12月21日,中共中央电复共产国际:"来电于二十日才收到,同意你们的意见,我们也已经基本上采取了这种方针。"随后,中共中央致电周恩来,要他以共产党代表的资格与蒋介石、陈立夫、宋子文、阎锡山谈判。这封电报提出了和平解决西安事变的条件。

12月20日 毛泽东致电周恩来:"国际来电如下:既然发动已成事实,当然应当顾及实际的事实。中国共产党在下列条件基础上坚决主张用和平的方法解决这一冲突。甲、用吸收几个反日运动的代表即赞成中国统一和独立分子,参加政府的方法来改组政府。乙、保障人民的民主权利。丙、停止消灭红军政策并与红军联合抗日。丁、与同情中国人民反抗日本进攻的国家建立合作关系,但不要提联合苏联的口号。"周恩来将共产国际的态度告诉张学良、杨虎城。

12月20日 宋子文由端纳陪同飞抵西安。张学良对宋子文谈了和平解决事变的方针,要他劝蒋介石同意停止内战、团结抗日。宋子文要郭增恺见杨虎城,杨向宋转达口信,"兵谏"是要蒋介石停止内战,领导抗日。宋子文又要郭去见周恩来,周要郭说服宋子文与周面谈,否则也要转达中共和平解决事变的方针,望宋劝蒋改变政策,只要蒋抗日,共产党当全力以赴,并呼吁全国拥护国民政府,结成抗日民族统一战线,并说明中共未参与这次事变。郭向宋转达了周恩来的话,宋大感意外,对中共的方针和态度十分赞赏。12月21日,宋飞抵南京。

12月20日 毛泽东致电周恩来,指出:"如宋子文态度同情陕变,兄可设法见他,一面提出我党调和陕变、中止内战、共同抗日之主张。站在完全第三者的立场说话,痛陈时局危急,内战是死路之意旨。征求他即召集和平会议,解决国是。"即日给周恩来的另两次电报,还分别提出:"红军主力第一步集结庆阳,如胡宗南南下决消灭之。王以哲军应固守固原、西峰。""东北军应以洛川为后方,十七路军以韩城为后方,两军辎重宜逐渐向两地迁移,准备万一放弃西安时不至他仓卒误事。"

12月20日 毛泽东托人带书信给中国共产党派往山西等地做统一战线工作的代表彭雪枫,要他立即商办苏区与阎锡山方面建立电台交通、徒步交通和通商关系等事宜,并嘱咐他"在外间交接,态度务须诚恳,立场务须坚定,用费务须节省"。

12月21日 毛泽东致电潘汉年,要他立即向陈立夫等人提出:"目前最大危机是日本与南京及各地亲日派成立联盟,借拥蒋旗帜造成内乱奴化中国。南京及各地左派应迅速行动起来,挽救危局。共产党愿意赞助左派,坚决主张在下列条件基础上成立国内和平,一致对付日本与亲日派。(甲)吸收几个抗日运动之领袖人物加入南京政府,排斥亲日派。(乙)停止军事行动,承认西安之地位。(丙)停止'剿共'政策,并与红军联合抗日。(丁)保障民主权利,与同情中国抗日运动之国家成立合作关系。(戊)在上述条件有相当保证时,劝告西安恢复蒋介石先生之自由,并赞助他团结全国一致对日。"

12月21日　毛泽东致电周恩来，要他"派人去董钊、樊松甫、王耀武、胡宗南等处，告以何以钦、何承浚等亲日派实欲置蒋于死地之阴谋，愿与谈判恢复蒋自由之条件，黄埔系不要受亲日派、阴谋派所愚，并发传单揭破日本与何应钦联合害蒋之阴谋"。

12月21日　毛泽东与朱德、彭德怀致电王以哲转马鸿宾："承王军长介绍贵师与敝方结为抗日友军，曷胜欢迎。从此化敌为友，谊同一家，为抗日而誓师，为救亡而奋斗，相亲相爱，互助互援。"

12月21日　周恩来致电毛泽东，希望红军主力十天内集中长武县（今彬县）一线，再十天集中咸阳、兴平一线。电报建议中央发布政治训令，宣布东北军、第十七路军及其指挥下的民团为抗日同盟军，以友军相待；对陕甘省政府统治地区不变更原行政组织。随后，为保证红军顺利南下，保证苏区和红军的物资供应和运输的通畅，周恩来派彭加伦等人到泾阳县云阳镇、耀县建立办事处，并建立由西安、三原、耀县、洛川、肤施通向陕北的运输线。

12月21日　中共中央书记处电示周恩来：日前局势"是日本与南京右派联盟企图夺取蒋介石中央大权，造成大内乱，另方面是南京与各地左派企图调和而中派在动摇中"，"我们与西安策略，应扶助左派，争取中派，打倒右派，变内战为抗战"。达成和平协定、释放蒋介石的条件是：第一，南京政府中增几位抗日运动之领袖人物，排除亲日派，实行初步改组。第二，取消何应钦等之权力，停止讨伐，"讨伐军"退出陕甘，承认西安之抗日军。第三，保障民主权利。第四，停止"剿共"政策并与红军联合抗日。第五，与同情中国抗日运动的国家建立合作关系。第六，在上述条件有相当保证时，恢复蒋介石之自由，并在上述条件下赞助中国统一，一致抗日。周恩来根据这一指示电，同张学良、杨虎城商讨了与蒋介石和南京方面谈判的有关问题。

12月22日　周恩来致电毛泽东、洛甫、秦邦宪、朱德等人：我等来此四日，中心在抓紧反对和推延内战，要求改组南京政府，巩固红军与东北军、西北军三方面的联合。建议中央"对蒋过去的误国政策，尤其最近使红军、东北军、西北军互消的计划"，"尽情宣布以影响全国发动"。

12月22日　宋子文偕宋美龄、端纳、蒋鼎文、戴笠到西安，准备和张学良、杨虎城、中共代表举行谈判。蒋介石授意宋美龄、宋子文代表他与西安方面谈判,并说对商定好的条件,他以"领袖"人格保证,不作书面签字,回南京后分条逐步执行。

12月22日 毛泽东致函国民政府军事委员会副委员长、太原"绥靖"公署主任阎锡山,叙述中共和平解决西安事变的政策,请阎从中调停,只要南京政府停止"剿共"政策,赞同统一战线,一致抗日,给红军划定适宜防地,就决不向南京政府辖区进攻。信中对阎主张反对内战,"共维大局"表示钦佩,并望阎在南京、西安间"出以有力之调停";同时与阎商量"如何使晋绥陕甘四省亲密团结,联成一气",以求对国事发言更有力。毛泽东在信中表示希望尽快解决以下具体合作事项:(一)从山西吉县至陕西延长建立徒步通信站;(二)从速建立双方的电台联络;(三)在平渡关两岸各备渡船一只,约定专任通信,双方武装互不过河;(四)晋陕经济通商早日实行,恢复寻常关系。他还建议双方电台从翌年1月15日开始联络发报。

12月23日 毛泽东致电周恩来,指出:"时局正在变化中,张、杨不会久处孤立。但应告张、杨及其干部,把工作放在困难点上,即使困难,奋斗到底,最后胜利是我们的。如无此种决心,则遇有挫折,将不能支持。凡事向好坏两面着想,力争好的前途,同时也准备对付坏的局面。"

12月23日 毛泽东致电南汉宸,指出:"因十七路军不巩固,极须大力进行政治工作,杨虎城极望兄回帮助。""兄至十七路军,应坚定其军政干部抗日救国、联红联共、不怕牺牲、直干到底之决心,并发展党的组织,争取十七路军变为真正的人民抗日军。"

12月23日 毛泽东出席中共中央政治局常委会议,讨论参加西北抗日联军军事政治委员会及关于组织抗日联军问题。毛泽东在会上发言,主张参加西北抗日联军军事政治委员会,对外暂不宣布,对内可以宣布,并说,我们加入抗日联军,同时向南京招手。

12月23日 毛泽东请山西吉县县长璩象咸代向阎锡山、赵戴文面陈下列各点:"(一)十分钦佩晋绥当局对日寇的英勇抗战、开放爱国运动及取消防共组织,敝方与晋绥的基本方针已属一致,希望晋绥当局坚持此方针不变更。(二)希望即刻实现双方的密切合作,首先停止对西北的全部内战(包括对红军的与对西安的),给南京亲日派以压力达到此目的。(三)红军要求晋绥当局同意开赴绥察抗日,愿受阎之指挥,不干涉晋绥行政与社会秩序,晋绥发给伙食、弹药。(四)建立晋西、陕北交通通信,恢复通商关系,从吉县、延长局部开始。(五)不使汤恩伯回陕,并调出李仙洲、高桂滋、高双成离开陕北,此事请阎、赵大力帮忙。"

12月23日 张学良、杨虎城、周恩来同宋子文开始正式谈判,宋子文代表南京方面,张学良、杨虎城代表西安方面,周恩来作为中共全权代表参加了谈判,中共代表团提出和平解决西安事变的六项主张:(一)停战,撤兵至潼关外;(二)改组南京政府,排逐亲日派,加入抗日分子;(三)释放政治犯,保障民主权利;(四)停止"剿共",联合红军抗日,共产党公开活动;(五)召开各党、各派、各界、各军救国会议;(六)与同情抗日国家合作。周恩来表示,以上六项条件,要求蒋介石接受,并保证实行,共产党和红军赞助他统一中国,一致抗日。张、杨表示赞成六项主张,宋子文也表示理解并答应转告蒋介石。当天下午,周恩来、张学良、杨虎城同宋子文就组织过渡政府和何时放蒋等关键问题进行商谈。宋子文提议先组织过渡政府,抗日战争开始后再改造为抗日政府。双方就过渡政府的具体人选交换了意见,原则取得一致。但在何时放蒋问题上,发生了分歧。宋急于要蒋回南京主持政事,提出蒋下令撤兵,即可离开西安,等蒋到南京后再下令释放爱国"七君子"。西安方面担心蒋食言,坚持中央军先撤走,"七君子"先释放,才可放蒋。对于联共、召开救国会议,宋避而不提。张、杨、周提议在过渡政府时期,先成立西北联军,在张学良领导下准备抗日。宋不敢首肯,只是说转告蒋。谈判后,周恩来将谈判情况电告中共中央,并请示"在何种条件下许蒋回京"。

12月23日 宋美龄见周恩来。周首先说明中共未参与兵谏,主张和平解决事变,团结抗日,希望宋氏兄妹劝蒋介石回心转意。从速抗日,这对国家对个人均有好处。宋说既然中共有诚意,应在政府领导下,共同努力。周恩来说,只要蒋介石同意抗日,中共拥护他为全国领袖。宋子文还要求周恩来劝杨虎城早日释蒋,周应允。

12月24日 周恩来、张学良、杨虎城同宋子文、宋美龄举行谈判。谈判结果如下:(一)孔、宋组成行政院,宋负绝对责任,保证组织使人满意的政府,肃清亲日派;(二)撤兵及调胡宗南等中央军离西北,两宋负绝对责任,蒋鼎文即携蒋手令停战撤兵;(三)蒋允许归后释放爱国领袖("七君子"),西安方面可先发表,宋负责释放;(四)目前苏维埃红军仍旧,两宋担保蒋停止"剿共",并可经张手接济(宋担保周与张商定多少,即给多少)。三个月后抗战发动,红军再改番号,统一指挥,联合行动;(五)宋表示不开国民代表大会,先开国民党全会,开放政权,然后再召集各党各派救国会议,蒋答应三个月后改组国民党;(六)宋答应一切政治犯分批释放,与孙夫人商定办法;(七)抗战发动,共产党公开;(八)外交政策:联俄,与英、美、法联络;(九)蒋回后发表通电自责,辞行政院长。这九条基本上同意了张、杨八条通电,也承认了共产党、红军、苏区的合法地位。并答应由南京政府提供经费。当天下午,周恩来单独会晤了宋子文,宋表示希望中共能成为他抗日、反对亲日派的后盾,主动要求中共派专人驻沪与他秘密接洽。晚,周恩来同蒋介石进行面谈。周向蒋说明共产党抗日救国的政策。蒋介石同意中共代表团提出的并在谈判议定的六项主张。但他要求不签字,而以他的人格担保履行这些协议。蒋介石还表示:(一)停止"剿共",联红抗日,统一中国,受他指挥;(二)由两宋、张全权代表他与周解决一切;(三)他回南京后,周可直接去谈判。

12月24日 蒋介石答复张学良:(一)下令东路军退出潼关以外,中央军决定离开西北。(二)委任孔祥熙、宋子文分别为行政院正、副院长,要孔、宋与张学良商组政府名单。决令何应钦出洋,朱绍良及中央人员离开陕甘。(三)回南京后释放爱国七领袖。(四)联红容共,现在红军、苏区不变,经过张学良暗中接济红军,俟抗战起,再联合行动,改番号。(五)立即召开国民党会。(六)联俄、联英美。周恩来与秦邦宪将此情况电告中共中央书记处。

12月24日 周恩来在张学良及宋氏兄妹陪同下去见蒋介石。周诚挚地向蒋陈述,目前时局,非抗日无以图存,非团结无以救国,坚持内战,自速其亡。只有停止内战、共同抗日才是唯一出路。然后,他表示了中国共产党的拥蒋抗日之意;若蒋先生肯改变"攘外必先安内"的误国政策,不仅他个人可以听蒋先生的话,红军也可听蒋先生指挥。蒋介石表示:(一)停止"剿共",联红抗日,统一中国,受他指挥;(二)由两宋、张全权代表他与周解决一切;(三)他回南京后,周可直接去谈判。这是第一次国共合作破裂后两党最高层领导人的首次接触。周恩来指出,非抗日无以图存,非团结无以救国,坚持内战必自速灭亡。蒋介石当时表示,只要他生存一天,中国决不再发生反共内战,并以人格担保履行双方在谈判中所达成的协议。

12月24日 毛泽东同张闻天致电周恩来、秦邦宪:"对临时军政委员会名单,我们方面拟参加朱德、彭德怀、贺龙、叶剑英、徐向前五人。恩来、伯渠参加实际工作不参加名单,以便将来进行国民党工作。泽东不参加。对张、杨说明,共产党为争取全国各派,应采取此种方针,对张、杨亦是有利的。"

12月25日
张学良释放蒋介石并决定亲自陪同蒋介石回南京。蒋介石在当天下午起飞之前,向杨虎城表示了六点意见:"(一)明令中央入关之部队于25日起调出潼关;如再有内战发生,当由余个人负责。(二)停止,集中国力一致对外。(三)改组政府,集中各方人才,容纳抗日主张。(四)改变外交政策,实行联合一切同情中国民族解放之国家。(五)释放在上海各被捕爱国领袖,并立即下令办理。(六)西北各省军政,统由张、杨两将军负其全责。"当天,蒋介石在张学良陪同下离西安飞抵洛阳。西安事变和平解决。周恩来与秦邦宪认为蒋在走前须有一政治文件表示,不同意蒋是日走,也不赞成张随去。他们未及和张谈,张未通知周、博,即亲送蒋介石、宋美龄、宋子文飞往洛阳。张学良临行前给各军师长写了手谕:"弟离陕之际,万一发生事故,切请诸兄听从虎城、孝侯(即于学忠)指挥。以杨虎城代理余之职。"西安事变的和平解决,粉碎了亲日派和日本帝国主义的阴谋,体现了共产党决定的"逼蒋抗日"方针,为推动国共两党再次合作,团结抗日,起了重大的历史作用。从此,共产党的"联蒋抗日"的方针得以实现。张学良到洛阳后致电杨虎城,要杨照蒋意释放被扣押的陈诚、蒋鼎文等国民党要员及放回停在西安的几十架飞机。26日,杨虎城、王以哲、周恩来商议决定,本着和平解决的精神,全部释放被扣押的高级官员及飞机。张学良送蒋介石到南京后即被扣押。12月30日,国民政府军事委员会高等军事法庭判处张学良十年徒刑,褫夺公民权利五年。1937年1月4日,国民政府将张学良交军事委员会"严加管束"。

12月25日
毛泽东致电周恩来:"提议东北军、西北军均以鄜县、甘泉、延安、牛武镇、羊泉镇、张村驿为总后方,再以庆阳、典子、环县为第二后方,立即开始输送,先搬最重要物品。为避飞机,主要不置于城市而置于乡村,靠近苏区而万无一失。但此决不动摇以西安为中心持久作战,奋斗到底之决心。"

12月25日
毛泽东致电彭德怀、任弼时,指出:"在五个条件下恢复蒋介石之自由,以转变整个局势的方针,是我们提出的。谈判结果,蒋与南京左派代表完全承认。昨晚电恩来,待先决条件履行及局势发展到蒋出后不再动摇才释放。但他们今日已经释放蒋介石、宋子文、张学良、宋美龄今日同机飞洛。依情势看，放蒋是有利的，是否达成有利，当待证实后告。野战军仍速开咸阳集中。"

12月25日 毛泽东致电彭德怀、任弼时，指出："为督促南京撤兵，为准备万一变化，为便利扩大补充野战军，仍应执行原计划，惟不驻咸阳，而照第一、二、四方面军次序，驻兴平、武功、扶风、凤翔线，处在南京军天水集团与潼关集团之间，对东北军、西北军则处在其外侧。""西安已有五万元向庆阳运送。一切购买，不打土豪。驻乡村不驻县城。"

12月25日 西安《西北文化日报》登载李济深、李宗仁、白崇禧等16人关于西安事变的通电，他们反对内战，主张一致对外。通电的要点有：（一）用政治方法解决西安事变；（二）统一抗日战线立即对日宣战；（三）反对独裁政治，确立举国一致之政府；（四）出动攻击西安之中央军从速移开绥远战线；（五）广西军一部北上援绥。

12月26日 蒋介石在洛阳发表了一个声明，即所谓《对张杨的训词》，训词说西安事变是张学良、杨虎城受"反动派之煽惑"。他之所以安然离开西安是由于用"精诚"感召，张、杨才释放了他。同日，蒋介石回到南京，立即扣留张学良。

12月27日 中共中央政治局举行会议讨论西安事变和平解决后的形势。朱德在会上发言时指出，我们逼蒋抗日策略的胜利，使西安事变能够获得顺利的解决。西安事变的和平解决，是向着好的方向转变，是转向联合抗日的革命前途。蒋介石向日本投降的条件还不具备，但如果马上同日本作战，他是会产生恐日病的。他这次看到了群众的力量，胆子会壮大一些。他要等三个月的时间也是需要的。我们应积极准备联合抗日。毛泽东在会上作出关于西安事变问题的报告，并作结论。他在报告中指出：我们过去估计西安事变带有革命性是对的，如果它没有革命性便不会有这样好的结果。西安事变给国民党以大的刺激，成为它转变的关键，逼着他结束十分的错误政策。结束十年内战，而内战的结束也就是全国抗战的开始。西安事变促进了国共合作，是划时代的转变，是新阶段的开始。蒋介石释放后，他的动摇是否最后结束？现在还只能说是结束的开始，我们要动员一切力量结束他的动摇。西安事变使蒋介石的地位降低了，而我们的地位提高了。我们在西安事变中实际地取得领导地位，应利用这一有利形势开展全国局面，把红军扩大起来，与张、杨更加团结，成为抗日的核心，这是我们当前的任务。我们的具体策略是推动左派，争取中派，打击右派。与会者发言，一致同意毛泽东的报告。最后，毛泽东做结论指出：巩固西北根据地，扩大红军和苏区，改造东北军和西北军。做好全国群众工作，把群众组织起来，这是工作的重心。加强对国民党的工作，特别要做好左派、中派和军队的工作，重视宣传工作，党报应办起来。要培养干部，要办党校和红军学校，造就群众的、军事的、党的、政治的四种人才。应督促国民党三个月后召开救国会议。

12月27日 毛泽东致信韩复榘，表示愿合作抗战。信中说："西安事变，西北抗日局面成立，先生主张和平解决，今已达到目的。惟蒋氏难免又受群小包围，延缓抗日发动亦意中事。今后如何改组国防政府，如何组织全国之抗日联军，如何确定救亡大计，均愿与先生及鲁军方面切实合作。"

12月27日 中共中央向党内发出《关于蒋介石释放后的指示》，指出："蒋介石的接受抗日主张与蒋介石的释放，是全国结束内战一致抗日这新阶段的开始。但要彻底的实现抗日任务，还须要一个克服许多困难的斗争过程。"而这个过程的快慢，首先取决于抗日派力量的壮大。为此，这个指示要求全党必须努力扩大全国人民的抗日救亡运动。并且"继续督促与逼迫蒋介石实现他自己所允诺的条件"。巩固东北军、第十七路军与红军的团结，发动与组织西北民众、扩大与巩固红军，使陕、甘两省首先成为抗日根据地与策源地；继续推动各地实力派参加对日抗战，对内民主的运动，改组南京政府；努力扩大全国人民的抗日救亡运动；发展与巩固共产党的组织并准备实现一切政治上与组织上的必要的改变，以适合于全国统一战线建立后的新环境。

12月28日 毛泽东代表中共中央发表《关于蒋介石声明的声明》，针对12月26日蒋介石在洛阳发表的《对张杨的训词》，指出：蒋介石是接受了六项条件才恢复自由的，今后的问题是蒋介石是否不打折扣地实行诺言，真正做到"言必信，行必果"。"蒋氏如欲在抗日问题上徘徊，推迟其诺言的实践，则全国人民的革命浪潮势将席卷蒋氏以去。"这个声明指出，蒋介石如果想从西安事变获得教训，"就应该有一篇在政治上痛悔已往开辟将来的更好些的文章，以表现其诚意。12月26日的声明，是不能满足中国人民大众的要求的"。对蒋声明中所谓西安事变系受"反动派"之"煽惑"的论调，毛泽东指出，西安事变的发动确系下列种种势力的影响：（一）张杨部队及西北革命人民的抗日怒潮的高涨；(二)全国人民的抗日怒潮的高涨；(三)国民党右派势力的发展；(四)各省实力派的抗日救国的要求；(五)共产党的抗日民族统一战线的主张；(六)世界和平阵线的发展。这些都是无可讳言的事实。中共中央的这个声明特别指明要蒋介石"不折不扣"地履行自己的诺言，不要因为没有在协议上签字而不守信用。"蒋氏如欲在抗日问题上徘徊，推迟其诺言的实践，则全国人民的革命浪潮势将席卷蒋氏以去。"

12月28日 毛泽东在红军大学作关于和平解决西安事变的报告时指出：现在蒋介石出于无奈，已经承认了停止内战、一致抗日的条件，但并没有签字。对于这个问题，蒋介石签字当然好，但签了字这个人也会赖着不执行，就是不签字，迫于形势，他也有可能执行。究竟执行不执行呢？这就要全国人民进一步努力，逼迫蒋介石执行。世界上很多事情不可能都是顺利的，都要有一定的压力才能成功。

12月29日 周恩来和秦邦宪等人研究西安事变和平解决后的局势，认为这是中国的政治生活走入一个新的阶段的开端，国内统一战线局面初步形成，抗日力量增强，亲日派遭到致命的打击，中间派开始接近左派。周恩来从西安致电中共中央，阐述了对于西安事变和平解决后的局势和方针的意见，提出方针应该是：打击亲日派，巩固以西北为中心的左派，影响与吸收中派；将西北变成抗日根据地和统一战线的模范地区的可能性变为现实性；规定和实现三方面合作的纲领，实现三方面休戚相关的互相尊重的合作和互助；坚持全国团结一致抗日的组织者与发动者的立场；转变党的全部工作，使之适合于新的环境，成为全国政治生活中的主导者。

12月31日 毛泽东致电周恩来、秦邦宪，要求他们与杨虎城商谈中共中央迁移延安后红军驻地问题，指出："中央十日内迁移延安，南面甘泉、北面瓦窑堡两城不能不交给我们，否则殊为不便。请与杨商交出甘泉，并请杨电高桂滋交出瓦窑堡，陕西红军可不进攻清、绥，野战军可不进占栒邑、淳化、耀州为交换条件。"

12月 杨虎城的机要秘书周梵伯掌握的秘密电台，破译了何应钦指挥30万军队对西安的兵力部署、口令、信号、航空联络符号等秘密情报，杨虎城看过后，令周梵伯立即送给周恩来，得到周恩来的赞扬。

1937年的欧洲仍笼罩在世界战争的阴影中。5月，张伯伦继任英国首相，他在执政期间对法西斯国家采取绥靖政策。而美国则奉行了一种表面不偏不倚的中立政策，为美国和法西斯国家之间的肮脏交易披上合法的外衣。11月6日，意大利宣布加入《日德关于共产国际的协定》，从而最终形成了所谓"柏林—罗马—东京轴心"，使德、意、日三国的关系更趋密切。

1937 年

1月1日 　毛泽东致电周恩来、秦邦宪并告彭德怀、任弼时，指出：南京内部斗争甚烈，亲日派不甘心下台，有最后挣扎、扣留张学良、进攻西安的危险。昨日何应钦令刘峙将复员各军原地停止，举行演习。今日何又令李默庵部以演习为名，秘密向洛南前进。政局已起变化，请立做如下处置：与杨虎城、王以哲等商议团结对敌；秘密通令东北军、西北军紧急动员，防御亲日派进攻；布置渭河北岸及渭南、洛南、商县、蓝田的阵地，为坚守计；红军准备进至兴平、扶风策应；加紧晋、绥、川、桂、直、鲁的活动，反对内战。即日，毛泽东同张闻天致电周恩来、秦邦宪："注意张、杨部下右派之活动，注意你们的安全，注意与张、杨左派密切联系，准备万一的事变。"

1月1日 　中革军委主席团发出《关于红军停止向中央军及马鸿逵部进攻的指示》，命令红军及地方部队停止进攻国民党中央军及马鸿逵等部，并将蒋介石已承认停止"剿共"、联合抗日，改组国民党、国民政府，开放人民自由等条件写信告诉他们。

1月1日 　毛泽东、周恩来就反对亲日派阻碍西安事变和平解决问题致电潘汉年。电文说："西安事变和平解决,极于国事有利,但闻亲日派极力阻碍蒋委员长新政策之实施,不执行撤兵命令,企图重新挑起内战,此仅于政学系及日本有利,将给民族国家及国民党以极大损害。共产党与红军坚决站在和平解决国事之立场上,赞助国民党一切有利于救亡图存之改革,愿与陈立夫、宋子文、孙哲生、冯焕章各方面商洽团结一致挽救危局之方法。盖今日一切有良心的人,均应团结起来,制裁亲日派之祸国阴谋。望本此方针,速与陈立夫先生接洽,并以结果电告。"电文最后说:"红军全部已集结训练,静待划定防地,准备抗日,绝无扰乱中央军及侵入国民党区域之企图。"

1月2日 中共中央政治局召开会议,毛泽东在会上谈西安事变后的形势和我们的方针时指出:自张学良被扣留南京消息传出后,西安左派要积极起来,同时右派也要积极起来。南京方面,左派在奋斗中,亲日派也在活动。蒋介石的态度还不甚清楚。目前局势在混乱中,亲日派与各个右派结合起来,他们现在的目标是要弄垮西安,正向西安进军。目前我们的方针,仍是打击右派,争取中派,所不同的是对军事上应有准备,对西安更要积极地帮助与团结。现在不仅是西安问题,而且是全国问题。以下两点是不变的:一、与西安合作;二、打击亲日派,争取中间派。至于蒋介石是否能改变态度,还要看一看。

1月2日 张闻天、毛泽东致电周恩来、秦邦宪,发出关于巩固张、杨两军与红军团结、推动时局好转的指示:"甲、目前全局重心,在巩固张、杨两军团结于红军周围,以对抗亲日派,推动时局转向有利方面。乙、南京亦正在争此一着,用分化与威胁的手段夺取张、杨两军,以孤立红军。丙、请用极大注意在两军中发展党的组织,深入政治工作,主要目的在团结干部。"

1月3日 南京国民政府调集了三四十个师的兵力向西安逼进。

1月4日 杨虎城、王以哲请红军主力迅速开到关中地区,全力支援东北军和第十七路军。周恩来、叶剑英与杨虎城以及东北军、第十七路军的高级将领共同拟定红军、东北军、第十七路军联合作战方案。5日,毛泽东、朱德、张国焘复电表示同意这个方案。

1月4日 中共中央书记处就关于要求蒋介石执行西安商定的和平条件问题指示潘汉年:"(甲)南京采取报复政策,不但于国民党及蒋氏地位有损,且绝对无益于西北善后问题之解决。(乙)政治解决之先决办法是撤兵释张,现兵既复进,对张欲赦又拘,此适足以激动西北之军心与民心,即红军将领亦将不能长久忍耐,国人亦将视南京不太大方。(丙)如蒋氏及陈邓张等仍维持西安商定之六个和平解决条件,便应立即撤兵,并立即释张。(丁)蒋在西安时,恩来已与商定各项大纲,无再去宁之必要,细节由兄全权代表接洽可也。"

1月5日 南京国民政府发布命令:杨虎城、于学忠撤职留任。任命顾祝同为西安行营主任,王树常为甘肃省政府主席,孙蔚如为陕西省政府主席。同日,毛泽东、张闻天为援救张学良,致电周恩来、秦邦宪、彭德怀、任弼时。电文指出:南京报复派现在没有政治口号,只能偷偷摸摸地干,企图威胁杨虎城、于学忠、王以哲就范,进而达到孤立红军的目的。电文认为,目前,最主要的是东北军、第十七路军、红军三方面团结起来。

1月5日 毛泽东关于与张冲谈判的原则问题致电周恩来、秦邦宪。电文说:汉年4日由南京来电转上。他与张冲即来西安,关于此事处置,我意如下:(甲)蒋、宁责备我们宣布西安协定无信义,我们回答:南京在蒋回后重新宣布"剿共"各方针,重新向西北进兵,并扣留张学良,破坏协定与破坏信义。(乙)同意南京用政治方式解决西北善后问题,但须在下列条件之下:(一)立即撤兵;(二)立即释放张学良回陕;(三)保证西安协定之实行。(丙)两党关系,三大纲领已与蒋、宋磋商,并已明白为蒋、宋所承认,细目委潘汉年全权接洽,恩来无去南京之必要。5日,毛泽东又电周恩来、秦邦宪:"向张冲表示,只要南京军不开火,红军决不向南京军开火,仍处于调人地位。""恩来绝对不可去南京。"

1月6日 顾祝同到洛阳指挥对东北军、西北军的军事行动,并颁布新的战斗序列,将国民党军编为五个集团军,第一、四、五集团军14多个师部署在东线渭河南北地域;第二、三集团军15个师部署在西线陕甘边境,对西安成夹击态势。

1月6日 毛泽东、张闻天联名致电周恩来、秦邦宪,电文指出:"(甲)目前中心在坚决备战,拒顾迎张。(乙)顾来则张、杨两部全部宰割,红军将被迫登山。(丙)张、杨速筑坚固阵地,红军担任野战,坚决为保卫西北革命局面奋斗到底,不为南京和平空气所松懈。如此干法才能求得和平,广西前事可证。(丁)恩来此时绝对不应离开西安,张学良去宁已上了大当。"

1月7日 中共中央就西安事变宣传方针问题作出如

下指示：(一)西安事变系国民党南京政府内部问题,本党主张和平解决；(二)对一切足以造成内战的行动,一律反对；(三)站在公正的立场,赞同一切使事变引向和平解决的方法,反对使事变引向纠纷,便利日本帝国主义；(四)主张南京政府在张氏特赦之后,即应命令张氏回陕,率领东北军及西北军全部军队开赴抗日前线,实现蒋氏、张氏共同救国的意见；(五)如南京政府企图以武力解决东北军、西北军,内战应由南京政府完全负责；(六)本党将继续为停止内战,一致抗日的基本方针而奋斗。

1月8日 毛泽东致电周恩来、秦邦宪,电报指出：解放社7日广播过于尖锐,在没有开火以前,要着重要求南京撤兵释张,和平解决,攻击的锋芒放在少数亲日派身上。

1月8日 中共中央、苏维埃中央政府发表《为号召和平停止内战通电》,严厉指责国民党亲日派指挥国民党中央军又向西安进攻,要求南京当局立刻下令停止对西安方面的军事行动,肃清亲日派,召开各党、各派、各界、各军的救国会议,使国内和平立即实现。通电还敦促蒋介石实现自己的诺言,出面制止内战重新爆发。通电指出："蒋先生应挺身而出,制止祸国殃民之内战重新爆发。这对于蒋先生是可能的,因为今天参加进攻西安的中央军均愿听命于蒋先生；这对于蒋先生也是必要的,因为蒋先生曾经担保中国内战不再发生,这次事变对于蒋先生之政治人格与其'言必信,行必果'之格言,实为重大之试验。"与此同时,红军、东北军、第十七路军组成三方面联军,做迎战的准备并进行了部署。中共中央也屡电潘汉年与国民党当局交涉,在1月5日的电报中指示："宋子文派代表在上海与他接洽,你应速找宋子文弄清南京近日之变化,并要宋子文实践上述诺言。"在1月21日的电报中指示："我们要求蒋先生保证和平解决后不再发生战争,望与蒋先生商量这种保证问题。"在国内外舆论的压力和中共的努力争取下,蒋介石派出顾祝同等在潼关与西北方面的代表进行谈判。1月31日,周恩来与顾祝同就中共部队归国民政府指挥及国民政府发给红军费用问题进行会谈。这些活动,防止了局部内战的发生,维护了西安事变和平解决的成果。

1月9日 蒋介石派吴瀚焘、王化一到西安,劝杨虎城服从命令,提出和谈的甲、乙两案。甲案的主要内容是：东北军全部调驻甘肃,第十七路军仍驻陕西原防,归"绥靖"主任杨虎城指挥,红军返陕北,中央军驻潼关至宝鸡铁路沿线各县。乙案的主要内容是：东北军全部调河南、安徽两省,第十七路军全部调往甘肃,红军回陕北,中央军驻潼关至宝鸡沿线铁路各县。

1月10日 周恩来致信张学良,说明南京扣张、进兵,已"致群情惶惑愤懑",战局危迫。1月11日,他在致蒋介石的信中表示:只要中央军不向此间进攻,红军决不参加作战;否则,红军义难坐视。坚决要求蒋介石尽撤入陕甘之兵,立释汉卿回西北。如此"则内战可弭,和平可坚","统一御侮大业必可速就",若挑起内战,"不仅西北糜烂,全国也将波及无疑"。他重申:中共将本着对内和平对外抗战的一贯方针,实践西安协议。信中写道:"来召承谈,只以大兵未撤,汉卿先生未返,暂难抽身。一俟大局定,当即入都应约。如先生认为事宜速决,请先生以手书见示,保证撤兵释张,则来为促进和平、赞助统一,赴汤蹈火亦所不辞。至一切西北赤化谎言,先生及汉卿先生均知之审,必能辩其诬。凡来为先生及夫人与张、宋诸先生言者,我方均绝对保证实践。且为外交计,来及党人在此遵先生约,均守秘密,更无向外广播之可能。盖凡能为对内和平、对外抗战尽力者,我方愿举全国为先生助也!"

1月12日 周恩来、杨虎城、王以哲研究国民政府提出的甲、乙案及杨虎城驻南京代表李志刚带回来的蒋介石1月10日的信,决定派人到南京见张学良及宋子文、蒋介石,要求行营主任以张学良正,杨虎城、顾祝同副;中央军全部退出甘肃,东北军驻咸阳、平凉、固原、兰州、凉州、天水,第十七路军驻韩城、华县、西安、泾阳地区,红军驻陕北、陕南、凉州西。

1月15日 杨虎城收到蒋介石、张学良来函,蒋介石再次表示张学良不能回陕。张学良在信中写道:"关于改组政府及对日问题,准我等在三中全会提出公开讨论;关于两案,盼兄等速即商讨,下最后果断。"周恩来建议杨虎城和于学忠通电就职;派人去奉化见蒋;对乙案坚决拒绝,对甲可基本接受,但须中央军全部出甘肃,西安留东北军、第十七路军各一部;在军事上三单位靠拢,政治上利用即将召开的国民党五届三中全会。16日,杨、于发表通电,接受南京国民政府革职留任处分,取消"双十二"以来成立的一切临时组织,要求张学良回陕,并要求在奉化的蒋介石回南京主持救国大计。

1月15日 刘湘、李宗仁、白崇禧联名发表通电,要求国民党中央军停止入陕,采取政治解决途径消弭内战,共同抗日御侮。

1月15日 蒋介石密电刘峙、顾祝同："总攻击日期可暂行展缓,盖此时我军如向西安进攻,赤匪必有一部向晋边渡河攻晋,以牵制我军。此着非常危险。明关附近,中央军能否派两师兵力协助晋军布防,河东防务希特别注意。河东防务未固之前,我军暂勿向西安进攻。"

1月16日 毛泽东、张闻天致电周恩来、秦邦宪,电文指出:"(甲)杨、于即日通电就职。(乙)向蒋交涉条件仍以你们前电各条为妥,因杨、于就职后南京更加无名,条件略高无妨碍,并为尔后留出再让一步之余地。(丙)条件中主要者为:(一)张回陕,顾驻洛。(二)华县以西属张、杨军。提出之语气尽量缓和些,可以不提红军。(丁)携赴奉化以速为妙。"

1月16日 中共中央就西安形势好转后,党的统战策略问题给周恩来、秦邦宪发出指示。中央这个指示指出:"甲、蒋十四日已下非得总攻令不得进攻,而总攻令必须等待中央决定等语。此蒋、张、宋奉化谈判之直接结果,局势有好转征兆。西安之外交应付与对外宣传,务请注意更放沉着些与更带策略性些。另方面宜由左派迅速组织陕甘两省国民党省党部及西安市党部,发表一愿与全国人民在中央统一领导下共同致力于统一团结御侮救亡之很有策略性的宣言,宣言内主张恢复孙中山三大政策与第一次代表大会精神,主张如召集国民党全国代表大会及救国会议,对亲日派不作硬性攻击,而用诚恳态度批评党内一部分同志过去错误政策之不对,劝其改正,一致救亡。此外,对三中全会应有一建议电。乙、和平虽有征兆,但战争危险并未消灭,联军三集团军仍应极力备战,不稍松懈。西安城防及防空设备,应充分注意。"

1月16日 周恩来和东北军、第十七路军将领召开三方会议。会议决定:支持和平方针;联络川、桂、粤、晋、绥及南京政府抗战派,在国民党五届三中全会期间共同提出改变国军,改组政府;防区分配与营救张学良同时进行。

1月17日 东北军、第十七路军代表李志刚、鲍文樾在奉化向蒋介石递交谈判方案。方案提出:(一)设陕甘"绥靖"主任,张学良为主任,杨虎城为副主任,行营主任顾祝同同时进驻洛阳;或者设西安行营,张为主任,杨、顾为副主任。(二)军事善后。中央军驻扎潼关、华阴,东北军、第十七路军、红军分驻陕甘其他地区。东北军驻宝鸡到武威,第十七路军驻关中西安,红军驻陕北、陕南、凉州。在商谈期间,中央军停止前进及其他一切军事行动。方案要求中国国民党五届三中全会决定国策：抗日、联俄、容共。蒋介石表示不接受,他还故意冷淡鲍文樾。鲍先行回西安,说蒋不放张学良回来。1月20日,李志刚回西安传达蒋的态度。东北军、第十七路军高级军政负责人群情激怒。周恩来闻讯后,说服杨虎城下决心不打仗。

1月18日 关于准备对中国国民党五届三中全会提出建议书和处理西安事变善后问题的条件,毛泽东、张闻天致电周恩来、秦邦宪。电文指出："(甲)对三中全会,正由上海、华北两方策动一大的左派运动,西安方面望策动宁、绥、川、桂,我们亦后左右派斗争当更趋激烈,内战对蒋已处不利,和平解决之趋势已渐明显。杨、于、孙就职,应与要求张回,要求陕甘防区不变两事同时进行,对后两事目前不应让步。在力求和平的总方针下争此二者之实现,这种可能是存在的。……"

1月19日 蒋介石致函杨虎城,要求杨虎城放弃任何西北特殊化的设想,并明白地告诉杨虎城,张学良已不能再回陕甘,杨虎城必须在1月23日以前决定是否接受其建议。

1月19日 中革军委主席团指示位于商县同国民党中央军对峙的红十五军团："你们此时的任务是威胁敌人,使之不敢进攻,而不是进攻敌人。此时整个局势仍是力争和平。"

1月19日 共产国际执行委员会书记处致电中共中央,指出中国共产党面临的任务是：第一,争取切实停止内战,首先是争取使国民党和南京国民政府放弃消灭红军的政策,争取同南京共同抗日,即使初期没有正式协议。因此,中国共产党应该公开宣布和坚决执行这样的方针：支持国民党和南京政府所采取的一切旨在停止内战、联合中国人民的一切力量反对日本侵略捍卫中国领土的完整和独立的措施。第二,同张学良、杨虎城等人的部队合作问题,应服从于完成主要任务的需要,并应在这方面向这些部队施加各种影响。在西安不要组织共产党的公开活动,不要就蒋介石在西安的许诺大发议论,不要提出立即对日宣战要求,不宜强调同苏联结盟口号。第三,在全国,特别是在国统区,必须加强群众运动争取实现全国的统一与和平,以反对外来侵略,并且必须要求制止亲日集团所策划的"围剿"行动。一旦"围剿"军队派出,中国共产党的任务则是自卫,但是自己无论如何不要为这种事态的出现提供任何借口。第四,在各种情况下,尤为重要的是保持共产党和红军的统一,因为这是顺利克服前进道路上一切困难的保证。第五,要认真注意托洛茨基分子的阴谋,他们在西安同在全国一样试图以其挑拨活动破坏抗日统一战线事业,他们是日寇的走卒。显然,共产国际把停止内战,联蒋抗日作为中国共产党当时要努力达到的最重要的目标,为了实现这个目标,继1月19日来电之后,共产国际执行委员会书记处很快又于第二天,即1月20日,致电中共中央,要求中国共产党在自己管辖的地区放弃苏维埃政策,从苏维埃制度过渡到人民革命民主管理制度。为此,共产国际执行委员会书记处要求中国共产党从以下四个方面改变自己的方针:(一)将苏维埃政府改为人民革命政府;(二)将红军改为人民革命军;(三)仅在城市中心区保留苏维埃,并且不作为政权机构,而作为群众组织;(四)放弃普遍没收土地的做法。共产国际的这些指示的基本精神为中共中央所采纳,并在《中共中央给中国国民党三中全会电》等文件中体现出来。

1月20日 南京政府又提出东北军移驻甘肃,第十七路军移驻渭北,中央军接管陇海路沿线,并设防西安,红军移驻陕北。与此同时,蒋介石组织五个集团军,由顾祝同率第一集团军的十几个师,从潼关、华阴、华县正面向西安推进;由陈诚率第四集团军的九个师,从渭北向西安威逼;由卫立煌率第五集团军的四个师,从商洛向西安压迫;由蒋鼎文、朱绍良率第二、三集团军的15个师,从甘肃、宁夏向关中进发,企图迫使西北抗日军民就范。蒋介石的这种做法顿使局势恶化,双方剑拔弩张,再度濒临内战边缘。

1月21日 周恩来出席东北军、第十七路军高级军政负责人会议。会议决定李志刚携杨虎城的函件飞奉化,表示接受甲案,并要求:(一)中央军暂退华县,待西安方面军队移定后再行动;(二)潼宝线上,中央军不多驻兵;(三)东北军留一部分在咸阳到邠州的公路段上,留一部在西安,保护其家属;(四)第十七路军留一师在西安;(五)张学良难以回陕,请给以名义;(六)红军同意在国民党五届三中全会未决定国策前,由杨虎城接济。22日,蒋介石决定由顾祝同在潼关和西安谈判,并电告顾:(一)东北军可留一师在咸阳到邠州段,第十七路军可留一二团在西安附近。(二)张学良问题待西北问题完全解决后另定。(三)中共部队将通过杨虎城接济。

1月21日 毛泽东、周恩来就西安事变后要求蒋介石执行的条件问题致电潘汉年:甲、为避免内战,一致对外,我们原则上不反对蒋之方针,并应劝告西安服从南京统一方针,蒋宜给张、杨以宽大,以安其心。乙、坚决要求蒋同意:(1)保证和平解决后不再有战争。（2）不执行"剿共"政策，保证红军最低限度之给养。（3）暂时容许一部分红军在陕南驻扎，可不驻扎商雒，因为合水、庆阳、正宁、淳化、鄜县、肤施等地，粮食十分缺乏，以后可移驻别处。（4）请令马步芳停止进攻河西红军。（5）为使红军干部确信蒋之停止"剿共"，指定防地，与发给经费，以便很好地准备抗日，要求蒋亲笔复周恩来一信，我们可以保证绝对守秘密，因为红军干部，尚有许多怀疑者。丙、西安现没有什么变化，红军亦未宣传与张、杨联合。西安供给了一个月经费，因此红军停止了打土豪。亲日派的造谣，蒋不应该相信。

1月21日晚 毛泽东、周恩来就要求蒋介石具体保证和平解决后不再发生内战致电潘汉年。电文说："（甲）我们自始即主张和平，决不愿意战争。（乙）但南京讨伐与剿共空气又复高涨，刘峙谈话尤为显然，不能不令人怀疑是否确有团结对外之诚意。（丙）我们可保证，五方面红军只要有适当驻地与相当给养，不但不向白区作任何攻击行为，而且停止打土豪，目前红军已实行此两点；另方面可向西安当局进言，服从蒋先生及南京。杨、于、孙已通电就职并取消临时组织，剩下仅一适当分配防区与张汉卿回陕问题，此须蒋先生从大处着眼，采取适当办法以安东北军与十七路军之心。

蒋能如此，我们当尽一切可能之努力，不但在西北而且在全国范围内赞助蒋先生，团结各方一致对外，但蒋先生须给我们以具体的保证。（丁）我们要求蒋先生保证和平解决后不再发生战争，望与蒋先生商量这种保证问题。"

1月22日 在得到共产党方面同意接受蒋介石建议的电报后，宋子文即以蒋介石的名义面告潘汉年：（1）如红军能迅予劝告张杨部队服从中央统一计划，不再阻挠统一，则西安事变解决后，定当联合抗日，给养补充概由中央负责，何至疑中央军继续进攻？（2）防地仍照原议，只能驻陕北一带和凉州以西，给养困难西安方面暂由杨虎城接济，陕南部队可由我方协助；（3）对马部已下令停攻，未见服从；（4）至保证书事，蒋先生谓何必多此一举，一切概由宋子文转达亦即证明。但中共中央对宋子文的回答并不满意，毛泽东当日即复电潘汉年，请他坦率地告诉宋子文："红军干部所担心的是继续剿共战争的危险问题，这种可能如果存在，红军束缚于渭水与黄河之间是很危险的。因为现有红军实数，即照过去一样仅发伙食费，每月也需50万元，以后停止打土豪将决无办法，这是第一；庆阳、淳化、鄜县、延安等县粮食极少，官兵久住亦绝无办法，这是第二。因此要求：第一，蒋给我们以亲笔信，信内说明停止剿共一致抗日，再则指定驻地与允许按月发给经费。第二，同意红军一部驻陕南，我们并不要求商铭大道及汉中等要地，但请指定柞水、镇安、洵阳、安康、汉阴、紫阳、石泉、镇巴等县，上述各县本来大部是苏区。至红军主力则请指定庆阳、合水、正宁、宁县、西峰、栒邑、淳化、中部、洛川、鄜县、甘泉、清涧、宜川、瓦窑堡、安边、预旺等十五县三镇。"随后，毛泽东又进一步提出：防地请再增神木、府谷、葭县，红军的经费，连同河西、陕南部队及地方武装与游击队，经费每月至少120万元。

1月22日　毛泽东、周恩来联名复电潘汉年，要求蒋介石：第一，"给我们以亲笔信，信内说明停止'剿共'，一致抗日，再则指定驻地与允许按月发给经费"。第二，同意红军一部驻在陕南柞水、镇安、洵阳、安康、汉阴、紫阳、石泉、镇巴八县（这八县原来大部是苏区），红军主力则驻庆阳、合水、正宁、宁县、西峰、栒邑、淳化、中部、洛川、鄜县、甘泉、肤施、清涧、宜川、瓦窑堡、安边、豫旺等县城。复电要潘汉年向蒋介石说明下列观点："我们是革命政党，自己确定的政策决不动摇。我们的政策是与蒋一道团结全国（即反对分裂与内战）共同对日，以后许多事情均愿与蒋商量，一切有利日本与汉奸而有损国力与两党合作之事，均当与蒋一道坚决反对之。"

1月24日　中共中央政治局举行常委会议，毛泽东在会上作关于同国民党谈判问题的报告时指出：和平问题主要看我们决定，问题是如何保证。首先要蒋介石写亲笔信给我们，第一停止"剿共"，第二划清防地，第三保证给养。蒋介石有电报问我们到底要什么地方，我们提出了八个地方，我们有了这些地方，可以监视他们并同四川取得联系。关于防地，延安、延长、甘泉、鄜县，增加瓦窑堡以及豫旺等。蒋介石已答应凉州以西归我们，令马步芳不要进攻。自从释放蒋介石，我们总的方针是和平，西安亦是如此。中国对日本，中国有理；西安与南京，西安有理。现在已一般地趋向和平了，所以能趋向和平，就是因为红军靠近张、杨。现在的问题，就是要顾祝同来，张学良回来。我们的让步是潼关归南京，最后的让步是退到渭水以北，西安让给蒋介石，但蒋要少驻兵，杨虎城部驻一个师。我们不能让步的是张学良问题。现在的困难，就是怕和平没有保障。毛泽东报告后，会议进行讨论，最后，毛泽东再次发言指出：对中国国民党五届三中全会应有表示，这次表示应有新内容。应说明不是人民阵线而是民族阵线，对西安事变问题我们的立场是和平解决。关于这些问题的说明还是不够的。我们现在申明不待民主共和国成立就愿意成为统一的区域，一种是民族革命政府,一种是人民革命政府,我们苏区是人民革命政府。我们是特别的,但应归它管。西安事变将蒋扣留,我们是主张和平解决的。释放蒋后,我们军队开去,还是为了和平。我们的错误,是在1935年11月决议时提出了抗日没有放弃反蒋,然而在5月间还是渐渐在变,彻底的转变是在共产国际指示以后,西安事变后,我们通电中说蒋交人民裁判,是不对的。

1月25日 关于同国民党谈判红军经费等问题,毛泽东、周恩来联名致电潘汉年,指出:全部红军、地方武装和游击队,每月伙食费至少需要100万元。如照国民革命军待遇,发给薪饷再加购买费,每月至少120万元。"徐向前部如在河西,可照蒋意在凉州以西,但请蒋电劝马步芳让出凉州、肃州等城,以便就食,并令马部停止攻击徐部,如向河东开则另外指定防地,此点望速复。"

1月25日 毛泽东致电周恩来、秦邦宪、王稼祥,指出:"(甲)目前谈判要点在要求陕、甘不多驻兵与红军一部驻陕南,后者由汉年交涉,前者应由杨向顾祝同严重提出,要求超过十个师,至低不超过事变前数目,蒋如有不继续战争的诚意,无拒绝此点之理由。(乙)严重注意左派的过左情绪,宜由左派中明白分子自己说服左派,我们不宜说得过多。(丙)洛甫本日出发来西安。"

1月25日 毛泽东、周恩来关于向蒋介石提出交涉的几个问题致电潘汉年。电文说:"(甲)杨、于、孙通电就新职,并准备取消临时组织,已表示服从中央,目前只须蒋先生处以宽大,在陕甘不多驻兵,善待汉卿,显示爱护两部,释其疑虑,即可彻底和平解决,我们当以全力斡旋,务底于成。(乙)为要说服红军将领起见,如无蒋先生手书甚为困难,因多年对立,一旦释嫌,此简单表示在蒋先生为昭示大信,在红军即全释疑虑,且此书即经兄手,声明乘机直飞西安面交恩来,当绝对保守秘密,如有泄露,由我方负全责。陕南驻军一部,实为事实所限,务请蒋允诺。(丙)已命西路军在甘、肃附近停止两天,请蒋速令马军让出甘、肃二州,即可停止东进。"

1月26日 潘汉年就与国民党谈判红军驻防地的情况向毛泽东、周恩来作了如下的报告:"(一)迥、有两电已悉,给养问题,请示蒋先生矣。(二)必须有蒋先生手书事,当即与宋子文先生续商,但关于整个防地问题,彼方表示既托杨虎城提议在前,且除陕南地区外,余已彼承允,原议只说凉州以西,而今又说凉州,肃州二城,节外生枝,居间处者,认为无能为力。(三)如我方肯退出陕南,彼方方能谈及目前给养与资助,如认为陕南地区不能作让步,资助事无从谈起,归彼后经费给养,彼方表示可待三全会后,照人马实数,照中央军待遇支给。(四)中央社失实之宣传,已转知陈先生,饬该社勿再作失实之宣传。"

1月26日 毛泽东同周恩来联名致电潘汉年,提出与蒋介石交涉事项。电报说:"恩来正在苦口斡旋,中央社忽大发讨伐电讯,引起张、杨两部及西安学生异常愤激,特别东北军方面更愤,认中央无诚意,抗战论又高扬,使我们陷入困难中。望速交涉;第一,中央社改取和平论调;第二,前线中央军不作引起愤激之动作;第三,对西安合理要求表示让步;第四,请蒋示意阎锡山电交彭雪枫转送;致阎电表示恳望阎出面斡旋,俾和平解决西安问题。"

1月27日 毛泽东、张国焘致电张闻天、周恩来、秦邦宪、王稼祥、彭德怀、任弼时,指出:(甲)无论从哪一面说,主要的从政治方面说,均应对南京让步。(乙)全力说明左派实行撤兵。(丙)十五军团亦准备撤退。(丁)和平解决后三方面团结一致,亦不怕可能发生的新的战争。同日,毛泽东致电周恩来、秦邦宪:"无论如何要说服东北军左派,全军整然撤退,不可冲突。""请以红军代表资格正式向左派申言,为大局计应即撤兵"。

1月27日 东北军青年军官应德田、孙铭九、苗剑秋等50余人到金家巷向周恩来请愿,激烈反对和平解决方针,主张等张学良回来再撤兵,要求红军予以支持。周恩来竭力进行说服,但未收效。1月29日,东北军团以上军官在渭南开会。在应德田等人的煽动下,他们决定在张学良未回来之前,坚决不撤兵,中央军如再进逼,决一死战。

1月27日 毛泽东致电潘汉年,指出:恩来用全力斡旋,结果杨虎城、于学忠、孙蔚如、何柱国诸人已完全同意服从中央,但东北军大多数师团干部坚决要求张学良回西安一行,与东北军干部见一面,训话一次,即行撤兵,否则要打。我意蒋介石不妨让张来陕一次,仍回南京,使撤兵不生波折,很和平地解决此问题。

1月29日 毛泽东、周恩来就决定放弃陕南驻兵要求问题致电潘汉年。电文说:"为坚决赞助蒋先生方针和平解决西北问题,并永远停止内战一致对外起见,我们决定放弃陕南驻兵的要求,将徐海东部第一步由商县撤至醴泉,第二步撤至正宁、庆阳,可在渭南撤兵之前三天开始由商县撤退,以便在中央军进驻西安之前,通过西安咸阳线,惟须在陕北或宁夏增加一部分防地。"

1月30日 毛泽东致电周恩来、秦邦宪:应提醒杨虎城"对整个政治前途之自信心,对其他高级干部亦然,经过他们去提醒中级干部,认识自己的前途,并说明我们与他们始终愿在一起,为和平统一御侮救亡之总方针而奋斗。撤兵后蒋如食言进攻,彼时曲在蒋,我们则为最后自卫而战,国人当同情,我们现在作战则失去国人同情"。

1月30日 毛泽东、朱德、张国焘复电周恩来、秦邦宪、张闻天、彭德怀、任弼时,指出:"我们意见如下:(甲)和平是我们基本方针,也是张、杨的基本方针。(乙)但我们与张、杨是三位一体,进则同进,退则同退,我们不能独异失去张、杨。(丙)向张、杨两部表示我们始终同他们在一道,在他们不同意撤兵以前,我们不单独行动,协助他们争取更有利条件。(丁)用以上态度,争取最后和平。"

1月30日 周恩来、秦邦宪、叶剑英到云阳镇同洛甫、彭德怀、任弼时、杨尚昆、左权召开紧急会议,研究如何解决东北军要求红军协同作战问题。会议认为从总的形势出发,必须坚持团结抗战,不应打仗;但从西安具体情况出发,只要东北军、第十七路军两方一致主张作战,就须暂保留我们的主张,全力支持他们打好这一仗。这一决定经报请延安确定后,周恩来等三人于当晚赶回西安,告诉了杨虎城和东北军。

1月31日 毛泽东致电周恩来、秦邦宪,指出:"我们与张、杨两部应取进则同进、退则同退之方针,我们立场已向南京表明,即打亦不至基本妨碍我们方针,无论打胜打败,结果都是讲和,但对张、杨两部影响较好。""当然在打之前,力争张回,而免去打。"

1月31日 周恩来、杨虎城、于学忠、何柱国、王以哲在王的寓所里召开三方最高级会议,决定坚持三位一体、争取和平,用政治手段营救张学良的方针。

1月31日 周恩来通过何柱国向顾祝同提出,中共要求派代表参加潼关谈判。同日,蒋介石同意并电告顾:红军驻地陕北,南京每月给20万到30万元的经费。李克农到潼关后,经谈判顾又同意红军在西安设立联络处,以第十七路军为掩护。2月4日,周恩来和代表团人员从金家巷迁到七贤庄一号,设立红军联络处,对外号称第十七路军通讯训练班。

1月 驻西安的桂系代表刘仲容应邀到延安访问。毛泽东等中共中央领导人同刘仲容就双方联合抗日问题，进行了深入讨论，并详细询问了广西的政治、经济、军事诸方面的情况；毛泽东希望各种抗日的政治力量联合起来，共同督促蒋介石实现他在西安的允诺。毛泽东还特别指出，"中国的局势已起重要变化，抗日局面就要实现，希望李、白两位先生作好准备"。

2月1日 朱德接见《红色中华》报社记者时发表谈话，重申"红军之主张完全与全国人民一致，用全力谋国内各党派各军队之联合，共同向着中华民族最大敌人日本帝国主义进攻，而不愿自相残杀之内战再延一时一刻"。朱德表示，西安事变和平解决后，如蒋介石能实现他在西安的诺言，则红军愿和他的军队共上抗日战场，现在红军对苏区邻近的国民革命军各部队确立互不侵犯的原则，不论过去曾否与红军敌对之部队，一律以友军看待，静待联合抗日局面的形成。

2月1日 周恩来、杨虎城、于学忠、何柱国、王以哲等人分别代表红军、第十七路军、东北军在西安召开最高军事会议，反对和平解决的应德田等人也参加，共商行动计划。会上，于、王、何都主张和平谈判解决问题，杨虎城也同意，应德田等人没有表示异议。周恩来再次阐述中共和平解决的方针，特别强调要注意维护内部团结，多做思想工作，防止分裂活动。

2月2日 东北军军官孙铭九、应德田、苗剑秋等人发动事变，东北军主和将领王以哲在家中被杀，宋学礼、蒋斌、徐方三位军官亦于同日被害。刺杀何柱国的分子因被杨虎城申斥，未敢动手。周恩来闻迅后，严厉批评杀王的错误，并和刘鼎等中共同志到王以哲家吊唁，王的家属和东北军将领深受感动，解除了一些人对共产党的误解。随后，周恩来等到新城与杨虎城商议。4日，毛泽东、朱德等致电王以哲家属："鼎芳先生遇难，不胜惊悼。鼎芳先生努力于抗日民族统一战线，不但是国家民族之干城，亦爱国人民之领袖。此次主持和平，力求统一，乃见巫于少数不顾大局之分子，遽以身殉，苏区军民同声悼惜。"

2月3日 驻防渭南前线的东北军得知王以哲被杀，立即向西安开拔，声称要杀孙铭九等人，为王以哲报仇。周恩来得知后，派刘澜波到渭南说明情况，劝以大局为重，维护东北军团结。因东北军西撤，2月4日，国民党中央军开进渭南。

2月5日　蒋介石提出了五项政治方针：（1）对内避免内战，然一遇内乱，则不放弃戡乱安内之职责；（2）政治、军事仍应渐进，由近到远，预定三至五年内为统一时间；（3）不说排日，而说抗日；（4）加强军队之训练；（5）分省物色品行方正之人才。这表明，蒋介石的内政、外交政策将有一定变化，2月8日南京国民政府的军队和平进驻西安。第二天，南京国民军事委员会西安行营主任兼第一集团军总司令顾祝同到达西安。蒋介石委派他为国民党方面在两党谈判中的代表，以后又增派张冲、贺衷寒参加。中国共产党方面，以留在西安的周恩来为谈判代表，后来叶剑英也参加。

2月9日　毛泽东、洛甫致电在西安的周恩来：以即将发出的中共致国民党五届三中全会的精神作为同南京方面谈判的政治立场。军事方面初步编为12个师，四个军，以林彪、贺龙、刘伯承、徐向前为各军军长，组成一路军，设正副司令，朱德为正，彭德怀为副；军饷每月80万至100万元；如成立国防委员会，红军应派代表参加。国民党保证不逮捕共产党员，不破坏党组织，红军中的党的领导不变。2月10日，洛甫、毛泽东致电周恩来，告以谈判的补充内容：中共应参加国民政府军委会、总司令部、国防会议、国民大会等，抗日开始后参加政府。周恩来等人根据中共中央的政策的指示，拟定的谈判基本要点是：（一）中共可服从三民主义，但绝对不能放弃共产主义的信仰；（二）承认国民党在全国的领导，但取消共产党绝不可能，惟国民党如能改组成民族革命联盟性质时，中共可整个加入此联盟，但仍保持自己的独立组织；（三）红军编为四个师，每个师三个旅、六个团约1.5万人，共六七万人；（四）红军改编后，军队中拒绝国民党组织，政训人员，自行训练，可实施统一的政训纲领；（五）苏区改特别区后，国民党可在特区活动，共产党可在非特区公开活动。2月12日，中共中央再电周恩来，请其在谈判中注意的七个问题，主要是要求国民党实行中共致国民党五届三中全会电中的五项要求，"则我们实行四条"的保证；对于国民党要派政训联络员应设法拒绝之，至少要拖延下去；陕甘以外各省红军游击队，一律改民团或保卫团，绝不宜调来陕甘等。

2月10日　张冲会晤周恩来。张冲提出两种解决办法，即（甲）先按指定区域调防、派驻联络人员并予接济；（乙）然后将苏区改为特别区，试行社会主义；红军改编为国军，维持原有领导，但加派政训工作联络员；各边区武装则编为地方团队。至于接济，张冲表示至多只能60万元。对此，周恩来根据与中共中央商定的意见答称:目前与顾祝同所谈只是交换意见,因顾祝同不能解决基本问题,改变制度名称是尊重蒋介石的意见,故仍须见蒋方能解决。而对改编问题,周恩来提出应编12个师四个军组成一路军,照中央军待遇,如目前缓改,则每月至少接济百万。否则,须送粮百万并增加清涧、宜川、中宁、预旺四县驻防贷粮。第二天,双方再谈,周恩来根据中共中央10日关于致中国国民党五届三中全会电精神作出明确表示:中共的意见主要有几点:(一)共产党过去被捕人员应分期释放,以后不再逮捕和破坏,到适当时并应公开;(二)共产党今后不再实行暴动政策与没收地主土地,而实行抗日纲领;(三)同意苏区政府取消改特区,实行民主制度;(四)同意红军改为国民革命军,其番号、编制、饷额、补充照国军待遇,政训处派人联络,但军队保持领导不变;(五)其他边区过千人者集中陕甘,千人以下者改为团队;(六)中共政府及军队代表应参加国民大会、国防委员会或军委会,但暂不参加政府。同时,周恩来再次提出增加金积、灵武为防地,并主张以中宁等地与陕南交换。

2月10日 在国民党召开五届三中全会前夕,中国共产党为了推动第二次国共合作早日形成,发出了《给中国国民党三中全会电》。电文说:"西安问题和平解决,举国庆幸,从此和平统一团结御侮之方针得以实现,实为国家民族之福。当此日寇猖狂,中华民族存亡千钧一发之际,本党深望贵党三中全会,本此方针,将下列各项定为国策:(一)停止一切内战,集中国力,一致对外;(二)保障言论、集会、结社之自由,释放一切政治犯;(三)召集各党各派各界各军的代表会议,集中全国人材,共同救国;(四)迅速完成对日抗战之一切准备工作;(五)改善人民的生活。如贵党三中全会果能毅然决然确定此国策,则本党为着表示团结御侮之诚意,愿给贵党三中全会以如下之保证:(一)在全国范围内停止推翻国民政府之武装暴动方针;(二)工农政府改名为中华民国特区政府,红军改名为国民革命军,直接受南京中央政府与军事委员会之指导;(三)在特区政府区域内,实施普选的彻底民主制度;(四)停止没收地主土地之政策,坚决执行抗日民族统一战线之共同纲领。"这是中共中央第一次正式公开向国民党中央提出的两党合作的基本条件,得到全国人民和国民党大多数党员的赞同,成为第二次国共合作正式谈判的政治基础。

2月11日 中共中央召开政治局会议,听取秦邦宪关于西安事变的经过与结束的报告。毛泽东在会上发言时指出:对西安事变我们过去估计前途有两种前途是对的。对国民党的估计也是对的,我们这种估计是从1936年9月开始的,西安事变后能采取和平解决的方针,是因为我们的总方针正确。我们过去最大部分的工作是用在西北,现在西安事变和平解决,对全国工作的布置更为需要,全国工作摆在我们面前。关于和平是否确实的问题,我们应当认识,和平的可能性大,但也有打起来的可能,我们要准备自卫战。不过主要应采取巩固和平的政策,应向着联合全国抗日的方向努力。我们的通电是大的让步,是带原则性的让步,是对工人农民以外的小资产阶级的让步。这是为着一个大的问题,就是为着现阶段的革命,为着抗日。对于土地问题,在大阶段来说是不放松的,但在目前阶段上是应停止没收土地的。苏维埃过去十年斗争是对的,现在改变也是对的,应从理论上说清楚这个问题。

2月11日 中共代表周恩来同国民党代表张冲、顾祝同在西安开始就国共合作的具体问题继续进行磋商。张冲表示：蒋介石前所提甲、乙案,甲案是临时的,乙案是基本的。并提出取消苏维埃政府改为特区；改变红军番号名称,照国军编制,由国民政府军事委员会派政训人员及联络员,其他地区的游击队改为民团。周恩来要求以甲案为基础交换意见,并提出：(一)释放被捕中共党员,保证不再逮捕,不破坏中共组织；(二)中共不再暴动与没收地主的土地,实行抗日纲领；(三)苏区改特区,实行民主制度,受国民政府领导,红军改为国民革命军,但军官不变,政治领导不变；(四)中共代表可以苏区和红军名义参加国民大会、国防委员会和军委会,目前不参加政府。

2月12日 中共代表周恩来、叶剑英同国民党代表顾祝同、贺衷寒、张冲在西安进行正式会谈。双方达成协议,主要内容如下：(一)中共承认国民党在全国的领导,停止武装暴动及没收地主土地,实行御侮救亡的统一纲领。国民政府分期释放政治犯,对中共党员、中共组织不再逮捕、破坏,允许中共适时公开。(二)取消苏维埃制度,改为中华民国特区政府,受国民政府指导,实施普选制。(三)红军改编为国民革命军,接受国民政府军委会与蒋介石的统一指挥和领导。其他边区部队改为地方团队。(四)中共派代表参加国民会议,军队派代表参加国防会议。(五)希望国民党五届三中全会对中共提出的和平统一团结御侮及容许民主自由的主张有进一步的表示。此外,鉴于当时红军西路军正遭到国民党军队的夹击,周恩来还要求国民党政府下令立即停止河西马家军对红军的围攻；红军要在西安设办事处等。顾祝同表示,同意红军在西安设办事处,保证不迫害民众团体等。双方一致同意以此为解决国共关系问题的基本办法,同时进一步就驻地及给养等具体问题交换了意见。

2月12日 张闻天、毛泽东就与国民党谈判的原则问题电复周恩来。电文说:"(甲)防地要包括金积、灵武在内。如东北军真调走时,我们还应要求海原、固原、镇原及西峰镇,因为现有的防地实在不够。但我们不是促成东北军调走,而是东北军调走无可避免时,至要求整个陕北与宁夏,前已向南京提出,此时亦宜提一提。但为不增加蒋之困难,允候将来再商。(乙)西路军防地虽指定,但让防未实行,且未停战,应要求停战让防。(丙)陕甘以外各省的红军游击队一律改民团或保卫团,千人以上者亦然,绝不宜调来陕甘集中。(丁)政训联络员设法拒绝,至少拖延之。(戊)经费须从二月领起。(己)致三中全会电中所述要求他们实行五条,则我们实行四条,你谈判时应同时提出,否则彼方将迫我方再让步,实际在我方者是最低条件,勿要再让。且实行尚须时间(说服干部与民众大不易),只有要求彼方实行五条,方能避免迫我再让与立即实行。(庚)三中全会孙夫人等左派不可太突出,提议宜与蒋商,估计蒋不能采纳者则不提,此点请告汉年。"

2月13日 顾祝同致电蒋介石报告国共双方达成的协议草案内容:"与周恩来谈话,彼所提出之意见,分为比较具体的与临时的办法两种:(甲)比较具体的:(一)共产党承认国民党在全国的领导地位,停止武装暴动及没收地主土地,坚决实行御侮救亡统一纲领,国民政府允许分期释放在狱共党,不再逮捕和破坏,并容许共党在适当时期公开;(二)苏维埃制度取消,现时苏区政府改为中华民国特区政府,直受南京国民政府或西安行营管辖,实施普选制,特区内行政人员由地方选举,中央任命;(三)红军改编为国民革命军,接受军事委员会及蒋委员长之统一指挥和领导,其人员编制饷额补充,照国军待遇,其领导人员中央及军委会任命,其政训工作,由其自做,但中央派少数人员任联络,其他各边区赤色游击队,编为地方团队;(四)共党得派代表参加国民会议讨论;(五)该军得派代表参加国防机关;(六)希望三中全会关于和平统一团结御侮、容许民主自由、改善人民生活,能有进一步的主张和表示。(乙)如比较具体的办法一时不便施行,拟请定一临时办法即暂划一地区俾其驻扎,每月酌予接济。(丙)据出现在该方现有全数人员,因驻地粮食昂贵,官兵每人每月最低伙食非七元以上,不敷维持,故如具体的解决在地方上完全不取他款,每月全数至少非七十万元不能生存等语,究应如何办理,敬乞钧裁示遵。"

2月14日 关于向国民政府要求增加防地等问题,毛泽东致电周恩来,指出:"借十五军团北调允许增加防地之机会,要求金积、灵武、中宁、豫旺、清涧、宜川六县及安边地区(包括宁条梁及靖边以北)与瓦窑堡。此外无定河下流两岸直至黄河,包括河口、川口、马灰坪、枣林坪一带原有苏区,现驻李仙洲部须退出。""宁夏及整个陕北亦应提及,但可将来再商。""西部军待春暖以一部占安西州,接取货物,主力在甘、肃二州地区,但须马部退出该地。"

2月15日 中共中央发出《关于西安事变和平解决之意义及中共中央致国民党五届三中全会电宣传解释大纲》,指出和平解决西安事变、中共中央致国民党五届三中全会电,都是便利于组成抗日民族统一战线,实现一致地反对日本帝国主义的侵略。大纲解释中国共产党的四项保证时说,这是"我们对国民党一个大的原则上的让步,其目的在于取消国内两个政权的对立,便利于组成抗日民族统一战线,一致地反对日本的侵略,这个让步是必须的,因为没有这个让步,就不便于组织抗日民族统一战线,就不便于迅速实行对日抗战"。大纲强调,这种让步是有原则有条件的让步,"不能放弃工人农民已经获得的政治权利";不能放弃苏区和红军中"工农主要成份与党的政治上组织上的领导";"不能恢复苏区土地剥削制度",在国共两党关系上必须保持共产党的独立性的批评的自由,超过这种限度是不许可的。

2月15日至22日 中国国民党五届三中全会在南京举行。会上,抗日派同亲日派展开了激烈的争论。宋庆龄、何香凝、孙科、冯玉祥等14人提出了恢复孙中山的联俄、联共、扶助农工三大政策的提案,没有通过。会议虽没有制定明确的抗日方针,但在国内政策上确认了和平统一、修改选举法、扩大民主、开放言论、释放政治犯等原则。21日,会议通过《根绝赤祸案》,提出取消红军、取消苏维埃、停止赤化宣传、停止阶级斗争。这些用词似乎同过去没有什么不同,但细看它的内容,却有了一些微妙的变化。周恩来指出:"这个东西是双关的,因为红军改了名称,也可以说是取消红军,但红军还存在;苏区改了名称,也可以说是取消苏区,但苏区还存在。所谓停止阶级斗争,停止赤化宣传,就是不许我们在国民党统治区有政治活动。那时候一方面和平了,一方面又埋伏了文章。不管怎么,在国共合作的道路上总算又前进了一步。"

2月16日 蒋介石关于改编共军方针问题致电国民政府军事委员会西安行营主任顾祝同说："不可与之说款项之多少,只可与之商准留编部队人数之几何为准,当西安事变前只允编三千人,后拟加为五千人,但五千人之数尚未与之明言也。今则时移情迁,彼既有诚意与好意之表示,中央准编其四团制师之两师,照中央编制,八团兵力已在一万五千人以上之数,不能再多,即可以此为标准,与之切商。其余人数,准由中央为之设法编并与安置,但其各师之参谋长与师内各级之副职,自副师长乃至副排长人员,皆应由中央派充也。此仅对军事而言,至于其他关于政治者,待军事办法商妥后,再由恩来来京另谈可也。"此后,再进行谈判时,顾祝同、贺衷寒即根据蒋的旨意,坚持红军只编两师八个团,不能再多。周恩来坚持红军至少编为三个师,因为当时不算红军西路军人数在内,在陕北的红军主力至少有3.5万人,即使按南京乙种师的编制(每师两旅六个团,兵力万余人),最低限度也应编三个师。双方经过激烈争论,在红军改编人数上相持不下。关于人事安排,为了保持红军改编后的独立性与革命性,周恩来坚决反对副职指挥人员一律由中国国民党"派充"的规定,如确实必要,只可派联络人员。

2月18日 宋庆龄在中国国民党五届三中全会上发表了题为《实行孙中山的遗嘱》的讲演。这是自1927年以来她第一次出席中国国民党中央全会。她在讲演中阐述了新三民主义和三大政策,论证了日本不能战胜中国的道理,义正辞严地驳斥了汪精卫继续"剿共"的谬论。她说："令人万分遗憾的是,直到今天,政府中仍有些个别人士仍然不了解救国必先结束内战的道理。在今天居然还可以听到'抗日必先剿共'的老调,这是多么荒谬! 我们要先打断一只手臂之后再去抗日吗? 我们已经有了十年的内战经验。在这期间,国力都消耗在内争上面,日本军阀将我们的土地一块一块地割去,使我们的国家受到蹂躏。每一个中国爱国志士现在都庆幸政府在这些痛苦经验之后已开始了解,救国必须停止内争,而且必须运用包括共产党在内的全部力量,以保卫中国国家的完整。"接着,她指出:"中国共产党曾经屡次表示,只要政府真正抗日,他们就不会攻击政府。他们所提出的唯一条件就是携手共赴国难。""中国的人民都不愿打自己的兄弟,他们知道这是违背民族利益的。一切内争是可以、并且应当和平友好地解决。"她在讲演中大声疾呼:"内战必须不再发生。和平统一必须实现。"她希望国民党能"忠实地遵奉孙中山的遗嘱,并采取有效的步骤来执行他的三大基本政策"。她认为,如果能这样,中国就能够很快地从内部的骚乱和苦难中解脱出来,并且能获得全世界极大的尊敬。

2月24日 周恩来就同国民党谈判方针问题致电洛甫、毛泽东,提出五条谈判方针。电报说:"我意:(一)可以服从三民主义,但放弃共产主义信仰绝无谈判余地。(二)承认国民党在全国领导,但取消共产党绝不可能。惟国民党如能改组成民族革命联盟性质的党,则共产党可整个加入这一联盟,但仍保持其独立组织。(三)红军改编后,人数可让步为六七万,编制可改4个师,每师3个旅6个团,约1.5万人,其余编某路军的直属队。(四)红军改编后,共党组织视为秘密,拒绝国民党组织,政训人员自行训练,可实施统一的政训纲领,但不能辱骂和反对共产党。(五)苏区改特别区后,俟共党在非苏区公开后,国民党亦得在特别区活动。"

2月26日 张冲奉命由南京飞抵西安,与周恩来谈判。在27日的谈判中,张冲首先转达了蒋介石的新提议,其主要内容是:(一)共党服从三民主义;(二)政治犯分批释放,共党现时秘密,宪法公布后公开;(三)特别区因与中央法令不相合,可名行政区;(四)国民大会共党代表人数俟周来宁后商定;(五)对各党派早不歧视,周来时可带来加入政府做事之共产党人员名单;(六)国防会议俟组织后共党可参加;(七)政治问题已相距不远,周与顾将军待问题大体商定后即可去宁,至改编人数可加倍,两师八团可改为三师九团。周恩来当即表示:对于国民党五届三中全会宣言决议的某些措辞,中共将保留日后声明的权利,但双方今日确有政治上的接近与成功,故希望国民党不要怕红军,应看到红军是可用以促成全国统一团结及努力抗战的力量。周恩来说:国民大会人数及组织选举法须赴宁后再商;至红军改编,若番号名称易于刺激,可将军改为师,惟总人数不能差得太远,且应首先裁减老弱,改地方部队为团队,先发遣散费。第二天双方再谈,周具体提出红军改编为六个师,每师三个团,总指挥部在外,至少六七万人。张冲说,蒋介石、顾祝同并非轻视红军,而是恐其壮大,红军改编后最多只能编四师4万人。周恩来表示不能接受,请张从速解决临时接济红军给养和停止进攻西路军问题。

3月1日 洛甫、毛泽东就与国民党谈判红军编制和对付反蒋派的方针问题致电周恩来等人。电文说:"(甲)关于谈判方针:(一)红军编5万人,军饷照国军待遇,临时费50万,以此为最后让步限度,但力争超过此数。(二)27、28、29、30各军及地方部队不在5万人之内,均改保安队及民团,在特区行政经费内开支。(三)要求遣散老弱,收回苏票之善后费。(乙)关于对付反蒋派之方针:(一)坚持拥蒋抗日路线。(二)一方面向蒋建议废除挑拨离间排斥异己政策,改为实际的团结全国一致对外政策,但对于勾结日本之地方派,则与蒋一道反对之。(三)一方面向各反蒋派建议废止反蒋政策,争取推动南京进一步改变国策,并废除军事、财政等方面与南京对立之方针,以达到抗日救国目的。"

3月1日 顾祝同、张冲与周恩来再次举行商谈,顾同意先接济30万元,并允许为正在困境中的河西及陕南部队送款。对于改编数,周恩来提六师24团,顾祝同答应三师12团,张冲则私下建议四师16团,主张其余两师改为两个徒手工兵师,由经委会出钱修路。张冲之建议立即得到中共中央赞同,张闻天与毛泽东致电周恩来,称:我们今天的中心是在谈判成功后,我们在南京政府下取得合法地位,使全国各方面的工作得以开始。因此,"红军主力编为四师十六团及两个工兵师,共六万人的提议,一般的可以接受,把红军数目夸张太大,使对方恐惧,对于我们亦不利"。

3月3日 南京方面复电顾祝同、张冲,只同意红军改编成三师九团。4日上午顾、张商量改为四师12团,随即由张通知周恩来。根据中共中央指示精神,周恩来当即表示赞同,并与张就军事问题达成如下协议:"(一)将现有红军中之最精壮者,选编为四个步兵师,计容四万余人,四师并设某路军总指挥部;(二)将现有红军中之精壮者,选编为二个徒手工兵师,计容二万余人,指定工程,担任修筑;(三)原有红军军直属队,改编为统帅四个师的某路总指挥部的直属队;(四)原有红军的地方部队改为地方民团、保安队及特别行政区的警卫队,经费另定;(五)原有红军学校保留,办完这一期结束;(六)原有红军的医院、工厂保留;(七)编余老弱残废由中央负责解决,给资遣散;(八)以上各项经费由中央统筹。"此外,双方还商谈了一些具体问题。周恩来在给中共中央的电报中介绍了这方面的情况。他说:"关于每师团我提5团,张冲说他以4团去与顾商,并电南京。""临时费先给30万,不说一月,亦不说一次,我拟以后再给20万。""顾谈固原、瓦亭、西峰镇由中央军接防,我要张冲告顾,西峰镇属庆阳县管,应归红军接防。""河西问题催顾速答。"

3月4日 顾祝同、张冲将国共谈判的最新情况电告南京,但南京方面在5日复电中仍坚持三师九团。5日,顾、张联名再电,至6日下午始得复电同意12团之数,但仍坚持只编三师。当日张冲与周恩来再谈,张冲提按国防师编三师六旅12团,每师可编炮兵、交通、特务各一营。由于国防师每师1.2万人,加上总指挥部4000人,三师已达4万之数。因此,周恩来致电中央建议接受此项条件。经研究,中共中央实际上已大体赞成。毛泽东复电说:"如蒋坚持三个师时,亦只得照办。"至此,西安之谈判大体就绪。

3月5日 张闻天、秦邦宪、毛泽东就周恩来赴宁与国民党方面谈判的内容电告周恩来说:"(甲)总部直属队即以前后方两特务团编成,人数约1500,其余均机关,旅长人选及部队编成候彭、任提出意见再复,其余均同意。(乙)与我们发宣言同时,要求国民党亦发表宣言形式之公开文件,承认我们之合法地位。(丙)行政区设主席与委员会制为宜,经费(包括保安团队在内)每月30万,又回苏票200万。(丁)党员数告以尚待清查,但总数估计约10万,苏区白区半。暂以周、叶二人参加国会议,毛不参加。林为特区主席,也参加经委。(戊)将伙食费与增援西路军二事日内办妥。"

3月6日 洛甫和毛泽东就当前的任务问题致电任弼时。电文写道:"甲、三中全会在法律上确认为伟大,西安谈判顺利的和平解决,成为开始在全国停止内战一致抗日与和平统一团结御侮的新阶段,也走到全国统一战线的实际建立,举国抗战开始一个过渡的时期。这一时期的快慢,决定于各种力量斗争的结果,间可能发生各种曲折与变化,但总的方向是不会变化的。乙、今天的任务是巩固国内和平,准备对日抗战,以推动全国统一战线的实际工作与抗战的开始。党中心任务是积极参加抗日救国运动,成为这一运动中心领导的力量。一切工作应转变,以适合这一总任务。红军应利用时机加强内部政治上的与军事上的训练力量,加紧党在红军中的堡垒作用。重新教育干部,使他们能够负担新形势下的任务。严整军风纪,学习群众工作,使红军成为抗日军队中的模范。"

3月7日 毛泽东致电周恩来并告彭德怀、任弼时,指出红军编制仍以四个师为宜,因徐向前部分不能不编一个师,但如蒋介石坚持三个师时,亦只得照办。

3月8日 中共代表周恩来、叶剑英同国民党代表顾祝同、贺衷寒、张冲在西安继续会谈。双方意见大体趋于一致,决定将一个月以来的谈判作一总结,由周恩来写成提案,送蒋介石最后决定。提案主要内容为:(一)中国共产党承认服从三民主义的国家和国民党的领导地位;彻底取消暴动政策和没收地主土地政策,停止赤化运动；国民政府分批释放监禁中的共产党员，容许共产党在适当时期内公开。(二)取消苏维埃政府及其制度，将目前红军驻在地区改为陕甘宁行政区，执行中央统一法令与民选制度，其行政人员经民选推荐，由中央任命。行政经费由行政院及省政府规定。(三)红军取消，改编为国民革命军，服从中央军事委员会及蒋介石的统一指挥，其编制人员、给养及补充与国军同等待遇，其各级人员由其自己推选，呈报军委会任命，政训工作由中央派人联络等；将红军中最精壮者改编为三个国防师，计六旅12团及其他直属之工、炮、通信、辎重等部队，在三个国防师上设某路军总指挥部。将红军的地方部队改编为地方民团或保安队，其数目及经费，由行营及省政府商定；编余的精壮人员改编为徒手工兵队，红军学校办完本期后结束。在河西走廊令马步芳、马步青部停止对红军西路军的进攻。

3月10日 周恩来会见张冲。得知顾祝同约张冲、贺衷寒对3月8日提案做了重大改动，如：将"承认改为服从，要求改请求"；"陕甘宁行政区"改为"地方行政区"；直属各省；取消"民选制度"；裁减红军定员，一师1万人，共3万人；将"服从统一指挥"改为"服从一切命令"；不提在河西走廊停止进攻红军西路军等。周恩来当即将修改案内容电告中共中央指出：贺衷寒的这一方案，"意在利用这一机会，束缚我们愈紧，即愈难在蒋面前讨价，特别是以河西问题胁迫我们"。周恩来在电报中提出：在小问题上可做些让步，惟上述重大问题须中央考虑。认为这些争执基本还是民主政治和红军独立领导问题，不是同顾、贺谈判能够解决的。

3月11日 周恩来会见贺衷寒、张冲，收到贺交来的对3月8日提案的书面修改案。同日，周恩来致电中共中央书记处：不论拖延或接受修改意见，中共均宜在政治上争取主动，率先实行中共中央致国民党五届三中全会电中提出的五项要求、四项保证，争取在全国进一步的公开和影响，造成国民党重新"剿共"的困难。

3月11日 关于同蒋介石直接谈判等问题，毛泽东同张闻天致电周恩来：请你估计此刻即去南京或牯岭与蒋介石直接谈判的可能性，现在问题非与蒋谈不能解决。如果承认贺衷寒所提各点不但非常危险，而且过几天有可能连贺案亦被推翻，因此决不能同意。

3月12日 中共中央政治局召开常委会议，会议讨论同国民党谈判问题。毛泽东发言说：摆在蒋介石面前有两条路，一是走日本的路,一是走向我们,他现在还在徘徊中。谈判应该是政治的斗争,谈判的胜利是表示我们的诚意,但一定要在合作的原则上,不是投降。谈判的方针,无疑是无产阶级政党与资产阶级政党的合作的方向,而不是无产阶级做资产阶级的尾巴。如果这样,我们便要失去信仰。我们宁为玉碎,不为瓦全。至于谈判的方法,应先谈原则问题,再谈技术问题。我们召集会议,发表宣言,从政治上动员。国民党的代表应确定,有些人可不同他谈。

3月12日 中共中央关于与国民党谈判方针问题致电周恩来。电报指出:"甲、贺、顾所改各点,太不成话,其企图在于欲使我党放弃独立性,而变成资产阶级政党之附属品。关于此点,我们必须坚持自己立场,绝对不能迁就。在整个谈判中,必须坚持无产阶级政党之政治立场。乙、彼方所提如,(一)划去民选;(二)分裂苏区;(三)派遣副佐人员;(四)取消政治工作人员;(五)缩小红军至2万余人;(六)地方部队由行营决定;(七)改要求为请求;(八)服从一切命令;(九)置西路军不提等,均须严拒申明无从接受。丙、我们的最后限度:(一)3个国防师组成某路军领导不变,副佐不派,学校必须办完本期,政工人员不变,每师人数15000余,编制表自定,服从国防调动,西路军立即停战。(二)苏区完整,坚持民选,地方部队不能少于9000人。丁、彼方对我所提如:(一)抗战准备;(二)民主制度;(三)改善民生;(四)释放政治犯;(五)民意的国民大会等置之不答,我们则必须与红军苏区问题同时解决。戊、两星期来我方步步退让,彼方着着进逼,现应改换姿势。(一)一面坚持(丙)项各问题最后限度,一面将(丁)项各问题严重提出,向之进攻。(二)申明西安无可再谈,要求见蒋解决。(三)将毛之谈话在全国发布造成舆论。(四)党的宣言正准备发。(五)红军准备持久斗争。己、总的和平局面已定,政治上采取进攻的姿势,只会有利于问题的解决,不会使谈判根本破裂。"接电后,周恩来约见张冲,指出:由于贺衷寒横生枝节,一切都有根本动摇的可能;周恩来要他以原提条文电蒋介石,否则只有请张冲回南京见蒋。同时也表示:中共只是不承认贺案,对于两党团结救国和拥护蒋委员长的根本方针,并不因贺案而动摇。13日,中共中央书记处同意周恩来的意见,由他向国民党方面"申明西安无可再谈,要求见蒋解决"。

3月15日 周恩来同张冲谈判,张冲声明贺案作废,改以3月8日提案做谈判基础。周恩来说明3月8日提案只是对原已谈定的内容做一总结;现又被贺案推翻,加以进攻红军西路军问题拖延至今,引起我方注意,怀疑贵方是否有诚意。目前只有回延安重新讨论。张冲提出改政训工作派人联络为派人参加;改红军学校办完这一期为准备结束;红军改编后,国民党派副佐人员到任。周恩来表示不能同意。同日,周恩来收到中共中央书记处来电:国内正在酝酿分裂运动,在客观上有利于民族敌人而不利于团结救国。为顾全大局,请按照中共中央提出的15项谈判条件继续谈判,并要求迅速见蒋介石当面解决同顾、张不能解决的问题。周恩来按照中共中央指示,向顾祝同申明:不同意贺衷寒的提案,要求与蒋介石直接谈判。顾祝同等赞同周恩来直接与蒋介石会谈。西安谈判到此结束。这次谈判虽未解决主要问题,但达成中共在西安设办事处、国民党对红军的军饷接济从3月开始等项协议。3月16日,周恩来返回延安。

3月19日 周恩来携中共中央草拟好的谈判条件回到西安。20日,周恩来将带回的谈判条件出示张冲。这个谈判条件共15项,主要内容同3月8日提案相同,增加了以下条款:要求国民党彻底实现和平统一、团结御侮方针,全部停止"剿共"(如河西二马、闽浙赣边、鄂豫边、神府区等处,尚在进行"剿共"战争);民主自由权利的实现,释放政治犯,立即开始在全国各地释放共党员不再逮捕共产党员,及共党在适当时期之公开;修改国民大会组织法及选法,使各党各派、各民众团体、各职业团体、各武装部队(汉奸卖国贼的当然除外)均能参加(包含共党代表的参加在内),以制定真正民主的宪法;修改国防会议条例,使国防会议真正成为准备与指导对日抗战的权力机关,并使共党亦参加;关于准备对日抗战工作,改善人民生活的具体方法与步骤,另行商定之。

3月22日 共产国际执委会书记处致电中共中央指出,"无论如何现在不宜就张国焘以前的错误作出专门决议并就此展开讨论。要千方百计避免激化党内关系和派别斗争,时局要求团结党和红军的一切力量来对付敌人,并有必要准备齐心协力地反对无论来自何方的对红军的打击"。

3月22日 周恩来与张冲飞往上海。3月24日,周恩来在潘汉年和张冲的助手杜桐荪的陪同下转赴杭州,同蒋介石谈判。周恩来先以中共对修改国民大会组织法和选举法之意见函蒋予以谈明。25日,周恩来访晤宋美龄,向她提交了中共之15条书面意见。

3月23日至3月31日 中共中央在延安举行政治局扩大会议(称延安会议)。会议讨论的议程有两项:(一)国民党五届三中全会后中国共产党的任务。(二)张国焘的错误。23日至26日(其中25日休会一天)进行第一项议程,27日至31日进行第二项议程。毛泽东在23日就第一项议程发言,讲了三个问题。第一,关于中日矛盾与中国国内矛盾问题。他说,在这个问题上,有许多原则有进一步明确的必要。(一)中日矛盾是主要的,国内矛盾降到次要地位。这个问题早在以前我已提出,1935年12月会议决议上还没有明确规定。国内阶段关系发生变化,12月会议决议是估计到了,但对蒋介石的变化没有估计到。中日矛盾是基本的、主要的,这一认识是真理,在政治事实中证实了这一估计,国民党五届三中全会就是一个明证。我们的政策的变化,国民党的政策的变化,主要的根据就是这一主要矛盾。(二)三民主义的革命方面,与我们现时的政纲不是相冲突的,我们应当拿起这一武器。三民主义在理论上也要改一改。(三)阶级斗争应该以照顾大局为原则,劳资两方面都要如此,采取协商办法,这种改良是革命的。土地革命现在不是主导的地位。(四)国民党五届三中全会开始了国民党政策上的转变,从通过的决议看,是从妥协到抗战、从独裁到民主。这一转变,是由于日本的侵略、抗日派的扩大与我们的政治影响。从开始转变到彻底转变还要经过一些时期,将会有很多曲折。第二,关于过渡阶段问题。他说:第一阶段争取和平已达到了;从西安事变到抗日开始是第二阶段,这一阶段主要是民主问题,"改善人民生活"不是主要口号,"立即抗日"也不是主要口号,主要口号是"准备抗日"。为了抗日要争取民主,是目前的主要任务,是这次政治局会议的主要议事日程。一切都带国防性,政治的军事的文化的各方面的都是要为着抗日。第三,关于领导权问题。他说:资阶级从来都是想无产阶级服从它,做它的尾巴,这是应当着重说明的,并加紧对群众的教育。目前形势对我们更为有利,政治攻势都在我们方面,抗日民族统一战线、和平运动、民主运动,都是我们创始的。三民主义的武器,我们可以拿来使用。然而我们要得到以下保障:(一)积极地参加民主与民族运动,(二)党的独立性,(三)我们在全国的宣传任务,(四)我们在全国的组织任务。

3月26日 周恩来同蒋介石举行谈判。周恩来重申中共条件,同时并声明:中共愿意"拥护蒋委员长及国民党,A. 领导全民族的抗日,保证领土主权完整,达到民族独立和解放;B. 实现国内和平统一、民主自由,达到民权主义为成功;C. 改善人民生活,发展国民经济,达到民生的幸福"。但"A. 中共非投降,红军非改编,而是为民族国家利益愿意拥护蒋委员长的统一领导和指挥,这种合作立场完全是诚意的、互信的,愿意坚持到底的;B.中共这种大的改变,必须给以解释的机会与时间,并望谅解其困难",因此须声明和解决的:(一)苏区改成边区(18县);(二)红军改编三个师后,人数请容许在4万人以上;(三)请设立指挥总部;(四)中央军政人员只任联络;(五)学校办完这一期;(六)增加红军防地。"C.以后一切都力求成为一片,是向心的而非离心的,并愿以拥护统一及抗日之精神影响各省。"周恩来见蒋时,口头说明中共拥蒋的立场,系站在为民族解放、民主自由、民生改善的共同奋斗的纲领上的,因此中共为表示合作之诚意,特以书面提出共产党方面承认的六条,同时要求国民党承诺五条保证。共产党方面承认的六条是:(一)拥护三民主义及国民党在中国的领导地位。(二)取消暴动政策及没收地主土地政策,停止赤化运动。(三)取消苏维埃政府及其制度。现在红军驻在地区,改为陕甘宁边区,执行中央统一法令与民主制度。其行政人员,由地方推荐,中央任命,行政经费另定之。(四)取消红军名义,改编为国民革命军,服从中央军委会及蒋委员长之统一指挥,准备国防需要而调赴前线参加作战,其编制人员给养及补充,统照国军同样待遇,其各级军政人员由其部队长〈官〉推荐,呈请中央军事委员会任命。(五)改编现在红军中之最精壮者为三个国防师计六旅12个团,及其他直属之骑兵、炮兵、工兵、通信、辎重等部队,在三个师上设某路军总部。(六)其余处置:原苏区地方部队改编为地方民团及行政区的保安队,编余的精壮人员改为徒手工兵队,担任修路工程,老弱残废由中央给资安置,红军学习俟办完本期后结束。红军中的医院工厂保留。要国民党方面承诺的五条保证是:(一)实现和平统一团结御侮的方针,全国停止"剿共"。(二)实行民权,释放政治犯,在全国各地分批释放共产党员,不再拘捕共产党员,容许共产党在适当时期公开。(三)修改国民大会组织法及选举法,使各党各派、各民众职业团体、各武装部队均能选派代表参加,以制定民主的宪法。(四)修改国防会议条例,使国防会议成为准备与指导对日抗战的权力机关,并使共产党亦能参加。(五)实行准备对日抗战工作及改善人民生活的具体方案。在谈判中,蒋介石表示:(一)中共有民族意识、革命精神,是新生力量,几个月的和平运动影响很好。(二)承认由于国共分家,致使十年来革命失败,造成军阀割据和帝国主义者占领中国的局面,但分家之责,他却归过于鲍罗廷。他指出彼此要检讨过去,承认他过去亦有错误,其最大失败,在没有造出干部,他现在已有转变。(三)要中共不必说与国民党合作,只是与他合作。一个党在环境变动时常改变其政策,但一个政策,必须行之十年20年方能有效。人家都说共党说话不算话,他希望中共这次改变,要能与他永久合作,即使他死后也要不生分裂,免得因内乱造成英日联合瓜分中国。(四)要中共商量一永久合作的办法,赶快商量与他的关系及纲领问题。(五)关于具体问题,他认为是小节,容易解决,他说国民大会国防会议在几个月后中共可以参加。行政区要整个的,须中共方面推荐一个南京方面的人来做正的,以应付各方;副的以下均归中共,并由中共自己干,他不来干涉。军队人数不同中共争,总的司令部可以设,他决不来破坏中共部队,只是联络而已,粮食接济定愿设法,即使永久合作的办法尚未肯定,他也决不再打。在会谈中,当蒋介石说到要商量一个永久合作办法时,周恩来说:"共同纲领是保证合作到底一个最好办法。"蒋介石立刻说:那就赶快回延安去,商量合作与纲领问题。周恩来问:有什么具体办法?蒋介石回答说:没有,要中共先商量。

3月30日 周恩来携带同蒋介石联系的密码飞回西安,同顾祝同谈判接济红军给养等事项。4月初,周恩来返回延安。

春 中共闽东组织为了实现国共合作,将闽东苏维埃政府改称为闽东抗日军政委员会,主席叶飞,副主席阮英平、范式人;中国工农红军闽东独立师改称为中国人民红军闽东独立师。

4月1日 毛泽东致电彭雪枫,提出与南京谈判的两个条件。电报说:"与南京谈判,在红军、苏区方面,以保证我们的绝对领导为原则,在两党关系方面,以保证我党独立性为原则。这些方面绝对不能让步,对方已大致承认。"

4月3日 中共中央宣传部发出题为《国民党三中全会后我们的任务》的宣传大纲。指出:中日矛盾是中国革命目前阶段上的主要矛盾。争取民主权利是巩固和平与准备抗战的关键。中国共产党现在依然赞助革命的三民主义。目前中共的基本任务是:(一)坚持抗日统一战线的政策,坚持抗日救国的方针,对于民主权利的实现与人民生活的改善,都是要环绕在抗日的问题上。(二)坚持共产党的独立性,利用批评的武器,善用一切适当的斗争方式,提出自己正确的主张,批评朋友的每一动摇,使广大群众团结在党的周围。(三)建立全国范围的工作,培养每个地区的坚强的独立的干部。(四)重新教育干部,使他们了解新的策略和新的工作方式。(五)发展党内的民主,提高党员的干部的积极性、自动性、警觉性。(六)加强党内的思想斗争,反对"左"倾。

4月4日 中共中央发出《关于坚持联蒋方针推动全国对日抗战问题给刘少奇的指示》。指出:(一)国民党五届三中全会后,国民党的国策已开始了转变,这结束了1935年12月9日所开始的中国革命新时期的第一阶段,这是停止内战一致抗日的阶段。当时我们工作中的中心一环是停止内战。从现在起到对日抗战的开始止,将是中国革命新时期的第二阶段,这是巩固国内和平准备对日抗战的阶段。目前我们工作中的中心一环,是实现抗日的民主权利。(二)在这个新阶段内我们必须坚持联蒋的方针,推动蒋介石逐渐走向南京政权的民主化,以准备全国性的对日抗战。我们不但不应该敷衍地方军阀的反蒋要求,而且应该向反蒋的地方军阀坚持的解释,只有同蒋介石南京政府共同合作抗日才是中华民族的出路。(三)当然在联蒋过程中党必须为争取领导权而斗争,但这只能在党内讲,只能在正确地运用策略与艰苦的实际工作中去取得,而决不能以此来同反蒋军阀作统一战线的条件,这种反蒋统一战线只对日军有利。(四)在蒋介石南京政府转向抗日的目前情形之下,民主的口号也将成为地方军阀反蒋的最好的旗帜,我们决不拒绝利用这些力量去推动南京更加走上民主化的道路,然而我们必须坚决反对拿此口号做幌子来进行分裂与反对和平统一的运动。我们应该要求他们首先在自己统治区域内实现民主以推动全国的民主。并指出民主与救国是不能分离的。只有这样我们才能同《晨报》罗隆基的主张表示区别,才能争取最广大的群众。(五)我们决不能赞助反蒋军阀的所谓"国际联盟",这种组织只能使中国分裂,使我们与南京及蒋的合作破裂,而直接帮助日本。

4月5日 这天是清明节。按中国的传统风俗,国共两党派代表林伯渠、张继和顾祝同共祭了黄帝陵。轩辕黄帝陵位于陕西中部县(1944年改名黄陵县)桥山。高高矗立的黄帝陵是中华民族祖先的象征,它代表了中国源远流长的历史文化和中华民族坚强不屈的奋斗精神。林伯渠宣读了毛泽东亲自起草的祭文。祭文说:"东等不才,剑屦俱奋,万里崎岖,为国效命。频年苦斗,备历险夷,匈奴未灭,何以家为。各党各界,团结坚固,不论军民,不分贫富。民族阵线,救国良方,四万万众,坚决抵抗。民主共和,改革内政,亿兆一心,战则必胜。还我河山,卫我国权,此物此志,永矢勿谖。"祭奠后,国共两党代表进行了友好交谈,一致认为,凡我黄帝子孙都应亲密团结,以御外侮。

4月5日 中共中央发出《关于同蒋介石谈判经过和我党

对各方面策略方针向共产国际的报告》。报告提出："我们现时在各方面活动的策略中心，是为着彻底的实现全国和平统一，团结御侮的方针，加紧从各方面进行对日抗战的准备工作及民族统一战线的民主运动。"

4月9日　周恩来致电蒋介石："归肤施后述及先生合作诚意，均极兴奋，现党中正开会计议纲领及如何与先生永久合作问题"，电报表示不久将再度南下晤蒋。

4月初　中共中央政治局在延安召开扩大会议，讨论国内形势和党的任务。周恩来汇报同蒋介石谈判的情况，会议对杭州谈判表示满意，决定：(一)起草一个民族统一战线的纲领(以抗日十大纲领及国民党第一次代表大会宣言为共同基础)，征求蒋的同意，并提议在这个纲领基础上，结合新的民族联盟(或党)，包含国共两党及赞成这个纲领的各党派及政治团体，共同推举蒋为领袖。(二)提出修改国民大会组织法、选举法的草案，征蒋同意，如蒋同意上述统一纲领及这一修改，我们可以答应赞助蒋为总统。(三)准备提出修改宪法的草案，在全国范围内进行民主运动以影响蒋。(四)对其他具体问题，坚持在不妨碍苏区实行民主制度及共产党在红军中的独立领导的原则之下，进行一切谈判，故对行政区的问题拟接受红军改编以4.5万人为定数，地方部队另编1万人，如此除老弱妇女外，便无多余精壮青年。如基本上及具体问题上均能满意解决，则拟以中共的名义发表合作宣言，以争取公开活动，否则拟采取拖延办法，待事变发展，以便促蒋让步。恩来俟纲领起草好后，即将再度南下见蒋。会议在分析晋、陕、冀、川、桂、沪各地情况后，决定中国共产党的策略方针是：彻底实现全国和平统一，团结御侮，加紧从各方面进行抗战准备及民族统一战线的民主运动。会后，由周恩来起草《中共中央关于与蒋介石谈判经过和我党对各方面策略方针向共产国际的报告》，由中共中央宣传部副部长吴亮平起草《御侮救亡、复兴中国的民族统一纲领草案》。

4月12日至17日　西北青年第一次救国代表大会在延安召开。毛泽东在会上指出：九一八后，特别是华北事变后，华北五省建立反共自治，日本要单独侵占中国，灭亡中国，使得中国内部的阶级关系变化了一些。资产阶级同国民党里也都发生了分化，国家处在危亡面前，我们的政策就有了改变旧的、采取新的必要和可能。因此我们采取了抗日民族统一战线的政策，并且提出了"停止内战，一致抗日"的口号，"中国人与中国人从前相打，现在应该一起去打共同的敌人。这样,红军也可以改变为国民革命军,一切中国的军队都要变为抗日军"。"过去因为国民党背叛革命,所以共产党不得不单独负起革命的责任。现在呢?国民党开始转变到抗日的方面来,所以我们极力主张国共合作,主张恢复孙中山先生的三民主义的革命精神,国共两党与全国人民,大家都为民族独立、民权自由、民生幸福而斗争。"毛泽东着重指出:西安事变的和平解决,使建立民族统一战线的第一个步骤——争取国内和平基本上完成。现在是进入第二个步骤——巩固国内和平,争取民主,开展争取民主权利来团结全国人民到抗日战线上来。希望大家把共产党的策略口号向全国青年宣传解释,使全国青年都懂得。

4月13日、14日

毛泽东、周恩来连日致电叶剑英,要叶向顾祝同交涉:在红军李先念、李卓然余部到甘肃敦煌后,要顾令马步青、马步芳不得为难。

4月15日

中共中央发出《中央委员会告全党同志书——为巩固国内和平,争取民主权利,实现对日抗战而斗争》。中共中央指出:自西安事变和平解决与中国国民党五届三中全会之后,中国革命的形势已经进入一个新的阶段。这个阶段的任务,是要巩固已经取得的国内和平,争取民主权利与实现对日抗战。中国共产党把争取中华民族的彻底解放,当作它在目前的唯一任务。给中国国民党五届三中全会的四项保证,决不能解释为所谓"共产党的投降"。这是一种让步,是为实现抗日民族统一战线新政策的必要步骤,中国共产党决不因为今天的让步,而承认过去十年来为苏维埃政权而斗争的努力是白费了的或错误的。《告全党同志书》指出:"新的形势更要求我党同志迅速的彻底的转变我们过去的斗争方式与工作方法,学习与创造新的斗争方式与工作方式,以适合于目前的新环境。过去的武装斗争的方式,两个政权尖锐对立的方式,现在必须转变到和平民主的斗争方式。从武器的批评转变到批评的武器,从革命战争转到民主的与合法的运动,从同国民党政府对立转到同他们合作。我们还要使自下而上的工作方式,同自上而下的工作方式,适当配合起来,使公开的工作与秘密的工作求得辩证的一致。我们还要懂得如何在旧形式中灌输新内容,旧躯壳中注入新生命。这种新的斗争方式与工作方式的研究学习与创造,今天成为展开党的全部工作的重要关键。这里,我们要求全党同志很细心的在实际工作中去接受每一个教训与经验,肃清党内长期存在着的关于领导群众的'左'的关门主义与冒险主义的方式与方法的恶劣传统,同时又必须同一切投降主义与尾巴主义的倾向做斗争。只有两条战线上的斗争,方能保持党在民族革命运动中的领导作用。"《告全党同志书》要求国民党当局有一个更大的转变。

4月16日 毛泽东、周恩来电示在西安的叶剑英,可同张冲去沪见蒋经国,希望蒋经国以民主思想影响蒋介石。同时指出:"一切工作要适应环境去推动蒋,不要操之过急。"随后又去电改派李克农同张冲到上海。

4月20日 中共中央政治局召开会议,讨论《御侮救亡、复兴中国的民族统一纲领草案》。草案的内容包括:对外抵御日本帝国主义的侵略,取得中华民族的独立解放;对内实施宪政,保障民权自由,发展国防经济,改善人民生活,求得民生幸福,以彻底实现孙中山的革命的三民主义,使中国复兴为统一的民主共和国。周恩来在会上发言,对纲领的细则做了详细说明,并指出:我们在党的问题上坚持了独立性、国际性和阶级性三个原则,这些原则必须要在统一战线中得到承认。统一战线的原则是:第一,以共同纲领为行动的准则;第二,建立联合组织;第三,在蒋承认此纲领的条件下,中共可承认他为领袖。关于联盟的组织原则是:凡各党派各革命团体均可参加;联盟中保持各组织独立性,允许自由退盟等。在联合形式上要利用上层的联合来推动下层的工作。会议基本上同意了这个纲领。

4月25日 周恩来与去广西谈判的张云逸等20余人,乘卡车去西安。不料,当车行至延安以南50余里的劳山附近湫沿山峡谷处,遇到土匪伏击,匪徒们居高临下,以密集火力向卡车射击。周恩来等人临危不惧,沉着指挥,一面还击,一面向山林深处转移。在激烈的枪战中,红军十余人牺牲,其中有延安卫戍司令部参谋长兼周恩来的随从副官陈有才。周恩来等人脱险后又返回延安。

4月26日 顾祝同派飞机接周恩来到西安。周恩来见到顾祝同、张冲后,把准备和蒋介石会谈的内容同他们先交换意见,并和顾商议发放4月经费与寒衣问题、河西问题以及派人到鄂豫皖等苏区去等问题。

4月28日 周恩来在西安与顾祝同、张冲会谈。顾祝同极重视红军改编问题,希望在5月10日前后即可解决。周恩来则表示,和平基础已定,惟须将纲领确定,此事往返时间较长,改编至少须6月开始,且人数必须4.5万,还应见蒋解决。周恩来同时将《御侮救亡、复兴中国的民族统一纲领草案》交给了顾祝同。当日,顾祝同即致电蒋介石说明了此种情况,周恩来亦电蒋征询见面时间。5月3日,顾祝同和张冲表示,此纲领不论由何者提出,均非一时所能解决,故应由共产党首先发表宣言以了解中共宣言的内容,否则难以复蒋。对此,周恩来表示,"如与商妥纲领,发表宣言并非难事,否则无所根据"。

4月 中国共产党派周小舟到榆林会见国民党军第八十六师师长高双成,商谈双方合作抗日事宜。高欣然接受了中共的抗日民族统一战线政策,双方达成合作抗日协定。随后,高双成派参谋刘绍庭为代表在延安设立办事处,与中共方面保持经常联系。

4月 中共中央电示在共产国际中共代表团工作的陈云速赴新疆,建立中共同盛世才的合作关系,并接应西路军余部进入新疆。陈云(化名施平)根据中共中央指示,立即偕滕代远(化名李广)、冯铉、段子俊、李春田等人由苏联急赴迪化,直接同盛世才会谈,洽商双方建立正式合作与接应红军西路军进疆事宜。双方的洽商很顺利,接应西路军的准备工作也很迅速。

5月1日 周恩来在《解放》第一卷第二期发表《我们对修改国民大会法规的意见》,要求国民党立即开放党禁,释放全国政治犯(汉奸卖国贼除外),保障人民言论、出版、集会、结社、居住、信仰的完全自由,确认男女平等,废止一切剥削人民自由权利的法令(如"危害民国紧急治罪法""检查新闻条例"等),以保障人民及各政党团体真能获得选举之自由及提出议案及宣传讨论之自由,使国民大会建立起民主统一的政治基础,以加紧加快发动抗战。

5月2日至14日 中国共产党在延安召开党的全国代表会议(亦称中共苏共代表会议)。毛泽东作了《中国共产党在抗日时期的任务》的报告和《为争取千百万群众进入抗日民族统一战线而斗争》的总结。毛泽东说,资产阶级在今天的环境下,又有重新参加抗日的可能,所以无产阶级政党不应该拒绝他们,而应该恢复和他们共同斗争的联盟,以利于中国革命的前进。他强调指出:离开了无产阶级及其政党的政治领导,抗日民族统一战线就不能建立,和平民主抗日的目标就也不能实现,祖国就不能保卫,统一的民主共和国就不能成功。

5月4日 蒋介石致电顾祝同称:"共党近日对实行草案等之宣传及其对国民大会选举修正意见仍以反对本党为唯一对象,毫无异于过去之行动","如其果故〔有〕诚意合作,应嘱去〔其〕彻底改正,从速停止此项宣言"。5月7日,周恩来见到电报后,即以书面形式严正指出:"甲、自贵党三中全会各项决策发表后以来,贵党对共党之文字攻击与谩骂致散见各报,竟其持论与前无异,共党同志阅之屡受刺激";"乙、对国民大会选举法的修改意见,共党所提与贵党中央全会所修改者确有原则上之差别,共党本其所见继续要求,此乃自由发表政治意见,早应为民主政治所许";"丙、以上各事共党议论并未足越民主政治范围,贵党同志果欲以实施政策为天下倡者,则以实现共党之要求为最能合于民主自由"。同时,根据中共中央指示,周恩来还两次致电蒋介石,强调改编程序问题,主张:"一、确定共同纲领;二、发表边区政府及师长以上名单;三、实行军队改编,中央实行释放政治犯;四、目前先由周发表书面谈话。"

5月5日 关于国共两党发表宣言问题,毛泽东同张闻天、秦邦宪复电周恩来:"坚持两党发共同宣言为有利,此宣言在共同纲领确定之后发表,宣言大意不外共同纲领草案上所说。向张、顾说,如他们要我党单独发,则第一,彼党须同时发宣言,第二,我党宣言中不得不驳复三中全会宣言及根绝赤祸文件中我党及人民不能忍受之许多东西。"

5月9日 中共中央致电在西安的周恩来,指出,同蒋介石会谈时解决两党关系的具体步骤是:(一)确定共同纲领;(二)发表共同宣言;(三)发表边区政府及四个师师长以上首长名单;(四)红军实行改编,南京释放政治犯;(五)目前为免除顾、张疑虑,可由周发表一谈话。

5月13日 毛泽东复电李宗仁:"和平、民主、抗战为今日民族解放斗争不可分割的方针。和平虽已实现,然非民主不足巩固和平。抗战迫在面前,然非民主不足保证抗战。促成全国政治之民主改革与开放人民之自由权利,为当前任务之重心。"

5月14日 毛泽东就国民党当局派考察团来陕北一事,同张闻天、秦邦宪、朱德、张国焘致电周恩来:同意他们派考察团,并力争由张冲率领。考察的目的应为增进团结,绝对不能有妨碍团结之表现。坚决反对康泽及其他任何叛徒进来,非叛徒而蓄意破坏的分子也坚决拒绝。

5月15日 周恩来同顾祝同、张冲继续谈判,对他们所提的视察边区问题提出两条原则:(一)不能称视察团,应称考察团;(二)不能让康泽和中共叛徒参加。他谈判中要求交还红军西路军被俘人员。5月16日,洛甫、毛泽东、朱德等人致电周恩来,表示同意南京国民政府派考察团,考察的目的为增进团结。

5月中下旬　中共中央派彭雪枫去北平、天津、济南、聊城等地,向这些地方的地下党组织传达中共中央关于建立抗日民族统一战线和开展敌后抗日游击战争的战略方针等指示,并调查华北地区日军、伪军和国民党驻军的政治军事动态。

5月23日　周恩来致电中共中央:准备赴庐山见蒋介石,商议共同纲领、联盟或改组国民党、释放政治犯、停止全国"剿共"、派人到南方苏区联络、发表边区政府委员会名单、改编红军、修改国民大会选举法、召开国防会议、释放"七君子"等问题。同日,周恩来致电洛甫、毛泽东、秦邦宪,提议边区政府委员会由林伯渠、董必武、徐特立、高岗、郭洪涛(或马明方),以及国民党方面的张冲、杜斌丞组成;红军编为四个师,分别以林彪、贺龙、刘伯承、徐向前为师长。

5月23日　国民党中央考察团离开西安,乘车前往陕甘宁边区考察,当天到达红军前敌总指挥部所在地三原县云阳镇,受到当地军民的热情欢迎。他们在这里参观机关、部队,出席军民欢迎会。红军前敌总指挥彭德怀热情接见他们,介绍有关情况,并回答他们提出的问题。考察团对刚刚闭幕的中共全国代表会议十分关注,询问这次会议内容。彭德怀回答说,这次会议主要内容有三项:"传达与动员改苏维埃政府为特区政府,改红军为国民革命军";"讨论抗日准备阶段中,红军抗战教育问题";"如何巩固国内和平统一问题"。这些与共产党、红军隔绝,对立了长达十年之久的国民党军政要员,进入苏区仿佛进入一新天地,对所见所闻都感到新鲜。考察团团长涂思宗觉得过去与现在见到的不一样,考察团副团长邵华公开说他"在云阳感觉很好"。

5月24日　周恩来致电蒋介石,提出修改国民大会组织法、选举法的三条原则:使此次国民大会真正民主化;使各党各派各民众职业团体及各武装部队都能有代表参加;过去的选举一律作废,选举前释放政治犯,保障人民自由;并提出十项具体意见。周恩来连日与顾祝同谈判,商定红军的经费再给5万元;红军夏衣在6月中旬发放;红军西路军被俘人员已到兰州的,可送西安或发衣被。周恩来并提出和南方各苏区联络事,首先派人去鄂豫皖和湘鄂赣。顾答已电蒋请示。商定由叶季壮到行营办理领款、运输事。

5月24日　洛甫、秦邦宪、毛泽东就与蒋介石的谈判方针致电周恩来。电报说:"我们觉得此次见蒋须谈两方面的问题:第一方面,关于纲领及苏区、红军、共犯、党报、经费、防地等问题；第二方面，关于对日、对英、对苏外交，国防军事、国防经济及国民大会、人民自由、政治犯等问题。请将你对上述两方面如何提法之意见电告，我们将于27日以前有一电报给你。因此请你准备28日飞沪。"

5月25日 张闻天、秦邦宪、毛泽东关于与中国国民党谈判要点致电周恩来，电文如下："关于见蒋谈判之问题，除同意来电所提者外，应增加下述各点：(甲)向蒋提出并询问蒋之方针者：(一)保卫绥远、青岛，收复冀东、察北，反对走私，反对经济提携，英日伦敦谈判等对日问题；(二)联俄问题；(三)太平洋集体安全问题；(四)国防军事财政之准备；(五)汉奸亲日派退出政府问题。(乙)须力争办到者：(一)特区政府委员9人名单为林伯渠、张国焘、秦邦宪、董必武、徐特立、高岗、郭洪涛、张冲、杜斌丞。(二)红军设某路军总司令部，总司令朱德、副总司令彭德怀(便准让步设总指挥部)，至少四个师，一师长林彪，二师长贺龙，三师长徐向前，四师长刘伯承，先发表上述六人，余俟后呈请委任。为加强抗日政治教育，政治部制度照旧(但准备让步设政训处)。(三)取缔北平陶希圣、杨立奎等凶殴学生，西安扣留解放报及书籍，上海逮捕共党，文化建设杂志，破坏两党合作等行为。

(四)取缔利用土匪、流氓、会党破坏红军、苏区之行为。(五)增加红军防地。"

5月25日 周恩来致电洛甫、毛泽东、秦邦宪，提出同蒋介石谈判内容还应包括外交问题，本年内第一步外交方针是：促成太平洋集体安全制度协定，以中苏协定为基础，坚决反对日英勾结，要求收回冀东、察北及领事裁判权，取缔九一八事变以来中日双方的《淞沪停战协定》《塘沽停战协定》《何梅协定》等，严禁日机在华北飞行，解雇日本顾问，严禁同日本订立任何丧失主权的条约、协定和契约。电文还提出当前最中心的是要求召开各党各派联席会议和国防会议。

5月25日 国民党中央考察团分两组在庄里镇及附近考察红军部队。对两天来的考察活动，他们感到满意，他们的初步印象是"共党合作具诚意"、"红军抗日情绪极高涨"、"一切红色人员均有艰苦卓绝精神"。在云阳、庄里、三原的考察结束后，考察团继续北上，经铜川、宜君到中部县。考察团全体成员在中部县祭扫了黄帝陵。随后，考察团乘车继续北行，经洛川、甘泉前往延安。5月29日国民党中央考察团18人到达延安城。延安是中共中央和红军总部所在地。考察团在这里受到隆重欢迎和盛情款待。延安大街小巷张贴着"拥护国共合作！""实现总理遗嘱！""拥护蒋委员长抗日！""驱逐日本帝国主义出中国！"的红绿标语。延安城南门两侧的墙壁上，更用醒目的大字写着"和平统一""团结御侮"的对联。延安的军民成群结队，涌入街头，夹道欢迎考察团。到处洋溢着国共合作、民族团结的热烈气氛。陕甘宁边区政府派要员前往甘泉迎接。早在考察团到来之前，《红色中华报》便于5月26日发表社论《欢迎中央考察团》，指出：在"日本帝国主义对中国之侵略步调正日益加强"之际，"自中国共产党致国民党三中全会通电发出后三月，遂有中央考察团到苏区之一行，在中华民族团结抗日更推进一步之意义上，此实为颇堪庆贺之事"。社论接着说："盖此公开使节之派遣，实足以证明十年来对立之局面可告最终之结束，今后经过国共两党之愈益接近与努力，中华民族之光明的前途实可望有更大踏步之发展，此实不特为中华民族之幸，抑亦为世界反侵略战线之幸。"考察团到延安后，受到毛泽东、朱德等中共领导的接待，延安各部队及音乐队在城南欢迎。中共派叶剑英、陈赓陪同考察。当天晚上，边区政府设宴为考察团洗尘。宴后举行欢迎晚会，林伯渠宣布开会，毛泽东致欢迎词。毛泽东热情洋溢地说："今天这个欢迎会有伟大的历史意义，因为第一次大革命时代是由国共两党干起的，现在比那个时候更加不同了，民族比那时更危险。两党一致团结，在今天比以前合作的意义与作用是更增加了。过去十年两党没有团结，现在情形变了，如两党再不团结，国家就要灭亡。中央考察团此来，使两党团结进入新的阶段，其意义是很重大。我认为要说明如下两点：（一）有人怀疑两党合作是否有诚意，对双方都怀疑。今天的事实，考察团之此来，就说明了这一点：共产党方面在两年来政治上的表示，如文件、宣言、谈判等，都是为着两党团结，西安事变和平解决的方针表示两方的和平政策，不怕敌人挑拨，始终没有动摇。过去已证明了这一点，以后如何呢？要看以后工作来证明。在以后，应巩固两党的团结，用民主的方法来解决若干必须解决的矛盾（不利于团结的矛盾），结成坚固团体去对付我们的敌人，以求得民族独立、民主权利、民生幸福的实现。（二）又有人怀疑两党合作双方都有阴谋诡计，都是临时的策略作用。这也要看过去我们的工作到底是破坏还是团结。我想在西安事变以后，事实更加告诉了大家，是向着团结方面〈发展〉的。这主要地看以后。同时，有人怀疑两党没有长期合作的诚意，我想这都是一种猜想，我们是希望两党长期地合作下去，并且努力向着这个目标干。共产党方面诚意地欢迎中央考察团，丝毫没有假意。今天这个欢迎会，就是国共两党合作的充分表现。"毛泽东致词后，中央考察团团长涂思宗、副团长邵华也在会上致词。

涂思宗在致词中表示"非常感激"苏区军民对他们的欢迎。他说："刚才毛先生的许多指示及沿途观察的结果，我相信全国精诚团结，定能使国家民族复兴。我希望两党彼此开诚布公，扫除误会矛盾，才能对付我们的敌人。"他还说，中央政府对抗日已下定决心，有通盘计划，希望"举国上下努力，为民族生存打算，想办法来贡献中央"。邵华在致词中，则"希望在最近时候宣布共产党红军领袖与中央负责人能够聚会一堂，倾谈一切，来研究最有效的办法"。他还解释了三民主义理论，"最后希望国共两党紧握着手，长期的握着手，向着打倒日本帝国主义的目标前进"。

5月30日下午 延安各机关、群众团体和武装部队五六千人在东门外大操场集会，纪念五卅运动并欢迎中央考察团。大会主席团由冯文彬、刘长胜、林彪等五人组成。在大会上首先由毛泽东作报告。他列举九一八事变以来日本帝国主义的一系列侵略罪行后指出：日本侵略者的"目的是要灭亡全中国"，"我们现在最中心最主要的是打日本救中国。我们欢迎中央考察团也是为了打日本救中国。要打日本救中国，就要国内团结。现在国共两方均感觉要团结，共同抗日救国，考察团来此就是为了在蒋委员长领导下打日本"。接着朱德总司令和陕甘宁边区政府主席林伯渠致词，表示热烈欢迎中央考察团来苏区考察。中央考察团副团长萧致平应邀在大会上讲话，他激动地说："本团奉中央命来延安与各同志各同胞见面非常高兴。从今天谈话后，我们将一致团结起来了，民族独立自由也一天一天地完成了，希望大家在民族抗战的决心上，在国民政府统一指挥下一致奋斗，把我们的敌人驱逐出中国去，收复失地，到那时我们再举行一个盛大的庆功大会。"他还说："日本和汉奸经常挑拨我们的团结，使我们抗战阵线不能联合，我们今后更要永远的团结在一起。"萧致平最后还讲道"怎样才能收复失地"。他认为"第一要团结，要团结在政府统一的指挥下，这是根本问题。其次，武装同志要把军事技术加强起来，同胞方面要把国内经济、农村生产建设起来"。中央考察团的两名团员也在大会上讲了话。大会到下午6时才结束。中央考察团在延安考察了抗日军政大学和红二方面军部队。在抗日军政大学，考察团由校长林彪引导先考察校本部，然后到大操场检阅千余人的抗大师生队伍，并与师生个别谈话。抗大艰苦的生活环境，紧张的学习生活，给考察团留下了深刻的印象。在红二方面军部队，考察团受到贺龙的盛情接待，并饶有兴趣地听他讲述红军长征途经松潘草地时的艰苦生活。在这里，他们还见到了刚刚由河西走廊返回延安的徐向前。

5月31日 中央考察团乘汽车离开延安南返,林伯渠前往送行,与考察团成员一一握手告别。陈赓陪同考察团去西峰、泾川、镇原等地苏区考察。考察团南返途中于31日宿洛川,6月1日抵云阳。部分成员由陈赓陪同由云阳径赴西峰,另一部分成员则回西安向行营报告后再赴陇东考察。他们在参观考察过程中,受到红军将领彭德怀、聂荣臻、贺龙、萧克等人的热情欢迎,并参观了红军步兵学校等。考察团行进途中及所到之处,均受到苏区军民的热情款待。他们亲身感受到国统区与苏区同胞,情同手足,携手御侮的日子就要到来。在考察团考察期间,国民党地区的一些报刊,特别是中间派的报纸,大量刊登考察团在苏区各地活动情况的通讯报道,在全国引起很大共鸣与反响。正如董必武当时说的:"国共重新合作,是目前中国政治生活中最惹人注目的问题。"考察团考察后,承认红军有高昂的抗日热情与艰苦卓绝的战斗作风,中共领袖力主全国团结抗日,表示回南京后将边区各界对国共合作的态度转达给国民党政府,以促进全国团结抗战的早日实现。考察团对陕甘宁边区的考察,对促进国共合作起了良好的作用,它表明国共合作的形势已渐趋明朗。

5月 中共中央驻太原秘密联络处负责人彭雪枫,奉毛泽东的派遣,到山东争取国民党地方实力派韩复榘合作抗日。国民党山东省政府主席兼第三路军总指挥韩复榘,原先是西北军将领,中原大战中叛冯降蒋。华北事变后,在民族危机日益严重、抗日救亡运动迅速发展的形势下,他既不甘心卖国投敌,也得不到蒋介石的信任,便折冲于各种势力之间,以图自保。在韩复榘左右,也有一些主张抗日的进步分子,如曾为冯玉祥的高级幕僚、当时为韩复榘高级参议的余心清;曾任韩复榘驻北平联络代表、当时任山东省公路局长的刘熙众;留学德国、当时任韩复榘少将参议的王致远等人。1936年秋,华北各界救国联合会成立以后,韩复榘的高级参议余心清主动派人到北平联络,中共地下党组织通过救国会派了一批共产党员和民先队员,到韩复榘第三路军中工作。这些,都为上层统战工作奠定了基础。七七事变后,中共中央派张金吾(张经武)到山东,对韩复榘、范筑先和移驻青岛的于学忠做争取联合工作。张在中共山东省委配合下,通过余心清、刘熙众、王致远等人同韩复榘接洽。7月28日,张金吾与韩复榘会谈,张根据毛泽东的指示精神,说明中国共产党愿与华北国民党军政当局联合抵御日军南进,要求韩释放政治犯,双方共同组织抗日教育和训练,等等。韩基本表示同意。29日,张金吾将会谈情况电告周恩来,说,"已将毛意转达韩主席"。经张经武与韩复榘数次会谈,达成以下协议：释放政治犯；在第三路军中建立政训处，进行抗日教育；开办训练班，培养抗日干部等。张金吾又到青岛，与于学忠磋商联合拒敌之计。8月，中共中央军委华北联络局派张友渔等人到山东，配合张金吾一起做上层统战工作。由于张友渔的联络争取，韩复榘同意派汽车将2000余名平津流亡学生、民先队员、地下党员接到济南，其中有北大的陆平、清华的武衡、师大的孙陶林等人，为山东抗战准备了一批骨干。

6月4日 周恩来携带《关于御侮救亡、复兴中国的民族统一纲领草案》以及13个需要讨论的问题到庐山与蒋介石谈判。8日至15日，周恩来在庐山同蒋介石进行了多次会谈，宋美龄、宋子文和张冲也参加了。周恩来先提交中共中央提出的《关于御侮救亡、复兴中国的民族统一纲领（草案）》。它的内容包括三个部分：争取民族独立，反对日本帝国主义；实现民权，保障人民自由；实现民生幸福，建立国防经济。细则共52条。他又向蒋介石申述来此以前所准备的各项意见。在这些意见中，没有包括蒋介石提出的同他个人合作的问题。蒋介石在这次会谈中的态度，同在杭州时相比，起了很大变化，给谈判设下许多新的障碍。本来，是他提出要中国共产党先商量提出一个合作的纲领来；这次，他却完全撇开周恩来带来的《民族统一纲领草案》，另外提出一个成立国民革命同盟会的主张来，具体的办法是："（一）成立国民革命同盟会由蒋指定国民党的干部若干人，共产党推出同等数量之干部合组之，蒋为主席，有最后决定之权。（二）两党一切对外行动及宣传，统由同盟会讨论决定，然后执行。关于纲领问题，亦由同盟会加以讨论。（三）同盟会在进行顺利后，将来视情况许可扩大为国共两党分子合组之党。（四）同盟会在进行顺利后，可与第三国际发生代替共党关系，并由此坚定联俄政策，形成民族国家间之联合。"对国共合作中急需解决的具体问题，他也态度一变，推倒在杭州时做出的许多承诺。他表示："（1）共党根据以前申明，发表对外宣言。（2）政府在上项宣言发表后，即发表3个师的番号，并委任师长，3个师仍照12个团编制，人数可容至45000人，其编制办法与顾商定。3个师以上设政治训练处指挥之。朱、毛两同志须出来做事。编就后部队可移防。（3）陕甘宁边区政府，仍由中央方面派正的官长（可由共方推荐中央方面的人），边区自己推举副的，可由林伯渠担任，事情可由边区政府自己办。（4）经费，军队照人数编制的一般规定发给，行政经费亦照规定发给，善后费用可由中央另发。（5）各边区由共方派人联络，经调查后实行编遣，其首领须离开。（6）在狱共党，可由国方开始分批释放。（7）国民大会之240名指定名额中,可指定共党出席代表,但不以共党名义出席。(8)国防会议尚未规定会期,开会时可容共党干部参加。(9)对其他各党派不必谈合作,由中央尽量收容,最近庐山训练班,即拟收容各方面人员训练,陕北如有人来受训练亦可,此外并欲拟召集各方人来庐山谈话。(10)凡有破坏合作及与共党为难者,由蒋自负责任解决。但为避免国内外恐惧与反对,共党应避名干实,不必力争目前所不能实现之要求。"谈判中,周恩来表示:有关国民革命同盟会的组织,事关重大,必须请示中共中央后定;有关红军指挥机关和边区人事安排等问题,不能同意;并严词驳斥要朱、毛"出洋"的安排。双方争执很久,以后经宋子文、宋美龄、张冲往返磋商,问题仍无法解决。这次谈判未达成任何协议。

6月6日 中共中央书记处为争取扩大庐山谈话范围及进行宪政促进运动问题给潘汉年发出指示,要潘就近与邵力子等人商议,将函请谈话范围扩大到抗日领袖、左倾教授及各民众团体方面,建议邀请平津沪港一带各党派各救国团体、各学生会代表及文化界、教育界、左倾名士去庐山谈话。这个指示提出,应推动上海宪政促进会,扩大到各界团体,吸收各方面负责分子参加,讨论宪法草案,准备解决困难的提案。

6月12日 张云逸同李宗仁、白崇禧进行了首次会谈。张云逸首先阐明了对国内外形势的看法和中国共产党抗日民族统一战线的方针,指出,当前中国人民的主要敌人是日本帝国主义,团结抗日、救亡图存是全民族的要求。只要是抗日派,都是共产党的朋友,我们随时准备同国民党爱国人士密切合作,组织统一战线。从全民族的利益出发,逼蒋抗日,既是必要的,也是可能的,经过西安事变,蒋介石若不打日本打内战,办不到了。因此,一切抗日的力量应该团结起来,共同对敌。李宗仁、白崇禧表示,赞成中国共产党对形势的看法和组织抗日民族统一战线的主张,愿意团结一致共同迫蒋抗日。过了几天,双方举行第二次谈。张云逸说明中共中央提出的巩固和平、争取民主、实现抗战的口号与任务。李宗仁表示同意共产党提出的这"三位一体"的任务,双方商定,由张云逸与桂系的几位高级官员一起,研究拟定出如何巩固和平统一和实现民主与团结抗战的具体方案。这时,四川省政府主席刘湘也派张斯可为代表,到桂林与中共中央代表联络。经李宗仁介绍,张云逸会见了张斯可,并邀他一起参加关于巩固和平、实现联合抗日方案的拟定工作。经过三方充分磋商,到6月下旬基本达成一致意见。张斯可经刘湘同意,作为四川代表与桂系代表李宗仁、中共中央代表张云逸,共同签订了《川桂红协定》。该协定提出了促蒋实行民主、联合抗日的七条纲领草案。

6月18日　周恩来回到延安。随后,向中共中央汇报谈判情况,并参加中共中央书记处对谈判问题的讨论,起草关于谈判的新方案。22日,周电告蒋介石,中共中央认为如红军改编后三个师上边无指挥机关实无法进行改编,朱德不能离去。同日,周恩来致电顾祝同、张冲等人:朱德的去留影响极大,请向蒋进言,朱不离军队。

6月18日至25日　中共中央书记处讨论并起草同国民党谈判的新方案。做这个新方案在一些重要问题上做了让步,其主要内容如下:"(甲)两党合作问题:(一)原则上同意组织国民革命同盟会,但要求先确定共同纲领,以便奠定同盟会及两党合作之政治基础。(二)同盟会组织原则,在共同承认纲领的基础上,可同意国共两方各推出同数干部组织最高会议,另以蒋为主席,承认其依据纲领有最后决定之权。其组织原则,由我方拟出草案与蒋商定。(三)关于同盟会将来发展之趋势及与第三国际关系问题,我们可不加反对(不使之成为合作之障碍),但目前应着重保持共党之独立组织及政治宣传和讨论之自由。(四)我们运用同盟会使之成为在政治上两党合作的最高党团。(乙)目前具体问题之解决:(五)准备7月中发表宣言(在拟),其内容以中共中央致国民党三中全会电及上次交蒋方案为根据。(六)在宣言发表后,如蒋同意设立总的军事指挥部,红军即待其名义发表后改编,否则即于'八一'自行宣布改编,采用国民革命军暂编军师名义,编三个正规师,共45000人。每师以编至14000人上下为标准。每师仍两旅四团,每团等于过去红军的师,约2700人。其他编师直属队,总部编3000人,另外地方部队编10000人,保卫队在内。工厂医院另编。抗日军政大学另行解决,本期毕业后力求继续办一学校。在此编制下编余之老弱残废妇女及机关工作人员约三四千人,另设法安置。军委改为党的秘密组织,领导全国军事工作(红军在内)。红军中政治工作及党的组织准备改变形式。(七)陕甘宁边区民主选举在7月内自动实行,并向蒋推荐张继、宋子文、于右任3人择1人任为边区行政长官(仅为挂一名义,蒋甚坚持),林伯渠同志为副长官。其下各行政部门由我方推荐负责人选,将来由边区参议会推出,请行政院任命。县长及其下各局长,则由县议会选出。边区将订出自己的经济和教育计划,并即起草各种条例及法规,以便与南京磋商。(八)对其他各游击区,原则上一律停止没收土地及建立苏维埃政权,取消红军名义,改以抗日义勇队名义出现。用款向富户捐募。政权则建立自己的联保、保甲长及区乡公所。大的游击区在停止双方攻击后,争取大的部队编成各省独立团或保安团,小的编成保安队或民团保甲,不成则不受改编。小的游击区可争取为上述形式的存在。(九)即着手调查各省在狱共党及一般政治犯名单,俟宣言发表后交蒋实行分批释放。(十)与蒋及国民党谈判,在全国公开发行《解放》周报(现在延安出版)。(十一)朱、毛出外问题,力争朱为红军改编后的指挥人,军事或政治名义可不拘,原则上毛不拒绝出外做事,但非至适当时机,则托故不去。(丙)全国政治活动问题:(十二)我们对国民大会民主选举的基本原则并不放弃,但估计到蒋及国民党不会再修改其已经修改的选举法,我们应联合各民众政治团体。(丁)推出240个指定名额的倍数候选人,要求国民政府聘任(力争不用指定)。(丑)讨论宪法草案,并提出具体的修改方案。(寅)讨论并产生解决困难的提案,要求国民大会讨论和通过。(卯)对各地国大选举,我们应影响推选人提出抗日及我们分子为候选人,在复选地方,我们应发动选民选举候选名单上之抗日左倾分子(现无我们分子)。(十三)我们利用蒋、汪在庐山函请各方谈话的机会,在沪、港、平、晋各地推动能向蒋建议的人,扩大召请范围普及于抗日领袖及左倾教授,以加强蒋之转变与扩大统一战线。(十四)再次见蒋加上秦邦宪、林伯渠、董必武与周同去,以便讨论纲领与蒋切实商谈国防计划及修改和召开国防会议问题。(十五)宣言发表后,如得蒋同意,即组织我们考察团赴各地考察,扩大影响。"

6月24日 中共中央政治局召开常委会议,讨论各省工作和红军改编等问题。毛泽东在会上发言指出:关于各省工作问题,如果我们在各省的领导弱,讲统一,国民党不发钱,就要发生很大困难。所以还是较缓进行,我们派人弄通了再说。首先要各省变更政策,执行新政策,变更对地主的政策、土地政策。如果军事上敌人进攻,就坚决地打,俟大局定了,不会妨碍我们的军队,我们即可与之协商改编办法。原则上苏区归我们办,红军归我们办,各地都要弄好关系。但对国民党采取经济上限制、硬要缴枪等事,须与之抵抗。基本原则是不能减弱我们的力量。

6月24日 中共中央考虑到国民党方面已经预先提出最高会议之成员(即蒋介石、宋子文、陈立夫、陈诚、邵力子),决定以毛泽东、朱德、周恩来、秦邦宪、林伯渠为代表。29日,中共中央又进一步确定了边区政府中中共方面的负责人选。同时,中共还准备派秦邦宪、林伯渠等人与周恩来同去与蒋介石进行下一阶段的谈判。

6月24日 毛泽东、朱德、周恩来致电张云逸,要求张同桂系将领李宗仁、白崇禧联络时,坦率说明:"只有以抗日民主与蒋比进步,才能生存发展,如以军阀政策与蒋比落后,则只有失败。"并要张设法推动广东、广西、香港方面的政治人物应邀参加蒋介石在庐山召集的谈话会,在谈话会上争取蒋宣布救亡纲领,开放爱国的言论思想自由,撤销"紧急治罪法"和"新闻检查条例",释放政治犯等。

6月26日 延安与南京之间的电台接通,南京电催周恩来再上庐山,继续谈判。中共中央决定,待国共两党合作宣言拟好后,周恩来再去庐山。

6月26日 中共中央致电共产国际,介绍了中共方面拟定的国民革命同盟会组织原则。电文说:"我们拟定之国民革命同盟会组织原则如下:(一)国民革命同盟会,由蒋指定国民党干部若干人与共产党推出共同等数目之干部合组最高会议,以蒋为主席,依据共同承认之民族统一纲领,决定两党共同行动事项并调整两党关系,同盟会主席依据共同纲领有最后决定之权。(二)国民革命同盟会不干涉两党之内部事务,两党均保留各自组织之独立性及政治批评和讨论之自由权。(三)国民革命同盟会之共同决定,两党均须遵守实行,但议案内容如与共同承认之纲领有违背者,两党之任何一方,得拒绝讨论,两党之任何一方凡有违背或破坏共同纲领及同盟会组织原则者,同盟会最高会议得决定补救办法。(四)国民革命同盟会最高会议在必要时,得指定某地两党干部组织某地之地方会议,讨论某地两党共同行动,并调整某地两党关系,但其决定不能违背最高会议决定之原则。"

6月26日 毛泽东同周恩来致电潘汉年,通报延安与南京间电台已接通,南京来电催周恩来再去谈判,中共中央已复电,告以须待中共关于国共合作宣言拟好和得蒋介石复电(已电告蒋,总的指挥机关及主持人选仍须照定)后,周恩来即前往。

6月28日 毛泽东同朱德致电叶剑英:"请商何柱国以电话告顾,我们将派人去鄂豫皖及闽西南两处联络。鄂豫皖为郑位三,同行约十五人,闽西南为方方,同行为十人,均带有小电台,请行营发护照并介绍附近最高长官接洽。"

6月29日 中共中央接南京电:红军改编后只能设政训处。中共中央决定:可以用政治机关名义指挥部队,但必须有等于指挥机关的组织和职能。万一争不到朱德为政治机关的主任,即自行改编。

6月29日 中共中央政治局召开常委会议。会议首先讨论闽西南和鄂豫皖的工作问题,毛泽东发言指出:过去遭到失败的苏区,有些地方还保存有游击队,如闽西南、鄂豫皖等。据报纸和新闻记者的报告,很多过去遭到失败的苏区的人民,对共产党很拥护,说明我们过去的斗争没有白费,这是一个很大的力量。这个消息要使红军里面的人都知道。现在应用相当长期的工作恢复我们的力量。对于这些游击队,应采取坚决方针,要保存;但要改变名称不叫红军,又不打仗,这是非常困难的工作。有些准备不改编的,就改为抗日义勇军。保存这些游击队、这些根据地,是有重大意义的。组织上可成立闽粤赣省委,以张鼎丞、邓子恢、谭政、方方为常委,张鼎丞为书记。对于江西的工作,要想各种方法搞进去。鄂豫皖工作,要特别注意重新讨论党与群众工作。那里保存了很大的力量是好的,然而有一缺点就是没有深入的群众工作。党的最中心的任务就是能够抓紧群众工作,要依靠群众开展鄂豫皖工作。接着,会议讨论国共谈判问题。在周恩来介绍国共谈判情况后,毛泽东说:关于谈判,我们确定的原则是保持独立性。但现在的情形,是要限制我们党,限制我们军队,一切行动要受同盟会的决定,并且蒋介石有最后决定之权。这次去谈判就要签字。我们的态度,还是在他定的圈子里做事。当然他这个圈子在形式上是大大地损伤了我们独立性,在实质上也若干损伤我们的独立性。现在应从政治上来观察,是不是根本上损伤独立性,那还不是的。党的独立性主要是政策问题。大革命时期形式上是独立,实质上是做了尾巴。现在我们的政策是逐渐地冲破了他们的圈子。我们不能因为这种限制就与他决裂。在前途上,我们是可以战胜他的圈子的。他这个圈子可以限制我们一些工作,但有两条他不能限制,一是党的秘密活动,一是红军给饭吃。红军、苏区实际上归我们管。毛泽东还说,对国民党元老派应找他们谈谈,对各教授也应注意做工作。

7月4日 周恩来、秦邦宪、林伯渠从延安抵达西安。7日,周恩来、秦邦宪、林伯渠一行飞抵上海,准备转赴庐山。

7月7日 卢沟桥事变爆发。日本侵略军在北平西南十余公里的卢沟桥附近进行军事演习,诡称一名士兵失踪,要求入宛平县城搜查,当即遭到驻军第二十九军的拒绝。双方正交涉间,日军竟向宛平县城射击,继而又炮轰宛平县城和卢沟桥,并攻占平汉线铁路桥及附近龙王庙等地。日本发动了全面侵华战争。驻守卢沟桥地区的中国军队是国民党第二十九军第三十七师第一一〇旅之二一九团。师长冯治安、旅长何基沣均系国民党爱国将领。他们在全国抗日救亡运动日益高涨的形势推动下,做了抵抗准备。面对日军的武装挑衅,他们再也抑制不住满腔的愤怒,便奋起抵抗。何基沣命令第二一九团团长吉星文:"坚守阵地,坚决回击!"于是打响了中国全面抗战的第一枪。师长冯治安闻报,立即发出了与卢沟桥共存亡的命令:"国家存亡,在此一举;设若冲突,卢沟桥即是尔等的坟墓!"驻地官兵热血沸腾,顽强阻击,舍身护土。日军凭借猛烈炮火,一度占领卢沟桥附近的铁路桥和龙王庙。守军冒着敌人的猛烈炮火奋起反击,不仅保住了宛平城,还夺回了龙王庙等地。在血战中,将士们奋不顾身,卢沟桥北守军一个连,仅生存四人,其余均壮烈牺牲。当日军以和谈等援时,何基沣受命与日方谈判,义正辞严地驳斥了日方的蛮横要求。日方代表老羞成怒,拔刀直逼何基沣,何毫无惧色,掏出手枪与之对峙,终于逼敌酋无力地放下了手中的尖刀,何基沣昂然率随员而去,表现了大无畏的英雄气概。

7月8日 中共中央发布《为日军进攻卢沟桥通电》,疾呼:"平津危急!华北危急!中华民族危急!只有全民族实行抗战,才是我们的出路!要求南京中央政府立刻切实援助正在华北抗敌的第二十九军;立即动员全国陆海空军准备应战;立即开放全国民众的爱国运动;立即肃清潜藏在中国境内的汉奸卖国贼分子和一切日本侦探。"通电呼吁全中国人民、政府和军队团结起来,国共两党亲密合作,"筑成民族统一战线的坚固的长城,抵抗日寇的侵掠"!"驱逐日寇出中国!"

7月8日 中共中央就卢沟桥事变后华北工作方针问题指示北方局:坚持保卫平津,保卫华北,动员全体爱国军队,爱国爱民,抵抗日本帝国的进攻;立即与政府当局及各界领袖协商,迅速组成坚固的统一战线;立即在平绥平津以东地区及平汉线、津浦线开始着手或准备组织抗日义勇军,准备进行艰苦的游击战争,进行坚决的反汉奸斗争。

7月8日 毛泽东、朱德、彭德怀、贺龙、林彪、刘伯承、徐向前等红军将领致电蒋介石,请缨为国效命,与敌周旋。电文说:"日寇进攻卢沟桥,实施其武装攫取华北之既定步骤,闻讯之下,悲愤莫名!平津为华北重镇,万不容再有疏失。敬恳严令第二十九军,奋勇抵抗,并本三中全会御侮抗战之旨,实行全国总动员,保卫平津，保卫华北，收复失地。红军将士，咸愿在委员长领导之下，为国效命，与敌周旋，以达保土卫国之目的，迫切陈词，不胜屏营待命。"同日，毛泽东、朱德、彭德怀、贺龙、林彪、刘伯承、徐向前等红军将领致电宋哲元、张自忠、刘汝明、冯治安，表示愿为后盾，与日军决一死战。

7月8日 国民政府外交部对日军发动卢沟桥事变一事向日本政府提出了口头抗议。10日，向日本政府提出了正式抗议。16日，向英、美、法、意、葡、德、俄、荷、比九国政府发出备忘录，揭露日本破坏《九国公约》的行为。

7月8日 蒋介石电示在乐陵的宋哲元速返保定指挥作战，誓守宛平。随后，他又指示宋哲元：一、不得签订任何条约；二、不得后退一步；三、准备牺牲。7月9日，他密令平津前线："具备必死之决心，与积极准备之精神应付，至谈判尤须防其奸狯之惯伎，务期不丧失丝毫主权为原则。"

7月9日 彭德怀、贺龙、刘伯承、林彪、徐向前、叶剑英、左权、萧克、徐海东率人民抗日红军全体指挥员战斗员发出通电，吁请国民政府速调大军增援河北，以免第二十九军陷于孤军抗战；通电表示红军坚决以抗日救国职志，愿即改名为国民革命军，并请授命为抗日前驱。

7月10日 蒋介石致电各地："通饬一体戒备，准备抗战。"同时，蒋介石命令国民党第二十六路军总指挥孙连仲，第四十六军军长庞炳勋，第五十三军军长万福麟，第八十四师师长高桂滋等人，即刻率部驰援保定、石家庄地区；并决定设立石家庄行营，以徐永昌为主任，督导冀察军事行动。7月13日，蒋介石又电令宋哲元："卢案必不能和平解决"，我"已决心运用全力抗战，宁为玉碎，勿为瓦全，以保持我国家与个人之人格"。

7月11日 日本近卫内阁召开紧急会议，通过了占领华北，以及相应的改革经济、财政的通盘计划。下午，近卫匆忙觐见天皇，请求批准此项计划。日本各报纸闻讯立刻刊登出消息："日本决定出兵华北！""四个师团将立即开拔！"以煽起日本全面侵华战争的狂热。数日内，入关日军已10万余人，飞机百余架，摆在山海关至北平的铁路沿线，准备随时出动。日本陆军参谋部还制定了《关于华北用兵时的对华战争指导纲要》，宣称通过"全面战争，求得对华问题的彻底解决"，要求日军速战速决。日本侵略军多年来梦想的一举吞并全中国的计划，开始付诸实施了。

7月12日　国民政府军事委员会西安行营第一厅厅长侯成如按照国民党当局的意见对在西安的红军代表叶剑英说："据南京方面的绝密消息，南京拟将红军部队编入战斗序列，使用于平绥线方面，与傅作义共同作战，但不知红军能否听从调动？"叶剑英按照中共中央的方针，郑重声明："红军抗日救国的主张，国人皆知。华北事件发生，共产党及红军即通电表示抗日救国。"叶一面请侯将此意转致南京当局；一面将情况报告了中共中央。

7月13日　毛泽东致电叶剑英：积极同国民党中央军、第十七路军及冯钦哉等接洽，协商对日坚决抗战之总方针及办法。我们拟先派4000人赴华北，主力改编后出发，正向蒋介石提出要求。红军大学增加抗日课程，准备陆续派出。

7月13日（或14日）　中共代表周恩来和秦邦宪、林伯渠到庐山，准备与国民党方面举行第二次庐山谈判。国共第二次庐山谈判是在中共代表周恩来、秦邦宪、林伯渠同中国国民党代表蒋介石、邵力子、张冲之间进行。谈判主要的内容是公布国共合作宣言、红军改编、苏区改制等。

7月14日　毛泽东、朱德等人致电叶剑英，让他通过西安行营转告蒋介石：红军主力准备随时出动抗日，已令各军十天内准备完毕，待命出动。同意担任平绥线国防。惟红军特长在运动战，防守非其所长，最特长于同防守之友军配合作战，并愿以一部深入敌后方，打其后方。

7月14日　就广西、四川等地方当局对全国抗战应采取的方针问题，毛泽东致电张云逸，指出："为坚蒋氏抗日决心，各方应表示诚意拥护蒋氏及南京的抗日政策，不可有牵制之意。""此时各方任务，在一面促成蒋氏建立全国抗战之最后决心（此点恐尚有问题）；一面自己真正地准备一切抗日救亡之步骤，并同南京一道去做。此种方针甚关重要，请与李总司令及川代表张斯可先生恳商决定。盖此时是全国存亡关头，又是蒋及国民党彻底转变政策之关头，故我们及各方做法必须适合于上述之总方针。"

7月14日　周恩来在庐山会见张冲。张说，蒋介石提出红军改编后"各师须直隶行营，政治机关只管联络"。15日，周恩来致函蒋介石，说"华北炮火正浓，国内问题更应迅速解决，其最急者为苏区改制与红军改编之具体实施"。指出蒋介石上述要求同6月庐山谈判所谈"出入甚大，不仅事难做通",且"恐碍此后各事之进行"。

7月14日 中共中央军委主席团发布"关于红军改编为国民革命军及加强抗日教育问题"的命令:"我抗日红军有开赴前线增援友军,并配合友军消灭野蛮日军之任务。""令到后即以军为单位,改组为国民革命军编制。"增加抗日政治课程,对干部及士兵教授东四省和华北五省地理以及日本现状。军事训练着重实地战斗、夜间动作、袭击战斗、防空技术、长途行军、无后方作战等项。上述任务限定十天内完成,待命出动。

7月14日 中共中央向南京国民政府表示:"愿在蒋指挥下努力抗敌,红军主力准备随时出动抗日,已令各军十天内准备完毕,待令出动,同意担任平绥线国防。"

7月15日 中共中央向中国国民党中央提交《中国共产党为公布国共合作宣言》,提出了实现国共合作和全国人民大团结的三项基本政治纲领:(一)争取中华民族之独立自由与解放,首先须切实的迅速的准备与发动民族革命抗战,以收复失地和恢复领土主权之完整。(二)实现民权政治,召开国民大会,以制定宪法与规定救国方针。(三)实现中国人民之幸福与愉快的生活,首先须切实救济灾荒,安定民生,发展国防经济,解除人民痛苦,与改善人民生活。为了表示实现国共合作的诚意,中共中央再次郑重向全国宣布:(一)孙中山的三民主义为中国今日之必需,本党愿为其彻底的实现而奋斗。(二)取消一切推翻国民党政权的暴动政策,及赤化运动,停止以暴力没收地主土地的政策。(三)取消现在的苏维埃政府,实行民权政治,以期全国政权之统一。(四)取消红军名义及番号,改编为国民革命军,受国民政府军事委员会之统辖,并待命出动,担任抗日前线之职责。

7月15日 中共中央发出《关于组织抗日统一战线扩大救亡运动给各地党部的指示》。指示强调:迅速地、切实地组织抗日统一战线。以扩大救亡运动,乃各地此时最紧要的任务。对国民党每一抗战的步骤应采取欢迎与赞助的态度,坚决反对挑拨离间的阴谋。共产党员应实际上成为各地救亡运动与救亡组织之发起人、宣传者和组织者,以诚恳、坦白、谦逊之态度与努力工作去取得信任及在各类救亡团体中的领导地位。对各界中的纠纷,共产党员应以调停人之资格出任和解。

7月15日 毛泽东致信阎锡山:"关于坚决抗战之方针及达到任务之方法问题,红军开赴前线协同作战问题,特派周小舟同志晋谒,乞予接见并赐指示是祷。"

7月16日 就红军准备参战及编制问题，毛泽东、朱德致电彭德怀、任弼时并告叶剑英、刘伯承、张浩（林育英），指出：在国民政府"许可主力红军参战的条件下，拟以原一、二、四方面军出动，即以方面军编为师，军编为旅，师编为团。而以二十七军、二十八军、二十九军、三十军、三十一军五部共五千人，连同地方武装，准备编为第四师，留置后方，保卫苏区根据地"。在国民政府"不许可主力参战，但许可部分参战条件下，则以二十七军、二十八军、三十二军及骑兵团共三千余人，编为一游击师派去，活动于热、察、冀间，而多派红大干部随去，扩大义勇军运动"。

7月17日 毛泽东致信阎锡山："关于红军协同作战，昨派周小舟趋谒，现令彭雨峰（即彭雪枫）速返太原，再求指示。日寇大举，全华北危险万状，动员全力抗战到底，发动民众与扶助义军工作，实属刻不容缓。兹有敝方指导华北工作者数人拟在太原驻止，祈先生予以方便。"

7月17日 洛甫、毛泽东致电叶剑英转周恩来、秦邦宪、林伯渠：从大局出发，在谈判中对红军改编后的指挥机关可以承认平时设政训处指挥，朱德为正主任，彭德怀为副主任。但战时不能不设军事指挥部，以资统率。

7月17日 蒋介石在庐山谈话会上发表谈话，申明了中国国民党的政治立场，提出了解决卢沟桥事件的条件。他首先指出了七七事变的严重性："现在冲突地点已到了北平门口的卢沟桥，如果卢沟桥可以受人压迫强占，那么我们五百年故都，北方政治文化中心与军事重镇北平，就要变成沈阳第二，……北平若可变成沈阳，南京又何尝不可变成北平？所以，卢沟桥事变的推演是关系到中国国家的整个的问题，此事能否结束，就是最后关头的境界。"他声明"准备应战而决不求战"。他说："万一真到了无可避免的最后关头，我们当然只有牺牲，只有抗战！但我们的态度只是应战，而不是求战；应战，是应付最后关头，必不得已的办法。我们全国国民必能信任政府已在整个的准备中，因为我们是弱国，又因为拥护和平是我们的国策，所以不可求战；我们固然是一个弱国，但不能不保持我们民族的生命，不能不负起祖宗先民所遗留给我们历史上的责任，所以到了必不得已时，我们不能不应战。至于战争既开之后，则因为我们是弱国，再没有妥协的机会，如果放弃尺寸土地与主权，便是中华民族的千古罪人！那时便只有拼民族的生命，求我们最后的胜利。"提出了解决卢沟桥事件的四项条件：(一)任何解决,不得侵害中国主权与领土之完整；(二)冀察行政组织,不容任何不合法之改变；(三)中央政府所派地方官吏,如冀察政务委员会委员长宋哲元等,不能任人要求撤换；(四)第二十九军现在所驻地区,不得受任何的约束。他表示:政府对于卢沟桥事件,已确定始终一贯的方针和立场,且必以全力固守这个立场。我们希望和平,而不求苟安；准备应战,而决不求战。我们知道全国应战以后之局势,就只有牺牲到底,无丝毫侥幸求免之理。如果战端一开,那就是地无分南北,年无分老幼,无论何人,皆有守土抗战之责任,皆应抱定牺牲一切之决心。所以政府必特别谨慎,以临此大事；全国国民亦必须严肃沉着,准备自卫。在此安危绝续之交,唯赖举国一致,服从纪律,严守秩序。希望各位回到各地,将此意转达于社会,俾咸能明了局势,效忠国家。

7月17日 中国共产党代表周恩来、秦邦宪和林伯渠同中国国民党代表蒋介石、邵力子和张冲举行第二次庐山谈判。在谈判过程中,蒋介石为谈判形势所迫,开始承认陕甘宁边区为国民政府行政院直辖行政区域,允许边区发布命令委派官吏。但他仍坚持在三个师之上不设总司令部或指挥部,三个师的经营教育直属行营,参谋长由南京派员充任等要求,千方百计要把红军控制在自己手中。对于中共中央提交的宣言,他表示等中日全面开战后再发表。他的这个要求遭到周恩来等人的拒绝。周恩来等表示,红军和苏区必须全权由共产党包办,绝对不让步；国民党在谈判中坚持的意见,本党不能接受,并表示对方不让步,就暂不谈判。因而谈判无结果。由于谈判已陷入僵局,洛甫、毛泽东在7月20日致电周恩来、秦邦宪、林伯渠："日军进攻之形势已成,抗战有实现之可能。""我们决采取蒋不让步不再与谈之方针。""请你们回来面商之。"周恩来等随即离开庐山,飞往上海。21日,周恩来等电告朱德、彭德怀等红军将领:在庐山,我们力争无效,遂来宁、沪暂观时局变化,如中日全面开战,则宣言即可发表。并建议不管形势如何变化,须"立即自行改编三个方面军、六个单位的统一组织,每个方面军编足15000人,独立军、师都编入,加强干部,使各方面军都能独立工作"。

7月18日 周恩来将所拟关于谈判的12条意见,通过宋美龄转交蒋介石。其主要内容有:关于两党合作的组织形式问题。中共原则上同意建立国民革命同盟会,但要求先确定共同纲领,以便奠定同盟会及两党合作的政治基础。在共同承认纲领的基础上,同意国共双方各推出相等数量的干部组织最高会议,以蒋介石为主席,并承认他依据共同纲领有最后决定之权,中共中央不反对同盟会将来与共产国际建立某种联络。中共强调:同盟会不得干涉国共两党的内部事务;同盟会的决定两党都必须执行;但同盟会的议案若违背了共同纲领的精神,两党之任何一方均可拒绝执行;两党之任何一方,凡有违背或破坏共同纲领及同盟会组织原则时,同盟会最高会议得采取有效措施予以补救。中共有关建立同盟会的上述方案,既照顾了蒋介石的要求,又制约了他借同盟会实行专断的企图。关于发表国共合作宣言问题。由周恩来起草的《中共中央为公布国共合作宣言》,根据中共中央致中国国民党五届三中全会信及第一次庐山会谈交给蒋介石的民族统一纲领草案,以团结抗战、实行民主政治为主旨,阐述了国共合作的三大纲领和中共的四项保证。三大纲领是:(一)争取中华民族的独立自由与解放,为此必须切实迅速准备与发动民族抗战,以收复失地和恢复领土主权之完整;(二)实现民权政治,召开国民大会,以制定宪法与规定救国方针;实现中国人民之幸福与愉快的生活,首先是切实救济灾荒,安定民生,发展国防经济,解除人民痛苦与改善人民生活。四项保证是:(一)孙中山先生的三民主义为中国之必须,本党愿为其彻底地实现而奋斗;(二)取消一切推翻国民党政权的暴动政策及赤化运动,停止以暴力没收地主土地的政策;(三)取消现在的苏维埃政府,实行民权政治,以期全国政权的统一;(四)取消红军名义及番号,改编为国民革命军,受国民政府军事委员会之统辖,并待命出动,担任抗日前线之职责。关于国共两党合作的共同纲领问题。中共重新起草了国共合作的共同纲领《民族统一纲领草案》,分民族、民权、民生三大部分,共52条。其基本内容是:对外抵抗日本帝国主义对中国的侵略,争取中华民族之独立解放;对内实施宪政,保障民主自由,发展国防经济,改善人民生活,求得民生幸福。这个纲领把三民主义与抗日战争实际与中共在新民主主义时期的基本任务很好地结合了起来。关于改编红军的问题。中共坚持改编后的红军必须设立总指挥部,其名义应该是军事性质的,但也不反对是政治性的指挥机关,但它必须具有指挥机关的明确的组织与权能。中共准备让步为设立政治训练处作为指挥机关,但应以朱德为正主任,彭德怀为副主任,反对要朱德离开部队。对毛泽东的安排,原则上不拒绝出去做事,但非至已非去不可之时则不出去。中共希望中国国民党尽快发表红军改编的名称和番号,如继续拖延不决,红军将于1937年8月1日自行宣布改编,以国民革命军暂编师名义,编三个正规师,共4.5万人,其他编为师直属队,总部编3000人,地方保安部队编1万人,红军的工厂、医院另编,抗日军政大学另行解决。关于边区改制问题。中共同意南京方面在宋子文、于右任、张继三人中挑选一人来边区政府任正职,由林伯渠任副职。边区范围应包括18个县。如南京在边区改制问题上也拖延不决,中共将于1937年7月中旬在边区举行民主选举,建立新的边区政权。关于在国统区出版杂志等其他问题。中共要求延安出版的《解放》杂志在全国发行;要求民主选举国民大会代表,名额应增加数倍;要求修改宪法草案。中共所拟定的上述谈判新方案及有关文件有的在周恩来上庐山前就已电告蒋介石,有的是上庐山后通过宋美龄转交给蒋介石,蒋介石对某些问题也做了答复。

7月21日 中共中央发出《关于目前形势的指示》,指出:卢沟桥事变的发展前途有两种可能性:一是事变发展为积极的抗战以至全国性的抗战;二是由于冀察当局的让步,由于南京政府对于发动全国性抗战的迟疑及英法的态度而暂时求得妥协。我们的总任务是争取第一个前途的实现,反对一切丧失任何中国领土主权的妥协。我们的口号是:武装保卫天津,武装保卫华北,不让日本帝国主义占领中国寸土,驱逐日本帝国主义出中国。在这一总任务下我们主张:(甲)全国海陆空军总动员,实现对日抗战;(乙)全国人民总动员,立刻开放党禁,开放爱国运动,满足人民的迫切需要,实现大规模的组织民众与武装民众;(丙)全面的抵抗,不但要在军事上实行抵抗,而且必须根绝日寇在中国的一切政治上经济上的特殊势力,与汉奸亲日派;(丁)统一的积极的抵抗,立刻集中抗战的军事领导,建立各个战线上的统一指挥,决定采用攻势防御的战略方针,大规模的在日寇周围及后方发动抗日的游击战争,以配合主力军作战;(戊)建立抗日的民族统一战线,立刻使中央政府与地方政府的机构民主化,容纳各党各派的代表参加国民会议与政府,肃清一切亲日派汉奸分子,实现国共两党的亲密合作。中共中央表示,红军立即改名为国民革命军,准备立即向华北出动,对日直接作战。

7月23日 中共中央为反对冀察当局接受日本提出的亡国条件,发表《为日本帝国主义进攻华北第二次宣言》,坚决反对冀察当局对日寇妥协退让,主张实行大规模的发动民众、组织民众与武装民众,适应各种各样的人民的抗日统一战线的组织。立刻实现国共两党的亲密合作,以国共两党的合作为基础,团结一切抗日救国的党派,创立巩固的抗日民族统一战线,以实现真正的精诚团结共赴国难的方针。宣言"要求南京中央政府采取一切具体办法来满足全国人民的希望与要求,来贯彻7月17日蒋介石先生所宣布的抗日方针"。并提出八项办法:1.立即命令冀察当局宋哲元拒绝执行日本所提的三个条件,率领第二十九军全军实行武装抵抗,如宋哲元拒绝执行,则立刻明令撤销宋哲元现任职务。2.立刻派遣大军增援二十九军,并动员全中国的海陆空军实行抗战。立刻召集国防会议,集中抗战的军事领导。3.立刻实行全中国人民的总动员,开放党禁,开放爱国运动,释放政治犯,实行民主权利。4.立即实行全面的对日抵抗,停止对日外交谈判。5.立刻改革政治机构,使中央与地方政府民主化。6.立刻实现国共两党的亲密合作,创立巩固的民族统一战线。7.立刻实行财政经济土地运动文化教育等各种新政策。8.立刻实现抗日积极外交。

7月23日 朱德、周恩来、秦邦宪等人在陕西省泾阳县云阳镇抗日红军前敌总指挥部召开红军高级干部会议,讨论红军改编和开赴抗日前线等问题。

7月23日 毛泽东发表《反对日本进攻的方针、办法和前途》一文,说明在抗日问题上,存在坚决抗战和妥协退让两种对立的方针,提出坚决抗战的"八大纲领":(一)全国军队的总动员;(二)全国人民的总动员;(三)改革政治机构;(四)实行抗日的外交;(五)宣布改良人民生活的纲领,并立即开始实行;(六)实行国防教育;(七)实行抗日的财政经济政策;(八)全中国人民,政府和军队团结起来,筑成抗日民族统一战线的坚固的长城。这就是共产党所坚持的全面抗战的正确路线。

7月27日 周恩来抵达西安,同蒋鼎文会谈。蒋鼎文告诉周恩来,蒋介石电催中共按照庐山所谈在十日内改编完毕以便南京发表三个师的番号,及各师旅团长与政治主任名单,并建议以康泽为副主任。对此,中共中央表示:"(一)8月15日则编好,20日出动抗日;(二)3个师以上必须设总指挥部,朱正彭副,并设政治部,任弼时为主任,邓小平为副主任(不要康泽),以便指挥作战;(三)3个师4.5万人,另地方1万人,设保安正副司令,高岗为正,萧劲光为副,军饷照给;(四)主力出动后集中作战不得分割;(五)担任绥远方面之一线。"同时,中共下令迅速集中红军主力于三原进行改编,并决定设立总指挥部,"不管南京承认与否,实行在军委领导下之全权指挥"。

7月28日 关于红军改编问题,毛泽东同张闻天致电周恩来、秦邦宪、林伯渠:"(甲)请你们即去云阳商定改编。(乙)由云阳回西安后,以根据朱、彭、林、贺、萧、刘、张、徐诸将领意见告蒋鼎文以下之各点,请其转达蒋介石:(一)八月十五日前编好,二十日出动抗日。(二)三个师以上必须设总指挥部,朱正彭副,并设政治部,任弼时为主任,邓小平为副主任(不要康泽),以便指挥作战。(三)三个师四万五千人,另地方一万人,设保安正副司令,高岗为正,萧劲光为副,军饷照给。(四)主力出动后集中作战,不得分散。(五)担任绥远方面之一线。(六)刺刀、工具、子弹、手榴弹等之补充。"

7月28日 周恩来、秦邦宪、林伯渠返回延安,与中共中央书记处商议红军改编出动抗日事宜,决定主力红军集中在三原迅速改编,编为三个师4.5万人,上设总指挥部,朱德为总指挥,彭德怀为副总指挥。这时,朱德、彭德怀等人都在云阳。

7月31日 南京下达了三个师的番号,并同意照中共所提之人数及编制改编。8月4日,蒋又正式颁布了红军改编后的师旅团番号,并经蒋鼎文电告中共中央:"(一)限期贵部能于8日迟至10日出动,本月25日集中大同完毕工作;(二)正副总指挥及宣言仍须得抗日实现时发表;(三)政训主任及师旅团长均已照单发表,惟参谋长仍由中央选派。"

7月 闽粤边红军游击队领导人何鸣,将闽南红三团集中在漳浦县城改编,7月16日,部队1000余人在毫无戒备的情况下,被国民党军包围,全部缴械,何鸣亦被国民党拘捕。"何鸣事件"发生后,中共中央要国民党将"何鸣部人枪全数先行交还,并公开声明错误"。经一再交涉,何应钦于10月下旬同意发还被扣的何鸣部人枪(300余支),并电告福建省政府办理。同年9月,湘鄂赣边红军在谈判中接受了国民党的苛刻条件,即让国民党派来副官主任、军需主任。中共中央获悉后,特派董必武去武汉,"否认一切不利条件,重新提出有利条件"。

7月 鄂豫皖边红二十八军与国民党豫鄂皖"剿共"督办公署和皖省政府代表谈判,达成当地红军改编为鄂豫皖工农抗日联军的协议;9月初,闽西红军游击队与国民党第一五七师旅长陈惕生和福建省第六行署专员张策安谈判,决定把红军游击队改编为抗日游击第一支队;11月底,闽东红军游击队与国民党福建省当局谈判达成协议,改编为国民革命军福建抗日游击第二支队;年底,皖浙赣边红军游击队同国民党江西省当局谈判达成协议,改编为江西抗日义勇军第一支队。

8月1日 张闻天、毛泽东就红军抗日作战方针给周恩来、秦邦宪、林伯渠发出指示：(一)在整个战略方针下,执行独立自主的分散作战的游击战争,而不是阵地战,也不是集中作战,因此不能在战役、技术上受束缚,只有如此,才能发挥红军特长,给日军以打击；(二)依上述原则,在开始阶段,红军以出三分之一的兵力为适宜,兵力过大,不能发挥游击战的作用,而易受敌人的集中打击,其余兵力依战争发展,逐渐使用之。并说,以上原则与各同志商定,并准备携告国民党中央。

8月1日 周恩来收到毛泽东传来的张冲急电：蒋介石密邀毛泽东、朱德、周恩来速至南京共商国防问题。2日,周恩来电复张冲：如开国防会议则同朱德、叶剑英去；如系谈话则同林伯渠、秦邦宪、叶剑英去。4日,周恩来收到张冲复电：是开国防会议,望毛泽东、朱德、周恩来到南京参加。

8月1日 中共中央发出《关于南方各游击区域工作的指示》,分析了全民族抗日战争开始以后的国内形势,对取消苏维埃制度、停止没收地主土地、改变红军番号和加强党的组织与群众工作等作了原则说明,要求红军和游击队中较大的部队与就近的国民党政府驻军或地方政府进行合作谈判。指示强调："必须在党内外解释,在建立民族统一战线中,上述这种改变的必要。但同时应该指出,同国民党求得和平妥协,需要我们长期忍耐的工作与不屈不挠的艰苦斗争。"

8月1日 陕甘宁边区"八一"抗战动员运动大会开幕。毛泽东致开幕词,指出：平津失陷,是由于国民党当局"动摇不定,没有抗战决心所致。全国民众独立与自由的不二方针就是坚决打日本"。大会通电蒋介石并转前线抗战将士及全体红军,号召共御外侮。

8月1日 山西青年抗敌决死队第一总队成立。当时,中共中央北方局即决定中共山西公开工委书记薄一波全力抓紧武装工作,牺盟会日常工作则交由牛荫冠负责。此时,中共中央北方局及刘少奇已由天津转移到太原。8月22日至25日,中共中央召开洛川会议。9月初,周恩来、彭德怀、杨尚昆等人陆续来到太原,他们向山西党组织传达了洛川会议的精神,并加强了对于中共山西组织的领导。中共山西公开工委坚决而又策略地贯彻执行洛川会议精神,及时转变工作方针,大刀阔斧地开展工作,把主要反对关门主义,改变为主要反对右倾保守思想；在继续保持同阎锡山的统一战线关系的条件下,实行独立自主原则,并且不失时机地把工作重点转移到组建和扩大新军方面。同时,继续放手发动群众,广泛成立工、农、青、妇等群众团体,在敌后建立县级抗日民主政权。1937年10月初,薄一波在代县太和岭口阎锡山前线司令部再次向阎提出以国民兵军官教导团为基础组建五至十个旅的新军,以坚持山西抗战。阎锡山同意再组建五个旅,他以第二战区司令长官的名议先给了五个旅的番号,并要当时担任山西青年抗敌决死队政治委员的薄一波全权负责从速组建。从1937年11月至1938年二、三月,以原有决死队四个总队和国民兵军官教导团的第六、第七和第八团一部为基础,先后成立了决死队第一、第二、第三、第四纵队(南京政府军委会给的番号是独立第一、第二、第三、第四旅),薄一波、张文昂、戎子和、雷任民分任各纵队政治委员。1938年初,山西青年抗敌决死队发展到26个团,分别编为四个纵队(相当于旅)。

8月2日 蒋鼎文转蒋介石电,邀周"约同朱毛诸先生即来京面商大计"。

8月3日 蒋介石再电周恩来,要红军立即向绥德、榆林及延安集中,以便出发抗日。

8月3日 洛甫、毛泽东就向南京面交国防计划等事致电周恩来、秦邦宪并告叶剑英。电报指出:(甲)国防计划宜由周、朱、叶携往面交,不宜由电报拍往。(乙)此种计划我们正在考虑中。请将你们商定者,连同红军作战的方针、步骤等,一并于今日电告。电报告诉周恩来等,"此次赴宁须求得下列问题一同解决:(一)发表宣言。(二)确定政治纲领。(三)决定国防计划。(四)发表红军指挥系统及确定初步补充数量。(五)红军作战方针"。

8月3日 周恩来将同朱德商讨过的准备提交国防会议的提案内容电告毛泽东。提案内容包括国防会议组织机构案,重新确定战时编制案,确立全国抗战的战略计划及作战原则案,确定华北抗战计划案及红军担任一方面独立作战的任务实施全国人民总动员及武装民众参战计划案等。同日,周恩来就全民族抗战爆发后中共在华北地区的统战工作问题,和秦邦宪联名致电叶剑英并转中共中央北方局负责人杨尚昆,对华北联络局及河北各地联络局的工作作出安排,并要求派人到平、津组织情报机关。电文指出:关于平津上层统一战线工作,应联合各方坚决抗日的分子和团体,建立联合行动的组织;协助抗日的民众运动;协助军委组织和发动冀东、平、津、察东、察北的游击战争;做好全华北游击战争的准备工作。

8月3日　毛泽东收到朱德、周恩来草拟的中共方面准备向南京国防会议提出的提议案,共19项。

8月4日　毛泽东在延安凤凰山住处同张闻天商讨对国防问题的意见。当天,同张闻天致电周恩来、朱德、叶剑英,提出在同蒋介石谈判时中共方面对国防问题的意见:"总的战略方针暂时是攻势防御,应给进攻之敌以歼灭的反攻,决不能是单纯防御。将来准备转变到战略进攻,收复失地。""正规战与游击战配合。游击战以红军与其他适宜部队及人民武装担任之,在整个战略部署下,给与独立自主的指挥权。""担任游击战之部队,依地形条件及战况之发展,适当使用其兵力。为适应游击战性质,原则上应分开使用,而不是集中使用。""依现时情况,红军应出三分之一兵力,依冀、察、晋、绥四省交界地区为中心,向着沿平绥路西进及沿平汉路南进之敌,执行侧面的游击战,另以一部向热冀察边区活动,威胁敌后方(兵力不超过一个团)。红军应给与必要的补充。""发动人民的武装自卫战,是保证军队作战胜利的中心一环。对此方针游移是必败之道。"

8月4日　毛泽东致电叶剑英、彭德怀、任弼时,指出红军闽粤边区部队被国民党当局缴械事件,是极严重的教训,红军各部都应引为深戒。

8月4日　应国民政府军事委员会委员长蒋介石的邀请,中共中央决定朱德、周恩来、叶剑英去南京参加国防会议,共商国防问题。5日,朱德和周恩来自云阳抵达西安。

8月4日　中共中央提出了准备交付国防会议的有关国防意见,其内容是:(一)第一防线在张家口、涿州、静海、青岛等处,重点在张家口,应集中第一次决战兵力;(二)第二防线在大同、保定、马厂、潍县等处,应集中优势兵力相机增援第一线,并准备第二线决战;(三)太原、石家庄、沧县等处,仅能作为第三防线,决不能只顾此线而不集中兵力于第一线;(四)目前关键是第一线;(五)总的战略方针应是攻势防御,应给敌人以有力的反攻,决不能单纯防御;(六)正规战与游击队相配合,游击队以红军和其他适宜部队及人民武装担任之,在整个战略部署下,给予独立自主的指挥权;(七)担任游击战之部队,原则上应分开使用,而不是集中使用;(八)依现时情况,红军以一部兵力展开于冀、察、晋、绥四省交界地区,向着沿平绥铁路西进及沿平汉铁路南进之敌实施侧面的游击战;(九)发动人民的武装自卫战,是保证军队作战胜利的中心一环,对此方针犹豫是必败之道。

8月4日 周恩来、朱德、秦邦宪、林伯渠、彭德怀、任弼时向中共中央提出《关于全国对日抗战及红军参战问题的意见》和《关于红军主力出去抗战的意见》,认为对日抗战的方针是:(一)"要求南京要有发动全国抗战的决心和布置";(二)"争取我们在抗战中参加和领导";(三)"不反对在推动全国抗战中,须要积极的准备"。为此,我们应"参战不迟疑,但要求独立自主担任一方面作战任务,发挥红军运动战、游击战、持久战"的优点。关于红军出兵问题,"不拒绝红军主力出动,但要求足够补充与使用兵力自由";"不反对开赴察绥,但要求给便于作战的察、绥、晋三角区(争取消灭伪军与发展察、热、冀的游击战争)与便于补充联络的后方";"不拖延改编,但要求宣言名义及全部名单同时发表,迅速补充",发足费用,以便开动。但为适应持久战的需要,"主力出去仍可节约兵力,谨慎使用,不打硬仗,多行侧面的运动战与游击战"。

8月5日 朱德、周恩来等人收到洛甫、毛泽东关于红军参战问题的复电:红军担负的作战任务是"独立自主的游击运动战,箝制敌人大部分,消灭敌人一部"。"在一定地区内协助正面友军作战。"要遵循"按情况使用兵力的原则,在此原则下,承认开拔主力"。

8月6日 周恩来、朱德急赴西安,准备同在西安的叶剑英一起前往南京,以便在参加会议的同时,继续同中国国民党代表谈判。8月10日,周恩来一行抵达南京参加国防会议。

8月7日 国民政府开始在南京召开国防会议,商讨抗日大计。中国国民党中央及地方将领何应钦、白崇禧、冯玉祥、阎锡山、龙云、刘湘、张治中、黄绍竑、程潜、朱培德等到会。会议开始后于8月10日赶到的中共代表周恩来、朱德、叶剑英也应邀出席会议。这是十年内战以来,国共双方及各地实力派代表,首次齐聚一堂共商国防大计的会议。蒋介石在会上就七七事变以来的军事形势及国共两党在庐山谈判的情况作了报告。会上各军事将领热烈讨论了抗战及抗战战略问题。龙云、冯玉祥、刘湘等力主抗战,龙云表示云南可出兵20万人;刘湘更是慷慨激昂,声称四川将出兵30万人,并征集壮丁500万人。白崇禧建议,为全国团结抗战,应成立陆海空军大本营,以统率全国的武装力量。蒋介石认为,中日不宣而战,成立大本营暂无必要,可以军事委员会指挥作战。会议在蒋介石的主持下,讨论了《国军作战指导计划》,制订了"抗战到底、全面抗战"和"持久消耗"战略。中共代表朱德、周恩来分别在会上发言,并向国民政府提出了《确立全国抗战之战略计划及作战原则案》，这个提案在深入分析了中日两国的国情以及国际环境的基础上，提出了对日战略方针及作战原则，其主要内容是：(一)我之战略方针为持久的防御战，战略上是持久战，但战役战斗上应为速决战；(二)基本作战原则是运动战，即在适当时机，集中优势兵力实行决然袭击，避免单纯的阵地消耗战；(三)在必要的战略要点和政治经济中心设立坚固工事，置足够兵力，以钳制敌人；(四)阵地的构筑，应狭小其正面，伸长其纵深，守备部队应机动灵活，防止单纯死守；(五)战略上我居于内线作战，但在战役指导上应为外线作战，以求歼敌；(六)在敌之左右前后，开展广泛的游击战，造成主力运动歼敌之有利时机。

8月8日 中共赣粤边特委发表宣言，呼吁团结，要求与国民政府合作抗日。大庾县县长彭育英写信给赣粤边特委，表示与中国共产党谈判的诚意。陈毅接到彭育英的信电后，于9月3日欣然复函，对他的抗日热情表示赞扬，并阐明了中国共产党联合抗日的方针原则。

8月8日 蒋介石发布《告抗战全体将士书》，明确表示："现在既然和平绝望，只有抗战到底，那就必须举国一致，不惜牺牲，来和倭寇死拼。"

8月11日 周恩来、朱德和叶剑英在国民政府军事委员会军政部谈话会上分别作了长篇发言，就抗日战争的战略战术及指导方针，详细阐述了意见。周恩来在发言中首先指出，企图在外交上寻求妥协，"恢复卢沟桥事变以前的状态（日军撤出平津，中国军队撤出河北）是不可能的"。他在发言中强调指出：外交上的拖延只可有利于"民众动员及一切军事准备，但绝不可动摇抗战决心"。抗战必须有坚强决心，进行整个部署，动员全国军民，方可取得最后胜利。其次，周恩来提出，作战方针必须"培养独立持久之能力"，采用游击战术，交通大道也要坚壁清野，组织敌后民众，进行山地农田地的游击战、运动战。最后，军事动员方面，应将一切部队列入序列为佳，军区划分不必以历史关系，宜以每军区可独立作战为原则；同时强调，要运用第一次国共合作时期进行北伐战争的军事和政治工作经验。周恩来说："当前战争中，必须培养出可以独立持久的能力。在正面防御上，不可以停顿于一线及数线的阵地，而应当由阵地战转为平原与山地的扩大运动战。另一方面，则要采取游击战。"朱德在发言中，则从"中国科学落后，武器相当陈旧"的客观情况出发，提出中国抗战"应在战略上持久防御，而在战术上采取积极攻势"；表示红军改编后决心在华北与敌背水作战；他还论述了抗日战争中游击战的重要性及其应注意之点；以及部队政治工作、瓦解敌军政策等的重要性。朱德说："抗日战争在战略上是持久的防御战，在战术上则应采取攻势。在正面集中兵力太多，必然要受损失，必须到敌人的侧翼活动。敌人作战离不开交通线，我们则应离开交通线，进行运动战，在运动中杀伤敌人。"朱德又说："在抗战中发动民众甚为重要，在战区应由下而上及由上而下把民众组织起来。游击战是抗战中的重要因素，游击队在敌后积极活动，敌人就不得不派兵守卫其后方，这就牵制了它的大量兵力。"叶剑英在会上也作了关于抗日的政策、战略问题的发言。中共代表的意见对国民政府军事委员会制定全国抗战的战略指导方针、对出席会议的各位将领后来的作战指挥，都产生了积极的影响。

8月12日 中共中央发出《关于抗战中地方工作的原则指示》，指出：一切地方工作以争取抗战的胜利为最基本原则。着重指出，在共同抗日的口号之下，"组织全体韩民、蒙民、回民参加抗战"。应该争取这些少数民族的上层动摇分子（如德王之类）到抗战中来。汉人的政府与军队，应该同少数民族的上下层建立良好的关系，反对大汉族主义，使他们自愿的同我们亲密的联合。红军在抗战中应成为一切抗日友军的模范，并领导改善民众生活的斗争。

8月12日 国民党中央召开临时常务委员会，决定撤销国防会议及国防委员会，设立国防最高会议。即日召开国防最高会议及党政联席会议，会议决定：（一）对抗日战争的战略方针作如下表述：利用我方优势之兵力与广大国土。采取持久消耗战，一面消耗敌人，一面培养战斗力，俟机转为攻势，击破敌人，争取抗日战争的最后胜利。（二）以国民政府军事委员会为抗战最高统帅部，蒋介石就任陆海空军大元帅。（三）设立国防参议会，由汪精卫为主席；曾琦、李璜、左舜生、张伯苓、胡适、傅斯年、黄炎培、梁漱溟、张君劢、张东荪、沈钧儒、周恩来、林祖涵、秦邦宪等23人为委员。（四）为了加强军事指挥，将全国划分为五个战区：第一战区，司令长官蒋介石，作战区域为河北和山东北部；第二战区，司令长官阎锡山，作战区域为山西、察哈尔和绥远；第三战区，司令长官初为冯玉祥，后蒋介石兼任，副司令长官顾祝同，作战区域为苏南和浙江；第四战区，司令长官何应钦，副司令长官余汉谋，作战地区为福建和广东；第五战区，司令长官由蒋介石兼任（后李宗仁继任），副司令长官韩复榘，作战地区为鲁南和苏北地区。在国防最高会议开会期间，中共代表与宋美龄、宋子文、孙科、张治中、邵力子，以及冯玉祥、白崇禧、刘湘、龙云、黄琪翔，等等，广泛接触，交换意见。中共在南京实际上取得公开活动的地位。

8月12日 周恩来、朱德同张冲、邵力子、康泽在孔祥熙公馆商谈《中共中央为公布国共合作宣言》的内容。康泽向中共代表周恩来等提出：宣言不要提民主，要求一律改为"民用"，要取消对民族、民权、民生的解释；对宣言中"与国民党获得谅解而共赴国难"的提法，也不同意，主张将"国民党"改为"政府"，这实际上仍是抹煞国共两党的平等地位，含有中共向"政府"输诚之意。因此，当即遭到周恩来、朱德的严厉批驳。对康泽的其他改动，他们表示，有的不能同意，有的可以研究，主张宣言暂缓发表。会谈后，中共代表团将中国国民党的主张电告中共中央。由于日本侵华加剧，蒋介石此时已开始实际调动红军参加作战，中共也立即以第一一五师第一旅为先遣兵团依照蒋令向前运动，政治形式上的分歧，已不能成为两党合作的重大阻碍。故中共决定一方面在宣言问题上做出某些让步，除坚持中国共产党的近期奋斗目标必须写上外，凡国共合作与两党亲密团结之类的话可统统取消；另一方面则坚持：（一）发表中国共产党宣言，同时蒋介石发表谈话；（二）发展边区组织；（三）发展指挥部；（四）发给平等待遇之经费；（五）发给平等待遇之补充器物；（六）红军充任战略的游击支队。同时拒绝政治部副主任，只接受联络参谋。这时中国国民党同意中共派人去南方以改编各地游击队，并开始部分释放在狱之中共党员。

8月12日至19日 国共代表举行谈判，中国国民党代表是张冲、邵力子、康泽，中国共产党代表是周恩来、朱德、叶剑英，主要的谈判内容是发表合作宣言问题和改编红军问题。

8月13日 朱德、周恩来、叶剑英就同国民党谈判条件向中共中央提出建议：（一）努力抗战，以巩固蒋介石的抗战决心；（二）红军立即改编，争取开动；（三）力争发表《中共中央为公布国共合作宣言》；（四）催促发表正副总指挥等。

8月13日 八一三事变爆发。日本侵略军在大举进攻华北的同时，又以第三舰队向上海集结。日海军陆战队西部派遣队队长大山勇夫等二人于9日驾军用车辆冲向上海虹桥机场寻衅，并开枪打死守卫机场的中国士兵一名。机场卫兵开枪还击，日官兵二人中弹丧命。日军以此为借口，在上海集结约30艘军舰,调来大批日军。13日,日本内阁议决大规模进攻上海。同日,日海军战队炮击上海市区,向中国驻军发起进攻,并扬言三个月内灭亡中国。

8月14日　中共中央指示朱德、周恩来、叶剑英:因政治形势变化,宣言应该修改,将"三大纲领改为十大纲领":"(一)对日绝交,坚决抗战,驱逐日本帝国主义出中国。(二)全国军队总动员,为着保卫华北,保卫沿海,收复平津,收复东北而血战到底。(三)全国人民总动员,全国人民皆有抗日救国的言论、集会、结社及武装之自由。(四)抗日的国防政府。(五)抗日的外交政策。(六)抗日的财政经济政策,有钱出钱,没收日本的财产。(七)肃清汉奸卖国贼。(八)抗日的教育政策。(九)改良人民生活,废除苛捐杂税,减租减息,改良待遇。(十)抗日的全国团结以国共合作为基础,建立坚固的民族统一战线,一致抗日。"同时,中共中央还提出了有关宣言修改的其他意见:(一)"国难日益严重"改为"国难极端严重";(二)在"现为求得与国民党精诚团结,巩固全国的和平统一"一句下面,加上"执行神圣的民族战争"的提法;(三)反对"把国共团结等语改变"。

8月14日　南京国民政府发表《自卫抗战声明书》,指出:自九一八以来,日本侵夺我东省;淞沪之役,中国东南重要商镇,沦于兵燹;继以热河失守;继以长城各口之役;屠杀焚毁之祸,扩而及于河北;又继之以冀东伪组织之设立。声明表示:"中国之领土主权,已横受日本之侵略。国联盟约,九国公约,非战公约,已为日本所破坏无余。此等条约,其最大目的,在维持正义与和平。中国以责任所在,自应尽其能力,以维护其领土主权及维护上述各种条约之尊严。中国决不放弃领土之任何部分,遇有侵略,惟有实行天赋之自卫权以应之。日本苟非对于中国怀有野心,实行领土之侵略,则当对于两国国交谋合理之解决,同时制止其在华一切武力侵略之行动。如是则中国仍当本其和平素志,以挽救东亚与世界之危局。要之,吾人此次非仅为中国,实为世界而奋斗。非仅为领土与主权,实为公法与正义而奋斗。吾人深信,凡我友邦既与吾人以同情,又必能在其郑重签订之国际条约下各尽其所负之义务也。"随后,南京国民政府增派部队参加上海抗战。上海抗战爆发后,国民党第三战区司令长官冯玉祥(后由蒋介石亲自指挥),以陈诚、张治中、张发奎分别为左、中、右三路军总司令,先后投入70万兵力,开始了英勇顽强的上海抗战。在中华民族反侵略战争史上写下了极为悲壮的一页。在民族危亡的紧急关头,上海各阶层人民,积极参加宣传、动员、筹集救亡物资、救护伤员、慰问士兵等活动,以各种方式支援前线,保卫上海。中国军队的英勇抵抗和各界人民群众的大力支援,使上海抗战一直坚持了三个月。据11月8日日军作战部公布,此役日军共投入九个师团的兵力,共计伤亡40672人。国民党军伤亡也很惨重。

8月15日 中共中央为动员一切力量争取抗战胜利,颁布《中国共产党抗日救国十大纲领》,即:1. 打倒日本帝国主义;2. 全国军事的总动员;3. 全国人民的总动员;4. 改革政治机构;5. 抗日的外交政策;6. 战时的财政经济政策;7. 改良人民生活;8. 抗日的教育政策;9. 肃清汉奸卖国贼亲日派,巩固后方;10. 抗日的民族团结。"在国共两党的基础上,建立全国各党各派各界各军的抗日民族统一战线,领导抗日战争,精诚团结,共赴国难。"

8月16日 南京国民政府下达了国家总动员令。为了便于指挥全国的武装力量抗击日本侵略,8月20日,国民政府军事委员会和蒋介石,以"国民政府大本营"和"大元帅"的名义,接连发表训令,下达《战争指导方案》《作战指导计划》等,宣布:"为求我中华民族之永久生存及国家领土主权之完整,对于侵犯我主权领土与企图毁灭我民族生存之敌国倭寇,决以武力解决之。"

8月17日 周恩来电告中共中央:"现已与何军(注:指何应钦)商定,允许我方派人到各边区传达党中央意旨,并协助各边区传达改编。"南京谈判中,国民党还同意中共在南京、上海等地设立办事处,并达成中共可在南京出版《新华日报》的协议。经周恩来等要求,南京方面还分批释放了在狱的共产党员。在这段时间内,周恩来还在上海会见刚从国外归来的叶挺,请他出面来做改编南方游击队的工作。南京谈判历时十余天,解决了僵持已久的红军改编后的指挥和人事问题这个难题,但有一些问题尚未解决。

8月18日 中共中央书记处发出《关于与国民党谈判的十项条件给朱德、周恩来、叶剑英的训令》。训令指出:国共两党合作必须建立在一定原则上,目前最重要的问题,是使党与红军取得合法地位。中共中央同国民党谈判的十项条件为:发表中国共产党的宣言和蒋介石的谈话;发表边区组织;发表指挥部;发给平等待遇之经费;补充器物;红军充任战略的游击支队,在总的战略方针下,执行独立自主的游击战争,发挥红军之特长;依情况出兵与使用兵力;集中由韩城渡河前进,不分割使用兵力；第一批出动之红军应使用于平汉以西、平绥线以南地区，并受阎锡山节制。

8月18日 周恩来、叶剑英等人前往"首都反省院"看望被关押的"政治犯"，并当场将夏之栩、熊天荆、王根英等人营救出狱。随后，陶铸、张琴秋、方毅、王鹤寿、钱瑛等一大批革命者也陆续获释，奔向抗日战争的领导岗位。

8月18日 周恩来和叶剑英致电毛泽东并转彭德怀、任弼时、秦邦宪、林伯渠：南京已决定朱德、彭德怀为八路军正、副总指挥，部队仍以速开为有利。提议：至少应以一个旅为先遣部队，先行东进。18日，毛泽东电复彭、任，"同意恩来提议"。同日，周恩来和叶剑英到"首都反省院"看望被关押的中共党员和革命同志，经同国民党当局交涉，当场使夏之栩、王根英和熊天荆获释。钱瑛、刘宁一、帅孟奇、彭镜秋等人以后也陆续出狱，一部分回到延安，一部分被派往国统区工作。同日，周恩来和叶剑英向国民党当局交涉，要求释放14日被国民党青海省党部押到南京的西路军政治部组织部部长张琴秋。不久，张琴秋获释。

8月18日 毛泽东同张闻天复电周恩来、叶剑英，指出：黄白案将红军分割出动，其中包含着极大阴谋，坚决不能同意。在根本问题解决后，我军主力(不是全部)决由韩城渡河，决不走陇海线和平汉线。黄白案，指国民政府军事委员会第一部部长黄绍竑和国民党军副参谋总长白崇禧提出的八路军出动方案。具体内容是：八路军以两个师由渭南上车，经风陵渡、同蒲路至代县附近下车，到蔚县一带集中。另一师沿陇海路转平汉路，在徐水下车，到冀东玉田、遵化一带，开展游击战争。

8月18日 毛泽东同张闻天致电秦邦宪、林伯渠、彭德怀、任弼时："甲、国民党阴谋已表现得很明显，它的企图是：(一)将红军全部送上前线。(二)分路出动，使不集中，强使听命。(三)红军受命出动后即变为蒋之属下，彼以命令行之，彼时党的问题与边区问题，由彼解决，甚至将不许发表宣言并取消苏区。乙、我们对策见中央给周、叶训令。丙、此事关系重大，须在洛川会议中慎重讨论。"

8月18日 蒋介石正式发表红军改编为国民革命军第八路军，设总指挥部，统辖三个师，任命朱德、彭德怀为正副总指挥；中国国民党只向八路军总部和各师派联络参谋，不再派政治部主任和参谋长。康泽提名由乔树人、肖御寰、李德、李克庭充任八路军总部与三个师的联络参谋。给他们规定的任务有三条："一、传达中央德意,使他们知所感奋;二、随时明了该军的行动,俾于发生异动时,能事前报告中央,设法制止;三、倘发生异动,而情况不明,未及时报告中央,是为渎职。"蒋介石再次表示,希望红军改编后,迅速出动前线抗日。至此,国共两党僵持已久的红军改编的军事指挥与人事安排问题,终于获得解决。8月22日,南京国民政府军事委员会正式发布了八路军总部及所辖三个师的番号;任命朱德、彭德怀分别为正、副总指挥。

8月18日 中央书记处又致电朱德、周恩来、叶剑英,提出红军充任战略的游击支队,在总的战略方针下执行独立自主的游击战争。周恩来等人根据上述原则,进行了反复的谈判。蒋介石、何应钦最后同意:八路军充任战略游击支队,执行只作侧面战,不作正面战,协助友军,扰乱与箝制敌人大部并消灭敌人一部的作战任务。

8月20日 国民政府军事委员会颁发了《战争指导方案》,正式确定"以持久战为基本主旨",以"空间换取时间",逐次消耗敌人,以转变形势,争取最后胜利。在抗战第一期,以一部兵力使用于华北,在平绥、平汉、津浦铁路沿线各要地,采取重叠配备,多线设防,逐次抵抗,以求争取时间;以主力集中华东,使用于京沪长江方面,诱敌陷于大江南北湖沼山岳地带,使其优势装备无法发挥效能,达到逐次消耗敌人之目的,粉碎敌人速战速决之企图;以最小限度的兵力守备华南沿海各要地。

8月20日 蒋介石致电驻苏大使蒋廷黻,要求他协助与苏联政府洽商飞机交涉,"现最急需用者为驱逐机二百架与重轰炸双发动机一百架,先聘俄飞行员二、三十人,即请其驾驶飞机到甘肃后,再飞回新疆驾机回甘,如此不过十余次即可运完也"。

8月21日 周恩来为了参加洛川会议,从南京回到陕北。由于抗日战争形势迅速发展,朱德已先回陕北,未了事宜由叶剑英(9月中旬又增加秦邦宪)在南京继续进行谈判和交涉。

8月22日 南京国民政府军事委员会正式发布命令,将红军改编为国民革命军第八路军,任命朱德、彭德怀为正、副指挥。下设三个师,每师1.5万人左右。至此,国共谈判取得重大成果。

8月22日至25日 中共中央在陕北洛川召开

政治局扩大会议。会议的中心议题是制定中国共产党在抗战时期的路线、方针、政策。毛泽东首先代表中央政治局作军事问题和国共关系问题的报告。关于军事问题，报告指出抗日战争是持久的，当前日本进攻的主攻方向是华北，上海是其进攻的辅助方面。红军的主要作战地区是在晋、察、冀三省交界处，其基本任务是：(一)创造根据地；(二)钳制和相机消灭敌人；(三)配合友军作战(战略支援任务，而不是战役战斗的配合)；(四)保存和扩大红军；(五)争取民族革命战争领导权。红军的作战方针应是：独立自主的山地游击战；分散发动群众，集中消灭敌人，打得赢就打，打不赢就走；创造根据地。执行这一方针，包括有利条件下消灭敌人兵团与在平原发展游击战争，但着重于山地。关于国共两党关系问题，毛泽东指出，要坚持统一战线，巩固扩大统一战线；同时要保持共产党的阶级独立性和政治警觉性，要记取1927年革命失败的教训。毛泽东着重阐明，在统一战线中，有一个共产党吸引国民党还是国民党吸引共产党的问题，也就是说，把国民党提高到共产党所主张的全面抗战呢？还是把共产党降低到国民党的地主资产阶级专政和片面抗战？总之，必须坚持统一战线中的无产阶级领导权，红军的行动只能由自己决定，不能听蒋介石的。与会人员经过讨论一致通过了《中央关于目前形势与党的任务的决定》和《抗日救国十大纲领》。会议在统一认识的基础上，通过了《中央关于目前形势与党的任务的决定》。决定指出：中国的政治形势从此开始了实行抗战的新阶段，其中心任务是："动员一切力量争取抗战的最后胜利"；而其关键则是"在使已发动的抗战发展为全面的全民族抗战"。决定指出了国民党片面抗战的危险性，因此，"在今后抗战过程中，可能发生许多挫败、退却，内部的分化叛变，暂时和局部的妥协等不利的情况"，所以，这一抗战是"艰苦的持久战"。决定要求共产党员及党所领导的武装力量最积极地站在斗争的最前线，"应该使自己成为全国抗战的核心，应该用极大的力量发展抗日的群众运动"。

8月24日 周恩来致电张冲、康泽并转蒋介石，说明八路军先头师(指第一一五师)已于22日由陕西三原出发向指定区域开进，希望蒋迅速发表《中共中央为公布国共合作宣言》和表示赞同此宣言的谈话。

8月25日 中共中央革命军事委员会主席毛泽东，副主席朱德、周恩来发布命令："南京已经开始对日抗战，国共两党合作初步成功。为着实现共产党中央给国民党三中全会红军改名之保证，使红军成为抗日民族战争的模范，推动这一抗战，成为全民族的抗日革命战争,以争取最后的彻底胜利。特依据与国民党及南京政府谈判结果,宣布红军改名为国民革命军第八路军。"命令宣布主力红军改编为国民革命军第八路军,朱德为总指挥,彭德怀为副总指挥,任弼时为政治部主任,邓小平为副主任,叶剑英为参谋长,左权为副参谋长。第八路军下辖第一一五师,林彪为师长,聂荣臻为副师长,周昆为参谋长,罗荣桓为政训处主任,萧华为副主任;第一二○师,贺龙为师长,萧克为副师长,周士第为参谋长,关向应为政训处主任,甘泗淇为副主任;第一二九师,刘伯承为师长,徐向前为副师长,倪志亮为参谋长,张浩为政训处主任,宋任穷为副主任。

8月25日 第八路军总指挥朱德、副总指挥彭德怀发布《就职通电》:"日寇进攻,民族危急,敝军请缨杀敌,义无反顾!兹幸国共两党重趋团结,坚决抗战,众志成城。本月养日(8月22日)奉国民党政府军事委员会蒋委员长委任令开,特派朱德为国民革命军第八路军总指挥,彭德怀为副总指挥,德等因奉此,遵即将红军改为国民革命军第八路军,并宣布就职。部队现已改编完毕,东进杀敌。德等愿竭至诚,拥护蒋委员长,追随全国友军之后,效命疆场,誓驱日寇,收复失地,为中国之独立自由幸福而奋斗到底。肃电奉闻,敬候明教。"

8月27日 中共中央政治局召开座谈会议,讨论在抗日民族统一战线中共产党和国民党谁吸引谁的问题。

8月29日 周恩来抵西安,准备和秦邦宪、彭德怀一起去南京,同国民党继续谈判,并筹建中共长江沿岸委员会。30日,周恩来会见蒋鼎文。蒋答应即日通知各方不再称共产党、红军为"伪党""匪军",以后遇到行政、民运、党务事都同林伯渠面商解决。

8月30日 毛泽东复叶剑英29日来电,指出拒绝康泽所提丁惟汾为陕甘宁边区政府主任,必须以林伯渠为边区政府长官,张国焘为副长官。

8月30日、31日 毛泽东连日致周恩来、秦邦宪、林伯渠电:周恩来宜即赴太原、大同晤阎锡山,商量八路军入晋后的活动地区、作战原则、指挥关系、补充计划等事。

8月31日 毛泽东致电周恩来、秦邦宪、林伯渠:周恩来宜即赴太原、大同晤阎锡山,商量好八路军入山西后各事,即活动地区、作战原则、指挥关系、补充计划等。9月5

日,周恩来到达太原。

8月31日 毛泽东电告八路军驻上海办事处主任潘汉年:国民党对红军实行种种限制,每月只给军饷50万元并非100万元,并无枪炮等之补充,仅有衣物及少数弹药之补充,宣言拖延不发,陕甘宁边区要以丁惟汾为主任,要向红军派政治部副主任及参谋长。我们坚持原则,与之斗争。

8月下旬 项英、陈毅根据中共中央指示精神,先后到赣州、南昌与江西省府代表及第六十四师代表谈判,达成江西红军游击队改编为江西抗日义勇军,国民党军队从红军游击区撤退的协议。红军游击区各处部队与驻地国民党当局的谈判普遍展开。

8月 中共中央派张曙时以中共中央特派员身份来到四川,李一氓同行。

8月 罗世文以中共中央正式代表身份常驻四川,刘湘则派王干青为四川代表,驻在延安。这标志着中国共产党与四川实力派合作关系的正式建立。这时,驻广西的张云逸经李宗仁介绍,又到广东与广州"绥靖"公署主任、第四路军总司令余汉谋谈判,经双方多次磋商,余汉谋同意国共合作、一致抗日。不久,余汉谋允许共产党在广州建立八路军办事处。

8月 蒋介石在南京成立了陆海空军大本营,任最高统帅。从卢沟桥事变到1938年10月武汉失守,是抗日战争的战略防御阶段。根据国共谈判达成的协议,中国国民党负责正面战场。在这阶段,国民党军队对日军进行了顽强的抵抗。毛泽东指出:"所有前线的军队,不论陆军、空军和地方部队,都进行了英勇的抗战,表示了中华民族的英雄气概。""国民党在抗战问题上的进步是值得赞扬的。"

8月底至9月 红军主力改编为国民革命军第八路军后,经与国民党当局商定,在西安市设八路军驻陕办事处,林伯渠任中共中央代表,任云甫(后周子健)任办事处处长;在太原市设八路军驻晋办事处,彭雪枫兼任办事处主任;在南京市设八路军驻京办事处,秦邦宪为中共中央代表,叶剑英为八路军代表,李克农为办事处主任;在新疆迪化市(今乌鲁木齐市)设八路军驻新疆办事处,陈云(后邓发、陈潭秋)任中共中央代表兼办事处负责人;在上海市设八路军驻沪办事处,潘汉年(后李克农)任主任。共产党通过这些合法机构,推动各界爱国人士参加抗日斗争,动员群众,调集物资,支援敌后抗日游击战争,宣传共产党的抗日主张,进行了大量的统战工作,从而加强了前后方的联系,加强了共产党在国民党统治区的工作。

9月2日 第一二〇师在陕西富平庄里镇举行抗日誓师大会,中共中央派朱德、任弼时参加大会。朱德代表中共中央和八路军总部,在会上宣布了红军改编的命令,并分析了抗日民族统一战线发展的形势和任务,号召全体指战员为抗日救国的神圣事业英勇奋斗。

9月3日 周恩来以中共中央代表身份和彭德怀、林彪、聂荣臻、徐向前、萧克等乘火车入山西。5日,周恩来一行抵太原。同山西省政府主席赵戴文、阎锡山亲信梁化之及省政府秘书长贾景德初步交谈。7日,周恩来、彭德怀、徐向前等人赶往代县太和岭口行营指挥部同第二战区司令官阎锡山等会商,随后到大同会见第二战区北路前敌总指挥傅作义。周恩来同阎锡山、傅作义就八路军入山西后的活动地区、指挥关系、作战原则以及平型关、雁门关的防御等问题进行会谈。商定:(一)八路军入山西后以太行山脉及太行山北端为根据地进行独立自主的游击运动战;(二)在第二战区行营直接指挥下,成立有共产党、八路军代表参加领导的各级战地总动员委员会(简称动委会),以发动民众,组织游击战争,其工作纲领由中共拟出;(三)八路军在山西境内只动员群众,不干涉县政;(四)给红军补充物品,兵站帮助运输。

9月6日 根据国共两党关于国共合作的协议,中国共产党将陕甘宁边区革命根据地的苏维埃政府正式更名为陕甘宁边区政府,共辖陕西、甘肃、宁夏的23个县。林伯渠任边区政府主席。在党中央的直接领导下,边区进行了政治、经济、文化各方面的建设,使边区成为模范的抗日根据地。

9月8日 周恩来致电何应钦:八路军正开赴抗日前线,准备长期作战,请速解决粮饷和武器。同日,周恩来致电蒋介石,要求迅速发表《中共中央为公布国共合作宣言》和陕甘宁边区名义,以便八路军第一二九师立即出动。

9月9日至10月4日 中国军事代表团与苏联军方就援华抗日械弹进行五次商谈。中方参加者为杨杰、张冲、王叔铭、胡世杰,苏方参加者为炮兵委员拨也夫、空军委员拉宁。谈判内容为苏方提供之品种、数量及形式。

9月10日至10月1日 中共中央、毛泽东就南方游击队同国民党地方当局谈判问题,连续发出指示。南方红军游击队在谈判改编过程中,由于对国民党的阴谋缺乏警惕或坚持"左"倾关门主义,迭遭损失。闽粤边特委代理书记、红军第三团团长何鸣在与国民党第一七五师谈判时,答应将游击队编为保安队,归第一七五师指挥,将部队撤离根据地,开赴漳浦县城集中,结果被包围缴械,人员散失。闽中一支百余人的游击队,被国民党骗到蒲田城内缴械扣押,大队长遭杀害。湘鄂赣游击队竟接受国民党派来的副司令、参谋长。赣东北活动于弋阳磨盘山地区的杨文翰游击队和活动于德安、九江、瑞昌地区的刘维泗游击队,均拒不下山,并杀害被派去做说服工作的皖浙赣省委书记关英、红军第十六师政委明安娄和鄂东南特委书记林美津。两支游击队均被国民党消灭。据此,毛泽东于9月10日电林伯渠转告董必武,指示湘鄂赣区在谈判中记取何鸣部教训,不许轻易移驻大城市,不许国民党派人到红军中任职。14日,毛泽东、张闻天又电周恩来等,指示各区要依靠山地,不得重蹈湘鄂赣、闽粤边之覆辙。10月1日,中共中央再电张云逸等,批评项英在南昌答应红军无条件集中的做法,要求各游击部队集中时,须坚持下设条件:(一)须经中央派人传达方针;(二)驻地200里内之对方驻军应首先或同时调离。

9月11日 按照国民政府军事委员会命令,第八路军改称第十八集团军,属第二战区。八路军总指挥部改称第十八集团军总司令部,八路军总指挥、副总指挥改称第十八集团军总司令、副总司令。八路军改编后主力部队先后开赴山西、察哈尔、河北、绥远四省交界恒山地区的抗日前线。工农红军改编为国民革命军,表现了共产党实行国共合作,坚决进行抗日的诚意,八路军在共产党独立领导下同国民党军队合作共同进行抗日战争,这是抗战时期国共两党合作的主要内容。

9月12日 毛泽东就向国民党解释"独立自主的山地游击战争"的作战原则事电彭德怀,强调红军必须坚持依靠山地与不打硬仗的原则,务使国民党彻底了解与同意红军之此战略,保证红军有使用兵力、发动群众创造根据地、组织义勇军等自由。

9月14日 洛甫、毛泽东致电秦邦宪、叶剑英、周恩来,指出:"统一战线中,地方党容易陷入右倾机会主义,这已成为主要危险,请严密注意。"

9月16日至19日 周恩来、彭德怀奔赴河北省保定、石家庄,同中国国民党在第一战区指挥作战的徐永昌、程潜、刘峙、冯治安等将领会见,商谈八路军一部准备进入河北阜平地区作战的计划,八路军出师抗日的计划得到第一战区的国民党将领的同意与支持。周恩来、彭德怀代表中共中央军委与八路军总指挥部,同国民党第一、二战区高级将领会商,为八路军开赴前线作战铺平了道路。

9月17日 毛泽东致电朱德、彭德怀及八路军各师正、副师长,指出:"红军此时是支队性质,不起决战的决定作用。但如部署得当,能起在华北(主要在山西)支持游击战争的决定作用。"由于日军在华北以相当数量兵力沿平绥线进攻山西,企图夺取太原,威胁友军侧背,为使八路军在战略上展开于敌之翼侧,钳制敌人进攻太原和继续南下,援助友军,进行独立自主的山地游击战,中共中央决定变更八路军全部去恒山的部署,改为三个师分散配置。

9月20日 第二战区民族革命战争战地总动员委员会在太原成立。国民党爱国将领续范亭任主任,中共代表程子华任人民武装部部长,南汉宸任组织部部长,武新宇任动员分配部副部长等职。以后动委会在晋西北、晋东北、雁北和察哈尔、绥远等地,在配合八路军、牺盟会动员群众,组织人民自卫军,开展游击战争,支援前线等方面发挥了重大作用。

9月20日 洛甫、毛泽东电告秦邦宪、叶剑英、周恩来、朱德、彭德怀、任弼时、林伯渠:拒绝国民党派人到陕甘宁边区政府和红军中任职。南京派高级参谋四人,副主任一人到西安。中共中央决定全部坚决拒绝,不许其踏入营门一步。

9月中旬 秦邦宪等和康泽在南京继续谈判修改《中国共产党为公布国共合作宣言》等问题。中共中央于9月上旬派秦邦宪到南京,同在那里的叶剑英一起同中国国民党代表康泽谈判,蒋介石有时也参加。第二次南京谈判从9月中旬开始,经秦邦宪、叶剑英与康泽等进一步交涉,中国国民党方面终于做出让步,同意照中共意见重新修改宣言,以同时发表中共宣言与蒋之谈话来宣布共产党之合法化,确定高级参谋为联络性质,同时对边区政府行政首长以丁惟汾暂不到职,由林伯渠代理正职的方式表示妥协。这样一来,中共中央所争取的目标实际上已基本上达到了。对于陕甘宁边区问题,中国共产党所坚持的边区必须是完整的和统一的这个要求实现以后,尚待解决的主要是涉及边区的地位与范围等具体问题,如边区行政首长是称长官还是称主任;边区政府是设厅还是设处;边区的范围包括哪些县;等等。双方多次磋商未果。9月22日,张闻天、毛泽东电示秦邦宪、叶剑英,提出边区还要林伯渠任正职；边区行政机构设厅不设处；边区应包括鄜县、洛川、淳化、栒邑、正宁、宁县、西峰镇、镇原、预旺、安边、清涧、河口、瓦窑堡、宜川等地；边区每月经费15万元；要设保安队8500人，中国国民党不得干涉边区事务等。中共代表按上述原则同中国国民党代表多次交涉，难于一致。直到9月下旬八路军第一一五师取得平型关大捷，康泽才被迫将边区政府提案交南京政府行政院讨论，于10月12日南京政府行政院第333次会议通过：丁惟汾为边区行政长官，林伯渠为副长官，丁未到之前，由林代理；同时又注明：因边区问题"尚无章制以资依据"，"俟章制规定再发表"。由于所谓边区章制未见下文，故一直没有正式任命边区政府的行政长官。关于边区的经费与保安队问题南京政府未予承认。关于国共合作宣言问题，在第二次南京谈判中，中共代表秦邦宪、叶剑英再次提出要尽早发表，以昭示全国，影响国内外，更好地组织全民族抗战。然而，中国国民党代表康泽，仍坚持原议，要将宣言中所提争取民族独立、实现民权政治、改善民众生活三大政治纲领删去。中共代表坚决反对，双方为此"发生激烈的争执，差不多到了拍桌子的程度"。在此情况下，中共中央指示秦邦宪、叶剑英等：宣言可以修改，但绝不能照康泽的意见办。于是，中共代表便将宣言稍加修改，特别是把"国共合作"字样删去，改为国共两党"获得了谅解"的提法，有关纲领部分基本上仍维持了中共起草宣言时提出的内容。经反复协商，双方通过了国共合作宣言的基本内容。双方同意后，秦邦宪、康泽分别代表国共两党在宣言稿上签了字。9月21日，秦邦宪、叶剑英和蒋介石、康泽、张冲在孔祥熙的公馆会谈，蒋介石说："宣言双方都同意，签了字，是很好的。"

9月21日 毛泽东、洛甫电告张云逸：中共拥护一切决心抗战的政府。中共同南京与地方政府的磨擦，并不是由于中共不拥护南京与地方政府的抗战主张，而是由于政府当局不肯接受中共所提出的争取抗战最后胜利的主张，特别是关于实现民主权利与改革政治机构方面。

9月21日 朱德、周恩来抵山西代县太和岭口的第二战区司令长官司令部，同阎锡山会商八路军的游击地区、军队驻扎以及兵力使用等问题。阎同意八路军进行独立自主的山地游击战；朱、周也应允在有利条件下配合友军进行运动战。

9月22日 国民党中央通讯社发表了中共于7月提交国民党的《中共中央为公布国共合作宣言》。宣言写道："中国共产党中央委员会谨以极大的热忱向我全国父老兄弟诸姑姊妹宣言,当此国难极端严重民族生命存亡绝续之时,我们为着挽救祖国的危亡,在和平统一团结御侮的基础上,已经与中国国民党获得了谅解,而共赴国难了。这对于我们伟大的中华民族前途有着怎样重大的意义啊！因为大家都知道,在民族生命危急万状的现在,只有我们民族内部的团结,才能战胜日本帝国主义的侵略。现在民族团结的基础已经定下了,我们民族独立自由解放的前提也已创设了,中共中央特为我们民族的光明灿烂的前途庆贺。"宣言指出,要把民族的光辉前途变为现实的独立自由幸福的新中国,仍需要全国同胞,每一个热血的黄帝子孙,坚韧不拔地努力奋斗。宣言向全国同胞提出奋斗之总目标：（1）争取中华民族之独立自由与解放。（2）实现民权政治,召开国民大会,以制定宪法与规定救国方针。（3）实现中国人民之幸福与愉快的生活。为了实现这三项总目标,中国共产党郑重宣布："（一）孙中山先生的三民主义为中国今日之必需,本党愿为其彻底的实现而奋斗；（二）取消推翻国民党政权的暴动政策,及赤化运动,停止以暴力没收地主土地的政策；（三）取消现在的苏维埃政府,实行民权政治,以期全国政权之统一；（四）取消红军名义及番号,改编为国民革命军,受民政府军事委员会之统辖,并待命出动,担任抗日前线之职责。"

9月22日 毛泽东同张闻天致电秦邦宪、叶剑英,指出："宣言既已发表,目前谈判须解决者,应着重下列三事：（一）发布共同纲领。（二）解决边区问题。（三）解放报在全国发行。"

9月23日 蒋介石在庐山发表《对中国共产党宣言的谈话》,认为"此次中国共产党发表之宣言,即为民族意识胜过一切之例证"。蒋介石表示国共两党"皆已深刻感觉存则俱存,亡则俱亡之意义,咸认整个民族之利害,终超出于一切个人一切团体利害之上也"。蒋介石说："余以为吾人革命所争者,不在个人之意气与私见,而为三民主义之实行,在存亡危急之秋,更不应计较过去之一切,而当使全国国民彻底更始,力谋团结,以共保国家之生命与生存。今日凡为中国国民,但能信奉三民主义而努力救国者,政府当不问其过去如何而咸使有效忠国家之机会。对于国内任何派别,只要诚意救国,愿在国民革命抗敌御侮之旗帜下,共同奋斗者,政府无不开诚接纳,咸使集中于本党领导之下,而一致努力。中国共产党人即捐弃成见,确认国家独立与民族利益之重要,吾人唯望其真诚一致,实践其宣言所举之诸点。更望其御侮救亡统一指挥之下,人人贡献能力于国家,与全国同胞一致奋斗,以完成国民革命之使命。"他在谈话中最后指出:"中国民族既已一致觉醒,绝对团结,自必坚守不偏不移之国策,集中整个民族力量,自卫自助,以抵暴政,挽救危亡。"蒋介石这个谈话实际上承认了中国共产党的合法地位。《中共中央为公布国共合作宣言》的发表及蒋介石谈话的发表,"宣布了统一战线的成功,建立了两党团结救国的必要基础",表明了第二次国共合作已正式形成。

9月23日 进驻五台的八路军总部指示第一二〇师从左翼驰援雁门关;第一一五师从右翼配合友军作战。25日,第一一五师一部在晋东北平型关附近伏击敌人,首战告捷,歼灭日军板垣师团第二十一旅团一部1000余人,击毁日军汽车100余辆。这是华北战场上中国军队主动歼灭敌人的一个重大胜利,它粉碎了"皇军"不可战胜的神话,极大地振奋了全国军民的胜利信心。9月28日,蒋介石电八路军朱德总司令和彭德怀副总司令表示嘉慰:"歼寇如麻,足徵官兵用命,指挥得宜,捷报南来,良深嘉慰。尚希益励所部,继续努力,是为至盼。"尔后,八路军以一部分兵力分散发动群众,着手创建抗日根据地,主力在日军的侧翼和后方积极作战,配合国民党保卫忻口、太原,先后取得阳明堡、七亘村、广阳等战斗的胜利。1937年底,八路军总部根据中央军委的指示,以第一一五师独立团等部创建以恒山山脉为依托的晋察冀边抗日根据地,师部率第三四三旅南下,创建以吕梁山脉为依托的晋西南抗日根据地;以第一二〇师继续创建管涔山脉为依托的晋西北抗日根据地;以第一二九师和第一一五师第三四四旅创建的太行、太岳两山脉为依托的晋冀豫边抗日根据地。至1938年4月,上述根据地基本完成,并粉碎了日军对各根据地的围攻,先后成立了晋察冀、晋冀豫和冀南军区。

9月25日 中共中央政治局召开常委会议,讨论共产党参加政府问题。毛泽东发言说:目前时局需要有一个抗日民族统一战线的政府,我们要明确提出参加这样的政府,不是提出参加国民党政府。在日本占领区域,我们可以建立许多小块政权,南方各地也有小块苏区政权,在这些地方,要以共产党为主体参加政权。在战区的地方政府,如果能够实行抗日纲领,同时国民党政府又不反对,在这种特殊情况下,共产党员可以去参加。

9月25日 中共中央提出《关于共产党参加政府问题的决定草案》,草案提出:抗战的形势急需将国民党一党专政的政府转变为全民的统一战线的政府。共产党准备参加这样的政府,然而今天还是国民党一党专政的政府,所以,"在党中央没有决定参加中央政府以前,共产党员一般地不得参加地方政府,并不得参加中央的及地方的一切附属于行政机关的各种行政会议及委员会,因为这种参加,徒然模糊共产党人的面目,延长国民党的独裁统治,对于推动统一的民主政府的建立,是有害无利的"。中国共产党参加政府的前提条件是:(甲)国民政府接受共产党所提抗日救国十大纲领的基本内容,并依据此内容发布施政纲领;(乙)国民政府在实际行动上表现了实行这一纲领的诚意和努力,并取得相当成绩;(丙)容许共产党组织的合法存在,保证共产党动员群众、组织群众和教育群众的自由。

9月25日 毛泽东致电朱德、彭德怀、任弼时、周恩来并告林彪,提出关于华北八路军作战的战略意见,指出:拟使用第一一五师配合国民党军一部,待日军在华北相当深入后,收复灵丘、涞源、广灵、蔚县四县,然后向着大同、张家口、北平线,大同、太原线,北平、石家庄线举行大规模的侧后袭击战,在灵、涞、广、蔚四县建立根据地。如若成功,还可用相当一部进出热河方向,如此或能造成华北战争的新局面,支持相当时期的持久战。蒋介石、阎锡山关于保定决战、晋北固守的方针,完全是处在被动挨打的形势下,如无上述部队袭入敌后,绝难持久,只有实行上述计划才能变被动为主动。现仅剩下此一着活棋,应向蒋、阎极力建议。

9月25日 毛泽东同张闻天电告周恩来,与阎锡山谈话请根据下列各点:"我们宣言及蒋谈话宣布了统一战线的成功,建立了两党团结救国的必要基础。""蒋谈话指出了团结救国的深切意义,确定了共产党在全国合法地位,发出了'与全国人民彻底更始'的诺言。但还表现着自大主义精神,缺乏自我批评,未免遗憾。今后问题是彻底实现三民主义及与三民主义相符合的中共提出的十大纲领。"

9月25日 洛甫、毛泽东致电周恩来、林伯渠等,指出:关于国共两党正式建立合作关系后的宣传应依据下列诸点:(一)共产党的宣言及蒋氏的谈话宣布了统一战线的成功,建立了两党团结救国的必要基础。(二)两党和全国的团结是复兴中华民族、打倒日本帝国的基础;共产党的宣言不仅将成为两党团结的方针,而且将成为全国国民大团结的根本方针。(三)蒋介石的谈话尚缺乏自我批评,今后的问题是彻底实现三民主义及与三民主义相符合的中共提出的十大纲领。

9月25日　经中共方面力争,阎锡山同意:八路军独立负责驻区之群众工作和实行减租减息;不好之县长可以更换;组织游击队发给枪支。当天,朱德、彭德怀将此情况通报毛泽东、林彪、贺龙、徐向前等人。

9月27日　中共中央书记处电告林伯渠,要求国民党按照中共中央提出的六项最低限度的条件,迅速解决陕甘宁特区问题。这六项条件是:(一)承认特区的民选制度,特区政府经人民选出可以由南京加委;(二)加委林伯渠、张国焘、秦邦宪、董必武、徐特立、谢觉哉、郭洪涛、马明方、高岗九人为特区政府委员,以林伯渠为行政长官,张国焘为副长官;(三)设民政、建设、教育、农工、财政五厅及保安司令部;(四)特区范围包括宜川、鄜县、洛川、淳化、栒邑、正宁、宁县、合水、庆阳、西峰镇、镇原、预旺、环县、盐池、定边、安边、靖边、横山南中部、安边(包括瓦窑堡)、米脂、绥德、清涧、葭县、吴堡、神府苏区、延川、延长在内;(五)特区经费每月15万元,善后遣散费60万元;(六)保安师编制9500人。

9月29日　毛泽东论《国共合作成立后的迫切任务》一文发表。他在文中指出,中国共产党和国民党重新结成统一战线,在中国革命史上开辟了一个新纪元。我们应该把统一战线发展充实起来,把民众加进去;应该把统一战线巩固起来,实行一个共同纲领;应该决心改变政治的制度和军队的制度,实行一切必要的改革来战胜困难,这是今日中国革命的迫切任务。完成了这个任务,就一定能够打倒日本帝国主义。他还指出:统一战线还没有一个为两党所共同承认和正式公布的政治纲领,国民党用以对待民众的,仍是十年来那一套统制政策,抗日所需要的、包括全国人民在内的统一战线还没有形成。当前之急务在谋三民主义及十大纲领的实现,在首先改造政府和改造军队。

9月29日　毛泽东电告周恩来、朱德、彭德怀、任弼时:由于红军与阎锡山的结合,山西将成为华北的特殊局面。八路军应坚持废除苛捐杂税,减租减息,人民参政,改造晋军等发动全省游击战的根本方针,争取阎锡山拿出1万支枪来武装人民,与地方党在前方办一个500人至1000人的干部学校,培训游击战争干部,在山西全省创建根据地。

9月29日　毛泽东再致电周恩来、朱德、彭德怀、任弼时,进一步阐述八路军在山西作战的战略意见,指出:华北大局非常危险,河北、山东不久将失陷,中国阵地将变为扼守黄河、运河两线。这一形势将影响到上海战线发生某些变化，南京将被大轰炸，国民党如不妥协必将迁都。山西将成为华北的特殊局面，这根本的是因为有八路军，其次是阎锡山与我们合作。由于这两个力量的结合，将造成数百万人民的游击战争。根本方针是争取群众，组织群众游击队，在这个总方针下，实行有条件的集中作战。关于使用第一一五师配合国民党二三个师，待日军相当深入后，向灵丘、涞源、广灵、蔚县四县及其以北突破找其空虚后方的计划，请你们着重研究一番。如实行这一计划，可能在一个时期内开展一个新局面，有利于在山西全省创立我们的根据地。

9月30日 毛泽东同张闻天致电秦邦宪、叶剑英，提出关于南方红军游击队的改编原则：以集中五分之三、留下五分之二于原地改为保安队为原则，反对国民党提出的全部集中的要求；保安队均须进行政治上的整理，反对投降主义，反对国民党派遣任何人；集中五分之三为一个军，以叶挺为军长，项英为副军长，陈毅或刘英为参谋长，反对国民党插入任何人；任何游击队区域，均须中共中央派人亲去传达改编指示，然后集中。

9月 周恩来和阎锡山、黄绍竑等人商谈作战动员和山西持久抗战等问题。在作战问题上，双方约定八路军在山西开展独立自主的游击战争，并在有利条件下配合友军作运动战。关于山西持久战问题，周恩来指出必须节节抗击敌人的侵犯，战术上尤重在侧击、伏击与发展在敌人侧后方的游击战争；战地动员委员会是最好最实际的政权组织，它作为统一战线的"初步政权"能把八路军、中国共产党、群众与地方当局几方面结合起来。为督促上述计划的实现，使华北游击战争局面得以开展和持久，周恩来向中共中央提出自己暂留太原。周恩来代表中共中央同阎锡山谈判八路军在山西的活动区域与作战任务时，还同阎商定在第二战区所辖晋、察、绥三省范围内成立第二战区民族革命战地总动员委员会（简称战动总会）。9月中旬，周恩来领导起草动委会工作纲领，最后经阎锡山修改批准。9月20日，第二战区民族革命战争战地总动员委员会在太原正式宣布成立，第二战区高级参议、国民党爱国将领续范亭任主任委员，杨集贤（国民党员）任副主任委员。战动总会的委员中共产党方面的代表有邓小平、彭雪枫、程子华、南汉宸（后二人为常驻代表）。担任领导职务的共产党人有：武装部部长程子华；组织部副部长南汉宸；动员分配部副部长武新宇。当时在山西进行抗日宣传活动的救国会"七君子"之一的李公朴任宣传部部长（未到职）。除奸部部长由国民党改组派郭任之担任,郭后来参加了中国共产党。

9月 朱德在五台县台怀镇会见薄一波,指出:八路军首先要占据晋察冀、晋西北、晋东南三个战略要地。要求薄立即率决死一总队南下至晋东南太行山区建立根据地。

9月 高双成所部国民党军第二十二军张云衢团开赴绥远前线抗日,高双成力排地方势力的干扰,将该团所遗防区佳县、米脂、吴堡、绥德、清涧五县连同安定县防务,一并移交八路军接管。

10月2日 中国共产党同国民党谈判达成协议,将湘、赣、闽、粤、浙、鄂、豫、皖八省边界十多个地区的红军和游击队(不含广东琼崖红军游击队)改编为国民革命军陆军新编第四军(简称新四军),新四军军部于12月下旬在武汉组成,1938年1月6日迁到南昌。叶挺任军长,项英任副军长,张云逸任参谋长,周子昆任副参谋长,袁国平任政治部主任,邓子恢任副主任,下辖四个支队,全军共10300余人。同时,中共中央决定成立中共中央东南分局及中共中央军委新四军分会,项英任东南分局书记兼军分会书记,陈毅任军分会副书记。

10月4日 朱德、彭德怀电示八路军各师将领:壮大八路军本身是坚持持久抗战中极重大的任务,准备每旅改辖三个团,并派干部加强游击队的领导。

10月4日 毛泽东电告朱德、彭德怀、任弼时等:对于国民党交给我们指挥之部队,采取爱护协助态度。此方针须向全军指挥员进行教育,使全体彻底执行之。

10月6日 毛泽东致电周恩来、朱德、彭德怀,并告林彪、聂荣臻,提出华北作战的战略补充意见,指出:"敌占石家庄后,将向西面进攻,故龙泉关、娘子关两点须集结重兵,实行坚守,以使主力在太原以北取得胜利。""山西军已处最后关头,将不得不打一仗。""此战役之关键在于下列三点:(一)娘子关、龙泉关之坚守。(二)正面忻口地区之守备与出击(出击是主要的)。(三)敌后方之破坏。"为达上述目的,必须:(一)要求南京速加派主力军三四个师位于娘子关。(二)要求卫立煌军四个师担任正面出击兵团之主力,晋军以两个师协助出击,余任守备。(三)八路军第一一五、第一二○师主力,担任从东西两面破坏敌人侧后纵深地区。另要求南京派主力军两个师从涞源、蔚县行动。

10月6日至月底

中国军队举行忻口战役。上旬,第二战区司令长官阎锡山为保卫太原,决心在五台山至宁武一带依托有利地形和阵地,组织忻口防御作战。他以郝梦龄第九军、王靖国第十九军以及第七十二师、第八十五师、第二十一师、第九十四师、第十七师等部组成中央兵团,守备忻口山岭及其左侧川道;以李默庵第十四军、第七十一师、独立第八旅组成左翼兵团,控制云中山;以刘茂恩第十五军的第六十四、第六十五师为右翼兵团,控制五台山;以朱德、彭德怀的第十八集团军,于两翼侧击。10月13日,日军5万余人,在飞机、重炮、战车掩护下猛攻忻口西北侧南怀化高地。中国军队顽强抵抗,阵地几失几得,双方交战20天,日军伤亡2万余人,中国军队阵亡20700人,受伤3.5万人。在忻口会战过程中,八路军积极配合国民党军作战,发挥了重要作用。10月6日,毛泽东电示八路军:在敌之侧翼和后方积极打击与钳制敌人,配合友军保卫忻口、太原。八路军总部于10月6日、7日下令:第一一五师协同友军袭取平型关、大营镇,相机夺取浑源、应县;第一二〇师以主力位于岱岳以西山地,完全断绝大同与雁门关之间交通,并以第三五八旅主力配合友军夹击宁武以南出动之敌;第一二九师以一部进至正太铁路之寿阳、平定地区,钳制与打击西进之敌。10月上旬,朱德赴五台县豆村出席第二战区司令长官会议。讨论山西抗战形势和忻口战役的准备工作。10月13日、14日,朱德先后电令贺龙、萧克和林彪、聂荣臻及其所属:断绝日军后方交通,从侧背击敌,配合友军忻口会战。据此,第一一五师经一个月的作战,在晋东北、察南、冀西先后收复县城十座,切断了张家口至代县的敌后方交通线。第一二〇师经过20余日作战,收复平鲁、宁武等县城,攻战井坪镇、大牛店等地,切断日军由大同经朔县至宁武、由大同经雁门关至忻口的交通线。进攻忻口之日军,粮、弹、油料供应难以为继,乃由代县西南之阳明堡前线机场频繁出动飞机,对忻口国民党军阵地连续轰炸。19日,八路军第一二九师先头部队第七六九团夜袭日军阳明堡机场,激战一小时,歼敌100余人,毁伤全部24架敌机。国民政府对八路军在保卫忻口战役中积极配合,并不断取得胜利非常满意。蒋介石在10月17日,一天连发出两次电报,表示嘉奖。第一封电报是发给八路军总司令朱德的,说:"接诵捷报,无任欣慰,着即传谕嘉奖。"第二封电报是发给总司令朱德和副总司令彭德怀的,说:"贵部林师及张旅屡建奇功,强寇迭遭重创,深堪嘉慰。仍希继续努力,以竟全功为要。"

10月8日

中共中央华北军分会发布《对目前华北战争形势与我军任务的指示》,指出:山西已成为华北战局中最后争夺的主要目标,国民党最高军事当局,已有集结与增加新的力量于晋北,以求部分决战胜利争取战局开展之新的决心与部署。八路军必须依据独立自主的运动游击战机动果敢的作战原则,成为达成晋北战役计划的重要因素,创造太行、恒山山脉及晋西北地区的抗日根据地,以影响友军在战术上及对群众关系上的改进,巩固八路军的威望。

10月10日 中共陕西省委发表致国民党陕西省党部的一封公开信,抨击该省党部利用"统一"之名,取缔救亡团体,假借"合法"之权,压迫救亡运动,禁止青年宣传抗日,禁售抗日书籍及逮捕抗日青年等错误行动,要求立即进行自我批评,改变过去对民众运动的种种错误政策,立即实行7月19日对该党部所提出的六项建议。

10月11日 秦邦宪根据中共中央精神给项英、陈毅写信,信中除分析形势外,还针对南方各区红军游击队改编中的问题,传达了中共中央三点"最低限度"的指示:(一)队伍可以改变番号,但不允许国民党派人进来,要保持军队的独立性及我党的绝对领导;(二)要求与国民党军队同等待遇,极力争取物资、军队与经济之补充接济;(三)各地队伍不集中,不要求大地方,不脱离根据地。秦邦宪将此信以及"陕北出版之《解放》全部14期及中央决议、宣言、大纲、地方工作指示与地方红军谈判必须坚持的条件各一份"派与项英熟悉的顾玉良,以八路军办事处工作人员的合法身份,赴江西找项英和陈毅,顾玉良在江西大庚县的池江找到了项英,递交了中央文件和信,并口头传递了叶剑英代表中央的四点指示:(一)负责人下山谈判可以进行,但部队决不能下山;(二)要提高警惕,部队靠山驻扎,占据有利阵地,如有来犯者,坚决击退,不可犹豫;(三)在谈判过程中要努力扩大部队,筹集给养,不要放松;(四)谈判成功,部队给养得到政府供给以后,就应停止继续以红军名义公开筹饷,但扩大部队的工作应当继续。

10月12日 国民政府军事委员会宣布中国共产党领导的南方八省红军游击队和红二十八军改编为国民革命军陆军新编第四军。

10月13日 洛甫、毛泽东电示潘汉年等:民族资产阶级的影响,应部分左倾领袖和共产党员中正在增长,主要表现是对国民党的投降,只知对国民党统一,处处迁就它的要求,而不知同它的错误政策做斗争。我们应不失时机对国民党的错误政策,采取攻势的批评与斗争。这不是使国共合作分裂,而是使之更进一步的开展。

10月13日　毛泽东致电周恩来、朱德、彭德怀、秦邦宪、叶剑英,提出太原失守后的战略部署意见,请他们考虑向国民党提出。电报指出:"太原即使失守,亦无关大局,因大同、太原线两侧均有我军向该线袭击,敌在我四面包围中,华北大局之枢纽,现乃在恒山山脉及正太路。该地区如失,则华北战局立即转为局面战,敌已达到控制全华北枢纽之目的。"电报还提出,为确保太行山脉,正太铁路于我手中,准备向大同、张家口、北平线作战略反攻,支持华北持久战,用以消耗敌人,保卫中原各省之目的,而应实行的具体部署。

10月17日　中共中央发布《关于开展全国救亡运动的指示草案》。草案指出:自动地取消自己的救亡团体和独立自主的救亡运动,以交换在抗敌后援会及其设计委员会中的某些上层位置,这是无原则的行动。"共产党在任何时候,决不放弃动员群众、组织群众与教育群众的完全自由。"

10月18日　洛甫、毛泽东致电潘汉年、刘晓,指出:上海全国各界抗日救国会的取消,是为了开展工作,而不是为了同国民党交换抗敌后援会的上层位置。这与西安西北各界抗日救国会的取消是不相同的。所以,中共上海组织目前工作的中心,不是在恢复已经自动取消的全救,而在加强各种救亡协会与团体的群众工作,用最具体的事实,揭露国民党的包办政策,以达到抗敌后援会的民主改造。

10月19日　毛泽东同张闻天致电周恩来、朱德等:在山西须坚持与阎锡山合作,不参加任何倒阎阴谋,但原则问题决不让步。

10月26日至28日　八路军陈赓旅于七亘村两次设伏歼敌。10月25日,日军第二十师团一部向平定进犯,其后方辎重部队千余人尚在测鱼镇宿营。陈赓在七亘村设伏待敌。26日上午经两小时激战,消灭日军300余人,其余溃返测鱼镇。28日,该旅第二次巧设伏击阵地,又歼日本兵100余人,缴获甚众。这两次成功的伏击,完全阻隔了井陉至平定间的交通,解救了被围困的国民革命军曾万钟第三军1000余人脱出险境。

10月31日　朱德、任弼时在寿阳县会见第二战区副司令长官黄绍竑、第二集团军副总司令兼第一军团军团长孙连仲、第十二师师长唐淮源;在寿阳县马村会见第二十二集团军总司令兼第四军团军团长、第四十一军军长孙震。

10月 邓宝珊奉蒋介石之命赴榆林就任合编之二十一军团军团长。不久,即派第八十六师副官高少白、军团部副官石佩玖,持邓宝珊、高双成信件去陕甘宁边区绥德,和陈奇涵商谈彼此协防事宜。陈奇涵随后亲往榆林会见了邓、高。随后,八路军后方留守处司令员萧劲光、陕北联保司令高岗等人先后到榆林,和邓宝珊做了几次长时间谈话,达成了双方和平相处的默契。

11月1日 中共中央鉴于抗战已进入紧急关头,向国民党中央和国民政府提议立即召开国民大会,决定具体的国防纲领,通过民主的宪法大纲,选举政府机关。

11月2日 毛泽东同张闻天复电林伯渠并告周恩来、秦邦宪等:我们决坚持山西抗战,即使太原失守,日军也不能安枕,国民党各军也不得不和我军一道作战,不至轻易退回黄河以南。

11月4日 毛泽东同张闻天、张国焘致电秦邦宪、叶剑英:向国民党提出并力争解决特区的范围和目前急需的经费等问题。

11月5日 日本侵略军迫近太原,傅作义特派人护送周恩来出城,且将城内所存一部分武器拨交八路军。周恩来出城前对傅作义说,傅将军守城名将,是可信赖的。但抗日战争是长期的战争,焦土抗战的主张是错误的,只顾一城一地的得失也是不足为训的,要着眼于争取最后的胜利。能争取时间就是胜利,能保存有生力量就是胜利,务请深思。

11月8日 太原失陷。毛泽东致电周恩来、朱德、彭德怀、任弼时并告八路军各师主要负责人,指出:"太原失后,华北正规战争阶段基本结束,游击战争阶段开始。这一阶段,游击战争将以八路军为主体,其他则附于八路军,这是华北总的形势。"国民党在华北各军残部大量溃散,"八路军将成为全山西游击战争之主体,应该在统一战线之原则下,放手发动群众,扩大自己,征集给养,收编散兵,应照每师扩大三个团之方针,不靠国民党发饷,而自己筹集供给之"。吕梁山是八路军的主要根据地,但其工作尚未展开,第一一五师的第三四四旅、第三四三旅应立即迅速转移至吕梁山地区;第一二九师全部在晋东南,第一二〇师在晋西北,准备坚持长期游击战争。

11月11日　毛泽东在秦邦宪、叶剑英8日关于国共两党关系有趋恶化之势的来电上批注："国民党自大主义依然十足,国危至此,还是统制政策不变,我们唯有坚持原则立场,逐步前进,最后冲破国民党的统制。"

11月12日　中国共产党在延安召开党的活动分子会议,毛泽东在会上作了《上海太原失陷以后抗日战争的形势和任务》的报告。毛泽东针对在统一战线工作中对国民党的无原则的迁就,对国民党的阴谋诡计缺乏警惕等情况指出,共产党要坚持抗日统一战线,就必须坚持统一战线中的独立自主原则,就必须坚决地反对民族投降主义,并且在这个斗争中扩大和巩固左翼集团,争取中间集团的进步和转变。

11月12日　上海失陷。同日,洛甫、毛泽东就《关于上海失守后救亡运动的方针问题》致电秦邦宪、潘汉年、刘晓,指出:上海公开救亡团体应准备必要时转入秘密状态;救亡运动的中心将转移至武汉;潘汉年应"完全秘密起来"。

11月13日　毛泽东致电八路军总部及周恩来、刘少奇、杨尚昆并告八路军各师负责人,指出:山西国民党各军大溃,"正规战争结束,剩下的只是红军为主的游击战争了"。"红军任务在于发挥进一步的独立自主原则,坚持华北游击战争,同日寇力争山西全省的大多数乡村,使之化为游击根据地,发动民众,收编溃军,扩大自己,自给自足,不靠别人,多打小胜仗,兴奋士气,用以影响全国,促成改造国民党,改造政府,改造军队,克服危机,实现全面抗战之新局面。"

11月13日　毛泽东就《八路军应积极参加特区大会选举问题》致八路军各军政首长及政治机关。指出:当此抗战紧急,中华民族生死存亡关头,特区政府在中央的领导下,首先在西北广大地区,实施抗战和普选的民主政治,做全国民主政治之先导,实有全国性政治意义。八路军是抗战序列中的重要支柱,是共产党直接领导的武装力量,必须积极的热烈的参加特区大会的选举,并以英勇战斗与政治工作的模范去影响一切友军,达到改造国民党,改造国民政府,改造军队,最后战胜日军的目的。

11月13日　周恩来从山西临汾致电毛泽东、张闻天、朱德、彭德怀、任弼时,就"反对妥协求和,坚持华北抗战"问题提出了九项建议。

11月14日 王明、康生等人乘苏联军用飞机抵达迪化，停留了两个星期，盛世才以上宾热情款待，并向王明提出要求：希望中共中央派干部来新疆，其中包括四个正副厅长、九个行政长（即专员）、200个县长和科级干部。

11月16日 周恩来在《目前抗战危机与坚持华北抗战的任务》文章中指出，由于国内外妥协调解空气渐渐抬头而发生了汉奸政权的活跃、投降主义的生长、特殊化思想的增长、失败主义情绪的发生。要消灭这一切现象就必须坚持抗战到底。对于怎样坚持华北抗战，提出了四项主张：（一）改造旧军成立新军，建立政府工作制度；（二）开放政权，实行民主政治，应该团结全华北的抗日人民，不论何党何派何军，均应容纳他们的代表，来共同担当国事；（三）开放民运，要宣传民众、发动民众、组织民众、武装民众，共同担当华北的持久的游击战；（四）肃清汉奸，坚决反对投降主义。

11月16日 毛泽东、洛甫、萧劲光致电高岗，委任其为八路军骑兵司令，并率骑兵团及蒙汉支队北出东西乌审旗、鄂托旗，于三边以北及沙漠以南一带，以"蒙汉两民族团结一致""保卫绥远"的口号，去发动伊克昭盟各旗上层和马占山、何柱国等当地国民党人抗日。

11月20日 国民政府发表宣言：国民政府兹为适应战况，统筹全局，长期抗战起见，本日移驻重庆，财政、外交两部及卫生署迁驻武汉。26日，国民政府主席林森率部抵达重庆。

11月26日 蒋介石关于请求苏联派部队援助中国致电斯大林指出，"我希望友好的苏联将给予中国重大的援助。如果此时此刻为挽救东亚的危险局势你决定派出您的部队，那么这一决定将加强中苏之间永远合作的精神"。

11月 宋庆龄对于共产党和国民党的重新合作表示热烈的支持，发表了《关于国共合作的声明》，指出，"共产党是一个代表工农劳动阶级利益的政党。孙中山知道没有这些劳动阶级的热情支持与合作，就不可能顺利地实现完成国民革命的使命"。并强调指出，国难当头，应该尽弃前嫌。必须举国上下团结一致，抵抗日本，争取最后胜利。

11月 以山西青年抗敌决死队为骨干力量的山西新军，先后进驻晋东南、晋西南和晋西北地区，协同八路军发动群众,开展游击战争,创建抗日根据地。决死队是以薄一波为首的共产党人取得阎锡山同意后,在1937年8月,以原牺牲救国同盟会主办的各种军政干部训练班为基础开始组建的。初为一个团的建制,9月间扩大为四个总队(团),进而发展为四个纵队(旅)。在抗日高潮中建立的山西新军还有工人武装自卫队、政治保卫旅和暂编第一师等部队。至1939年底,30个月内发展至九个旅50个团。这支由中国共产党运用合法名义具体组建和领导的部队,建制上归属晋绥军系统;军事上既统一归属第二战区领导,又归属八路军总部及八路军各师指挥。同时,牺盟会的共产党干部又掌握了五个专区、70个县的政权组织,担任专员及县长领导职务。这支拥有总兵力6万余人的正规武装及大批抗日民主政权,在山西各地开展游击战争,配合八路军主力部队与日、伪军浴血奋战,对稳定山西战局起了显著作用。

11月 从11月起八路军三个师按照中共中央的指示,决定广泛分兵发动抗日游击战争,配合国民党军队正面战场作战,逐渐向敌后实行战略展开。他们与地方党组织相结合,放手发动群众,执行创建抗日根据地的战略任务。第一一五师一部在聂荣臻率领下,以晋东北恒山地区为中心,开辟晋察冀抗日根据地,第一一五师主力转入晋西南,开始创建晋西南根据地;第一二〇师进入管涔山脉,创建晋西北抗日根据地;第一二九师进入以太行山区为依托的晋东南地区,开创晋冀豫抗日根据地。至此,八路军在敌后建立了三大战略支点,初步实现了战略转变,给日本帝国主义者以严重威胁,在战略上对正面战场以很大支持。同时中共山东省委于10月中旬在济南讨论中共中央关于在山东发动组织群众抗战的指示,制定了分区发动武装起义的计划,接着领导了鲁西北、冀鲁边、天福山、黑铁山、徂徕山、泰西、胶东、鲁东南和微山湖西等地抗日人民的武装起义和游击战争,收复了大片国土,并逐步创建了抗日根据地。

12月1日 日本大本营陆军部下达进攻南京的命令。

12月2日 蒋介石在南京召集高级将领顾祝同、白崇禧、唐生智、徐永昌等人开会,商讨对日本提出的七项条件的态度。蒋介石表示:(一)德国之调停不应拒绝,并说如此尚不算是亡国条件;(二)华北政权要保存。会后,蒋介石再次会见德国驻华大使陶德曼,表示愿以日本提出的七项条件为谈判基础,同意派亲日分子为华北行政首脑;同意与日本共同反共。不久,日本再次通过德国驻华大使向国民政府提出四项谈判条件,因内容苛刻,遭到蒋拒绝。

12月2日 毛泽东、周恩来、彭德怀致电朱德、任弼时、邓小平并告杨尚昆、彭雪枫：在日军缓进，阎锡山继续留在山西的条件下，八路军仍须着重巩固统一战线，尤其注意同阎的关系，避免发生不必要的磨擦。

12月6日 毛泽东、周恩来、彭德怀致电朱德、任弼时、邓小平等，电报指出：鉴于日军在进攻中企图引诱阎锡山及国民党之中右派分裂抗日阵线，八路军无论在友军区域或敌人后方，均应执行民族统一战线的方针，加强统战教育，以破坏敌人的阴谋。

12月6日 汪精卫在汉口主持召开国防最高会议第五十四次常务委员会会议，决定接受德国驻华大使陶德曼调停，实现中日和平。

12月6日 日军侵占南京外围的秣陵关、淳化镇、汤山一线。12月7日，各路敌军在海空军配合下，开始发起全线合围攻击。中国守军虽然进行了抵抗，但在日军的猛攻下，秣陵关、淳化镇、汤山相继陷落。敌人突破外围阵地后，跟踪逼近南京城廓阵地。12月10日，日军向雨花台、光华门、紫金山等处攻击。守卫雨花台的第八十八师官兵浴血奋战，旅长朱赤、高政嵩先后殉国。12月12日，雨花台、紫金山、光华门等要地先后失守，城内各处均受敌炮火袭击。至此，战局已无法挽回，唐生智奉命弃守南京。

12月9日 徐特立和王凌波抵长沙，设立办事处，徐特立为十八集团军高级参谋、八路军驻湘代表；王凌波为八路军驻湘通讯处主任、新四军驻湘办事处主任。

12月9日至14日 中共中央举行政治局会议。中共驻共产国际代表、共产国际执委会委员、主席团成员王明在会上作了《如何继续全国抗战与争取抗战胜利呢？》的报告。他在报告中在坚持联合国民党抗战问题上发表了一些正确意见，但在如何巩固和扩大抗日民族统一战线方面，提出了比较系统的右倾投降主义主张。他抹煞国共两党在抗战中的原则分歧，强调"一切经过统一战线"、"一切服从统一战线"，放弃无产阶级领导权。针对王明的右倾投降主义错误，毛泽东等人指出，在统一战线中，"和"与"争"是对立的统一。如果没有共产党的独立性，会使共产党无异于国民党。王明的错误思想曾影响了一部分人。但由于毛泽东等人的抵制，他的错误意见未能形成会议决议。会议结束时，周恩来就准备同蒋介石、蒋鼎文和阎锡山会谈的具体问题做了说明，并代表中共中央宣布中央的几个组织机构和派往各地的工作人选。会议还决定由项英、周恩来、秦邦宪、董必武组织长江局，领导南方各省党的工作。由周恩来、王明、秦邦宪、叶剑英组成中共中央代表团，到武汉继续同国民党谈判，协商国共两党合作事宜，推动统一战线工作。

12月11日 为避免与晋绥军磨擦，朱德、彭德怀、任弼时致电徐海东、黄克诚并告聂荣臻、罗荣桓，要徐、黄部不向晋西南而改向晋东南活动一个时期。

12月13日 日军占领南京。在日本华中派遣军司令松井石根和第六师团长谷寿夫的指挥下，日军在南京进行了长达六周的血腥大屠杀。这些丧尽人性的日军，除大量使用枪杀外，还采用砍头、挖心、剖腹、砍掉四肢、刀刺阴户和肛门等手段，随心所欲地残杀中国人。他们将成百的中国难民绑在一起，挖眼睛、割耳朵，活活折磨而死；他们把被俘的士兵捆在柱子上，用锥子刺成血人，再刺眼睛、穿喉咙；他们将孕妇轮奸后，从腹中取出婴儿，挑在刺刀尖上玩耍；他们将小姑娘轮奸后，用刺刀刺穿她的腹背，还用枪尖挑幼童的肛门，投入火中活活烧死。更有甚者，日军还公然举行杀人比赛游戏。1937年12月，日本《东京日日新闻》在题为《紫金山下》的通讯中写道，"向井（敏明）少尉与野田（岩）少尉，举行杀人的友谊比赛，谁先杀死100个中国人就算赢得了锦标。在他俩碰头时，向井已杀了106人，野田已杀了105人，两人拿着砍缺了口的军刀相对大笑。他们虽都超过了100人记录，但无法断定谁是先杀够了100人的胜利者，两人同意不以100人为标准，而以105人为标准，向井说，这一次竞赛，完全是'玩意儿'。他觉得彼此都能够突破100人的纪录，实在是很'有趣味'的事"。日军自进入南京后，像一群野兽，不仅见人就杀，而且见妇女就强奸，见财物就抢。据远东国际军事法庭判决书不完全统计，在日军占领南京一个月内，强奸事件万余起，其中，有三分之一是在白天发生的，上至70岁的老妇，下到十岁左右的幼女，无一幸免。集体轮奸更是屡见不鲜，被奸淫的妇女，又大多被日军杀害。一位妇女被轮奸后，日军将她剖腹断肢，一块一块地投入火中焚烧。经过日军大屠杀的空前浩劫，当时的中国首都南京变成了一座阴森可怖的地狱。据不完全统计，死于日军大屠杀的市民、解除了武装的中国士兵及军警，为30万至40万人。这群法西斯匪徒，从头到脚，每一个器官，每一个细胞，都充满了最残暴、最无耻的兽性。他们的行径，令人发指，在人类历史上写下了最野蛮、最残暴的一页。这是日本帝国主义者对中国人民犯下的又一起滔天罪行。

12月14日 由日军一手扶植的傀儡政权"中华民国临时政府"在北平成立。该政权设日本顾问团及行政、议政、司法三个委员会，由王克敏、汤尔和、董康分任委员长。就职典礼于1938年1月1日举行，1月30日，将1935年成立的"冀东防共自治政府"并入，共辖河北、山西、山东、河南四个省公署和北平、天津两个市政府。2月12日，伪中国联合准备银行在北平成立，发行伪钞联银券。

12月15日 毛泽东致函抗日军政大学九队，指出救亡是全国人民在现阶段上唯一的总目标。唯有统一战线才能达到救亡之目的。

12月17日 毛泽东在给朱德、彭德怀、任弼时等人《关于华北我军应坚持统一战线政策的指示》中指出，我党我军必须坚持抗日民族统一战线政策，八路军对华北各友军尤其对阎锡山及各县地方政权、地方绅士，必须保持好的友好关系，一切须求合法和统一，减少磨擦，必要时，应当让步。

12月18日 王明、周恩来、秦邦宪、邓颖超等人抵达当时成为国民党统治区政治中心的武汉。

12月18日 朱德、彭德怀、任弼时、邓小平以第十八集团军军委分会的名义，就减少磨擦、巩固抗战团结问题发出训令，指出："巩固民族统一战线，是我们工作的中心与方针。在山西方面的地方工作中，必须注意尽量取得与山西当局及地方政府、民众团体与附近友军的协同与合作"；训令要求尽量取得与山西当局及地方政府、民众团体与附近友军的协同与合作；12月底停止扩兵；游击队避免直接筹粮筹款；各部指战员都必须佩戴臂章符号，严格管理教育；增派力量至深远后方和在敌占区组织与武装民众。

12月20日 王明、周恩来等人与陈立夫就国共关系问题进行了商谈，陈立夫表示同意中共方面关于进一步调整两党关系和制定共同纲领的主张。于是，王明、周恩来等人立即开始准备起草共同纲领、对时局宣言以及关于边区等问题的协定条款。在关于边区等问题的书面意见中，共产党提出了如下主张：（一）边区管辖范围定为下列各县：延安、甘泉、鄜县、洛川、延长、延川、安塞、安定、保安、靖边、定边、淳化、栒邑、宁县、正宁、镇原、固原、海原、靖远、盐池、环县、庆阳、合水23县。（二）边区政府设边区行政长官一人、副长官一人，下设民政、财政、教育、建设、农工各厅及保安司令部。（三）边区行政长官人选以丁惟汾正、林伯渠副,丁惟汾因公不赴任,由林伯渠代理,边区行政委员会定为八人,人选为丁惟汾、林伯渠、张国焘、徐特立、高自立、马明方、高岗、成仿吾,各厅长由委员分别担任之。(四)保安队依边区各县之大小而设一中队至一大队,另设八路军补充师以收纳编余壮丁及指定征募区之新兵。(五)经费中央每月补助10万元。(六)边区善后遣散诸费特定为30万元。

12月21日 王明、周恩来、秦邦宪、叶剑英于当天晚上同蒋介石、陈立夫、康泽、刘健群、张冲进行了谈判。王明首先就当前抗战形势、两党关系、合作任务等问题说明了中共中央的主张,进而向蒋转达了苏联方面关于愿意帮助中国政府组织30万机械化部队和建立与战争相适应的军事工业的具体提议。随后,秦邦宪代表中共中央就前此谈判中的边区政府人选、联络参谋、办事处、国民党参观团等问题表示决定接受国民党方面的意见。然后,周恩来则进一步就密切两党关系以及改进抗战政策等问题提出具体建议,这包括成立两党关系委员会,决定共同纲领,出版报纸,建立国防军事工业,征兵委员会,扩充并改造军队,协助政府组织,扩大国防参议会为民意机关等。对此,蒋当场表示:"所谈极好,照此做去,前途定见好转,彼想的也不过如此。""彼也认为外敌不足虑","只要内部团结,胜利定有把握"。最后,蒋表示今后两党关系中共代表可与陈立夫"共商一切"。当晚,王明、周恩来等人继续与陈立夫商谈,陈亦同意中共方面关于进一步调整两党关系和制定共同纲领的意见。

12月21日 洛甫发表《巩固国共合作,争取抗战胜利》一文。他指出,中日两国的最后胜利,是要在持久战中去解决,争取抗战最后胜利的中心关键,就是在于扩大与巩固抗日民族统一战线。而这个统一战线的基础,就是国共两党的合作。如果国共两党的合作能够继续发展下去,巩固下去,则中华民族的最后胜利,就有了保证。如果国共两党的合作中途分裂,中华民族就要被日军所灭亡。他严肃指出:因此要警惕敌人分裂和破坏国共合作的阴谋,要教育两党党内顽固的与幼稚的分子,使他们抛弃芥蒂,亲密合作。为了发展与巩固两党的合作,他还就国共两党关系、国民政府、国民革命军、民运四个方面问题做了原则说明,严厉地批驳了污蔑中国共产党"合作是假""争取领导权是真"等谬论。

12月21日 日本外相广田向德国驻日大使狄克逊面交日本内阁会议通过的关于中日和平解决的基本条件:(一)中国政府放弃反日、反满政策,与日、满合作共同反共;(二)在必要地区设立非军事区和特殊政权;(三)日、德、中缔结经济合作协定;(四)中国应对日本赔款。如果中国政府接受上述条件,必须表现出实行防共的诚意,并在一定期限内派遣媾和使节到日本所指定的地点进行谈判。后来,由于日本政府更迭,与蒋介石政府的联系暂时中止。

12月23日 中央代表团与长江局在汉口召开第一次联席会议,决定合并,对外称中央代表团,对内称长江局。成员有周恩来、项英、秦邦宪、叶剑英、王明、董必武、林伯渠七人,王明为书记,周恩来为副书记。

12月24日 毛泽东、萧劲光、谭政联名发出《关于红军在友军区域内应坚持统一战线原则的指示》。指出:扩大和巩固统一战线,始终是我们的中心与方针。为达到扩大统一战线的目的,在共同负责,共同领导,互相帮助发展的口号下,要与各统一战线的地方工作当局协商。要警惕敌人对统一战线的破坏,也要克服一些同志在统一战线问题上的狭隘观点和方式的机械,以免造成与友军及地方政府的磨擦。要注意和他们在抗战利益基础上的团结,有时也要做暂时的让步。

12月25日 新四军军部在汉口成立,叶挺为军长,项英为副军长,张云逸为参谋长,周子昆为副参谋长,袁国平为政治部主任,邓子恢为副主任,下辖四个支队,全军共10300余人。

12月25日 中共中央发表《中共中央对时局宣言》,指出:当此民族危机更加紧迫之时,我全民族抗日力量更加团结,实为挽救时局的中心关键。团结全民族抗日力量的根本方针,在于巩固和扩大抗日民族统一战线,而巩固和扩大民族统一战线的中心环节,则为巩固国共两党的亲密合作。为保证持久抗战,争取最后胜利,应动员全国力量进行长期抗战,巩固和扩大全中国的统一的国民革命军,充实和加强全中国统一的国民政府,实行国防经济政策,建立巩固后方及扩大国际宣传和增加国际援助。

12月26日 国共两党正式成立两党关系委员会,并召开第一次会议。国民党方面的正式代表为陈立夫、刘健群、张冲及康泽,共产党方面的代表为周恩来、王明、秦邦宪、叶剑英。会议决定每五天会商两次,并一致同意起草共同纲领,推定由周恩来与刘健群共同担任起草工作。

12月27日 周恩来在武汉同东北军将领黄显声及王化一交谈了以下三个问题：(一) 分析上海、太原、南京失陷后的抗战形势，批判汉奸、投降派的卖国行为和蒋介石片面抗战的荒谬论调；阐述共产党、毛主席的全面抗战主张，强调全国一致，团结所有爱国力量，避免磨擦，共同对敌；(二) 估计敌我力量对比，说明八路军及游击武装和群众在抗战中的重要作用，确信最后胜利属于中国人民；(三) 西安事变后东北军及东北爱国人士的情况及出路，也谈到了东北救亡总会应起的作用等方面的问题。

12月30日 题为《中国人民抗日救国纲领》的国共两党共同纲领起草工作结束，中共代表团与中共长江局讨论通过，决定送交两党委员会。该草案共分两部分，即"争取抗战胜利纲领"和"初期建国纲领"。

12月30日 周恩来出席国共两党关系委员会会议。由于国民党方面将会议议题转到请求中共帮助达到使苏联出兵援助中国抗日的问题上，而未能讨论周恩来起草的共同纲领草案。1938年春，国共两党关系委员会又共同协商和草就一个共同纲领草案，但中国国民党中央执行委员会始终未提出正式意见。

1938年3月12日,德国吞并奥地利。9月29日至30日凌晨,英、法、德、意四国在德国慕尼黑签订了关于肢解捷克斯洛伐克的《慕尼黑协定》,纵容了法西斯的侵略扩张,标志着英、法政府推行绥靖政策达到顶峰。为进一步实现妥协,英国与德国于9月30日在慕尼黑单独签署了互不侵犯以及和平解决有争议问题的宣言。

1938 年

1月1日至25日 国民政府进行组织调整。1日,中国国民党中央常委会议决定改组行政院:蒋介石辞行政院院长兼职,任孔祥熙为院长,张群为副院长;撤销海军部,其所辖事务归海军司令部办理;交通、铁道部合并为交通部,张嘉璈任部长;改实业部为经济部,翁文灏任部长;任陈立夫为教育部部长;撤销反省院,对在院受反省处分者准予取保释放。17日,国民政府修订公布《军事委员会组织大纲》,改组军事委员会。军事委员会委员长由蒋介石担任,何应钦兼任参谋总长,白崇禧兼任副参谋总长。委员会下设军令、军政、军训、政治四部和六个战区。蒋介石任命陈诚为政治部部长,并要周恩来担任政治部副部长。为此,陈诚亲自登门相请。同时,行政院院长孔祥熙也表示要周恩来到行政院任职,并由行政院副院长张群出面相邀。中共代表团认为,孔祥熙为主和者,行政院方面应谢绝;政治部属军事范围,为推动政治工作、改造部队、坚持抗战、扩大影响,可以去担任职务。经过中共中央同意,周恩来出任国民政府军事委员会政治部副部长。这是整个抗战期间共产党人在国民政府军政部门担任的唯一要职。

1月6日 新四军军部由汉口移驻南昌。2月上旬,军部命令江南各游击队到皖南歙县的岩寺集结整编,江北的各游击队则分别在湖北黄安的七里坪及河南确山的竹沟镇集结改编。军部决定:由湘鄂赣边、粤赣边、湘鄂边及赣东北之红军游击队,组编为新四军第一支队,陈毅任司令员,傅秋涛任副司令员,辖第一、第二团,共2300余人;由闽西、闽赣边、闽南及浙南的红军游击队,组编为新四军第二支队,张鼎丞任司令员,粟裕任副司令员,辖第三、第四团,共1800余人;由闽北、闽东的红军游击队,组编为新四军第三支队,张云逸兼司令员,谭震林任副司令员,辖第五、第六团,共2100余人,由鄂豫皖边和豫南的红军游击队,组编为新四军第四支队,高敬亭为司令员,周骏鸣为副司令员(后),辖第七、第八、第九团和手枪团,共3100余人;军部特务营等直属队900余人。全军共1.03万余人,6200余支枪。为了加强对新四军的领导,中共中央决定成立中央军委新四军分会,由项英、陈毅分任正、副书记。新四军成立后,立即挺进苏南、皖中、豫东等敌后地区,开展抗日游击战争,开辟华中敌后战场,创建抗日根据地。新四军自成立至1938年10月,在中共中央和中央军委的正确领导下,较为顺利地完成了集中、改编和向华中敌后挺进的任务,取得100多次战斗的胜利,有力地打击和牵制了敌人,支援了正面战场的友军作战;在长江下游苏皖地区的广大乡村,发动与组织群众,积极开展抗日民族统一战线工作,着手建立抗日民主政权,打击汉奸、土匪,争取和改造当地各式抗日武装,使之走上与我军合作共同抗日的道路;同时大力组建群众抗日武装,为广泛开展群众性的抗日游击战争创造了条件。在对敌作战中,新四军针对敌兵力不足和分散固守点、线的弱点,发挥自己机动灵活的近战、夜战的特长,广泛地运用袭击、伏击与破袭等作战形式,灵活地部署和使用兵力,适时地集中、分散或转移兵力,使敌陷于迷惘困惑、顾此失彼的境地,收到了出敌不意、攻其不备的效果,常以小的代价换取较大的胜利,达到了在战略上消耗、削弱与牵制敌人,支援正面战场友军的目的。经半年多的英勇奋战,新四军由集中时的1万余人发展到2.5万余人,初步实现了在华中敌后的战略展开,使苏南、皖南、皖中和豫东等抗日根据地初具规模,成为插向日军华中派遣军背后的一把"尖刀",大大牵制了日军的兵力,有力地支援和配合了正面战场友军的作战,对稳定华中战局起了重大作用。

1月8日 蒋介石在汉口召集白崇禧、阎锡山、何应钦、陈诚、宋哲元等高级幕僚会议,制定了改守为攻的抗日决策。

1月11日 中共中央长江局的机关报——《新华日报》,在国民党统治区汉口正式出版发行,报社社长为潘汉年。17日，报社营业部被国民党暴徒捣毁。10月25日，武汉失守后，报社迁重庆继续出版，直至1947年2月28日被国民党封闭，共存在了九年一个月18天。

1月11日 晋察冀边区军政民代表大会在河北省阜平县召开。大会讨论通过了统一全区的军事、行政、财政经济、文化教育、民运工作等决议案，选举产生了晋察冀边区临时行政委员会。宋劭文、聂荣臻、刘奕基、吕正操、胡仁奎、李杰庸、孙志远、张苏、娄凝光九人被推为委员。14日，大会通电全国。15日，临时行政委员会成立，代表大会闭幕。这是敌后第一个由共产党领导的统一战线性质的抗日民主政权。

1月12日 妇女生活社于汉口"一江春"餐厅举行招待会，讨论现阶段妇女工作及保卫武汉问题。邓颖超和国民党上层妇女界代表出席，经过讨论，作出如下决定："设法促成妇女界大联合，开办妇女干部训练班，要求政府恢复扫盲识字运动，武装妇女保卫武汉"等。3月8日，武汉妇女在国民党湖北省党部大礼堂举行三八妇女节纪念大会，邓颖超和国民党妇女界廖文英、陈逸云、朱沦等17人被推为大会主席团成员。邓颖超在大会上发表了《纪念三八节与几项重要工作》的演说，指出：妇女运动"应服从于民族的最高利益，服从于抗日的利益，以抗战为中心而出现于抗战工作的各个战线"。5月，宋美龄在庐山主持妇女谈话会，邓颖超以陕甘宁边区各界妇女联合会代表团团长的身份出席会议。邓颖超在会上作了《关于陕甘宁边区妇女运动概况的报告》，并提交了一份《我们对于战时妇女工作的意见》的书面报告，对建立全国统一的妇女组织和制定统一的工作纲领提出了具体的建议。

1月14日 晋察冀边区军政民代表大会发表致国民政府主席林森、军事委员会委员长蒋介石及全国各党派的通电。电文指出大会中充分地表现了统一战线的巩固，这一巩固给那些拆散中国抗日民族统一战线的日本帝国主义及汉奸卖国贼以致命的打击。电文表示边区在国民政府主席、军委会委员长及第一、第二战区司令长官领导下，完成收复平津、收复华北、收复一切失地，驱逐日军出中国的神圣的民族革命战争的任务。

1月18日 国民政府发表《维护领土主权及行政完整的声明》，指出：中国政府于任何情形下，必竭尽全力以维持中国领土主权与行政之完整，任何恢复和平办法，如不以此原则为基础，绝非中国所能忍受，不论对内对外，当然绝对无效。1月31日，国民政府军事委员会和行政院承认和批准晋察冀边区行政委员会和各委员，并委任宋劭文为主任委员，胡仁奎为副主任委员。

1月中旬 蒋介石在洛阳召集第一战区和第二战区师长以上军官开会，蒋介石宣布：中国还要和日本打下去，虽然上海、太原、南京都失陷了，但是中国政府不议和、不屈服、要继续抗战，把日本侵略者赶出中国去。朱德偕彭德怀、林彪、刘伯承、贺龙参加了会议。

1月21日 王明、周恩来、秦邦宪、彭德怀、叶剑英致电中共中央，报告同国民党当局交涉关于陕甘宁边区所辖地域、政府组织等情况：国民党方面坚持管理县份限于18个县，不允许增加。周恩来等人坚持要求增加西线各地直达黄河右岸。关于边区政府组织，国民党提出派丁惟汾任正职，林伯渠任副职并代理正职，下分民政、财政、教育、建设四厅，不允许设农工厅，并要派两人来做事。23日，周恩来等收到中共中央书记处电：陕甘宁边区问题请设法争取下列各点：（一）增款；（二）增地；（三）给陕北部队以名义；（四）边区政府可以丁惟汾正、林伯渠副，但不须派人。

1月23日 国共两党发起成立了国际反侵略运动大会中国分会，宋庆龄、陈铭枢、毛泽东等人为名誉主席，朱家骅、陈立夫、周恩来等人为理事，并拟派宋美龄、胡适、吴玉章等人出席即将召开的伦敦国际反侵略大会。8月，在国共两党的支持下，新西兰友人艾黎和美国记者斯诺发起成立了中国工业合作协会，孔祥熙出任理事长，董必武、邓颖超、王世杰等人为理事，并在香港成立了工合推进委员会，在美国、菲律宾等国也成立了工合推进委员会。工合广泛团结内外抗日力量，从道义、经济上极大地援助了中国的抗战。两党还成立了中苏文化协会，并邀请了苏联驻华大使卢干滋担任名誉会长。此外，两党还共同接待了许多来华的国际组织和友人，如：世界学联代表团、加拿大和印度的援华医疗队鹿地亘夫妇、史沫特莱、斯诺、斯特朗、伊文斯等人。这些，对巩固和扩大国际抗日统一战线，产生了积极的影响。

1月31日 卫立煌率国民革命军第十四军军长李默庵、第九军军长郭寄峤等人专程到吕梁山下八路军总司令部向朱德、彭德怀拜年，总司令部召开欢迎会。朱德在会上致词，赞扬他们在忻口战役中建立的功绩。卫立煌等人就八路军"对于忻口战事有极大帮助"一事致谢，并盛赞八路军"是复兴民族的最精锐的部队,尤其是抗日的方法和经验都非常丰富"。表示今后要"更团结更精诚,一直把日本帝国主义驱逐出中国"。会后由西北战地服务团演出了以抗日为内容的文艺节目。卫立煌看了非常欣赏,表示在自己部队里也要组织一个战地服务团,作为学习八路军经验的第一步,并要求朱德给他介绍一些人才。朱德欣然同意。

1月下旬至2月上旬 八路军总部为配合国民党军队进行徐州会战,并支援晋南友军,连续发出作战命令,令各师破击正太、平汉、同蒲铁路和沧(县)、石(家庄)公路。2月上旬至下旬,晋察冀军区以三个军分区的部队,第一二○师以四个团的兵力,第一二九师及第一一五师第三四四旅以六个团又一个营及三个游击支队的兵力,对平汉路石家庄至保定段和内邱至元氏段,同蒲路太原以北,正太路娘子关至井陉段,以及德(县)石(家庄)路,连续发动破击战,攻占和摧毁车站、据点多处,破坏了铁路及各种设施,中断了敌军的交通运输。2月下旬,第一一五师第三四三旅又在石楼等地打击向晋南进攻之敌,予日军以重大杀伤。

1月 中共中央派曾三、程子华等人到榆林,同第二战区北路军总司令傅作义商谈双方合作抗日事宜。随后,傅作义派周北峰去延安拜访毛泽东及中共中央其他领导人。

2月2日 朱德、彭德怀、任弼时等人致电刘伯承、徐向前、邓小平。电文指出:在使用卫立煌部队时,不要用在过分艰苦和复杂的区域,而且要帮助他们侦察和警戒,以免受到敌人的意外袭击。要用一切方法帮助友军进步和解决某些行动中的困难。同时要防止友军以吃喝和金钱来引诱部队。

2月6日 国民政府军事委员会政治部成立,部长陈诚,周恩来、黄琪翔副之,秘书长张厉生,贺衷寒、康泽、郭沫若分别担任第一、二、三厅厅长。19日,陈诚等人通电就职。

2月8日 蒋介石特电八路军武汉办事处叶剑英转朱德、彭德怀,对八路军在晋东南地区连战连捷给予嘉奖。

2月10日 《扫荡报》发表社论,公然声言中国有三种妨碍并破坏统一的因素,把陕甘宁边区说成是西北的新的封建割据区域,指责红军虽改易旗帜却不服从中央,并说在国民党外存在其他党派影响了中国的政治统一,要求取消这三种势力。"一个领袖、一个主义、一个党"的问题，一时成为街谈巷议的话题。

2月10日　周恩来和王明会见蒋介石，说明《扫荡报》等这种宣传的严重后果。蒋介石表示：对主义的信仰并不准备加以限制，孙中山已经说了共产主义与三民主义并不矛盾，我们任何人都不能修改或反对；对各党派也无意取消或不容许它们的存在，只愿融成一体。周恩来重申：国共两党都不能取消，"只有从联合中找出路"。蒋介石回答：可以研究，并说《扫荡报》的言论不能代表国民党和他个人的意见。陈立夫补充说：蒋总裁已批评了《扫荡报》，要各报以后不再刊登这类文章。陈提出在两党外共同组织双方都可以参加的三民主义青年团。同日，周恩来和王明将会见的情况报告中共中央，说：综观蒋的态度，（一）一个党的思想仍有，但目前并无强制执行意思；（二）对八路军态度尚好；（三）对陕甘宁边区的问题想拖延。

2月15日　关于新四军的行动原则问题，毛泽东复电项英、陈毅，指出："力争集中苏浙皖边发展游击战，但在目前最有利于发展地区还在江苏境内的茅山山脉，即以溧阳、溧水地区为中心，向着南京、镇江、丹阳、金坛、宜兴、长兴、广德线上之敌作战，必能建立根据地，扩大四军基础。如有两个支队，则至少以一个在茅山山脉，另一个则位于吴兴、广德、宣城之线以西策应。"

2月15日　毛泽东同滕代远致电朱德、彭德怀、林彪、左权并告周恩来、叶剑英，提出在河北、山东、江苏北部日军力量空虚，山西、察哈尔、绥远的日军一时无力南进的情况下，第一一五师第一步进入河北、第二步进入山东、第三步进入安徽境内，开展游击战争的战略行动的设想。指出这一战略行动在国内国际的政治作用是很明显的，从抗日军事战略来说也是必要的和有利的。电报征询朱德等人对这一战略行动是否可行的意见。

2月15日　毛泽东复信范长江指出：中国迫切需要一个国共两党及全国各界关于从共同抗战到共同建国的共同纲领。有了这个纲领，来信中提出的关于用实际行动帮助国民党健全的问题，以及所担心的两党军队会成为两党互信障碍的问题都可以解决。复信借鉴大革命失败的历史教训，指出："今后症结不但在于要有一个纲领而且要保证永不许任何一方撕毁这个纲领，这是一件最中心的事。"

2月22日 国民党陕西省党部下令解散西安文化界协会、西安民族解放先锋队分队、西北青年救国联合会、西北作家抗敌协会等13个抗日救亡团体。后又将中共工作人员宣侠父、李连璧杀害,引起了各界愤怒谴责。

2月23日 毛泽东同任弼时致电八路军总部及各师、北方局和长江局,指出：日军为夺取陇海、平汉两路直取西安、武汉,决胜必在潼关、武胜关,而潼关的得失又是武胜关能否守住的关键条件。应向蒋介石、阎锡山提出以下战略计划：为保卫潼关,须将兵力分为两部分,一部固守郑州、洛阳、潼关一线,阻敌过黄河,一部坚持晋南晋西战局。在潼关确保不失的情况下,以正面阵地战配合20万左右兵力的两翼运动战,保卫武胜关和武汉。八路军将依战局发展配合友军作战。"我们认为必须告诉国民党,如果近百万军队均退至黄河以南平汉以西之内线,而陇海、平汉尽为敌占,则将形成极大困难。故总的方针,在敌深入进攻条件下,必须部署足够力量于外线,方能配合内线主力作战,增加敌人困难,减少自己困难,造成有利于持久战之军事政治形势。"

2月27日至3月1日 中共中央政治局在延安举行例会,主要讨论抗战形势与军事战略问题,史称3月政治局会议。王明两次在会上发言,他继续否认党领导的游击战和敌后抗日民主根据地在抗战中的作用,而寄希望于国民党。毛泽东、洛甫、任弼时等人对王明的意见持异议,指出：国共两党存在着争取领导权的问题；在指挥关系上应是战略统一下的独立自主；八路军主要是游击战,要在战争中组织游击队,并逐步发展为大兵团；要使各根据地成为抗日战争中的据点。

2月下旬 周恩来会见从前线抵达武汉的川军将领邓锡侯,向他阐释抗日民族统一战线的方针政策,希望川军能同八路军协同作战。在武汉期间,他还会见滇军第一八五师师长张冲,并派中共党员薛子正任张的秘书(后任参谋长),开展对滇军的工作。以后,张冲秘密参加中国共产党。这些工作,对解放战争后期川、滇将领的起义起了重要作用。

2月 国民党强占陕甘宁边区靖远县属之四十里铺,并在定边地区伪装土匪进行骚乱。

2月 国民党惧怕共产党在其统治区的文化宣传扩大影响,蒋介石、汪精卫批准了周佛海、陶希圣等人的献策,成立了和中共对抗的灰色文化团体艺文研究会,任命周佛海、陶希圣、陈立夫、陈果夫、曾养甫、张道藩、丁默、张国焘为干事。该研究会以付稿费名义收买文化界人士。汪精卫、周佛海叛国出逃后,蒋立即下令停止该会经费。

2月 第二战区奉蒋介石命令,决定兵分三路发起"反攻太原"作战。2月17日,二战区司令长官阎锡山和副司令长官卫立煌邀请朱德在临汾召开战区军事会议。会议决定:以卫立煌为中央集团军(南路军)总指挥,指挥曾万钟第三军、李默庵第十四军、刘茂恩第十五军等部,由同蒲线向平遥、介休出击;以傅作义为左翼集团军(西路军)总指挥,指挥晋绥军第三十五军(傅作义兼军长)、郭宗汾第十七师和八路军第一二○师等部,由西北向文水、交城和阳曲出击;以朱德、彭德怀分别为右翼集团军(东路军)总指挥、副总指挥,指挥八路军第一二九师和第一一五师一部,山西新军决死队第一、三纵队,朱怀冰第九十四师等部,向正太线的榆次、娘子关进击。为了实现这一战略目标,朱德于2月18日命令晋察冀军区部队破击平汉路;第一二○师破击北同蒲路,第一二九师破击正太路。由于国共两支部队紧密配合,在反攻太原的作战中给予日军以重大打击。

2月 国共两党的青年运动负责人共同发起在武汉成立了中国青年救亡协会,由国民党人叶楠为主要领导人,袁晓园任秘书长,共产党人钱俊瑞任宣传部部长,于光远等人也参加了青协的领导工作。有不少共产党人在青协中工作,青协成了一个统一战线的青年组织。3月25日,中国学生救国联合会第二次代表大会在武汉召开。大会由共产党员、学联主席郑代巩报告了学联开会的宗旨:"目的全在统一青年意志,精诚团结,共赴国难。"国共两党和其他民主党派的领导人周恩来、郭沫若、陈诚、邵力子、黄琪翔等人参加大会并表示支持和祝贺。共产党人郑代巩、蒋南翔当选为学联主席和秘书长。全国学联二大是全民族抗战以来中国学生抗日救亡力量的一次大汇合,对团结广大青年学生,更好地开展抗日运动具有重大的推动作用。大会以后,各地中共代表分别回到本地后,同国民党地方青年领导人合作开展青年学生救亡运动。在山河破碎、民族危亡的关头,很多青年学生投笔从戎,报效祖国。沦陷区和大后方成千上万的爱国青年,千里迢迢,奔赴延安,参加敌后抗日斗争。从延安迁至泾阳地区由胡乔木、冯文彬等人负责的安吴青年训练班,团结了海内外的大批青年,其中有汉、回、蒙、苗等民族,也有泰国、越南、缅甸、马来亚、菲律宾等地华侨。他们为了抗日救国,努力学习军事、政治,被培养成抗日干部,一批又一批地输送到前方和各条战线,对抗日事业作出了贡献。

2月 蒋介石在武汉部署徐州会战时,询问八路军副总指挥彭德怀:"是否可以在青纱帐起派队袭击津浦线,声援徐州会战?"彭德怀慨然应允,"为了配合徐州会战,不待青纱帐起即当派队前往"!3月,徐州会战爆发,国民党军副总参谋长白崇禧前往徐州协助李宗仁指挥作战。临行前,白请周恩来和叶剑英商讨徐州会战的对敌作战方针。周恩来说:"在津浦线南段,已令新四军张云逸的第四支队协同李品仙、廖磊两集团军,采取以运动战为主、游击战为辅的联合行动,运动于辽阔的淮河流域,使这里的日军时刻受到威胁,不敢贸然北上支援南下日军;徐州以北则采取阵地战与运动战相结合的方针,守点打援,以达到各个击破的目的。"对这个建议,白崇禧连声称赞:很好!很好!接着,周恩来派张爱萍以八路军代表身份到徐州见李宗仁,建议他按上述方针在济南以南、徐州以北组织战役,李也接受了此建议。

3月1日 中共中央向国民党临时全国代表大会提出三项提议:(一)建立包括各党派共同参加的某种形式的民族革命联盟,拟定一个统一战线纲领,各党派保持政治上和组织上的独立性。(二)建立与健全民意机关。(三)成立统一的全国性的民众运动领导机关,以便真正达到全国人力、物力、财力总动员的目的。中共中央在《对国民党临时全国代表大会的提议》中明确表示:要巩固和发展抗日民族统一战线,"只许一党合法存在,同时不承认其他党派合法并存的办法,既为事实所不许,取消现存一切党派而合并为一党组织的办法,亦为事实所不能解决。一切问题的解决办法,应遵照中山先生的精神"。

3月2日 朱德、彭德怀分别就任第二战区东路军总指挥、副总指挥,统一指挥八路军第一一五师、第一二九师和山西青年抗敌决死队两个纵队以及国民党军四个军、三个师、一个旅等。

3月5日 《解放》周刊第三十二期发表毛泽东与合众社记者王公达的谈话。毛泽东在讲到国共合作问题时指出,第一次国共分裂是违背共产党志愿的,过去十年国共双方和全国人民都经历了艰苦的经验,这种经验能增强今后的团结。现在及将来合作的目的是共同抗日与共同建国。但合作是在一定纲领下的合作,是有原则的合作,是真正的合作,而不是苟合与貌合。在谈到东北义勇军抗日活动时,他说,共产党员杨靖宇、赵尚志、李红光都是有名的义勇军领袖。那里也是民族统一战线,除共产党员外,还有其他的派别及各种不同的军队与民众团体,他们已在共同的方针下团结起来了。

3月7日至4月1日

八路军第一二〇师粉碎日军首次对晋西北抗日根据地的围攻,共歼敌1500余人,缴获大批军用物资,收复县城7座。此次反围攻作战不仅巩固了晋西北抗日根据地,对保卫陕甘宁边区也具有重要意义。

3月上旬至31日

八路军第一二九师为了打击沿邯长路西犯的敌军,第一二九师遵照中央军委和八路军总部关于迅速南移的电令,于3月上旬进至襄垣东南地区,伺机破袭邯长路。在邯长路破袭战中,第一二九师连续取得神头岭、响堂铺等战斗的胜利,有力地打击和钳制了日军,支援了晋西、晋南的友军。

3月11日

王明作《三月政治局会议的总结——目前抗战形势与如何继续战和争取抗战胜利》的报告,提出了一套右倾投降主义的主张,反对中国共产党坚持统一战线无产阶级领导权和独立自主原则,主张"一切经过统一战线","一切服从统一战线";反对"独立自主的山地游击战"的战略方针,主张"普遍地实行以运动战为主,配合以阵地战,辅之以游击战的战略方针"。王明的这些错误主张,受到毛泽东等中共许多领导人的坚决抵制。

3月12日

毛泽东出席延安各界举行的纪念孙中山逝世13周年和追悼抗日阵亡将士大会,并发表讲话。他说:孙中山的伟大在于他的三民主义纲领,统一战线的政策,艰苦奋斗的精神。在孙中山的一生中,他是坚持自己的主义的,三民主义只有发展而无弃置;对统一战线也是不但坚持了而且发展了;他经过了许多艰难曲折,然而总是愈挫愈奋,不屈不挠,再接再厉。这三项是留给中国人民的最中心、最本质、最伟大的遗产,应当继承并发扬光大。他又说:我们真诚地追悼抗日阵亡将士,表示永远纪念他们。中华民族是富于民族自尊心与人类正义心的伟大民族,为了反对侵略,维护民族自尊与人类正义,我们的方法就是战争与牺牲。

3月13日

毛泽东同张闻天致电陈绍禹、周恩来、秦邦宪、叶剑英:决定派袁国平任新四军政治部主任、邓子恢任副主任。

3月14日至18日

八路军第一一五师主力举行午城、井沟战斗,在14日至18日的五昼夜战斗中,共毙伤敌1000余人,俘敌十人,毁敌汽车79辆,缴获和击毙骡马800余匹。午城、井沟战斗的胜利,切断了蒲县至大宁段的交通,迫使大宁之敌东退,从而粉碎了敌西犯黄河河防的企图,对开辟晋西南根据地和巩固陕甘宁边区河防都有重要意义。

3月17日 毛泽东致电周恩来、叶剑英、朱德、彭德怀,指出:同蒋介石及国民党高级将领谈军事问题时,请注意分现在与将来两个阶段,说明现在以大军留在华北作战是需要的,也是可能的,但将来军事情况的变化将使我军活动范围缩小和补给困难,那时只能留若干较小的兵团即若干个游击兵团于华北,各军主力须在敌未将黄河各渡口封锁以前渡过河来。在敌人后方创设许多抗日根据地是完全可能和十分必要的,国共两党均须用极大努力去干。

3月中旬 周恩来和叶剑英参加蒋介石召开的高级将领会议,讨论华北战局。在此期间,周恩来还和叶剑英同蒋介石、何应钦谈判,蒋、何答应向八路军提供武器和技术人才。

3月23日 共产国际执行委员会书记处给中共中央的电报中指出:"我们认为,争取由国民党、共产党和其他组织在抗日民主纲领基础上建立与共产国际没有联系的民族解放联盟是合适的。"

3月23日至4月7日 国民党军第五战区进行台儿庄保卫战。当津浦路战线呈对峙状态时,日军第二军申请"增加兵力","追剿眼前之敌",得到大本营的批准。此时国民党军第五战区为确保台儿庄阵地,以拱卫徐州,进行了部署调整。3月24日,蒋介石到徐州督战。同时派副参谋总长白崇禧、军令部次长林蔚、厅长刘斐等人组织临时参观团,到徐州协助李宗仁指挥作战。日军濑谷支队一部,于24日在猛烈炮火支援下,向台儿庄猛攻,国民党守军第二集团军之第三十一师与敌展开激战。短兵相接,反复肉搏,双方伤亡惨重。27日,日军濑谷支队主力一部突入北门。29日,蒋介石下达了死守台儿庄的命令。台儿庄守军在师长池峰城率领下,抱着与城共存亡的决心,奋勇反击。4月3日,汤恩伯第二十军团加入战斗,两军内外夹击,大举反攻,6日晚,国民党军全线出击,战至7日凌晨,除一部日军突围至峄县附近固守待援外,其余被围之日军1万余人被歼,取得继平型关之后全国抗战的又一个重大胜利。中共领导的抗日武装为战斗的胜利作出了重要贡献。徐州会战打响后,朱德和彭德怀先后电令刘伯承、徐向前、邓小平、聂荣臻等人,派出得力支队"向津浦线袭扰",

积极"配合津浦北段作战"。3月13日，朱德通过叶剑英转告蒋介石，已派出第一二九师副师长徐向前率该军一个旅东出津浦线，配合鲁南主要作战线作战。现该部已逾南宫，东进津浦线行动。以后这支部队在南宫一带与冀南特委相配合，建立起以南宫为中心的抗日根据地。台儿庄战役开始后，鲁南抗日武装多次破坏临（城）枣（庄）间的铁路、公路，冀鲁边区部队破坏津浦线北段，并攻克庆云、乐陵等县城。4月下旬，第一二九师副师长徐向前率第一二九师、第一一五师各一部，东出平汉线，在开辟冀南区的同时，驰援津浦路作战。第一二九师在晋察冀奇袭平汉线，一夜之间攻克新乐、定县、望都三城，歼敌千人，毁路数百里，使平津、平汉两路之敌为之震惊；第一二〇师在晋西北配合国民党军反攻太原，激战15天，收复宁武、偏关等七个县城；在山东，八路军炸毁临城以北官桥的铁桥，破坏台潍路与台枣路线的交通，使敌运输中断，有力地配合了友军作战，直接为台儿庄的胜利作出了贡献。据统计，为配合徐州会战，八路军在华北进行了400多次战斗，歼敌共2万余人，缴获机枪百余挺，步枪3000支，毁敌汽车500余辆。后来陈诚在总结台儿庄会战胜利的原因时也说："目下敌军在中国境内各战场者（东北4省不算），计共有50余万人，而参加台儿庄会战，不过五六万人，彼何以不抽调他处兵力增援，此盖因我国自采用游击战以来，各处围歼其小部，袭击其后方，即如山西境内，我方有20万之游击队，遂使敌5师团之众，只能据守同蒲路沿线，不敢远离铁路一步，其他平汉线以及江北、江南、浙西各战场，均自顾不暇，遑言抽调，以远水不救近火，故台儿庄之战胜，在战略上观察，乃各战场我军努力之总和，不可视为一战区之胜利，简言之，即我游击战运动战，在战略上之功效也。"此外，中共还为第五战区制订徐州会战战略计划提供了重要的情报。战前，中共中央北方局成立了一个专门收集日本军事情报的秘密机构，在这个机构工作的谢甫生，几经艰险，获得有关日军第十师团的兵力、编制、各级军官名单、武器装备、军事布置等绝密情报。谢甫生根据上级指示，设法将这些情报送给了李宗仁。台儿庄大捷后，李宗仁特致电谢甫生，称赞这些情报为台儿庄的胜利提供了极大帮助。

3月25日 中共中央在《致国民党临时全国代表大会电》中提出，希望大会继续扩大与巩固抗日民族统一战线，发布以孙中山三民主义为基本原则的抗日民族统一战线的共同纲领，建立一种各党派共同参加的某种形式的民族解放同盟，加强全国人民与全国各党派最坚固的团结，增加抗战力量。电文说："继续扩大与巩固抗日民族统一战线。首先即须发布以孙中山先生三民主义为基本原则的抗日民族统一战线的共同纲领,作为动员全国人民共同奋斗的明显鹄的。再在这一纲领下,遵照孙先生过去联共的精神,建立一种各党派共同参加的某种形式的民族解放同盟。只有这样,才能使全国人民与全国各党派最坚固地团结起来,增强抗战力量到最高限度;任何其他取消一党、一派或一切党派的勉强办法,都是不能达到这个目的的。"中共中央致《国民党临时全国代表大会电》就如何加强团结,不屈不挠坚持抗战到最后胜利问题提出八条意见:其要点:(一)用一切宣传鼓动方法,号召全国人民以中华民族必胜的信心,克服一切困难,忍受一切牺牲,誓与日军抗战到底。(二)继续动员全国武力、人力、财力、物力,为保卫西北、保卫武汉而战。(三)继续扩大与巩固抗日民族统一战线。(四)继续扩大与巩固国民革命军。(五)继续改善政治结构。(六)继续全国人民的动员。(七)为使政府与民众进一步结合起来,为更能顺利地动员民众参战,必须采取具体办法,实施优待抗日军人家属,优待伤兵等项具体改善民生的法令。(八)组织抗战的经济基础,建立国防工业,发展国防工业,改进农业。

3月27日 为了广泛地团结作家和建立文艺界的抗日统一战线,在共产党的推动下,中华全国文艺界抗敌协会在汉口成立。大会通过了宣言,选出郭沫若、茅盾、夏衍、田汉、郁达夫、郑振铎等45人为理事,并选举周恩来、孙科、陈立夫等人为名誉理事。文协先后在成都、昆明、延安、上海、桂林、广州、贵阳、香港等地建立了分会,发行了会刊——《抗战文艺》。

3月29日至4月1日 中国国民党临时全国代表大会在武汉举行。大会通过了《抗战建国纲领》,选举蒋介石为总裁,汪精卫为副总裁;决定组织三民主义青年团;增设中央调查统计局;决定召集国民参政会,并发表了宣言。大会的宣言表示:"此抗战之目的,在于防御日本帝国主义之侵略,以救国家民族于危亡。""中国若忧于日本之暴力,以屈服谋一时之苟安,则将降为日本之殖民地,民族失其生存独立,国家之自由平等更无可望。"大会通过的《抗战建国纲领》除前言外,分为总则、外交、军事、政治、经济、民众运动、教育七项,共32条。这是中国国民党在抗战初期的全面的政治纲领。它在外交上,提出"制止日本侵略,树立并保障东亚之永久和平";在军事问题上规定"加紧军队之政治训练"和"训练全国壮丁,充实民众武力,补充抗战部队";在政治问题上,表示要"组织国民参政机关"和"加速完成地方自治条件",为宪法实施作准备;在经济问题上,提出"奖励海内外人民投资,扩大战时生产","以全力发展农村经济,奖励合作,调节粮食,并开垦荒地,疏通水利";在民众运动问题上,表示要"发动全国民众,组织农、工、商、学各职业团体","使有钱者出钱,有力者出力"。这个纲领还表示"对于言论、出版、集会、结社,当予以合法之充分保障",等等。显然,这些条文比起中国国民党以往压制抗战的政策来说是一个进步,如果付诸实施,对中国的抗战事业必将会起积极作用的。虽然大会并未邀请中共党人与会商讨和拟定共同纲领,但是,大会通过的《抗战建国纲领》,却明显地吸收和采纳了中共《抗日救国十大纲领》中的许多内容,这是国共两党加强政治合作的重要表现,也是中共不懈努力的结果。《抗战建国纲领》与共产党的《抗日救国十大纲领》相比,虽有原则区别和分歧,但是与抗战前国民党的国策相比,无论是从对外的抗日政策方面还是从对内的政治开放方面,均有相当大的进步,在当时日军大举进攻的形势下,《抗战建国纲领》对推动国民党的抗战起了一定的积极作用。

3月 蒋介石致电朱德、彭德怀:"将士忠勇奋发,转战数月,屡挫凶锋,颇著勋劳,良赞嘉慰,望随时激励所属,以竟畏褐。"

3月 山东省主席沈鸿烈唆使其部下秦启荣等人散布"宁匪化,勿赤化","宁亡于日,勿亡于共","日可以不抗,共不可以不打"等反共言论,不断制造反共磨擦。秦启荣部在博山地区,袭击路过的八路军山东纵队第三支队,杀害该支队官兵400余人,制造了"博山惨案"。

3月 宋美龄和邓颖超等100多人,在武汉共同组织了战时国统区第一个具有统一战线性质的妇女组织——战时儿童保育会,宋、邓皆为常务理事。它的成立标志着国统区妇女界的统一战线初步形成。6月,宋美龄组织了新生活妇女运动指导委员会,邓颖超参加指导工作。中共还派许云、陈光宇等人以该指导委员会的名义办了20多个妇女识字班,对妇女进行参加抗日救亡运动的宣传。为广泛开展妇女救亡运动,国共两党上层妇女还在四川、江西、河南、湖南、甘肃等省共同建立妇女抗敌后援会等组织,领导妇女积极开展生产军衣被服,支援前线等活动,成效显著。比如,在甘肃,国共两党组织成立了妇女慰劳会、西北妇女战地服务团等。全民族抗战爆发后,何香凝在上海号召全国各省市府主席的太太们立即行动起来,组织妇女抗战后援会和中国妇女慰劳前方抗日将士会,鼓励妇女走上抗日的道路。为响应这一号召,甘肃省主席贺耀祖的夫人倪斐君,在中共驻兰州办事处代表谢觉哉的支持下，积极组建了甘肃第一个妇女救亡组织——中国妇女慰劳自卫抗战将士会甘肃分会（简称女慰会），八路军兰州办事处派王定国参加了该会工作，协助倪一道开展妇女救亡工作。在谢觉哉的具体指导下，女慰会做了大量的工作，如创办刊物《妇女旬刊》，举办训练班，组织和宣传妇女参加抗日斗争等，推动了甘肃妇运的发展。

3月 鲁西北地区抗日工作迅速展开。鲁西北地区中共地方组织，早在1937年8月间即与国民党山东第六区专员兼保安司令范筑先建立了统一战线关系。中共山东省委派干部70余人，在该区借国民党名义组成了政训处领导鲁西北的工作。11月，日军由德州地区南下，范筑先率保安队随国民党军南撤。在中共影响和争取下，范又返回聊城地区。此时，各种武装纷纷而起，中共在堂邑县组织近100人的鲁西游击队。1938年初，范筑先在中共的帮助下，以加委的方式，收编鲁西北各种武装并编为30几个支队，中共直接领导的鲁西游击队编为第十支队，第十支队是该地区纪律最好、战斗力最强的一支人民武装。3月，经范同意，中共先后派出干部在其各支队建立了政治部，并在第五、第六、第十三、第二十七、第三十、第三十二等十几个支队中建立了党的组织。中共干部被委派担任了阳谷、聊城、观城、莘县等县长职务。同时，第一二九师进入冀南的部队，也派出一批干部到鲁西北地区工作，加强了该地区的领导力量。从此，该地区的工作迅速全面地开展起来。

春 全国性的教育界统一战线组织——全国战时教育协会正式成立，共产党人戴白桃、朱启贤和国民党人叶溯中、蒋健白等均为常务理事。该会积极筹组各地分会，在全国大力推动教育普及运动。此外，国共两党还共组了中华全国戏剧界抗敌协会、中国青年新闻记者学会、抗战教育研究会等团体。

春 卫立煌率所部四个军十几万人在山西义县一带抗击日军，由于指挥失误被日军追至黄河边上，损兵八个旅，所余四个旅走投无路，卫束手无策。时八路军第一一五师第三四三旅第六八一团第二营长周长胜，奉杨得志之命到敌后运采煤机，路经卫部，向卫建议南北突击，插到敌人侧翼，保存实力。卫连称好计谋，卫突围后到第一一五师对代理师长陈光说，多亏你们八路军救了我。

春 徐特立在长沙获知原工农红军抗日先遣军参谋长乔明信等30余人，从江西监狱移到长沙关押，前往探望，向他们讲了国共合作一致抗日的新形势和党的抗日政策。随后开出名单，要求国民党当局立即释放。国民党有关人员反而将乔等转移，徐直接找国民党湖南省政府主席张治中交涉，乔明信等人终于从桃源监狱获释出狱。

4月1日 国民政府军事委员会政治部第三厅在武汉正式成立，郭沫若任第三厅厅长。在筹组第三厅的过程中，周恩来同秦邦宪、董必武等人多次商议第三厅的宣传方针、组织机构、人员安排、党的活动方式等，并对民主党派人士和社会贤达做了大量工作。第三厅由郭沫若、阳翰笙、田汉、胡愈之、杜国庠、张志让、洪深、董维建、冯乃超、光未然等众多知名人士组成。第三厅设第五、六、七处，每处下面设三个科。第五处处长胡愈之，主管动员工作。第一科科长徐寿轩，负责文字编辑工作；第二科科长张志让，负责民众动员工作；第三科科长尹伯林，负责印刷、发行总务工作。第六处处长田汉，主管艺术宣传。第一科科长洪深，负责戏剧宣传工作；第二科科长郑用之，负责电影工作；第三科科长徐悲鸿，负责美术工作。第七处处长由范寿康兼任，主管对外宣传和对敌宣传。第一科科长杜国庠，负责设计和日文翻译；第二科科长董维健，负责国际宣传；第三科科长冯乃超，负责对日文件起草，协助鹿地亘的日本人民反战同盟工作。阳翰笙担任三厅的主任秘书。第三厅还附属十个抗敌演剧队、四个抗敌宣传队、三个电影放映队、一个漫画宣传队、还有孩子剧团、新安旅行团、战地文化服务处、全国慰劳战士委员会、寒衣委员会。第三厅虽然隶属于国民政府军事委员会政治部，但实际上是中国共产党在起着主要的作用。第三厅的领导成员中，有中共的秘密小组，由周恩来直接领导，成员有郭沫若、阳翰笙、杜国庠、冯乃超、田汉、董维健。在基层的中共党员，也成立了秘密支部，由冯乃超任书记，刘季平任组织委员，张光年任宣传委员。该厅以中国共产党人为核心，团结了各界抗日党派和人民团体，团结了思想界、文化界和学术界的著名人士，成了第二次国共合作时期抗日救亡运动中宣传战线的一支劲旅。在周恩来、郭沫若的领导下，第三厅成功地开展了一系列抗日救亡的宣传教育运动。根据周恩来的指示，第三厅内还组建了中国共产党的秘密特别支部，运用《灵活巧妙的方式宣传中国共产党倡议的抗日救国十大纲领》，发挥组织群众、宣传群众的作用。周恩来、郭沫若等人通过这个机构，在武汉推动起轰轰烈烈的抗日救亡文化宣传运动。

4月5日 毛泽东在陕北公学作关于国共两党合作问题的讲演时指出，巩固与扩大抗日民族统一战线需要一个共同纲领，国共两党应当相互尊重。他说，中国现在有地主、资本家、工人、农民等,因此有国民党和共产党的存在,目前谁也不能吞并谁,国民党要取消共产党是不可能的。他还指出两个不同的政党要统一起来就要有一个桥梁,组织一个共同的委员会,或者是另外组织一个党,国共两党都参加进去,作为统一战线的上层组织。

4月6日 中国国民党五届四中全会在汉口举行,通过《三民主义青年团组织要旨》及《改进党务并调整党政关系》等案。

4月7日 全会通过《国民参政会组织条例》。条例规定,国民参政会设议长和副议长各一人,由中国国民党中央执行委员会指定。国民参政员分四类:第一类,为"曾在各省市公私机关或团体服务3年以上,著有信望之人员";第二类,为"曾在蒙古西藏地方公私机关和团体服务、著有信望和熟谙各该地政治社会情形,信望久著之人员";第三类,为"海外侨民居留地工作三年以上著有信望"之人员;第四类,为"曾在各重要文化团体或经济团体服务三年以上,著有信望,或努力国事,信望久著之人员"。候选人的推荐,依据国民参政会组织条例第四条的规定,第一、二、三类参政员,分别由中国国民党各省市政府和党部、蒙藏委员会、侨务委员会提出;第四类,主要是各抗日党派负责人和敌占区的省市参政员,均要由国防最高会议提出。上述各方面推定的候选人,都要经过中国国民党中央执行委员会指定批准成立的资格审议会审议,最后交由中国国民党中央执行委员会决定。《国民参政会组织条例》还规定了国民参政会的性质、职能和组织机构。其中最重要的几条是:"在抗战期间,政府对内对外之重要施政方针,于实施前,应提交国民参政会决议";"国民参政会得提出建议案于政府";"国民参政会有听取政府施政报告暨向政府提出询问案之权"。国民参政会的职权按条例规定有听取政府施报告和向政府提出询问权与建议权,以及决议政府对内对外的重要施政方针,但该项决议必须经国防最高会议通过,方生效力。实际上,参政会也只有咨询权而无决定权。参政会设正副议长各一人,由中国国民党中央执行委员会任命。8日,蒋介石讲述《改进党务与调整党政关系》,选举中央常务委员会及各部部长,会议于当天结束。

4月12日 国民政府公布《国民参政会组织条例》,规定了国民参政会的性质、职能和组织机构,其中最主要的是:"在抗战期间,政府对内对外之重要施政方针,于实施前,应提交国民参政会决议;国民参政会得提出建议案于政府";"国民参政会有听取政府施政报告暨向政府提出询问案之权"。由于国民参政会的一切决议必须经国防最高会议通过,所以它对国民政府无任何的约束力。6月21日,国民政府公布第一届国民参政会参政员名单,共200名。共产党及中间党派的名额被列入文化团体、经济团体之中。其中国民党员89名,占44.5%;共产党员七名,占3.5%;青年党七名,占3.5%;国社党六名,占3%;社会民主党一名,占0.5%;中华民族解放行动委员会一名,占0.5%;无党派89名,占44.5%。共产党参政员有毛泽东、林伯渠、吴玉章、陈绍禹、秦邦宪、董必武、邓颖超。中间党派及知名人士有沈钧儒、梁漱溟、陈嘉庚等人。

4月14日 任弼时代表中共中央向共产国际作《中国抗日战争的形势与中国共产党的工作与任务》的报告。主要内容有:(一)中国抗日战争的形势;(二)统一战线的状况;(三)八路军在抗日战争中的作用和最近的状况;(四)中国共产党的状况与群众工作;(五)中国共产党目前最重要的工作。

4月17日 国民政府第二战区副司令卫立煌率第二战区前方总部人员从延水关到延安,毛泽东在会见卫时,阐述了国共合作的重要性,指出目前投降阴谋活动,是一种很大危险,希望卫能帮助催促国民党主管部门发给八路军军需品。卫到西安后"即发十八集团军步枪子弹100万发,手榴弹25万枚",还发给了180箱牛肉罐头。

4月21日 中共中央发出关于进一步开展平原游击战争的指示。随后,八路军以第一二九师一部深入冀南,协同当地人民武装发展冀南和鲁西北抗日根据地;以第一二〇师雁北支队与晋察冀军区一部合编为八路军第四纵队,挺进冀东,协同当地中共组织,领导人民举行抗日武装起义,创建冀东抗日根据地;以第一一五师和第一二九师各一部挺进冀鲁边和冀鲁豫边,协同当地人民武装创立抗日根据地;以冀中人民自卫军与河北游击军合编为八路军第三纵队,同时成立冀中军区,创建冀中抗日根据地,在开展平原游击战争的同时,以第一二九师一部挺进绥远,协同当地人民武装,开创大青山抗日游击根据地。至10月,八路军创建了晋察冀、晋西北、晋冀豫、晋西南、冀鲁豫、山东等抗日根据地,队伍发展到15.6万人。

4月30日 第十八集团军(即八路军)军分会发布《关于目前战争形势与我军任务的训令》,指出敌人在打通徐州后,主力将转向华北,企图驱逐或消灭八路军于华北。目前八路军在华北的作战部署是配合友军坚持华北抗战,并起模范作用,以完成保卫武汉、保卫西北的严重任务。为此:(一)必须使游击战与运动战密切配合,并开辟冀东、察北等新的游击区;(二)继续巩固和发展民族统一战线,帮助友军进步;(三)帮助地方党开展群众运动,组织游击队;(四)加强军队本身的政治教育,健全党的生活。

4月下旬 为开展平原抗日游击战争,并配合国民党军正面战场的徐州会战,中共中央军委和八路军总部决定,由徐向前率第一二九师第七六九团、第一一五师第六八九团、第五支队挺进冀南,他们消灭了大量日伪军和土匪武装,收复了一些县城,并于8月成立冀南行政主任公署,杨秀峰任主任。

4月 国民党在武汉召开军队政治工作会议。八路军总政治部副主任谭政出席会议,并在会上介绍了八路军发扬第一次国共合作时北伐军政治工作的优良传统以及八路军的政治工作经验。

5月3日 毛泽东在抗大第三期第二大队作关于共产党对三民主义的态度问题的讲话。他说:去年9月22日发表的《中共中央为公布国共合作宣言》,表明了中共对三民主义的态度,即"孙中山先生的三民主义为今日中国之必需,本党愿为其彻底的实现而奋斗"。中共提出的抗日救国十大纲领本质上是三民主义的。中共愿同国民党一道,在统一战线、抗日第一的原则下实行三民主义。三民主义是实现社会主义和共产主义的必经之路。

5月4日 关于新四军如何开展游击战争问题,毛泽东复电项英,指出:在敌后进行游击战争虽有困难,但只要有广大群众活动地区,充分注意指挥的机动灵活,就能够克服这种困难。这是河北及山东方面的游击战争已经证明了的。新四军主力部队在广德、苏州、镇江、南京、芜湖之间广大地区组织民众武装,发展新的游击队,创造根据地是完全有希望的。在茅山根据地大体建立起来之后,还应准备分兵一部进入苏州、镇江、吴淞三角地区去,再分一部渡江进入江北地区。在一定条件下,平原也是能发展游击战争的,现在条件与内战时候有很大不同。当然无论如何应有谨慎的态度,具体的作战行动应在具体情况许可之下进行。

5月13日 新四军军长叶挺致电上官云相,抗议该部阻止新四军北上抗日。

5月26日至6月3日 毛泽东在延安抗日战争研究会上发表《论持久战》的讲演。他在分析持久战和政治的关系时指出,只有坚持抗日民族统一战线的方针,才能坚持抗战,才能普遍深入地改善官兵关系、军民关系,才能发动全军全民的全部积极性,为保卫一切未失地区、恢复一切已失地区而战,才能争取最后胜利。他强调说,抗日民族统一战线是全国全民的统一战线,决不仅仅是几个党派的党部和党员的统一战线。动员全军全民参加统一战线,才是发起抗日民族统一战线的根本目的。

5月 宋美龄在庐山召开妇女界谈话会。会议邀请各党派、无党派和社会知名妇女参加。邓颖超到会并作了报告。在各界妇女的带动下,使原妇女指导委员会进行了援助孤儿、慰劳前线军队等有益的工作。在中共各级地方党组织的领导下,广大妇女积极参加各种妇救组织。

6月3日 国民党军傅作义部反攻绥远失败,被日军追击。八路军第一二〇师第七一六团为掩护傅部撤退,在平鲁西坪口设伏,毙伤日本兵200余名。

6月3日 周恩来等人连夜开会研究国民党通讯社发表的国民党中央监察委员会决定恢复毛泽东、周恩来、吴玉章等人的国民党党籍的问题,并向国民党交涉不准在报纸上登出。4日,派吴玉章往重庆处理此事,根据报纸已经登出的情况,吴向各报社负责人发表谈话,表示:国民党的这一决定我们不能接受,因为两党关系是否恢复民国十三年的办法尚未商定,且事前亦未征求中共中央及我们的意见。张继得悉后,向吴玉章承认错误,由国民党中央委员会间接取消此事。

6月6日 国民政府聘请中共毛泽东、陈绍禹、秦邦宪、林祖涵、吴玉章、董必武、邓颖超七人为国民参政会参政员。

6月11日 共产国际主席团举行会议,讨论中国共产党的工作。任弼时、王稼祥等人参加会议。会议通过了《共产国际主席团关于中共代表报告的决议案》。决议案指出:"中共的政治路线是正确的。中共在复杂和困难的条件下所灵活实行的向抗日民族统一战线政策的转变,致使国共两党重新进行合作,使各民族力量团结起来与日本侵略者作斗争。"为了继续执行这个政治路线,必须特别注意抗日民族统一战线的各党派在政治上、组织上的独立性;应在敌后继续开展游击运动;说服国民党实行民主政策;提高八路军、新四军的战斗力等。

6月12日 毛泽东同谭政致电八路军总部及各师,晋察冀边区,新四军军部,对国民党中央监察委员会恢复毛泽东、周恩来等国民党党籍一事作了说明。电报指出:"国民党监委会恢复毛、周等党籍的举动,表示国民党在徐州失守武汉紧急的时候,进一步联合我党坚持抗日,将来趋势有恢复十三年办法之可能。但监委会此举尚须执委会通过,并须先征求我们的意见。"

6月12日至10月25日 国民党第五、第九战区及第三战区和鄂豫边总司令部所属部队举行武汉会战。日军侵战徐州后,企图一举攻克武汉,围歼国民党军主力。6月12日,日军攻占安庆后,即调用13个师团的兵力,分五路会攻武汉,蒋介石也动用了几乎所有可调动的部队即第五、第九两战区及第三战区和鄂豫边司令部所属部队及海空军130个师的兵力,由蒋亲任总指挥。中日双方在数千里战场上,进行激战。由于敌强我弱和国民党最高当局实行单纯的消极防御的作战方针,最终未能阻止日军的进攻,各路日军先后逼近武汉,国民政府军事委员会于10月25日决定放弃武汉,27日,日军占领武汉。武汉会战历时四个月之久,共消灭日军10万余人,日军虽占领了武汉,但没能消灭国民党军主力。武汉会战期间,在国共两党的共同努力下,战区军民掀起了"保卫大武汉"的运动。当正面战场国民党以100余万兵力抗击40余万日军时,八路军、新四军也主动地进行了战略上的配合,在华北、华中的主要铁路干线上,炸车毁路,抗击敌人的"扫荡",大力消灭敌人,牵制日军30余万人于自己周围。刘伯承等亲率第一二九师和第一一五师各一部出击平汉路南段,有力地牵制了日军。晋察冀边区军民连续出击,破坏敌军设施,并炸毁北平石景山发电厂,使北平成为黑暗世界,严重打乱了日军南下增援武汉的侵略部署。八路军配合武汉保卫战,进行战斗近千次,歼敌3万以上。新四军第一、二支队,在陈毅、粟裕率领下,也深入苏南,战斗在敌人心脏地区,给敌军以重创,使之日夜不得安宁。如卫岗作战后,蒋介石致电嘉奖新四军:"叶军长:所属粟部,袭击卫岗,斩获颇多,殊堪嘉尚,仍希督饬继续努力,达成任务。"这次会战虽以放弃武汉而告终,但它使日军力量受到很大的消耗,尔后再无力量进行大规模的战略进攻。它宣告了日军歼灭中国军队主力,迫使中国投降的阴谋彻底破产。从此,抗日战争进到一个敌我相持的新阶段。

6月15日 周恩来致电毛泽东、朱德、彭德怀,指出:徐州失守,敌之主力集中在陇海、津浦,山西平汉和津浦路北段都比较空虚。为鼓励和坚定友军的抗战决心,抓紧有利时机扩大我党我军的政治影响,提议八路军集结较大部队,争取较大的胜利。同日,毛泽东复电周恩来等人,指出在日军主要进攻方向在武汉的形势下,我军应放手发展游击战争,并争取进行部分运动战。目前为配合国民政府作战,为缩小华北敌人的战领地,为创造和巩固华北根据地,都有大举袭敌的必要。但具体作战要根据敌我实际情况来决定。

6月15日 毛泽东同张闻天复电林伯渠:"甲、国民党进步中某些顽固分子的反动行为,并不足怪,亦不必惊惶。乙、应该在各地利用机会动员群众,给顽固分子以相当打击,指出他们违反中央意志,违反抗战建国纲领,使之孤立。丙、边区最近采取的一些办法,不过为了自卫,并非有意与之对立。目前无让步的必要。"

6月15日 鉴于日军又向晋西北进攻,毛泽东同刘少奇致电第一二〇师负责人并告朱德、彭德怀,请他们考虑:目前是否可以向傅作义及其他军政首长提议,召集晋西北及绥东各部队首长(连游击队在内)、各政府与民众团体的领袖开一个会议,讨论如何打退日军进攻、保卫晋西北的作战计划,并相机提出建立根据地的某些重要问题。电报指出,只要情况允许,这个会议召集成功,是可能解决许多问题、推进统一战线的。

6月16日 周恩来、王明、秦邦宪、凯丰等人自4月中旬以来同中共中央书记处多次商议参加国民参政会的中共参政员名单,16日,国民党中央常委会通过将中共参政员定为七名:毛泽东、秦邦宪、王明、董必武、林伯渠、吴玉章、邓颖超。

6月19日 周恩来将与中共中央书记处商定后起草的同国民党交涉的十条意见交蒋介石。内容包括:保障各抗日党派的合法存在;释放被关押的中共党员;停止查禁抗日书刊;保护第十八集团军及新四军军人家属;在敌后普遍发动游击战;开放地方政权实行民主;划延安、延长、延川等23县为陕甘宁边区,边区政府直属行政院,林伯渠为主席;第十八集团军扩编为三军九师,新四军增编为七个支队等。

6月 宋美龄发起组织新生活妇女运动指导委员会,有一大批女界学者、名流和国民党党政军要人的夫人参加,邓颖超参加了这个组织,从事上层妇女的统战工作,邓颖超还运用新生活妇女运动指导委员会开展妇女抗日救亡运动。当时邓颖超派许云、严卜贞、陈光宇和胡晓凤等人以新生活妇女指导委员会的名义,办了20多个妇女识字班,此外,国共两党还在河南、四川、江西、湖南等省共同建立和领导了妇女组织和妇女运动。

7月1日　朱德在《解放》周刊发表《八路军抗战的一周年》一文,指出:八路军一年来已在晋西北、晋绥边、晋东北、冀察晋边、晋东南、冀鲁豫边等地建设了战略支点,并依托这些战略支点向前发展,东面已跨过平汉线,东北面已达北平附近的门头沟、昌平、丰台等地,北面已靠近平绥路,深入了敌人深远的后方和交通枢纽。朱德还指出:在敌人后方及其翼侧建立许多的支点和根据地,应当成为战略指导中重要方针之一。文中还强调了全民族团结抗战的重要意义,批评了搞磨擦、削弱抗战力量的顽固分子。

7月5日　毛泽东、张闻天、刘少奇发出关于巩固山西统一战线工作的指示。指示要求在党的组织已有相当发展的地区、部队、机关中,暂时停止发展党员,特别在牺盟系统中暂停发展,注意集中教育训练和巩固组织。在党的组织薄弱地区、部队和团体中要注意发展党员,特别要注意建立农村支部,以奠定党在山西社会中的深厚基础。

7月5日　中国共产党参政员毛泽东、陈绍禹、秦邦宪、董必武、吴玉章、林伯渠、邓颖超在武汉《新华日报》发表《我们对于国民参政会的意见》。意见指出:"我们代表着中国共产党参加国民参政会,诚恳地愿意在参政会内与国民党和其他各党派以及无党派关系的国民参政员同志们亲密地携手和共同的努力,以期能友好和睦地商讨和决定一切有利于抗战必胜、建国必成的具体办法与实施方案,以便能够有效地打击与战胜日寇,并奠定使中华民国走向独立、自由、幸福的新国家的基础。"意见书还提出在参政会内应讨论怎样动员军力、人力、物力、财力保卫武汉,如何保证最低限度人民生活的改善,如何确保各党派和人民的合法权利等问题。中共参政员毛泽东等人在意见书中宣布:"国民参政员是人民的公仆,是人民的使者,是人民的代表,我们将忠实地遵循人民的训示和人民的意志而努力工作,我们将确定地为中国人民的意志、愿望和要求的实现而奋斗。"

7月6日　第一届国民参政会第一次大会在汉口正式开幕,15日闭幕。出席的参政员136人,都是由国民政府指派的。其中国民党代表88人,共产党代表毛泽东(未出席)、陈绍禹、秦邦宪、林祖涵、董必武、吴玉章、邓颖超七人。会前,王明、周恩来、秦邦宪、林伯渠、吴玉章、凯丰致电毛泽东、洛甫、康生、陈云,建议以中共七位参政员名义提出对国民参政会的意见,说明国民参政会还不是尽如人意的全权的人民代表机关,但是决不因此而失掉它在今天的作用和意义,共产党人除继续努力于促使普选的全权的人民代表机关在将来得以建立外,将以最积极最热忱最诚挚的态度去参加国民参政会的工作。国民参政会召开前后,周恩来经常在汉口中央银行同救国会的沈钧儒、史良、邹韬奋、李公朴、爱国人士张澜以及国社党的张君劢、青年党的左舜生聚商国是。向他们介绍同蒋介石谈判的情况,分析政治、军事形势,争取中间力量的同情和支持。会议期间,中国共产党和国民党民主派,各抗日党派以及爱国民主人士团结一致,同以汪精卫为首的投降派进行了坚决的斗争。会议之前,汪精卫与日本帝国主义私通款曲,密议"和平"条件。会上又利用国民参政会讲坛,大造"和平"舆论。汪派参政员李圣五、陶希圣提出"对德意外交采取分化方略",要求政府加强德意使馆活动能力,改善中德、中意邦交。显然,这是为德意出面斡旋"和平"制造"法律根据"。中共参政员坚决反对这一提案,并予以严正驳斥。在中共参政员和各派民主力量的共同努力下,大会确定了"抗战到底,争取国家民族之最后胜利"的国策;通过了《拥护国民政府实施抗战建国纲领案》《拥护政府长期抗战国策案》《改善各级行政机构案》《切实保障人民权利案》《调整民众团体以发挥民力案》等议案。大会宣言指出,各党各派要"舍小异而趋大同,翊赞统一,共同救国"。并庄严宣布:"中华民族必以坚强不屈之意志,动员其一切物力人力,为自卫,为人道,与此穷凶极恶的侵略者长期抗战,以达到最后胜利之日为止。"大会结束之日,全体代表一致通过了《大会宣言》。宣言向海内外庄严声称:"我中国民族立国东亚,自古以和平为国是","中国民族从不敌视日本人民";但自九一八事变后,日本帝国主义不断扩大对中国的侵略,"不但志在消灭我国家独立,并将毁灭我一切文化,夺取我一切资源,使中国民族永远沦于羞耻、无智识、无生活的奴隶地位而后快"!为此,"本会兹特代表我全体国民庄严宣布":第一,"中国民族必以坚强不屈之意志,动员其一切物力人力,为自卫,为人道,与此穷凶极恶之侵略者长期抗战,以达到最后胜利之日为止"。第二,希望世界各国继续并扩大"同情中国,援助中国",以一切办法,"孤立日本,制裁日本"。第三,否认日军在中国成立的一切汉奸政权,严斥日本以中国行将"赤化"的恶意造谣中伤。宣言还提出今后在军事上"森严军令,砥砺军令";政治上"力求庶政之革新,树立民主政治之基础";经济上"集中一切智力资财,增进生产,加速建设,务期巩固金融,开发资源,以求军需之自给",和民生的保障。宣言提出"拥护国民政府,拥护最高统帅,拥护抗战建国纲领"的口号,表达了一致从事民族抗日解放战争的意志。大会推举张君劢、左舜生、曾琦、董必武、秦邦宪、陈绍禹、沈钧儒等25人为驻会委员。这次会议,毛泽东因病未能参加,但从延安发来的贺电说:"当此抗战周年,全国上下精诚团结,誓驱强寇,而敌人进攻,亦正有加无已之际,国民参政会恰于此时开幕,民意攸宣,国人同庆。"毛泽东在贺电中提出了三项建议,"窃谓以三言为最切:一曰:坚持抗战;二曰:坚持统一战线;三曰:坚持持久战。诚能循是猛进,勿绥勿辍,则胜属我,决然无疑"。国民参政会是全民族抗日战争开始后国民党政府成立的一个咨询性质的机构,并不是真正的民意机关,也不是统一战线的组织形式。中国共产党应聘参加国民参政会,是把它当作宣传抗日的政治主张,团结各党派和各界爱国人士,揭露日本侵略残暴和国民党顽固派妥协投降阴谋的讲坛。中共先后出席了第一届的第一、二、三、四、五次大会和第二届的第二次大会以及第三届的第一、二、三次大会。

7月上旬 为纪念全民族抗战一周年,周恩来同郭沫若等人商定,由国民政府军事委员会政治部第三厅发起献金运动,以激发群众的爱国热忱和抗战决心。7月9日,周恩来同中共代表团、八路军办事处全体人员组成中共献金团,到汉口江汉关献金台前参加献金,将任政治部副部长的当月薪金全部献出。五天内,参加献金的有50万人以上,献金总额超过100万元。

7月上旬 周恩来会见从抗战前线回到武汉的李宗仁,谈团结抗战问题。他还商得李宗仁同意,在第五战区设立文化工作委员会,中共党员钱俊瑞以进步文化人士身份担任主任委员。

7月12日 国民政府行政院指令:宣传共产主义仍按《危害民国紧急治罪法》严加取缔。

7月21日 毛泽东、刘少奇对中共苏鲁豫皖边区的工作作出指示,指出:对石友三应继续采取争取的方针,要石友三划出一定防地给我们做根据地和后方。

7月21日 国民党中央常务会议第八十六次会议通过《修正抗战期间图书杂志审查标准》《图书杂志原稿送审办法》《中央图书杂志审查委员会组织大纲》《地方图书杂志审查委员会组织通则》,以加紧对全国舆论的控制。

7月22日 朱德致电蒋介石,就国民党安边县保安队16日晚袭击八路军驻安边警备第二团一事提出抗议,指出:"大敌当前,一切力量应集中抗日,该县行动,实属有意破坏团结",必须"迅速制止"。

7月26日 毛泽东复电周恩来关于同蒋介石、何应钦谈判扩大八路军的情况来电,指出:"加编三个师如不可能,以第二方案发表四五个司令部并规定适合现况之部队数目与经费数目为适宜。"

7月下旬 周恩来和林伯渠先后会见蒋介石、何应钦,讨论扩大八路军编制事。蒋、何借口200师已满额,不愿给师的番号。26日,周恩来致电毛泽东、朱德、彭德怀说,准备向蒋提出两个方案:(一)仍请编三军六个师或三师九个旅27个团;(二)请委五台聂荣臻,冀热宋时轮、邓华,津浦线徐向前、陈再道,河防萧劲光以司令名义。当日,收到毛泽东复电:加编三个师如不可能,以第二方案为适宜。收到朱德复电:三军六师计24个团,如蒋、何拒绝,则以报三师27个团为好;聂荣臻、宋时轮、邓华,徐向前三部另给纵队名义,萧劲光为河防司令;刘伯承、贺龙两师已各有九个团,林彪师已七个团,也拟编为九个团;聂区的赵尔陆、刘道生、杨成武、陈漫远四部共编九个团,太行山地方武装共有四个团。

7月 共产国际执行委员会主席团作出关于援助中国抗战的决定。决定指出:"共产国际执委会主席团声明,完全同意中国共产党的政治路线,并声明共产国际与中华民族反对日寇侵略者解放斗争是团结一致的",号召"从政治上、道义上和物质上,给中国以援助"。"增加日本军阀在侵略中国中之各种困难和阻挠。"

8月4日 冀南敌后50余县的军政民代表大会在南宫召开,会上宣告成立冀南行政主任公署,选举杨秀峰、宋任穷分任公署正、副主任。地方名流和国民党人士刘季兴、孟夫唐等人也参加抗日民主政府领导。

8月6日 毛泽东、张闻天发出关于保卫武汉方针问题的指示,指出保卫武汉重在发动群众,军事上则重在袭击敌人的侧后,迟滞敌人前进,争取时间,务须避免不利的决战,到事实上不可守的时候,不惜断然放弃之。在抗战过程中,巩固蒋介石的地位,坚持抗战,坚决打击投降派,应是我们的总方针。

8月7日 朱德、彭德怀致电蒋介石,抗议国民党军暂编第五十九师、第十五师、预备三师袭击陕西淳化八路军保安队并大举进犯边区。

8月8日 毛泽东、刘少奇发出《关于冀南目前工作方针的指示》,指出:目前我们要加紧建立和强固各县县政府,推选或委派最得力的同志去担任县长,并可派定临时专员,再和鹿钟麟商讨交涉。

8月上旬 朱德到山西垣曲辛庄会晤卫立煌,受到卫立煌的热烈欢迎。他俩单独长谈了两整天。朱德对卫立煌说,八路军已比以前大大地扩充,拟向蒋介石提出增编三个师。卫立煌表示同情。

8月12日 国民政府军事委员会西安行营主任蒋鼎文通知第十八集团军驻西安办事处负责人林伯渠:行政院来电指出边区问题由陕西省就近解决,并已派彭绍贤、谷正鼎等三人前来交涉。16日,中共中央电示林伯渠,必须坚持23个县,但可用清涧、绥德、米脂三县改换同原、海原、靖远三县,每月经费要10万元。但彭、谷等坚决主张实行专员制,不要边区政府,地域也只允许17个县,不得增加。结果双方争执不下,谈判无法继续进行下去。

8月20日 毛泽东同王稼祥、刘少奇致电聂荣臻、彭真、徐向前、邓小平等,要求迅速建立与巩固在中共领导下的河北的统一军事行政系统,使鹿钟麟来后不致容易被他拆散。如果在河北形成几个军事行政系统,那将来的困难与磨擦将会更多。

8月20日 国民党武汉卫戍司令部政治部宣布解散中国共产党领导的中华民族解放先锋队和进步的群众组织青年救国会、蚁社等。21日,《新华日报》发表社论,以示抗议,被国民党当局勒令停刊两天。同日,中共长江中央局致电中共中央、前总、新四军,提议由中共中央通电抗议,各地发拥护《新华日报》的电文。后经周恩来严正交涉,武汉卫戍司令部允许《新华日报》照常出版。

8月20日 中共冀热边区委员会致电朱德、彭德怀并转呈蒋介石,报告7月9日冀东七县大起义及7月18日唐山7000名矿工抗日大起义的经过,并说明两次起义均为国共两党共同领导,祝贺两党团结抗日的新胜利。

8月21日 朱德给云南省主席龙云写信,希望他在动员西南、西北的人力物力、支持抗战方面做出更大贡献。

8月22日 朱德从西安出发赴延安,途经洛川转道晋西吉县古贤村和阎锡山会晤。为加强第十八集团军和第二战区司令长官部的联系,和阎协商成立第十八集团军驻第二战区司令长官部办事处。朱还出席阎召开的孙中山总理纪念周会,并在会上讲话,指出只要坚持抗日民族统一战线,团结一致,就一定能打胜仗,日本侵略者是注定要失败的。

8月22日 彭德怀、朱瑞向中共中央汇报关于与鹿钟麟谈判的情况。8月20日和21日,彭德怀等人同河北省国民政府主席鹿钟麟等人在屯留县故县镇,就河北省的行政、民运和武装指挥关系等问题进行了两天会谈。其结果有以下四点:(一)冀中、冀南行政专区、分区人选暂时照旧不变。(二)统一河北民运,组织总动员委员会和常委会,鹿为主任,但民运总方针须由执委会决定。(三)八路军在河北的正规军、游击队须得朱德、彭德怀同意,或委任临时指挥,河北专区分区的地方武装须经该军分区司令员指挥。(四)晋察冀边区政府所辖冀中各县仍归河北省政府,有关命令行使时,须经过该边区行政转或同意才能生效。24日,中共中央回电彭德怀、朱瑞等人,认为他们与鹿的谈判是适当的。

8月25日 朱德为纪念八路军成立一周年发表《告国民书》,指出一年来八路军与日军交战600余次,毙伤日军3.4万多人,俘虏日军2000人,对所谓八路军"游而不击、领饷不战"的诬蔑进行了有力的驳斥。

8月29日 朱德在延安抗日军政大学作《一年多来的华北抗战》的演讲。他指出:一年来我们粉碎了敌人三个月征服中国的计划。在华北,敌人仅仅占领了沿铁路线一些重要据点,广大华北领土依然是中国的版图,敌人受到很大的打击,不敢轻而离开据点一步。华北抗战第一期是在南口、忻口和平型关、娘子关地区,由于没有很好地发动、组织、武装群众、广泛进行游击战,成绩并不大。第二期作战由于人民相当地组织起来了,华北游击战争发动起来了,游击队开始建立自己的根据地,抗战的部队在战争中获得经验,我们打碎了敌人驱逐抗战部队到黄河以南的企图,配合了徐州作战。第三期作战,我们在保卫武汉的行动中,积极地截断敌人南下道路,取得不少成绩。朱德在报告中指出,华北抗战能够获得这些胜利,主要是忠实执行了民族统一战线的结果。抗日民族统一战线的扩大和巩固,是争取抗战胜利的主要的条件。今后我们还要动员更多的力量参加抗战。

9月1日 中共中央、中共北方局致电宋时轮、邓华等人,祝贺冀东抗日联军反日反汉奸起义的胜利与八路军热冀纵队的会合。贺电说:

由于冀东国共两党同志和无党派抗日志士的合作,抗日联军和八路军纵队的胜利已给日军以严重打击,摧毁了冀东汉奸政权,发动了广大民众,配合了全国的抗战。贺电希望他们巩固团结,打破敌人的进攻,扩大部队,武装组织民众,建立冀东抗日政权,肃清汉奸,巩固胜利。

9月4日 张治中从长沙打电报到武汉,向蒋介石提出一项建议,主张承认中共合法地位,允许中共公开活动,以减少无谓的磨擦,加强两党团结,以利抗战大业。蒋介石默不置答。

9月7日 毛泽东、朱德等人致电聂荣臻,对冀察战区总指挥张荫梧妄图获取晋察冀边区之平山、行唐、阜平等县提出对策:边区各军政机关,如没有得到边区政府和军区司令部的指示,拒绝服从任何人的命令,并禁止任何人在其区域内进行军事政治活动;如河北省政府和张荫梧正式派人来交涉,须给以礼遇与之谈判。

9月7日 中共中央给苏鲁豫皖边区省委发出关于和石友三共同建立山东抗日根据地的问题的指示。指示指出,要根据党的抗日救国十大纲领和敌后战区工作的基本原则,结合山东的实际情况,和石友三商定共同建立山东抗日根据地的纲领,并须进一步去统一山东或鲁东南的军事行动,由石友三和八路军收编各种杂色和无所属的部队,肃清汉奸和不能改造的土匪队伍,逐渐恢复鲁东南的秩序。

9月13日 国民党制造"安平惨案"。国民党张荫梧部在河北安平县崔安铺杀害冀中二分区地委宣传部长宋振桓、县委书记何昆山等四人,制造了破坏团结抗日的"安平惨案"。

9月14日至26日 中共中央在延安召开政治局会议。会上王稼祥传达共产国际的决定和季米特洛夫的意见:认为中国共产党一年来建立了抗日民族统一战线,政治路线是正确的。尤其是毛泽东、朱德等领导的八路军执行了党的新政策,中共在复杂的环境和困难的条件下真正运用了马克思列宁主义;认为中共中央领导机关中要以毛泽东为首解决统一领导问题,中共领导机关要有亲密团结的空气。14日,朱德作八路军工作报告,指出:华北抗战经验证明,八路军虽然最初数量较少,但真正要抗战非靠八路军不可,八路军在统一战线中起了模范作用。15日,周恩来作关于中共中央代表团工作的报告,报告分四部分:(一)分析抗战形势和保卫武汉问题;(二)关于国民党的统治及其政策;(三)中共中央代表团在统一战线中的工作;(四)各方面对统一战线的破坏情况。毛泽东在24日会议上作长篇发言,讲了五个问题:一、这次会议的意义;二、共产国际的指示;三、抗战经验总结问题;四、抗日战争与抗日统一战线的新形势;五、今后任务。他指出,共产国际的指示是这次政治局会议成功的保证,同时又是中共六届六中全会和第七次全国代表大会的指导原则,指示的最主要点是强调党内团结。他分析了武汉即将失陷后的形势,指出抗日战争将开始进入一个新的阶段——相持阶段,抗日民族统一战线也将进入一个新的发展阶段。他阐述了统一战线中统一与斗争的辩证关系,由于国共合作是对立阶级的政党的合作,所以斗争是严重的不可避免的,具体表现是国民党顽固分子的磨擦和共产党的反磨擦。统一战线中统一是基本的原则,要贯彻到一切地方一切工作中,任何时候任何地方不能忘记统一;同时不能不辅助之以斗争的原则,因为斗争正是为了统一,没有斗争不能巩固能与发展统一战线。26日,周恩来就抗战形势和统一战线问题作报告,指出:抗战将进入第二阶段(即战略相持阶段);在第二阶段要发展游击战争,使正规战同游击战适当配合;要在战争中建立新的军队;要大胆地把新四军中的老干部放出来去发展游击战争;我们必须在保持党的独立性的原则下,拥蒋合作,拥护三民主义,这是巩固统一战线的政治基础。会议还决定了中共六届六中全会的主要议程,并根据形势的变化,重新调整了各地组织机构。

9月29日 毛泽东写信给蒋介石。

信中说:"因武汉紧张,故欲恩来同志不待会议完毕,即行返汉,晋谒先生,商承一切,未尽之意,概托恩来而陈。此时此际,国共两党,休戚与共,亦即长期战争与长期团结之重要关节。泽东坚决相信,国共两党之长期团结,必能支持长期战争,敌虽凶顽,终必失败;而我四万万五千万人之中华民族,终必能于长期的艰苦奋斗中,克服困难,准备力量,实行反攻,驱逐顽寇,而使自己雄立于东亚。此物此志,知先生必有同心也。"

9月29日至11月6日 中国共产党在延安召开扩大的六届六中全会。到会的中央委员17人,各部队各地区的领导干部36人。会上,王稼祥传达了共产国际的指示,毛泽东作了《论新阶段》的报告和会议总结,张闻天作了《关于抗日民族统一战线与党的组织问题》报告,朱德作了华北战场的报告,刘少奇作了关于北方局工作和组织工作的报告,周恩来作了中共中央代表团工作报告,陈云作了青年工作报告。中共六届六中全会重申加强国共两党组织上合作的极端必要性。毛泽东在会上明确指出："为了保证长期合作，还要解决合作的组织形式问题。我们曾经批驳了一党主义，不论是对于过去历史上说，对于当前任务上说，对于中国社会性质上说，所谓一党主义都是没有根据的，都是做不到的，行不通的，违背一致团结抗日建国的大目标，有百害而无一利的。那末，各党共存，而互相结合为一个抗日民族统一战线，要不要一种统一的共同的组织呢？要的，必要的，没有这种统一的共同的组织，不利于团结抗日，更不利于长期合作。因此，各党应该认真研究，找到一种最适合于长期合作的统一的共同的组织形式。"他认为目前的合作方式"对于长期合作是不利的"，"这种形式太不密切，许多问题不能恰当的及时的得到解决"，因此有必要把"国民党本身变为民族联盟，各党派加入国民党而保持其独立性"，或者"各党共同组织民族联盟，拥戴蒋介石先生作这个联盟的最高领导人，各党以平等形式互派代表组织中央以至地方的各级共同委员会，为着执行共同纲领处理共同事务而努力"。他同时"正式向国民党同志申明：我们停止在你们内部作招收党员组织支部的活动，不管统一战线采取何种的共同形式，我们都是这样做"。全会通过了《中共中央扩大的六中全会政治决议案》，批准了以毛泽东为首的中央政治局的路线。

政治决议案指出：全中华民族的基本任务应该是：坚持抗战，坚持持久战，巩固和扩大抗日民族统一战线，以便克服困难，增加力量，停止敌之进攻，实行我之进攻，以取得最后驱逐日寇出境和建立独立自由幸福的三民主义新中国的光荣胜利。提出，发展国共两党及一切抗日党派，强固抗日民族统一战线，支持长期抗战。为了顺利进行抗日持久战，就必须国共两党长期合作。国共两党合作是抗日民族统一战线的基础，是抗战建国大业完成与胜利的保证。中国共产党对于拥护三民主义，拥护蒋委员长，拥护国民政府是诚心诚意。政治决议案再一次恳切的责成所有的中国共产党党员，以互助互让和同生死共患难的精神，以新生合作中各政党独立性的立场，以谦和互敬互商的工作态度，去亲近国民党同志和一切抗日党派的同志。同时提出建议："中国共产党认为国共两党合作的最好的组织形式是共产党加入国民党和三民主义青年团，并将加入国民党与青年团的共产党员的名单交给国民党领导机关，并且不在国民党及青年团中进行征收共产党员的活动。第二种形式则是由两党组织各级的共同委员会来进行两党合作的事宜。"中共六届六中全会认为两党合作组织形式的适当解决，对于亲密两党关系保证两党长期合作有极重大的意义。根据中共六届六中全会的精神，中共中央派周恩来、秦邦宪等人与蒋介石就合作的组织形式等问题进行了多次会谈。会议决定，中共不在国民党中及其军队中建立共产党的秘密组织。会议重申全党独立自主地放手组织人民抗日武装斗争的方针，把党的主要工作方面放在战区和敌后，大力巩固华北，发展华中。全会强调全党必须自上而下地努力学习马克思列宁主义理论，善于把马克思列宁主义和国际经验应用于中国的具体环境，反对教条主义。全会决定撤销长江局，设立中原局和南方局。南方局代表党中央负责同国民党与其他党派的统一战线和党在国民党大后方的其他工作，以及沦陷区和港澳的工作，同时负责华南的抗日游击战争，书记周恩来。这次会议基本上克服了王明右倾投降主义错误，统一了全党的步调，为实现党对抗日战争的领导进行了全面的规划，推动了各项工作的迅速发展。

9月 沈钧儒、王炳南、蒋南翔等人以武汉文化界代表的名义，往武汉前线汤恩伯的第三十一军总司令部及关麟征部进行劳军慰问。

10月1日 周恩来返回武汉。4日，周恩来会见蒋介石，送交毛泽东、王明信件，并向蒋说明中共六届六中全会对抗战问题和统一战线问题的意见。谈到武汉失守后将遇到的新的困难时，蒋表示坚持抗战无问题。对八路军在敌后求补充发展，蒋表示赞成。对中共六届六中全会决定中共不在国民党及其军队中发展组织，中共党员公开加入国民党和三青团一事蒋很注意听，并且要周恩来把意见写出给他。8日，周恩来将意见写出交给蒋介石。

10月7日 《新华日报》发表《论目前抗战形势》社论。指出：巩固和扩大统一战线，是克服抗战困难的重要条件之一。国共两党的合作是粉碎敌人分裂中国、破坏团结的最好办法。在统一战线已经形成之后，一切历史的痕迹，应当消失，一切小的磨擦、地方的冲突，某些党部不妥的做法，均应受到批评。只有坚持长期抗战，加强国内团结，才是克服困难，争取胜利的转入敌我相持局面的基本方针。

10月14日 周恩来会见蒋介石。关于中共党员公开加入国民党和三青团问题，蒋说必须由国民党中央常委会讨论；三青团章程可改变，中共党员可加入。并要周找三青团诸领导人商谈。蒋还说武汉作战方针已改为消极防御，新的注意力在西南、西北，他已准备好退出武汉的宣言。

10月21日和25日 广州、武汉相继沦陷，抗日战争开始由战略防御转入战略相持阶段。全民族抗战初期，国民党抗日比较积极，国民党正面战场先后进行了平津、淞沪、晋北、徐州以及保卫武汉等战役，并取得消灭日军1万余人的台儿庄战役的重大胜利。但是，从1937年7月至1938年10月的一年零三个月时间，国民党军队丢失了华北、华中和华南的大片国土。在敌强我弱的形势下，中国丧失一些地方虽属不可避免，然而日军能如此迅速地推进，是由于蒋介石集团实行片面抗战路线和单纯防御的战略方针。

10月22日 朱德在周恩来的陪同下，面见蒋介石，详细报告八路军一年多来的战绩，抗日根据地建立的情况以及取得这些胜利的原因。朱着重指出，只要发动群众武装群众，即使退到重庆也不要紧，日军是一定能够被打败的！并向蒋报告八路军的人数已达12万及其分布情况，要求准予改师为军。还要求成立八路军总部直辖炮兵营，增发八路军经费及弹药。23日，朱德致函蒋介石，重申以上要求。同日，朱德飞返延安。

10月24日 蒋介石致电卫立煌转贺龙、刘伯承，对第一二〇师、第一二九师等部在张家湾、谭家庄、泥沟口等地迭挫敌人，多有斩获，传令嘉奖。

10月27日 毛泽东、王稼祥、刘少奇致电中共中央北方局军事部部长朱瑞、徐向前等人，指出：对鹿钟麟应注意下列几点：坚持冀南行政公署不能取消；极力向其说明，目前局势严重，广州失守，武汉不保，敌人已开始实行"肃清"华北计划，各方只有依靠已取得的成绩，加紧工作，才能支持困难的局面，否则只有失败。主任公署和军区应向鹿表示，凡利于抗战的工作，一定要努力完成。

10月28日 中共中央关于广州、武汉失守后给各级党组织的指示，指出：广州失陷，武汉不保，使抗战形势起了新的变化。日军已宣布在汉口成立伪中央政府，不承认国民政府为谈判对象。在中国方面，蒋委员长抗战是坚决的，但某些亲日分子，已经开始活动和平妥协。目前的抗战形势，一方面是困难增多，一方面是抗战力量更加团结，统一战线更加进步。指示最后对各级党组织目前的工作提出了五项具体注意事项。

10月28日至11月6日 国民参政会一届二次大会在重庆举行，到会参政员121人，中共参政员董必武、吴玉章等六人出席。董必武在10月28日《新华日报》发表《国民参政会第二次大会的展望》，指出坚持持久抗战，全面抗战，争取主动地位,争取抗战胜利,这是我国抗战以来确定不移的国策。参政会遵照这一国策,实是国民参政会一届二次大会最重要的任务。

10月31日 蒋介石发出《告全国国民书》,说明撤出武汉是为了保持继续抗战的力量,表示要坚持持久抗战、全面战争和争取主动。第二天,周恩来、叶剑英致电中共中央书记处说:"蒋宣言今日发表,内容甚好,不妥处已改掉。""蒋日前来长沙并转南昌,现回衡(山),表示坚决主张抗战,冯(玉祥)、白(崇禧)、唐生智,均赞助。"11月1日至3日,军事委员会在长沙召开军事会议,检讨武汉作战经过。周恩来参加了这次会议,在发言中强调游击战的问题。

10月 日本侵略军21日占领广州,27日占领武汉后,采取了新的侵华方针。把军事进攻的矛头主要指向解放区,对国民党以反共为诱饵,进行拉拢,实行政治诱降为主,军事进攻为辅的方针,以挑拨国共关系,分化抗日民族统一战线。11月3日,日本近卫政府发表声明:"如果国民政府抛弃以前的一贯政策",欢迎国民党政府参加"建设东亚新秩序",改变了1月16日声明中"不以国民政府为对手"的方针,12月22日,日本近卫政府再次发表声明,向国民党政府提出所谓"善邻友好""共同防共""经济提携"三原则。这既是给汪精卫集团提供叛国降日的借口,又是引诱蒋介石国民党政府上钩的诱饵。

10月 蒋介石密令朱绍良、胡宗南调集军队驻守各险关隘口,包围、封锁陕甘宁边区。

11月1日 鉴于大后方对妥协和抗战问题议论纷纷,周恩来和叶剑英致电中共中央书记处和重庆准备出席国民参政会议的中共党团,提议:(一)请党团在参政会发表宣言,声明拥护统一,坚持抗战,反对主和;(二)推动地方实力派及国民政府中主战派,质问外交为何有主和论调;(三)实行战时财政节约政策,减低高级薪津;(四)强调战时国民政府至少应加强并改善政府机关以适应抗战新形势等。

11月2日 国民政府军令部以八路军"忠实奋发,迭予敌重创",致电朱德、彭德怀,对所有出力部队"传谕嘉奖"。

11月3日至22日 日本近卫内阁连续发表声明,提出所谓的"近卫三原则",即善邻友好、共同防共、经济提携,这实质上就是用外交上更加隐晦和含混不清的词语,引诱国民党政府投降反共,从而达到其"以华制华"的目的。蒋介石于12月26日发表声明,拒绝了近卫的声明。

11月4日 中共中央军委总政治部发布《关于部队中设立联络部的命令》。命令指出,为增进我友两军友谊,在互助互爱的原则下,保证作战上的配合和长期精诚团结,决定在八路军、新四军和各军区政治机关之内设立联络部,经常派人与当地友军联络,主动地积极地接近友军,疏通彼此间的关系,解除和消除一切不必要的误会,以虚心诚意的态度,交换工作经验。野战、军区政治部下设联络部,师和分区政治部下设联络科,联络部(科)设部长一人,联络员一至二人。团和支队设联络员一人,直属于团和政治处主任管辖。

11月5日 中国共产党扩大的六届六中全会致电蒋介石。电文表示:"中共同人深信,我国目前正处于由战略防御转入战略相持的过渡时期,虽困难犹多,但过去十六个月的抗战已经造成我国空前的进步和成绩,我全国人民必须在蒋先生的坚强领导下,在国共两党及一切抗日党派的持久协力之下,坚持抗战,巩固和扩大全民族的团结与统一,在军事、政治、民运各方面,采取进一步设施和改革,期以最大之努力的动员全国一切生动力量,增强抗战实力,停止敌之进攻,从艰苦的相持阶段中准备新的力量,改变敌我形势,实行反攻,驱除日寇。我们相信伟大的中华民族曾经经历过艰巨斗争的磨炼,定能举国一致,精诚团结,渡过抗日难关,争取最后胜利。中共中央一本过去主张,愿以至诚拥护我民族领袖,拥护三民主义;并在三民主义和《抗战建国纲领》的政治基础上,责成全体共产党员,本互助互让,同生死、共患难之精神和互敬互商之工作办法,亲密两党间的关系,巩固两党的长期合作,团结全民族,以争取抗战最后胜利和三民主义的民主共和国之实现。"

11月6日 中国共产党扩大的六届六中全会发表《告全国同胞、全体将士和国共两党同志书》,指出现在武汉失守,广州沦陷,战线由华北、华中伸展到华南。在这抗战的紧急关头,在这转败为胜的枢纽时期,每一个黄帝子孙都应负担起重大责任。四万万五千万同胞的团结一致,拥护和参加长期抗战,这是战胜日本帝国主义最基本的保证。抗战军队的巩固和扩大是进行持久战和战胜日本帝国主义的最基本的条件。当此战局转向新的阶段之际,日本帝国主义一定加紧其挑拨离间的阴谋,这就要求国共两党和一切抗日党派更加进一步的亲密团结,避免误会与磨擦,巩固国共长期的合作和长期的民族统一战线,这对于坚持持久战,争取抗战的最后胜利,是有伟大的历史意义的。

11月8日 周恩来同郭沫若等人到湖南衡山会见蒋介石,谈今后抗战军事方案。蒋原则同意,要周恩来写一具体方案。另外,蒋答应速办游击干部训练班。

11月15日 日军第一一四师团千叶联队300余人从山东东阿突袭聊城,山东第六区专员范筑先英勇殉国,在范部工作的共产党员姚第鸿、张郁光等人也壮烈牺牲。聊城被日军占领。

11月19日 鹿钟麟趁日军"扫荡"冀南地区的时机,指挥津浦游击纵队赵云祥部,在新河城东的仁让里,将八路军工作队、基干队和新河动委会包围缴械。河北濮阳专员丁树本部在濮阳南中寨将八路军黄河支队200余人包围缴械。

11月25日至28日 国民政府军事委员会在湖南南岳召开军事会议,讨论抗战新阶段的战略方针。到会的有高级将领300多人,周恩来和叶剑英也出席了。会议检讨了前一时期的抗战工作和展望二期抗战形势,确定自七七抗战开始到武汉失守为第一期抗战,以正规战为主,尔后为第二期抗战,提出第二期抗战实行"游击战重于正规战"的方针,决定效仿解放区战场的经验,广泛开展敌后游击战,"积小胜为大胜","以空间换时间"。白崇禧在会上将毛泽东的《论持久战》介绍给蒋介石,并说要全国人民都看。会议还决定在南岳举办西南游击干部训练班,要中共派干部去教游击战。这件事得到中共中央和毛泽东的同意。南岳训练班的主任由蒋介石兼任,汤恩伯任教育长,叶剑英任副教育长,周恩来也担任了这个训练班的国际问题讲师。周后来向中共中央政治局报告说:"中央军最重要,但最难接近,最难工作。""南岳训练班较珞珈山更有成绩。这几乎是我们接近中央军官最好的机会,只可惜人去少了。因为人去多,不仅可以扩大我们影响,而且可以培养我们自己知名干部。"会议重申继续实施持久作战的方针,采取转守为攻,牵制和消耗敌人的战术,粉碎日军"以华制华"的阴谋。

11月27日 徐向前、宋任穷揭露鹿钟麟破坏抗战的行为,指出鹿钟麟令赵云祥解散新河救亡团体,缴八路军工作队和新河基干队的枪支,杀八路军侦察员一名;通令取消冀南行政主任公署,调赵云祥、夏绥礼、张荫梧等部队驻南宫城及其北、东、南三面,并大肆抢掠等。徐、宋还揭露鹿将采取武力撤换民选的县长,解散救亡团体,收编或解散各县基干游击队。

11月30日 朱德、彭德怀对冀南的反磨擦斗争发出指示:硬不破裂统一战线,软不伤政治原则立场。应避免和鹿钟麟发生武装冲突,如他先向我开枪,则给以有力的打击。

11月下旬 朱德抵达吉县会晤阎锡山,对阎和他的部下以及各阶层人士进行工作。在谈话中,多次指出悲观的亡国论是不对的,盲目乐观的速胜论也没有根据。只要全国人民团结起来,有钱出钱,有力出力,有人出人,打败日本侵略者是一定能办到的。

11月 毛泽东在西北青年救国联合会第二次代表大会上作关于抗战形势和统一战线问题的讲话。他说:武汉失守后,抗日战争要进到一个新阶段,即敌我相持的阶段,但现在还没有进到相持阶段。在半殖民地的中国,我们长期作战就依据乡村,乡村同城市作战有一定的困难,这也是中国采取持久战的道理。讲话估计蒋介石和国民党的大多数不会同日本讲和,国民党是有进步的,磨擦是局部现象,是可以改变的,我们必须看到全局。

11月 中共北方局派南汉宸、罗贵波到河曲,根据中共中央决定不在友军中发展共产党员的精神,向傅作义提出了在傅部帮助工作的共产党员名单,以便做好统一战线工作。

11月 为贯彻东进方针,开展江北地区的统战工作,加强对皖中抗日战争的领导,遵照毛泽东的指示,新四军军部令张云逸率军部特务营渡江北上,于11月抵达无为地区,当即与国民党桂系军队建立了统战关系,并将庐江、无为地方中共领导的游击队统一编为新四军江北纵队,担负开展皖中地区的抗战任务。与此同时第四支队第八团进到淮河以东,与当地游击队和中共掌握的东北军挺进团取得联系,开展皖东敌后抗日游击战争。

11月 八路军驻桂林办事处建立。吴奚如、李克农先后担任办事处处长。该办事处是经过周恩来与国民政府军委会副参谋总长兼军训部部长白崇禧商谈同意后建立的。它负责承办我党我军所需的物资、经费的转运;重庆、香港、新四军之间的人员往来接送;领导桂林地区的抗日文化运动;在中共南方工作委员会未建立之前,它还负责联系湖南、江西、广西、广东、福建、香港地区我们党的组织。

12月4日 毛泽东发出关于坚决拒绝国民党派高桂滋部来陕甘宁边区的指示,指出陕甘宁23县边区和八路军驻防范围是蒋介石划定的，绝对不许任何部队借口进驻，实行破坏边区的企图。

12月4日　蒋介石任命鹿钟麟为冀察战区总司令兼河北省主席。

12月5日　中共琼崖特委根据广东省委的指示，同国民党海南岛当局达成协议，将长期坚持海南斗争的琼崖红军游击队改编为广东省第十四统率区民众抗日自卫团独立队，冯白驹任队长。

12月6日　蒋介石在桂林约见周恩来，正式提出把中国共产党吸收到中国国民党内的主张，蒋介石说：共产党跨党，"大家不赞成"。共产党既信三民主义，最好与国民党合并成一个组织，力量可加倍发展。如果同意，在西安召开华北西北将领会议后，就约毛泽东面谈。如果共产党全体加入做不到，"可否以一部分党员加入国民党而不跨党"。周恩来当即回答：中国共产党信仰三民主义，不仅因其为抗战的出路，且为达到社会主义的必由之路，中国国民党则必不如此想，故国共终究是两党。周恩来说，跨党是为了取得信任，但我们也不强求。如认为时机未到，可以采取其他办法。要求全体共产党员加入国民党而退出共产党，这不可能也做不到。少数人退出共产党而加入国民党，不仅是失节、失信仰，于国民党也"有害而无益"。从而拒绝了蒋介石的要求。六天后，蒋再约周恩来及王明等人谈。对于周恩来等人谈到的其他合作合作方式，蒋亦认为无用，声称："根本问题不解决，一切均无意义。"蒋还表示，如果考虑合并事不可能，就不必约毛泽东到西安会谈。不久，周恩来、董必武等人将6日会谈情况电告中共中央。

12月7日　国民政府军事委员会军令部致电朱德、彭德怀，通电嘉奖八路军。电称"贵总司令统帅有方，迭挫敌寇，聂部斩获特多，厥功尤伟，希即传逾嘉奖，以资鼓励"。

12月10日　冀南行署副主任宋任穷与河北省政府主席鹿钟麟谈判消除双方纠纷和合作抗日问题。26日，八路军第一二九师师长刘伯承在冀南南宫和鹿钟麟会谈，以争取其团结抗日。

12月10日　国社党负责人张君劢配合蒋介石解散共产党的阴谋，发表致毛泽东公开信，张以"军队属于国家"为由，要求将八路军的训练、任命与指挥之权，"完全托之蒋先生手中"。再以"一国之内惟有一种法律、一种行政系统"为词，要求中共

"取消特区之制",张在信中还说:"先生等既努力于对外民族战争,不如将马克思主义暂搁一边。"并说:共产党"自有党军、自有特区、自标马克思主义"是长期合作的"障碍"。国民党将此信印发,进行反共宣传。

12月12日 蒋介石在重庆约见代表中国共产党前来参加国民参政会的王明、秦邦宪、董必武、吴玉章等人。他说:共产党员退出共产党加入国民党,或共产党取消名义,整个加入国民党,我都欢迎;或者共产党仍然保存自己的党,我也赞成;但是跨党办法绝对办不到。他甚至说:"我的责任是将共产党合并国民党成一个组织,国民党名义可以取消。我过去打你们,也是为保存共产党革命分子合于国民党。此事乃我的生死问题,此目的如达不到,我死了心也不安,抗战胜利了也没有什么意义。所以我的这个意见,至死也不变的。"这次会见共谈了五六个小时,发生了激烈的争辩。吴玉章在四年后回忆说:蒋"力劝我们到国民党去作强有力的骨干,为国家民族共同努力,不必要共产党",并说"如不取消共产党,死也不瞑目"。大家辩论了很久。蒋介石还特别对吴玉章说:"你是老同盟会,国民党的老前辈,还是回到国民党来吧!"这次会谈没有什么结果。

12月12日 蒋介石在重庆国民党中央党部纪念周演讲,指出:中国军队"能够阻止日军的进攻,形势更于我方有利"。"抗战已使全国统一,国民团结,任何强敌均不足惧。"

12月13日 毛泽东、王稼祥致电朱德、彭德怀、刘伯承等人,指出:国民党军第六十九军等部正在向南宫县开进,你们应准备欢迎他们,以真诚的态度帮助其发展,并对其做可能之让步,使其能与我军亲密合作。

12月18日 国民党副总裁、国民政府行政院院长、国民参政会议长汪精卫及其妻陈璧君、女婿何文杰和宣传部部长周佛海、中央大学教授陶希圣等人离开重庆,经昆明于21日飞抵河内(当时为法殖民地),叛国投敌。25日,陈公博飞往河内,与汪精卫合流。29日,汪精卫在河内发表被称为"和平反共救国声明"的"艳电",公开投降日本帝国主义。蒋介石于24日自西安飞返重庆,请顾问端纳通知英美两国大使馆,指出汪精卫绝对无权和任何人谈判和平,并说,中国不但没有想到与日本谈和,并且现在正准备做大规模之抵抗。中国国民党中央于1939年1月1日召开中央执委会常务委员会临时会议,以汪精卫"艳电""对国是妄作主张,危害党国",决议永远开除汪党籍,撤销其一切职务。1939年6月8日,国民党当局对汪发出了通缉令。

12月28日 毛泽东出席中共中央书记处会议,会议讨论国民党顽固派对陕甘宁边区搞磨擦问题。毛泽东在会上发言说:国民党顽固派侵吞边区的办法有十余种:一、政府,二、税收,三、邮政,四、军队,五、教育,六、党部,七、紧缩,"蚕食",八、医务,九、保甲,十、实业,十一、农贷,十二、土匪。现在他们又向我们进攻,我们必须采取强硬政策予以抵制。对国民政府绥德地区专员何绍南要采用较强硬的政策,对其他方面要采取较温和的政策。检查站要重新建立起来。

12月31日 周恩来、黄炎培、张君劢、李幼椿、梁漱溟、江问渔等人至张群寓所,讨论抗战动员的有关问题。黄炎培提出动员民众的四条原则:(一)统一;(二)可领导,必不可包办;(三)不求平衡,可以局部到全体;(四)运用各种组织力量。

12月 蒋介石在武功召开军事会议,召集第一、二、五战区师长以上军官参加,但未邀第十八集团军及山西牺盟会决死队参加。蒋介石在会上提前宣布了将于翌年1月在重庆召开国民党五届五中全会上通过的反共政策,将以"统一政令""统一军令"为由,把一切坚决抗日的进步团体都解散,把一些"思想庞杂"的人员驱逐。

1939年3月，德国出兵侵占了整个捷克斯洛伐克。5月22日，德国和意大利于柏林订立《军事同盟条约》，即所谓"钢铁盟约"。与此同时，日军于5月至8月在中蒙边境诺门坎地区向苏联、蒙古军队发动大规模进攻。8月23日，苏联同德国签订了有效期十年的互不侵犯条约。9月1日，德军根据事先制订的"白色计划"，对波兰发动了闪电进攻。英法再也无路可退，只得对德国宣战，第二次世界大战全面爆发。德军随后迅猛推进，不到一个月便灭亡波兰。

1939 年

1月1日 朱德在山西省第三、第五行政专员公署于沁县联合召开的晋东南各界"拥蒋反汪"大会上讲话，痛斥汪精卫的卖国投降活动，表示支持蒋介石继续抗日，强调巩固和发展抗日民族统一战线，团结一致，共同对敌。

1月1日 冀南根据地工、农、青、妇各抗日救国会通电全国，抗议冀察战区总司令兼河北省政府主席鹿钟麟非法取消冀南行政主任公署。1月3日，鹿又派津浦纵队赵云祥部2000余人进占河北枣强，将晋冀豫区中共领导下的动委会赶出县城。4日，八路军第一二〇师师长刘伯承、师政治部副主任宋任穷，由河北南宫至冀县，与鹿钟麟谈如何团结抗日和解决冀南地区的磨擦问题。

1月2日 《新华日报》发表社论《汪精卫叛国》，揭露汪精卫叛国投敌的罪行，批判汪精卫之流的亡国论调。

1月5日 中共中央发出《关于汪精卫出走后时局的指示》，

指出抗日民族统一战线中一部分动摇分子已经由亲日派转向汉奸集团,我们的任务是用一切方法打击卖国叛党的汉奸汪精卫,批判他的汉奸理论,并指出他的反共主张就是他的汉奸理论的组成部分。我们拥护国民党中央永远开除汪精卫党籍的决议,同时指出目前一切反对八路军、新四军、边区和共产党的主张,实为汪精卫的"应声虫",是事实上帮助汪精卫,帮助日本侵略者的行为。

1月9日 朱德和杨尚昆、朱瑞致电中共中央书记处,报告鹿钟麟在冀南大肆活动,武装接收政权,企图先取冀南,再取冀中,分割晋察冀边区。电文提出击破鹿的这种阴谋的办法,强调冀南各县对鹿的挑衅必要时应采取正当的自卫手段。

1月初 彭德怀在重庆要求蒋介石解决华北八路军的一些问题:(一)建议在八路军任主力的地区,友军和地方武装应受八路军指挥,以正确解决华北的指挥关系。(二)华北应划分为六个行政区,各行政区主任由军事指挥官兼任。(三)应立即发给制造弹药的机器,以解决弹药补给的困难。(四)八路军所辖三个师应准予扩编为三个军,并增编一个炮兵团和一个特务团。(五)八路军现有人数12万,原有4.5万人经费不够分配,应增加月费为100万元。

1月13日 中共中央书记处正式批准周恩来、秦邦宪、凯丰、吴克坚、叶剑英、董必武六人为中共中央南方局常委,周恩来为书记。中共中央南方局正式成立,领导西南和南方各省地下党的工作,并直接领导八路军驻重庆办事处和重庆《新华日报》的工作。

1月15日 中共中央书记处给陈绍禹、周恩来、秦邦宪发出关于对蒋介石暂时应取比较静观态度的指示,指出蒋对以后政治上的具体办法,国共两党的关系及对中共六届六中全会决议对策似还在考虑中,我们方面暂时应采取比较静观的态度,不必求之过急。

1月20日 蒋介石约见周恩来,再次询问中共中央对他的关于统一国共两党为一大党的提议的意见。周恩来又一次明确表示"不可能"。蒋介石要求周恩来再电延安,希望中共在此问题上做出让步。21日,周恩来致电中共中央书记处报告了与蒋介石谈话的情况,并提出两条建议:(一)对国民党五届五中全会,中共中央应有表示。(二)拍一密电,提出中共的具体意见,"指出我党愿与国民党进一步合作,但目前事实如杀人、捕人、封报、攻击边区,甚至武装冲突,磨擦日益加甚,此必须迅速解决,以增互信;救急办法,提议由两党中央组织共同视察团或委员会,前往各地就地解决纠纷,至少可弄清事实,向两〈党〉中央报告,以便寻找进一步具体合作办法"。24日,中共中央根据周恩来的建议发出《中共中央致国民党蒋总裁及五中全会电》,指出:日本帝国主义于军事进攻外,加重了它分化中国内部的阴谋。我们的对策,唯有巩固与扩大抗日民族统一战线,巩固与扩大国共两党长期合作。"抗战虽为一艰难过程,团结则为一无坚不摧无敌不克之利器。"

1月21日至30日

中国国民党五届五中全会在重庆举行。23日,蒋介石在会上作了《唤醒党魂,发扬党德,巩固党基》的秘密报告。全会决定设置国防最高委员会,由蒋介石任委员长,并秘密通过党务报告决议,确定了"溶共、防共、限共"的方针,规定以蒋介石《唤醒党魂、发扬党德、巩固党基》及《整顿党务要点》两报告为今后党务工作的方针。全会还秘密通过蒋介石提出的《防制异党活动办法》,并决议设立"防共委员会"以严密限制共产党和一切进步分子的思想、言论和行动,设法破坏抗日的群众组织。会议共收到提案35件,进行逐一讨论,作了关于党务、政治、军事、财政、经济、交通、教育等各项专题报告,通过16项重要决议案。最后,会议发表被称之为"继往开来"之重要宣言。关于抗战问题。会议重申继续抗战的意向和决心。蒋介石在开幕词和《敌国必败及我国必胜》的演说中指出:"我们一定要持久抗战奋斗到底,不但敌人过去'速战速决'的目的不能达到,而且要使他现在'速和速结'的狡谋成为粉碎。这就是我们今日的方略。""目前我们第一要务就在认识抗战目的和敌我情势,坚定信心和决心。""以必死之心来抗战,战到达成目的之日为止。要知道降是生中求死,决无侥幸之望。战则死中求生,且有必生之道。"但是蒋介石在会上对"抗战到底"的"底"却做了一番与上述"决心"相矛盾的解释。他说:抗战到底的底在哪里?是否是日本亡了或者中国亡了才算到底,必须有一界说。现在要打到日本亡了,那不可能。或说武汉失守了就算到底,那太离奇了。"在卢沟桥事变前现状未恢复,平津未收复以前不能与日本开外交谈判。""我们不回复七七事变以前原状就是灭亡,回复了就是胜利。"这就是说,国民党的"抗战到底""抗战胜利"的"底"就是恢复七七事变前的原状。换言之,就是可以用牺牲东北的领土主权为条件,与日本帝国主义进行罢战言和的"外交谈判"。显然,这是蒋介石在抗日问题上准备对日妥协思想的一次大暴露。会议秘密通过《整理党务》决议,规定国民党嗣后以"防共、反共"为中心任务,加紧组织发展,扩张势力,以与中共对抗。会后国民党又发布了一系列反共文件,如《共党问题处置办法》《沦陷区防范共党活动办法草案》《第八路军在华北陕北之自由行动应如何处置》《异党问题处理办法》《处理异党实施办法》《陕甘两省防止异党活动联络办法》《运用保甲组织防止异党活动办法》等。这次全会确定政策重点从对外转向对内。五届五中全会标志着国民党自全民族抗战以来在政策上的重大转变。会后,国民党虽继续打着"抗日"旗帜,但抗日消极;虽继续打着"联共"旗帜,但不断制造借口,搞军事磨擦。

1月22日 中共中央复电周恩来,拒绝蒋介石提出的国共两党合并为一个大党的主张,并要周恩来将中央复蒋介石电转交蒋。中共中央在复电中说:"两党为反对共同敌人与实现共同纲领而进行抗战建国之合作为一事,所谓两党合并则纯为另一事。前者为现代中国之必然,后者则为根本原则所不许。"

1月23日 中共中央书记处发出关于中国共产党对国民党"防共、限共"政策的对策的指示,指出最近蒋介石令敌后抗战部队不得擅自移驻,不得兼管行政,坚持取消冀南甚至冀中行政公署等,都说明蒋介石和国民党的政策在于加紧限制八路军的发展。各方顽固分子特别是暗藏的日本奸细,便乘机加紧对八路军的磨擦、排挤和破坏。我们对磨擦如逆来顺受,则将来磨擦逆流必更大,顽固派气焰必更高,故我们应以冷静而严正的态度对待。目前八路军暂不做大的移动,已建立的政权,不到万不得已时,决不轻易放弃。

1月25日 中共中央发出为国共两党关系问题致蒋介石电。电报提出:国共两党应坚持团结抗战。巩固与扩大国共两党学长期合作,为全国爱国同胞和世界先进人士所切望,为全民族抗战建国所必需。希望国民党五届五中全会能致力两党长期合作,以慰全国人民殷切之望。电报说:"两党为反对共同敌人与实现共同纲领而进行抗战建国之合作为一事,所谓两党合并,则纯为另一事,前者为现代中国之必然,后者则为根本原则所不许。共产党诚意的愿为实现民族独立、民权自由、民生幸福之三民主义新中华民国而奋斗,但共产党决不放弃马克思主义之信仰,绝不能将共产党的组织合并于其他任何政党。此不论根据抗战建国之根本利益,根据两党长期合作之要求,根据中国社会历史之事实,根据三民主义中民权主义之原则,以及根据孙中山先生之遗训,都非如此不可。"

1月25日　鉴于各地磨擦日益加甚,周恩来致信蒋介石:目前国共两党关系,如不彻底改善,就既不能减少磨擦,也不能合作到底。信中指出,中共既成为党,当然需要发展,惟因合作既属长期,故中共六届六中全会特决定不再在国民党及国民党军队中发展党员。中共愿在某些省区减少发展,以示让步,但最基本的保证,还在一方面中共绝无排挤或推翻国民党的意图,另一方面国民党对中共的部分发展不应恐惧。信中历数国民党在各地对共产党员的迫害事实,指出抗战年余,中共党员在各地不仅无抗战自由,甚至生命亦常难保。现在各省狱中属于共产党政治犯者,比比皆是。中共派遣的分往各省的干部,甚至如徐特立、曾山,其所带的中共中央决议及政治经济书籍,经贵阳时也被全部没收。周恩来要求国民党在这次全会中对国共两党关系和合作前途确定一个基本的认识,他表示中共深信两党有长期合作的必要和可能。他在信函中指出:目前为了解决具体纠纷,可先由两党中央各派若干人同往各地视察,能就地解决者解决之;不能解决者,来国民党中央商讨。

1月26日　中共中央发布《关于帮助国民党及其军队工作原则的决定》。这个原则是:"(一)推动国民党及其军队之进步;(二)警惕国民党利用我们制造磨擦。因此,帮助必须具有条件的,有限度的。否则,不但于我不利,且与整个抗战有害。"

1月27日　中共中央关于第三届参政会提案问题给南方局发出指示:(一)应要求国民政府明令通缉汪精卫等卖国汉奸。(二)尤须注意说明反共即灭华这一真理。(三)说明国民参政会之召开还不够,应实行民权主义以利抗战,使各抗日党派完全取得合法地位,人民有真正的言论、出版、集会、结社等民主自由。我们在政治上对这些原则问题,不仅不能再做让步,而且必须积极说明共产党、八路军、新四军及陕甘宁边区抗日对中华民族全部解放事业的意义和作用,以击退顽固分子的造谣诬蔑。

1月27日　毛泽东同王稼祥致电周子昆、赖传珠、袁国平,指出:"你们应将新四军一年余作战经过、胜利及艰苦奋斗的材料,整理电告重庆及此间,以便发表,并痛驳四军作战不力之说。"27日,又同王稼祥致电周恩来、秦邦宪、何凯丰、董必武,指出:国民党对新四军的诬蔑,"这是对新四军之可能的新的压迫之准备,望将新四军作战经过及胜利材料广为公布,并痛斥新四军游击不得力之说"。

2月1日　中共中央书记处举行会议。会上,林伯渠希望中共中央对出席一届三次国民参政会有具体的指示。毛泽东说：关于八路军、新四军与陕甘宁边区问题，我们不能让步，我们必须坚持一定的立场，这一点请林老告知周恩来、秦邦宪、何凯丰等。军事区域，根据现在情况决不能答应向北发展，向华中发展问题不放弃，但暂不提。陕甘宁边区至少坚持22个县，边区政府主席不许派人来担任。

2月4日 毛泽东在陕甘宁边区第一届参议会闭幕会上讲话，批评国民党五届五中全会所确定的"溶共"方针，指出：为国为民的共产党是绝对不应当溶化的，应当溶化的是那些发国难财、吃磨擦饭的顽固分子和其他的坏东西。国民党鼓吹的"一个主义""一个党"的谬论应该取消。讲话还指出：对付国民党的磨擦，用"人不犯我，我不犯人；人若犯我，我必犯人"的原则。

2月5日 毛泽东在中共中央党校作题为《反对投降主义》的讲话，指出：要达到抗战必胜、建国必胜的目的，中心任务就是要巩固和扩大抗日民族统一战线。要巩固统一战线，就要进行两条战线的斗争，反对关门主义与投降主义。统一与斗争是统一战线的原则问题，统一是统一战线的第一个的基本的原则；斗争是统一战线的不可缺少的原则，这是不能也不应当忘记的。现在国民党采取"防共"政策，要从政治上组织上瓦解共产党。我们的原则是：人不犯我，我不犯人；人若犯我，我必犯人。要记取陈独秀右倾错误使大革命遭受失败的教训，反对政治上的软弱症，使自己的力量增强起来，才能巩固与扩大抗日民族统一战线，战胜日本帝国主义。

2月6日 中共中央关于参政会会议问题致电南方局并林伯渠。电报指出：国民党五届五中全会对民主民生问题一无表示，对中共的态度仍不好，对八路军、新四军和解放区采取进攻方针，增加磨擦对立；前次参政会议案也毫未见诸行动，因此，中共参政员对本次会议应采取较冷淡的态度，以促蒋介石及国民党反省。

2月8日 中共中央书记处发出关于不在国民党及其军队中发展组织问题的指示。

2月8日 中共中央书记处召开会议，听取王稼祥关于华北华中磨擦问题的报告。毛泽东发言指出：国民党对我们的磨擦是取消我们已有的力量。现在我们党内许多党员对国共两党的区别存在模糊认识，不懂得我们党力量增强才能巩固统一战线。要国民党进步没有斗争是不行的。今天对党内教育，必须注重斗争是不可少的,要教育党员如何团结同盟者及如何与同盟者斗争。毛泽东还提议设立干部教育部,管理各学校的教育方针、教学工作、招生工作等,并以张闻天为部长,李维汉为副部长。会议决定中国共产党第七次全国代表大会延期召开。

2月10日 周恩来致电中共中央,报告目前国共关系危机的情况,指出自国民党五届五中全会以来,国内政治逆流的情形是相当严重的,并存在着一种危机。表现是:思想方面,渐渐地趋于复古;行动方面,渐渐地趋于保守甚至反动;党派方面,一党思想仍在发展;军事方面,南岳会议的决定并未切实执行,半年来,敌人"扫荡"敌后,重于正面进攻,但未运用二分之一的人力财力去争夺敌后,开展游击战争;政权方面,国民党仍坚持其以党治国的思想;外交方面,总的路线是英美苏法,但对德国仍存在一些幻想。电文说,整个形势,基本上还是抗战的,但抗战中的妥协性是存在的,团结中反共的思想和行动是发展的,这是逆流,这是日军及汪精卫、托派之流正好利用的基础,可以使反共超过抗战而走向妥协,这是目前的主要危机。

2月10日 中共中央发出《关于河北等地摩擦问题的指示》,提出一面与蒋介石及其各将领谈判;一面坚持下列主张:(一)坚决要求撤换鹿钟麟,以朱德为冀察战区司令兼河北省主席。(二)为发展热察鲁三省之游击战争,巩固三省之抗日根据地,应将山西八路军部队,多开一部分赴三省。(三)冀察晋边区和冀中、冀南的现行政权,不但决不应取消,相反地应在其他地区,依照战略形势划分新的行政区域。(四)限制排挤八路军等政策是错误的,必须加以纠正,八路军名称,为敌人所畏,为国人所爱,决不应轻易更改。(五)对非理性进攻,必须反击,决不能轻易让步。这些指示,是对国民党顽固派正确进行斗争的策略原则和具体办法,为粉碎反共顽固派在河北等地抢夺八路军政权与地区,限制排挤八路军的反共磨擦阴谋提供了保证。

2月12日至21日 国民参政会一届三次会议在重庆召开。大会通过《确立民主法台制度案》等提案90余件。共产党参政员董必武、吴玉章、林伯渠、邓颖超参加会议,毛泽东、陈绍禹因事不能出席请假。大会针对"近卫声明"和汪精卫"艳电"作出决议:"抗战既定方针,必须坚持到底……"18日,大会通过黄炎培、罗文干、张澜、吴玉章等51人提请确立民主法制制度以奠定建国基础案。18日,在提案审查会上,董必武提出《加强民权主义的实施发扬民气以利抗战案》,颇责政府施政失当,要求对各党派予以法律上保障。国民党参政员无端反对,会议主席黄炎培居中调停,被修正通过,使之有利于国民党。董必武当即退席抗议。19日,董必武又因提案未得圆满解决再次退席抗议。蒋介石在闭幕词中许诺要动员民众、组织民众,实行彻底民主政治,但又强调"断不能忽略程序与步骤",在抗战未结束以前,"要以军政时期的工作为主,一面积极进行训政工作"。

2月14日 蒋介石致电朱德:"第一二九师三八六旅努力杀敌,斩获颇重,殊堪嘉许,即希传谕嘉勉。"

2月15日 西南游击干部训练班(也称南岳训练班)在湖南省南岳开学。该训练班为国共两党共同筹备合作举办,至1940年3月止,共办了三期,参加受训军官3000余人。中国共产党派出叶剑英等30余人参加训练班的工作。叶剑英任训练班副教育长,边章伍、李涛、薛子正、李崇、吴奚如等人分任军事、政治教官。

2月中旬 中共中央书记处召开会议,听取陈绍禹关于国民党五届五中全会的报告。毛泽东发言指出:现在日本的企图是在政治上拉拢国民党,建立傀儡政府,在军事上截断国际交通。蒋介石所谓抗战到底是只要恢复七七事变以前状态,这实际上是承认割让东北。现在国际上和平阵线尚未形成,民主国家与法西斯谋妥协,这是很大的国际形势变动。

2月25日 中共中央发出《关于国民党五中全会问题的指示》,指出中共对国民党五届五中全会决议,赞助其继续抗战和联共抗战的积极方面,对其缺点错误,则应根据我们党六届六中全会决议,进行口头上、文字上的批评解释工作,目的是要以我们和全国大多数人民拥护的彻底抗战路线,来克服他们的不彻底抗战路线。

2月26日 国民党中宣部秘密传达《禁止或减少共党书籍邮运办法及取缔新知、互助及生活等书店办法》。

2月28日 中共中央书记处举行会议,毛泽东作关于目前形势的报告,这个报告共讲四个部分。(一)和战问题。我们所了解的战争的长期性,包含了不战不和的情况。目前和战问题上战是主要的,因为日本进攻中国是坚决的。战争的发展是曲线的。日本提出的建立"东亚新秩序",是一个大帝国主义的幻想。最近江浙资产阶级主和,国民党也有一些人赞成"东亚新秩序"。在和战问题上存在着两面性,但战是主要的。(二)军事问题。日本执行建立"东亚新秩序"的方针,对中国一方面是政治诱降,另一方面是军事进攻,用军事行动来达到政治目的。日本所占领的中国地区都是军事要点,以压迫中国投降。最近日本"扫荡"华北,是为"肃清"共产党的力量,做进攻西北的准备。(三)政治问题——统一战线。在战争条件下中国是一定要进步的,但这种进步是错综复杂的、不平衡的,表现出进步与不进步的两面性。国民党的妥协倾向与磨擦倾向也是错综曲折的,不是直线的。国民党中主张联共同时又防共的占多数,我们要增加左翼,争取中间派。要阻止妥协、磨擦危险倾向的发展,我们的主要方针是争取国民党的大多数,争取中央军,发展八路军、游击队,要我们有力量造成抗战的局面,逼迫蒋介石不得不继续抗战。(四)结论:还是中共六届六中全会后的方针,援助蒋介石团结全民族,同时发展自己的力量,防止他们的动摇。只有斗争才能达到抗战到底的目的,妥协反共危险是可能克服与阻止的。我们的口号是打到鸭绿江,收复一切失地。执行巩固华北的方针,现在敌人要巩固华北,我们也要巩固华北,这是一个大的斗争。目前中心任务仍要宣传中共六届六中全会,对内加紧教育。

3月4日 中共中央关于对鹿钟麟政策问题发出指示,指出鹿在河北整个期间的行动是有害抗战,破坏团结,制造磨擦,使河北平原抗日根据地的巩固受到重大损害,而在敌人进攻时,鹿却放弃责任,率队逃跑,八路军则浴血奋战,坚持河北抗战。因此,鹿应受到撤职处分,将河北省政交与八路军及其他无"恐日病"有责任心的人来担任,否则河北前途甚危险。国民党方面对同情我们的人,时常采取孤立与消灭其力量的政策,而对与我方磨擦最力的分子,则提高其地位,增厚其力量。因此,我们的对策应保护同情者,孤立与打击与我积极磨擦的分子。

3月11日 国民政府设立精神总动员会,蒋介石任会长。当天,国防最高委员会颁布《国民精神总动员纲领》和《国民精神总动员实施办法》。13日,蒋介石指定张群兼任国民精神总动员会秘书长。18日,国民政府国防最高委员会会议通过《国民精神总动员会组织大纲》。4月17日,蒋介石为《国民公约》宣誓,并在重庆中央广播电台作《精神总动员与第二期抗战意义》的演讲,宣布自5月1日起,全国各地全部实行国民精神总动员,要求做到:不违反国民革命最高原则之三民主义;不鼓吹超民族之理想与损害国家绝对性之言论;不破坏军事令及行政系统之统一,不利用抗战形势以达成国家民族利益以外之任何企图。显然,"精神总动员"的目的,是为进行独裁反共作舆论准备。

3月12日 延安举行盛会纪念孙中山逝世14周年,毛泽东出席大会。他在讲话中指出,总理遗嘱上说,致力革命凡40年。40年经验有两条:(一)唤起民众;(二)联合世界上以平等待我之民族。国共应该很好的团结,长期合作。

3月17日 朱德、彭德怀致电蒋介石、程潜、阎锡山、卫立煌,指出在河北,鹿钟麟所到之处,屡向我军挑衅,制造磨擦,并利用反动会道门屠杀我来往人员,使我军作战极感掣肘,请严厉制止。

3月20日 中共中央发出《中央关于统战部工作的指示》,指出统战部的主要经常工作为:(一)具体调查和研究各党派和军队的情况,调查和研究少数民族情况。(二)具体研究国民党和其他党派与各地驻军、政权对我党我军的态度,提出适当对策以打击顽固分子的反共活动,巩固和扩大抗日统一战线。(三)负责进行和指导对各党派友军的统一战线工作。(四)争取帮助和爱护同情分子和非党干部。

3月22日 国民政府军事委员会战地党政委员会组成,蒋介石、李济深分任正副主任,周恩来、甘乃光、徐堪、何键、陈诚、翁文灏、陈立夫、徐永昌、张定璠、屈映光、蒋作宾、胡宗铎、李杜为委员,邵力子为秘书长;另聘黄炎培、王葆真、梁漱溟为委员。

3月25日至4月22日 阎锡山在陕西宜川县秋林镇举行军政民高级干部会议(又称"秋林会议")。参加会议的有山西新旧军师长、独立旅长以上的部队军官,各区专员、保安司令以上的行政区长官及一部分县长、公道团县团长、牺盟会特派员等100余人。阎锡山等人在会议期间提出取消山西新军中政治委员、缩小进步专员职权、以同志会代替牺盟会和限制群众运动等议案,并诱劝新军领导人退出部队。牺盟会及新军领导人薄一波、续范亭、牛荫冠、韩钧等人表示坚决反对,但会后,阎锡山仍坚持实施其反动计划。

3月26日 朱德在就任第二战区副司令长官大会上讲话,强调共产党、国民党、牺牲救国同盟会以及其他抗日党派,中央军、晋绥军、八路军以及华北地方政府和各界同胞,必须加强团结,担负起坚持华北抗战的使命。26日,朱德发表就职通电。

3月27日 朱德、杨尚昆、左权等人电示第三八五旅：在冀西虽有国共两党双重政权出现，但我们在政权问题上不能退让，仍应坚持工作，组织与团结群众。地方党的组织，应力求精干，切实深入下层，打下牢固的基础。电报要采取各种方式团结一切可能争取之势力。

3月 周恩来在皖南新四军军部干部大会上发表题为《目前形势和新四军的任务》的讲话，提出新四军在江南发展克服困难的办法：要坚持统一战线，拿统一战线的发展来击退敌人的一切造谣中伤，团结周围的友党、友军、地方政府和广大群众，造成有利的工作环境。要坚持帮助友军，使友军感到我们是可以合作的朋友。

春 八路军驻重庆办事处正式成立。自1938年10月八路军驻武汉办事处人员到达重庆后，遂着手筹组重庆办事处。经过多方努力，于1939年春在重庆机房街70号正式成立了八路军驻重庆办事处兼新四军驻重庆办事处，处长为钱之光，副处长为周怡。八路军驻重庆办事处正式成立后，驻重庆联络通讯处即撤销。1939年5月，日本飞机轰炸重庆，机房街70号房屋被毁，遂迁至红岩嘴13号。八路军（兼新四军）驻重庆办事处对外是八路军的一个代表机关，对内是南方局的一个办事机构。它既负责与国民政府军事当局进行军事情况的交换，军需供给的联系，又承担着掩护中共中央南方局机关，为中国共产党和八路军筹集经费、物资和输送人员等繁重任务。

4月1日 周恩来抵金华。在金华期间，传达了中共中央指示，指出：同在浙江的国民党其他官员相比，黄绍竑是进步的，我们要支持黄，也要积极争取黄的势力。还强调，根据中共六届六中全会决议，目前我们不在国民党中发展党员，但可用交朋友方式开展工作。

4月5日 中共中央发出《中央关于国民精神总动员的指示》，指出1939年3月国民政府公布的《国民精神总动员纲领及实施办法》具有两面性：一方面是为抗日，另一方面是"防共"。对此中国共产党应采取的立场是：一方面运用与发挥其中一切积极的东西，来提高全民族的觉悟，振奋革命精神，为争取抗战建国的最后胜利而奋斗牺牲；另一方面要反对与打击一切"反共、防共"阴谋和反民族分子的观点。这封指示信号召全国为坚持抗战，为坚持统一战线，为坚持国共长期合作，争取民族最后胜利而奋斗。26日，中共中央发布《为开展国民精神总动员运动告全党同志书》。27日，中共中央又发布《关于国民精神总动员的第二次指示》,指出各级党部主要的要经过这一精神总动员的形式,根据其中一切积极的东西,来实际解释与发挥我们党坚持抗战的正确路线,打击日本侵略者、汉奸汪派、托派反蒋反共、挑拨离间、和平妥协的阴谋活动,使这一动员成为我们党巩固抗日民族统一战线,坚持抗战,开展群众运动,反对"防共",要求民主的武器。

4月9日 八路军后方留守处主任萧劲光电西北行营,指出陇东方面国民党西峰专员钟竟成自上任以来,专事磨擦,4日又逮捕八路军教导员等四人,请即将被捕人员放回,并查办钟竟成。

4月10日 秦邦宪、董必武在重庆会见李济深,就国共两党军队磨擦问题提出四点要求:(一)鹿钟麟应辞职,河北省主席从朱德、彭德怀中择一兼任。(二)八路军应照三个军九个师及直属队编制给饷。(三)游击队的饷由国民政府发给。(四)与八路军磨擦之部队应调开,如将来反攻增兵时,亦宜调与八路军关系较好之部队前往。

4月上中旬 中共中央发出关于山东工作的指示。指出:山东过去对国民党的退让过多,今后对一切顽固分子的无理攻击,必须以严肃态度对待。5月19日,中央对山东工作方针又作了指示,指出山东今后磨擦会更多更厉害,应准备长期磨擦;在统一战线与磨擦中,我们的态度应是攻势防御的,在政治上占上风;除努力巩固与发展山东纵队外,应努力发展地方党,中共山东分局应注意团结党的干部和提拔山东的地方干部。

4月13日 八路军总部为培训友军的青年军官,举办东路军政治工作干部训练队。朱德在训练队开学典礼上讲话,论述目前战争的形势,坚持抗日民族统一战线的重要性,以及成立这个训练队的意义和任务。

4月15日 蒋介石密令国民党中央执委会秘书处颁发《防制异党活动办法》两款23条。称中国共产党为"异党",要"严加限制"。对中共"活动最烈地区",要实行"联保连坐法"。

4月中旬 周恩来在湖南衡山视察游击干部训练班,了解训练情况。18日、19日为训练班学员讲《中日战争之政策与战略问题》。针对日军以经营敌后为主的新政策,提出我们目前抗战的政略与战略重心:(一)动员全国人民,展开全面抗战。(二)重视敌后,斗争的重心在敌后,不让敌人利用我之人力、物力、财力来打我们。敌后工作，政治重于军事，精神重于物质，游击战重于正规战，宣传重于作战，民众重于士兵，节约重于生产。

4月26日 中共中央书记处召开会议，讨论国民党提出的国民精神总动员问题。毛泽东发言说：要用国民党提出的国民精神总动员在陕甘宁边区发动一个大的运动，反对纷歧错杂的思想与贪生怕死等，说明只要国民党抗日，我们就能服从。中央书记处作出一个提纲，从5月1日到30日进行边区的大动员，动员反对反共，反对不民主，反对妥协，最重要一点是强调反对反共。利用他们的东西来反对他们，压倒他们。会议决定毛泽东5月1日在延安动员大会上讲话。

4月29日 毛泽东在延安党的活动分子会议上作关于国民精神总动员问题的报告，指出：中国需要全国总动员，政治的、经济的、军事的、文化的，等等，这样才能支持长期抗战。共产党是历来号召全国总动员的，就是要动员一切力量，争取抗战胜利。国民精神总动员的纲领与办法，有它的积极意义，有它的好的方面；同时有消极意义的方面，这一方面是对付共产党的。我们的任务，是发扬它的积极方面，防止和阻止它的消极方面，使它向正确的方向发展。谁是真正信仰三民主义的，要看他实行不实行三民主义，马克思主义者衡量一切东西的"尺子"，就是实践。

4月 毛泽东派南汉宸、萧克、曾三、续范亭往五原，多次与傅作义密商双方合作抗日事宜。

4月 国民政府山东省政府主席、苏鲁战区游击总司令沈鸿烈提出制造磨擦、破坏抗日的三个反动口号："宁匪化，勿赤化"；"宁亡于日，勿亡于共"；"日可以不抗，共不可不打"。并公布对八路军的三项办法："见人就捉，见枪就下，见干部就杀。"在他的授意下，国民党山东省政府驻鲁南办事处主任兼第三纵队司令秦启荣指使其第四纵队司令王尚志于4月30日在博山太和地区伏击护送南下受训干部的八路军山东纵队第三支队通信营。第三支队政治部主任鲍辉等400余人被惨杀。

4月 中共中央书记处给山东分局发出《关于消灭汉奸秦启荣等问题的指示》。这个指示针对4月30日国民党军秦启荣部制造的"博山惨案"一事明确指出：对于一切顽固分子的无理攻击，必须以严正态度对待，对汉奸分子如秦启荣必须坚决消灭之（有计划的取得必胜），如在政治上、组织上瓦解秦部，在军事上包围解决之。

5月1日　中共中央北方局书记杨尚昆在党内作《统一战线与磨擦问题》的报告，揭露国民党五届三中全会以来，在各地不断制造磨擦，分裂抗日民族统一战线的错误行径，提出巩固统一战线与对付磨擦的办法。

5月4日　中共中央书记处召开会议，讨论晋西北工作和河北磨擦问题。毛泽东发言指出：我们在河北的根本方针要达到以八路军为主，使八路军力量扩大，主任公署和县政权无论如何不取消。毛泽东还说：对最近国民党在瓦窑堡的磨擦，我们采取强硬态度已取得胜利。现在磨擦的中心地区在庆阳，已发生武装冲突，庆阳附近五县我们坚持不让，如果打起来了，我们便提出与国民党谈判。

5月4日　中共中央发出《关于党员被逼加入国民党问题的决定》。决定说：国民党最近在其统治的地区内强迫各机关工作人员，各学校教职员学生和军队中各级军官加入国民党与三青团。为了抗日民族统一战线和党的利益，中共中央决定在国民党统治地区内的中共秘密党员，凡被迫加入时，除特别情形外，一律加入，并报上级批准。凡加入国民党的党员，一般的应采用埋头苦干，积蓄力量，推动其进步的方针。

5月11日　中共中央书记处听取和讨论王世英关于山西阎锡山部情况的报告。王世英说阎锡山最近召开的晋绥军政民高级干部会议（即"秋林会议"）基本上是右倾的，阎的报告中批评军队的政治工作，撤换进步分子等。毛泽东发言指出：阎锡山态度的变化，除整个磨擦趋势增大外，还有日本的挑拨离间，山西旧派的不满，国民党中央的压力等。我们对阎锡山仍应有条件地拥护，可以对他进行必要的批评。

5月13日　中共中央关于宜川会议后党在山西的工作方针问题给朱德、彭德怀等人发出指示。指出宜川会议后阎锡山比较向右转，因此磨擦和斗争可能更多，但目前还不至于有基本的重大变化。中共在山西的方针与工作，应在全国团结、坚持抗战的总口号下，提出巩固山西内部的团结统一，拥护阎锡山坚持抗战，巩固晋绥军与八路军的合作，巩固民族革命统一战线。对顽固分子应坚决与之斗争。这个指示提出对山西旧军、旧派应当采取争取的方针；对山西新派应帮助巩固其已得阵地和力量。

5月17日　中共中央书记处关于交涉《新华日报》继续单独出版给南方局发出指示，指出：国民党以各报联合出版的办法，取消《新华日报》的出版，对我们党的政治宣传和政治影响是一个大的打击。你们应公开向国民党说明，《新华日报》是代表共产党的言论机关，与其他报纸不同，坚持《新华日报》继续单独出版的权力。在周恩来领导下，经过新华日报社人员的努力，报纸在8月13日复刊。

5月21日 季米特洛夫给中共中央的电报中指出：党的主要任务是加强国共合作以便进一步抵抗日本的侵略。为此，"党应该更加紧密地联系爱国进步人士以及广大的国民党党员，和他们一起依靠人民群众，孤立投降派和反共派"。

5月24日 蒋介石致电斯大林指出，"最近战争日激，武器消耗甚大，全国官兵急盼贵国之接济，如大旱之望云霓，实有迫不及待之势，务请阁下照前所允者，提早拨运，以济眉急"。

5月25日 中共中央书记处致电共产国际执委员书记处，请求紧急的财政援助。"从6月份开始，党的工作、报刊、学校、医院等等都没有任何经费。虽然我们采取了各种措施节约经费，提高产量，但是这些不可能迅速产生效果。此外，在我们地区目前正发生旱灾，我们面临着饥饿的威胁。"

5月28日 中共中央书记处给南方局发出了关于与国民党共同进行反汪运动的指示。指出，要利用反汪运动的机会，广泛地进行反对一切投降派的运动，并着重指明反共与投降问题的密切联系，证明反共是投降派的阴谋，是亲日恐日分子准备投降的一种步骤，因为只有打击共产党和破裂国共合作，投降派才能达到破坏抗战和降日卖国的目的；向蒋介石及国民党中坚决主战的军政人员公开说明，汪精卫在国民党内及政府中还有不少同情分子，日军及汪并用一切力量企图使他们作里应外合的勾当。因此，不仅在政治上必须尽量揭露和孤立一切同情汪派汉奸主张的分子，而且在实际上采取必要办法，防止他们的一切阴谋。在反对汪派汉奸斗争中，我们应更亲密的加强与一切主战爱国的进步分子及国民党群众的联系，与他们一起动员群众共同进行反对一切投降派及反共分子的斗争，以达到巩固国共合作和巩固及扩大抗日民族统一战线的目的。

5月31日 中共中央书记处讨论共产国际的指示。该指示指出，现在有新的慕尼黑协定和国民党反共投降的主要危险，国民党反共就是投降的准备。毛泽东发言指出，国民党的借口很多，我们为了保卫自己的力量不要怕国民党的借口，我们无论如何要坚持自卫的原则。

5月 傅作义部在百川堡举办抗战建国讨论会,共办五期,历时三月余。通过举办讨论会统一了军内思想,坚定了抗日信念,但引起了国民党中央的非议,国民党特派中央委员姚大海胁迫排除傅部内的共产党员。傅作义只得将各军政机构中的大部分共产党员安全送回延安。

5月 中共代表董必武、林伯渠等人在重庆曾家岩与川西地方实力派的国民党将领刘文辉晤谈,向他分析了国内外形势,阐明了抗战必胜,妥协必败的道理。

6月1日 国民党军侵占陕甘宁边区栒邑县城。5月,国民党军连续两次进攻属于陕甘宁边区范围的栒邑县城,驻守该地的八路军独立第一营进行了自卫还击,打退了顽军的两次进攻,在第二次还击中毙伤顽军170余人。顽军为了夺占栒邑,继续做大规模进攻的准备,八路军为团结抗日,于6月1日退出栒邑。

6月7日 周恩来向陈诚提交了关于解决国共两党冲突问题的建议。其要点如下:"(一)陕甘宁边区问题:(A)依照原定十八县,即延安、甘泉、鄜县、延长、延川、安定、靖边、定边、保安、安塞、淳化、栒邑、正宁、宁县、合水、庆阳、环县、盐池,划为陕甘宁边区,其编制、组织系统及施政方针及经费另定之;(B)沿黄河之清涧、绥德、米脂、吴堡、葭县五县及神木、府谷各一部分划为第十八集团军河防部队之警备区及第十八集团之补给区,并给以保证;(C)在A、B两项划定区域外,第十八集团军于陕甘宁三省地区不另驻兵,但医院、兵站及办事处不在此例;(D)在A、B两项划定区域内,中央不另派兵驻扎;(E)边区地方行政,归边区政府负责主持,以前陕甘两省政府派去之县长及保安队,应撤回或改组;(F)河防警备区应单独划为一专员区;(二)河北总问题:(A)允许中共党员及八路军代表有参加河北各级政府之权,河北省政府应予改组;(B)承认第十八集团军为河北作战主力,应负晋察冀边区作战之责;(C)冀察战区党政委员会分会应有中共负责者及民众团体代表参加;(D)原则上应承认冀中、冀南两专员公署的存在;(E)国共两党应各派代表在河北组织共同委员会;(三)第十八集团军问题:(A)第十八集团军应准予扩编为三军九师,并增加军饷;(B)扩编后的十八集团军应准予建立各直属兵种。"

6月7日 中共中央作出《关于反对投降危险的指示》,指出目前形势的特点是:日军除军事进攻外，加紧其诱降活动，并把这种活动放在第一位。因此"党应当全力来进行反对投降分子、反共分子的斗争，党应当在思想上、组织上准备自己，并准备舆论、准备群众，来给一切投降阴谋和叛变行为以适时的、坚决的反抗"。中共的基本任务"仍然是巩固国共合作，继续抗日"，这种统一战线无论如何是需要巩固和扩大的。

6月8日　　国民政府下令通缉汪精卫。

6月10日　　毛泽东在延安高级干部会议上作了题为《反对投降提纲》的报告。他在报告中指出当前形势是：由于日本的诱降政策，国际的压力，中国地主资产阶级的动摇，国民党投降的可能性已经成为最大的危险，而其反共活动则是准备投降的步骤。报告指出，国民党投降可能是从抗战开始就存在的，不是今天突然发生的；但成为时局的最大危险，则是目前政局中的现象。国民党反共也是从统一战线建立时就存在的，不是今天突然发生的；但把反共作为直接准备投降的步骤，则是目前的实际。报告分析了造成这种形势的原因，阐明了抗战的前途和党当前的任务。报告指出，中国共产党当前的任务是：（一）全党努力从思想上组织上准备自己，准备群众，随时对付可能发生的突然事变。（二）全党努力，同一切爱国进步分子、一切爱国进步的国民党人员亲密联合，并和他们一道去动员群众，开展反对投降斗争。（三）不论何种情况，党的基本任务是巩固和扩大抗日民族统一战线，坚持国共合作，不能有任何的动摇。

6月10日　　蒋介石约周恩来谈话明确表示了下述意见："（一）关于共党问题之症结，目前不在陕北几个县，而在共党应有根本的进一步之真诚，服从中央命令，执行国家法令，为全国革命之模范，而不自居于整个国家体制之外，造成特殊关系，为一般封建者为借口；（二）余为全国革命领袖，完全理智的及持平的态度处理国事，绝不偏听任何人或某一人之报告而有所偏倚，余之权衡一切，完全以国家民族整个利益为前提，余为革命计，决不能有所迁就或姑息；（三）共党为求解决问题，先造成特殊事实，以强迫的态度对余，余为革命领袖，自不许有此种加诸余也；（四）欲求目前各地纠纷之适当解决，必须共党首先真诚恪守中央命令，使事态平复，如此余决不致有亏待共党也；（五）余对人对事，向以仁爱为本，对共党亦无不如此，乃至责备，皆所以爱护共党；（六）吾人今后一切实施与行动，皆应合乎国家统一与独立为唯一原则，故吾人之求统一，实为整个国家民族之利益着想，此种利益，自亦为共党所共有也。"就在与周恩来谈话的当天,蒋介石一方面表示"爱护共党";一方面却下令西北各军全面"监围""陕北奸伪"。蒋介石这时实际上在内心深处已经把日益壮大的中国共产党看成是与日军一样危险的"敌奸"了。只是大敌当前,国民党还只能是以日本为主要的威胁,而对中国共产党则只能以限制和削弱为主,还不能全力打击。

6月11日 张荫梧制造"深县惨案",包围冀中根据地驻深县办事处,惨杀八路军400余人。不久,张荫梧又率河北民军三个旅进犯八路军第三纵队吕正操部,致使吕部驻刘家庄官兵伤亡过半。朱德等列举事实,予以揭露,并要求国民党当局"严电制止"。

6月12日 国民党顽固派制造平江惨案。国民党方面第二十七集团军根据蒋介石的秘密命令,派兵包围新四军设在湖南平江嘉义的通讯处,枪杀新四军高级参议涂正坤(党内职务是中共湘鄂赣省委书记)和通讯处军需员吴贺众,并将八路军少校副官罗梓铭等人活埋。这一惨案,激起了各抗日民主根据地的人民和国民党统治区人民的极大愤怒,延安各界人士曾举行集会并通电全国,提出强烈抗议。新四军军部负责人电告国民党最高当局,要求严惩凶犯,抚恤被害者之家属,并严禁以后再发生同样事件。7月2日,周恩来致电陈诚,对国民党军队在湖南制造平江惨案提出抗议,指出:"北事未平南变又起,推波助澜者大有人在。此种阴谋,弟敢断言决非止于反共,其目的必在造成国共裂痕,以便其破坏抗战,走入不得不对日妥协之途,其处心之深,用意之毒,显系破坏分子所为。"电文请陈诚转告蒋介石要求严令查明此案真相,对死难者务请给以抚恤,对肇事者务请严予惩治,并责令保证以后再不发生此类事件。7月22日,周恩来和叶剑英致电国民政府军事委员会军令部部长徐永昌等人,揭露国民党顽固派制造平江事件的真相。同日,周恩来再电陈诚,抗议国民党当局掩饰平江惨案真相,指出该案"纯为阴谋惨杀",19日陈诚来电"所称各节查与平江惨案实际内容完全不符",要求派员会同查明,"使此沉冤大白于天下"。7月28日,周恩来、叶剑英电复何应钦,揭露国民党混淆黑白,凭空捏诬平江事件的阴谋,要求严惩肇事者。8月1日,延安各界万余人集会追悼平江惨案烈士,毛泽东出席追悼会并发表了《必须制裁反动派》的演说。

6月18日 由于国民党在各地制造的磨擦事件愈演愈烈,周恩来离重庆返延安,研究解决办法。在路经西安时,会见陕西省主席蒋鼎文,研究调解各地磨擦的具体办法。

6月中旬 周恩来和叶剑英见蒋介石，会谈河北冲突问题。蒋说：八路军不停止进攻就不能谈判具体问题。周恩来指出：并非八路军进攻，而是八路军被人所攻。最后双方同意派人调查。

6月25日 毛泽东《当前时局的最大危机》一文在《八路军军政杂志》第六期上发表。文章指出，当前形势中投降是主要危险，反共即准备投降。"战下去，团结下去——中国必存。和下去，分裂下去——中国必亡。何去何从，国人速择。我们共产党人是一定要战下去，团结下去的。"

6月26日 奉蒋介石命令，国民政府军事委员会政治部部长陈诚密订《共党问题处置办法》。此件共分五章63条，后又增加军事方面十条共73条。假借"统一""集中""服从"的名义，阴谋取消中国共产党、八路军、新四军及陕甘宁边区、华北、华中、华南等一切抗日民主根据地；并拟强令《新中华报》《新华日报》《解放》《群众》等报刊"一律禁止发行"。声言对共产党的所谓"非法活动"与"无理要求"，必须严厉取缔或拒绝，不得再事姑息。7月18日，何应钦又批准国民党陕北行政专员何绍南制定的《防止异党在陕北活动办法》及《陕北工作大纲》等反共文件。其中提出要采取"积极与消极两种办法"瓦解中共，围攻与缩小陕甘宁边区。针对这种情况，《新中华报》于8月25日发表社论《要求明令取消〈防制异党办法〉》，指出这实际上就成了帮助日本帝国主义实现"'以华制华'灭亡中国的毒计"。社论警告，谁固执维持"防制异党办法"，谁必定是投降的准备分子，必将受到全中国人民的唾弃。

6月26日 朱德在《八路军军政杂志》上发表《我们一定要胜利》一文。文章指出，日本法西斯原来打算用二三十万军队在三个月内灭亡中国，这个计划完全失败了。他们失败的原因，是中华民族的团结，是我们的抗日民族统一战线，是国民党、共产党的亲密合作。两年来，中华民族愈战愈强，特别是表现在华北的抗战中。当日本法西斯侵入长城以后，以为再无第二道长城可以阻挡他囊括华北的企图了，但是，一座新的长城出现了，这就是华北的游击战争。伟大的中华民族是能够而且敢于胜利的。

6月30日 毛泽东发表《反对投降活动》一文，指出抗日阵线内的主和派，是动摇分子，是投降派，是暗藏在抗日阵线内的"张精卫、李精卫"。他们所进行的种种反共欺骗宣传，如所谓"共产党捣乱"，"八路军、新四军游而不击,不听指挥"，"共产党阴谋推翻政府"等,是为了破坏国共合作，分裂抗日民族统一战线,达到投降的目的。而投降活动是当前政治形势中的主要危险。战下去，团结下去，中国必存；和下去，分裂下去，中国必亡。文章号召全国一切爱国党派及全国同胞，团结起来,坚持抗战和团结，把投降阴谋和分裂阴谋压下去!

6月30日 国民政府颁布《防制异党活动办法》，限制共产党人和一切进步分子的思想、言论和行动。

6月30日 朱德、彭德怀致电贺龙、吕正操、聂荣臻等人，指出冀中、冀南之八路军，应加强各方统一战线工作，团结抗日力量，克服目前困难；对一切顽固势力，必须采取人不犯我，我不犯人的对策。反磨擦亦须适可而止。

6月 共产国际执委主席团通过《关于中共代表报告的决议案》，这个决议案首先肯定了"中国共产党的政治路线是正确的"；并明确指出，"抗日民族统一战线没有和不能有限制参加统一战线各党派在政治上及组织上独立性之目的，这无论是对国民党、共产党或其他抗日的党派来说，都是如此。任何这种企图都足以破坏抗日民族统一战线和瓦解中国人民的抗战力量"。共产国际的这个决议认为：孙中山的三民主义：民族独立、民主自由及民生幸福，是抗日民族统一战线的政治基础，是全体中国人民在反对日本侵略者的斗争中所能适用的。诚心诚意地为实现三民主义而工作，是继续巩固抗日民族统一战线所必需的。接着，这个决议用很大的篇幅阐述了中国共产党应该在下述各个方面援助蒋介石所领导的国民政府：第一，中国共产党员应该积极帮助国民政府，去实行征兵制，建立新军和动员全体人民来参加战争；加紧军队内军事技术的准备，提高军队内政治觉悟与纪律，巩固所有中国军队相互间的友爱关系及其与居民的友爱关系。第二，中国共产党员应该用一切方法去帮助国防工业的发展，并使整个国民经济适合于民族解放战争的需要，要使工人物资状况有相当改善。第三，中国共产党应该诚恳地援助国民政府及蒋介石，去坚决进行防卫战争，经常反对亲日的妥协分子，共同进行揭穿日本阴谋，消灭日本侦探、卖国贼及托派分子，孤立亲日派分子及那些自觉地帮助日本强盗的人们等工作。第四，中国共产党的义务就是要影响国民党，在实际上真正实行孙中山的进步原则，友谊地说服国民党的领导者、国民党员及国民党的一切拥护者，在军事环境之下，实行进步的民主的政策。决议案告诚中国共产党,在开展抗日民族统一战线过程中要注意自身的巩固和发展。决议案说:"共产党的巩固,它的独立性及它的统一,正是继续向前发展民族统一战线和继续同日寇作胜利的斗争的基本保证。然而在边区及游击区以外,在广大领土内建立党的工作还是非常薄弱。所以必须在全中国的领土,这首先是在大城市内,在军事战略区域内,在军事工业的工人中及在铁路工人中建立党的组织,把共产党变为强有力的全中国群众的党的组织,以适合党现在已有的政治影响。在日寇占领的领土内,特别是在大城市内,必须建立灵活的巩固的地下党的组织。"

7月1日 中共代表、八路军参谋长叶剑英致电国民政府军委会副参谋总长白崇禧,严正抗议国民党当局制造平江事件,要求迅速彻查。2日,周恩来致电军委会政治部部长陈诚,指出,国民党制造此一事件,显系别有用心,其目的不止于反共,还在破坏抗战,走入不得不对日妥协之途。14日,国民党政府军令部部长徐永昌和军政部部长何应钦先后复电周恩来、叶剑英进行抵赖。22日,周恩来、叶剑英致电徐永昌并军委会及各部长官,严正驳斥国民党当局歪曲报告惨案经过及对新四军平江留守通讯处的诬蔑。要求派员驰赴肇事地点查明真相,雪冤治罪。8月1日,延安各界万余人召开追悼平江惨案死难烈士大会。毛泽东在会上作了《必须制裁反动派》的演说,对国民党顽固派的反共投降活动,作了彻底的揭露和猛烈的抨击。针对国民党利用所谓"统一"口号想消灭共产党领导的抗日武装力量和抗日根据地的阴谋,提出应该统一于抗战、团结、进步。要求取消破坏团结的种种罪恶行为的根源——《防制异党活动办法》。大会发出通电,要求国民政府"明令昭雪本案冤抑,平查主使,惩办凶犯,并通令全国不得再有同类事件发生"。

7月3日 中共中央政治局讨论中共中央为纪念全民族抗战两周年对时局宣言和致国民党书等文件。毛泽东发言指出:这些文件要指出"反共、防共、限共"问题,我"防共、限共"是国民党的防御口号,指出"反共"的危险便是内战。这些文件中,都要强调反对内战。宣言中的文字要简洁些,纲领每条只要一两句话。周恩来发言说,我们要指出支持长期抗战是坚持敌后游击战争,请毛泽东作《再论持久战》,答复如何继续支持抗战的办法。

7月3日至8月25日 中共中央政治局举行扩大会议。研究的主要问题有:中共中央为纪念全民族抗战两周年对时局的宣言、出席即将召开的国民参政会一届四次会议的问题和党的工作路线问题。8月24日,毛泽东在会上发言,高度评价了南方局的工作,指出存在的弱点。会议由周恩来作结论,说会议对时局的估计是一致的;同意毛泽东提出的南方局应以巩固党,深入开展群众运动,向中层阶级发展统一战线为工作方针;并对存在的弱点作出阐释:一是对中层阶级团结不够,过去偏重了联蒋;二是利用公开合法机会做群众工作不够;三是巩固党的问题,主要是应巩固已得的阵地。

7月5日 周恩来致电程潜:河北深县、冀县间所发生的不幸事件,据朱德从前方来电称,确由于张荫梧部包围在深县刘家庄八路军吕正操部而起,致发生激战。现朱德已致电河北省政府主席鹿钟麟会同派员彻查真相以便处理,请电鹿速即派员,并令部属勿再故生是非致使事态扩大。8月2日,周恩来收到陈诚根据张荫梧诬告八路军的材料向中共提出抗议的来电后,致电陈诚,叙述河北事件经过,并指出,最近八路军吕正操部所缴获的张荫梧的密电,正是其确凿证据。

7月7日 中共中央发表《为抗战两周年纪念对时局宣言》。指出,日军政治诱降的恶毒阴谋,中国妥协分子投降分裂的罪恶活动和国际东方慕尼黑的暗中酝酿,此三者的汇合造成了今日抗战形势中两种最大危险,即中途妥协与内部分裂的危险。宣言针对当时的危机,适时地提出了"坚持抗战到底,反对中途妥协;巩固国内团结,反对内部分裂;力求全国进步,反对向后倒退"三大政治口号,用以动员全国同胞,抗战将士和爱国进步人士,一致努力向投降派和反共顽固派作斗争。

7月7日 中共中央致书国民党总裁蒋介石并转国民党中央执监委员会及全体国民党员。这封长达2万字的信热烈颂扬中华全民族在抗日民族统一战线旗帜下所取得的战绩,分析了侵略者所面临的种种困难,揭露了日本侵略者策略上的变化,揭穿了国民党顽固派制造谣言挑起磨擦的种种表现。信件指出,国民党的"反共、防共、限共、溶共"的方针,是由于对整个形势的错误估计而来。首先是对于战争局势的错误估计;其次是对于国际援助的错误估计;再次是对于自力更生的错误的估计;最后是对于投降派活动的错误估计。"其结论可使信之者对内重于对外,对外重于对敌,其影响所及则危害抗战,可断送国脉无疑。"为维护国共合作,坚持抗日民族统一战线,争取抗战的胜利,信件再次向国民党当局就各党派合作的组织形式、共产党人参加各省参议会、释放政治犯、陕甘宁边区地位、八路军和新四军的军饷及作战活动地域五个方面陈述了意见。这封长信表达了中国共产党维护民族利益,坚持国共合作的诚意。

7月14日 朱德、彭德怀致电国民政府军委会军令部部长徐永昌,列举事实,揭露河北省民军总指挥张荫梧部"在冀南、冀中一带专事磨擦,破坏团结,陷害友军",要求"严电制止"。

7月17日 新华日报社致函国民党中宣部,抗议国民党新闻检查局为《新华日报》发行全民族抗战两周年纪念特刊而予严重警告处分。函称发行七七特刊具有"绝大政治意义","尤其是在敌机对重庆肆行轰炸,各报均行停刊以后,特刊之发行意义更为重大"。至于特刊增加篇幅,原为当局所允许,所载各文均经送检。故此次发行特刊并无不合之处,更无违犯法规或藐视国家法令之处,当局无端给予"严重警告"处分,本报"碍难接受"。

7月18日 何应钦批准陕北行政专员何绍南所拟《防止异党在陕北活动办法》及《陕北工作大纲》内规定采取"积极与消极两种办法",瓦解中共,围攻与缩小陕甘宁边区。其"积极办法"是加强国民党的控制,建立双重外围组织,"以防异党渗入"。"消极办法"是建立特务监察网,利用保安队与民团扰乱破坏等方式收回各县政权,并逐渐缩小以至消灭"赤化区域"。

7月20日 周恩来致电程潜,对调派暂编骑兵第二师马禄部移住鄜县表示"不胜惊讶"。电文说:"鄜县久隶边区范围,且属后方八路军留守,在该地驻守甚久,天旱粮缺,决无增驻部队之必要与可能,倘冒然开来,必生误会。"他强调指出"栒邑之变尚未解决",切勿再"以此不必要之误会益增边区问题解决之困难"。

7月22日 周恩来再电陈诚,抗议国民党当局掩平江惨案真相。电文指出该案"纯为阴谋惨杀",19日陈电"所称各节查与平汉惨案实际内容完全不符",要求派员会同查明,"使此沉冤大白于天下"。

7月23日 中共中央发出《关于目前战略形势的指示》,指出:"敌在占领武汉、广州后的政策,即以引诱中国的投降为主,而以其军事行动配合其政治阴谋。因此,敌在中国正面的进攻比较沉静,而集中火力'扫荡'敌后,强调反共,加紧攻打八路军、新四军。"敌之诱降阴谋与"扫荡"敌后,增加了我们的困难。全党同志应该深刻认识抗战是艰苦的持久战,敌后抗战尤其是艰苦,只有用一切努力克服投降危险,坚持敌后抗战,克服反共危险,推动中国进步,增加抗战力量,坚决奋斗,才能争取相持阶段与最后胜利的到来。

7月29日 中共中央发出《关于反对东方慕尼黑阴谋的指示》,指出根据各方材料,证明英日谈判中,英国对日已有了重大的原则的让步。这种让步造成东方慕尼黑的可能的严重局势。我们党必须用最大的力量,推动各方共同行动起来,在舆论、行动上表示全国人民对于英国张伯伦妥协派向日投降、牺牲中国利益的严重抗议,反对任何形式的东方慕尼黑;坚决反对中国抗战阵营内部任何人因张伯伦的对日投降,而对抗战表示动摇;反对任何投降妥协、破坏抗战的活动;强调自力更生的口号,坚持抗战到底的决心及民族自信心;打破对英国的幻想,反对依赖英国的外交政策。

7月 周恩来致信蒋介石,对国民党当局颁布《防制异党活动办法》提出抗议。

8月1日 延安人民举行追悼平江惨案死难烈士大会,毛泽东在会上作了题为《必须制裁反动派》的演说。他严正指出:"中国的反动派执行了日本帝国主义和汪精卫的命令,准备投降,所以先杀抗日军人,先杀共产党员,先杀爱国志士。这样的事如果不加制止,中国就会在这些反动派手里灭亡。"

8月2日 中共中央政治局讨论对一届四次国民参政会的态度问题。毛泽东发言指出:对此次参政会采取积极方针是对的,因为现在是处在和战问题的重要关头。对上次参政会采取消极态度也是必要的。参加国民参政会的目的,在于暴露坏分子的阴谋,暴露汪精卫等的阴谋。要注意暗藏的汪精卫派及准备投降的某些银行家及军人派,使国民党政府抗战的基础转到中产阶级方面来继续抗战,现在有分化大资本家的可能。对党派问题及团结问题,我认为在国民参政会上要提出来,不提出来反易于处于防御地位。保障民权、保证团结、保证在敌后的发展、保障财政问题、反对投降分子等提案都是必要的。

8月4日 周恩来在中央政治局会议上就全民族抗战两年来的总结、目前时局的关键、统一战线三个问题作了报告。他指出,现在我们遭遇到了新的困难与新的危机,主要是国民党的中途妥协与内部分裂。他认为,克服这一投降妥协危险的关键,在于各民族的团结,在于各党派的团结,其中心是国民党和共产党合作,即在于巩固与发展以国共合作为基础的抗日民族统一战线。周恩来的报告从统一战线的性质、特点与形势,统一战线的变化与危机,国民党与统一战线,共产党与统一战线四个方面,对抗日民族统一战线作了详细的阐述,提出了许多精辟的见解和行之有效的方法。报告还明确指出,共产主义是我们的信仰,三民主义是统一战线的政治纲领。真正的三民主义是孙中山的三民主义,既不是汪精卫的伪三民主义,也不是戴季陶的修正三民主义,当然也不能是企图马克思主义化的三民主义。必须将三民主义与共产主义差别分清楚,否则,模糊社会视听,增加国民党的自大心理,并不能帮助统一战线的发展。

8月6日 中共中央北方局为制止阎锡山之降日反共活动与巩固山西抗日统一战线向各分局、区党委发出指示。这个指示指出,为了停止阎之动摇、巩固山西统一战线,应发动群众,拥护进步的专员(如一、三、五、六各区),以防止阎撤换或分裂这些专员;党政工作,应迅速而又有方针的调动一批不好的中下级军官,而以进步的政治人员兼任;注意收集顽固分子在山西内部挑拨离间作恶为非的事实,准备在有利时向阎控诉。

8月7日 中共中央军委为应付国民党的反共事变致电八路军总部和第一二〇师,决定调第一二〇师第三五九旅回陕甘宁边区。9月4日,朱德、彭德怀致电聂荣臻、贺龙、关向应:为防止日军渡过黄河及国民党顽固分子对陕甘宁边区的扰乱,即令第三五九旅两个充实团直开陕西吴(堡)、绥(德)、米(脂)地域。第三五九旅于10月5日到达陕甘宁边区;第一二〇师主力于9月分批进入北岳区。

8月10日 中共中央就阎锡山右转后的对策问题发出指示。这个指示指出:"阎自秋林会议以后,日向右转,最近许多布置都是有害于抗战,有害于与共产党八路军之合作,有害于山西内部之团结的,因此我们提议:(甲)给阎的进攻以反攻与抵抗。除共产党八路军给以公开的批评外,在山西新军及牺盟内应以阎过去进步纲领反对阎今天之倒退,给阎的进攻以有力的与必要的反抗,以巩固原有阵地,但均应注意方式,不应在报纸上及言论上公开反阎。(乙)采取一切办法,在政治上、组织上巩固党、整顿党,使党成为短小精干坚强有力的领导核心。(丙)我们拟于适当时期派人与阎谈判。(丁)你们对此工作的布置望电告,关于与阎谈判亦希电告你们的意见。"

8月11日 国民党第九战区通令邵阳八路军驻湘办事处(该办事处建立于1937年12月)"立即停止办公"。由于国民党顽固派逼迫日甚，办事处被迫关闭，工作人员分别撤到桂林、重庆。徐特立以八路军驻湘代表名义留下坚持工作，王凌波（办事处主任）以八路军总部秘书名义留下协助徐特立工作。1940年秋，徐特立奉命回延安，9月王凌波被国民党逮捕押送离湘。至此，八路军驻湘办事处工作全部结束。

8月15日
朱德、彭德怀为张荫梧继续制造磨擦问题致电蒋介石，指出"张荫梧自深县肇祸后，近在冀北变本加厉"。电文列举张部扣留、杀害八路军人员事实八件，并揭露张大肆宣传"曲线救国"，扬言要先打完共产党、八路军然后打日本等，要求蒋介石迅予制止。

8月16日至24日
河北省保安司令张荫梧部于8月上半月多次伏击、进犯八路军驻河北赞皇办事处、驻中马峪之八路军赞皇工作团及独立支队第二大队。在这种情况下，朱德、彭德怀于15日致电蒋介石请予制止，无效。16日，八路军第一二九师展开反击，至24日将其主力大部消灭，俘2000余人，残部越平汉路向赵县逃窜。27日，八路东进纵队一部在赵县东北唐家砦将张残部消灭。张荫梧只身逃脱。11月24日，蒋介石将张荫梧撤职。

8月19日
中共中央发出《关于对待局部武装冲突的原则的指示》。这个指示指出，在日军挑拨与国民党反共政策下，局部武装冲突有加多的趋势；我们对于局部武装冲突的立场是明确的自卫原则，人不犯我，我不犯人，人若犯我，我必犯人，这样才可以一方面不给分裂者以借口影响统战，另一方面在自卫的立场上，给武装磨擦者向我方进攻的行动以应有的坚决的打击与教训；在武装冲突中，我们在政治上必须取上风，有严正的态度，在军事上必须提高警觉性，免受袭击；布置必须严密，不宜给中下级干部以随便进行武装冲突之权，以免弄坏事情，影响统战并避免吃亏；必须收集对方的各种材料、人证、物证，以便在必要时把反共分子及分裂者的阴谋向全国公开。

8月25日
重庆新华日报社社长潘梓年致函国民党中宣部部长叶楚伧，列举四川泸县、资中等地国民党当局勒令代销书店具结停售《新华日报》，强索订户名单，或无理扣留，擅行没收，甚至逮捕订报人等无理行为，要求国民党当局"彻底纠正"，以利抗战。

8月下旬
山东八路军第一纵队司令员徐向前为了打击国民党顽固派反共嚣张气焰，鼓舞人民抗战热情,决定打击秦启荣,在福山、八陡一带经过两天激战,将秦部主力击溃,缴枪2000余支,打击了顽军的反共气焰。

8月 汪精卫在上海召开一些投敌叛国的国民党员参加的"中国国民党第六次全国代表大会",制订了降日卖国纲领和政策,宣布易抗战建国为和平建国,以反共为和平建国之必要工作。

9月8日 在一届四次国民参政会即将召开的时候,共产党七位参政员毛泽东、董必武、林伯渠、秦邦宪、陈绍禹、邓颖超、吴玉章发表《我们对过去参政会和目前时局的意见》。提出反对投降妥协,肃清汪派汉奸,实行战时民主,发展游击战争,努力增进外援,加强各党派团结,并要求:(一)明令保障各抗日党派之合法权利,认真取消《防制异党活动办法》;(二)严禁对共产党及其他抗日党派之歧视压迫行为,严禁因所谓党籍及思想问题而妨害到工、农、军、学、商、各界人民及青年之职业及人权之保障,以使造成举国一致精诚团结现象;(三)在抗战各种工作中,广泛地容纳各党派人才参加,不以党派私见摒弃于国有用人才。

9月9日 国民参政会一届四次会议在重庆开幕,与会参政员140多人,中共参政员董必武、林伯渠、秦邦宪、陈绍禹、吴玉章出席。会上各抗日党派参政员主张立即结束党治,实行宪政,保障各抗日党派的合法地位,各党派一律公开活动,成立举国一致的战时政府,对全国行政进行全盘改革等。会议于18日闭幕。10月2日,中共中央发出《关于第四届参政会的指示——关于宪政运动的第一次指示》,指出本届参政会的重要收获是通过否认伪组织和通电声讨汪逆案及请政府定期召开国民大会实施宪政案。虽然两案都比较空洞,然仍不失为进步的决议,而且的确反映了全国人民目前的迫切需要;各级党部应运用本届参政会的进步决议,用各种方法来加强反汪、反投降、反分裂、反倒退及要求实行民主、实行宪政的运动。这个指示还对在进行这些运动中应当注意的问题提出了明确要求。

9月15日 中共中央发出《关于皖北鄂东反磨擦问题的指示》,指出最近安徽当局企图消灭我方皖北、鄂东五、六大队,并发动武装进攻。我们除向安徽当局及国民党中央交涉要求制止外,必须在严格自卫立场上予进犯者以坚决还击。17日,中共中央又专门为此向新四军发出指示,指出彭雪枫、李先念支队及鄂东第五、第六大队,均系由地方党创建的抗日部队,至今未能取得国民党之正式承认。安徽廖磊正令鄂东地方团队及第五路军向鄂东五、六大队进攻,并令某地顽固派武装千余向竹沟开动,企图消灭我军。因此,我军各部队必须有充分战斗准备,在严格自卫的立场上予进攻我军之部队以有力的反击,争取我军将来不得已调动时的有利条件;同时要求各部队必须坚持统一战线、国共合作与三民主义的口号,从下层分化与软化进攻我之国民党军队。

9月16日 毛泽东在延安接见中央社、《扫荡报》《新民报》三记者并发表谈话。回答了他们提出的抗战的相持阶段是否到来、所谓"限制异党"问题、共产党对待所谓磨擦的态度等问题。毛泽东指出,相持阶段是有条件地到来了;对于"限制异党"问题,我们已经提出抗议,但国民党方面没有正式答复;我们根本反对抗日党派之间那种互相对消力量的磨擦。他强调,大敌当前,国共两党又都有了过去的经验,大家一定要长期合作,一定要避免分裂。但是要给长期合作找到政治保证,分裂的可能性才能彻底避免,这就是坚持抗战到底和实行民主政治。毛泽东直率地明确表示了中共对待所谓磨擦的态度。他说,我们根本反对抗日党派之间那种互相对消力量的磨擦。但是任何方面的横逆如果一定要来,如果实行压迫,那么,共产党就必须用严正的态度对待之,这态度就是:"人不犯我,我不犯人;人若犯我,我必犯人。"他指出,坚持抗战、反对投降;坚持团结,反对分裂;坚持进步,反对倒退,这是我们党在今年的《七七宣言》里提出来的三大政治口号。我们认为只有这样做,中国才能避免亡国,并把敌人打出去,除此没有第三条路好走。他严厉地驳斥了国民党所散布的要统一就应取消陕甘宁边区政府的谬论,强调指出:"中国确实需要统一,但是应统一于抗战,统一于团结,统一于进步。如果向相反的方面统一,那中国就会亡国。"

9月21日 中共中央发出关于在山西开展反逆流斗争的指示,指出要把在山西开展反逆流斗争和反投降危险的斗争联系起来。当在山西开展反汪运动,提出反对公开的隐蔽的山西汪精卫,坚持山西的团结进步和抗战。八路军在山西的各部队将领,应对山西抗战问题发表公开意见,如军区问题、粮食问题等。同时提高山西党组织战斗力,团结左派在我们党周围,反对山西逆流,转变局面和克服投降危险。

9月25日 王稼祥发表《关于三民主义与共产主义》一文。文中说,马克思主义的信徒,他们绝不因为任何原因而一时一刻放弃共产主义的理想与马克思列宁主义的学说。有些人想把孙中山的革命的三民主义变成反对共产主义的反动理论,或把三民主义与共产主义——马列主义混同起来,甚至要证明只有三民主义适合中国,妄图以三民主义来溶化和消灭共产主义、马列主义,这些都是非科学的,反动的。

9月29日 延安举行盛会欢迎国民党第二战区骑兵第二军军长何柱国,第二战区长官司令部高级参谋魏文华、蔡焕章等人。会上毛泽东致欢迎词,何柱国等人发表讲话。何柱国说:八路军的游击战术值得学习。

10月4日 毛泽东为党内刊物《共产党人》写了发刊词。本文指出,统一战线、武装斗争和党的建设,是中国革命中的三个基本问题,是战胜敌人的三大法宝。他强调如果我们党不知道在一定时期中同资产阶级联合,党就不能前进,革命就不能发展;如果我们党不知道在联合资产阶级时又同资产阶级进行坚决的、严肃的"和平"斗争,党在思想上、政治上、组织上就会瓦解,革命就会失败。

10月5日 中共中央给晋西北区党委发出指示,指出晋西北各方面在开展反山西汪精卫运动,以打击阎之准备投降活动斗争中,对山西新军续范亭部应先要其认识阎之投降活动;八路军派去的干部不能撤退;续军名义仍用晋绥军番号,若在晋北实在站不住,可开赴冀察晋。

10月5日 山西新军暂编第一师师长续范亭和全体官兵向全国发表声明,揭露山西顽固分子阴谋破坏抗日部队,唆使师属第四十四团团长冀聘之、团副栗荫周等人脱离暂一师。声明严正指出:"暂一师是国共两党和无党无派的热血青年所共同缔造的,它的统一战线特殊性,决不容任何野心家、顽固分子所分裂破坏。"

10月7日 毛泽东复函国民政府参军处参军长吕超,说:"国难当前,团结为第一义,此物此志,当与先生同之也。"

10月10日 毛泽东在为中共中央起草的决定《目前形势和党的任务》中指出:抗日统一战线中的投降危险、分裂危险和倒退危险仍然是当前时局中的最大危险,目前的反共现象和倒退现象仍然是大地主、大资产阶级准备投降的步骤。我们的任务,仍然是协同全国一切爱国分子,动员群众,切实执行"坚持抗战,反对投降;坚持团结,反对分裂;坚持进步,反对倒退"三大政治口号。毛泽东在这个决定中指出:必须迅速地实行政治改革,结束国民党一党专政,召集真正代表民意的有权力的国民大会，制定宪法，实行宪政。

10月10日 为加强反对国民党五届五中全会后发布的一系列反共办法及派奸细混入中共内部进行破坏，中共中央作出了《关于反奸细斗争的决议》，要求全党全军必须最高限度地提高革命的警惕。

11月5日 日军头目和阎锡山代表举行"临汾会议"。会上，阎方代表提出将其晋绥军改编为中国抗日忠勇先锋队，实行反共，日军则从隰县、午城、蒲县等据点撤退，以后并将汾阳一带地区让与晋绥军驻扎；日军帮助阎军"剿除"在山西的八路军、决死队，并接济晋绥军枪械弹药；日军须将阎军各将领的住宅、财产完全发还。经过谈判，日本方面基本上接受了阎方的这些要求。随后，阎锡山就完全停止抗日，并派遣所谓"敌区工作团"，进入抗日根据地，准备袭击八路军。

11月6日 中共中央发出《关于山东及苏鲁战区工作的指示》。指出，我们的总方针应当是：坚持对日军的游击战争，坚持自己已得阵地，发展自己的力量，争取我们力量在各方面的优势，深入群众工作，与顽固分子坚决斗争，并用一切努力争取政权，这是斗争胜利或失败的关键。这个指示要求在山东及整个苏鲁战区要发展八路军、新四军20万至25万人；在战略部署方面，须在鲁西南、豫东、皖北、苏北这几个方面有猛烈广大的发展，一方面造成武装与民众的长城，用以隔断山东顽固分子与国民党大后方的联系；一方面与江北新四军真正连接起来，迅速打成一片。

11月11日 国民党顽固派在河南制造确山惨案（亦称竹沟事变）。河南省确山县县长许公超，纠合确山、信阳、汝南、沁阳等县常备队和国民党第一战区豫南游击司令戴民权部共约2000人，对驻该县竹沟镇新四军第八团留守处和中共河南省委机关进行围攻。国民党军不仅将竹沟镇洗劫一空，而且残杀新四军干部、战士、伤病员、家属和当地民众200余人。事发后，新四军江北指挥部向国民党、蒋介石提出了严重抗议。12月20日，延安《新中华报》以《要求严惩确山等县县长》为题发表短评，强烈要求国民党政府将确山等县县长撤职严办，抚恤被害之伤兵抗属及民众家属，并保证今后绝不再有同类事件之发生。

11月12日至20日 国民党五届六中全会在重庆召开。蒋介石在致开幕词中表示：日本一日不觉悟，则抗战一日不停止；不参加防共协定；信任友邦等。全会还通过决议,一再延期的国民大会,限定于1940年11月12日召开,制定宪法。同时全会决定将对共产党的政策由过去以政治限共为主、军事限共为辅,改为以军事限共为主、政治限共为辅。发布了《处理异党问题实施方案》,阴谋以军事进攻消灭共产党,及八路军、新四军和其他抗日进步力量。全会发表了宣言,提出于1940年"召开国民大会,以期早日制定宪法"。

11月19日 中共中央发出《关于山西反投降斗争的指示》。这个指示详细分析和说明了山西各地反投降斗争应掌握的一些基本原则问题;还明确指出,在每一个具体斗争问题上,依照其表现的实况,集中火力,打击其最坏者,中立其动摇者,争取其尚有希望者。决不可把他们看成一丘之貉,尤不可把旧派的领袖与旧派的群众混同起来,特别不应说某师、某旅、某团体不好,只应说某人或某些分子不好。而对于最坏分子最坏行为则须毫不犹豫地坚决地有步骤地、有把握地打击之。

11月19日 中共中央发出《关于江北新四军向东面海边发展的指示》。这个指示指出,整个江北新四军应从安庆、合肥、怀远、永城、夏邑之线起,广泛猛烈的向东发展,一直发展到海边上去。不到海边决不停止。一切有敌人而无国民党军队的区域,均应坚决的、尽量的但是有计划有步骤地去发展,"在此广大区域应发展抗日武装5万至10万人枪"。为了达到这一目的,指示特别指出:"惟须指导下级避免与韩德勤的基本区域发生冲突,注意争取一切国民党与地方绅士之同情,并与之建立合作关系,正确掌握统一战线原则。"

11月26日 国民党方面第九十七军朱怀冰部开始由高平、陵川、辉县等地北进,向八路军挑衅。12月6日,其主力侵入八路军根据地邢台、内丘以西地区,抢占要点,包围压迫八路军。

11月29日 阎锡山部署对山西抗日军队的军事进攻,任命第六十一军军长陈长捷为"讨叛军总司令",分南路纵队、北路纵队、右路纵队进攻八路军第一一五师晋西支队和决死第二纵队司令部所在地。根据阎、日临汾会议的协议,日军调动临汾至平遥间驻防兵力5000余人,集中于韩信岭一带,以配合阎军进攻。30日,国民党方面石友三部独四旅向冀南束鹿、宁县地区推进并占领,同时不断向驻这一带的八路军挑衅。

12月1日 中共中央发出《中央关于组织进步力量争取时

局好转的指示》。这个指示认为：争取时局好转的基本方针是，根据巩固和扩大抗日民族统一战线政策去组织全国一切抗战和民主的力量。指示要求各级党组织利用国民党内各个派别各个集团之间的各种矛盾，支持和帮助国民党内的抗战进步分子；团结和争取救国会的朋友，各地的公正士绅、名流学者以及地方实力派。为达此目的，要动员和说服那些能做统一战线工作的党员和同情我党的文化人士和青年知识分子，使他们去认真亲近国民党干部及党员，使他们有计划有步骤地去影响和接近国民党嫡系非嫡系以及非国民党的各个重要党政军领导人，使他们诚意地帮助各种赞成抗战和民主的人们，形成有组织的力量，在这里，文化人与知识分子是非常重要的。

12月3日 阎锡山制造晋西事件（又称十二月事变）。驻防晋西的山西新军决死第二纵队，按照阎锡山12月1日给他们下达的5日准时向灵石、霍县段日军进行"冬季攻势"的命令进行准备的时候，发现有旧军作为"预备队"紧靠在他们后面，造成了与日寇前后夹击的态势。决死二纵队领导人韩钧识破阎的阴谋，遂复电阎锡山："将在外君命有所不受。"阎锡山便宣布决死二纵队为"叛军"，下令讨伐。王靖国第十九军、陈长捷第六十一军预先部署对山西新军决死第二纵队展开围攻。在永和地区将该纵队第一九六旅旅部包围，同时晋西大宁、永和、隰县抗日政权和各抗日救亡团体都遭到摧残，牺盟会干部被杀害十余人，并杀害洪洞县、蒲县县长及位于隰县的八路军晋西独立支队后方医院的伤病员200余人。决死二纵队和八路军晋西支队都处在日、阎军包围夹击中，不得已实行自卫，苦战兼旬，才突破日、阎军包围，转移到晋西北。

12月6日 毛泽东等人就晋西事变电示八路军总部：新旧军严重冲突，表现着山西旧派对抗日的叛变。这种反新军、反抗日的武装叛变，可能在晋西南、晋西北再扩大。我们的方针是：认清冲突扩大之可能、立刻警惕，准备坚决应付事变，立即由新军提出反对叛军口号，但不要反阎；在新军内迅速巩固党的领导，断然撤换不可靠者；八路军应给新军以鼓励、掩护和支持，在形式上以调解方式出现，如叛军进攻八路军，则消灭之；晋西南、晋西北战略地位十分重要，绝不能放弃。9日，毛泽东等又电示八路军总部，指出阎本人投降与反共是确定了的，但尚未下最后决心。我们的方针是：坚决反击阎的进攻，力争抗战派的胜利；利用阎尚未下最后投降决心的时机，利用旧派间的矛盾，集中反对阎部下的最反动分子；坚决保卫进步力量，原则上不让步；旧军进攻新军时，给予有力有利的反攻,消灭之。必要时八路军以适当力量以新军名义支持新军;八路军在表面上采取调停态度。14日,中共中央军委致电陈士榘、林枫,提出晋西事变和平解决条件:处罚事变祸首;释放被俘人员,退还武器,进步县长复职,恢复各部队原有驻地,旧军退回原驻地;保证以后不再发生同类事件。电文指出,如以上条件办不到,我们应当继续斗争,严阵以待,并在斗争中巩固牺盟、新军、新派的内部团结,同时将事变经过广为宣传,以打击投降反共分子。

12月7日 中共中央关于阎锡山进攻新军问题给东南局和重庆、西安、桂林办事处发出指示,指出:阎锡山已决定"肃清"晋西南之新军,派遣王靖国、陈长捷率旧军3万进攻新军,这个事实的性质是对抗日的叛变。指示提醒重庆、西安、桂林三办事处须严密警戒,准备应付搜查。

12月8日至26日 八路军为配合国民党方面"冬季攻势"发起邯长战役。八路军第一二九师从8日起向邯长路全线展开破袭,至13日,先后进行大小战斗73次,给日军以极大消耗并使之疲惫,有效地掩护了八路军参战部队主力完成作战准备。至26日,战役结束,共毙伤日伪军700余人,改变了这个地区的敌我态势。

12月9日 毛泽东同王稼祥再致电八路军总部、第一二〇师、第一二九师、晋西独立支队等,补充说明对晋西事变的估计和我们的方针。关于对晋西事变的估计,电报指出:阎锡山发动晋西事变,"其目的在向我们示威,取得我们让步,以便他能确实掌握晋西南、晋西北两区,压倒新派与我们力量,以准备实行投降时的比较有利阵地"。但目前阎本人"对实行投降与公开反共,似尚未下最后决心"。"整个来说,现时局是布置投降的时期,未至实行投降的时期。""晋西南、晋西北两区为华北与西北间之枢纽,必须掌握在抗战派手里,决不能让投降派胜利,否则是很危险的。"关于我们的方针,电报指出:"坚持反击阎之进攻,力争抗战派的胜利。"应利用阎尚未至下最后投降决心时机,应利用旧派内部的矛盾。"估计到新军可能打些败仗与一部分叛变。""新军中、政权中、牺盟中的统一与决心第一要紧,一切真正不稳分子,必须开除出去。"

12月10日至16日 国民党方面胡宗南部对陕甘宁边区发动新的进攻,制造第二次陇东事件。为揭露国民党顽固派破坏团结抗战的罪行,制止事态的发展,八路军留守兵团司令员萧劲光于22日致电林森、蒋介石、何应钦、陈诚等国民党最高军政当局,就陇东顽固派10日以来连续制造磨擦,大举进攻陕甘宁边区一事提出抗议。要求国民党当局从大局出发,"制止异动,恢复团结,勿使局部事件日益扩大"。25日,朱德、彭德怀等人以"反对枪口对内进攻边区"为题通电全国,呼吁全国党政军领袖与各界人士主持公道,惩办肇事祸首,取缔反共邪说,明令取消《防制异党活动办法》及《处理共产党实施方案》,制止军事行动,勿使局部事件日益扩大。同时,陇东地区军民对国民党军的进攻展开反击,恢复了陇东大部地区;为保卫中共中央所在地延安,八路军击退了鄜县地区的顽固势力,迫使国民党暂编骑兵第二师撤至洛川以南;在关中地区,由于八路军兵力的增强,顽军未敢轻举妄动。

12月12日 关于巩固山西决死队第四纵队的方针,毛泽东同王稼祥复电中共晋西北区委书记赵林、八路军第一二〇师第三五八旅旅长彭绍辉、政治委员罗贵波等人,指出:"你们对巩固四纵队的方针是根本妥当的,望坚决执行之。""如果你们能够不失时机而方法又很恰当又很适宜地去巩固四纵队,则晋西北阵地就基本上巩固了,最好是能够避免武装冲突,又能巩固四纵队。""你们是否经常与雷任民、续范亭二人接头。他们办法较多,你们要多同他们商量、讨论。要使雷任民能够直接指挥四纵队,号召四纵队的党员及新派团结在雷任民的周围,没有领导中心是不能胜利的。"

12月13日 阎锡山部第七集团军总司令赵承绶,率其所部监视晋西北新军与八路军,并伺机发动进攻。赵承绶还采取威胁利诱、分化瓦解等手段,阴谋策动决死队第四纵队中的部分反动军官发动叛乱。针对上述情况,决死队第四纵队在组织上采取果断措施于13日断然逮捕了阴谋发动武装叛变的以第二〇三旅旅长刘武铭为首的全部反动军官,并从叛变分子身上搜出刻好的"忠义抗日义勇军"图章和委任状等反动文件。晋西北区党委为防止叛军对决死队第四纵队的进攻,16日将该纵队调到岚县地区,靠近彭绍辉第三五八旅旅部,继续清理、巩固内部,从而粉碎了赵承绶分裂、破坏新军的阴谋。

12月14日 中共中央军委提出关于晋西南新旧军冲突和平解决条件,指出晋西南新旧军冲突后我们应利用此冲突巩固新军和牺盟内部及其已得阵地,绝不在让步条件下轻言和平解决。若求和平解决,我们的条件应当是:(一)处罚此次祸首。(二)释放被俘人员,退还武装,并全部复职。(三)恢复各部队原来阵地。(四)保证此后不得有同类事件发生。

12月16日至1940年2月初

阎军进攻晋东南地区被粉碎。12月上中旬，阎军独八旅孙楚部配合国民党其他部队向决死第一、第三纵队进攻，破坏、袭击晋东南七县抗日民主政权和牺盟会等机关，杀害、绑架共产党员及其他进步分子1500余人。在阎锡山策动下，决死队第三纵队部分反动军官，于23日发动叛乱，强行带走三个团及直属队一部共4000余人。为了粉碎阎军进攻，八路军决心集中兵力打击进攻最积极的孙楚部。据此，八路军第一二九师所部和决死第三纵队等部于16日在高平以西之南北杨村一带，歼灭阎军独八旅一部，1940年1月30日至2月2日于榆次东南及榆社以北地区，歼灭阎军暂编第二旅和新编第二师大部。阎军向晋东南地区的进攻被粉碎。

12月中旬

晋东南第三行署主任孙楚配合第九十三军、第十四军等五个军各一部向活动在晋东南地区的决死第一、三纵队进攻，摧毁了沁水等七个县抗日民主政权，屠杀共产党员和进步分子五六百人，绑架千余人，并策动决死第三纵队主力叛变。

12月23日

中共中央发出《对时局的指示》，指出：国民党在军事限共政策指导下发布了《处置共党问题的新办法》，发布了《剿办冒称抗日军的命令》，并用中央军直接对付八路军与新四军。阎锡山也已在晋西南公开发动"讨伐"新军的战争。这个指示指出，国民党正动摇于亲英反共降日与亲苏联共抗日之间。1939年1月国民党五届五中全会的反共政策，是以政治限共为主，以军事限共为辅，到11月国民党五届六中全会时，则已发展到军事限共为主，政治限共为辅了。在这种情况下，中央提出今后的任务是：极力发展统一战线工作，力争中间阶层；深入群众工作；极力发展与巩固八路军、新四军的力量；各地凡遇军事进攻，在有理有利的条件下坚决反抗，绝不轻言退让。中共中央要求用所有这一切的办法，去巩固自己的阵地，击破大资产阶级的阴谋，争取时局好转，争取继续抗战，并准备在时局逆转时足以应付一切。

12月23日

中共中央政治局开会讨论反磨擦问题。毛泽东发言指出：陕甘宁边区的武装冲突自1939年3月起，7月、8月、9月三个月停顿了，现在又发生武装冲突，并且有中央军参加。陇东、关中对边区关系很大，我们不能让步。现在国民党抓住我们不愿破坏统一战线这一点，准备搞大磨擦，但不能认为便会是公开的"剿共"战争，国民党怕公开。我们的方针是反磨擦，但方法要灵活。现已发出通电号召全国反对磨擦。现在阎锡山表现上未投降，心中已投降,他在打新军便是投降,样子上还未投降,实际上已反共,样子上还没有公开反共。我们要利用阎的这种矛盾,在拥阎之下反阎,在这种矛盾之下我们可以取得胜利。新军主要力量在晋东南,旧军主力在晋西南、晋西北。现在新军虽然打了两次胜仗,但局面还很严重,要准备长期斗争。这次的冲突,是新旧两派斗争的生死决斗问题,须严重注意,但不是短期能解决的。国民党自五届六中全会以后以军事反共为主了,与过去以政治反共为主不同。现在国内中产阶级更积极,马占山说投降很困难,中国没有武装民众不能决定问题。现在,我们要提倡坚持性、顽强性。我们对陕甘宁边区须采取坚决争取的方针,一尺一寸也不放松。有磨擦也可以教育我们,实际上使民族斗争与阶级斗争联系起来。

12月23日 毛泽东同王稼祥致电朱德、彭德怀、杨尚昆、贺龙、关向应,指出:晋西南拥阎讨逆战争,取得了第一个胜利,但旧军主力在晋西南还有颇大力量,这是阎锡山决死之争,他必以全力对付,请你们注意其严重性。如此战新军失败,蒋介石必增强阎锡山,倚之为反共降日的华北支柱,那时就麻烦了;如此战新军胜利,可能使阎锡山转舵。

12月23日 关于晋西事变,同王稼祥致电中共晋西北区委、第一二〇师、八路军总部、彭绍辉、罗贵波等,指出:晋西北新派力量加上我们力量,可能造成优势,在反投降派的斗争中,如果方针不错,是有胜利把握的。你们对巩固新军及进步政权还须大胆地坚决地继续进行,并注意很有理由地应付阎锡山。阎已令赵承绶调兵进攻四纵队,武装冲突势不可免。应立即准备作战,继续巩固新军。武装冲突不应由新军先发动,而应在赵承绶进攻时,新军占有利阵地,取防御姿态反攻而消灭之。第一二〇师师部现在还不宜立刻到晋西北,但应立即准备于必要时转移。

12月25日 八路军总司令朱德、副司令彭德怀及林彪、贺龙、刘伯承、林伯渠等八人发表致蒋介石、国民政府及胡宗南等的通电,抗议自1939年3月流行"限制异党活动办法"以来国民党所制造的种种磨擦事件,要求蒋介石、国民党政府惩办肇事祸首,取缔反共邪说,明令取消"限制异党活动办法"及"处理共党实施方案",制止反共军事行动,勿使局部事件日益扩大。

12月31日 毛泽东、王稼祥在关于晋西事变和我军部署问题向八路军总部和第一二〇师发出的指示中又进一步指出,胜利地进行这一斗争,保持山西抗日根据地在我手中，保持华北与西北的联系是目前的中心问题。据此，中共晋西北区委于31日成立了以续范亭为总指挥的晋西北拥阎抗日讨逆军总指挥部，同时决定以新三五八旅、决死队第四纵队、暂编第一师等部分别向方山和临县东北白文镇之阎军反击，接应决死第二纵队及晋西独立支队北上。1940年1月14日，阎部赵承绶第七集团军总部所在地临县被攻克。赵部伤亡逃散为数过半，一应军资器物几乎尽行丢弃。事后阎锡山向重庆国民政府除自请处分外，并请给赵承绶以撤职留任处分。晋西北反顽作战至此告一段落。

12月 蒋介石指定庞炳勋担任河北省政府主席，向庞布置反共措施："打日本要有限度的，千万注意不能'前门拒狼，后门进虎'。"

12月 毛泽东在《中国革命和中国共产党》一书第二章中，将中国大资产阶级区别为亲日派（投降派）和欧美派（顽固派），对大资产阶级投降派的政策是坚决地打倒他们，对于大资产阶级顽固派，则是用革命的两面政策去对待，即：一方面是联合他们，因为他们还在抗日，还应该利用他们和日本帝国主义的矛盾；另一方面是和他们做坚决的斗争，因为他们执行着破坏抗日和团结的反共反人民的高压政策，没有斗争就会危害抗日和团结。毛泽东还写道，中国民族资产阶级不但和大地主大资产阶级的投降派有区别，而且和大资产阶级的顽固派也有区别，是我们较好的同盟者，对他们采取慎重的政策是完全必要的。

1940年4月,德军入侵丹麦及挪威。5月,德军开始执行以侵占法国为目标的"黄色计划",向西线大举进攻,接连占领了荷兰和比利时等国。随后绕过"马其诺防线",横扫法国北部,6月14日占领巴黎。9月,日军占领法属印度支那。9月27日,《德意日三国同盟条约》在柏林签订,这是法西斯势力重新分割世界的公开宣言,也是三国轴心军事同盟正式形成的标志。与此同时,日本为了同英美争夺太平洋地区的霸权,积极准备在东南亚和太平洋地区发动新的侵略。

1940 年

1月4日 中共代表、八路军参谋长叶剑英在重庆与国民政府军事委员会参谋总长何应钦举行会谈。何应钦要求中共取消"违令扩充"的部队及"非法"设立的军区。叶剑英说：这些军队和军区,都是在抗日斗争中发展起来的,它肩负着重要的抗日任务,不能取消。他要求国民政府允许八路军的三个师扩编为三个军九个师,并承认陕甘宁边区政府及其所辖地区,承认在抗日前线肩负敌后抗敌任务的解放区。在会谈中,何应钦说："所谓边区,委座从未承认",且林伯渠1939年2月12日致行政院函亦只说到18县,今忽要求23县,未免矛盾甚多。其意不如划一专员区,取一折衷办法,并使军政分离。何同时特别提到王旅事,称阎、邓均有电说明事前并未下令该旅西渡,故请照委座令将该旅撤回。至陇东冲突,何说,迭据报告,均说明系八路军先行进攻,现已电萧劲光转饬停止军事行动,并派大员前往调查。叶答复说：关于边区名称等,早有行政院第三三三次会议予以通过,当时只因人选问题未能求得一致,以致未能实行。至于王旅事,须向延安报告,但该旅开回,一因巩固河防,二则因要确保延安与晋冀间之联络线,闻中央有将高桂滋军开驻陕北之意,如此问题将更加复杂。对于陇东事,叶则要求双方派遣代表前去调查。

1月5日 毛泽东同王稼祥致电贺龙、关向应等,令贺、关直接负责指挥西北对阎锡山旧军的作战。本日,毛泽东还同王稼祥致电聂荣臻、彭真;贺、关即赴晋西北指挥,晋西关北系全局,"吕梁山已失,靠夺取晋西北作战略枢纽"。2月2日,贺、关率部及主力五个团分批返回晋西北。

1月5日 毛泽东为中共中央书记处起草致项英电:"(甲)如遇急变不能向北,当然只有向南,你的决心是对的。(乙)陈毅仍应力争江北。(丙)蒋介石投降还不是马上的事,你们还来得及准备,但是内部秘密准备,不要露形迹。(丁)努力争取一切军队的同情者。(戊)一切自力更生,不要靠任何外援。"

1月5日 张冲受命同叶剑英进一步会谈。张要王旅回到河东去,至少要敷衍一下面子。叶剑英说:王旅撤回可以,但须在中央军队陆续从边区周围撤走才有可能。在中央目前在边区周围调兵遣将并攻占宁、镇两城的情况下,王旅无过河可能,反有继续增兵的必要。且现在要王旅过河,如目的在于调高桂滋军前去,以便截断晋陕,这更无可谈。目前重要问题在于停止陇东军事行动,明令承认边区与扩军,不在王旅过河与否。故如中央能够办到:(一)把边区周围军队调赴前线,陕甘驻军恢复骑二师进军前之状态;(二)绝对不增调任何军队赴绥德、吴堡、清涧,陕北行政专员何绍南撤职;(三)解决边区问题;(四)承认扩军,则王旅过河当可商量。

1月6日 张冲向叶剑英转达何应钦对中共以上意见的答复。据张说,何表示:(一)已下令陇东停止军事行动,着朱绍良派人调查解决,并谓中央军可后撤;(二)何绍南决不再去,高桂滋军亦不调;(三)边区问题解决困难甚多,尤其陕甘宁三省当局反对,可否找一折衷办法?(四)扩军事于事态平息后,由何负责向蒋提出实行。对此,叶剑英等表示:(一)调查应由双方派人去;(二)对边区问题之解决等须按原决定发表,绝无折中余地。9日上午,张冲称蒋、何已内定解决方案如下:(一)撤换何绍南;(二)骑二师放回洛川以南;(三)高桂滋不调;(四)解决边区问题,以免再发生冲突;(五)八路军扩编为三军六师;(六)王旅过河东,冀南纸币停止发行。下午,叶剑英复与何谈,何表示相同意见,但其解决边区问题之方案仍是主张改边区为专员区,并只划给14县,即从原定的18县中划去淳化、栒邑、正宁、宁县四县,说是该四县接近公路和西安,常生磨擦。叶当即表示不能接受,并声明扩军非九师不可。谈判未能取得进展。

1月7日 国民党顽固派在陕甘鄜县、庆阳制造磨擦。10日,国民党甘肃省庆阳县保安队长方镇五率部向驻宁县八路军进攻。2月3日,八路军后方留守处主任萧劲光致电程潜、蒋鼎文,要求将陕西鄜县县长予以撤职严惩,禁止类似事件发生。为了防止顽固派再行袭击,保卫边区安全,2月5日,八路军奉命派部队驻防该地并发出布告:"本军奉命驻防,毫无别的意愿,仅在保卫边区,清匪安良诛叛。"

1月8日 毛泽东同王稼祥、萧劲光写信给谢觉哉,指出关于陇东六县(环县、庆阳、合水、宁县、正宁、镇原)问题谈判的两个基本条件是:(一)陇东六县属陕甘宁边区23县范围,地主行政应即全部移交边区管辖;(二)边区及八路军保证不向六县境外越出一步。如果国民党方面不愿照上述条件解决陇东六县问题,则我方只能承认双方停止冲突,暂维现状,交换俘虏,其他问题由双方中央解决。

1月9日 陈诚诬称"八路军游而不击"。15日,朱德等人发电驳斥。

1月10日 中共中央政治局举行会议,毛泽东在会上发言中说:对山西新旧军的磨擦问题,我们采取强硬的方针是对的。我们反磨擦的方针,一方面在军事上我军占优势的区域要取攻势;另一方面在理论上也要采取攻势,批评资产阶级专政,要在理论上说明它的不好,使顽固派孤立。他提议边区文协代表大会发表一个宣言,驳斥叶青等人的错误言论。还指出:南方工作要加紧争取中产阶级,争取时局好转。争取中产阶级的工作大有文章可做。

1月10日 毛泽东致电王世英,指出:"(甲)国共分裂之谣不可信,这是汉奸放的空气。(乙)你应对外表示八路军拥护阎长官抗日建国一如往昔,但希望旧军停止进攻新军,双方和解以利抗日。"

1月10日 中共中央关于边区等问题给南方局发出同国民党谈判的方针的指示。国民党发动的第一次反共高潮,遭到沉重打击后,要求进行国共谈判。为此,中共中央指示南方局在谈判中要坚持:边区要23县,少一县不行;王旅不能撤,要求增高两旅;八路军有在23县境内动员民众实行三民主义与抗战建国纲领之全权,陕甘两省当局有加以妨碍者须惩处之;撤销鹿钟麟、石友三在河北省的职务,委任朱德为冀察战区总司令兼河北省主席,贺龙为察哈尔省主席;八路军应扩至三军九师22万人,月饷440万元;新四军编三个师,5万人,月饷100万元。

1月11日 中共中央指示:目前可先解决边区和扩军两问题。边区坚持23个县,边区主席由林伯渠担任,名称定为陕甘宁边区,扩军问题照10日指示办理。

1月11日 毛泽东关于目前政治形势及对阎锡山的方针致电彭德怀。指出目前还不是全国下雨(指妥协投降)之时。全国的任务还是组织进步力量,争取中间阶层,击破大资产阶级的动摇和反动。这种可能性现在还未丧失。目前最严重的问题,是阎锡山的反动。经过我们努力如阎愿意讲和(还未丧失这种可能)则让他占领吕梁山的大部,我只占一小部和一条交通线,就此罢手,否则战事难免扩大。

1月12日 国民党第九十七军军长朱怀冰于1939年12月率部进入冀西后,不断制造磨擦。八路军遂以第三八五旅主力以及冀西、冀中部队,于1月12日向侯如墉、乔明礼两部展开反击,将其大部歼灭,迫使鹿钟麟、朱怀冰率部于2月初南撤武安、涉县、磁县地区。

1月14日 廖承志致电周恩来和中共中央,报告琼崖情况。电报说,琼崖国民党顽固派在接到蒋介石关于撤销冯白驹部番号后,一方面要冯退出根据地;另一方面则实行五县联防,发展武装,准备进攻冯部。而顽军两个独立团实力和我冯白驹部实力差不多,且其中一个团与冯部关系颇好。冯白驹等认为,我们现在的对策应是:(一)绝不让出根据地。(二)展开统一战线活动。(三)准备在顽固派发动进攻前,给他们以坚决的打击。

1月15日 《中国文化》创刊号发表毛泽东《新民主主义论》。他说,在十月革命后,殖民地半殖民地进行革命,已经不能当作世界资本主义反革命战线的同盟军,而改变为世界社会主义革命战线的同盟军了。在谈到资产阶级时,他说,中国民族资产阶级,具有"一身兼二任"的两面性。大敌当前,他们要联合工农,反对敌人;工农觉悟,他们又联合敌人反对工农。在论及到新民主主义政治时他指出,我们要建立的新民主主义国家,国体——各革命阶级联合专政。政体——民主集中制。这就是新民主主义的政治,这就是新民主主义的共和国,这就是抗日统一战线的共和国,这就是三大政策的新民主主义的共和国。

在今天的中国,这种新民主主义的国家形式,就是抗日统一战线的形式。

1月16日 毛泽东同王稼祥致电王世英,要他立即向阎锡山等人表示:山西新旧军斗争应和平解决,以便团结抗日,拟派南汉宸去秋林协商。

1月16日 毛泽东同王稼祥致电朱德、彭德怀、杨尚昆,指出:晋西北新旧军的斗争,我们已大体上胜利了。阎锡山可能同国民党中央军进一步结合起来,夺取晋东南。因此,对庞炳勋、朱怀冰的进犯不能不采取武装的抵抗,否则将丧失晋东南。

1月18日 中共中央书记处举行会议,毛泽东在会上谈山西磨擦问题时说,在山西的反磨擦斗争中我们取得胜利。现在阎锡山有3万余旧军在吕梁山脉,将来有两种可能,一种是旧军依靠中央军进攻我军;另一种就是和平解决,减少磨擦。我们现在正准备派人去谈判,争取和平解决,但我们也准备不惜与中央军打,只有反磨擦才能取得存在与发展。

1月19日 中共中央书记处致电东南局书记项英并转东南局各同志,进一步明确新四军的发展方针,指出:"新四军向北发展的方针,六中全会早已共同确定,后来周恩来到新四军时,又商得'向南巩固,向东作用,向北发展'的一致意见。华中是我们目前在全国最好发展的区域,在华中可以发展(彭雪枫部由3连人发展到12个团,李先念部几百人发展到9000人),而大江以南新四军受到友军十余师的威胁和限制的时候,我们曾主张从江南再调一个到二个团来江北,以便大大地发展华中力量。""由江南抽兵到皖南,请考虑,因为我们觉得皖南发展较强,江南发展较易,江南陈毅同志处应努力向苏北发展。"

1月19日 八路军总部令陈赓率第三八六旅主力进入太岳区,与决死队第一纵队会合,并同薄一波一起,统一指挥该地区八路军和决死队,以应付蒋阎军的突然进攻。同日,刘伯承赴冀西同鹿钟麟、朱怀冰等人会谈。会谈中,刘伯承说:"我们已经退避三舍了,实在无地可退,你们总得让我们抗日有地!八路军一个师抵抗了10万日军,10万伪军,并非怕你们,不过为了团结,不忍自相残杀。"鹿钟麟、夏维礼等人经过劝说表示中立,但朱怀冰仍指挥部队继续进攻八路军。

1月20日 国民政府军令部制定《防止异党部队越轨行动方案》,声称要运用军事、政治、外交等手段,坚固国军壁垒。外交上,向苏联当局说明异党之越轨行动,望其对于中共错谬行动加以纠正。

1月25日 中共中央发出《关于阎锡山继续反共情况下对山西工作的指示》,指出:"阎锡山的方针已确定,秘密勾结日寇,公开勾结老蒋,继续反共反八路反新派,巩固晋西南,夺取晋东南。因此,在晋西北方面要巩固建立新政权,解决财政问题;晋西北、晋西南两区党委合并为一区党委,以林枫为书记,另由贺、关组织一个军政委员会,统一党政军领导;在晋东南方面同意朱、彭布置,巩固现有阵地,严阵以待,来者必拒。"

1月25日 中共中央关于与国民党谈判条件不能让步问题给南方局发出指示,指出:中央前次所提边区扩军等各条件都是最低限度的、正当的、合理的,不能再让步。否则,将于抗日不利,抗日阵地也将受到大破坏。

1月25日 中共中央给北方局、八路军总部发出《关于在阎锡山继续反共情况下对山西工作的指示》,指出:在阎锡山秘密勾结、日军实行反共反人民的方针这一情况下,山西工作应是:巩固晋西北,建立新政权;在晋西南方面,巩固现有阵地,严阵以待。

1月27日 朱德、彭德怀致电徐向前、朱瑞、陈光、罗荣桓、刘伯承、邓小平等,指出对盘踞在山东对我军搞磨擦的沈鸿烈顽固力量,须在有理有利的原则下在军事上打击之,在政治上孤立之,并推翻其危害抗日的反动政权。要力求掌握鲁南之蒙阳、日照、诸城等11县以及胶东半岛八县、地区。要帮助进步分子,争取中间动摇分子。对搞磨擦者,也要利用矛盾,区别对待,中立一部分,孤立一部分,只打击某一部分。在冀南,要口头揭露石友三通敌,争取其士兵及进步军官。在有理有利原则下,消灭其一部。并指出,我们的主要敌人是日军,不要放过一切有利时机予日军和伪军以沉重的打击。

1月28日 毛泽东在为中共中央写的《克服投降危险,力争时局好转》的党内指示中指出,目前时局投降和反共日趋明显,我们要利用有利的国际国内条件,不能听任国民党顽固派的"军事限共"和"政治限共"发展下去,不能只从惧怕和破裂统一战线这一点设想,要一方面,坚决反抗投降派顽固派的军事和政治进攻;又一方面,积极发展全国党政军民学各方面的统一战线,以便克服大地主大资产阶级投降危险,争取时局好转。

1月28日 中共中央书记处在《关于山东、华中发展武装建立根据地的指示》中说,时间的发展充分证明,只有扩大发展革命武装力量以与全国工作相配合,才能制止投降与反共,才能巩固统一战线,才能争取时局好转。这个指示提出把发展武装力量作为一切工作的中心,要求于年内将山东根据地武装部队(包括游击队)发展到15万人,有组织有训练的抗日自卫队发展到150万至200万人。

1月28日 冯玉祥在重庆发表广播讲演,呼吁:"国共两党要真正团结起来,用积极抗战的行动去彻底粉碎汪逆卖国密约,战斗到最后胜利。"

1月28日 中共中央书记处向北方局、山东分局、中原局、彭雪枫、刘少奇、项英、陈毅发出关于山东华中发展武装建立根据地的指示。指出:只有放大发展革命武装力量,以与全国工作相配合,才能制止投降与反共、巩固统一战线及争取时局好转。这个指示指出:建立革命军队与政权是一个严重斗争过程,因此不能避免有理有利的磨擦。凡阻碍抗日进步势力发展并向我攻击之反动势力与顽固派,我必须坚决反击之。应极力争取进步与比较进步的势力,对中间派如于学忠、李明扬等人,应采取中立他们的政策。

1月30日 中共中央下达《关于武装自卫反顽进攻的指示》,指出:河北和山西境内的任何军队,不论是国民党中央军、晋绥军和石友三,如果他们进攻八路军地区,应在自卫原则下,在有理有利条件下,坚决反抗并彻底消灭之。只有这样才能停止那些阴谋家、冒险家的诡计,才能分化他们内部,才能使动摇的军队不敢参加进攻,才能与努力进行军队中统一战线工作(此工作要十分加紧)做有效的配合。指示号召八路军和两省人民坚决打击一切从抗日阵地后面进攻者,并以公开地普遍地进行反汉奸和反进攻(对八路军、决死队之进攻)的宣传,造成反汉奸、反进攻的热潮。指示指出,此方针亦适用于山东。

1月30日 八路军冀中军区政委程子华率冀中八路军七个团向冀南开进,讨伐叛军石友三。

1月30日 阎锡山暂编第二旅1500余人进攻榆次东南上下黄彩地区,被八路军三五八旅、三八六旅及独立支队各一部全歼,并击毙旅长薛文教和副旅长赵武才。

1月31日 朱德、彭德怀等人致电蒋介石,反对汪精卫与日本订立卖国秘约。要求蒋介石明令禁止令《防制异党活动办法》之流行,并对抗日阵营中之矛盾现象,做彻底之调整,对暗藏之汪派彻底清洗,用以巩固团结,增强抗战力量。

1月31日 八路军第一二九师师长刘伯承赴冀西劝说朱怀冰、鹿钟麟等人停止对八路军之进攻。

1月 毛泽东发表《新民主主义论》文章,全面阐述了中国共产党的政治纲领。他将统一战线分为四个时期。他指出,从1937年以后的第四个时期的统一战线的范围更大了,上层阶级包括了很多统治者,中层阶级包括了民族资产阶级和小资产阶级,下层阶级包括了一切无产者,全国各阶层都成了盟员。他针对近来妥协反共声浪又甚嚣尘上的时局,驳斥了国民党顽固派所谓"一个主义"的叫嚣,指出其本质就是顽固分子们的资产阶级专制主义。

1月 中共中央为增援新四军在淮北、皖东和苏北的抗日斗争,从华北调遣八路军2万余人到达江苏北部。

1月 陈布雷受蒋介石委托接见新任命的河北省政府秘书长胡梦华,专门布置反共策略,并传达蒋的政策:"宁肯失地于日本,不能失权于共产党",坚决反对中共提出的在抗日地区实行"三三制"联合政府的主张。与此同时,青年党为配合国民党掀起首次反共高潮,决定翻印"铲共须知""共产主义批判""唯物史观批判"等反动书籍,令下级组织"护党反共",并在必要时"帮助政府铲共"。在国民党顽固派发动的第一次反共高潮中,胡宗南从南边进攻陕甘宁边区,要国民党晋陕绥地区总司令邓宝珊从北边封锁陕甘宁边区,进行军事进攻。邓宝珊借故离开榆林,实行抵制,胡宗南连电催促,邓仍不返榆,从而使边区北边相安无事。

2月1日 中共中央关于抗日民主政权的阶级实质问题给北方局等发出指示,指出:抗日民主政权应当在政策上和阶级实质上,都是抗日统一战线的政权,即一切拥护抗日统一战线、不投降、不反共、不倒退的人都应当吸收其代表加入政权,但决不是大地主、大资本家、工、农、小资产阶级的联合政权,而是以工、农、小资产阶级为主,同时又不拒绝进步的中产阶级分子及进步绅士参加的政权,这样形式与内容便是一致的。而国民党政权则是大资产阶级与地主联合的政权,工、农、小资产阶级、中产阶级都是除外的。所以,"工农小资产阶级政权"这个口号在现时不适当,因为这个口号对于党的抗日民族统一战线的路线不适合,在中国共产党的政治路线没有变更以前,我们不宜提这个口号。

2月1日 中共中央作出《关于目前时局与党的任务的决定》，指出：由于国内抗日进步势力克服投降倒退的力量还不足，就使得投降与倒退的危险仍然严重地存在着，并成为目前时局中的主要危险。根据这种局势，中共的基本任务是强固抗日进步势力，抵抗投降倒退势力，力争时局好转，克服时局逆转。为此，必须强调抗战、团结、进步三者不可缺一。党的任务是：普遍扩大反汪反汉奸的宣传，猛力发展全国党、政、军、民、学各方面的统一战线；广泛开展宪政运动，抵抗一切投降反共势力的进攻，大大发展抗日的民众运动，认真实行减租减息与改良工人生活，巩固扩大各个抗日根据地，巩固与扩大进步的军队，广泛发展抗日的文化运动，巩固共产党的组织。

2月1日 延安各界3万余人举行讨汪大会。毛泽东、陈云、王稼祥、林伯渠、萧劲光等人出席大会。毛泽东发表了《团结一切抗日力量，反对反共顽固派》的讲演。指出，为了抗日，全国人民的团结和进步是必要的。只有进步才能团结，只有团结才能抗日，只有进步团结抗日才能统一。共产党和全国人民的根本任务和方针，是团结一切抗日的进步的势力，抵抗一切投降的倒退的势力，力争时局的好转，挽救时局的逆转。他深刻地揭露国民党反共顽固派的统一论的实质，就是要消灭共产党及其领导下的抗日武装和民主抗日根据地，是借统一之名，行专制之实。毛泽东还为大会起草了《向国民党的十点要求》的通电，即全国讨汪；加紧团结；厉行宪政；制止磨擦；保护青年；援助前线；取缔特务机关；取缔贪官污吏；实行《总理遗嘱》；实行三民主义。在中国共产党的组织和带动下，全国掀起一个讨汪高潮。

2月3日 石友三部配合日本兵500人，向冀南解放区广平东北地区进行"扫荡"。2月上旬，中共中央指示中共中央南方局针对目前全国磨擦问题严重，在同国民党当局的谈判中应要求下令停止全国磨擦；停止向山东、河北两省增兵；讨伐通敌之石友三；令阎制止旧军进攻新军，恢复八路军之兵站线；委任朱德为鲁察冀热四省战区司令长官兼河北省主席，彭德怀为第二战区副司令长官；撤销咸榆公路、陇海铁路对付共产党、八路军之检查所，撤销对共产党、八路军、新四军之书报禁令等。

2月3日 毛泽东、王稼祥指示朱德等人坚决消灭石友三部。随着阎锡山在山西发动晋西事变，国民党第三十九集团军石友三部在冀南也积极向八路军防地推进，并不断挑衅,制造磨擦。在这种情况下,毛泽东、王稼祥指出,对石友三部应采取坚决彻底全部干净消灭的政策。据此,八路军总部命令冀南、冀中、冀鲁豫等军区各以一部兵力共17个团,自2月9日至18日在冀南发起反顽战役,向通敌反共、顽固不化之石友三部展开反击,并很快将石部主力包围于威县东南下堡寺、马鸣堂一带。此时,日伪军3000余人向八路军进逼,石部被八路军毙伤俘2800余人后在日军掩护下,逃窜至清丰濮阳地区与丁树本、高树勋部靠拢,而免其全军覆灭。冀南反顽战役暂告一段。

2月3日 毛泽东同陈绍禹、林伯渠、吴玉章以国民参政员身份致电国民参政会秘书处,揭露国民参政会华北视察团的主要任务是从陕、甘、晋、冀、豫等省特务机关收集诬蔑共产党、八路军和陕甘宁边区的材料,妄图将磨擦事件的责任归罪于共产党。该团由蒋介石指定参政员李元鼎为团长,邓飞黄为副团长,梁实秋、于明洲、余家菊、卢前为团员,于1月30日由重庆出发。电文指出:国民参政会华北视察团,不仅无一中共参政员,且连提出组织该视察团的沈钧儒、邹韬奋、陶行知诸先生,以及素以老成硕望公正无私著称之张一麐、黄炎培、江恒源、张澜等先生亦无一参加,在团长团员中,除梁实秋、余家菊两个拥汪主和反共的人外,余皆国民党一党之参政员。由此等人选所组成的视察团,对于视察事项所收材料及所作结论,必属偏私害公,绝无疑义。因此,中共拒绝接受国民党利用参政会名义派出的"视察团"到陕甘宁边区。

2月9日 中共中央关于与国民党谈判内容给南方局发出指示,指出:目前同国民党谈判的重点,已不是军队扩编为九个师,边区应为23个县的问题,而是全面停止磨擦的问题。望据此观点与国民党谈判停止磨擦的有关问题。10日,中共中央又指示南方局,不同意国民党在谈判中提出的以四个县换我边区四个县。

2月11日 毛泽东为中共中央及中央军委起草复徐向前、朱瑞、陈光、罗荣桓电,指出:"我们的政策分两方面,对反共派顽固派取坚决反攻彻底消灭的政策,对一切尚有希望之人取极力争取的政策。沈鸿烈属于顽固派,对我百端磨擦,故须在自卫原则下坚决消灭之。在打击沈鸿烈(秦启荣是其最坏之一部)的斗争中要注意分化其部下,争取其尚有希望分子。于学忠与沈鸿烈不同,他是尚有希望的,除对其反共政训人员应加以坚决打击外,对东北军应极力争取,至少使之取中立态度。""河北磨擦事件望刘、邓亦照此办理。"

2月11日　毛泽东为新军起草薄一波致阎锡山的电报,希望阎锡山调和山西新旧两军,重新团结,一致抗日。

2月11日　关于处理晋西事变的意见,毛泽东同王稼祥致电朱德、彭德怀、贺龙、关向应、滕代远,指出:在蒋介石的分化政策下,阎锡山可能与新军达成妥协,新军也以在有利条件下仍属阎指挥、恢复合法地位为宜,我们的政策在于暂时中立阎,不使阎与国民党中央联合对我,不使新军受国民党中央指挥。并指出,同阎锡山谈判应由萧劲光以居间调停形式出面进行。

2月12日　针对国民党以增援陕西河防为名进行反共军事部署一事,毛泽东同王稼祥等人以中央军委的名义电致朱德、彭德怀、贺龙、关向应、聂荣臻、彭真,要他们准备从第一二〇师抽调一个有战斗力的旅(如王震旅)至绥德、米脂、葭县、吴堡一线,第一二〇师师部及冀中所属部队移至现在王旅位置。

2月14日　《新中华报》发表毛泽东起草的,由司令员文年生、副司令陈先瑞、政治委员阎红彦署名的《国民革命军第十八集团军富甘警备区警备司令部、政治部布告》,布告声明鄜县、甘泉两县属于陕甘宁边区23县范围,本军奉命驻防,保卫边区,对于友军维持统一战线,实行互不侵犯。

2月15日　林伯渠、萧劲光致电林森、蒋介石、程潜等人要求惩办何绍南。国民党顽固派对陕甘宁边区陇东和关中的军事进攻被制止后,又于1940年1月令其驻绥德专员何绍南,集中五个县的保安大队准备进攻八路军在绥德地区的部队。当地军民纷纷声讨其罪行,并做好了迎击准备。何见八路军已有准备,且惧怕人民群众的力量,遂于2月5日逃往榆林。但何绍南并不甘心,后来他又潜回绥德,煽惑当地国民党保安队哗变为匪,并袭击八路军河防部队第七一七团等部,八路军忍无可忍,遂展开反击,并乘胜肃清了绥德地区五县的反共顽固势力,巩固了绥德地区的抗日民主政权。在这种情况下,国民党顽固派被迫停止了对陕甘宁边区的大规模军事进攻,从而保障了中共中央的安全,同时使陕甘宁边区得到了巩固。

2月18日　国民党军朱怀冰部第九十七军进攻磁县西贾壁村八路军驻地,杀害指战员100余人,抢走价值2.7万余元的军用品。

2月19日　毛泽东起草萧劲光致国民党政府军事委员会

天水行营主任程潜电,要求通知陕西省政府速将陕甘宁边区境内国民党政府任命的县长撤走。电文指出:"国共合作已历三年之久,边区行政尚未确定,一县而有两县长,古今中外无此怪事!且陕省所派县长及绥德专员等专以制造磨擦、扰乱后方为能事,在边区已忍让,在彼辈益肆无忌惮。""边区民众群以拘捕治罪为请。劲光为体念钧座息事宁人意旨,顾全边区与陕省之团结起见,故请钧座令知陕省府自动撤回,否则实行护送出境,盖仁之至义之尽也。"

2月20日 毛泽东同王稼祥、林伯渠、萧劲光致电伍云甫、王震等人,要他们采取一些步骤,拒绝陕西省任命包介山为绥德专员,发动绥德绅士民众请求委任王震兼任专员。

2月20日 关于反磨擦斗争的形势问题,毛泽东致电彭德怀,指出:"蒋在华北、西北、中原向我的攻势,经过我们几个月的坚决反攻,可以说基本上已把他们的攻势打下去了。边区23县已逐渐统一,华北(新黄河以北整个华北)我们已占领了优势,中原我们已发展了。蒋现在已整个处在防御地位。"

2月20日 延安各界宪政促进会举行成立大会。毛泽东在会上作了《新民主主义宪政》的重要讲话。大会发表了宣言,指出:(一)今日实施宪政之意义,在于发扬民意,彻底战胜日本帝国主义。(二)国民代表大会选举法必须彻底修正,其代表必须重新选举。(三)国民大会组织法必须修正,国民大会应成为国家最高权力代表。(四)全国应发起普遍深入之宪政运动,人民有讨论宪法与选举国大代表之自由,各抗日党派有合法存在权利与参加国大代表竞选之自由。大会推举吴玉章为促进会理事长,毛泽东、陈云、张闻天、王稼祥等45人为理事。

2月20日 中共中央拟好电文,以薄一波名义致电阎锡山。电文说:"3个月来,山西内部阋墙之争,中外惊疑敌拊掌。而演变所极,尤属痛心。盖我为鹬蚌,人为渔人。此渔人者不但有一日本帝国主义,更有一顽固势力。彼挟其地位以临吾人,企图挑拨吾新旧两军,取呈两军而置其囊中,先取其一。使钧座陷于孤立,续取其二,使钧座陷于绝境。然后分裂之,摧之折之,而晋绥军尽矣。设此企图而能实现。非但抗战不利,钧座不利,新军不利,即旧军同仁亦绝无所利。为今之计,亟宜有钧座调和,新旧两军,重新团结,一致抗日。两军虽一时以兵戎相见,然新军全属自卫,绝无成见。苟利抗日,无不服从钧座之指挥,想旧军同仁亦必不固执己见,钧座一纸团结之令,则和协之局立现,抗日战线重整于三晋之间矣。一波知遇之恩。心所谓危,不敢不告,敬祈速决大计,俾有遵循,大局幸甚。"

2月21日 中共中央决定,由于过去历届参政会均决而不行;国民党对国民大会、宪法及宪政等重大问题均采取忽视和不理态度;故意指定制造磨擦的人组织华北视察团以增加两党磨擦;对八路军、新四军、陕甘宁边区及共产党员实行进攻与压迫政策等原因,中共参政员均不出席第五次参政会,以示抗议。决定还提出给全国人民以言论出版结社自由、明令取消《防制异党活动办法》、撤销对陕甘宁边区的封锁、承认边区23县等八个问题同国民党交涉。

2月23日 毛泽东同王稼祥致电贺龙、关向应,指出:贺龙致阎锡山电,用语太硬,我们已加修改。"以后对外立词,请注意和缓些。""你们准备派两个团向南行动,现不适宜,谅已停止,如未停止请即设法停止退回来。但晋西游击战争仍应积极发展。"

2月23日 毛泽东起草致阎锡山的信,表示愿意和平解决山西发生的磨擦事件,并告知萧劲光、王若飞前往谈判。25日,萧劲光、王若飞持毛泽东写给阎锡山的这封亲笔信到达秋林镇,同阎锡山谈判。

2月24日 关于新军工作的几点意见,毛泽东、王稼祥致电贺龙、关向应、林枫、赵林并告朱德、彭德怀、杨尚昆,指出:新军部队绝对不应该编入八路军,应注意巩固新军干部的团结;晋西北施政大纲六项没有提到坚决实行阎锡山的十大纲领,是一个大缺点;十分注意争取中间派人士,不可使他们感到冷淡和不满。

2月25日 中共派代表到秋林与阎锡山谈判(也称秋林谈判)。阎锡山发动的十二月事变被粉碎后,中国共产党为使阎锡山不至于倒向蒋介石联合反共或分开投敌,争取他共同抗日,采取了灵活的让步政策。在"拥阎抗日"的策略原则下,中国共产党派王若飞(代表中共中央)、萧劲光(代表八路军)携带毛泽东给阎锡山的亲笔信,于25日赴陕西省宜川县秋林镇,同阎锡山谈判,向阎当面申述共产党八路军关于新旧军团结和拥阎抗日的主张,主动表示休战言和,并递交了毛泽东给阎的信。阎在政治、军事上均遭到失败,在别无出路的情况下,只得接受共产党团结抗日的主张。阎锡山表示:(一)新军仍属晋绥军是其愿望,但已交中央,不便讲话,只好让其自然演变。(二)已令各军停止军事行动,如韩钧等受日攻击,必助韩。(三)今后当注意以进步求团结。(四)晋军是国共两党之间的中间力量,其存在是于团结有利的。(五)同意恢复八路军的晋西兵站线,但不要驻兵。经过几天谈判,双方达成以下具体协定:(一)在晋西,以汾(阳)离(石)公路为界,以北为新军吃粮区,以南为旧军吃粮区,八路军和新军停止在路南区的游击活动;(二)在晋东南,以临(汾)屯(留)公路为界,八路军和新军在路北活动,不向路南发展;(三)双方停止政治攻击;(四)新军、牺盟会派代表到秋林会见阎锡山,恢复往来关系。这次谈判的成功,使中国共产党与阎锡山的统战关系比较稳定地保持到抗战胜利。

2月下旬 由于国民党方面第九十七军军长兼河北省民政厅长朱怀冰提出要八路军让出河北部分抗日根据地给他的部队,否则将向八路军进攻,朱德在八路军总部会见朱怀冰时指出,抗日根据地是八路军从日军手里夺回来的地方,你们要占领,人民不会同意。你们要地盘,有的是地方,你们去把日军占领的广大沦陷区夺回来,不就行了嘛! 如果你朱怀冰不仁不义,胆敢进攻,我们一定坚决自卫。

2月 日军驻华军参谋部制定向国民党进行政治、军事进攻计划。要点为:与汪政府合作"分化重庆军政要员";鼓动国民党军队与共产党军队"发生磨擦斗争";"以金钱收买华军倒戈";"以军事力量防止国际外交人员与国民党中央接近";"以威胁方法阻止各国以军火援华,并实施对重庆经济封锁"。

2月 中共中央政治局开会讨论是否出席即将召开的国民参政会一届五次大会的问题,大多数人主张不出席。毛泽东在会上发言指出:过去参政会只是请客,决议不能实行,反共的决议便实行了。如果不出席,我主张一个也不去,董老也只去一次,首先将我们各种提案送去。我们不怕决裂就不会决裂,要决裂我们怕也会决裂,这是一个两大力量斗争的问题,社会物质的问题。我们对参政会要提以下几个提案:(一)反汪,(二)宪政,(三)团结,(四)参政会决议要实行等。关于山西问题。毛泽东指出:现在山西的形势是八路军、阎锡山、中央军三大力量的斗争。我们的方针以保持原有力量为好,维持三角鼎立的形势为好。新旧军已经不能再打了,今后是僵局或是和平,我看僵是过渡的阶段,和是确定了的。我们去谈判的方针,是新旧军互不处罚为好,去谈判的人以萧劲光、王若飞为好。

3月4日至11日 国民党军石友三部于2月遭八路军反击逃往清丰、濮阳后,又与日军勾结,企图再犯冀南抗日根据地。为了粉碎石友三之企图,八路军总部决定,趁其立足未稳之际,发起卫东战役,再给石友三以沉重打击。经数日激战,至11日,卫东反顽战役结束。此役共歼石友三部3600余人,将其赶出冀南地区。

3月5日 中共中央和中央军委致电朱德、彭德怀、杨尚昆等并告新军备领导人,通报萧劲光、王若飞同阎锡山谈判的经过和今后对阎的基本政策。电报指出:萧劲光、王若飞在秋林镇住四天,受到极大欢迎,谈判是成功的。今后我们的基本政策是,继续团结阎锡山,巩固山西旧军力量在阎的指挥下,保存阎在吕梁山脉的地盘,恢复新军和阎的指挥隶属关系,以利华北和西北的抗战。还指出:为保证此种政策的实现,双方商定划区作战的条件,在晋西以汾(阳)离(石)公路为界,在公路以南,准备停止游击战争;在晋东南以临(汾)屯(留)公路为界,八路军及新军不向路南发展。

3月5日 关于对阎锡山发函电及宣传联络应采取的态度问题,毛泽东致电八路军、北方局、第一二○师的负责人等并告新军备领导人,指出:"目前尊重阎锡山的一定地盘,保存这个国共之间的中间力量,对于抗战与国共合作是有大利益的。"我们及新军应趁此次同阎锡山谈判取得成功的机会,极力争取阎系一切人员,使他们团结成为一个中间单位,彻底打击蒋介石企图消灭阎系取而代之以便直接反共的恶毒政策。

3月5日 毛泽东、王稼祥致电王震:靠近榆林的米脂及佳县暂时不要边区化,应维持现状。榆林一带是邓宝珊、高双成等许多中间势力的集中地,我们的政策是极谨慎地争取这些中间势力。绥德、吴堡、清涧、安塞四县边区化,也应是逐步大体下的边区化,不是说和老边区一模一样。在何绍南走后,你的态度再放和缓些,十分注意不要失去中间派绅士的同情。对友军、对绅士和对顽固派完全不同,你们须注意研究这些态度问题。

3月5日 毛泽东、王稼祥致电彭德怀:"反磨擦的武装斗争在西北、华北的主要地区,有暂时告一段落之必要与可能,因蒋之军事攻势已基本上被我击溃,而蒋现时实无法大举'剿共'。""我们方面目前任务是在主要地区求得对内和平,以便在半年之内集中力量巩固已得阵地。"实现对内和平的步骤,重心是争取蒋介石、阎锡山、卫立煌承认军渡、汾阳、临汾、屯留、壶关、林县、漳河、大名一线为双方作战地界,在此线以北的国民党军向南调,在此线以南的我军向北调;而重心的重心又在朱怀冰退出磁县、武安、涉县及承认壶关、林县为我驻军地区。

3月5日 中共中央书记处致电项英、刘少奇、张云逸、陈毅,指出:对于蒋介石令新四军第四、第五支队南开之类的无理命令,应一概置之不理。同时应不断向顽固派提出新问题要求答复,一步一步向之紧逼,才能争取我之独立地位。"在目前阶段内,两党斗争问题即反磨擦问题上的战术,就是攻势防御,而决不可采取单纯防御。"

3月5日 在由毛泽东亲自写的《中央军委关于晋西事变后我之基本政策的指示》中明确提出:"我们的基本政策是继续团结阎锡山,巩固旧军力量于阎的指挥下,不使发生不利于我们的分化,保存阎在吕梁山脉的地盘,不使某方进驻,八路军与新军亦不进驻,恢复新军与阎锡山之指挥隶属关系,以利华北与西北之抗战。此种政策在现在情况下是完全必要的。"中共中央还规定了必须实行的十项具体办法,其中包括:中国共产党的工作转入秘密状态;在晋东南以临屯公路为界,八路军及新军不向路南发展;停止政治攻击;恢复往来关系,恢复两军团结;加紧新军内部团结。巩固党的基础,防止任何外来破坏行为;等等。中共中央还特别指出:必须向新军干部说明,只有与阎锡山及其旧军恢复团结,才能将外间一切阴谋家在阎及旧军方面的严重挑拨离间、幸灾乐祸行为,加以击破;过去武装自卫是正确的,现在恢复团结也是正确的。

3月5日 中共中央关于和平解决晋西事变的宣传方针给各地发出指示,指出:山西问题已和平解决,旧军与新军的军事冲突已经停止,并约定双方停止政治攻击,重新团结在阎司令长官之下,一致抗日。这是由于共产党八路军坚持团结抗战方针和阎长官适当解决而得到的,同时是由某方特务分子挑拨山西新旧冲突以消灭阎系之阴谋被揭露失败所致。各地对外照此解释。

3月5日至11日 由于朱怀冰部进攻八路军,不断制造磨擦,袭击八路军。八路军第一二九师师长刘伯承、政委邓小平,遵照八路军总部命令,集中平汉路西第一二九师等部13个团的兵力,进行磁武涉林战役,消灭孤立突出的朱怀冰部。5日2时开始,八路军中路部队从顽军两师中间突破,左右两翼配合主力猛烈进攻,朱怀冰部猛遭南北夹击,溃不成军,遗弃全部辎重及后方机关,向林县方向逃窜。至8日,朱怀冰部、第九四师、第二四师和新二师等部队大部被歼;残敌在逃往林县以南时,又遭八路军别动支队截击,最后仅剩2000余人逃入修武县境内。11日战役全部结束,歼顽军万余人。磁武涉林战役和卫东战役反顽胜利,对于巩固太行山抗日根据地、保证同山东、苏北、皖北、河北平原的联系,最终粉碎国民党掀起的第一次反共高潮具有重要意义。

3月6日 毛泽东为中共中央写了党内的指示《抗日根据地的政权问题》,指出:抗日民主政权是民主统一战线性质的,即几个革命阶级联合起来对于汉奸和反动派的民主专政。指示规定,在抗日政权的人员分配上,共产党员、非党的左派进步分子和中间派应各占1/3。

3月7日 毛泽东、王稼祥致电朱德、彭德怀、杨尚昆说,我们觉得此时应对卫立煌有所让步。将八路军第三四四旅略向北撤。在此反磨擦斗争中,我们能够巩固山西临汾、屯留、平顺及漳河、河北大名之线已算得大胜利,在此线以南,应与国民党休战。朱、彭接电后,即令该线以南部队北撤。

3月10日 国民政府向日本提出了以反共防共为中心,出卖中国领土主权及中华民族利益的八条"和平意见",企图与日本谋和,结束中日战争。

3月上旬 蒋介石召集全国军以上的参谋长会议。八路军参谋长叶剑英和新四军参谋长张云逸之代表肖正岗出席。蒋介石在会上说国民革命军冬季攻势之失败,是因为八路军"游而不击","破坏抗战,制造磨擦"等不法行为所造成的,宣布要彻查此事,严整军纪军令。一些国民党军官也尾随发言,恶语中伤。针对这些攻击,叶剑英作了长达一个半小时的发言,系统地阐述了中共和八路军、新四军坚持团结抗战的方针和原则立场,并以大量的事实和国内外公正反映,证明八路军、新四军在冬季作战中是积极的、英勇的,是按照蒋介石统帅部的抗战命令办的,证明八路军、新四军在各地磨擦中所采取的是自卫原则。叶剑英的发言有力地驳斥了蒋介石等人的诬蔑。

3月11日 毛泽东在延安中共高级干部会上作《目前抗日统一战线中的策略问题》的报告。报告在分析了国际国内形势后指出,争取时局好转,克服时局逆转的可能性是存在的。抗日战争胜利的基本条件,是抗日统一战线的扩大和巩固,而要达此目的就必须采取发展进步势力,争取中间势力,反对顽固势力的策略,这是不可分离的三个环节,而以斗争为达到团结一切抗日势力的手段;但在抗日统一战线时期同顽固派斗争,必须注意下列几项原则:第一是自卫原则。人不犯我,我不犯人,人若犯我,我必犯人。这就是说,决不可无故进攻人家,也决不可在被人家攻击时不予还击;第二是胜利原则。不斗则已,斗则必胜,并应择其最反动者首先打击之;第三是休战原则。在一个时期内,把顽固派的进攻打退之后,在他们没有举行新的进攻之前,我们应该适可而止;这三个原则用一句话来讲就是"有理""有利""有节"。国民党是一个由复杂成分组成的党,其中有顽固派,也有中间派,也有进步派,这一点必须认识清楚,才能利用他们的矛盾,采取分别对待的政策,用极大力量去团结国民党中的中间派和进步派。

3月11日 卫立煌令第九、第十四、第二十七、第四十七、第九十三等军集结高平、陵川地区,第四十一军、第七十一军渡黄河北进,第四十军由陵川向豫北林县开进,进攻八路军。

3月11日 根据中共中央关于给卫立煌以面子(也是给蒋以面子)的指示,朱德、彭德怀致电左权、黄克诚、刘伯承、邓小平,令八路军第三八五旅、第三四四旅主力北撤。并要求对外公开通知各友军,是奉朱彭命令、服从卫司令长官指示,求得巩固八路军和国民党的团结。13日、15日,朱、彭将此行动分别电告卫立煌、蒋介石,表示愿将驻晋东南平、陵川境内的八路军部队,除留小部分维护兵站外,一律撤至平顺线;将在豫北辉县、林县八路军各部,一律撤至漳河沿线。蒋介石接朱德、彭德怀电后于21日令卫立煌在长治、邯郸之线从速构筑防线,不得任八路军"自由南犯"。

3月12日 顽军韩德勤部向新四军江北指挥部驻地大桥进攻。遭新四军第四、五支队等部反击,毙俘其3000余人,并乘胜攻占定远县城。

3月14日 中共中央、中央军委指示,反磨擦斗争必须注意自卫原则,不应超出自卫的范围,如果超出这个范围,则对全国的影响和统一战线是很不利的,尤其对中央军应注意此点,因国共合作就是同中央军合作。还指出,目前山西、河北反磨擦斗争,即需告一段落,不应再行发展。

3月14日 国民党当局在成都制造抢米事件,嫁祸中国共产党。当天上午8时,成都特务人员纠集三青团员及中央军校学生300多人,化装成老百姓先后捣毁重庆银行、仓库和四川银行。警察在旁不加丝毫干涉,任暴徒呼啸而去。由于仓库捣毁后满地皆米,遂遭乱抢。事后他们就到处散布,说这次抢米暴行是中国共产党领导的。16日便非法捣毁《新华日报》

成都营业分销处,并将分销处负责人、中共川康特委书记罗世文和共产党员车耀先等十余人逮捕。18日,新华日报社社长向国民党当局提出严重抗议。31日,中共中央指出:3月14日成都事件,明显地系反共分子准备投降分裂的有计划的阴谋的一部分,应该引起整个南方党组织的严重警惕。指示要求除成都市委发表宣言外,必须动员广大社会舆论,广泛揭露反共投降分子之阴谋。随之中国共产党成都市委员会发表了为3月14日成都抢米事件真相告成都市同胞及全四川同胞书,说明这一事件系奸人暴徒破坏抗战,破坏国共合作之阴谋,共产党不仅与此事无关,且坚决反对制造事件的奸人暴徒分子。31日,罗世文、车耀先在重庆被国民党特务杀害。

3月15日 毛泽东、王稼祥电告朱德,"考虑对蒋、卫作必要让步,避免因此破裂两党团结。请你们考虑让出陵川、合涧、林县一线的问题"。

3月15日 毛泽东同王稼祥致电朱德、彭德怀等,指出:自朱怀冰部被消灭后,蒋介石已下令庞炳勋、范汉杰、刘戡、陈铁各部主力集中于太南周围,并有加调六个师渡河的消息,目的在迫我军退出陵川、林县一线。"我们此时必须避免同中央军在该地域作大规模战斗,因此须准备让步,以便维持两党合作局面。"

3月15日 毛泽东将15日拟就的致卫立煌电发给伍云甫,嘱其转八路军洛阳办事处处长袁晓轩面交卫立煌。电报说:"目前抗日局面必须维护,国共合作必须巩固,此为国人所期望,亦先生与弟之素志,延安面叙之意,固始终如一也。惟地方磨擦事件日益加多,如不加以调整,实于抗战不利,除电八路军诸同志注意外,请先生亦作合作之处置,俾一切争论问题得以和平解决。"

3月15日 朱德、彭德怀、杨尚昆致电左权、黄克诚、杨得志、程子华、宋任穷、刘伯承、邓小平等。电文指出,在反磨擦斗争中,我们已取得很大胜利,巩固了晋西北、冀中、冀南、冀西抗日根据地,打击了投降派和顽固分子,争取了中间分子。根据国内外条件,可能争取时局好转。对国民党中央军,应加紧团结工作。

3月15日 八路军总部根据与国民党达成的以临屯公路及长治、平顺、磁县之线为两军分界线的协议,发出撤退该线以南八路军的电令。

3月16日 八路军第一二九师命令驻临屯公路及山西长治、平顺、河北磁县之线以南部队向北撤退。彭德怀于3月13日致电毛泽东，提出蒋介石、卫立煌节节向林县压迫，我军准备以防御姿态还击再消灭其一两个军，"如此前途可能争取好转，同时亦可能扩大武装斗争的危险，但扩大并不会到全国性的反共战争"。

3月16日 毛泽东复电彭德怀："元电今日阅悉。从大的方面看，须避免在陵川、林县地域再与中央军冲突。如彼进迫，我应北退，如彼再三再四进迫不已，然后我军加以还击，其曲在彼，否则政治上对我甚为不利。目前斗争重心应移至淮河流域，因李品仙现正派队向雪枫、胡服两区压迫，蒋介石已注意该地，企图切断我军与新四军联系。我军将来出路，实在中原，此时不争，将来更难了。故提议调三四四旅至陇海、淮河之间，协助彭雪枫创立根据地，并策应胡服，将来再调一部深入苏北，使八路军、新四军打成一片。这种行动，也即是把一个新问题摆在东边，使蒋、卫注意力不得转向东边，减轻其对华北的注意，华北方能确实巩固。"

3月16日 毛泽东对八路军前总下达关于目前斗争重心应移至淮河流域的指示，指出，从大的方面来看，须避免在陵川、林县地域再与国民党军冲突。目前华北军事上必须立即刹住，转为守势；彼军进迫，我军后退，一枪不打，服从命令，才能造成政治上有理有利的地位。19日他又指示：巩固着重于华北，发展则应着重鲁、苏、皖、豫、鄂五省；目前要特别注意山东省。至于发展皖、豫、鄂三省，特别是河南，是我们长期抗战的枢纽地带，目前虽尚无大发展可能，但应竭力准备。

3月16日 朱德、彭德怀、杨尚昆致电彭真、贺龙、关向应并报中共中央，指出山西牺牲救国同盟会是中共领导下的一个民族革命的联盟，它对山西新军的建立，山西抗日民族统一战线的发展以及山西抗战的坚持，都起过光辉的作用。今后对它的工作方针是：保存牺盟会，整理牺盟，发展牺盟进步，保证牺盟在中国共产党的领导下工作。

3月19日 毛泽东、王稼祥复电朱德、彭德怀、杨尚昆：（一）今后八路军坚守平顺、漳河线，不再退让。（二）卫立煌表示希望与朱、彭会谈，请考虑择地与卫会谈。如决定会谈，请将陕甘宁边区、扩军、补充、增饷、新军、河北及皖东进攻新四军各问题全般提出，托他转告蒋介石。

3月19日至29日

新四军半塔集保卫战获胜。

新四军在皖东的发展,引起了国民党顽固派的忌恨,他们不断派部队进行军事围攻。12日,韩德勤部向新四军江北指挥部驻地大桥地区进攻被粉碎。19日,韩德勤又集中其八个多团共万余人的兵力,向新四军第五支队驻地半塔集地区发动了更大规模的进攻。当时新四军在半塔集仅余机关及部队不足千人。兵力悬殊,局势危急。中共中原局书记刘少奇和新四军江北指挥部指挥张云逸闻讯,要求固守待援。坚守半塔集的指战员在江北指挥部、五支队领导干部邓子恢、郭述申、周骏鸣、赵启民、方毅、张劲夫等人指挥下顽强坚持八昼夜,打退了顽军十余次进攻,坚守了阵地,为主力回援赢得了时间。27日,各路援军陆续赶到。新四军第五支队、苏皖支队及挺进纵队相互配合于29日起开始大举反攻,一直打到三河南岸一线,有关地区的土顽和顽政权也被一扫而光。连同半塔保卫战在内,此役共歼顽军及土顽3000余人。

3月20日

毛泽东、王稼祥致电朱德、彭德怀、杨尚昆、刘伯承、邓小平等,指出:"山西、河北两省反磨擦行动,全部告一段落,在此期间内,偃旗息鼓,一枪不打,向一切国民党军队表示友谊,求得恢复感情,推动时局好转。"

3月中旬

中共中央派朱德到国民党第二战区驻地与副司令长官卫立煌谈判,朱德在谈判中,要求国民党立即停止对八路军的挑衅和破坏;取消《防制异党活动办法》等反共政策文件;停止双方磨擦,重新划分作战地区,建议以汾离、临屯、平顺一线以北,及河北全省,为八路军防区,河北行政由八路军负责;承认陕甘宁边区;承认八路军扩大为三军九师,照22万人发给饷械等。经过反复磋商,双方达成协议:以临屯公路和长治、平顺、磁县之线为界,该线以南,为国民党军驻防区,以北为八路军驻防区。取得谈判的部分成果。卫立煌表示不主张进行反共武装磨擦。但蒋介石为了加强其在这一地区的力量,又继续集结主力北进。

3月21日

蒋介石对国民政府军令部制定的《剿办淮河流域及陇海路东南附近地区非法活动之异党指导方案》作了下列批示:"必须用最迅速之移动与之一网打尽。"

3月21日

毛泽东出席中共中央书记处会议,在会上提议采取和平攻势策略问题,说:山西新旧军的斗争,我们失去11个县,但得到晋西北及新军全部,并使阎锡山中立。要巩固晋西北还是一项大的工作。现在各处磨擦已处在一种新的形势,我们要采取和缓些的政策，军事上实行休战，政治上实行和平攻势。只要我们要发展就还会有磨擦，休战也不过是暂时的。

3月21日 中共中央军委致电朱德、彭德怀、杨尚昆等人，指出：安徽省政府主席李品仙奉令实行全部反动政策，坚决进攻皖东、淮北新四军，企图将张云逸、彭雪枫等部完全消灭，切断八路军、新四军的联系。八路军有坚决迅速援助新四军的任务，请朱彭速定具体部署。

3月25日 毛泽东为中共中央书记处及中央军委起草指示，指出："应使干部明白，所谓国共合作，主要就是同中央军合作，我全体干部在加强对一切军队的团结说服工作中，要特别着重对中央军的团结说服工作。"

3月29日 毛泽东同王稼祥致电朱德、彭德怀、刘少奇、项英，指出：我们完全同意朱、彭的决心，将八路军第三四四旅调陇海路南增援华中，陈士榘任支队长的八路军第一一五师晋西独立支队调胶东。国民党顽固派在华北磨擦受到严重失败后，磨擦中心将移至华中。在华中武装磨擦中，我方的军事策略应当是：以淮河、淮南铁路为界，在此线以西地区避免武装斗争，在此线以东则应坚决控制在我手中；将来八路军到达华中后则应坚决争取全部苏北在我手中，陈毅部队立即应当向苏北发展。在华中军事磨擦日益尖锐的情况下，国民党顽固派"有可能利用其优势兵力向新四军军部地区进攻，因此军部及皖南部队应预先有所准备，以免遭到袭击，万不得已时可向苏南陈毅支队靠拢，再向苏北转移"。

3月29日 中共中央军委发出《关于目前华中军事策略的指示》，指出：华中之皖东、淮北、苏北成为顽方必争之地，目的在隔断八路军新四军之联络，陷新四军于危境；这个指示表示完全同意朱、彭之决心，将第三四四旅调陇海路南增援华中，陈支队调胶东。这个指示指出：顽方在华北磨擦受到严重失败后，加之我方又增兵陇海路南，磨擦中心将移至华中；在华中武装磨擦中我方军事策略是以淮河淮南铁路为界，在此线以西避免武装斗争。在此线以东地区，则应坚决控制在我方手中，将来八路军到达华中后，则应坚决争取全部苏北在我方手中，陈毅部队立即应当向苏北发展；在华中为新四军磨擦日益尖锐的条件下，顽方有可能利用其优势力兵力向新四军军部地区进攻，因此军部及皖南部队应预先有所准备，以免袭击，万不得已时可向苏南陈支队靠拢，再向苏北转移。

3月30日 汪精卫伪政府在南京成立。自称"国府还都"。汪精卫任代主席，发表所谓《国民政府还都宣言》，向重庆蒋介石的国民政府进行诱降。汪伪国民政府成立后，华北临时政府改为华北政务委员会。

3月 日军向晋西北坚持抗战的八路军发动大"扫荡"，八路军留守机关准备撤回延安。蒋介石给驻榆林的第二十二军军长高双成打去十万火急亲译电报，令他速派两个团截断螅蜊峪、宋家川等黄河渡口，阻止八路军过黄河，违令停饷。延安方面获悉后，即派绥德绅士刘绍庭到榆林探询，高双成说："你回去告诉毛先生，我交朋友就要交到底。"高果然未发兵，他电复蒋介石：八路军在横山以东地区集结3000人，有北犯榆林，打通神府的企图，无兵抽调等语。

三四月间 安徽省政府主席李品仙、第五战区司令长官李宗仁，向安徽、湖北之间的新四军发动大规模进攻。新四军江北指挥员张云逸、鄂豫挺进纵队司令李先念向国民党提出强烈抗议，并抵抗他们的进攻。

4月1日 中共中央、中央军委关于目前华北、华中军事方针给朱德、彭德怀、刘少奇、陈毅等发出指示。这个指示指出：在华北地区对国民党顽固派的军事挑衅，我军应谨守防线，极力忍耐，不还一枪，非得中央同意，不得发生军事冲突，以使山西、河北两省归于平静局面。鄂中、皖东、淮北地区新四军应坚决地有计划地进行自卫战争，皖东、淮北两地务须坚持，待援军到后反攻。华北八路军应抽调足够力量（四五万人）南下华中增援新四军，打退国民党军的进攻，建设以淮河以北，淮南铁路以东，长江以北，大海以西为范围的新的抗日根据地。"总的目的，在于打退反动进攻，扩大抗日势力，克服投降危险，争取时局好转。"

4月1日 为严防国民党军越过黄河进占绥德地区，毛泽东、王稼祥致电朱德、彭德怀、贺龙、关向应并转王震，指出：李文第九十军三个师有偷渡黄河进占绥德警备区的可能，企图隔断陕甘宁边区与华北的联系和进攻边区。因此请贺、关统筹我军的河防布置，无论如何不能让第九十军越过黄河，这是关系八路军整个生命的问题。1日，毛泽东起草八路军河防兵团政治部致第九十军书，希望他们坚持抗日，不要枪口对内。毛泽东嘱萧劲光将这封信铅印后广为散发，并登《新中华报》和广播。

4月1日 国民参政会第一届第五次会议在重庆开幕,为了宣传自己的主张,增加对中层阶级的影响,中共参政员董必武、秦邦宪、林伯渠、邓颖超先后出席。大会表示坚持抗战国策的贯彻,并一致通过发表声讨汪逆兆铭南京伪组织通电。9日,大会选举秦邦宪、董必武、黄炎培、莫德惠、张澜、许德珩等25人为驻会委员。10日,会议结束。26日,《新中华报》发表题为《第五届国民参政会的成绩及全国今后努力的方向》的社论。指出这次国民参政会的成绩有二:一是坚持抗战国策的贯彻;二是一致通过发表讨伐汪逆伪组织的通电。但是现在无耻奸人仍在全国各地进行"反共""反八路军""进攻边区""反进步"的破坏团结,破坏抗战的阴谋活动与磨擦行为。这种现象并未受到大会的斥责。因此参政会遗留给全国人民的,就是制止磨擦。

4月2日 毛泽东致电彭德怀:目前局势相当严重,对我威胁最大的是绥德、皖东两点。如河防不守,则前后方联络隔断,延安在危险中。如皖东不守,则皖南部队被隔断,八路军出鄂豫皖边及豫鄂西的道路也被隔断。所以,对李文第九十军的行动和李品仙部的进攻,值得严重注意。

4月3日 毛泽东致电项英,询问:新四军军部及皖南部队在遭到国民党军袭击时是否有冲出包围、避免重大损失的办法,其办法是以向南打游击为有利,还是以向东会合陈毅部为有利,渡江向北是否已绝对不可能,党内干部是否已有应付可能遭到袭击的精神上的充分准备等。

4月4日 毛泽东致电彭德怀:"蒋召周、朱谈判,主要将是华中问题,彼现梦想将新四军调入黄河以北,划黄河以北给我,把我送入敌人手中,堵塞归路困死饿死。我决不能上他的当,故黄克诚及彭吴支队仍应迅速南下,在周、朱谈判以前到达盐城、宝应、蚌埠之线。"

4月5日 毛泽东就发展和巩固华中根据地问题,同王稼祥致电彭德怀、黄克诚、陈光、罗荣桓、彭雪枫、刘少奇,指出:蒋介石有停止军事冲突同我进行谈判的意向,企图把八路军和新四军统统纳入黄河以北,划定黄河以北为我两军防区。但是我军不入华中不能生存,在可能的全国性突变时,我军决不能限死在黄河以北而不入中原,"华中为我最重要的生命线"。因此,应趁这次反击韩德勤、李品仙等部进攻之机,派必要部队南下。"整个苏北、皖东、淮北为我必争之地。凡扬子江以北,淮南部以东,淮河以北,开封以东,陇海路以南,大海以西,统须在一年以内造成民主的抗日根据地。"

4月6日 毛泽东、王稼祥致电贺龙、关向应、王震,指出:李文第九十军原定渡河进攻陕甘宁边区,后经我方质问蒋介石、程潜、阎锡山,同时动员加强河防,知我方有准备,故已改变行动。现判断李文部进攻的危险暂时已经过去。

4月10日 朱德、彭德怀致电毛泽东、王稼祥说,卫立煌的高级参议申凌霄到第一二九师师部,要求河北武安县、涉县由卫立煌任命县长,庞炳勋军进驻武、涉两县,范汉杰军进驻林县及其以北。我们意见,武、涉两县可换县长,但庞、范不能在该地驻军。12日,毛、王复电,同意武、涉两县由卫立煌派县长,向卫再让一步,但对庞军进驻坚决拒绝,并说:"目前力争八路、中央两军团结。朱总能否与卫一晤?"

4月11日 由于国民党要新四军南移,新四军政治部主任袁国平于11日亲赴上饶与第三战区谈判。战区参谋处长岳星明首先提出:(一)江北部队必须南调,如交通困难,可逐渐以小部队分批南调,不限时日;(二)今后战区作战重心在苏南与浙西,新四军皖南兵力过多,宜向苏南转移,以加强敌后及作战布置;(三)苏南地区可酌量扩大,在主力与叶飞、张云逸部移苏南条件下,以郎溪为后方交通线;(四)新四军兵力分散,作用不大,今后宜改变,战区保证不分割建制和指挥。袁当即提出五点:(一)扩大作战区域;(二)扩大兵员;(三)改变包围新四军的状况,取消进攻命令;(四)保护新四军家属;(五)皖北部队不能调,因江南地域狭小,难以周旋。国方代表说明,扩大作战区域可以商量,扩大兵员可由战区代办,包围不是事实,家属自当保护,唯皖北部队仍应逐渐南调。经谈判,袁同意:(一)叶部可允南调,但四、五支队尚须说明,在四、五支队尚未南调前,请先指定其在江北之一定任务;(二)军部苏南必须扩大地区,增加军费;(三)请划定郎溪、广德、溧水、宜兴为新四军的作战区;(四)开拔费20万元;(五)待叶挺军长回军部后即准备开拔。其后,双方商定东调时皖南留一个团掩护江北部队过江,军部则先率两团东进江南,同时划定镇江、丹阳、延陵、直溪桥、薛埠、竹桥、社渚、钟桥、郎溪以西和南漪湖以北大茅山两侧地区为新四军的作战区域。但战区司令长官顾祝同对江北部队南调问题仍旧寸步不让,扬言新四军江北部队"必须立即南调,否则以抗命论罪"。

4月12日 中共中央军委关于国民党推动中间派向八路

军进攻的问题给陈光、罗荣桓、彭雪枫等发出指示,指示指出:国民党的政策是想使中间派和我们两败俱伤,陷我于孤立。因此,我们要用各种方式表示我们不愿磨擦,顾全大局,有时也要让一步,做到仁至义尽。指示要求抓住机会继续不断地向中间派表示我们不愿同他们磨擦,免两败俱伤,渔人得利;如他们迫于命令我们进攻时,在不妨害我之根本利益时先让一步;当他们不顾一切向我进攻,妨害我之根本利益时,我应对其一部分给以坚决打击,作为警告,但打后仍求得互相妥协;只有对顽固不化者,才坚决彻底干净全部消灭之。这也是对其他中间派作警告;中央军对我进攻时,也须同样采取此方针。

4月12日 毛泽东、王稼祥复电朱德、彭德怀,指出:同意武安、涉县由卫立煌派县长,向卫再让一步,但对庞炳勋军队进驻这两县应坚决拒绝。目前应力争八路军和中央军的和好团结,朱总能否与卫立煌一晤。

4月12日 中共中央书记处致电朱德:请你于见卫立煌后即经西安来延安。"见卫立煌谈话中心,在于强调团结抗战,缓和中央军中一部分顽固派的反共空气,向他们声明,只要中央军不打八路军,八路军决不打中央军,决不越过汾离、临屯、漳河之线以南(汾离,指汾阳、离石。临屯,指临汾、屯留),要求他们也不越过该线以北。"

4月12日 关于对蒋介石推动中间派(这里指地方实力派)向八路军、新四军进攻应采取的方针问题,中共中央书记处及中央军委致电陈光、罗荣桓、彭雪枫、刘少奇等,指出:当地方实力派迫于命令向我进攻时,八路军、新四军应在不妨害自己根本利益条件下,先让一步,求得妥协;当他们不顾一切向我进攻,妨害我之根本利益时,应对其一部分给以坚决打击,作为警告,然后仍求得妥协。只有中间派转变成了坚决的不可变化的顽固派,才采取完全决裂彻底消灭的政策。国民党中央军来进攻时,八路军、新四军也应同样采取上述方针。"中央军各级官长中只有一部分军官及政训系统是顽固派,其他多是中间派,也有一部分进步派,决不能把中央军看成都是顽固派。"

4月13日 毛泽东致电彭德怀:"时局正在发展,可能日益坏下去,最后变为降日'剿共'的极坏局面,然亦可能拖一个时期。如能拖到一年,那时国际国内条件均将变化,某方(指国民党方面)要降要'剿'都困难,时局便有确定好转希望。我们方针是力争把目前局面拖下去,同时准备对付最坏局面。"

4月15日 毛泽东同王稼祥致电刘少奇、项英：一、为韩德勤的进攻，第一一五师彭(明治)吴(法宪)支队约1.2万人，不日从鲁苏边出动，向苏北前进，估计三星期内可与刘少奇方面配合夹击韩德勤。韩德勤是顾祝同唯一嫡系，受我打击后，顾有对皖南、江南新四军采取压迫手段之可能，望项英准备应付办法。唯决不可先动手，应取自卫原则。二、左权、黄克诚率第一一五师第三四四旅共1.2万人已从太行山出动，不日到冀鲁边界，随时可调至陇海路南下彭雪枫配合作战。

4月18日 中共中央军委致电项英："关于江南、皖南部队应如何适当部署，由你们依情况决定。""叶、张两团以留在江北发展为适宜，你们将来的主要阵地有移至江北之可能。"

4月19日 国民政府军令部制定反共方案。主要内容是：严令八路军、新四军在确定之战斗地区内作战，其在第一、第五、鲁苏战区内之部队限期撤退；密令于学忠、沈鸿烈、石友三、卫立煌缜密部署，严防越境；未奉明令，擅自越境即以叛逆论惩，断行挞伐。

4月20日 中共中央致电项英、刘少奇，指出：蒋介石、顾祝同的阴谋是想把新四军江北、江南部队全部陷死在苏南敌后狭小区域，隔断八路军与新四军之联系，以求在适当时机消灭新四军。皖北、皖东、淮南、苏北是我军在全国的最重要的战略地区之一，是击败蒋介石把八路军、新四军全部困在敌后，消灭新四军之阴谋的重要斗争地区。因此，在与顾祝同的谈判中，绝对不能答允四、五支队和叶、张两团南调。叶、张两团及苏北全部均暂归中原局指挥，部队调动应依照中央的电令。至于江南部队如何部署，由项英视情况自行决定。

4月20日 针对国民党当局要新四军全部去苏南的计划，中共中央致电项英指出："(一)蒋顾阴谋是想把新四军江北、江南部队全部陷死在苏南敌后狭小区域，以求隔绝八路军新四军之联系，以求在适当时机消灭新四军；(二)皖北、皖东、淮南、苏北，是我军在全国的最重要的战略地区之一，是打破蒋介石把八路军全部困在敌后，尤其是消灭新四军之阴谋的重要斗争地区；(三)在与顾谈判中，绝对不能答允四、五支队和叶、张两团之南调，现在和将来，全部或一部均不能南调，这些部队的南调，不会对江南部队有帮助，而只使江南部队更孤立更困难，故目前对顾可用各种办法借口延搁之。"

4月中旬 蒋介石由重庆打电话给在洛阳的卫立煌,令卫立刻到晋南布置队伍,将进入太行山以南的八路军打出去。卫到晋城召集第二十七军军长范汉杰、第九十三军军长刘戡、第十四军军长陈铁开会,传达蒋的命令,叫他们候命行动。卫同时派第一战区司令长官部高参申凌霄到武乡县王家峪八路军司令部,送交卫给朱德、彭德怀的信件,要求把越界部队撤回去。并邀朱德到洛阳商谈。朱德到晋城与卫立煌商定重新划定驻军防区,以临(汾)屯(留)公路及长治、平顺、磁县为界,界线以南为国民党驻防区,以北为八路军驻防区。

4月21日 中共中央书记处致电刘少奇、张云逸、邓子恢并告项英,指出:你们不要提反对李品仙的口号,也不要提反对桂军的口号,对桂军进攻应取劝告及争取的态度,不到必要时机与必胜地点,不要轻易同桂军作战。"目前中心是在淮地皮东,肃清地方反共武装,广泛发动民众,建立以各县抗日联防办事处为名义的抗日民主政权,团结广泛小资产阶级分子及开明绅士加入政权,切不可由我,一党包办。对淮南铁路以西地方不可发动游击战争。"

4月22日 国民政府军令部制定四项限制八路军和新四军的方案供蒋介石选择:(一)变更战斗序列,八路军及新四军划为一个战区(冀察),委朱德、彭德怀为总、副司令;(二)不变更战斗序列,明确规定八路军及新四军之作战区域;(三)就八路军及新四军现在态势,按兵力大小划分数个战区;(四)按八路军及新四军现在分布情况,于黄河以北及长江以南划分两个作战区域。

4月25日 关于时局等问题,毛泽东致电彭德怀:一、"时局一方面加重了投降危险,另一方面仍未丧失克服此种危险的可能性"。二、"国民党的限共与磨擦政策不会改变,但目前还没有与我党立即分裂的意图"。三、李吕仙部仍在进攻新四军,请令彭吴支队速向苏北前进,第三四四旅速向淮北前进。"苏北、淮北、皖东是八路、新四两军最重要的生命线,彼既向我进攻,我自不能坐视。"四、"蒋邀周去颇迫切。邵力子使苏,似尚有赖苏救急之意。彼方财政经济问题甚严重,军队战斗力大减,人民离心力日增,蒋的文章并不好做。周去将给以团结抗战之助力"。

4月26日 中共中央发出《关于苏北皖南军事部署的指示》,指出皖南新四军军部以速移苏南为宜。武装斗争的自卫原则,并不是要限制自己发展,而是要放手发展,在发展中如遇顽固派阻碍及进攻,则我站在自卫立场上坚决打击之。同时指出,在团结抗战时期,我军不应向友党后方行动,而应向战争区域与敌人后方行动。在战争区域,特别是在敌人后方,我应放手发展武装,建立政权,建立根据地。

4月28日 陈毅致电毛泽东、王稼祥,建议皖南、苏南新四军合并,认为:"合则两利,否则两面孤军,而且目前主要发展方向是苏南","军部东移领导力量增强,干部加多,且可控制主力在手中以应付事变,并提高质量,故为比较稳当政策"。

4月 顾祝同多次提出要江北新四军全部南调,并要新四军政治部主任袁国平到上饶谈判,4月中旬,袁、顾开始谈判。4月16日,项英致电中共中央:"袁到上饶正求缓和,以我估计,江北部队不南调,冲突仍不免,全国局势日益恶化,我主张将近调江北之叶张两团全部急返江南,以应大事变。"

5月1日 中共中央指示叶剑英就国民党向我军逼近问题向国民党方面提出质问。指出:我军为顾全大局,不惜忍受粮食困难,已遵蒋令退到临屯公路及平顺漳河之线。现蒋部又令八路军退到白晋公路以东、长武公路以北,且在太南地区集结七个军兵力,得寸进尺,欲一战而后快。指示强调,如逼人太甚,引起武装冲突,责任完全由他们负。

5月4日 中共中央发出毛泽东起草的给东南局的指示:《放手发展抗日力量,抵抗反共顽固派的进攻》。这个指示指出:应该广泛地展开统一战线的工作,发展进步势力,争取团结民族资产阶级、开明绅士、杂牌军队、国民党内的中间派、中央军中的中间派、上层小资产阶级和各小党派,孤立顽固势力,用以克服投降危险争取时局好转。同时,充分准备应付可能发生的任何地方性和全国性的突然事变。不愿向敌后发展和为实现中共中央发展华中的既定战略任务而发出的。指示指出:在一切战区和敌后不应强调特殊性。同时着重阐明,在国民党顽固派坚持其"防共、限共、反共"政策,并以此作为投降准备的时候,我们应强调斗争,不应强调统一。只有坚持对顽固派斗争,采取有理、有利、有节的方针,才能缩小顽固派"防共、限共、反共"的范围,巩固和扩大自己,争取动摇的中间派,应付突然事变,达到克服投降危险、争取时局好转的目的。如果认为我愈发展,彼愈投降,我愈退让,彼愈抗日,或者以为现在已经是全国分裂的时候,国共合作已经不可能,那就都是错误的了。在抗日战争中,我们在全国的方针是抗日民族统一战线的。在敌后建立民主的抗日根据地,也是抗日民族统一战线的。中央关于政权问题的决定,你们应该坚决执行。关于在国民党统治区域的方针,则是荫蔽精干,长期埋伏,积蓄力量,以待时机,反对急性和暴露。

5月4日 毛泽东、王稼祥致电刘少奇:"望令叶飞部开返苏北,在苏北地区放手发展,在今年内至少扩大至二万人枪。严令叶飞定出分期实现计划,立即动手在高邮、泰县、泰兴、清江等县建立抗日民主政权,放手发动群众,发展党的组织。"

5月5日 关于新四军兵力部署问题,中共中央书记处致电项英、陈毅,指出:一、"同意军部、后方机关及皖南主力移至苏南",但请注意皖南阵地仍须坚持并发展。二、"新四军一、二、三支队主力的主要发展方向也不是在溧阳、溧水、郎溪、广德等靠近中央军之地区,而是在苏南、苏北广大敌人后方直至海边之数十个县,尤其是长江以北地区"。三、应在吴淞口至南京之间及芜湖以西长江两岸控制多数渡口,务不使被切断渡江交通。四、"速令叶飞在北岸扩大部队,建立政权,不要顾虑顾祝同、韩德勤、李明扬之反对"。

5月5日 中共中央发出关于新四军挺进纵队工作问题的指示。指出:武汉附近新四军挺进纵队(有九个团)的创造是一个伟大的成绩。证明了一切敌后地区不论在华中或华南,我们党均可建立自己的武装部队,并可以存在发展。挺进纵队是党的武装中的一个有重要意义的独立战略单位,一时还不能与八路军、新四军取得地域上的联系。因此必须努力扩大自己,务求在一年内扩大到4万人。主要发展方向是路东。要积极开展对根据地及游击区域的建立工作;开始对友军的联络工作,但绝对不在友军中进行秘密工作和发展党的工作。

5月5日 中共中央发出《关于秘密党员加入国民党问题的指示》。指示说:国民党通令军政教育机关公务员一律加入国民党,否则不许任职。为此,中共中央决定,凡服务于国民党军政教育机关之秘密共产党员遇到强迫加入国民党时,"应即加入国民党,但事后必须呈报党组织追认"。已经相当暴露之党员,则应拒绝加入。凡被迫或由我们党决定加入国民党或三青团之党员,必须经常加强阶级教育,同时给以工作方法之教育,"使之能长期埋伏,谨慎策略地进行与群众联系之工作"。

5月9日 周恩来写信给国民党第二战区司令长官阎锡山,信中说:"此间同志,对山西之团结,夙所翔,苟先生对团结有进一步解决,来等无不愿尽绵薄,以挽危局,以利抗战。夫唇齿相依,患难与共,处今之世,惟先生能熟察之也。"至此,十二月事变得到解决。

5月10日 周恩来离开延安往重庆继续主持南方局工作,并和国民党继续谈判。周恩来是1940年3月25日由苏联回到延安的。10日,由延安出发,途经成都时,会见了地方实力派和一些民主人士,5月31日到达重庆。

5月10日 从10日起至6月12日,国民党方面2万余人先后向八路军关中分区之店头(黄陵西北)、马家堡(栒邑东北)、淳化等地进攻,企图夺取八路军关中分区。八路军关中警备区第一、第二营和自卫军数百人经抵抗后,分别于5月10日、19日和6月12日退出上述各地;6月14日至17日,八路军在赤水县井村地区歼国民党军一部;7月底,又将马拦、庙湾、柳林一带的国民党保安旅击退。8月10日,又将占领八路军新正六区东牛家堡之国民党陕西保安第四支队第十一中队消灭。至此,国民党军对八路军关中分区的进攻被制止。

5月上旬 朱德在洛阳与卫立煌会晤。在卫举行的欢迎会上致词,强调国共两党和全国军队团结的重要性,说:全国人民需要这种团结,国民党的大多数需要这种团结,共产党八路军坚决要求这种团结。只有日寇、汪精卫汉奸、投降分子和磨擦专家害怕这种团结。这种团结必须建立在进步的基础上。只有这样,才能克服困难,争取抗战的最后胜利。

5月12日 国民党扣发新四军军饷,致使新四军供应困难。

5月19日 朱德、彭德怀致电蒋介石,谓石友三投敌叛国,袭击八路军,近日更加猖獗,我方获得西北行营致石友三密电称:除划定曹县、定陶、菏泽、东明、巨野、城武、单县等县为该集团军负责,并有消灭小股共军及切断华北共军与华中共军联络之任务。因此,该电要求蒋介石将石部调至洛阳,加以整训。

5月29日 朱德在中共中央书记处会议上报告国共磨擦问题。他在报告中强调要争取中间力量,并说对顽固势力也要争取。毛泽东接着发言指出:朱总司令的报告说得很对。我们要争取中间势力,对顽固势力也要争取与分化,就是打了他们也还要争取他们。不能把顽固派当作汉奸打,不能把中间派当作顽固派打。

5月31日 周恩来从延安回到重庆,继续主持中共中央南方局的工作。到重庆后,作为中共中央代表,周恩来同国民党当局进行正式谈判。

6月3日 中共中央作出《关于目前国民党区学生工作的几个决定》,指出,今后中国共产党在国民党区学生运动的方针,是长期的潜伏发展,积蓄力量,争取人心。故工作中心应由校外救亡工作,立即转为校内学生工作;党员应首先注意功课,操行;经过一定积极分子,参加与领导学生群众的斗争,但不可制造斗争;遵守有理、有利、有节的原则,在斗争中须向高级当局及各种报纸杂志揭露真相,并须注意适时结束之。斗争中应绝对避免支部及支部负责人暴露;已暴露的青年干部坚决撤退。

6月初 周恩来会见蒋介石。他对蒋介石说:中共诚意抗战并拥护蒋介石,而国民党却在抗战中实行"反共、溶共、剿共",这只能帮助敌伪。所谓中共要举行暴动推翻国民党,完全是造谣。中共是要发展的,但主要是在敌占区同敌伪争取群众。中共诚意希望合作到底,而有人却想分裂,准备投降。蒋介石听后说:抗战团结都是有决心的,任何困难决不畏惧,国共间的一切问题都可以解决,但军事上必须服从命令。周恩来说:这要从两方面看,一方面服从,另一方面不应拿命令来胁迫。蒋介石推托说:这已是过去的事了。这次谈判后周恩来向中共中央作了报告。他认为,蒋介石对国共破裂尚未下最后决心,但投降的危险日益严重。随后,周恩来和叶剑英同国民党当局的正、副参谋总长何应钦、白崇禧进行多次商谈。主要谈了以下三个问题:(一)陕甘宁边区问题。中共主张按现状划界,国民党方面却只承认边区包括18个县。(二)军队的编制问题。中共要求八路军编为三军九师,新四军编为三师;国民党只准八路军编为三军六师加六个团,新四军编为两师。(三)划分作战区域问题。这是这次谈判的中心问题。国民党要求八路军、新四军开往旧黄河北岸。他们的目的是企图限制八路军、新四军在敌后的发展,并使日本军队有可能在狭小的圈子里消灭八路军和新四军。他们声称"划界"是为了避免磨擦,想用这种说法博得中间派的同情。周恩来表示,原则上同意划界,但必须实现六个条件:(一)各党派在全国的合法权;(二)人民在全部敌占区的游击权;(三)八路军、新四军有正规军的足够战区(华北五省);(四)八路军、新四军有足够的补给;(五)中共有冀、察两省的行政领导权和其他游击区的行政权;(六)八路军、新四军有发展的保证(扩充补给)。

6月13日 中共中央关于争取东北军工作给中原局发出指示,指出:东北军在抗日战争中是一支较可靠的友军,在国共斗争中基本上是一种中间势力,且可能为我争取。我们对东北军的关系好坏,对于我们争取广大友军工作有极大的影响。因此,必须把争取东北军工作看成党争取全国友军工作的重要环节。

6月中旬 周恩来根据中共中央商定的意见,向国民党正式提交了全面解决两党关系的具体方案。其内容如下:一、请实行《抗战建国纲领》所规定之人民集会结社言论出版之自由:甲、请明令保障各抗日党派之合法存在;乙、请即释放一切在狱之共产党员,并保障不因党籍信仰之不同而横遭扣留、拘禁、非刑与歧视;丙、请停止查禁各地抗日之书籍杂志,对《新华日报》之出版发行请予以法律之保障,禁止各地非法扣留,并允许该报登载中共之文件决议及其领导人之言论文字;丁、请通令保护第十八集团军(八路军)及新四军之军人家属,一律按抗战军人家属优待,禁止非法骚扰和残害。二、请在游击区及敌占领区内实行《抗战建国纲领》所规定之指导及援助人民武装抗日,并发动普遍的游击战,对各该地区之地方政权,请予开放,实行民主,对当地民众组织,力予扶植,使各党各界之人才,均充分发挥反对敌伪斗争之能力与效用。为加强经济战争,避免敌人吸收法币,夺取外汇起见,请批准备游击根据地发行以法币为基金之地方流通券。三、关于陕甘宁边区第十八集团军及新四军问题:甲、请明令划定延安、延长、延川、保安、安定、安塞、甘泉、鄜县、定边、靖边、淳化、栒邑、宁县、正宁、庆阳、合水、环县、盐池,及河防之绥德、米脂、吴堡、葭县、清涧共23县,为陕甘宁边区,组织边区政府,隶属行政院,并委任林祖涵同志为边区政府主席;乙、请扩编第十八集团军为三军九师,其所属游击部队按战区所属游击部同等待遇;丙、请增编新四军为七个支队;丁、为确定战争职责及避免误会和冲突计,请规定第十八集团军新四军与友军作战分界线;戊、请依同等待遇,按时补充第十八集团军新四军以枪械、弹药、被服、粮秣及卫生通信交通等器材。针对中共所提方案,国民党方面很快于7月2日根据前定方针提出复案如下:一、关于党的问题,俟宪法颁布后再谈。二、关于陕甘宁边区问题,中央决定区域为绥德、米脂、吴堡、葭县、清涧、延安、延长、延川、保安、安定、安塞、甘泉、鄜县,及定边、靖边两县之各一部(县城不在内),以上15县(内定边、靖边不完整),名称改为陕北行政区,其行政机关为陕北行政区公署,暂隶属行政院,但归陕省政府指导,并直接管辖该区内所属各县。区公署设主任一人,县以下之行政机构一律不得变更。

区内政令一律遵照政府现行法令办理。区内主任及各县县长准由第十八集团军保荐请政府任命。第十八集团军在陕甘宁留守部队一律撤至该区内。三、关于第十八集团军及新四军作战地境问题,中央决定:(一)发表朱德为冀察战区副司令,免去第二战区副司令长官职务。(二)(第一案)将第十八集团军全部与新四军全部调赴河北省境内,并将新四军加入冀察战区之战斗序列,少数调赴该战区。(第二案)将第十八集团军之大部及新四军之全部调赴河北省内,其第十八集团军之一部留置晋北作战,但所留部队应编入第二战区之战斗序列,但山西之政治党务军事,驻军不得干涉,绝对服从第二战区司令长官之命令。(三)冀察战区之地域为冀察两省全部,其地境线为冀察两省与其他各省之交界线。(四)战区地境为临时性非永久性,亦非政治性,军事委员会之作战命令绝对不受限制。(五)第十八集团军及新四军须于奉命后一个月内全部开到河北省。(六)第十八集团军及新四军调赴冀察战区河北省后,不得在原驻各地设立留守处办事处通讯处及其他一切类似机关。(七)冀察战区发表后,第十八集团军新四军非奉军事委员会命令不得擅自越出战区地境线外,该战区内之作战行动,应绝对服从该战区长官之命令。(八)冀察战区之军队,不得干涉地方政治及党务,北平及天津两市,仍直属于中央,并不得擅发钞票。(九)冀察二省主席由中央遴选任命,省府委员得由战区总、副司令保荐三人至五人。现任庞、石二主席须各率所部分驻扎大名蔚县附近,以便执行职权;(十)第十八集团军及新四军开入冀察战区后,除军事委员会另有命令规定外,其他备战区以及任何地方一律不得再有第十八集团军及新四军名义之部队。四、关于第十八集团军及新四军编制问题,中央决定:(一)第十八集团军除编为三军六个师三个补充团外,再增加两个补充团,不准有支队(师之编制为整理师两旅四团制);(二)新四军编为两师(师之编制为整理师两旅四团制);(三)第十八集团军及新四军应遵守下列各条:A.绝对服从军令;B.所有纵队支队其他一切游击队一律限期收束,编军之后不得再委其他一切名义或自由成立部队;C.军事委员会随时派员点验;D.人事经理遵照陆军法规办理,经费暂以军为单位,直接向军需局清领;E.对于所属官兵之待遇,须遵照中央规定之饷章,军事委员会随时派员点验。在这些问题上国共双方的主要分歧是:关于陕甘宁边区问题,周提出以现在的23个县的区域划界;国民党只承认15个县。关于第十八集团军和新四军的编制问题,周提出第十八集团军编三个军九个师,新四军编三个师;国民党只准第十八集团军编三个军六个师加五个团,新四军编两个师。关于防区的划分问题,国民党要求第十八集团军、新四军全部开到黄河以北,不让新四军在长江以南。周恩来表示,原则上同意划界,但必须实现以下六个条件:(一)各党派在全国的合法权;(二)人民在全部敌占区的游击权;(三)第十八集团军、新四军有正规军的足够战区(华北五省);(四)第十八集团军、新四军有足够的补给;(五)中共有冀、察两省的行政领导权和其他游击区的行政权;(六)第十八集团军、新四军有发展的保证(扩充补给)。《国民党提示案》是7月16日拟订,20日发出,21日送达周恩来的。该案仍不愿承认陕甘宁边区原定18县之实数,在作战区域问题上虽让至军令部4月提案之境地,但却转而取消战区设置,不给共产党以独立的指挥权。且此案仍旧坚持第十八集团军只允扩编至三军六师三个补充团,新四军只允扩编两师之数。这与中共中央的要求相差甚远,中共代表拒绝了《国民政府提示案》,因为提示案中取消陕甘宁边区政府,代之以陕北行政公署;缩编第十八军、新四军,限制其防区等条款都是中共方面无法接受的。

6月27日 朱德在中共中央政治局的会议上发言指出,目前我们要加强民族统一战线的工作,不要把民族利益和阶段利益对立起来。地主、资本家一般也还有民族思想,不要把他们看成汉奸。统战工作做得好,地主愿意把粮食供给我们;如果工作做得不好,他们会跑掉。国民党军队在抗战中受了我们的影响,只要我们工作做得好,也会有人转到我们方面来。

6月28日 新四军反顽郭村保卫战胜利。当天,驻江苏泰州地区的国民党苏鲁皖边游击军李明扬、李长江部(地方实力派),在顽固派韩德勤的唆使和挟制下,由李长江出而指挥,纠集13个团的兵力,向泰州西北郭村地区由叶飞、管文蔚率领的新四军挺进纵队猖狂进犯。挺进纵队奋起自卫,固守待援。新四军江南指挥部一面向"两李"呼吁团结,停止进攻;一面急调由陶勇率领的苏皖支队及江南主力三个团火速驰援。挺进纵队在兼程前来增援的苏皖支队配合下先后歼灭顽军三个团。此时,在中共党组织的领导下,李军第三纵队第八支队(团)陈玉生部、第二纵队第五支队第四大队(营)王澄部,在挺进纵队第四团的接应下,举行起义。新四军各部乘势出击,李军向泰州溃退。仅一周时间,顽军的进攻被粉碎。7月3日,江南指挥部指挥陈毅赶到郭村,为继续争取"两李",孤立韩(德勤)顽,主动向"两李"重申团结抗战,并归还部分枪械,将700余人俘虏全部释放。李明扬兵败城危,表示愿守中立。

7月2日　朱德、彭德怀致电蒋介石，揭露石友三部与鲁西杂伪军2万余人，向濮阳、濮县一带进攻，沿途摧毁当地抗战政权，捕杀八路军工作人员。朱、彭并将八路军杨得志部在反击石军过程中缴获的石友三进攻八路军的军事会议决议案及石友三本人通知所属各部队与日军联络办法密函各一件另电转蒋介石，要求严惩石友三。

7月5日　毛泽东发表《团结到底》一文，指出："日本帝国主义正在准备向南洋侵略，加紧向中国进攻，势将勾引中国一部分动摇分子对其投降，投降危险是空前地加重了。抗战的第四周年将是最困难的一年。我们的任务是团结一切抗日力量，反对投降分子，战胜一切困难，坚持全国抗战。"

7月7日　中共中央发出关于目前形势与党的政策的决定，指出：现在是反共高潮下降时期，应该强调团结一致。强调团结并不是停止一切斗争，国民党的反共政策一天不停止，我们站在自卫立场上的斗争便不能停止。现在斗争的主要火力应该向着真正的投降派，而不是向着一般的顽固派，在反共高潮已经降低、某些顽固派初步表示某些好转之时，应对他们团结，以便争取合作时间的延长。规定共产党领导的军事力量，不向国民党后方做任何可以引起冲突的行动。指示要求对于执行统一战线中的"左"倾错误，如乱打汉奸、侵犯商人财产、不执行各阶级"三三制"联合政权的原则、对待顽固分子只有斗争没有团结、把国民党看成都是顽固派，对非党干部不信任等，必须严格纠正，同时不能放松对右倾错误的警惕。

7月7日　中共中央为纪念全民族抗战三周年发表对时局宣言，指出全民族抗战三周年证明日本帝国主义是必然要崩溃的，最后胜利必然属于中华民族。宣言号召全国同胞、各党各派及将士们，必须抵抗敌人的进攻，克服困难，反对投降阴谋，清除内部磨擦，调整国共关系，根绝内战危险，巩固抗日民族统一战线。

7月7日　周恩来、叶剑英两次致函何应钦，抗议国民党军队对我军的进攻，要求迅速制止石友三集团军对第十八集团军的三路进攻，制止韩德勤部、冷欣部及皖南的第五十二师对新四军的包围袭击。

7月10日　季米特洛夫致电中共中央指出，对新疆采取必要的措施，"最好是指示徐杰，让他向你们和我们作出情况通报，但他个人作为你们驻乌鲁木齐的代表，行动应十分谨慎,不要直接干预新疆的事务"。

7月上旬 周恩来听取新四军政治部主任袁国平关于新四军工作的汇报。当时周严肃指出,新四军没有积极执行中央所要求的向北发展的方针;在同国民党谈判中没有坚持党的立场。同一天,周恩来还和叶剑英、秦邦宪一起同叶挺、袁国平、饶漱石谈话,确定新四军的发展方向主要是长江以北,并明确今后有关新四军问题同国民党的谈判一概移重庆,由周恩来负责进行。

7月11日 周恩来、叶剑英就国民党军陈长捷部三个团在日军掩护下,分两路由晋西东渡汾河,向晋冀豫边区所属之安泽县晋家山一带进犯事函电何应钦,要求予以制止。

7月12日 国民党安徽省太和县民团非法逮捕路经该地的八路军第一一五师副官部明征等八人,随后将其秘密枪杀。8月5日,朱德、彭德怀为此事致电白崇禧、李品仙及卫立煌,要求"通知皖省当局,严惩太和县政府肇事祸首,抚恤死者家属,并保证今后不得再有此类事件发生,以张公理而利团结抗战"。

7月14日 国民党军事当局及有关战区司令官连电苏北所部,令其对新四军"严厉制裁","限本年底完成消灭苏北中共部队并建立苏北中央军事根据地之计划",但不得在报端提出"抗日必先剿共之口号"。16日,国民党军事当局又电苏北国民党各军师长说:"据报中共企图于本年底造成苏北抗日民主政权根据地,我等部队缺乏消灭共产党之诚意,士兵训练亦感不足,往往临阵脱逃或其他损失,致影响战斗情绪,使其指挥不能统一,意志不能集中,此系造成中共扩大主因",责令整治,加强"剿共"。同时,国民党中央组织部发出渝字第13313号通令,命令各军队党部与地方党部密切合作,更坚决地进行反共活动。8月23日,国民党军成都行辕电令川康各地"严密执行"1940年5月有川康党政军高级负责人参加的第一次"治安会议"通过的所谓《川康防止奸党活动对策》。

7月16日 国民党方面以军事委员会的名义提出一个所谓《中央提示案》,其内容主要是:"(一)划定'陕甘宁边区'范围(此时准其包括18县),改称'陕北行政区',暂隶行政院,但归陕西省政府指导。(二)划定十八集团军及新四军作战地域。将冀察战区,其冀察两省及鲁省黄河以北,并入第二战区,仍以阎锡山为司令长官,以朱德为副司令长官,秉承军事委员命令,指挥作战。(三)第十八集团军及新四军于奉令后1个月内,全部开到前条所规定地区之内。(四)第十八集团军准编为3军6师,3个补充团,另增2个补充团。新四军准编2个师。"这个《中央提示案》的中心点,是要把中共军队全部赶到黄河以北,企图把共产党抗日武装通通驱赶到北方狭窄、寒冷的地方,待机一举歼灭。中共中央不接受国民党的《中央提示案》。周恩来根据中共中央指示精神,提出了调查游击区域及游击部队的三种办法,要求国民党:(一)扩大第二战区至山东全省及绥远一部;(二)按照第十八集团军及各地游击队全数发饷;(三)各游击队留在备战区,划定作战界线,分头击敌。以此案坚决地拒绝了国民党的提示案。但国民党仍不让步,谈判陷入僵持状态。7月27日,周恩来飞回延安。

7月20日

关于对苏北顽固分子的方针问题,毛泽东同朱德、王稼祥致电中原局、陈毅,指出:(一)与李品仙力求和缓冲突;韩德勤部南下进攻的可能性很大,我华中部队仍应增援陈毅,压下韩的攻势,发展苏北。(二)汉奸首领及参加暴动的反动分子头目的土地财产可以没收,但应谨慎,而不应对一切汉奸、一切反动分子、顽固分子均没收其土地财产,变成相当普遍的没收土地与分配土地运动。(三)极力扩大统一战线工作,拉拢一切动摇分子,只打击当前直接向我进攻的一部分,以暂时中立其余部分。

7月25日

新四军苏北指挥部东进黄桥地区。陈毅、粟裕率领新四军苏北指挥部所属部队,在扬泰地区休整后,于当天出发,采取远道奔袭和各个击破战术,直指黄桥。29日,韩德勤得知新四军东进消息,即令何克谦率保安第四旅由黄桥及其以南地区向北攻击,命令陈泰运率税警团由曲塘南下至北新街一带,妄图南北夹击,消灭陈粟于运动中,陈粟部采取相应对策,首先给陈泰运部以打击,击溃其两个团,歼灭一个多营;同时以第一纵队占领黄桥以北及东北的蒋垛、古溪、营溪,以第一纵队占领搬经,截断何克谦的退路,第三纵队攻占黄桥以南地区,经28日一夜激战,于29日晨攻克黄桥。歼何顽主力近2000人,并争取何部两个团起义,初步开辟了以黄桥为中心的根据地。在江南指挥部渡江北进改称苏北指挥部后,东南指挥部在茅山地区重新组建,罗忠毅任指挥,廖海涛任政委,领导留在苏南的部队(约两个团的兵力)坚持苏南斗争。

7月30日

7月30日和8月1日、4日、7日、8日五天,中共中央政治开会听取周恩来关于统一战线工作和南方的工作的长篇发言,讲政治形势和党的各项工作。关于政治形势,指出:亲苏、和共、改良是国民党今后的可能发展方向,但需要一个斗争过程。亲苏可能首先实现;和共问题,今后可能出现"大和小战"的局面,同时又可能是"外和内反";要国民党改变政策,必须阶级关系发生变化,现在是大地主大资产阶级不能照旧统治下去,是接近变化的时期。关于党的各项工作,指出:今后要重视国民党统治区党的工作,南方党的工作是带全国性的工作。南方党以巩固为主,但在没有党组织或党组织很少的地方发展还是必要的。其工作路线是普遍化,打入社会,肃清内奸,在国民党统治区党内要提出"打入社会"的口号。其经常工作有四项,即政治估计、组织问题、统一战线、文化工作。国民党统治区的党组织,统归周恩来管理,以统一党的领导。讲到统一战线工作时,指出:利用矛盾,联合多数,反对少数的策略,是从大革命、苏维埃、抗日三个时期总结出来的。中间势力问题是一个中心问题,现在注意了中间势力,过去许多干部没有这种观念,不了解中国的阶级关系。现在蒋介石大体上处于孤立地位,但没有完全孤立。

7月 毛泽东为纪念全民族抗战三周年撰文《团结到底》。强调必须坚持抗日民族统一战线,指出共产党员要作抗战的模范,也要做团结的模范。我们所反对的只是敌人和坚决的投降分子、反共分子,对其他一切人,都要认真地团结他们。对于非坚决投降和非坚决反共的人,必须采取团结政策。共产党员在敌后建立抗日政权,应采取"三三制",共产党员占1/3,使其他主张抗日民主的党派和无党派人士占2/3。对于财政、经济、文化、教育、锄奸各方面的政策,均必须从协调各阶级的利益出发,实行统一战线政策。

8月3日 中共中央发出关于共产党员作国民党区的公务人员问题的指示,要求在国民党统治区域内,各级党委必须认真地注意扶助和培养一部分党员,尤其是知识分子党员,尽可能取得国民党下层各级行政机构公务员(从保甲长、区长到县科员以至个别县长)之地位,这对于党和革命工作,具有重要的作用和意义。指示提醒,在这些机构中工作要克服"左"倾幼稚错误。这个指示对如何保持公务人员地位之持久和管理公务员同志的原则提出了具体意见。

8月5日 为加强对陕甘、绥宁边区的反共兵力,徐永昌呈请蒋介石,拟将在山西乡宁之国民党第九十军调驻黄河西岸陕境宜川、韩城钢锡山,令第九十军"可作西调宜川、韩城之准备"。同一天,蒋介石电令胡宗南:"将到达伊盟高双成之部队调回陕北,增强防务",并为了指挥的便利,将三边以北地区划归第八战区,以高双成为陕北警备司令。

8月15日 中共中央发出《关于开展统一战线工作的指示》。指示对三年来统一战线工作中存在的问题进行了批评,指出:在国民党实行反共政策以后,许多干部认为国民党及中央军都是顽固派,我们方针只是对立斗争与准备破裂,也不研究国民党内幕了,也不研究中央军及非中央军的具体情况了,也不研究统一战线的组织方式了。对于统一战线工作机关及工作人员,没有指导和检查,对于中央屡次号召统一战线的指示,有些人竟当作耳旁风。中央要求对上述现象,在党内开展自我批评,总结经验教训。指出:研究对待友党友军及各阶级阶层的策略问题,是各级干部尤其是中级高级干部的中心问题。最后强调:利用矛盾,争取多数,反对少数,各个击破,乃是列宁主义的正确策略方针,必须坚决予以执行。

8月15日 延安各界举行追悼国民党第三十三集团军总司令张自忠大会。朱德在会上讲话,希望全国抗战军人,记取张自忠的遗言,抗战要真抗,不要假抗,大家要团结,共同为战胜敌人而奋斗。张自忠是国民党第三十三集团军总司令兼第五十九军军长,1940年5月16日在抗击日军的战斗中殉国。

8月16日 中共中央政治局常委会开会讨论目前政治形势、特别是国共关系问题。讨论的基调仍是力争国共关系能有所好转。周恩来在会上说:现在的国内形势不会立即好转或立即坏转,会是拖的局面。他主张谈判的态度采取在小问题上让步而在大的问题上求得有利的解决,以和缓反苏反共的危险。他说:要解决的悬案之一是边区问题,按现有地区不变,名义可改为陕北行政区,在这点上可以让步。二是扩军问题,要求八路军成立三军九师,新四军成立三个师。至于划分作战区域,可以同意,而冀、察两省政府主席要由中共保荐。会议同意周恩来提出的稍作让步的意见。

8月19日 中共中央发出《关于扩大交朋友工作的指示》,指出:要让全党深刻认识到争取200万友军继续抗战,是今天巩固与扩大抗日民族统一战线最中心的工作,交朋友的方式是今天对友军工作最主要的方式。要求各级统战部一定要加强、做好交朋友的工作,交友无成绩的地方,须受到党的严格责备。

8月20日 八路军发起百团大战。在战役发起前,八路军总司令朱德、副总司令彭德怀和副总参谋长左权于7月22日向晋察冀军区、第一二〇师、第一二九师下达了关于以破击正太路为中心的《战役预备命令》，并报中共中央军委。这个命令规定此次战役的目的是："彻底破坏正太线若干要隘，消灭部分敌人，收复若干重要名胜关隘据点，较长期截断该线交通。"同时要求各兵团，对其他各重要铁路线，特别是平汉、同蒲等铁路，亦"应同时组织有计划之总破袭，配合正太铁路战役之成功"。8月8日，八路军总部下达《战役行动命令》。8月20日晚，正太铁路破击战按计划全面展开。尔后迅速扩展到除山东以外的整个华北地区和主要交通线。其中包括：冀察全境、晋绥大部和热河南部地区；正太、平古（北口）铁路全线，安阳以北之平汉铁路，德州以北之津浦铁路，临汾以北之同蒲铁路，归绥以东之平绥铁路，北宁铁路之山海关至北平段，白晋铁路之平遥至壶关段，以及正在修筑的德石铁路、沧石公路等。在这些地区和交通线，驻有日军三个师团的全部，两个师团的各两个联队，五个独立混成旅团的全部，四个独立混成旅团的各两个大队，一个骑兵旅团的两个大队，共20余万人，飞机150架，另有伪军约15万人。八路军参战兵力，随着战役的发展达105个团。计晋察冀39个团，第一二〇师（含决死队第二、四纵队等）20个团，第一二九师（含决死队第一、三纵队等）46个团，共20余万人。此外，尚有许多地方游击队和民兵参加作战。故后称百团大战。百团大战整个经历了三个阶段：从战役发起至9月10日为第一阶段，进行交通总破袭，破坏敌在华北之主要交通线，重点摧毁正太路；9月22日至10月上旬为第二阶段，中心任务是扩大第一阶段战果，继续破击交通线，重点攻占交通线两侧和深入八路军抗日根据地内之日军据点；第三阶段是10月6日至12月5日，主要反击日军报复"扫荡"。八路军在百团大战第一阶段作战中，由于战役部署正确，准备工作充分，保密工作做得好，部队行动迅速，充分发挥了战役的突然性，因而取得了重大胜利。将正太路沿线的铁轨、车站、桥梁、涵洞、水塔等全部破坏，沿途日伪据点如娘子关、阳泉和一些外围据点被八路军攻克，井陉煤矿遭到严重破坏，同蒲、平汉、德石、北宁等铁路被切断，使日军在华北的主要交通陷于瘫痪，达到了战役的主要目的。

8月25日 周恩来离开延安经兰州回到重庆，继续同国民党当局商谈。

8月28日 周恩来同蒋介石、白崇禧进行会议。虽然周恩来表示愿稍作让步，蒋、白却寸步不让，仍坚持要求八路军、新四军一律开到旧黄河以北，游击队留在当地交战区司令长官指挥。周恩来只得加以拒绝。不久，周恩来又同何应钦进行一次会谈，仍然没有取得进展。9月初，周恩来将中共中央在8月中拟定的复案交张冲转国民党中央。此案要求陕甘宁边区"现在所辖的区域"划为陕北行政区；扩编十八集团军为三军九个师，新四军为三个师，其编制照甲种军及调整师办理，应供给足够的补给；改组冀、察两省政府，其主席由中共保荐；保障"各抗日党派在全国之合法权"、"中国人民之敌后游击权"、"第十八集团军、新四军之作战权"，在此情况下，中共原则上同意划分区域，并向国民党提出关于调整作战区域及游击部队的三项办法：（一）扩大第二战区至山东全省及绥远一部；（二）按照八路军、新四军及各地游击部队全数发饷；（三）各游击部队留在各战区划定作战界线，分头击敌。但是，这些意见被国民党方面搁置。

8月30日 中共晋察冀边委亲密国共合作，坚持团结抗战，坚决保卫与发展边区，肃清一切破坏团结抗战、破坏边区的特务、奸细、托匪、妥协投降派等20条施政纲领。

8月 绥远各界抗日代表在大青山的武川县西梁村召开抗日团结会议。参加会议的有共产党、国民党、抗日民主人士、工人、农民、抗日军队、知识分子及蒙、汉、回各族代表共600余人。会议讨论了各族各阶层人民大力开始对敌斗争的问题，制定了《绥察施政纲领》，成立了晋绥游击区行政公署驻绥远办事处（也称绥察行政办事处），作为领导绥察敌占区抗日斗争的最高政权机关，推姚喆、杨植霖为正副主任。办事处下设绥西、绥中、绥南三个专署和绥东游击区，领导萨拉齐、固阳、武川、陶林、丰集等九个县政府。

9月1日 中共中央社会部发出《关于锄奸政策与锄奸工作的指示》，强调必须根据党的统一战线方针，认清日军是主要敌人，不可把日探与国特混为一谈，不可把国特普通情报人员与特务破坏分子混为一谈，不应该把顽固分子都当作汉奸敌探，不应将一切国民党员、绅士都当作特务人员，更不应将中间派当作顽固分子。

9月3日 韩德勤调集大军向苏北新四军陈毅、粟裕部发动进攻。韩以"两李"（李明扬、李长江）、陈泰运部及保安第三旅为右路军，在姜堰集结；以第八十九军参谋长郭心冬指挥第一一七师（欠一旅）、独立第六旅（欠一营）、保安第一旅（欠二营）为左路军，在曲塘、胡家集、海安附近集结，计划分别经蒋垛、古溪向黄桥进攻。其右路的"两李"和陈泰运部在新四军争取下态度犹豫，进展迟慢；左路军则大胆冒进。新四军苏北部队严守自卫立场，坚持不放第一枪，逐步后退。6日，左路军进到营溪以南，新四军展开反击，一举歼灭其先头部队保安第一旅两个团，余部回窜。

9月5日　中共中央指示周恩来，指出目前时局甚为紧急，中国共产党应有保卫西南和西北的积极主张。在政治上，应继续要求动员民众，开放党禁，实行民主等；在军事上，应提出八路军以三分之一开赴湖北担负保卫重庆的任务，新四军不能北移。此主张不仅是抵制蒋介石对我之压迫，而主要是认真挽救国家之危亡。

9月6日　中共中央军委向中原局、新四军发出指示，指出国民政府军令部已密令顾祝同"扫荡"江南江北新四军的命令，请叶挺、项英、刘少奇准备自卫行动，皖南尤须注意。

9月6日　毛泽东电周恩来、叶剑英、李克农、饶漱石，指示做好对大地主、大资产阶级、国民党军高级将领的调查工作。要求每省调查数十人到100人，由各省党委分别负责。

9月9日　新四军军长叶挺电蒋介石，历数韩德勤部破坏团结抗战、积极反共、进攻新四军的罪行，要求立即制止对新四军的围攻。

9月9日　中国国民党中央党部及各省党部下达取缔中共刊物、捣毁其销售书店的密令。密令说："共产党实施宣传政策，自办新华书店外，复利用各书商推行书籍。今后对付之方法为（1）对以营业为目的之书店，应以威胁方法或劝告方式，使其停止推销。（2）对共产党书店应派人以群众面目大批收买而后焚之，或冲进该店捣毁之。惟事先应布置周密，与当地军警宪主管机关取得联系，接洽妥当，对外绝对秘密，以免对方借口。其进行情形，随时呈报。"

9月10日　中共中央发出关于"击敌和友"的军事行动总方针的指示，要求八路军、新四军的全部力量，在目前加强团结时期，应集中其主要注意力于打击敌人，应依照华北百团战役先例，在山东及华中组织一次至几次有计划的大规模的对敌进攻行动，在华北则应扩大百团战役行动到那些尚未遭到打击的敌人方面去，用以缩小敌占区，扩大根据地，打通封锁线，提高战斗力，并在山东与华中方面继续扩大我军之数量，而给予200万友军及国民党大后方与敌占区内千百万人以良好之影响，给予敌人向重庆等地进攻计划以延缓的作用。这个指示还要求，对于友军，则不论何部，即使是最反动、最顽固者，在目前时期中，在彼等没有向我进攻或其进攻已为我击破时，均应采取缓和态度，对某些部分，只要有可能（例如李品仙）应与之订和解协定，就地解决原有争议。击敌和友是目前军事行动的总方针。但当我对敌大举进攻时,应把防御某些顽固派(例如石友三、沈鸿烈、韩德勤、冷欣等人)的可能袭击,包括在我们的军事部署之内。一切大规模军事行动应是更加有计划、有准备的,不应轻率行动,以免减少胜利或招致失败。

9月10日 中共中央发出《关于时局趋向的指示》,指出:目前国际国内的政治情况,正处在剧烈变化的前夜;我们的任务是坚决执行中共中央七七宣言及七七决定,团结一切进步派与中间派,分化与拉拢一部分可能起变化的顽固派,尖锐批评维护现状的顽固派,坚决反对投降派与可能的贝当政府,以期实行初步的政治好转,即实现亲苏和共与政治改良三大方针,然后进一步实现彻底的政治好转,即实现各抗日党派各抗日阶层民主的统一战线政权。在目前日军准备向大后方进攻时期,我们应准备于恰当时机在全国提出保卫重庆、保卫昆明、保卫西安的口号,而在这些口号下面,实现我们反对投降力争好转的全部方针。

9月13日 新四军陈毅部进入苏北后,遵照中共中央和中原局的指示,对日伪积极作战,对顽军严守自卫。国民党江苏省主席兼苏鲁战区副司令韩德勤于9月2日致电蒋介石恳其速派大军增援;同时令其驻姜堰的保安第九旅严密封锁新四军粮食来源,并强令李明扬、陈泰运部向新四军步步逼进,企图将新四军陈毅部压缩在沿江狭小地区,然后勾结伪军予以夹击。在这种情况下,新四军江北指挥部决心反击。经13日一天激战,新四军占领姜堰,打开了粮食来源。这时,新四军再次呼吁韩顽停止内战,团结抗日。韩提出以新四军退出姜堰为条件。新四军当即决定同意,并于30日撤出姜堰,交李明扬、陈泰运部接防。新四军这一行动大出韩德勤所料,获李、陈赞同,并得到苏北人民和各界人士的拥护和欢迎。

9月19日 毛泽东、朱德、王稼祥致电彭德怀等,指出,据西安消息,李仙洲三个师准备东进援助韩德勤,桂军增加了进攻皖东的兵力,汤恩伯部准备进入豫东皖西,因此,蒋桂军对华中的进攻是有决心的。我们的对策是:以打击李仙洲为目的,望彭德怀、左权令杨得志率部南下,须于一个半月内到达彭雪枫地区;望陈光、罗荣桓令第五旅迅速南下,不可再推迟,应于半个月到达张爱萍地区;望叶挺、项英率部迅即渡江,应于两星期内渡毕,增援皖东。

9月23日 毛泽东在杨家岭作《时局与边区问题》的报告

时指出：帝国主义战争的趋势是扩大和持久，现在还是处在最后决战的前夜。中国时局有发展有三种可能性，一是不变，一是变好即进步，一是变坏即投降。变坏是投降派的路，如果重庆失守，可能出现中国的贝当，这就是现在的突然事变。我们同国民党蒋介石的关系，团结与斗争都要，但现在是以团结为主。我们的方针，要一方面放在争取时局好转上，一方面放在对付坏转上，在某一种意义上，在布置工作时应以坏转为主。大资产阶级在抗战问题上可分为三派：右派即投降派，中派即顽固派，顽固派中的左派即可变派。对投降派要完全孤立，要打倒；对顽固派也要孤立，但还要团结他们；对顽固派中的左派，要分化和拉拢，必要的斗争和批评也是需要的。过去，我们没有指出民族资产阶级是较好的同盟者。

9月25日 蒋介石致电叶挺，指责新四军在江北"行动越轨，破坏抗战"，迫令该军"在江北之部队速调江南执行作战任务，不得故意延宕"。并致电第三战区司令长官顾祝同，声称：如江北新四军不"遵令南移"，即"以违抗命令，破坏抗战论罪"。

9月30日 毛泽东、朱德、王稼祥致电刘少奇并告叶挺、项英、陈毅，指出：陈毅、黄克诚部在苏北运河以东地区发展广泛的游击战争，不仅扩大主力，并应建立无数的小游击队，建立新政权，这样才能击破韩德勤。同时对韩德勤部中下层及苏北各顽军与地方人士，应广泛开展联络工作，争取同盟者，孤立韩德勤。

10月3日 毛泽东为黄克诚率领的八路军第五纵队南下阜宁、盐城地区增援新四军陈毅部反击韩德勤进攻一事，致电周恩来，指出我们的方针是"韩不攻陈，黄不攻韩；韩若攻陈，黄必攻韩"。让周恩来先告何应钦停止韩德勤的进攻行动，否则八路军不能坐视。

10月4日 江苏省政府主席韩德勤率军数万人向江北新四军陈毅支队大举围攻。陈毅支队以大敌当前，团结抗战为重，遂令所部退让。韩竟下令"切急击勿失"，大举进犯，新四军被迫自卫应战，在黄桥打垮韩德勤部，6日战斗结束，歼韩德勤部1.1万余人。这就是"苏北事件"。10月28日，《新中华报》发表社论《苏北事件何以善后》。指出此事件是韩德勤的一贯反共政策所致，也是出于亲日派阴谋家之挑拨。为了求得迅速合理解决，希望国民党最高当局，应立即下令停止豫皖一带多种对苏北新四军进行围攻之军事部署。应以韩国钧及各县民众代表所决定的四项临时办法及八项基本改造苏局办法为具体解决办法。

10月8日 毛泽东、朱德、王稼祥关于新四军军部及皖南部队移动方向问题指示叶挺等人。指出：蒋介石令顾祝同、韩德勤"扫荡"大江南北新四军，大江南北较大的武装磨擦是可能的。最困难的是在皖南的战争与军部。我们意见军部应移动到三支地区，如顽军来攻不易长期抵抗时则北渡长江，如移苏南尚有可能，也可移苏南。对顽方之李品仙、何柱国等力求和缓，唯同时应注意日军之"扫荡"，日军有可能配合此磨擦，四出"扫荡"我华中地区；苏南新四军部队，应以游击战争，坚持原地区。11日，刘少奇致电叶挺、项英：军部在皖南既不可能，应趁目前交通尚有可能，从速北移。11日，项英关于新四军军部不能北移问题向毛泽东、朱德、王稼祥报告：依据各方形势与条件，军部北移困难，也不便移三支区域（地区太小，敌友进攻无法抗住），仍以军部所在地作基点较有利，以便与三支地区连成一片，做准备已相当完备。

10月8日 毛泽东、朱德、王稼祥致电彭德怀、陈毅、罗荣桓，指出目前对国民党军队的方针是缓和磨擦，加强团结。山东方面亦应如此。只要沈鸿烈、秦启荣不向我军进攻我们也不打他们。双方维持现状，各守现有防地，仅在彼方进击时才反击之。

10月9日 毛泽东、朱德、王稼祥致电刘少奇、陈毅、叶挺、项英，指出：国民党军"无论何部向我进攻，必须坚决消灭之。只有消灭此等反共部队，才有进攻日寇之可能。你们的部署与决心是完全正确的，国民党任何无理责难都不要理它"。陈毅部大胜，振我士气，黄克诚南下增援是完全正当的。

10月11日 关于在山东缓和磨擦的问题，毛泽东同朱德、王稼祥致电彭德怀、朱瑞、陈光、罗荣桓："目前方针是缓和磨擦，强调团结。除电胡服、叶、项缓和对韩、李关系外，山东方面亦应对沈、秦缓和一下。只要沈、秦各部没有向我进攻，我即不向彼等行动，双方维持现状，各守现在防地，仅在彼方进击时，我才反击之。"

10月13日 毛泽东、朱德、王稼祥就韩德勤进攻失败后华中工作的方针问题向叶挺等发出指示。指出苏北韩失败后，我应加紧开展地方工作，建立抗日民主政权，扩大与整训自己的部队，在韩再向我进攻时，各个反攻击破之。对李品仙应力求和解。

10月14日 毛泽东、朱德、王稼祥致电陈毅并告刘少奇、叶挺、项英、黄克诚，提出同韩德勤等谈判的主要条件,请韩德勤及李明杨、陈泰运转陈国民党中央及顾祝同下令:"(一)停止安徽向皖东进攻。(二)撤退皖南对新四军之包围。(三)撤退苏南对新四军之包围。"

10月14日 毛泽东、朱德、王稼祥致电陈毅、刘少奇等,指出建设苏北抗日根据地是很重要的工作,要注意调节各阶层利益,实行政权的"三三制",预防"左"的危险。

10月18日 中共中央书记处发出关于优待反共俘虏的指示。指示说:"任何国内反共派向我进攻被我捕获之俘虏官兵、侦探人员、特务人员及叛徒分子,不论如何反动与罪大恶极原则上一概不准杀害。这一政策是孤立与瓦解反共派的最好办法,应使全党全军从上至下有普遍深入的了解。"

10月19日 何应钦、白崇禧以国民政府军事委员会参谋总长、副参谋总长的名义向八路军、新四军领导人朱德、彭德怀、叶挺发出电报(即"皓电"),指责八路军、新四军自全民族抗战以来"不守战区范围自由行动"、"不遵编制数量自由扩充"、"不服从中央命令破坏行政系统"、"不打敌人专事并吞友军",等等,并逼令八路军、新四军之各部队"限于电到1个月内全部开到中央提示案第三问题所规定之作战地境内,并对本问题所示其它各项规定切实遵守,静候中央颁发对于执行提示案其它各问题之命令"。

10月20日 顾祝同就如何对付皖南新四军问题召集会议。会上,顾祝同说,如果新四军不遵电令,向南或向西流窜,也得增加皖南方面的力量,做堵击的准备。顾并指示其情报室主任卢旭,要他密切注意新四军接到北移命令后的行动。

10月20日 周恩来电告叶挺、项英:蒋介石、何应钦逼新四军渡江的决定"决不会取消",因此"急应抢渡一部"。同时,明确指出在安徽无为渡江有危险,"宜在无为以东地区渡江",并要叶、项向顾祝同说明,如相逼太甚,背水之军只有向南冲出一条生路,如此或可使顾在执行蒋、何密令时有所顾虑,便于我方转移和布置各方面的分散。

10月24日 周恩来又将国民党顽固派反共高潮情况及意见报告中共中央,指出何白19日电及期限,是依其预定计划进行的。期满后,必对鲁、苏、皖、鄂、豫东实行局部讨伐,对华北边区实行严格封锁,停发军饷,对大后方则极力摧残中共及进步团体、进步分子,对办事处则公开监视或封闭。周恩来在电报中指出：目前的政治军事形势，已证明国民党顽固派发动的反共高潮上升，何、白19日电表明了他们的决心，中间势力一部分已在畏缩，一部分已参加反苏反共。如果国际形势更有利于英美派，局部"剿共"会进入全面反共，形势将会日益恶化。因此提议：（一）19日电（"皓电"），我们不能同意，但不能置之不理；（二）军事上有两个方案：一是将新四军主力开至江北，便于我军集结应战；二是主力立即分散。电报说，重庆已陷僵局，我们正在向各方做解释工作，报纸宣传已被封锁，现力争油印散发文件抗议及口头宣传。

10月25日 毛泽东关于在目前国际形势下准备应付任何黑暗局面问题给周恩来发出指示，指出：国民党现在发动反共新高潮的目的，一方面为参加英美同盟肃清道路，好把民族资产阶级、上层小资产阶级拉过去；另一方面有向日本示意的作用，以求交换日本对他的让步。我们要准备蒋介石发动全面反共，要准备对付黑暗的局面，而任何黑暗的局面我们都是不怕的。

10月25日 关于对世界形势的估计及对国民党可能进攻的对策，毛泽东复电周恩来并发彭德怀、刘少奇、项英，指出：国民党英美派"现在仍是动摇于英美路线与贝当路线之间，他们仍不敢过于得罪苏联，全面反共的决心也不容易下"。"但我们应估计到最困难最危险最黑暗的可能性，并把这种情况当作一切布置的出发点。"目前，"我们的对策是稳健地对付国民党的进攻，军事上采取防卫立场，他不进攻，我不乱动。政治上强调团结抗日"。电文强调独立自主的抗日战争，"各根据地上实行完全的自足自给（边区已有准备），再支持一年，世界形势就大变了，目前是准备待机时期"。

10月29日 毛泽东收到周恩来关于对付国民党新高压政策的意见的电报，立即转发彭德怀、刘少奇、项英、陈毅。周恩来来电说："国民党目前是从局部讨伐入手。一月满期后，拟宣布取消新四军番号及八路军、新四军的各地办事处，然后实行局部讨伐，亦即东讨北锁的高压政策。"

10月31日 苏北抗敌和平谈话会在曲塘举行。苏北抗敌和平会议原订30日召开，因韩德勤拒不派代表参加改作谈话会，陈毅、李明扬、韩国钧及其他地方实力派参加了会议。会议通过了改造江苏的临时办法和基本办法。会议决定将上述办法由李明扬及韩国钧携往韩德勤面谈，再定期开会，地点在海安韩国钧家中。11月13日，蒋介石致电韩德勤，令其将曲塘会议真象"迅速查明,详复为要"。15日,韩德勤复函,隐瞒自己的言论,歪曲事实真象,诬称这些"全系共产党假造民意,图混乱听闻,搪塞中央之诡计"。

11月1日 毛泽东发出关于目前时局的指示,指出一个月来英美与日德意在中国的斗争是异常激烈的,后者要求中国政府放弃中日战争加入日德意同盟,前者要求中国放弃独立战争加入英美联盟。蒋介石现在是待价而沽,一方面准备加入英美联盟,一方面准备加入日德意同盟。无论哪种局面,国共间的严重斗争是不可免的。蒋介石不论投降日德意或投降英美,均将给中共以大的打击,用武力驱逐新四军、八路军于老黄河以北而严密封锁之,这一计划是下了决心的。但不管局面怎样严重,我们是能够冲破的,这种信心应在全党树立起来。

11月1日 毛泽东、朱德、王稼祥发出关于加紧准备粉碎蒋介石严重进攻的指示,指出蒋介石已通知限在11月20日以前将在华中与山东的新四军、八路军,一律开至华北,准备期满后向华中等地发动进攻。指示要求华中和皖南立即开始加紧军事政治方面的准备,补充兵员,厉行整训,征集资财,加紧根据地的创造与巩固,加强友军中统战工作,并预计如何打破蒋介石的这一严重进攻,预先向民众宣传反共如何是罪恶。

11月1日 中共中央发出皖南新四军部队行动方针指示。具体指出叶挺及一部分工作人员必须过江北指挥江北大部队。项英及皖南部队或整个移苏南再渡江北,或整个留皖南准备于国民党进攻时向南突围,二者应择其一。同一天,周恩来两次向中共中央、毛泽东报告,说明重庆各方希望中共取缓和缓转的政策,勿使国共分裂。报告还陈述了南方局对解决目前危局的办法建议中央考虑:(一)用朱德、彭德怀、叶挺、项英名义公开答复何应钦、白崇禧并转蒋介石,要求解决悬案。表示在充分保障扩军、弹饷之下,可将新四军调至江北,使能延缓一两个月时间,便于我们做应付事变之布置;(二)一切照旧,准备打了再说。但也须先向何、白说明不能移动之苦衷。

11月1日 中共中央书记处复电周恩来、秦邦宪、何凯丰、叶剑英,指出:"对何'皓电'则尚须迟几天拟复,因'皓电'是哀的美敦书,我们态度须恰当,并无置之不理之说","根本问题是此次决裂即有和大资产阶级永久决裂之可能,故政治措词容易,军事部署困难"。目前有两个方案:(甲)政治上进攻,军事上防御。(乙)政治与军事上同时进攻。

11月1日　毛泽东同朱德、王稼祥复电叶剑英："（甲）三十日电悉。要求顾祝同划郎溪、广德、溧阳、溧水、金坛、宜兴六县为我防地，并保证移动时沿途的安全，你们可答应移苏南。如顾不同意，可求希夷先生去苏北一行。（乙）皖南各友军中联络工作应大大发展。这对于你们今天有特别严重的意义和作用，你们在这方面的成绩是不大的。"

11月1日　中共中央书记处致电项英："（一）希夷及一部工作人员必须过江北指挥江北大部队。（二）你及皖南部队或整个移苏南再渡江北，或整个留皖南准备于国民党进攻时向南突围，二者应择其一，这一点可以确定。（三）如移苏南须得顾祝同许可，如顾不许可则只好留皖南（因据来电直过皖北已无可能），但须准备打内战，并蒙受政治上不利（蒋介石'进剿'新四军的计划是决定了的）。望考虑电复。"

11月1日　国民政府军委会政治部文化工作委员会正式成立。国民党为强化法西斯文化专制，借改组军委会政治部之机撤销了政治部第三厅，企图把郭沫若为首的一大批左翼文化工作者排挤出去。周恩来对此表示严重不满，并表示愿将三厅全部文化人接到延安。后经新任政治部长张治中的转圜，决定于政治部之下，设立一个从组织机构到活动范围，都大大小于三厅之文化工作委员会，由郭沫若为主任委员，阳翰笙为副主任委员。新组成的文化工作委员会，虽受到种种限制，面临重重困难，但在南方局和郭沫若的领导下，继承和发扬了第三厅时期的战斗作用。

11月2日　毛泽东关于对蒋介石反共形势的分析及我们的部署给周恩来，指出中央几次会议都觉得此次反共与上次不同，如处理不慎，则影响前途甚大，主张争取缓和，准备抵抗。此次如果蒋介石投降，必然是四分五裂，我们有50万军队，有全国人心，虽有无穷困难，是能打得开局面的。并告诉周恩来，复何、白的电报已拟好，10日左右发出。

11月2日　周恩来、秦邦宪等致电毛泽东并中共中央书记处："东电则到，根据中央判断，决策既定，我们即遵照电示，向一切紧张布置。惟既准备决裂，即需顾及外间疏散隐蔽需时，中央宣言及回何、白复电，均请缓发，以免打草惊蛇，使各方受到不可能避免的袭击，同时我们并争取最后可能。先派秦邦宪、凯丰乘飞机到兰州转延安，一切如何，请立复。"

11月3日 中共中央书记处复周恩来电:"(甲)冬酉电悉,所见甚是,望即刻开始作紧急布置,秦邦宪、凯丰即回。(乙)我们的炸弹宣言,已决定缓发,待时机成熟时发,并先得你的同意。复何、白电,亦推至十号左右,惟此电内容决取缓和态度,在彼方没有动兵以前,一切对外表示,均取缓和态度,不必着忙。(丙)军事方面正在部署。"

11月3日 毛泽东、朱德、王稼祥致电刘少奇,指出:"目前时局,处在转变关头,我们处理恰当与否,关系前途甚大。蒋介石准备投降,决心驱我军于黄河以北,然后沿河封锁,置我于日蒋夹击中而消灭之,其计至毒。""在此次反共高潮中,甚至以后相当长时期内,我们与蒋介石并不表示而提出请求撤惩何应钦,坚持抗战国策,撤退反共军,给人民以自由,释放抗日政治犯恢复国内和平,召开国民大会等条件。""惟你们一切部署,应放在反共军必出动之判断上,放在最黑暗局面上,丝毫不能动摇,以免上蒋的当。"

11月3日 中共中央致电周恩来,指示即刻按南方局的意见"作紧急布置",秦邦宪、凯丰即回。但在彼方未动兵之前,一切对外均取缓和态度。同日,毛泽东在发给周恩来的电报中又指出,蒋介石目前还处在三角交叉点上:投降还在讨价还价;依靠英美取胜,近一二年内又不大可能;一心要"剿灭"共产党,又怕内乱,更怕共产党和苏联。因此,只有共产党、中国人民(包括中间派及蒋集团中的部分将领)及苏联三方面的压力配合得好,才能制止蒋介石集团的投降。目前我们答应皖南部队北开,答应和平解决,避免内战,做到仁至义尽。我们的政策是:一方面极力争取好转,避免内战;一方面准备应付投降,应付内战,而把重点放在后一方面。立即准备对付黑暗局面,这是全党的中心任务。有了这一着,就不会吃亏、上当,就不会重蹈陈独秀的覆辙了。现在是一个历史的转变时机,是一个中国革命带突变性的时机,故须紧张地应付之。

11月3日 毛泽东、朱德、王稼祥致电叶挺、项英,告以中央决定用朱德、彭德怀、叶挺、项英名义,答复何应钦、白崇禧皓电。电文指出,对国民党取缓和态度,以期延缓反共战争爆发时间,皖南方面决定让步北移。

11月3日 毛泽东致电李克农、项英,指出反对直接投降是目前全国的中心任务,迅速动员起各方面舆论,制止投降与内战;加紧统战工作,尤要向粤桂军队说明反共和投降是一回事,告诉他们不要上蒋介石的当;速告各方准备对付全国规模的黑暗局面,全党应该完全地有秩序地退却下来。

11月5日 中共中央致电周恩来,要他向何应钦、白崇禧及各方表示,为顾全大局,愿意让步,新四军皖南部队将遵令北开。并说明中共桂林办事处尚须暂时保留,准备撤退。

11月6日 为动员党内外一切力量制止蒋介石"剿共"降日,毛泽东致电李克农、项英、董必武并告周恩来,指出:我们应向国民党人员及各方奔走呼号,痛切陈词,说明"剿共"则亡党亡国,投降则日军必使蒋崩溃。但说话时,不要骂蒋骂国民党,只骂亲日派。要告诉党员和一切抗日人员,只要大家团结与积极活动,制止"剿共"投降还有可能性,还有这种时间。

11月7日 毛泽东致电季米特洛夫和曼努伊尔斯基,指出:"蒋介石准备投降,最近授意开展广泛的反共运动,为其直接向日本投降扫清道路","在我们力量周围筑造堡垒(现在已在大规模地进行),把我们置于日本人和蒋介石的火力之下,以期把我们消灭"。对此,"我们的军事计划是,留下我们的多数部队(约35万)在各抗日根据地同日本人作战,拿出部分辅助部队和突击部队(约15万)打击敌围剿军后方,即在河南、甘肃等省,彻底粉碎蒋介石的这次围剿,进而克服投降危险,争取使政治局面向好的方面转变"。毛泽东在电报中还一方面表示:"在日本人和蒋介石联合进攻情况下,如果我们不采取上述军事措施,那就无法防止他们的进攻";另一方面又担心,"如果我们采取相应的军事措施,那么蒋介石为了欺骗人民,必然指责我们破坏抗战。其结果可能是我们和蒋介石彻底决裂。因此,这在政治上对我们并无好处"。11月12日,收到毛泽东的电报后,季米特洛夫对中共的军事计划非常忧虑,立即给毛泽东复电,要中共中央在共产国际"对这个问题尚未作出相应的研究之前暂缓作出决定"。

11月7日 中共中央发出《关于反对投降挽救时局的指示》,要求全党动员起来,联合一切积极分子,利用一切可能的方法向政府当局,向国民党,向军队,向各党各派各界诚恳积极的说明:"剿共"就会亡国,投降必使中国四分五裂,必使抗日军队瓦解,必使全中国人民陷牛马奴隶的境地。指示指出共产党愿意与各党各派各军各界为挽救民族危亡团结到底,但对亲日派与内战挑拨者决不容忍。指示明确指出:"时局危机极端严重,全党必须动员起来,反对投降分裂,挽救时局危机";"全党中心任务是反对投降与内战，我们过去对顽固派斗争的火力，现在主要的要转移到亲日派与内战挑拨者身上，以此为中心而痛击之"；"亲日派从拥护蒋之反共政策着手，极力助蒋反共"，目前蒋还站在投降、加入英美集团或继续独立战争的交叉点上，"还要争取他"，以期延长抗日的时间，哪怕是最短的时间也好；加强反投降、反内战工作和统战工作，在抗日根据地，必须坚持长期的独立自主与自立更生的抗日战争，同时必须准备应付任何严重的反共战争；在白区，要有秩序地隐蔽起来，"严防突然事变的袭击"。指示还要求加紧统一战线工作，尽可能团结一切可以团结的力量。

11月9日 朱德、彭德怀、叶挺、项英发出"佳电"，以复何应钦、白崇禧10月19日"皓电"。"佳电"揭露了国民党顽固派反共投降阴谋，驳斥了何、白限令黄河以南新四军、八路军北移的荒谬提议；但为顾全大局，委曲求全计，同意将新四军江南部队移至长江以北，江北部队"则暂时拟请免调"。同时"佳电"向何、白提出"切忌煎迫太甚，相激相荡，演成两败俱伤之局"的警告。在"佳电"未发出之前，毛泽东、朱德、王稼祥就皖南新四军北移问题3日给叶挺、项英发出的指示中指出，何、白"皓电"，中央决定采取和绥态度，以期延缓反共战争爆发时间。对皖南方面，决定让步，答应北移。在"佳电"发出的当天，毛泽东就"佳电"发出后各项工作部署给周恩来发出指示，指出"佳电"由你处转交何、白。电中明确区分江南、江北部队。江南确定主力北移，以示让步，江北确定暂时请免调。彼方如进攻，我方必自卫，也请你处对外宣传，以期停止彼之进攻。毛泽东在电报中还指出，10日叶挺去上饶会见顾祝同，拟谈开拔费、军需补给、保证通过安全及到苏南稍作停留等条件。请考虑可否对张冲表示，如汤东进则战事难免，皖南部队北移也难免发生波折，我方均不负责任。他还告诉周恩来，少奇已到盐城，正与克诚、陈毅开会，准备对付汤恩伯、覃连芳进攻。10日，毛泽东就与顾祝同谈判问题指示叶、项：请质问顾，一面苏北言和，皖南令我北移，一面派20万大军东进，是何用意？是否彼方已准备决裂？叶谈判时应以此项大局为第一位问题，其余都是第二位问题。遵照中央指示精神，叶挺赴上饶与顾祝同进行了面谈。其中关于北移路线问题，经顾祝同同意，确定由皖南动身，经苏南渡江移往苏北。

11月10日 蒋介石密令国民党第三战区司令长官顾祝同"按照前定计划，妥为部署并准备"，如新四军不在1940年12月31日前北移，"应立即将其解决"。

11月10日 毛泽东同朱德、王稼祥致电刘少奇、黄克诚、陈毅、陈光、罗荣桓,指出:"东北军五十七军霍守义师已由鲁南向苏北转移,这对苏北是一个麻烦的问题。你们必须立即考虑应付策略,指示徐海线附近部队,我对东北军基本政策是争取,不是打击,你们应考虑于其南下时,我取欢迎态度(不管他如何顽固),告以苏韩各种反动证据,劝其不要参加磨擦,于其向我进攻时,我应先取让步态度,只有至万不得已时才作自卫反击,但随即退还人枪,争取友好。"

11月11日 《解放》周刊发表社论《目前时局的严重危机》,指出今天存在严重的投降危险和反共内战危险,希望全国抗日的其他多党多派与无党无派的人士,共同起来反对。社论还向蒋介石郑重声明,中国共产党人是拥护蒋先生及蒋先生领导抗战到底的,恳切需要蒋先生坚决排除包围左右、挑拨内战、阴谋投降的亲日派。

11月12日 毛泽东致电周恩来、叶剑英:根据7日国民党中央所发第二十四号政治情报,足证彼方目前尚无投降与全面"剿共"的决心,我方反投降反内战的活动如果有力,制止投降、内战尚有可能性。

11月12日 毛泽东致电周恩来、李克农、项英、刘少奇、陈毅、董必武,指出:"蒋介石一面调兵遣将准备进攻新四军,一面却仍怕乱子闹大不好收拾。你们应向各方面放出空气,略谓华中方面有三十万大军(二十九个师)准备向新四军进攻,我们希望能停止出动,以免演成内战,两战俱伤,敌人获利。但如一定要打新四军,则新四军不能不自卫,八路军亦不能坐视不救,那时乱子闹大,彼方应负其责。这种空气如放得适当,可能停止或延缓其进攻。"

11月12日 毛泽东再致电周恩来、李克农、项英、陈毅、刘少奇、黄克诚、彭雪枫、董必武、彭德怀,指出:你们应将蒋介石调动29个师进攻新四军的事实公开宣布,不应秘密。"你们应向各方宣传上述军队准备大规模进攻的严重形势,如果打响,就是大规模内战,鹬蚌相争,只使日本人渔人得利。目前苏北业已和平,如又发生战争,新四军不能不自卫,八路军亦不能坐视,衅由彼启,我们不能负责。你们应向各方奔走呼号,为制止内战挽救危亡而奋斗。"

11月13日 毛泽东致电周恩来、叶剑英,请向何应钦、白崇禧交涉,撤退准备进攻新四军的霍守义、莫德宏两个师,并停止其他部队的行动,否则我军将实行自卫,届时责由彼负。

11月13日 毛泽东、朱德、王稼祥致电刘少奇、陈毅、黄克诚:"目前正从重庆设法,缓和汤、李进攻,朱、彭、叶、项联名致何、白'佳电'已发出,周、叶正在谈判,做到仁至义尽。如彼最后决心进攻,毫无转圜余地,我们方可动手打韩,故目前只能作打准备,不能马上动手,至必须动手时,我们当有命令。"

11月13日 毛泽东、朱德、王稼祥致电彭雪枫并告刘少奇:"(一)目前在政治上军事上均只能作防御的自卫战。(二)只能依靠现有兵力,不能希望华北增援。(三)目前在重庆办交涉,须做到仁至义尽,不能马上动手打。"

11月13日 毛泽东、王稼祥致电彭德怀:"对于国民党在华中举行的军事进攻,决采取自卫的防御战,兵力上除陈、罗调动一部外,华北各部暂不调动。另在重庆及各方进行统战活动。以求在政治上取得有理有利地位,并使抗战能再拖一时间,这种可能性还未丧失。"

11月14日 毛泽东复电周恩来:"根据七日中央指示及朱彭叶项'佳电'所取政治立场,军事上亦取完全自卫的防御战,并力求不爆发大冲突。""已令苏北取拉韩政策,非至万不得已时不得解决韩,与重庆活动配合一致。"

11月14日 国民党军令部拟订了《剿灭黄河以南匪军作战计划》,规定:第三、五两个战区的国民党军主力,应避免与日军作战,集中力量,分期迫使中共军队撤至黄河以北。限顾祝同的第三战区于1941年1月底前,"肃清"江南新四军,然后"肃清"苏北新四军;第五战区李宗仁所部,限于2月底前"肃清"黄河以南的八路军和新四军。接着,何应钦于12月3日向军令部长徐永昌指示了"解决"新四军的作战部署。4日,徐永昌据何指示,拟订了"解决"皖南新四军的作战方案,由蒋介石批示"照办"后,更加紧了围歼皖南新四军的步伐。

11月15日 毛泽东致电周恩来、董必武、刘少奇、彭德怀等,提出中国共产党在击退蒋介石反共高潮中的斗争策略:对皖南取让步政策(致北移),对华中取自卫政策,而在全国则发动大规模反投降、反内战运动,用以争取中间势力,打击何应钦亲日派的阴谋挑衅,缓和蒋介石之反共进军,拖延抗日与国共合作时间,争取中国共产党在全国之有理有利地位。电报指出："蒋对华中压迫已具决心,因此我要积极准备自卫。"电报认为,只要各方面的工作做得好,这次反共高潮是可能打退的。

11月19日 国民政府开始停发八路军经费。国民政府军政部军需局通知八路军西安办事处,奉军政部长何应钦之命,从19日起,停止发给八路军经费,10月欠发之20万元,亦一律停发。28日,朱德、彭德怀就何应钦宣布停发八路军经费一事,通电质问。

11月21日 毛泽东在给周恩来、李克农、项英、刘少奇、彭德怀的电报中明确指出："只要蒋介石未与日本妥协,大举'剿共'是不可能的,他的一切做法都是吓我让步,发表'皓电',是吓,何之纪念周演说是吓,汤、李东进也是吓,胡宗南集中四个师打关中也是吓,命令李克农撤销办事处也是吓,他还有可能做出其他吓人之事。除吓人以外,还有一个法宝即封锁。""对一切吓我之人,应以我之法宝(政治攻势)转吓之。""我除在文章上《佳电》表示和缓及皖南一点小小让步外……其他是寸土也不让。有进攻者必粉碎之。"只有软硬兼施,双管齐下,才能打破蒋介石的诡计,制止何应钦的投降,争取中间派。单是一个软或单是一个硬,都达不到目的。11月30日,毛泽东又强调中共中央对反共逆流的态度："表面缓和,实际抵抗,有软有硬,针锋相对。缓和所以争取群众,抵抗所以保卫自己,软所以给他以面子,硬所以给他以恐怖。"

11月21日 中共中央书记处致电叶挺、项英,指出："你们可以拖一个月至两个月(要开拔费、要停止江北进攻),但须认真准备北移。我们决心以皖南的让步换得对中间派的政治影响。"

11月23日 毛泽东同朱德、王稼祥致电冯白驹："顽军有向你们进攻可能,你们应从军事上政治上加紧准备粉碎其进攻,其方法是待其进攻时集中主力,打其一部,各个击破之。"

11月24日 毛泽东同朱德、王稼祥致电叶挺、项英："(一)你们必须准备于十二月底全部开动完毕。(二)希夷率一部分须立即出发。(三)一切问题须于二十天内处理完毕。"

11月24日 毛泽东同朱德、王稼祥再致电叶挺、项英:"立即开始分批移动,否则一有战斗发生,非战斗人员及资材势必被打散。"

11月24日 毛泽东、朱德、王稼祥致电萧克,指出:"目前时局在转变关头,我党一面须坚持各抗日根据地,一面须准备对付蒋介石的'剿共'战争。平西、平北及冀东区域的坚持与发展,增加了对整个局势的意义,望从艰难中支持下去,与聂、彭打成一片。""军委历来对你处没有多少帮助,今后将更少帮助,一切望你及同志们独立支持之。"

11月25日 毛泽东、王稼祥致电徐向前、朱瑞、陈光、罗荣桓:应极力争取东北军于学忠部,对于部进行的小磨擦,在行动上应稍加忍让。"东北军是中间势力,与我有西安事变前后之友好历史,我对之应争取团结态度,决不能轻启衅端,即顽固分子从中挑拨,我们亦应加以忍让为要。"

11月26日 在得到了斯大林的批复后,季米特洛夫在给毛泽东的复电中指出:中国目前的局势很不明朗,很不确定。至少蒋介石还没有彻底决定向日本投降。第一,"群众的情绪有利于继续进行抵抗,并有强大的军队,在坚决主张继续抗战的共产党领导之下,这些无疑对蒋介石有遏制作用"。第二,"蒋介石最听英国人和美国人的话,在德意日三国协定签署后,英国人和美国人特别关心继续和加强中国的抵抗运动,以阻止日本在中国以外的其他战场表现出很大的作战积极性。他们也在本着这种精神对蒋介石施加影响"。第三,"苏联的友好态度也不能不对蒋介石具有意义"。针对蒋介石要求八路军、新四军从华中和山东撤出的问题,季米特洛夫提出应"暂时实行拖的方针",同蒋介石进行讨价还价,力求赢得尽可能多的时间。并强调说:"你们无论在任何情况下都不能首先对围剿军发起攻势,不给蒋介石机会在人民面前把你们说成是抗战的破坏者,并利用你们的行动来为他同日本人签订妥协和约的企图作辩解。""如果蒋介石还是对人民军队采取进攻行动,那就要全力打击来犯敌军。"这样,"决裂和内战的责任完全在蒋介石身上,并且你们军队能够得到民众更多的支持,要比你们现在作为对可能的进攻的预防措施而对中央军采取的进攻行动得到的多得多"。

11月27日 中共中央政治局召开会议,毛泽东在发言中指出:现在,统治阶级内部是分裂的,国民党统治总的特点是不巩固。在资产阶级中,民族资产阶级与大资产阶级是分裂的;在地主阶级中,开明绅士与大地主是分裂的;在大资产阶级中,英美派与亲日派是分裂的。国民党外部阵地与内部阵地都不巩固,即中日间、国共间的阵地是不巩固的,内部各派之间的阵地也不巩固。因此,蒋介石要实行反共的统一战线,进行两面战争,既要抗日,又要反共。只要蒋介石不投降,就仍处在日军的进攻中,这是一条严重的战线。所以,目前蒋介石的反共只能实行攻势防御,即军事攻势、政治攻势、思想攻势。目前主要的还不是军事攻势。军事上可能采用战役的攻势。要打破国民党的反共统一战线,需要三个条件,即日本的进攻,德国的积极行动,共产党积极地打破反共统一战线,而主要的在于共产党的力量与正确政策的实行。共产党打破反共统一战线的政策是:表面缓和,实际抵抗,局部战斗,针锋相对。

11月27日 毛泽东为中共中央及中央军委起草致彭德怀、贺龙、刘伯承、聂荣臻、吕正操等电,指出:为应付突然事变起见,须准备7万精锐部队,待命行动。从第一二〇师、晋察冀军区、冀中军区、第一二九师和留守兵团抽选精锐组成,一切准备工作限1941年2月1日前完毕。

11月28日 毛泽东致电董必武:胡宗南调动大军准备不日向关中边区进攻。在胡进攻期间,西安空气必十分紧张,望令西安办事处人员加紧检点,准备应付紧急情况。

11月28日 毛泽东同朱德致电王世英:第六十一师钟师长已向胡宗南请示如何处置你们办事处及电台,可能对你加以危害。应征得阎锡山同意后撤去克难坡附近。向阎锡山、杨爱源、赵承绶说明国民党反共是自杀政策,我们希望晋绥军取中立态度,双方维持友好。

11月29日 新四军发起曹甸战役。韩德勤在黄桥战役失败后,虽无力再战,但他并不甘心,11月15日又纠集顽军数万人先后向皖东、苏北新四军发动围攻,并张贴"消灭共匪""'围剿'新四军"之类标语,先后攻占了阜宁县西南的风谷村、益林、东沟等地,并有继续扩张之势。华中新四军、八路军总指挥部为了粉碎他们的进攻,彻底解决苏北问题,于11月29日发起曹甸战役。他们集中十个团,分三路由东向西逐次攻击前进,相继攻占北宋庄、蒋营、陶家林等地,并完成对安丰、曹甸、平桥诸点的包围。12月13日,新四军苏北指挥部第一、二纵队和八路军第五纵队第一支队总攻曹甸,15日突破前沿阵地,韩德勤部伤亡惨重。但由于新四军和八路军初次配合作战,缺乏水网地区攻坚战的经验,战斗准备不充分,且伤亡较大,故华中总指挥部决定停止攻击曹甸,改取持久围困战术。此役历时18天,歼顽军8000余人。

11月30日　国民政府军事委员会军令部次长刘为章与张冲约见周恩来和叶剑英,正式转达蒋之意见,即蒋同意在《中央提示案》内容不变的情况下,中共军队北移可展缓,但至12月底为止,黄河以南之十八集团军必须移至黄河以北,长江以南之新四军必须移至长江以北,至1941年1月底,新四军亦须全部移至黄河以北。12月8日,周、叶复见刘,表示新四军北移问题已就地与顾祝同商洽,但因请求补发饷弹等项尚未得具体之解决,且长江交通被敌控制渡江不易,而江北国民党军队又有围攻之势,以致新四军北移尚难实现,故拟由项英副军长来渝直接与中央交涉新四军北移过程中江北国民党军队不致切断其交通联络线和停止扣发饷弹两个问题。9日,刘再见周、叶,告之蒋对项来表示拒绝,称新四军北移问题已电顾负全责就地解决,同时说明停发军饷系军政部下令,现因新四军经费可发至1941年1月底,如届期能达成命令,则将继续发给经费。周、叶等对十八集团军和新四军整个北移的问题不予明确答复,刘已注意到这种交涉绝不能达到迫使共产党就范的目的,因此刘在向蒋、何提交书面报告时即明白主张:"尔后除按既定计划,以武力实际行动以观后果外,口头上之谈判,似无继续必要。"

11月30日　日本政府公开承认南京汪精卫伪政权,同时公布了汪精卫和日驻汪伪政权的特命全权大使阿部信行签订的《日满华共同宣言》。

11月30日　毛泽东关于目前蒋介石反共政策的实质及中共的方针,致电周恩来、叶剑英并告彭德怀、刘少奇、项英,指出:"此次蒋、何、白串通一气,用皓电、调兵、停饷、制造空气、威胁办事处等等手段,全为吓我让步,并无其他法宝。"还是我们历来说过的话,蒋介石既不能投降,又不能"剿共",这种可能依然存在,他只有吓人一法。"蒋现在的特点是内外不稳固(内外危机交迫)。在他统治下,军、政、财经、文化、人心一概不稳固,其危机在蒋历史上是空前的,这是其内部不稳固。对敌对我没有防线,这是其外部不稳固。为挽救危机稳固内外防线起见,结成蒋桂联盟。""其中心战略是攻势防御,以攻势之手段,达防御之目的,决非全般战略攻势,因为这是不可能的。""本质上蒋与过去一样,依然未变,仍是又抗日又反共的两面政策,而其对日则是绝对防御(毫无攻势),对我则是攻势防御,所以(一)不稳固;(二)两面政策;(三)攻势防御。这三点就是蒋目前的全般实质。在此情况下,我之方针是表面和缓,实际抵抗,有软有硬,针锋相对。缓和所以争取群众,抵抗所以保卫自己,软所以给他以面子,硬所以给他以恐怖。"而真正的军事调动,只有第一一五师两个团,其他一律不动,但各地仍须积极准备。

11月30日 毛泽东致电季米特洛夫,指出:蒋介石现在在积极组织反共统一战线,其骨干是蒋介石和桂系集团。我们的政策是:"1.对我们采取温和态度,我们就准备作出一些不大的让步,如从长江以南地区撤出军队,其目的在于争取中间派,也是为了不给内战挑拨者提供借口。2.划清以何应钦为首的大地主大资产阶级亲日派同以蒋介石为首的大地主大资产阶级亲英美派的界限。3.划清大资产阶级同民族工商资产阶级的界限,划清最反动的大地主同比较进步的地主和绅士的界限。4.团结所有对蒋介石不满的地方集团和左翼国民党人士。5.准备实力,一旦蒋介石发起军事进攻,要实行坚决自卫的政策。"

12月1日 中共中央致电周恩来、叶剑英,提出与国民党谈判的12个条件,即:(一)我皖南部队北开,但需延期。(二)我苏鲁皖部队绝对不能移动。(三)我华北部队无粮无弹,准备南下。(四)国民党应停止进攻陕甘宁边区。(五)国民党释放罗世文,我方释放孙启人。(六)停止在陇海路、咸榆路捕人扣车。(七)张国焘、叶青不应聘为参政员,否则我将退出参政会。(八)桂林八办不能取消。(九)国民政府应给八路军、新四军发饷,欠饷亦应补发。(十)停止石友三隔离黄河的行动。(十一)保障我在各地办事处之安全。(十二)拒绝与何应钦、白崇禧谈判,要求与蒋介石直接谈判。

12月2日 韩德勤致电蒋介石、何应钦,报告他所属部队在苏北东台、盐城地区进攻新四军,屡遭失败,求派大军驰援,并派机送款接济,以挽苏北危局。蒋介石批示:(一)令汤(恩伯)部迅速行动,以资策应。(二)对江南新四军即令北移,否则采取军事行动。

12月3日 毛泽东电项英,询问新四军与皖南部队是否已作好应付突然事变的各项准备工作。

12月3日 何应钦亲笔上书蒋介石,提出"可令汤恩伯东进,但仍恐缓不济急。故……第三战区仍将江南新四军立予解决"。12月10日,蒋介石密令国民党第三战区司令长官顾祝同,令"该战区对江南匪部,应按照前定计划,妥为部署,并准备如发现江北匪伪竟敢进攻兴化或至限期(本年十二月三十一日止)该军仍不遵命北渡,应立即解决,勿再宽容"。根据蒋介石的这个命令和国民党军令部的计划,国民党第三十二集团军于12月29日在宁国万福村制定了一个《进剿匪军计划》。计划明确规定："以策应苏鲁友军作战，决先扫荡苏南皖南一带匪军匪党为目的，于苏南方面对敌伪及匪军采取守势，以主力逐步构筑碉堡，稳进稳打，摧破皖南方面匪巢，务求彻底肃清之。"因此，要求"任皖南方面进剿队，应于12月31日以前，秘密推进至南陵、泾县、茂林村、铜山徐、小河口、水东濯、包村、乔木湾、钱家桥、丫山镇之线，扼要构筑工事，确实联系，对匪区严密警戒，随时防止匪军乘隙逃窜，并防其以各个击破之手段集其主力向我反攻。攻击开始后，两翼军协力先进出南陵戴家会、峡山口之线，尔后向北压迫，务于长江南岸歼灭之"。

12月4日 国民政府军令部密令第四十八军，对长江南北两岸新四军联络线及登陆地点繁（昌）泥（议镇）线、无（为）凤（凰）线、无（为）胡（陇）线、铜（陵）土（桥）线，严加防堵。

12月5日 中共中央关于张国焘出席参政会问题指示周恩来，指出对张国焘态度是原则问题，须对彼方严正提出，如彼方令张国焘出席，是表示彼方愿以张国焘合作代替同我们党合作，我们即不能参加参政会，此点绝不能让步。如彼方不顾抗议，我们决定真正不出席。彼方尚愿顾全国共合作，自可令张国焘自动撤销参政员。

12月6日 毛泽东、王稼祥致电周恩来、叶剑英并告叶挺、项英、彭德怀、左权，指出：为隔断韩德勤、霍守义，打通苏、皖，以便黄克诚增援皖东，粉碎桂军莫德宏之进攻起见，新四军苏北部队必须从淮安、宝应间打开一缺口。苏北新四军各部正与韩部在曹甸、安丰激战，韩部已被截断，只待曹甸、安丰、阳念、黄浦、平桥等地占领，此次战役即可结束。仍留兴化、高邮及他处不打，保存韩德勤。此缺口打通后，黄克诚主力即可向皖东增援。

12月7日 蒋介石批准国民政府军事委员会军令部11日14日拟定的"剿灭黄河以南匪军作战计划"。12日10日军令部部长徐永昌致蒋介石签呈中提出"有先行下达命令之必要，如十二月三十一日尚未遵守令北移，应即将江南新四军立予解决"。

12月8日 延安《新中华报》发表社论《抗议停发八路军经费》，指出11月19日，军需局面告八路军西安办事处，谓奉军政部长何应钦之命令，从8日起停止发给八路军经费，即10月欠发的20万元也一律停发。事实上自1939年的8月迄今，八路军未得到政府一颗子弹和一片药物的接济，八路军所领到的军饷经费更是极少，以50万人之众,领 4.5 万人之饷,平均每人不过数角,而今竟不够维持半饥半寒之经费也予停发,其心至狠,其计至毒。这一事件适发生于分裂投降危险空前严重之时,其阴谋用意所在,不问而知。因此,我们对此事表示严重抗议,并要求最高当局立即取消这一非法克扣军饷的乱命,并从速实行已经允许扩编八路军、新四军和提高其待遇的诺言。

12月8日 何应钦、白崇禧再发"齐电",指责八路军、新四军"见敌则避,见友则攻"。并称"国军军纪谨严,必须维护",要求八路军、新四军"迅即遵令,将黄河以南之部队,悉数调赴河北"。

12月9日 蒋介石发出手令,提出"凡在长江以南之新四军,全部限本年12月31日开到长江以北地区,明年1月31日止开到黄河以北地区作战。现在黄河以南之第十八集团军所有部队,限本年12月31日止开到黄河以北地区,毋得再误"。

12月9日 国民政府密令各报馆"以泛指之口吻,影射中共违反军令军纪之行为,督促政府严肃军令,贯彻政令"。

12月10日 蒋介石又密令顾祝同对新四军皖南部队"按照前定计划妥为部署","立即将其解决,勿再宽容"。20日,何、白密电第二十一集团军李品仙,令其以第一七六师在江北无为附近占领阵地,待新四军渡江立足未稳之时,歼灭之。24日,国民政府军令部又密令第四十八军"派有力部队至长江沿岸堵截北移新四军"。29日,上官云相在安徽宁国召开作战会议,确定进攻部署,企图首先对新四军皖南部队构成东、南、西三面包围,尔后向北推进,将其压缩在长江边上,相机歼灭。同时切断苏南与皖南的联系,阻皖南新四军东进。

12月12日 中共青委发出《关于国民党区域青年统一战线工作的指示》,指出了青年统一战线的对象和工作方法。对象是:(一)主要是学校当局,包括大多数校长、教职员;(二)各界名流与学生家长;(三)青年的合法社团;(四)包括国民党、三青团的各个机关,尤其是下级干部和团员;(五)广大的中立青年。方法是:(一)赞助上述各种人的一切有益而无害的活动;(二)进行各种组织与活动,应尽量争取上述人士指导、赞助,参加与合作;(三)广交朋友;(四)强调必须重视社会关系和自己的社会地位,纠正轻弃自己职业和社会地位的错误;等等。

12月14日 中共中央书记处致电叶挺、项英,指出:"移动时间蒋限十二月底移完,我们正交涉展限一个月,但你们仍须于本月内尽可能移毕。""蒋以新四军正在移动,不同意项副军长来渝,因此中央决定项随军队渡江然后经华北来延安。""叶、项二人均以随主力去皖东为适宜,资材及后方移苏者可由周子昆、小姚负责指挥。"

12月14日 毛泽东致电周恩来、叶剑英、廖承志、董必武、李克农、叶挺、项英、刘少奇、陈毅,指出:"石友三通敌叛国,被其部下高树勋逮捕枪毙,大快人心,证明八路军反对石友三是完全正确的。卫立煌通电亦系宣布其通敌卖国状,惟国民党不宣布其汉奸罪状,谓其自由扩军不服调遣,杀鸡给猴看,又一对我之恐吓伎俩,望向各方面揭穿之。"

12月15日 关于向国民党提出制止对新四军的进攻,中共中央书记处致电南方局、东南局,指出:"应分别向顾祝同、何应钦及参政会特种委员会提出,江北苏、皖、鄂三省已在大举进攻新四军,皖南、苏南之新四军军部及其三个支队亦已被中央军重重包围有准备攻击讯,请其制止江北之进攻,撤退皖南、苏南之包围。"

12月16日 毛泽东同朱德、王稼祥致电刘少奇、陈毅并告叶挺、项英:"依大局看,大举'剿共'是不可能的,局部进攻是必然的。华中斗争是长期慢性斗争,我们要有决心与耐心。""苏北部队亟须整训扩大一短时期,然后以主力一部增援皖东。""皖南部队务须迅速渡江,作为坚持皖东之核心。其大批干部分配苏北、皖东两处建设根据地。"

12月17日 国民党海南行政专员吴道和琼崖守备副司令李春浓以其保安第七团全部和琼山、安定、澄迈、临高、儋县五个县的游击队共3000人,大举进攻共产党组织领导下的美合抗日根据地。经过三天激战,冯白驹所部主力撤出美合根据地,转移到琼、文地区。

12月18日 朱、彭、叶、项为新四军北移及苏北事件致电国民政府军令部次长刘为章指出:(一)新四军皖南部队决定北移,移动前请求对饷弹予以补给,现尚未领到,请暂缓移动时间至1941年春2月半;(二)老黄河以南、长江以北之部队,由于各种原因,实在困难移动,其中最主要者为求食问题,现华北灾情惨重;(三)请中央通令霍、莫、汤、李各部停止调动;(四)请求国民政府继续发饷,勿使间断,以利作战。

12月18日 毛泽东、朱德、王稼祥致电叶挺、项英:"(甲)重庆形势严重,项、曾二人暂勿离开军队。(乙)希夷及一部人员北上,望速作部署。(丙)秘密文件必须烧毁,严防袭击。"

12月18日 毛泽东、朱德、王稼祥再致电叶挺、项英,再次强调:"你们的机密文件电报须一律烧毁,切勿保留片纸只字,以免在通过封锁线时落入敌人手中,你们的密码须由负责人带在自己身上。"

12月19日 关于蒋、桂军在华中的军事动态及中共之对策的问题,毛泽东同朱德、王稼祥致电彭德怀、左权、陈光、罗荣桓、叶挺、项英并告刘少奇、陈毅,指出:(一)据西安消息,现在皖、豫交界之李仙洲三个师,准备东进援助韩德勤,有渡淮河向砀山前进讯。综合各方面情况,蒋、桂对华中进攻是有决心的。(二)以打击李仙洲为目的,望彭德怀、左权令杨得志率部南下,须于一个半月内达到彭雪枫地区,望陈光、罗荣桓令第五旅迅即南下,不可再推迟,应于半月内到达张爱萍地区,"望叶、项率部迅即渡江,应于两星期内渡毕增援皖东为要"。

12月19日 关于日汪条约签订后的形势问题,毛泽东同朱德、王稼祥致电彭德怀、刘伯承、邓小平、刘少奇、陈毅等:"在日汪条约签订后,此次严重的投降危险已被制止,故不应如十月、十一月那样地强调反投降了,否则不但国民党起反感,人民亦不了解。至日本诱降不会放弃,国内亲日派仍有乘机活动可能,那是必然的。国民党反共必然继续,进攻华中不会停止,但大规模内战与国共分裂是目前是不会的。"

12月20日 毛泽东同朱德、王稼祥致电刘少奇、陈毅,指出:"据叶、项电,叶军长及干部一部分准备渡江,你处需在江边作周密布置。""与韩谈判条件不可过苛,并须尊重李、陈各部利益。兴化、高邮地区应保留给韩,我军应停止于兴、高以外地区,苏北应全面休战,求得妥协,巩固已得阵地。"

12月21日 周恩来致函国民党代表张冲,并转告蒋介石,指斥国民党不断制造反共磨擦事件,希望国民党和缓严重局势,以利坚持抗战。

12月23日 为巩固和发展苏北根据地,扩大和整训军队,毛泽东同朱德、王稼祥致电刘少奇、陈毅、黄克诚、彭雪枫、张云逸,指出:"目前重心在苏北,其次才是淮北与皖东。故陈、黄两部及一一五师增加之两个团,目前均应集中于苏北,加紧整训扩大,努力巩固苏北根据地,并准备于蒋介石真正向我淮北、皖东进攻时,首先解决韩德勤(最后由中央决定),第二步才向淮北、皖东出动。这是胡服前电的意见，我们认为是恰当的。""在蒋介石没有真正投降以前，向我大举进攻是不可能的，因为他没有便利的战场，因此你们一方面要认真准备对付蒋介石的进攻，决不可松懈自己的准备。但另一方面，也要晓得蒋介石的困难，他的困难甚多，没有便利的战场即是其一，敌占涡阳、蒙城后，这个困难更增加了。所以你们很可以利用时机积极准备一切，包括扩大整训军队，巩固与发展根据地。"

12月24日 周恩来致电毛泽东并电中共中央书记处，说他拟于25日会见蒋介石，向蒋提出新四军皖南部队决定过江，江北部队缓调黄河以北，交换条件是：速给新四军补充粮饷，停止国民党华中部队的前进，停止全国的政治压迫，取消张国焘的国民参政员资格。

12月24日 毛泽东复电周恩来："同意你见蒋时的交换条件，惟江北部队请缓调改为请免调，照'佳电'立场告蒋。"

12月24日 国共两党代表就两党关系问题在重庆举行谈判。中共代表周恩来、叶剑英同国民党代表刘为章和张冲曾举行过多次谈判，要求推迟新四军北移的限期，要国民党军队停止磨擦活动。在24日的谈判中，周恩来、叶剑英严正表示：中国共产党的让步是有限度的，如果国民党再不停止进攻，对陕北的封锁仍不解除，那末，发生内战的责任全在国民党。30日，周恩来再次向国民党方面申明：此次我军北移，只是皖南新四军，其他不动；国民党必须停止在陕北、皖北和苏北的军事行动。在不断与国民党进行谈判期间，周恩来、叶剑英等南方局领导人还通过各种渠道，揭露国民党制造磨擦，破坏国共合作的活动。同时，南方局组织力量，将有关材料（包括半年来国共双方来往文电和国民党的反共文件）汇印成册秘密发出，并通过外国朋友把材料带到香港向国外宣传。

12月25日 中共中央发出关于时局与政策的指示，指出：国民党仍采取一面抗战一面反共的两面政策，因此我们也实行一面团结一面斗争的革命的两面政策。国民党的反共，除在他自己统治区域内加强高压政策外，对华中我军实行军事进攻是必然的，在西北则是修筑万里长城对我封锁的局面。因此我对华中进攻及西北封锁的反对，必须强调。对国民党的军事进攻必须坚决举行自卫战斗以粉碎之。对彼方强我限期撤至黄河以北必须反对。

12月25日 周恩来应邀往见蒋介石。这一天正是蒋介石在西安事变中获释的四周年。他一开始便对周恩来说:"连日来琐事甚多,情绪不好,本不想见,但因为今天是四年前共患难的日子,故以见面谈话为好。"他说:"抗战四年,现在是有利时机,胜利已有希望,我难道愿意内战吗?愿意弄坍台吗?现在八路军、新四军还不都是我的部下?我为什么要自相残杀?就是民国十六年,我们何尝不觉得痛心?内战时,一面在打,一面也很难过。"接着,蒋介石又以威胁的口吻说:你们"如果非留在江北免调不可,大家都是革命的,冲突决难避免,我敢断言你们必失败。如能调到河北,你们做法一定会影响全国,将来必成功。""只要你们说出一条北上的路,我可担保绝对不会妨碍你们通过。只要你们肯开过河北,我担保至一月底,绝不进兵。"至于"政治问题,都好解决"。

12月25日 中共中央通过由毛泽东起草的《论政策》的党内指示,从各方面具体说明了党的抗日民族统一战线政策是综合联合和斗争两方面的政策,并强调指出,在目前反共高潮的形势下,我们的政策有决定的意义。指示要求警惕"左"和右两种错误倾向,指出自1939年冬季以来,由于国民党的反共磨擦和我们举行自卫斗争所引起的过左倾向,却是普遍地发生了。目前党内的主要危险倾向,仍然是过左的观点在作怪。指示根据统一战线中的策略原则规定了政权组织、劳动、土地、税收、锄奸、人民权利、经济、文化教育和军事等方面的政策。

12月25日 中共中央政治局召开会议,毛泽东在会上作报告时指出:最近国民党动员反共,汤恩伯领特费准备反共,各方面都实行反共的高压政策,现在还不能说是反共高潮下降,但不过是大吹小打,因目前国民党在全国反共是困难的。国民党认为英、美借款等国际形势对他很有利,想利用目前形势给我以打击,我们的方针是新四军是不能走的,他要打也由他。在此次反磨擦中我们的收获主要是取得苏北。

12月25日 为皖南新四军渡江受阻事,毛泽东同朱德致电周恩来、叶剑英:"据项英电称,顾祝同忽令新四军改道繁、铜渡江,而李品仙在江北布防堵截,皖南顽军复暗中包围,阻我交通,南岸须通过敌人封锁线,江中须避敌袭击,非假以时日分批偷渡则不能渡,势将进退两难等语。请速向蒋交涉下列各点,并电告结果:(一)须分苏南、繁、铜两路北移;(二)须有两个月时间,若断若续,分批偷渡;(三)皖南军队不得包围,不得阻碍交通;(四)皖北军队由巢、无、和、含四县撤退,由张云逸派队接防、掩护渡江;(五)保证不受李品仙袭击;(六)弹药及开拔费从速发下。"

12月25日 毛泽东、朱德、王稼祥致电刘少奇、陈毅、彭德怀、左权、陈光、罗荣桓、叶挺、项英,指出:"华中局面紧急,非组织机动突击兵团,不足应付大规模战斗。因此同意胡、陈二十一日电,将苏北各部统一编为两个纵队。""部队编制后即行加紧整训一个月至两个月,充分准备一切对付蒋、桂两军之进攻。"

12月25日 关于蒋介石及其军队各派系对反共的态度问题,毛泽东致电周恩来,指出:蒋介石内外情况只能取攻势防御,大吹小打,故复电以拖为宜,拖到1941年1月底再说。胡宗南全无战意,其他中央军可知,如白崇禧也软下来,彼方非自己转弯不可。何应钦系统与CC系统是想打的,都是亲日派,但中央军与桂军如不愿打,则亲日派也无能为力。汤恩伯部据所得情况也很少打的兴趣。桂军至今只第一三八师四个团在淮南路东,其他几个师毫无东进消息。李仙洲虽准备向砀山开进,但何日开动尚无确息。现苏北战事已停,望向刘斐说明,要求停止李仙洲、莫德宏部东进,否则难免引起大冲突。毛泽东在电文中指出:八路军第一一五师教五旅已到苏北,现正连同黄克诚、陈毅各部集中整训,统一编制,一两个月后战斗力必大提高,然后以主力西进,对桂军施以教训。望示意白崇禧,如想保持友谊,则请他将莫德宏师撤退。杨得志旅一个月后可到淮北,皖南三个月又北上,足以对付蒋、桂军进攻。只要蒋不投降,大举进军是不可能的,始终不过是大吹小打而已。

12月26日 中共中央书记处致电项英、周子昆、袁国平,指示他们克服动摇犹豫,坚决执行北移方针。全文如下:"各电均悉。你们在困难面前屡次来电请示方针,但中央还在一年以前即将方针给了你们,即向北发展,向敌后发展,你们却始终借故不执行。最近决定全部北移,至如何北移,如何克服移动中的困难,要你们自己想办法,有决心。现虽一面向国民党抗议,并要求宽展期限,发给饷弹,但你们不要对国民党存有任何幻想,不要靠国民党帮助你们任何东西,把可能帮助的东西只当作意外之事。你们要有决心有办法冲破最黑暗最不利的环境,达到北移之目的。如有这种决心、办法,则虽受损失,基本骨干仍可保存,发展前途仍是光明的;如果动摇犹豫,自己无办法无决心,则在敌顽夹击下,你们是很危险的。全国没有任何一个地方有你们这样迟疑犹豫无办法无决心的。在移动中如遇国民党向你们攻击,你们要有自卫的准备与决心,这个方针也早已指示你们了。我们不明了你们要我们指示何项方针,究竟你们自己有没有方针?现在又提出拖或走的问题,究竟你们自己主张的是什么?主张拖还是主张走？似此毫无定见,毫无方向,将来你们要吃大亏的。"

12月26日 毛泽东、朱德致电项英:"关于销毁文电是否执行,你应估计在移动中可能遇到特别困难,可能受袭击,可能遭受损失,要把情况特别看严重些,在此基点上,除想尽一切办法克服困难外,必须把一切机密文件电报通通销毁,片纸不留,每日收发电稿随看随置。此事不仅军部,还要通令皖南全军一律实行,不留机密文件片纸只字,是为至要。"

12月26日 周恩来就他12月25日会见蒋介石的情况致电中共中央。电报说:蒋在会见中声称"只要你们说出一条新四军北上的路,我可担保绝对不会妨碍你们通过"。周恩来指出蒋介石的话靠不住,蒋是"在吓、压之余,又加哄之着"。

12月27日 毛泽东同朱德致电叶挺、项英、周恩来、叶剑英,指出:新四军渡江仍须对桂军戒备以防袭击,请周、叶向蒋交涉,下令李品仙不得在巢县、无为、和县、含山地区妨碍新四军北移。

12月27日 毛泽东起草朱德、叶挺致国民党军第五战区司令长官李宗仁、副司令长官李品仙急电,电称:"新四军江南部队遵令北移,祈饬庐、巢、无、和、含、滁地区贵属勿予妨碍,并予以协助,以利抗战,特此电恳,敬盼示复。"

12月28日 中共中央就海南岛军事、政治工作指示冯白驹:(一)对国民党顽固派的武装进攻必须给以坚决的回击,同时须加紧对王敦部下及地方武装进行各种联络争取工作,使顽固派在军事上孤立;(二)国民党已在国内及侨胞中宣传冯白驹部不服从命令、破坏抗战,并已下令取消冯之大队长职务,你们必须立即发表告琼崖同胞及海内外同胞书,说明我部队英勇抗战,顾全团结等各种事实,揭露国民党反共派破坏抗战,破坏团结的具体材料,并利用各种社会关系及可能人员,向琼崖各界及侨胞做深入广泛的宣传工作和统战工作,争取多数对我同情,使顽固派政治上孤立;(三)在宣传中应强调"全崖同胞团结起来抗日救国"、"大敌当前,中国人不打中国人,中国军队不打中国军队"等口号,一切宣传应站在自卫及被迫不得已而抵抗顽方进攻的立场。

12月30日 中共中央政治局召开会议,毛泽东在会上发言指出:目前时局还不能说反共高潮已开始下降,好在过去没有发出文件。现在国民党各报纸动员舆论反共,华中有12个师进攻我们。华中我军部队应统一指挥,以陈毅为副总指挥,刘少奇为政治委员,党的工作统一于中共中央中原局。会议决定由毛泽东起草致中原局的电报。

12月30日 毛泽东致电周恩来,指出:"复刘为章电,前稿既不发,大家意见,以拖一下为好。他们反共,让他们去反,'剿共'也让他们来'剿',反得全国天怒人怨,那时我再表示态度,索性不急。""齐电是要驳的,也待明年一月或二月再驳。"

12月30日 毛泽东、朱德致电叶挺、项英,转达周恩来29日来电的意见:"据恩来电称,江南部队分地渡江有危险,皖北让路蒋虽口头答应,但让出巢、无、和、含四县恐不易,李品仙已在布置袭击我的阴谋,仍以分批走苏南为好等语。我们同意恩来意见,分批走苏南为好。"

12月31日 中共中央向中原局、东南局、北方局、山东分局、南方局、南委、八路军、新四军各负责人发出《中央关于粉碎蒋介石进攻的战略部署的指示》,指出:蒋介石派遣李仙洲、汤恩伯、李品仙进攻华中、山东我军的决心已下,汤、李各部正在东进。我党我军有举行自卫战斗、打破这一进攻、争取时局好转的任务。除已令江南部队迅速北移,并从华北派遣一部加强华中兵力外,所有华中和山东的党和军队必须紧急动员起来,为坚持抗日根据地打破顽固派进攻而奋斗。中央决定,在总指挥叶挺未到江北以前,华中各部队统一于副总指挥陈毅、政委刘少奇的指挥之下;叶挺到江北后,统一于叶、陈、刘的指挥之下。山东分局划归中原局领导,中原局统一领导山东与华中。这个指示指出,目前中原局的任务是积极进行粉碎这一进攻的布置与组织力量;南方局的任务是利用各种矛盾动摇蒋介石和国民党的决心。

12月下旬 顾祝同根据蒋介石将皖南新四军"一网打尽、生擒叶、项"的命令,调集了七个师8万余人的兵力,任命第三十二集团军总司令上官云相为前敌总指挥,采取"逐步构筑碉堡,稳进稳打"的方针,准备歼灭新四军皖南部队。

12月下旬 国民党以29个师的兵力对新四军李先念部进行围攻。新二军在鄂北襄河西进攻新四军独立团,第五十五曹福林部在京山进攻新四军第九团,曾宪成部进攻新四军第六团。为此,李先念、张体学通电全国,呼吁团结抗战,要求国民党当局立即停止内战。

1941年4月13日，为了避免受到日本与德国的夹击，苏联与日本签订了一份《日苏中立条约》。在侵占了欧洲的大部分地区之后，德国于6月22日撕毁《苏德互不侵犯条约》，大举进攻苏联，苏联境内成为世界反法西斯战争的主战场。8月14日，美国总统罗斯福与英国首相邱吉尔发表《大西洋宪章》，表示了反对纳粹暴政的决心。12月8日，日军偷袭珍珠港，发动对英、美等国在太平洋属地的进攻。同日，英、美对日宣战，太平洋战争爆发。接着，德、意对美国宣战。对此，美国国会又通过决议对德、意宣战。

1941 年

1月1日　新四军军部致电毛泽东等，告以"我们决定全部移苏南"，但对向苏南转移的具体路线未加说明。

1月3日　毛泽东、朱德复电叶挺、项英："你们全部坚决开苏南，并立即开动，是完全正确的。"

1月3日　蒋介石致电江南新四军军长叶挺，令该军在无为附近地区集结，尔后沿巢县、定远、怀远、涡河以东睢州之线北渡黄河。

1月4日夜　新四军皖南部队9000余人由安徽泾县云岭分三路向南出发。按照1940年12月28日新四军军分会的决定，具体的转移路线是：由云岭驻地先向东南行进，绕道茂林，经三溪、旌德、宁国、郎溪，沿天目山麓进至溧阳苏南根据地，然后待机北渡。

1月4日　国民党第三十二集团军总司令兼前敌总指挥上官云相，密令新调防皖南的国民党第四十师方日英部集结三溪附近，构筑工事，严密警戒。方多次派便探向茂林及其以北地区搜索,断绝交通,准备围歼北移的新四军部队。

1月5日　新四军三路纵队分别到达大康王、茂林、铜山等地,因连日天雨,部队原地休息一天。

1月6日　国民党制造的皖南事变爆发。当日拂晓,准备继续北移的皖南新四军在茂林附近遭到国民党军第四十师方日英部的袭击。顾祝同电令上官云相:"务期于原京赣铁路以西地区,彻底加以肃清,并严督党政方面配合军事积极工作,俾绝根株。"

1月7日　毛泽东、朱德电令叶挺、项英:"你们在茂林不宜久留,只要宣城、宁国一带情况明了后,即宜东进,乘顽军布置未就,突过其包围线为有利。"这时,北移新四军先头部队在星潭附近又遭顽军拦击。项英在百户坑召集会议讨论部队行动方向。会议对攻下星潭后能否向苏南转移,认识不一致,争论达七小时之久。至晚12时,始决定部队改向西南方向行动,经廉岭和高岭转向太平,待机再向苏南转移。这一决定打乱了原定的行动计划,陷入国民党军七个师8万余人的重围之中。

1月7日　上官云相连续打电报给围攻新四军之左翼总指挥刘雨卿、右翼总指挥张文清,令其"断然以全力攻击,以收迅速聚歼之效,并将各路口予以严密封锁,以免乘夜漏窜。"

1月8日　新四军皖南部队陷入国民党军队七个师8万余人的重围之中。当日晚,国民党军发起猛攻,包围圈愈来愈小。叶挺遵照中共中央和毛泽东电令,亲自指挥作战,率部突围。

1月8日　顾祝同密电上官云相:"限电到12小时内"将其"一鼓而聚歼之"。当夜国民党军发起猛攻,包围圈愈缩愈小,叶挺果断指挥,身先士卒,率部突围。尔后转至茂林以东五公里的石井坑,正当整顿队伍,准备继续突围时,又遭顽军第四十、第五十一、第一〇八、第一四四师等部的围攻。

1月9日　刘少奇致电毛泽东、朱德、王稼祥:"我江南遵令北移被阻,战况激烈,请向国民党严重交涉。"

1月9日　刘少奇致电中共中央:项英、袁国平等"在紧急关头已离开部队,提议中央明令撤项职,并令小姚(饶漱石)在政治上负责,叶在军事上负责,以挽危局"。

1月9日　毛泽东同朱德复电刘少奇：9日电悉。你说项、袁等已离开部队，"我们尚未接到此项消息，他们何时离开的，现到何处，希夷（叶挺）、小姚情形如何，军队情形如何，望即告我们。得叶、项微（5日）辰电，他们支（4日）夜开动，微晨到太平、泾县间，此后即不明了"。

1月10日　刘少奇致电毛泽东、朱德、王稼祥，首先转告叶挺、饶漱石9日来电内容，说：接希夷、小姚9日来电，说项、袁等率小部武装不告而别，行动方向不明。部队受敌包围激战，决定9日晚分批向北突围。刘少奇的电报并说：他们在何处及情况如何我亦不知，二支队在江南集结，待命行动接应他们，亦不知他们行动。他们应从泾县以北青弋江、宣城向郎溪东进才安全，而先向南行动到茂林拖了许多天致受敌包围。

1月10日　叶挺、饶漱石在被围中急电毛泽东、朱德、王稼祥："支持四日夜之自卫战斗，至今已濒临绝境，干部全部均已准备牺牲。请即斟酌实情，可否由中央或重庆向蒋交涉立即制止向皖进攻，并按照原议保障新四军安全移江北及释放一切被捕军部工作人员。"

1月10日　项英等离队突围不成，回到军部。项英致电中共中央，报告与袁国平等离队经过，表示"此次行动甚坏，以候中央处罚"。

1月10日　叶挺等在被围中报告毛泽东、朱德，新四军"被围于泾县、茂林以南，准备固守，可支持一星期"。

1月11日　毛泽东、朱德、王稼祥将此情况电告周恩来，并要周在重庆向国民党当局提出严重抗议，坚决要求其在皖南停止进攻，撤围让路。蒋介石一面口头答应下令查处，一面却督令顾祝同加紧围攻，务期"一网打尽，生擒叶项"。

1月11日　毛泽东同朱德、王稼祥复电刘少奇、陈毅："你们转来叶、姚电悉，叶、姚是完全正确的，望你们就近随时去电帮助他们并加鼓励，惟项英撤职一点暂不必提。"

1月11日　毛泽东、朱德、王稼祥致刘少奇即转叶挺、饶漱石并全体同志电："希夷、小姚的领导是完全正确的，望全党全军服从叶、姚指挥，执行北移任务，你们的环境虽困难，但用游击方式保存骨干，达到苏南是可能的。"

1月11日 叶挺、项英、饶漱石报告中共中央谓：国民党第四十、第一四四、第七九、第五二、第一〇八各师已于今日合围，预计明晨总攻。顾并已下生擒我等之命令。我们方针：缩短防线，加强工事，以少数钳制多数，控制一个团以上兵力，选择弱点，俟机突击，给以大打击后，再做第二步，能突破当更好。现士气尚佳，唯粮弹不济，不能久持。

1月11日 周恩来在重庆就新四军皖南部队被围事向张冲提出抗议，要求急电制止。并指示《新华日报》将国民党袭击新四军的阴谋暴露出去。当晚，周恩来又召开南方局紧急会议，研究形势及斗争方针。随后，周恩来分别打电报给顾祝同、何应钦，并致函蒋介石，要他们撤围让路。

1月12日 中共中央召开政治局会议。会议通过由毛泽东起草的中共中央关于皖南新四军由叶挺、饶漱石负责领导的指示电。电文说："中央决定一切军事、政治行动均由叶军长、饶漱石二人负总责，一切行动决心由叶军长下，项英同志随军行动北上。"

1月12日 中共中央书记处致电周恩来、叶剑英，指出："新四军全军东进，行至太平、泾县间之茂林，被国民党军队重重包围已六天，突不出去，据云尚可固守七天。望向国民党提出严重交涉，即日撤围，放我东进北上，并向各方面呼吁，证明国民党有意破裂，促国民党改变方针，否则有全军覆灭危险。"

1月12日 毛泽东同朱德、王稼祥致电刘少奇、陈毅即转叶挺、饶漱石，指出："你们当前情况是否许可突围？如有可能，似以突围出去分批东进或北进（指定目标，分作几个支队分道前进，不限时间，以保存实力达到任务为原则）为有利，望考虑决定为盼。因在重庆交涉恐靠不住，同时应注意与包围部队首长谈判。"

1月13日 周恩来、叶剑英复电中央中央，报告了同国民党代表刘为章交涉的情况。电报说：已告诉刘为章，我华北、华中将士得新四军在茂林被围攻恶讯，义愤填膺，怒不可遏，只有迅速解除围攻，才能免除危机。并已提出要蒋介石、何应钦立令顾祝同解除茂林包围，让出新四军经苏南渡江的道路。刘答复说，蒋介石的意见是：（一）茂林方面不要继续打，已不成问题，昨夜（12日）已要贺耀祖下了命令。（二）新四军今后可走苏北，但须执行两点：第一，部队过江后不得打韩德勤。第二，须遵命继续到河北去，不得盘踞。（三）新四军渡江后可发弹10万并军饷。(四)希望周恩来、叶剑英转告前方,勿将事件扩大。周恩来在电报中还说:"我现直函蒋抗议,并坚持非经过苏南过江不可。请中央询问叶(挺)、项(英),究竟他们采取哪条道路折进苏南,以便作更具体的交涉。"皖南新四军在叶挺指挥下,连日苦战,多次打退顽军的进攻,但终因寡不敌众,弹尽粮绝,至14日,除2000余人分散突出重围,一部分被俘,其余大部壮烈牺牲。项英、周子昆遇害,叶挺根据组织决定,为挽救危局,保全部队,亲赴国民党军第一○八师师部谈判,被无理扣押。

1月13日 关于注意利用日蒋矛盾粉碎顽军的进攻,毛泽东、朱德、王稼祥致电刘少奇、陈毅,指出:有情报证明淮南路日军撤退全是谣传,蒋、桂对日军仍是敌对的。据去春晋东经验,我打朱怀冰后,蒋调集大军正准备通过晋城、长治向太行山我军进攻之际,被日军集中"扫荡",将各反共军打得七零八落。同时日军在皖南、鄂西采取攻势,反共高潮因而下降。此种经验,你们很可利用,但不要因此松懈自己准备。

1月13日 毛泽东同朱德、王稼祥致电刘少奇、陈毅、彭德怀、左权、叶挺、项英、饶漱石、周恩来、叶剑英,指出:同意刘少奇、陈毅12日电,

苏北准备包围韩德勤,山东准备包围沈鸿烈,限电到十天内准备完毕,待命攻击,以答复蒋介石对我皖南新四军一万人的聚歼计划。如皖南部队被蒋介石消灭,我应坚决彻底、干净、全部消灭韩德勤、沈鸿烈部,彻底解决华中问题。电报还指出:周、叶正在重庆抗议,我们正用朱、彭、叶、项名义发出抗议通电,望电达茂林被围部队,如无法突围应再坚持十天,可能有办法。为应付严重事变,华北准备机动部队应加紧,重庆、桂林、西安、洛阳各办事处应即刻准备好对付蒋介石袭击。皖南事变应公开宣传。

1月13日 毛泽东致电周恩来、叶剑英,指出:"你处交涉应带严正抗议性质,勿用哀乞语气为盼。"

1月13日 毛泽东同朱德、王稼祥再电周恩来、叶剑英,告以叶挺军部率六个团仍在茂林地区被围困中,处境极危,傅秋涛两个团也未突出大包围线外。"请向当局提出最严重交涉,如不立即解围,我们即刻出兵增助,破裂之责由彼方担负。我们今日发出之通电,望立即散发。"

1月13日 毛泽东、朱德、王稼祥急电刘少奇、陈毅:"(甲)我们已向当局提出最严重之

抗议，申明如不撤围，破裂之责在彼。（乙）我全国政治上军事上立即准备大反攻。（丙）立告叶、项、姚诸同志，如能突围则设法突围，如不能突围则坚守下去便有办法。"

1月13日　中共中央以朱德、彭德怀、叶挺、项英名义发出抗议国民党方面调集8万余部队包围皖南新四军的通电。指出国民党方面正准备在全国进行大逮捕，袭击八路军办事处；在西北正加强对边区的封锁；在华中则派遣20余师正规军大举进攻。强烈要求国民党当局撤退包围皖南新四军之军队，让开北上之路，撤退华中之"剿共"军队，平毁西北封锁线，"停止全国之屠杀，制止黑暗之反动"。同日，毛泽东、朱德、王稼祥电示重庆、桂林、西安、洛阳各办事处，即刻准备好对付蒋介石集团袭击。周恩来接电后立即在南方局机关进行传达贯彻，研究布置应付国民党突然袭击的措施，动员大家散发党中央以朱、彭、叶、项名义发出的通电，揭露国民党围攻新四军的罪行。

1月14日　毛泽东致电周恩来、叶剑英，指出："现在不是走何路线问题，而是救死问题，如不停止攻击，即将全军覆灭。请立即要蒋下令停战撤围。"

1月14日　中共中央书记处致电季米特洛夫，简要报告了皖南事变的经过并提出："蒋介石派出20多个师，对我军在江苏、山东、安徽和湖北四省的游击根据地展开了广泛的进攻。他们准备在全国实行大逮捕和大屠杀，反动气焰极为嚣张。我们准备在政治上和军事上给予蒋介石所实行的这种广泛的进攻以有力的反攻。"

1月15日　毛泽东关于皖南事变后之对策给周恩来、叶剑英发出指示。毛泽东指出：蒋介石一切仁义道德都是鬼话，千万不要置信；中央决定发动政治上的全面反攻，军事上准备一切必要力量粉碎其进攻；中间派孙、冯等调和退让论是有害的，只有猛烈坚决的全面反攻，方能打退蒋介石的挑衅与进攻，必须不怕决裂，猛烈反击之，我们"佳电"的温和态度须立即终结。

1月15日　中共中央政治局召开会议，毛泽东在会上作关于皖南事变的发言，指出：皖南新四军的失败，从我们自己方面来说，首先是由于新四军的领导项英、袁国平没有反磨擦的思想准备，其次便是指挥上的错误。毛泽东说，新四军本来可以北上，但项英动摇，如不是项英动摇，是可以不失败的。对于皖南事变，我们要实行全国的政治反攻，像前年我们反对第一次反共高潮时那样的非常强硬的态度。只有不怕决裂，才能打退国民党的进攻。中间派喊叫，我们也不可全信。左派主张我们马上与国民党大打起来，我们也不能实行这种政策。对项、袁的错误须立即宣布，如何处置交中共七大解决。

1月15日 刘少奇致电毛泽东、朱德、王稼祥，指出："在此时我党亦不宜借皖南事件与国民党分裂"，"以在全国主要的实行政治上全面大反攻，但在军事上除个别地区以外暂时不实行反攻为妥"，"如此我在政治上有利，在军事上稳健"。

1月15日 国民政府军事委员会参谋总长何应钦召集临时会议，通过明令撤销新四军番号的决定。

1月16日 在与蒋介石会面时，苏联驻华大使馆武官崔可夫提出要了解皖南事变的"真象如何"，蒋介石说："此事真象尚待调查。""一年以来有少数部队已发生此类情事，实属无可讳言。"

1月17日 蒋介石以国民政府军事委员会的名义发出通令，诬蔑新四军为"叛军"，宣布取消新四军番号，将叶挺交付"军法审判"，并命令汤恩伯、李品仙等人率20余万军队进攻江北新四军。

1月17日 国民政府军事委员会发言人还在重庆就皖南事变发表谈话，宣称："此次事件，完全为整顿军纪问题，新编第四军之遭受处分，为其违反军纪，不遵调遣，且袭击前方抗战各部，实行叛变之结果。"周恩来得知上述消息后，星夜驱车去找国民党谈判代表张冲，提出抗议。并打电话给何应钦，怒斥他说："你们的行动，使亲者痛，仇者快。你们做了日寇想做而做不到的事。你何应钦是中华民族的千古罪人。"当晚，周指示新华日报社坚决拒绝刊登国民政府军事委员会的反动"通令"和"发言人谈话"，坚持照常出报。同时还具体部署了应付各种可能情况的对策。当得悉《新华日报》关于揭露皖南事变真相的报道和社论被新闻检查官扣压后，立即题写："为江南死国难者志哀！"和诗"千古奇冤，江南一叶；同室操戈，相煎何急?!"要报馆将题词手迹制板登在被扣去的稿件位置上，加快编排和制版印刷，组织好发行，抢在次日各大报发出之前，送到广大读者手中。第二天清晨，载有周恩来题词的《新华日报》到达读者手中，并出现在重庆大街小巷的阅报墙上。报纸销量从平时的1000份猛增到5000份。

1月18日 中共中央政治局召开紧急会议，讨论为驳斥国民政府军事委员会发言人1月17日谈话的文件，决定照原稿修改发表。毛泽东在会上发言说：国民党最近消灭皖南新四军，现在又公开宣布取消新四军，这表明国民党准备与共产党大破裂的决心。国民党干出这件大事，定有帝国主义指使。国民党"皓电""齐电"是准备破裂的具体步骤，我们去"佳电"也还不转变态度，这就证明下了决心反共。现在国民党准备大举进攻华中部队，在各处大捕共产党员，因此我各办事处须实行自卫式的撤退。

1月18日 毛泽东为中共中央书记处起草致周恩来急电："立即转告克农，桂办应立即撤退，否则克农会被拘押，克农可回延安，密码密件立刻烧尽。"18日，中共中央书记处还发出关于大量撤退重庆办事处和西安办事处的干部的指示。

1月18日 毛泽东同朱德、王稼祥致电周恩来、叶剑英、彭德怀、左权、刘少奇、陈毅、朱瑞、陈光、罗荣桓，指出：蒋介石称，朱德、叶挺各部迄未遵命移动，我应由党政军力量迫其就范，相机消灭。"蒋已令各战区进剿，李宗仁已任命汤恩伯为淮北区总司令，李品仙为淮南区总司令，王仲廉为鄂中区总司令，冯治安为襄西区总司令，开始进攻，限二月完成。"

1月18日 为改变包围韩德勤、沈鸿烈的作战计划，毛泽东同朱德、王稼祥致电刘少奇、陈毅、朱瑞、陈光、罗荣桓等，电文说："前因援救皖南，同意胡、陈建议包围韩、沈。现皖南已失败，华中汤恩伯（淮北区）、李品仙（淮南区）、王仲廉（鄂中区）、冯治安（襄西区）已开始向我进攻，因此我华中、山东各部须为适应反共军进攻而分别作具体之部署，统由刘少奇、陈毅规定指挥之。"

1月18日 中共中央发出《关于皖南事变的指示》，指出：皖南事变是国民党顽固派有预谋有计划的反共行径。为揭露和反击国民党顽固派的进攻，在大后方，应经过各种不使党的组织遭受破坏的、侧面的、间接的方式去动员舆论与群众，提高人民对国民党顽固派的不满情绪，要求驱逐亲日派，改组国民政府，实行民主抗日。

1月18日 中共中央发言人对皖南事变发表谈话。谈话尖锐指出："过去高唱军纪森严国法神圣之滥调，不过是摧残异己阴谋杀人之骗词。新四军为抗日部队，北移乃遵令行动，乃竟遭围击聚歼之惨变，军纪何在？国法何在？盖违令者即下令者，毁法者即造法者，实已无置辩之余地。"

事实上"歼灭皖南新四军之无耻罪行，不过是整个阴谋计划公开暴露之一部分，仅仅是亲日派阴谋家和反共顽固派以内战代抗战，以分裂代团结全部阴谋公开实行之开端"。

1月18日 中共中央书记处和中共中央先后致电季米特洛夫，详细通报了皖南事变以及各方的态度。20日，季米特洛夫在给毛泽东的回电中指出，"仅通报给您个人，蒋介石请莫斯科将最近的事件视为地方上的军事事件，不可赋予它政治意义并广泛宣扬。他保证，这个事件不会影响政府和共产党之间的关系和它们今后在对日斗争中的合作。新四军的高级军官将被释放"。

1月18日至20日 中共中央连日发出指示：蒋介石似有与中共破裂决心，我们决定政治上全面揭露蒋的阴谋，唯仍取防御姿态；军事上先取防御战；组织上准备撤销各办事处，干部迅速撤退，恩来、剑英、必武、颖超等重要干部于最短期间离渝，非党干部迅速向南洋国外撤退，《新华日报》应缩小版面，每日出半张，对办事处人员进行革命气节教育，销毁文件、密码、电稿等。南方局进行了研究。鉴于局势的紧张复杂，周恩来表示：我要坚持到最后。这个意见后来得到中共中央同意。

1月19日 毛泽东、朱德、王稼祥就皖南事变后中共在政治、军事、组织上所采取的步骤问题发出指示，指出蒋介石计划是各个击破，先打新四军后打八路军。目前西北还不会进攻，我亦不宜引起胡宗南之注意，故边区军事不作新的调动。华中准备长期的游击战，以有利我军不利反共军为原则。蒋介石宣布新四军为叛逆，将叶挺付审判，似有与我党破裂决心，其背景似以日德为多，我们准备在政治上、军事上、组织上采取必要步骤。在政治上全面揭破蒋之阴谋（但暂不提蒋名字），唯仍取防御姿态，在坚持抗日反对内战口号下动员群众。在军事上先取防御战，必要时打出手。在组织上拟准备撤销各办事处。

1月20日 中共中央革命军事委员会发出重建新四军的命令：任命陈毅为新四军代理军长，刘少奇为政治委员，张云逸为副军长，赖传珠为参谋长，邓子恢为政治部主任，着其"悉心整饬该军，团结内部协和军民，实行三民主义，遵循《总理遗嘱》，巩固并扩大抗日民族统一战线，为保卫民族国家，坚持抗战到底，防止亲日派袭击而奋斗"。1月28日，新四军军部在苏北盐城成立。根据中央命令，原华中总指挥部改组为新四军新军部，活动于陇海路以南的八路军、新四军各部队整编为七个师，一个独立旅。新四军第一师由苏北指挥部所属部队编成,粟裕任师长,刘炎任政治委员,辖第一、第二、第三旅,活动于苏中地区;第二师由江北指挥部所属部队编成,张云逸兼师长,郑位三任政治委员,辖第四、第五、第六旅,活动于淮南地区;第三师由八路军第五纵队编成,黄克诚任师长兼政治委员,辖第七、第八、第九旅,活动于苏北地区;第四师由八路军第四纵队编成,彭雪枫任师长兼政治委员,辖第十、第十一、第十二旅,活动于淮北地区;第五师由豫鄂挺进纵队编成,李先念任师长兼政治委员,辖第十三、第十四、第十五旅,活动于鄂豫皖边区;第六师由江南指挥部所属部队编成,谭震林任师长兼政治委员,辖第十六、第十八旅活动于苏南地区;第七师由无为游击纵队、原第三支队挺进团及皖南突围部队编成,张鼎丞任师长,曾希圣任政治委员,辖第十九旅及挺进团,活动于皖中地区。军部直辖独立旅由第一一五师教导第五旅编成。另军部还辖有抗大第五分校和特务团。新四军全军共9万余人。

1月20日

毛泽东以中共中央革命军事委员会发言人名义向新华社记者发表谈话,严正斥责国民政府军事委员会1月17日"通令",揭露国民党顽固派勾结日伪实行联合"剿共"的全部罪恶阴谋,号召全国人民以最大的警惕性注视事变的发展,起来与国民党顽固派做坚决斗争。最后提出解决皖南事变办法12条。12条办法是:第一,悬崖勒马,停止挑衅;第二,取消1月17日的反动命令,并宣布自己是完全错了;第三,惩办皖南事变的祸首何应钦、顾祝同、上官云相三人;第四,恢复叶挺自由,继续充当军长;第五,交还皖南新四军全部人、枪;第六,抚恤皖南新四军全部伤亡将士;第七,撤退华中的"剿共"军;第八,平毁西北的封锁线;第九,释放全国一切被捕的爱国政治犯;第十,废止一党专政,实行民主政治;第十一,实行三民主义,服从《总理遗嘱》;第十二,逮捕各亲日派首领,交付国法审判。25日,周恩来将中共中央解决皖南事变、挽救时局危机的12条办法面交张冲转国民党中央。

1月20日

毛泽东致电周恩来、彭德怀、刘少奇,指出:蒋介石已将我们推到和他完全对立的地位一切已无话可说。中央决定将各办事处逐步撤销,人员陆续撤回,八路军总部不再向蒋介石呈报任何文电。延安军委已于20日发表命令、谈话,收到望广泛散播。"目前我们在政治上取猛烈攻势,而在军事上暂时还只能取守势,惟须作攻势的积极准备,以便在四个月或六个月后能够有力地转入攻势。在准备时期边区及晋西北方面不作大的军事调动,以免震动。八路军人员暂时亦不发表反蒋言论。"

1月21日 中共中央在给季米特洛夫的电报中提出了自己在皖南事变后的立场和政治、军事及组织上的反击,"在政治方面,我们打算彻底揭露蒋介石在破坏抗战、破坏统一战线方面的反革命阴谋"。"在军事方面,决定暂时进行防御战,今后,如有必要,将采取反攻步骤,向甘肃和四川两省突破。""在组织方面,一旦需要,我们打算关闭八路军四个办事处,即重庆、西安、洛阳和兰州办事处。"

1月24日 新四军代理军长陈毅、政治委员刘少奇、副军长张云逸等发表声讨亲日派通电,抨击国民党当局以内战代抗战、以投降代独立、以分裂代团结、以黑暗代光明的反共卖国计划,指出歼灭新四军,必有更多的叶挺和新战士继其后。表示相信无论经历何等艰难困苦,必须争取抗日战争之最后胜利。

1月24日 日军发动豫南战役,国民党顽固派反共部署被打乱。集结于豫南信阳、明港、正阳的日军主力七个师团由园部和一郎指挥于是日分三路向河南大举进攻。此外,自皖北宿县地区西进之敌,连陷蒙城、涡阳等地。豫东之敌亦同时陷周家店。国民党第五战区司令长官李宗仁正在重庆与何应钦、白崇禧等商讨"剿共"计划,忽接日军进攻消息,仓皇失措,临时将"剿共"部署改为对敌部署。汤恩伯、李品仙、李仙洲、何国柱、孙桐萱、王仲廉等各路"剿共"军队仓促由"剿共"阵地撤回应战。至此,国民党顽固派反共、"剿共"部署不得不暂时停止。

1月24日至2月初 新四军、八路军高级将领及根据地军民纷纷致函致电举行集会声讨国民党顽固派、亲日派制造皖南事变。24日,陈毅、刘少奇、张云逸、赖传珠、邓子恢、张鼎丞、粟裕、傅秋涛、管文蔚、叶飞、谭震林、罗炳辉、周骏鸣、戴季英、李先念、彭雪枫、张爱萍等新四军将领通电,声讨国民党顽固派,呼吁全国人民,必须速起注意,监视真正的叛变者。接着,从冀中到山东,从陕北到华北其他各地八路军高级将领、根据地抗日团体、机关以及人民群众都纷纷致函、通电、举行集会抗议,声讨国民党顽固派、亲日派制造皖南事变,并祝贺陈毅等就任新职,表示愿与新四军团结一致,粉碎亲日派内战外和、投降卖国阴谋,"勒马待命,誓作后盾,撑持危局,共除妖氛"。

1月25日 中共中央书记处复电周恩来,指出:"为了对抗蒋介石一月十七日的步骤,我们必须采取尖锐对立的步骤回答他,否则不但不能团结全国人民,不能团结我党我军,而且会正中蒋之诡计。""政治上取全面攻势,军事上取守势。"我们应该抓住1月17日命令,"坚决反攻,跟踪追击,绝不游移,绝不妥协"。"你们须立即向国民党表示,如果他们不能实行我们所提的十二条(主要是取消一月十七日命令),你们应要求他们发护照立即回延。"

1月25日 关于皖南事变后的形势和对蒋斗争的策略问题,毛泽东致电彭德怀、刘少奇、周恩来:"我们一月二十日的策略,可以对付两种情势中之任何一种。如蒋业已准备全面破裂,我们便是以破裂对付破裂;如蒋并未准备全面破裂,我们便是以尖锐对立求得暂时缓和。""我们三个月来的让步态度('佳电'及皖南撤兵)取得了中间派的好感,但给了蒋以向我进攻的机会,这种态度应立即结束,转到尖锐对立与坚决斗争的立场。""蒋的阴谋是各个击破,把新四军看成地方事件,我们却不能这样,必须把它看成全国性事件。""政治上取攻势,军事上暂时仍取守势。""中间派的话不可不信,不可尽信。只有我们取坚决斗争绝不妥协的立场,才能真正争取中间派,否则中间派的动摇立场客观上是于蒋有利的。"

1月25日 苏联驻华大使潘友新会见蒋介石,指出中国内战意味着灭亡。使馆武官崔可夫也向何应钦和白崇禧表示内战有害于反侵略斗争,暗示继续内战可能导致苏联方面停止援助。

1月27日 毛泽东致电周恩来:同意八路军驻重庆办事处逐步撤退的办法,在蒋介石宣布全面破裂(取消八路军番号,宣布中共"叛变")以前,办事处仍留少数人不走。蒋介石不取消"一一七命令"并实行12条,则不能恢复谈判,这个态度是完全正确的。日、蒋间矛盾尚可利用,日军如大举进攻,必是配合亲日派之行动,目的在威胁蒋介石妥协。

1月27日 蒋介石在重庆中国国民党中央纪念周上的讲话,虽然还以所谓"军纪""军令"等来掩饰其反共行为,但已被迫声明:新四军事件"完全为整肃军纪,当然不牵涉其他问题。……也绝无什么政治性质"。他还说:"凡遵守抗战建国纲领之一切个人团体和党派政府绝对尊重,其应有之自由与独立的人格,而予以法律之保障。"蒋介石力图把皖南事变说成是军令军纪问题,不牵涉党派和政治问题,既是为了推脱反共责任,又是为缓和同中共的关系寻找理由。

1月27日

周恩来、董必武、叶剑英致电中共中央，报告皖南事变后各民主党派的动向。电文说：皖南惨案发生后，他们对国民党大为失望，痛感有加强团结的必要。由章伯钧、左舜生等拟发起成立民主联合会，以团结各党、各派、无党、无派和国民党左派，与中国共产党合作共同进行民主和反内战运动。他们已与我们交换意见，我等深表赞同。第三党近因当局之压迫，日渐左倾，提出联苏、联共为中心，主张与我党更密切合作，还派出章伯钧、邱哲同我们谈判，表示合作诚意。

1月29日

中共中央政治局通过《中央关于目前时局的决定》。这个决定指出：蒋介石发动的皖南事变及1月17日宣布新四军叛变的命令，是全国性突然事变与全面破裂的开始，是西安事变以来中国政治上的巨大变化，是大地主大资产阶级由合作到破裂的转折点。决定还指出，所谓破裂是蒋介石代表的大地主大资产阶级与全体人民之间的破裂。在全体人民中，民族资产阶级是不愿意破裂的，国民党中一切真心抗日的人也是不愿意破裂的。因此，必须使全党明了，我们对于抗日民族统一战线的基本立场并未改变，对于实行三民主义、《总理遗嘱》与《抗战建国纲领》必须强调。在蒋介石没有宣布全面破裂以前，我们也不公开提出反蒋口号。对于目前时局的解决办法，必须提出坚持12条要求。我们的努力方向，是动员全国人民，孤立与克服大地主大资产阶级及其首领蒋介石的反动，使一切主张抗日与民主各阶层的人民代表去代替反动了的大地主大资产阶级，组织抗日民主的国防政府，执行抗日救国的革命政策，进行胜利的抗日战争，驱逐日本帝国主义，建立独立自由的中华民国。中共中央还进一步指出："只有这种尖锐对抗的政策，才是目前唯一正确的政策。因为只有这种尖锐对抗的政策，才能团结全党全军，才能团结全国人民，才能争取中间派，才能孤立已经反动了的大地主大资产阶级，才能抵抗日寇与亲日派的联合进攻，才能抵抗蒋介石发动的反革命步骤，才能经过一个严重的斗争过程之后，克服蒋介石的反动，达到争取新形势下的时局好转（新的时局好转）之目的。"毛泽东在会上发言时指出：皖南事变及1月17日反动命令是全面破裂的开始，这种估计是正确的。破裂的责任在蒋介石，一切理由都在我们这边。前年七七宣言斗争性多，去年七七宣言团结性多。蒋介石认为我们去年的七七宣言及"佳电"能得到中间派的同情，便抓住我们。我党只有采取尖锐对抗的政策，才能抵制蒋介石的政策。蒋介石1月27日讲话，说皖南事变只是所谓军纪问题、局部问题，我们必须说明是政治问题、全局问题、外交问题，是日军与亲日派推到投降反共的一方面。从开始破裂到全面破裂还有一些时间。这种破裂不应说是国共之间的破裂，而是反动的大地主大资产阶级的政治代表与全国人民之间的破裂。我们要维护与民族资产阶级的联盟，但中共必须保持独立性。应公开批评蒋介石。对目前时局的解决办法是12条。毛泽东在会上第二次发言时还指出：日本企图使中国彻底投降，亲日派想推动蒋介石由抗战到投降，蒋介石目前还是第三集团。

1月29日 毛泽东关于皖南事变后时局发展情况致电周恩来，指出：从破裂开始到全面破裂，尚可能有一个过渡时期，其时间快慢长短，依国内外各种条件决定。我们方针不是促它快，但要准备它快。在蒋没有宣布全面破裂以前，我们并不断绝和他们往来，但须坚持12条，不再谈其他问题（如北移、扩军、边区等）。蒋介石在27日的演讲，说明国民党已转入辩护（防御）态度。

1月30日 毛泽东为中共中央军委总政治部起草致八路军野战政治部及各师各军区政治部、新四军各级政治部电，指出："我们须利用从开始破裂到全面破裂之间的一段过渡时间，因此中央决定在目前除中央军委及新四军表示与蒋介石尖锐对立的态度外，八路军将领暂时对外保持沉默态度，不发表宣言、通电、演说等文件，而动员民众团体发表文件，在报纸上发表社论，声援新四军，驳斥重庆军委会一月十七日命令及一月二十七日蒋介石演说。"发表文件和社论时，中心应痛骂日本与亲日派联合发动内战消灭抗日军队的阴谋。

1月下旬 在蒋介石发动皖南事变之际，日本迫不及待地要解决中国问题，于是放弃了拉蒋政策，加紧了对国民党的军事进攻。1月下旬，日军以五个师团以上的兵力进攻河南。日本陆军部声称："蒋政权内部打架，固然不能抗战，但日本决不依赖国共纠纷，而是依靠自己力量解决中国事件"，并且表示：华北是日本人的根据地，蒋介石要把全部新四军都赶到华北去，这会危及日本利益，日本对此不能同意。日本的行动，完全打乱了蒋介石的反共计划。2月初，日军在河南发动大规模进攻，将国民党军队汤恩伯部等约15万人包围于平汉铁路以东。日军这次进攻，规模很大。蒋介石原想以反共来停止日军的进攻，以为日本至少会采取"坐山观虎斗"的态度，但事态的发展却同他的愿望相反。因为在日本政府看来，国共冲突固然很好，但与其坐观，还不如乘机进攻，进一步削弱中国的国力。他们认为日本决不能依赖国共纠纷，而是要靠他们自己的力量来解决中国问题。同时，蒋介石想把八路军、新四军压往黄河以北，这也不适合日本政府的愿望。日本陆相东条英机说：蒋介石驱逐华中共产党去华北，破坏了日本利益。日本军队的大举进攻，迫使蒋介石不能不对中共采取和缓的步骤。

1月下旬 蒋介石通过张冲找周恩来、叶剑英，希望恢复两党谈判，并以允许中共在江南部队集中展期北移，新四军归入八路军扩大其编制等为条件。周恩来等答复：不实行12条，无谈判可能。

2月1日 关于日蒋矛盾等问题，毛泽东复电彭德怀，指出："日蒋矛盾仍是目前的基本矛盾，我们仍须尽量利用之，使时局再拖几个月的可能性仍是有的，国共由一月十七日的开始破裂到将来某时的全部破裂有一个过程，此过程可能短，亦可能长，由日蒋矛盾的变化及我们政策来决定，我们方针是利用这个过程使破裂于我有利。但我军事准备应放在可能短一点上。"目前政治上我已有主动性，军事上亦必须掌握主动性，估计此主动性要待国际条件成熟才能完全到我手中。"我们决不能丧失主动性。这是胜利与失败的重要条件。""国际条件今年夏秋必有一个变化，明春又会有一个条件。"

2月1日 关于日军进攻河南与中共对时局的方针问题，中共中央书记处致电周恩来、董必武、刘少奇、陈毅、彭德怀、左权等，指出："日寇乘蒋介石注全力于反共之际，集中五个师团以上兵力分路包围汤恩伯、何柱国、李仙洲、李品仙诸军十五万人于平汉以东。""此次河南战役是宜昌战役后最大的战役，不论其军事结果如何，在政治上给蒋介石以很大的打击，因他煽起皖南事变造成国共间深刻裂痕，敌乃乘虚而入。蒋介石自三国同盟成立、日美矛盾激化、英美苏三国助华之后，即兴高采烈，轻视日本，集中其精力拼命反共。"蒋介石造成国共裂痕之后，"敌即于一月下旬发动大举进攻，蒋介石反共结果已如此明显。各地应强调宣传蒋介石此种全力对内的反革命作法，完全为敌人造机会，如不变计，必至闹到亡国；强调地提出我党中央解决时局的十二条办法，只有蒋介石立即悔祸，实行我党中央解决时局的十二条办法，才能使已被蒋介石开始破裂的国内团结重新恢复，只有恢复国内团结，才能抗御日寇之进攻，挽救国家于危亡"。电报还指出："蒋介石在我们表示强硬立场之后，又遇敌人大举进攻，乃向我们提出廉价的妥协办法，允许华中我军展期北移及新四军归入八路军增编一军等条件，已为恩来同志坚决拒绝。""蒋在危急时求妥协之心，已可概见。我们必须坚持尖锐斗争立场，不达到我们必要条件决不与之妥协。"

2月1日 关于今后华中战略任务,毛泽东同朱德、王稼祥致电刘少奇、陈毅并告彭德怀:"目前华中指导中心应着重三个基本战略地区。第一个基本战略地区是鄂豫陕边,其办法由彭雪枫、张云逸、李先念三地逐步向西推进,以在一年内达到鄂西、豫西及陕南建立游击根据地为目的。""第二个战略中心是江南根据地。又分苏南、皖南、浙江及闽浙赣边四方面。""第三是苏鲁地区。这是目前华中的基本根据地,主力所在,用力最大。"

2月2日 关于日军进攻态势及中共在政治、军事上的方针问题,毛泽东同朱德、王稼祥致电彭德怀、左权、刘少奇、陈毅、周恩来、董必武等,指出:日军有占洛阳可能,汤恩伯、胡宗南、卫立煌主力有被击溃可能,"反共高潮可能下降,中日矛盾仍属第一"。我们的方针:政治方面,继续攻势,坚持12条,在适当条件下不拒绝妥协,但目前绝不松口。军事方面,八路军原地不动,仍不松懈准备,新四军力争河南,不惜全力以赴。黄克诚部即改新四军番号,新四军已成全国人民心目中极荣誉的军队,这是皖南代价换来的。统战方面,注意团结中条山、河南、湖北各友军,"大大发展交朋友,共同打退日寇的进攻,良机难得,以德报怨"。

2月2日 毛泽东为中共中央书记处起草彭德怀、左权、周恩来、叶剑英电:"中央决定在蒋介石对新四军问题没有满意解决以前,我八路军停止给他任何呈报(战报亦停止),亦不向他请领经费。他的来件,办事处可以照例收下,但不要复他。"

2月4日 季米特洛夫在给毛泽东的电报中指出,"我们认为,破裂不是不可避免的。你们不应把方针建立在破裂上,相反,要依靠主张维护统一战线的民众,竭尽共产党和我们军队的一切努力来避免内战的爆发"。

2月7日 关于日军进攻河南的形势和对蒋介石政治动向的分析,毛泽东致电周恩来:"此次敌军进攻规模甚大,战况激烈,似比宜昌战役还要大些,完全是蒋、何、白反共计划召来的。""蒋介石原知敌人一、二、三月内要进攻的,他之所以发动皖南事变,发表一一七命令及部署大军进攻淮北、皖东、鄂中新四军,均是想以反共停止敌人进攻。""岂知日本人的想法另是一样","利用国共冲突,乘机进攻"。"故河南进攻,对蒋是一瓢极大的冷水,把他的全部的幻想打破了。""军事反共事实上既已终结(虽然皖东与关中边区还在进攻),请注意蒋介石诸人如何处理国共关系,依我观察,他们非求得个妥协办法不可。敌人攻得如此之急，一一七命令如此丧失人心，他的计划全部破产，参政会又快开了，非想个妥协，更加于他不利。"

2月7日 美国总统罗斯福的私人代表居里会见蒋介石。8日，蒋介石收到罗斯福总统希望国共合作的来函。

2月8日 中共中央书记处指示各地在抗议皖南事变及追悼事变殉国烈士大会中，应要求国民政府和蒋介石接受中共提出的解决时局12项条件，平反皖南冤案。10日，中共中央书记处发出通知："关于抗议皖南事变及追悼皖南死难烈士，前定二月十三日或以后数日内开会，兹决定缓开，待时局明朗后再通知开会。"11日，中央政治局会议又根据毛泽东的提议，决定大会停开。

2月9日 周恩来将苏联驻华大使馆武官崔可夫对国共双方提出的意见电告毛泽东。崔可夫的意见是，对国民党：（一）斯大林不愿意听到国共两军冲突事；（二）要团结抗战；（三）武器不好不能取胜的观点不对。斯大林认为，目前华军作战主要目的不在攻守坚固据点，而在集结十倍于敌的力量，歼来敌之有生力量，以孤立敌据点，华军目前应积极行动，使敌分散。对中共：革命军队愈积极行动，愈能发展；要继续抗战，起模范作用，并加以宣传；苏联接济的军火，中共也可向国民党要求补给。

2月10日 周恩来在玉皇观同黄炎培、周士观、沈钧儒、邹韬奋、章伯钧、张申府、左舜生、张君劢共商对国民参政会的态度。事后，周恩来将聚谈情况电告毛泽东，建议以中共七参政员名义将中共中央军委发言人提出的关于皖南事变12条善后办法提到参政会要求讨论，以期恢复国共团结，坚持抗战，以此作为出席参政会的条件，否则不能出席。14日，中共中央致电周恩来，表示同意，并同意在参政会外成立各党派委员会讨论政治问题。15日，毛泽东等中共七参政员致函国民参政会秘书处，提出关于皖南事变的善后处理办法12条，请政府采纳。18日，周恩来将这一公函送国民参政会秘书长王世杰，并声明，在12条"未得政府裁夺"以前，不久即将召开的参政会中共参政员"碍难出席"。另将中共七参政员这一公函抄送国共两党以外的各党派和国民参政员20余人。

2月11日 中共中央政治局召开会议，毛泽东在会上指出：这次日军进攻河南，扰乱了反共军对新四军的进攻计划，但在豫南战役中，中央军损失不大,他们仍能布置进攻我们。2月6日,国民党中央发出指示,要发动舆论逼使八路军、新四军退到老黄河以北,现在积极布置进攻陕甘宁边区的反共军有三师两旅,看来反共高潮仍未降低。

2月12日 毛泽东同朱德、王稼祥致电刘少奇、陈毅、罗炳辉、黄克诚、彭雪枫等,指出:"此次敌寇发动华中攻势,其行动如山洪暴发,忽涨忽退,蒋此次反共计划一般地已被捣乱。目前整个形势在变化中。华中军事除李仙洲及王仲廉指挥之新二军仍继续执行原来反共任务外,汤军主力正在进行休整。""你们目前任务是求得巩固现地区,与李仙洲斗争。"

2月13日 毛泽东同朱德、王稼祥、叶剑英致电彭雪枫并告陈毅、刘少奇:李仙洲部两个师向你们进攻,你们主力先应向北退却,然后相机反击消灭之,一切靠自己解决问题。

2月13日 毛泽东在给季米特洛夫的电报中说,"我们认为,国共分裂将来是不可避免的,但不是现在。如果我们对蒋介石采取软的态度,那肯定他将继续进攻,如果我们在军事方面遭到失败,那就有分裂的危险。而如果胜利了,那他就会知道进攻我们的困难。这是一个不止一次得到验证的规律"。因此,"现在是我们争取有利地位的最好时机,这个时机决不能错过。但同时在运用我们的政策时,我们要十分谨慎,要斟酌所有可能性"。

2月14日 中共中央书记处复电周恩来:"(一)同意以我党七参政员名义将十二条提到参政会要求讨论,以期恢复国共团结、重整抗日阵容、坚持对敌抗战,否则我们不能出席参政会。(二)同意在参政会外成立各党派委员会讨论政治问题。"

2月14日 毛泽东关于在国共关系僵局中对国民党的策略致电周恩来,指出:各次报告均悉。我们的估计是一致的,蒋介石的反共不会变,高潮可能下降,"剿共"可能停顿。目前国共关系是僵局,于蒋不利,是他自己造成的。利用日蒋矛盾仍是我们策略中心。但对蒋让步则危险。目前是逼蒋对我让步时期,非我对蒋让步时期,熬过目前这一关,就好办了。蒋从来没有现在这样受内外责难之甚,我亦从来没有如现在这样获得如此广大的群众(在内外)。目前国共关系上的僵局时间不会久,敌大举进攻之日,即僵局变化之时。我之攻势(12条)压倒了蒋介石的攻势。我们在军事上守势,政治上攻势,是完全正确的。因为这不会破裂国共关系,只会拉拢国共合作,不会妨蒋抗日,只会逼蒋抗日,我们提出12条的目的,不在蒋承认12条或其中之一部分,他是不会承认的,而在于以此攻势打退他的攻势,用我们的政治进攻之手来缝好由于蒋介石进攻撕破的裂口。目前的僵仅政治上僵(国共关系上僵),军事上蒋我并不僵,因我并未去打他。

2月15日 中共参政员毛泽东、陈绍禹、秦邦宪、林祖涵、吴玉章、董必武、邓颖超,致函国民参政会秘书处,提出关于皖南事变之善后处理办法12条,"请政府采纳"。

2月17日 中共中央军委发出《关于目前军事方针的指示》,指出:"我党领导的一切武装部队,包括新四军在内,目前对反共军基本上只应该打防御战,不应该打进攻战";新四军已无合法地位,本来可以大闹,但为不使蒋日矛盾缩小,故亦暂时仍以限制于敌占区及其附近地区活动为原则;主力向河南发展任务,目前应改为准备而不实行;对八路军机动部队的准备亦然,目前也是准备,不是实行;要注意克服准备机动部队中的急躁情绪。

2月17日 毛泽东同朱德、王稼祥、叶剑英致电彭德怀、左权、刘伯承、邓小平、贺龙、关向应、聂荣臻、彭真、吕正操、程子华、朱瑞、陈光、罗荣桓、陈毅、刘少奇,进一步阐述中共中央决定的军事守势、政治攻势的方针,指出:"目前党的政策的中心出发点是利用日蒋矛盾,日蒋还有严重矛盾,故必须利用之,因此我们采取了军事守势、政治攻势的政策,这个政策的时间愈长愈有利,愈短愈不利。""我党领导的一切武装部队,包括新四军在内,目前对反共军,基本上只应该打防御战,不应该打进攻战,不应该企图在大后方发动反蒋的游击战争,这些办法目前都是有害的。"新四军虽已无合法地位,"亦不应该去大后方,暂时仍以限制于敌占区及其附近地区活动为原则。河南敌退后,彭雪枫过新黄河的活动应暂时放弃,主力向河南发展任务目前应改为准备而不是实行"。"对八路军机动部队的准备亦然,目前也是准备,不是实行。""在加紧准备机动部队中,必须抑制部队中可能发生的急躁情绪,必须使部队高级人员懂得,一方面要准备对付可能的突然事变(全面破裂),一方面又要在自己的行动上避免引起过早破裂,要知道破裂愈迟愈有利,愈早愈有害。""日蒋没有妥协以前,蒋大举对我进攻是不可能的,第一他没有便利战场,第二政治上不好动员,第三英、美都不赞成,第四蒋、桂已有矛盾。这一估计已经证实,故华中我军应加紧对付他的小进攻(李仙洲、莫德宏、陈大庆之类),但不怕他的大进攻。""目前蒋、桂、何都陷于僵局,我再忍耐一下,时局于我有利。"

2月18日 毛泽东同朱德、王稼祥、叶剑英致电刘少奇、陈毅、彭雪枫,指出:"顽军虽有重新进攻华中我军之可能,然经日军'扫荡'后整训须时,故雪枫部应在涡河南岸尽可能努力迅速建立根据地,不到不得已时不要全部退至涡河北岸与放弃涡南。""可由黄克诚酌派一部分部队进至原雪枫地区。"

2月18日 周恩来接见张冲,责以近月来政治压迫事件频仍,如逮捕报贩、恐吓读者、扣压邮件、封闭报馆、撕毁广告等。同日,周恩来将中共七参政员致国民参政会提出处理皖南事变的12条善后办法的公函送国民参政会秘书长王世杰。声明在中共中央所提"12条"、"未得政府裁夺"以前,中共参政员"碍难出席"国民参政会。

2月18日 中共中央革命军事委员会发委任令,委任国民革命军新编第四军所属各师军政负责人如下:一、粟裕为新四军第一师师长,刘炎为政治委员,钟期光为政治部主任;二、张云逸为第二师师长,罗炳辉为副师长,郑位三为政治委员,郭述申为政治部主任;三、黄克诚为第三师师长,并暂兼政治委员,吴文玉为政治部主任;四、彭雪枫为第四师师长,并暂兼政治委员,萧望东为政治部主任;五、李先念为第五师师长,并暂兼政治委员,任质斌为政治部主任;六、谭震林为第六师师长,并暂兼政治委员;七、张鼎丞为第七师师长,曾希圣为政治委员。

2月19日 周恩来严词拒绝张冲关于暂行收回七参政员致国民参政会公函和见蒋介石的要求。周恩来将中共七参政员提出之处理皖南事变12条善后办法的公函送交王世杰后,张冲见周恩来,要求周暂行收回"公函"和见蒋要求,周恩来严词拒绝,并指出,现在政治压迫严重,无理已极,实属忍无可忍。

2月20日 周恩来致电中共中央,电报说:昨日将七参政员致国民党参政会公函送王世杰,声明在中共中央所提12条未得政府裁夺以前,中共参政员碍难出席。同时将此公函抄送各小党派及有正义感之参政员20余人。王世杰得公函后,立即找张冲谈话,认为此系中共表示破裂。黄炎培、左舜生等访王世杰,亦说时局严重,必须设法解决。张冲从昨晚至今午,接连以电话及公函请我暂行收回此公函两天,以便他从中奔走,请蒋约我谈话，我均严词拒绝。张冲认为12条虽已提出一个月，尚非正式公文，今向参政会提出，势必付诸讨论。张仍请求以他名义代电延安，缓期二日提出。

2月21日 蒋介石分别急电国民党第三战区司令长官顾祝同、第二十五集团军司令陈仪、第九战区司令长官薛岳及江西省主席熊式辉，密令彻底"清剿"闽赣边境抗日游击队。

2月23日 中共中央指示周恩来转告国民党谈判代表张冲以下各点：(一)皖南事变及"一一七命令"是国民党表示破裂的开始行动，我党七参政员公函，是我党企图挽救此种破裂的行动，因为现时挽救破裂，除请求国民党及参政会实行12条外，无其他办法。(二)自1月25日将12条交与张冲转达蒋先生后，国民党方面置之不理，故不得函达参政会要求解决。(三)如国民党方面认可12条，参政会方面自可暂时不付讨论，而由两党在会外谈判，但在谈判无满意结果前，我们不能出席参政会。(四)国民党方面如无破裂决心，必须迅速停止各方面的政治压迫与军事进攻，否则一切欺骗之词，我们不能置信。

2月23日 叶剑英致函国民党谈判代表张冲，重申了共产党对皖南事变和"一一七命令"的立场，并列举事实说明国民党在皖南事变后对共产党之政治压迫与军事进攻有加无已。指出："一月十三日皖南事变及一月十七日宣布新四军叛变之命令是国民党方面表示开始破裂国共合作的行动。""本党中央认为除由国民党方面采纳十二条办法之外，绝无任何其他办法足以挽救由国民党方面所引起的破裂危机，而此种破裂危机如不挽救，则民族危亡之大祸将随之而至。""截至本日为止，国民党方面对于本党之政治压迫与军事进攻有加无已。""本党中央认为十二条办法如不能获得满意解决，各种政治压迫与军事进攻如不能停止，则国共关系与时局危机必将益形严重，一切空言延宕之方法，将毫无补于实际。"

2月25日 周恩来会见张冲，张冲再三要求周恩来将中共七参政员公函收回，以便蒋介石能见周恩来。周恩来说，在新四军事变后，国民党对中共继续政治压迫，军事进攻，我们确无让步的可能。七参政员的公函不能撤回，目前见蒋无意义，不会有结果。于是，张冲又提出了三点具体解决意见：(一)军事上，第十八集团军的正规军开到黄河以北，游击队全部留在华中，配合友军作战。另外给一军，补新四军缺,归还叶挺及其他干部、边区及晋察冀政权照前议。(二)参政会改请董必武、邓颖超出席,另成立分区调查委员会,讨论党派问题,以蒋介石为主席、周恩来为副主席。(三)目前军事进攻已停止,政治压迫总要解决,请蒋介石负责纠正,再不许发生新事件。他请周恩来电告延安请示。周恩来答复说,不拒绝谈判,具体条件可以电告延安,但致参政会公函绝不能撤回,见蒋介石更无必要。张冲最后要求中共参政员考虑出席本届参政会,并望次日早上答复他。当晚,周恩来致电中共中央,报告会谈情况。

2月26日 毛泽东致电周恩来,指出:"蒋介石除对我秘密党及办事处逞凶外,他处绝无办法。"国内外形势日益对我们有利。"蒋介石反共是一定的,但大举是不可能的,蒋介石手忙脚乱之时快要到了。"

2月26日 中共中央关于不出席参政会问题给周恩来指示,指出:"(一)非12条有满意解决并办理完毕,确有保证之后,决不出席参政会。(二)张冲所提条件不能接受,七参政员公函不能撤回。(三)如彼方有诚意解决问题则应:(甲)参政会延期两个月开会;(乙)在两个月内解决十二条意见及一切悬案;(丙)派飞机送周恩来回延安开会,以便讨论彼方意见。"

2月26日 周恩来约见张冲,并把中共中央26日的电报和叶剑英23日致张冲的电报给张冲看。张冲看后说,电中所提等于破裂。周恩来当即指出:"责在国民党。我党为挽救破裂,故提出十二条。"随即周恩来与张冲围绕中国共产党所作的答复意见进行商谈。张冲又谈到具体条件问题。周恩来说:"中央要我回去讨论。"张冲说:"你如回去,他们(指国民党)又要说你们破裂了。"周恩来说:"你们不让我回去岂不更表示压迫?"张冲说:"可否你回去讨论,参政员公函也要撤回,董(必武)、邓(颖超)两位可出席参政会?"周恩来说:"万做不到。这样做将成为历史上滑稽剧,不是侮辱我们?"张冲说:"董、邓如不出席,他们不会让你回去的。"周恩来立刻回答:"我本准备在此待捕的。"张冲又说:"即使董(必武)、邓(颖超)只出席一人也好。"周恩来讥讽地说:"国民党请客吧,被请者为'奸党',还要客来捧场,岂不是侮辱?"并再次坚决地告诉他:"出席是不可能的。"

2月27日 蒋介石约黄炎培、张君劢、褚辅成、左舜生、沈钧儒、张澜六位中间党派人士参政员,晤谈关于要求中共参政员出席本届参政会问题。张澜等六人提出四点建议:(一)参政会开会,中共参政员必不可少;(二)军队国家化,与党派绝缘;(三)检讨《抗战建国纲领》及一切决议之实行;(四)成立各党派委员会,以讨论并保证以上各项之执行。蒋介石表示原则上同意。经商定:希望中共参政员出席本届参政会;中共要求各点由参政会组织特别委员会商讨解决办法。黄炎培等见周恩来,转达与蒋介石会谈经过情形及意见,希望中共再作一次让步,出席本届参政会。他们表示,只要中共出席,蒋介石若再失信哄骗,我们大家共进退。周恩来、董必武向他们说明了蒋的政策和共产党的立场,表示不能出席参政会,并提醒他们不要上当受骗。

2月27日 中共中央召开政治局会议,毛泽东在会上报告目前局势与中共对策问题。他说:现在国民党与英美方面都怕国共分裂,蒋介石企图拉拢我党及各小党参加参政会。我们的对策是蒋介石如果不答应我们提出的12条,我们就不出席参政会。

2月28日 中共中央指示周恩来向张冲提出临时解决办法12条作为中共参政员出席参政会的条件。这新的12条是:(一)立即停止全国向共产党的军事进攻;(二)立即停止全国的政治压迫,承认中共及各民主党派的合法地位,释放西安、重庆、贵阳及各地的被捕人员;(三)启封各地被封书店、解除扣寄各地抗战书报的命令;(四)立即停止对《新华日报》的一切压迫;(五)承认陕甘宁边区的合法地位;(六)承认敌后的抗日民主政权;(七)华中、华北及西北的防地均维持现状;(八)中共领导的军队,于十八集团军之外,再成立一个集团军,应共辖六个军;(九)释放皖南所有被捕干部,拨款抚恤死难者的家属;(十)释放皖南所有被捕兵员,发还所有枪支;(十一)成立各党派联合委员会,每个党派派遣代表一人,以国民党的代表为主席,中共代表副之;(十二)中共代表加入国民参政会主席团。中共中央电报说,如彼方表示同意这12条,即可由周恩来偕张冲至延安谈判,参政会延后两星期召开。

2月28日 中共中央书记处复电周恩来:"(一)可以加入各党派代表委员会,每党派代表一人。(二)我党派恩来为代表参加委员会。(三)委员会以讨论各党派关系(当然首先是国共目前的紧张关系)国家大事为其任务。(四)委员会不属于参政会。(五)我党参加委员会,但在十二条没有满意解决前,仍坚决不出席参政会。"

2月29日 张冲奉蒋介石之命敦请董必武、邓颖超参政员赴会,董、邓表示,在国民党方面接纳中共提出的12条办法之前,拒绝出席。

2月 中共中央判断:由于蒋介石做得太错,中共态度有理而强硬,日本向河南的进攻,英、美、苏的外交压力,国民党内部的矛盾,中间派同情我们,广大人民对蒋愤慨等,内战已可避免。

2月 日华北方面军根据大本营和派遣官总部的计划,下达1941年度的《肃正建设计划》和"剿共"政策纲要。确定仍以"剿共"为重点,要求其各部更加积极作战,迅速恢复"治安";在作战指导上,强调必须发挥军政会民的总体力量,实行军事、政治、经济、文化的"总力战",以巩固其占领区。为加强华北方面军,敌又从华中抽调第十七、第三十三师团到华北,从而使华北日军兵力达到11个师团另12个独立混成旅团约30万人,另外,尚有伪军10万余人。在华北战场上,国民党军约有50万人,但由于其没有放弃消极抗日、积极反共的方针,不断向八路军抗日根据地进行军事进攻和经济封锁,同时,在"曲线救国"的反动政策下,又有3万余人公开投敌,与日军连续的残酷"扫荡""蚕食""治安强化运动"相配合,向八路军进攻,这种日、伪、顽夹击再加严重的自然灾害,使华北敌后抗日进入严重困难时期。日军在华中方面的总兵力共26万余人,经常与新四军作战的有11万人,此外还有伪军15万人。由于日军从1941年起把京、沪、杭作为重点守备地区,不断向新四军和华中抗日根据进行"扫荡"和"清乡",再加国民党顽固派在皖南事变后继续执行其消灭新四军的计划,在这种形势下,华中敌后抗战也进入严重困难时期。

3月1日 周恩来两次致电毛泽东、中央书记处,汇报近日来关于与张冲谈判和参政会的情况,请求处置办法。报告说:现在全中国全世界都在关心着我们代表是否出席参政会,重庆各方面都在盼望我们出席,"昨夜、今朝有两批'特使'来迎董(必武)、邓(颖超)",但谈判无结果,我拒绝出席。现在有两个办法,一是直接见蒋介石将我们党所提条件当面交他,请蒋立刻负责解决,其他问题约张冲到延安商谈;另一个办法便是硬到底,我们也准备了。一切中间的办法已没有用,而僵局又需打开,故"待中央立即指示"。同日,中共中央接到周恩来的电报后,当即给周恩来、董必武、邓颖超复电,指出:在我提出的临时办法12条"无结果无明令保证,绝对不能出席"。但仍可告诉国民党及中间党派,只要同意中共中央之临时解决办法,并有明令保证时,共产党参政员当可报到出席。此项谈判不会有结果,故我们的决心必须放在不出席上,亦不宜出外活动,要坚守自己的原则立场。

3月1日 毛泽东为中共中央书记处起草关于谈判无结果坚决不出席参政会复周恩来、董必武、邓颖超的急电,指出:"(一)临时办法无结果无明令保证,绝对不能出席,必须坚持我们的原则立场。(二)告诉国民党及小党派,延安回电已到,为顾全大局起见,同意临时办法十二条,在有结果有明令保证时可以出席,以示我党仁至义尽。(三)判断此次谈判决不会有结果,故你们的决心须在不出席上,亦不宜外出活动,坚守自己的原则立场。如我们此时出席,我们即失掉一切立场,结果将非常之坏。(四)即选周为主席团,亦决不能出席。"

3月1日 张冲等又奉蒋介石之命来请董必武、邓颖超出席,遭到谢绝。当日,周恩来向中共中央报告:"此次参政会我们得了大面子,收了大影响。蒋亲提主席名单,昨夜今朝连续派两批特使迎董、邓,一百多国民党员鸦雀无声,任各小党派提议,最后延期一天,蒋被打得像落水狗一样,无精打采地讲话。全重庆全中国全世界在关心着、打听着中共代表究否出席,人人都知道延安掌握着团结的人是共党中央。"

3月1日至10日 国民参政会二届一次会议在重庆举行。这次参政会因蒋介石拒绝接受中国共产党提出的12条办法,中共参政员毛泽东等七人拒绝出席。蒋介石动员各党派领袖张君劢、左舜生、黄炎培等人赴十八集团军重庆办事处邀请中共参政员出席,中共代表表示延安无回电不便自由行动。会上部分参政员提议大会延迟一日,等候延安回电。因而大会推迟一天,主席团也没选出。

3月2日 毛泽东致电周恩来,决不能无条件出席国民参政会。电文说:"昨夜书记处会议讨论来电,反复考虑,认为蒋介石正发动一切压力迫我屈服,我若出席,则过去有理有利的政治攻势完全崩溃,立场全失,对我一切条件他可完全置之不理,一切文章不能做了,因此决不能无条件出席,但明令保证的条件是决不会答应的,因此须决心不出席。""我不出席,他亦无可奈何。""我已提出让步条件(临时办法),他不答应,其曲在彼。""只要熬过目前一关,就有好转可能,在半年内如能解决善后条件,我仍准备出席九月间的二次参政会。"电文指出:中央书记处开会一致认为,我们不出席,完全是理直气壮的,而蒋介石亦无可奈何。因为:(一)皖南事变他错了,通国皆知,我们不出席表示抗议,并未错;(二)我们已提出让步条件(临时办法),他不答应,其曲在彼;(三)如他因此发动更大破裂行动,其曲更在彼,更于彼不利;(四)国际形势于彼不利之时；(五)国内形势彼方对我们绝无办法，我方毫无所惧。

3月2日 周恩来致函张冲，请将中共提出的临时解决办法12条，转交蒋介石及国民党中央，作为中共参政员出席国民参政会的条件。公函严正声明，如果国民党接受12条，必武、颖超即可出席本届参政会。同一天，中共参政员董必武、邓颖超致函国民参政会，提出临时解决办法12条；并联名致函黄炎培、梁漱溟、左舜生、章伯钧、沈钧儒、张申府、邹韬奋、罗隆基、张澜等16人，说明中共中央为顾全大局，已将原定的12条善后办法改为临时解决办法12条，只要实行这个12条有了明确保证，董必武、邓颖超必能出席参政会。

3月2日 国民政府军委会政治部长张治中上书蒋介石，陈述对中共问题处理的失策，他说："现在共产党问题解决之棘手，大半由于若干同志不具远大的眼光，甚至缺乏体认此问题之常识，始终为一种错误之冲动所支配"，并建议："为保持抗战之有利形势，应派定人员与共党会谈，以让步求得解决。"蒋介石未予采纳。

3月4日 蒋介石向参政会国民党党团训话说，国共总要分裂，不必惧怕；单从军事上，三个月可以消灭共产党。唯政治上尚不许可，目前是政治防御。

3月4日 毛泽东致电周恩来，指出"蒋将继续增加对我压迫，请作准备"。"参政会通过拥蒋案以报复我之不出席，但我如出席亦会通过此案，我们赔了夫人又折兵，便上大当，故不出席是千对万对的。"

3月5日 毛泽东出席中共中央政治局会议，首先就目前时局问题发言，他说：过去我们的"佳电"及撤兵，一方面取得中间派的同情，另一方面使国民党抓住我们怕破裂，更加向我们进攻。在我们向参政会提出12条时，蒋表示着慌。我们继续坚持强硬的立场，蒋动员所有小党派向我们要求出席参政会，因此我党参政员董必武、邓颖超提出新的12条办法。这一次我党周恩来、董必武、邓颖超三个战士坚持了党的立场，这是有重大的意义。我认为我党此次坚定的立场是对的，给了国民党以坚决的打击，会给各方面以极大的影响。

3月6日 蒋介石在第二届国民参政会上发表《中共七参政员不出席参政会之说明》的演说。指责中国共产党先后两个"十二条"的提出，比日本之"三原则""更令人悲痛伤心"。一方面他表示今后"决不忍再见所谓'剿共'的军事，更不忍以后耳闻有此种'剿共'之不祥名词，留于中国历史之中"。另一方面他又威胁说："如果有抗命乱纪……如以前新四军之所为"，"政府仍依法惩治，而加以制裁"。他还声称敌后的抗日民主政权不容许存在，中国共产党所领导的人民武装力量必须依照他的"命令"与计划，集中于指定区域，大弹其军令政令必须统一的滥调。同一天，蒋介石又约周恩来谈话，表示皖南事变的许多具体问题可以提前解决，不愿完全破裂。8日又选中共代表董必武为参政会常驻会员，这实际上是蒋介石结束第二次反共高潮的退兵一招。

3月8日 中共七参政员复电国民参政会，重申不能出席会议之理由。指出，中共参政员"为政府所聘请，而最近政府对于中共则如视仇敌，在中共提出善后办法十二条后，政治压迫，军事进攻，反变本加厉。似此情景，若不改善，泽东等虽欲赴会，不独于情难堪，于理无据，抑且于势有所不能"。

3月9日 周恩来致电中共中央说：蒋介石6日在会上的演说"是带防御性的"，今日《中央日报》的社会也称"即使中共参政员不出席，剿共事实亦不至发展"。

3月12日 毛泽东就目前政治、军事形势的估计致电周恩来指出："我们的攻势（双'十二条'及不出席），结果迫得蒋介石做正面回答，却把问题公开了（借一切国民党的报纸发表我们的十二条，同时暴露了蒋介石的真面目）。蒋原欲把问题缩小，现在却扩大了（由军事问题扩大到政治问题、党派问题），这些都是我们攻势的结果。"电报说：蒋6日演说是一种阿Q主义，骂我一顿，他有面子，却借此收兵。选举必武为常驻参政员及近日西安放人，似是这种收兵表现；"我们却还应继续我们的攻势，直到我们的临时办法各条实际上被承认（主要是扩军、防地、新华报及路上少捉人）"。拟"利用国民党八中全会时由中央去一电，重申双十二条的必要，给他正面一攻，你以为如何"？ 15日，周恩来电复："我们意见，致电国民党八中全会无甚必要。因即便送到，他们也不会在会上宣读的，还不如用一篇文章或谈话回答蒋之六号讲演。"当日，毛泽东来电表示同意，由周处"写一回答六号讲演的东西，中央对八中全会不再发文件"。

3月14日 蒋介石约周恩来会谈，宋美龄也在座。蒋表示现在情形缓和了，可以谈谈，并要周恩来打电报给延安，问中共中央最近的意见。周恩来提出新四军事件和2月各种压迫事件，要求按中共所提12条解决。

蒋对新四军事件,置而不答,对压迫事件,则把责任推给下边。周恩来又提到防地、扩军问题时,蒋对防地不答,但也未再提开往河北一事,只说,只要听命令,一切都好办。军队多点,饷要多点,好说。最后蒋介石约周恩来下星期再见,宋美龄还说要请吃饭。

3月15日 周恩来将会见蒋介石时的情况电告毛泽东。指出,蒋在我们的政治攻势下,为敷衍局面,表面上采取和缓的姿态而实际上仍在加紧布置,以便各个击破。并请示可否利用目前的可能先解决捕人、发饷等小问题,还是等大问题解决时一起解决。毛泽东当天电复:"(一)可以先解决新华、捕人、发护照、发饷等小问题,惟对大问题绝不放松。(二)蒋之表示,不完全是哄,有部分让步以谋妥协之意,因国内外情势不容许他不让步。"

3月15日 毛泽东电告周恩来,驻安徽、河南的蒋桂两系在地盘问题上发生严重矛盾,白崇禧电告李品仙保存实力不打硬仗,对东进"剿匪"已完全不提。

3月17日 关于日苏订立条约对国共关系的影响问题,毛泽东致电周恩来,指出:"蒋急于转圜,蒋亦甚惧日苏亲善,似有求助于我之意,日本则利用国共恶化,有求苏助日制蒋意。""如日、苏只订经济条约不订政治条约,蒋有答应我临时办法各条可能,如日、苏订立政治条约,则国共、中共关系均可能一时恶化。"

3月18日 中共中央发出《打退第二次反共高潮后的时局》的党内指示。指出,从何、白"皓电"开始的第二次反共高潮,至皖南事变和蒋介石1月17日命令达到最高峰;而3月6日蒋介石的反共演说和参政会的反共决议则是此次反共高潮的退兵时的一战。时局可能从此暂时走向某一程度的缓和。这次斗争表现了国民党地位的降低和共产党地位的提高,形成了国共力量对比发生某种变化的关键。指示认为共产党在这次斗争中采用的"有理、有利、有节"的政策,获得完全的成功。但"国民党在其统治区域内对共产党的压迫政策和反共宣传,绝不会放松,我党必须提高警惕性"。同时指示提出在全国和各根据地上,要反对对时局认为国共已最后破裂或很快就要破裂的错误估计以及由此发生的许多不正确的意见。

3月19日 顾祝同密电何应钦,报告其部袭击江南新四军的反共办法,称:一、忠义军全部开入第一、二两游击区,分成四个挺进纵队分途"清剿",并设法截断扬中交通线,该军仍归上官(云相)兼总指挥;

二、苏嘉沪挺进纵队归陶总指挥指挥；三、有关党政军机关加紧联系防止共党活动，并堵截散匪窜扰；四、闽、浙、赣边区"绥靖"指挥官积极"清剿"，依限"肃清"；五、迅即充实改组战地各县党部下级机构并由军政方面协助之。

3月19日 毛泽东致电周恩来、董必武，询问：蒋介石组织党派委员会有何用意？蒋是否同意党派委员会只能是商谈接洽机关，不是决定机关，一切有关某一党派的问题非经该党派同意不生效力？蒋是否想借此站在各党派之上，以便统驭全国？以上各点请立复。20日，周恩来、董必武复电毛泽东，为了对付蒋介石拉拢各党派而组织党派委员会的计划，建议采取以下对策：向蒋提出党派委员会必须置于参政会之外，各党派必须平等。

3月21日 毛泽东致电周恩来："号（20日）午电悉。（一）党派委员会问题中央还未讨论，请暂时不要答复他们。（二）请你考虑在新四军问题未解决前，不加入党派委员会是否更妥当些，因蒋目的在使我加入党派委员会束缚我们手足。"

3月21日 毛泽东致电季米特洛夫说，从1940年10月开始的反共浪潮现在好像已走向低落，国共关系可能将逐渐好转。"现在开始解决一些小的问题（停止向《新华日报》施加压力，释放我们被捕的同志，发给我军经费等），而当内部和外部形势将对蒋介石不利时，大的问题（实际恢复新四军，扩编八路军，在华中为我们建立活动区域等）可能也会得到解决。"

3月22日 中共中央发出《一九四一年三月政治情报》，指出："从去年10月19日何应钦白崇禧皓电开始的反共高潮现似已告一段落，而走向低降。在这次反共高潮中，我们以佳电迎接了他的开始，以1月20日的攻势（老十二条）对抗了他的高潮。以3月2日的新十二条，打退了他在参政会上的最后一战。蒋介石在这次斗争中，遭遇到真正的劲敌与攻不开的堡垒。并由于蒋的直接出面反共，被迫着一改过去隐藏在背后的反共的态度，使广大群众过去对于蒋的幻想开始消灭。蒋之狰狞面目由蒋自己大大暴露了。这是蒋的最大损失。"这份文件认为："这次国共斗争是两党力量的一次大检阅。皖南事变引起全国及全世界人士的注意，中国共产党更加成了中国团结抗战的重要因素，我党地位已提高了。这次反共高潮的打退，在国内政治生活中，将产生严重的意义。它象征着抗日民族统一战线内部阶级力量对比的变动。"

3月25日 周恩来、邓颖超应邀出席宋美龄举行的宴会,蒋介石、贺耀祖、张冲到会。周恩来与蒋介石交谈了组织各党派委员会、停止军事进攻、制止政治压迫和释放叶挺、解决新四军皖南事变问题。宴会后周恩来报告党中央说:今天见面仍只是表面的轻微缓和,还要看他是否真正做些缓和的事。关于各党派委员会,我们拟提出成立各党派平等的联合委员会,并且不属于任何政府机关来与蒋所拟成立的委员会对立,迫蒋让步。

3月 中共南方局派华岗到西康,以中共代表的身份同刘文辉联络,做川西地方实力派的统战工作。

4月5日 中国共产党就国民党五届八中全会宣言及蒋介石的演说发表评论。评论指出,蒋介石虽公开承认其统治危机,但并不想到造成危机之真正症结为没有民主;宣言不仅未纠正袭击新四军之罪行,反强调"军令军纪",实为大错误;中国共产党希望国民党要真正有所改进,接受中国共产党所提12条善后办法,并认真执行之。评论指出,没有根本政策的改变,头疼医头,脚疼医脚的办法是无济于事的。

4月5日 毛泽东、朱德、王稼祥、叶剑英致电朱瑞、陈光、陈毅等,指出,在日军与蒋介石矛盾依然尖锐的情况下,国民党顽军向我大举进攻是不可能的,这给山东和华中抗日根据地的巩固和扩大以有利条件。但山东、华中敌、顽、我三方的斗争是长期的,任何一方都不能迅速解决问题。你们制定战略部署,须适应这种根本情况,勿为临时消息所左右。

4月8日 毛泽东致电周恩来,指出:"蒋有派两个师绕道绥西进驻榆林向我压迫讯,其中一师系新编第三十四师马志超部已到宁夏,蒋派陈长捷为晋陕绥边区'剿匪'总司令,日内率直属队经陕、甘、宁夏似赴榆林。蒋之目的在夺取盐池;压迫绥德。请严重向蒋交涉。"

4月9日 毛泽东致电周恩来,指出:根据各处消息,蒋介石有从北面布置兵力向我压迫的可能。请一面向蒋抗议,一面告诉刘斐,盐池为我给养命脉,如被占领非与蒋拼命不可。

4月9日 毛泽东、朱德、王稼祥、叶剑英致电贺龙、关向应、续范亭并告彭德怀、左权:"蒋有加强北面兵力攻取盐池并南攻绥德可能,你们应准备抽调有力部队准备于必要时西渡增援,暂在原地待命。"

4月10日　毛泽东、朱德、叶剑英三次致电贺龙、关向应等，指出：何应钦到西安布置"剿共"军事，李文部分驻宜川、洛川、宜君、耀县的四个师似有准备进攻陕甘宁边区的企图，如其进攻则可能是突然袭击延安、鄜县两点。你们应做好准备，并准备抽调五个团待胡宗南进攻延安时为保卫延安之用。

4月11日　毛泽东、朱德、王稼祥、叶剑英致电廖承志及各战略单位，通报说：据息，何应钦此次来西安是主持西北"剿共"军事会议，已于10日在临潼开会，讨论中心问题为进攻陕甘宁边区之部署，进攻边区总指挥已决定为胡宗南，在一个月后开始进攻。

4月12日　毛泽东同朱德、王稼祥、叶剑英致电贺龙、关向应并告彭德怀、左权，指出："准备机动部队集结集训，布置甚妥。""惟集结位置须选在行止两用之处，庶依情况须行则行，须止则止，可以活用。"

4月12日　重庆新华日报社社长潘梓年函请国民党中宣部部长王世杰，要求制止皖南事变以来对该报的种种非法压迫，其中包括邮局扣寄、党政禁阅禁售、宪警特务殴捕报贩以及撕毁、没收等。

4月13日　《苏日中立条约》在莫斯科签订。苏联外长莫洛托夫约见中国驻苏大使邵力子，表示"苏联将毫无变更地继续援助中国"。

4月13日　毛泽东同朱德、王稼祥、叶剑英致电贺龙、关向应并告彭德怀、左权，指出："如果蒋介石冒险打延安，我们现时还只能决定内线作战，不是打出动，一二〇师兵力须在保卫边区同时又相当兼顾晋西北之两点上。""蒋介石是否决心打延安主要决定于蒋对苏联态度，日苏条约订立后蒋之态度如何尚须数日才能看清，但我现应放在蒋决心打延安一点上来布置。"

4月14日　毛泽东就《苏日中立条约》和蒋介石准备进攻延安等问题致电周恩来，指出："日苏条约使苏联彻底解除被威胁，对国际对中国发言权增高，使英、美利用三国同盟为反苏工具之幻想最后破产，对制止中国投降与反共危险有积极作用。""对蒋进攻延安阴谋准备公开揭破，但还拟看一看，如蒋知难而退，则饶他一次以免引起紧张局面。"

4月16日　中共中央政治局召开会议，会议讨论《苏日中立条约》，通过毛泽东起草的《中国共产党对苏日中立条约发表意见》。毛泽东在会上发言指出：苏日条约订立之后，苏、日双方都得到自由，但对中国问题没有解决。蒋介石目前有三大困难，即财政、外交与中间派问题，中间派对投降与否都不积极，财政困难更大。目前不会有新的反共高潮。蒋介石进攻陕甘宁边区似还不会立刻到来，但我们必须准备。

4月17日 毛泽东关于《苏日中立条约》问题，致电周恩来，指出："蒋介石历来认为苏联依赖他的抗日，他乃敢于放手反共，日苏条约对蒋给了严重打击。""在日苏条约订立、苏联获得自由之后，蒋投降与反共将更加困难。"

4月17日 毛泽东同朱德、王稼祥、叶剑英致电彭雪枫：为了政治上打击蒋介石反共，军事上迟阻李仙洲援助韩德勤，同意陈锐霆团在坚持团结、坚持抗战、反对中国人打中国人等口号下光荣起义，起义后照外围军待遇。

4月17日 毛泽东同朱德、王稼祥、叶剑英致电贺龙、关向应并告彭德怀、左权，指出："你们部队主力择适当地点集中整训，不要妨碍生产建设，以便坚持根据地。延安亦是这个方针（准备应付蒋之万一进攻，但不妨碍生产)。"

4月18日 中共中央发出1941年4月政治情报，重点介绍苏日条约签订后国际国内动态及中共之对策。通报指出，目前国内时局乃是反共高潮暂时低落与对日战争依然继续的局面。国民党对抗战仍是继续的，日苏对之依然尖锐。但日本对国民党一打一拉，又打又拉（一面压迫，一面诱降）的两重性政策与亲日派拉顽固派投降的活动势必加紧。国民党发动的以皖南事变为高峰的反共高潮虽已下降，但其反共宣传及对我组织上的破坏这两点则仍在继续加深加紧，可谓谣言重于宣传，巩固重于进攻，分化重于磨擦，这正是国民党上层分子孤立恐慌与毫无出路的反映。国民党在华中（淮北、皖东、鄂东）的军事进攻现已陷于进退维谷之状态。国民党进攻边区日来已渐趋沉寂。唯国民党驱我军出华中之心至今未死，其军事行动也仍在继续，在西北则屯军数十万，加紧准备训练，对我进攻之威胁也依然存在。因此，我在这两方面提高警惕性与进行各种自卫措施，都是不可少的。

4月中旬 中共中央调整兵力部署，准备对付国民党顽固派进攻陕甘宁边区。4月初，胡宗南已集七个军的兵力于关中，待机进犯陕甘宁边区。10日，何应钦赴陕西，在临潼召集各高级将领会商对陕北的行动。

4月23日 中共中央军委发出关于对反共军及友军政策与工作的指示，指出，皖南事变和反共高潮证明，国民党系统下的军队可分为四种类型，即已与日军勾结好、坚决反共者(暗藏的汉奸队伍)；未与日军勾结好，但坚决反共者(真正的顽固派)；对反共暂时持中立者；对共产党同情者。根据这一分析，八路军、新四军的总方针是：联合同情者，争取中立者，削弱顽固者，坚决消灭或打击隐藏的汉奸队伍，以求争取多数，打击少数，坚持抗战。为达此目的，要做到：慎重区分上列四类军队，切忌不分对象的过左过右现象；注意各类军队的互相转化，采取正确适当政策；利用日军与顽固派的矛盾，中央军与地方军的矛盾和各军保存实力、害怕削弱的心理，指示还指出了对上列四类军队的具体政策：对汉奸军队，政治上瓦解，军事上坚决打击直到消灭之；对顽固派军队采取两面政策；对中立军队争取其继续中立，或使之成为共产党的外围军；对进步军队支持、帮助、保护其发展。

4月26日 毛泽东复电周恩来，指示同意见蒋介石，见时

可表示中共愿意同国民党继续团结抗日，但国民党必须改变对内政策，合理解决新四军问题，给八路军发饷。

4月29日 朱德、叶剑英接见国民党驻延安联络参谋陈宏谟，提出改善国共关系所应采取的办法。(一)停止逮捕共产党人员及反共军事和交通封锁；(二)继续发给第十八集团军各月经费及弹药补充。新四军余部尚有八九万人，应即整编。至移防一事，如政治上有确实保障，自可商谈，否则，于情于理碍难遵命。同时提出，如重庆政府仍不发给第十八集团军经费，将发起国际国内募捐运动，以维持生计。

5月2日 毛泽东致电周恩来，要他就陈长捷至西安事质国民党，指出："如陈至榆及向榆林增兵势必引起重大纠纷，如保持榆林现状，我可保证不向榆林、宁夏、内蒙作任何行动，否则引起纠纷责在彼方。"

5月5日 毛泽东同朱德、王稼祥、叶剑英致电陈毅、刘少奇并告彭德怀、左权，详细告知国民党军在华中的动态及蒋介石同桂系的矛盾。指出：蒋、桂在华中的防区方面有重大矛盾，"各欲置对方于危险地带，置自己于有利地带"。据汤恩伯称，已奉蒋令，该集团负责区域划定为淮河以北，平汉

路以东，黄河以南，津浦路以西地区，"亦可见蒋攻我之心未死，没有敌人大举'扫荡'，他是不会放手的"。自苏日条约签订后，国民党苦闷彷徨，桂系亦感无出路，据重庆消息，白崇禧很苦闷，说蒋介石"反共无心，和共亦无决心"，近日白、蒋间颇有隔阂。

5月5日 发动河南战役的日军开始撤退后，围攻华中新四军的国民党汤恩伯部第九十二军和骑兵第三、第八师即兵分三路向新四军豫皖苏边区部队猛烈进攻。由于该部兵力分散而陷入被动，遂被迫撤往皖东北地区。豫皖苏根据地除睢（县）杞（县）太（康）和萧县部分地区尚有少数地方武装坚持斗争外，其余全部丧失，此次党政干部损失约4000人。该部到达皖东北后，总结了经验教训，统一了作战思想，整编了部队，扩大和巩固了淮北苏皖边区抗日根据地。

5月6日 八路军总司令朱德、副总司令彭德怀致电蒋介石揭露日蒋合作阴谋。电报指出："自汪逆登台后，华中敌占区各地表现如下：一、各地一律改换青天白日满地红国旗，旗上之角织有五角星，上书'和平反共'四字；二、各地新民会有改组为伪国民党党部说，到处开庆祝伪政府成立大会，宣传反共、国共分裂，伪称：'汪蒋合作，共同反共'；三、积极建立伪军，所有伪军改着灰布军装，并宣传打八路军，不打中央军；四、愿帮助中央军剿共，以肆其挑拨离间之诡计。敌华北扫荡计划，即编伪军，积极修筑铁路、公路、建立支据点，组织抢粮队，抢掠民食。"

5月7日至27日 日军进攻中条山，八路军配合国民党军打击日军进攻。日军为尔后集中力量"扫荡"共产党领导的敌后抗日根据地，并占领潼关作进逼西安之势，集中10余万兵力于7日起对中条山地区的国民党军发动进攻。国民党在这一地区集结的兵力20余万，但对日军的进攻毫无准备。12日被日军截为东西两部，失去联络，再加指挥混乱，各路溃不成军，第三军军长唐淮源阵亡。八路军为坚持团结抗战、坚持统一战线，根据中共中央的指示，在国民政府长期不发饷弹的情况下，仍在附近地区配合国民党军作战，从8日至20日，仅太岳、太行区和晋察冀第一、第二军分区等地部队即与日伪作战十余次，歼日伪军2000余人，攻克敌据点20余处，使平汉、同蒲两铁路经常处于中断状态。

5月8日 中共中央召开政治会议，讨论时局问题。毛泽东在会上说，重庆国民党方面要刘斐同周恩来谈话，说明日军发动新的军事进攻,要求我们在军事上配合。会议决定复电周恩来。会议还通过毛泽东起草的《关于我党在反对第二次反共高潮斗争中的教训》的党内指示,并根据毛泽东的提议,决定用电报发各战略单位。这个指示全面总结了中国共产党打退国民党第二次反共高潮的经验,指出,在对国民党顽固派作斗争时,首先,不要忘记中国的基本矛盾。"一个民族敌人深入国土这一事实,起着决定一切的作用。"只要中日矛盾继续尖锐地存在,国共两党继续合作抗日的可能性就存在,只有充分地认识这一点,才不致犯"左"的错误。其次,对以蒋介石为代表的亲英美派大地主大资产阶级要有清醒的、本质的认识。他们具有两面性:既反共,又不愿意完全破裂;既抗日,又不积极,甚至有时与日本勾勾搭搭。只要他们还没有投降,其对我们的政策依然是一打一拉。因此,我们的方针便只能是"以打对打,以拉对拉","针锋相对",除此之外,别无他路可循。任何革命力量如果要避免为蒋介石所消灭,并迫使他承认这种力量的存在,只有和他进行针锋相对的斗争,否则,我们就要犯右倾错误。"但是斗争必须是有理、有利、有节的,三者缺一,就要吃亏。"第三,要准备两种可能性,要从最坏处即全面破裂作准备,努力争取好的即继续共同抗日的前途。第四,要采取区别对待的政策,以便最大限度地孤立和打击顽固派,以利更加广泛地争取和团结中间势力。这个党内指示针对当时党内出现的某些"左"倾情绪,指出:这次反共高潮,曾被部分同志估计为四一二反革命政变和马日事变,是不正确的。因为"中日民族间的矛盾依然是基本的,国内阶级间的矛盾依然处在从属的地位"。这个党内指示还强调了中国共产党对于大地主大资产阶级及中间阶级的正确政策,指出:"我党在整个抗日时期,对于国内各上层、中层还在抗日的人们,不管是大地主大资产阶级和中间阶级,都只有一个完整的包括联合和斗争两方面的(两面性的)民族统一战线的政策。"

5月9日 周恩来会见张冲。周恩来就蒋介石要华北八路军配合对进犯中条山的敌人作战的问题,按照5月8日中共中央书记处的意见,说明配合作战,"当然如此,不成问题"。同时转达中共中央的意见:(一)速解决新四军问题;(二)速发饷弹;(三)停止反共;(四)派飞机送周恩来回延安开会。

5月9日 毛泽东同朱德、王稼祥、叶剑英致电八路军、新四军各部负责人,提出我军在日军进攻中的方针。电报说:"敌正集中兵力,企图进攻河南、陕西、云南,打通平汉路,截断西南、西北两交通线。"战事有在近日发生可能,国民党要求我军配合作战。电报指出,我们的方针是,"仍按我军现在姿态,巩固各根据地,耐心发展敌、伪、奸三种工作(这是极重要的),按当地情况许可,拔取敌伪某些深入我区的据点,在接近豫陕地区,应有相当部队配合友军作战,并极力发展统战工作,但不要乘机向国民党地区扩展,使蒋、桂各军放心对敌"。

5月10日 周恩来在张冲寓所同刘为章谈话。刘指责八路军在西北集结重兵,而面对日军向中条山的进攻不予打击,不配合友军行动。周恩来当即反驳:我军在华北及各地配合友军打击敌人,从未停止过。所获战绩,妇孺皆知,并为国际人士所称颂,何能叫不打击敌人?至于与日妥协、移兵西北、打通国际,等等,纯属谣言。反之,半年来,尤其是近四个月来,反共成为高潮,辱我党为奸党、我军为匪军,到处打人、骂人、杀人,在西北更是彰明较著。当晚,刘向蒋介石报告了会见情况。谈话后周恩来将情况电告中共中央。当日周恩来接毛泽东复电:已由总部拟具配合中央军作战计划,唯新四军、饷弹、反共三大问题,请蒋速予解决。

5月11日 周恩来应邀同蒋介石谈话。蒋介石对周恩来表示:"能配合行动就好,只要有成绩,我决不会亏待你们,饷弹自然发给,捉的人我会命令他们放的,根本问题也可以谈好。"并一再要求周恩来请示延安,答复配合中条山作战问题。周恩来告诉他:中共中央已电八路军总部拟具配合作战计划,并要蒋介石通知卫立煌和阎锡山直接同八路军总部联系。蒋表示应允。谈话后周恩来将情况报中共中央。

5月12日 毛泽东同朱德、王稼祥、叶剑英致电陈毅、刘少奇,指出:"敌占领郑州后意图不明,蒋令何柱国袭击陇海线,扰敌后路,兼有防我意。为减轻蒋对我恐惧起见,彭、邓所部,不应越过津浦线以西,仍在原地不动为要,张、罗亦不可扰击李品仙。"

5月14日 毛泽东就国民党配合作战问题致电彭德怀:"目前国民党非常恐慌,望我援助甚切。判断在日寇此次打击下,国民党不能不向我讨好,国共地位将发生根本变化,我党在抗战中将日益占据领导地位。因此我们的基本方针是团结对敌,是配合作战,但决不为国民党激将法所冲动,而是周密考虑情况,给以有计划的配合。""我意主要配合区域应是晋东南与冀南,其他作为次要配合区域(即按寻常状态作战)。"

5月14日　毛泽东致电廖承志,指出:"(一)日寇准备大举进攻,我军决配合国民党作战。(二)对鲁斯一类美国人可与之多联络,表示我党坚决抗日到底,武汉失守后主要抗战的是我党,国民党打得很少。我党对内要求,只有一个民主。对外交是主张与英、美联系的。"

5月14日　毛泽东关于华北八路军配合国民党对日作战等问题致电周恩来,指出国民党在这次被日本侵略者打击以后,国共地位将发生根本变化,中国共产党在抗战中将日益占据领导地位。武汉失守后,两年半来,日本政策主要是对共产党,放松对国民党,以利诱降。故两年半来,国民党对日打得很少,它也和日本一样,主要对共产党,放松对日,发动两次自毁藩篱的反共高潮给日本看,希望日本不再进攻,这个政策是根本错误的。东条陆相在1941年1月议会中声明,重庆政府自1939年冬季攻势以来没有打什么仗,只有共产党的军队作了有力反攻,就是证据。我已告德怀,要他周密考虑情况,采取主动的有计划的配合行动。国民党至今还说我军游而不击,甚至说我对日妥协等鬼话。他将来还是要说的,我们决不为这些鬼话所动。我们总是主动的、坚定的、有步骤的作战。

5月25日　毛泽东为中共中央写的对党内指示《揭破远东慕尼黑的阴谋》,强调必须揭穿日美蒋之间酝酿着的东方慕尼黑新阴谋,指出日军和国民党顽固派对中国共产党的所谓"八路军不愿和国民党中央军配合作战"、"另立中央政府"等污蔑,其目的都在使抗战失败,以利投降。

5月26日　毛泽东同朱德致电卫立煌,指出:"目前惟有国共团结并在蒋委员长领导之下实行亲苏外交,坚持抗日到底,方能挽救危亡,美国是靠不住的,日、美、华妥协阴谋必须拒绝。"我们所希望于国民党的只是(甲)坚持抗日;(乙)民主政治;(丙)改善国共关系这样三点而已。关于改善国共关系又分三点,即(甲)对新四军问题予以解决;(乙)对八路军饷弹予以发给;(丙)对反共议论与反共行动予以停止。除此以外,并无其他要求。电报还说:"赞同卫长官与胡宗南先生会见,时间约定后,我们即派南汉宸来洛,共商团结对敌大计。"

5月26日　毛泽东复电周恩来,指出:"对国民党的第二个将军(第一个问我们是否配合作战,第二个问题我们是否拥护国家中心,都是向我们将军),暂时应置之不理,你意与我们一致。""卫立煌对我积极配合作战甚为兴奋,他提议约见胡宗南在洛阳会见,并派车接南汉宸去,共商团结抗战大计,我们已复电同意。"

5月28日至31日 鉴于蒋介石正制造八路军"不抗日"的舆论,周恩来连电毛泽东、朱德和叶剑英,建议采取针锋相对的办法:(一)向记者发表声明,向国民政府军事委员会提出质问;(二)朱德电卫立煌,询问是否未将前方战况报军委会,现在前方浴血抗战,后方血口喷人,势难使死者瞑目,生者心安,要卫立煌立即转电中央社解决,同时令八路军立送战报;(三)分别签复国民参政员邵从恩、张澜等,揭破敌人阴谋,说明事实真相,指出目前战果证明第十八集团军在政府不发饷弹情况下仍抗战耗敌,要邵等主持公道,代请饷弹,以便扩大战果,电文送中央社发表,用以向海外广做宣传,同时发社论;(四)华北作战抓住要害,给敌严重打击,以影响国内外。毛泽东采纳周恩来的建议,并告:抓紧要害,已告彭德怀、左权办,多发战报,已告剑英办。

5月 日军5万人进攻中条山地区,国民党军队25万人,没有对日作战准备,且大部采取避敌方针,虽然八路军在这个战役中积极配合国民党军打击日军,国民党军仍然全部溃逃,损失5万余人。卫立煌所部第十师无法南撤,有三个团突围北上,在八路军掩护下,西渡汾河、黄河,到达韩城,再转渑池休整。卫立煌得知后,对八路军表示衷心感谢。

5月 周恩来、董必武会见朱蕴山,告以蒋介石还在加紧反共投降活动,国内局势仍然严重,希望他为挽救国内危局、推动抗日出力。朱遂即离渝去桂林等地推动广西及西南地方势力团结抗日,防止蒋介石向日本投降,贯彻联共抗日政策。

6月7日 中共中央发出《关于老苏区老游击区工作方针的指示》。这个指示根据国民党正以武装进攻、胁迫、自首等方法向老苏区、老游击区进攻的形势,指示这些地区的党组织和党员,目前一般的不与国民党做武装斗争;当国民党强迫办理自首手续时,党员可与群众一起假自首,不能假自首的干部应迅速撤开,但假自首的党员绝不准破坏机关和人员,否则便是叛徒;党内只个别联系,只有党员而无组织形式,党员要加紧自我学习,以普遍社会人士面目出现,赞助公益事业,建立在群众中的信仰,巩固自己的社会地位。

6月8日 中共中央、中央军委就有关对蒋介石、卫立煌的方针问题致电彭德怀、左权、刘伯承、邓小平,指出:(一)从大局着眼,目前争取以蒋为统帅仍继续抗战局面十分必要,当此中央军在中条山溃败,日寇仍将继续进攻,而在东方慕尼黑危险尚未过去的时候,我们对蒋方针着重在拉,而卫立煌在拉蒋抗日问题上有更大作用,目前卫立煌处境甚为困难,我们须极力同他拉好,予以种种援助,万万不可把关系弄坏。(二)因此你们所提建立太岳军区及派兵南下的计划,在目前时机是不适当的。因为这将给国民党亲日派以投降反共的借口,给蒋以刺激,给卫以反感,结果将使我们处于不利地位,这一计划暂不应执行。(三)如果日军继续深入(攻占潼洛进迫西安),有使蒋、卫对中条山及三角地区逐渐松手之可能,那时我们可能经过合法步骤进入中条山,到了那时即不合法也不要紧了。(四)目前即可经过袁晓轩向卫建议,为了阻止敌人渡河及直接配合作战之目的,请他允许我军进至中条山及三角地区,如他不同意则将来敌人渡河我们无责任,如他同意则我军即可合法南下,但在目前亦不必立军区、军分区名义,但袁晓轩见卫立煌只作善意建议,不可带强迫性。(五)为便利将来发展计,应对中条山及三角地区加强党与群众工作,发展地方游击队,这是目前即可做的。(六)对溃散部队,应组织决死队,不可用中央军名义给国民党以口实。(七)敌攻郑洛西安时,我军须给敌人以必要的打击,此事现在就应准备。

6月9日 毛泽东起草朱德、彭德怀致卫立煌的电报,指出:"目前大局,非国共党贵我军密切合作不足以图存。敌于晋南得手后,有进图郑、洛、西安可能,八路军决在委座及吾兄领导下与友军配合作战,坚决破坏敌之进攻,为保卫郑、洛、西安而战。惟配合有直接、间接两种,直接配合则效速,间接配合则效迟。敝军担任平汉、平津、津浦、北宁、平绥、正太、白晋北段及同蒲北段中段之破袭,从远后方、近后方牵制敌人,此间接配合也。八路军以有力一部进入中条山及汾南三角地区,担任同蒲南段、白晋南道清路之破袭及黄河北岸之控制,从侧面与牵制敌人,以利贵军主力在黄河南岸西岸之力堵,此直接配合也。""德等愚见,认为非有此一方面之部署,则牵制敌人难期速效,盖敌之重兵已集济源、运城地域,仅作远道配合,究属远水难救近火,此次中条战役其证明也。""今之建议,亦纯属进言性质,如以为可,则令行之,如以为不可,则弃置之。"如批准上述建议,"敝军到达中条及三角地区时,须请求允许发动民众组织抗日游击队,盖德等认为唯有此策为最有效。此次中条失利之原因固多,而无民众组织以障蔽敌之耳目,明快我之耳目,实为主因,并非兵不精将不勇或指挥不善之咎也"。

6月12日 毛泽东同朱德、王稼祥、叶剑英致电朱瑞、陈光、罗荣桓等,指出:"目前我党方针在拉蒋抗战。我军应坚持党中央人不犯我,我不犯人,人若犯我,我必自卫的原则。"如有向国民党军进攻的行动,应立即停止。

6月13日 中共中央统战部、军委总政治部关于陕甘宁边区党、留守兵团与友军交朋友工作经验发出通报,指出交朋友工作的第一个前提是认真调查研究友军对象,交朋友工作不仅在和平共居时可进行,即在武装磨擦中及磨擦后也可进行。通报介绍了陕甘宁边区与友军交朋友的方式方法和经验教训,强调与友军人员之公开来往的泛泛之交变成大公无私的朋友,是长期工作过程。此种交友工作是纯粹的交友工作,不去发展党,不去勾引人员逃跑,不去挖他墙脚,使他感到有利无害,不怕我们。要教育我们人员从大处着想,不要只看眼前的利益,以失大的行动。

6月22日 苏德战争爆发。德国法西斯在侵占西欧、北欧之后,1940年下半年转兵东进,至1941年四五月间侵占了巴尔干半岛和北非部分地区。6月22日,片面撕毁《苏德互不侵犯条约》,在北起波罗的海、南至黑海2000多公里的战线,对苏联发动了突然的、闪电式的大规模进攻。苏联军民在联共(布)和斯大林的领导与指挥下奋起抗战。苏德战争的爆发,使世界反法西斯战争进入一个新的阶段。

6月22日 共产国际执委会书记处给中共中央的电报中指出:德国背信弃义地进攻苏联,这不仅是对社会主义国家的打击,而且是对各国人民的自由和独立的打击。必须反对中国反动军阀的任何反苏计划。必须在各族人民国际统一斗争战线的旗帜下开展群众运动,保卫中国,保卫受德国法西斯奴役的各国人民,保卫苏联。电报特别指出,"在目前阶段,讲的是摆脱法西斯的奴役,而不是社会主义革命"。

6月23日 中共中央作出《关于反法西斯的国际统一战线的决定》,指出,目前共产党人在全世界的任务是动员各国人民组织国际统一战线,为着反对法西斯而斗争,为着保卫苏联、保卫中国、保卫一切民族的自由和独立而斗争。决定指出:中国共产党在中国的任务是:(一)坚持抗日民族统一战线,坚持国共合作,驱逐日本帝国主义出国,即用此以援助苏联。(二)对于大资产阶级中的反动分子任何反苏反共的活动,必须坚决反抗。(三)在外交上,同英美及其他国家一切反对德意日法西斯统治者的人们联合起来,反对共同的敌人。7月12日,中共中央书记处发出指示：在目前的条件下，不管是否帝国主义国家，或是否资产阶级，凡属反对法西斯德意日，援助苏联与中国者，都是好的、有益的、正义的，都应表示欢迎；凡属援助德意日反对苏联与中国者，都是坏的、有害的、非正义的，都应该反对。这个指示指出，对于中国各党派各阶层的态度亦以此为标准。

6月24日 日本大本营陆军部根据苏德战争爆发后的新形势，制定《适应形势演变的帝国国策纲要》。这个纲要明确指出日本的方针是：无论世界形势如何变化，帝国将坚持建设"大东亚共荣圈"，并为解决"中国事变"而努力；同时，为确立"自存自卫"的原则基础，继续向南方扩展；此外要根据形势的演变，"解决北方问题"。这个纲要于7月2日经御前会议批准付诸实施。日、美矛盾进一步尖锐化。

6月28日 毛泽东复电彭雪枫并告彭德怀、陈毅、刘少奇，指出："蒋介石还在抗战，蒋在全国军队中，在中产阶级及小资产阶级中，还有很大信仰，目前抗战还少不了他，他也还没有破裂统一战线，他是两面政策。""罢工罢课的策略只能使自己陷于孤立，八路军南下的策略也只能加深国共裂痕，与中央缩小裂痕的方针是不合的。我们对付蒋介石反共政策的方针只应该是有理、有利、有节的自卫政策，你的意见却超越了这个方针。"电报还指出："在苏德战争爆发后，我党对国民党态度尤须慎重，不可大意。"

6月28日 毛泽东致电刘少奇就抗日民族统一战线的策略问题作出明确指示。指出，中国共产党的抗日民族统一战线是包括一切还在抗日的大地主大资产阶级在内的，是全民族联盟，不仅是工农小资产阶级联盟，在抗日一点上确是如此。在民主一点上，则大地主大资本家是坚决的反对力量，但在中国共产党领导的抗日民主根据地内，大地主大资本家为保存他们的经济利益，为进行合法斗争，也可以赞成根据地的民主政权。因此，在抗日过程中，不论在全国范围内，还是在根据地内，除汉奸外，对大地主大资本家是一打一拉政策，拉其抗日，打其反共反民主，但目前拉还是主要的，打是辅助的，打是达到拉之手段。

7月2日 毛泽东致电驻重庆的中共中央代表董必武，要求他们立即开始与国民党方面就缓和两党关系进行商谈，并具体指出谈话内容应为：(一)要求国民党联络参谋返回延安；(二)询问释放在皖南事变中被捕的新四军军长叶挺的可能性；(三)询问日苏间如发生战争国民党将采取何种方针；（四）表明中共中央要求在目前及战后加强两党合作，建立三民主义国家的坚定态度，询问国民党方面的意见；（五）要求见蒋。

7月7日 中共中央为全民族抗战四周年纪念发表宣言。中共中央在宣言中指出，国民政府从外交以至内政，皆宜有新的改革与建树，方足以适应目前形势，一新国人耳目，达成抗战建国的目的。宣言还提出内政外交的十条基本方针。中共中央在宣言中再一次声明："本党坚持抗日民族统一战线政策始终不变，愿与中国国民党及一切爱国党派、一切爱国人民团结到底，为抗战建国的共同目标而奋斗。"

7月9日 中共中央革命军事委员会发言人驳斥何应钦在《第四年抗战经过》一文中关于新四军"违抗命令，不遵调遣"的谎言。发言人指出，"何应钦为暗藏的亲日派首领，实制造解散新四军事件的祸首"，要求国民政府"站在抗战立场，罢免何应钦，迅速解决新四军问题，以利团结抗战"。

7月16日 中共中央给季米特洛夫的电报中说，"我们决定采取措施改善国共关系，加强国外工作，加强对日军行动的侦察活动和对破坏交通线的准备工作，加强对满洲人干部的培训，还要在学校里开设学习俄语的课程"。

7月21日 中共中央政治局开会讨论如何对付国民党最近制造的第十八集团军"近复擅自行动"的反共谣言。会议决定采取以下应付办法：用事实揭穿这一谣言，并指出国民党准备在苏联西线战争吃紧的时候压迫我军撤到黄河以北，美国企图拉拢日本退出轴心国，酝酿东方慕尼黑阴谋；解放社发新闻或社论进行驳斥。

7月22日 中共中央书记处复电周恩来、董必武，请他们向各小党派说明："（一）我们决帮助他们的民主运动；（二）国民党正在发动反共宣传，目的在杀鸡给猴看，打击各小党派，目前还谈不到对十二条的让步问题，仅在国民党真有好转诚意时，我们才准备谈判具体条文（对某几条可以商量）。"

8月14日 毛泽东同朱德、王稼祥、叶剑英致电王世英，指出王靖国即将东进中条山，显然是制造晋绥军与八路军磨擦的阴谋。指示王世英去见阎锡山，请阎保证王靖国东进后不反对八路军，保持八路军与晋绥军的良好关系。

8月17日 中共中央就新四军行动方针问题电告陈毅、刘少奇：新四军领导机关在最困难时移至皖东是可以的、必要的，但不能大举向西发展，目前中苏英美国共两党均亟须联合对付法西斯，桂系李济深、白崇禧也与何应钦有区别，故不宜大举西向。

8月21日 关于利用阎锡山、蒋介石之间矛盾的问题，毛泽东致电彭德怀：王世英回延安，称阎已允与陕甘宁边区通商（已开始运盐）。又允我再设电台，声称华北仅余我们两家，宜好好合作等语。"阎之目的在求生存，希望在河东占一地盘而我不打他。""判断阎现时不会投敌。我应利用阎蒋矛盾，给阎以生存余地，请善处之。"

8月22日 毛泽东致电彭德怀，指出：国民党反动反共宣传，其目的似准备舆论，以便在日本攻苏时迫我北上；再则民族资本家对我同情，我党政治影响扩大；拉铁摩尔新来，有加以压抑之必要。我们将驳复国民党反共宣传。

8月29日 中共中央致电季米特洛夫，通报了蒋介石目前对中共的政策，提出了中共的方针，"以武装自卫给予回击，同时坚持这样的方针：使国共之间的武装冲突不达到统一战线破裂的程度。在国民党对我们进行所谓的宣传鼓动战时，我们将以反宣传鼓动闪电战给予回击，揭露他们的谎言和诽谤，揭示实际情况"。

9月1日 毛泽东同国民政府军事委员会驻延安联络参谋陈宏谟、郭亚生、周励武谈话四小时。陈等表示蒋介石、何应钦、张治中、吴铁城在国共关系上均愿转圜，要求朱德到重庆去一次。毛泽东告诉他们：（一）国民党方面释放叶挺，共产党方面即派董必武一人出席参政会，否则仍不能出席。（二）共产党决不推翻国民党政府，决不越现有疆界，国民党承认共产党在敌后有发展权利，承认现有防地，承认边区；至于在敌后的国共两军，双方下令互不攻击。（三）恢复新四军，发给欠饷，停止逮捕。（四）何应钦停止反共、共产党即停止反何，并可重新来往，但何若再反共，共产党必再反何。此外，毛泽东还谈到周恩来回延安开会事。最后约定，视国民党方面同周恩来在重庆进一步商谈的情况，再定可能解决的具体事项。

9月1日 毛泽东关于国共关系问题致电周恩来，指出：（一）彼方释放叶挺，我方派董必武一人出席参政会，否则仍不能出席；（二）我方决不推翻国民政府，决不越过现有疆界,彼方承认我方在敌后有发展权利,承认现有防地,承认边区,至于在敌后的国共两军,双方下令互不攻击;(三)恢复新四军,发给欠饷,停止逮捕;(四)何应钦停止反共,我停止反何,并可重新来往,但何若再反某,我必再反何。如彼方找你谈时,请先谈释放叶挺与必武出席参政会这一初步条件。

9月9日 毛泽东、朱德、王稼祥致电彭德怀、左权、罗瑞卿等,指出:日军攻湘北,又犯郑州、洛阳,国民党正集中力量抗战,八路军、新四军各部应向各重要交通线予以可能的袭击,配合国民党军队作战。同时,对国民党敌后各部队应停止任何攻击性行动,仅在彼方举行攻击时,取防卫手段。这封电报还要求向国民党各部队发出通知,要求配合对敌。电报指出,所有上述方针,其目的都是为争取时局好转。

10月7日 中共中央书记处关于出席参政会问题致电周恩来,指出:如果国民党答应我们解决新四军事件最低限度条件,我们在重庆的参议员可以出席,反之,则不出席。对其他党派出席参政会,我们不必阻止。

10月20日 为阻击何文鼎师南下,毛泽东同朱德、王稼祥、叶剑英致电贺龙、周士第并告彭德怀、左权,电报说:原驻桃力民的何文鼎师南下接收现驻安边地区的邓宝珊部新十一旅防务。这一着对边区威胁极大,决抽调王震旅及留守兵团部队(三个步兵团一个骑兵团)归王震、贺晋年指挥,阻止何师南下,第一二〇师驻佳县之五团亦归王震指挥。

10月29日 毛泽东电告周恩来:国民政府军委会决定调何文鼎师进驻安边,则定边、盐池不保,经济来源将断绝,我们决定用武力自卫,请向军委会交涉停止调动,否则引起冲突责在彼方。11月1日,毛泽东再电周恩来:何文鼎师如不停止南下,我们决心消灭之,请告蒋介石、刘斐立即制止。如何师不停止南下,我们必须向边区增兵。

11月4日 共产国际执委会在就前线形势给中国共产党的指示中指出,希特勒的战绩是暂时的、不巩固的。它们远不能为希特勒带来战争的胜利结束。相反,这些战绩是以法西斯军队的巨大消耗和数百万精锐部队的损失为代价换取的。"法西斯军队已经达到了其努力和进攻能力的极限。接下来等待它们的是走下坡路。"

11月5日 中共中央政治局开会讨论即将召开的陕甘宁边区第二届参议会问题。会议还讨论周恩来电询是否出席国民参政会问题,决定复电周恩来:国民党在放叶挺或发饷二者中做一件,我们即派一参政员出席;如一件不做,则以请假方式不出席,而不公开提条件表示不出席。

11月6日 毛泽东与应邀出席开幕会的国民党联络参谋陈宏谟、周励武、郭亚生谈何文鼎部进攻边区及共产党参政员出席参政会二事。毛泽东表示:(一)何来必打;(二)放人、发饷二事做一,我方即出席参政会,否则我方请假不作别的表示,以示不与国民党为难。陈宏谟等要求陕甘宁边区部队不要打响,他们担保何文鼎不来进攻,并认为共产党对参政会的上述态度是公允的。毛泽东还向他们说:"你们不要以为只有共产党困难,可以欺负,须知国民党还有极大困难在后方,我向你们保证,只要国民党抗日,不论国民党有何等危险困难,共产党决不趁火打劫,仍与你们合作的。"

11月6日至21日 陕甘宁边区参议会第二届第一次会议在延安举行。到会议员219人,其中共产党员123人,民主党派25人,无党派人士61人。毛泽东在开幕会上和闭幕会上发表演说,着重说明中国共产党抗日民族统一战线的基本政策,批评一部分共产党员不善于同党外人士实行民主合作的狭隘的关门主义或宗派主义的错误思想和作风。毛泽东指出,共产党员只有对党外人士实行民主合作的义务,而无排斥别人,垄断一切的权利。主观主义和关门主义不打破,革命将不能成功。

11月10日 毛泽东复电周恩来,除告以6日与陈宏谟、周励武、郭亚生谈话的情况外,指出:"连日侦察,何文鼎尚在桃力民未动,王震、贺晋年已集中了约六千兵力于三边,有可能吓住何文鼎不来。你处可不再进行交涉,如彼方说减少兵力,决不要答应他。至于蒋以破裂吓人,只是瞎吹牛皮,他决不敢的。"

11月上中旬 因国民参政会第二届第二次会议将在月内举行,周恩来就中共方面参政员出席参政会问题同王世杰谈话。王世杰建议周恩来直接同蒋介石谈,周恩来请示毛泽东如何向蒋交涉为宜。11日,毛泽东电复:"放叶,发饷,必作一件,方能出席,否则请假。"

11月12日 周恩来会见蒋介石。蒋介石希望中共自动出席参政会,说过些时候可以给叶挺自由,但现在不能放。

11月14日 周恩来致电毛泽东:如张群、王世杰"担保放叶",我们可否出席国民参政会,或另取他法,或不理。毛泽东当即将中共七参政员因事请假致国民参政会秘书长王世杰函电告周恩来转递,并嘱:"即刻准备对付蒋介石从各方面给予我们的压力。"

11月15日 周恩来接国民参政会开会通知后同董必武会见张群、王世杰。张、王反复说明由他们负责在参政会后努力设法释放叶挺,坚持要中共参政员出席。周恩来、董必武答应将意见转达延安,同时说明坚持请假的理由。

11月16日 毛泽东致电周恩来,告以周励武、郭亚生16日从西安来电,说蒋鼎文、朱绍良已呈准蒋介石,何文鼎师缓调。电报指出:"三个联络参谋确做了许多有利团结的工作,周、郭到渝时望接待之。"八路军"已切断何师到安边通路,这是彼方决定何师缓调的主因"。

11月16日 周恩来和董必武联名致电毛泽东:张治中、王世杰已担保在参政会后释放叶挺。我们决定以两人报到,董一人出席,以便督促其发饷。同日,周恩来收到中共中央政治局来电:共产国际主张我们出席参政会,请根据具体情况处理。

11月17日 国民参政会二届二次会议在重庆召开,到会参政员117人,中共参政员董必武、邓颖超出席。大会于26日闭幕,董必武继续被选为参政会驻会委员。

11月21日 中共中央作出关于抗日根据地内国民党员加入共产党的决定。中央指出,国民党大体可分为反共分子、中间分子与进步分子三类。过去的反共分子与中间分子中,也有由于经验和思想的进步,转而信仰共产主义者。因此,不加区别一概接收入党是错误的;一律拒绝入党也是错误的。对要求加入共产党的国民党员,必须考察他们在思想转变上,是否确实经过了一定的进步过程。国民党员已经加入共产党后,应与一般共产党员有同样的权利义务,得到同样的信任。

11月23日 毛泽东就蒋介石准备进攻边区致电季米特洛夫指出,蒋介石依然在部署力量进攻边区。他的目的是先派何文鼎师到安边,安置马鸿宾军在延齐县附近宿营。以此来破坏边区的经济生活,然后派胡宗南从南面进攻我们。"我们的决定是:一方面同他们继续进行谈判,另一方面准备进行防御战,但不对他们展开决定性攻势。"

11月30日 毛泽东致电周恩来：据陈长捷11月26日致朱绍良电称，已令何文鼎向安边开动。"请质问刘为章所谓何师缓调是滞缓兵之计，我军直至今天未放一枪，如何师一定南下则将坚决自卫，一切责任由彼方负之。"

12月1日 中共中央政治局开会讨论对何文鼎师进攻安边的对策，决定用一切办法争取何文鼎师不到安边，如何师定要进占安边，我将坚决抗击之。

12月8日 中共中央政治局开会讨论太平洋战争爆发后的时局，毛泽东提议中央发表一个声明，并须有工作布置。他说：过去情况尚未清楚，因莫斯科危险未过去，日苏战争、国共关系也未明朗化。现在已明朗化了。自罗斯托夫胜利开始，苏德战争的好转已确定。日美战争爆发后已解除日苏战争的危险。过去蒋介石估计是三北政策，现在是三南政策了，对蒋不利。日军可能截断滇缅路，使蒋向南。日美战争爆发，对中苏两国有利之处有六点：第一，华北、华中日军的"扫荡"势将减弱，就是说无大举增兵之可能了；第二，国民党对边区的进攻可能会减少；第三，给亲日亲德两派一致使打击，我们使国民党既不投降又不能"剿共"的可能性更大了；第四，中国民主政治的前途也更大了；第五，苏联可从东方抽调一部分兵力向西；第六，欧洲有建立第二条战线的可能。将来战争延长，将要二三年后英、美准备好才能决战。英、美可能集中力量先打败德国，然后英、美均向东打败日本。今后将使国民党既不能投降又不能"剿共"，我们的政策要一打一拉，有硬有软。过去有人认为对国民党硬会坏事，这是不对的。当硬时应该硬，使它既不能投降又不能"剿共"，例如打败了阎锡山的旧军，因此阎对我们代表客气。

12月8日 日军偷袭美国设于太平洋珍珠港的海军基地，同时轰炸威克岛、关岛、马尼拉、新加坡、香港等地的英、美军队，美国和英国对日宣战，太平洋战争爆发。

12月8日 中共中央电示周恩来、廖承志、潘汉年、刘晓：日英美战争后，我对英美方之政策，应当是建立与展开中共与英美政府的广泛的、真诚的反日反德的统一战线。

12月9日 中共中央发表《中国共产党为太平洋战争的宣言》。宣言指出：太平洋战争，是日本法西斯为了侵略美国、英国及其他各国而发动的非正义的掠夺的战争，而在美国英国及其他各国起而抵抗的一方面，则是为了保卫独立自由与民主的正义的解放战争。太平洋战争爆发后,全世界一切民主国家将无处不受法西斯国家的侵略,同时全世界的一切民主国家也将无处不起而抵抗。为了打倒日本法西斯,宣言提出了必须实行的八项重要任务,其中有:中国与英美及其他抗日诸友邦缔结军事同盟,建立太平洋一切抗日民族的统一战线;巩固抗日民族统一战线,巩固国民党、共产党及其他党派的合作,解决国共两党之间的争论;实行民主政治,使全中国各党各派及无党无派人士的代表都能在政治组织上担负抗战建国的责任。宣言还郑重宣布,中国共产党领导的八路军、新四军决心继续忍受艰难困苦,坚持华北华中敌后抗战,粉碎敌人的"扫荡",大量的牵制敌人,实行配合作战。

12月9日 中共中央在给党内《关于太平洋反日统一战线的指示》中指出:中国人民与中国共产党对英美的统一战线有着特别重大意义。一方面,在与英美合作之下,消灭日军是中国民族解放的重要条件;另一方面,中国积极地牵制和打击日军,积极准备战略反攻,又是英美战胜日军的必要前提。因此,中共应在各种场合与英美人士作坦诚的通力合作,以增加英美抗日力量,并改善中国抗日的状况。这个指示指出:我全国人民,全体海外侨胞及南洋各民族当前的中心任务是建立与开展太平洋各民族反日反法西斯的广泛统一战线。指示要求:"必须大大地开展南洋与英美各地的华侨工作。"这个统一战线,应当是上层的,同时又是下层的;是政府的,同时又是民众的联盟。应当实现中、英、美及其太平洋各国的反日军事同盟。而华侨的工作方针应当是:"团结全体华侨,团结其各阶层、各党派,共同进行反日斗争,宣传并拥护祖国的团结抗战,赞助并参加当地政府一切抗日的设施与活动。"

12月9日 国民政府正式向日、德、意三国宣战。

12月9日 中共中央发出关于保护友党友军友区党政军人员家属财产的指示,规定了具体的保护政策并指出:党要在一切情况下,就是在反共高潮中,也要依法保障他们(特别是友军军官的家属)的人权、政权与财权。对坚决反共的顽固分子,仍应领导群众与之进行合法的正常斗争,在群众中孤立他们。

12月28日 中共中央和中央军委联合发出《关于太平洋战争爆发后党的战略方针的指示》。指示指出:1941年我根据地受了很大损害,应趁1942年敌人忙于太平洋战争,对中国战场采取战略守势之际,集中精力恢复元气,精兵简政,发展经济,发展民运,发展敌占区工作,发展对敌伪的政治攻势,有计划地训练干部。在军事上是粉碎敌人可能的"扫荡"(任何"扫荡"必须坚决粉碎之),收复敌人撤退地区,对深入我区之据点,尽可能使之陷入孤立,自动撤去。对某些最必要的地方,可以个别的采取强攻收复手段,但不可采大规模攻势,要防止部队中及地方上可能发生的冒险精神。1942年的中心任务在于积蓄力量,恢复元气,巩固内部,巩固党政军民。对敌伪以政治攻势为主,以游击战争为辅。对国民党以疏通团结为主,以防止其反共为辅。在宣传上务须避免刺激国民党,静观变化,少做批评,极力忍耐,不要躁急。

12月 中国国民党五届九中全会确定解决中共的基本方式:在军事上,八路军完全国军化,按1940年7月《中央提示案》办,新四军余部重新建制,划归就近战区指挥,所有地方武装一律取消。在政治上,取消陕甘宁、晋察冀、苏鲁豫等边区政府;中共取消"割据式"政府,交回"部落式"部队,政府则承认中共党员的合法存在及其活动。

1942年1月1日，以美、英、苏、中为首的26个参加对德、意、日轴心国作战的国家，在华盛顿签署共同反法西斯战争的《联合国家宣言》，标志着国际反法西斯统一战线的正式形成。与此同时，美国于1月3日宣布：反轴心国第一区域统帅部及西南太平洋区统帅部组成，中国战区（包括越南、泰国等）陆空军最高统帅由蒋介石担任。6月4日，美日进行中途岛海战，太平洋战争出现了有利于盟军的战略转折。随后进行的瓜达尔卡纳尔岛战役，成功地遏制了日军向东南太平洋推进的计划。10月，英军在阿拉曼战役中的胜利，使北非战场形势发生了重大转折。

1942 年

1月1日 中国、苏联、美国、英国、荷兰等26个国家在华盛顿签署宣言，共同对德、日、意轴心国作战，决不单独与敌国讲和。至此，国际反法西斯统一战线正式形成。

1月28日 中共中央政治局通过《中共中央关于抗日根据地土地政策的决定》。决定指出：抗日民族统一战线的土地政策，在许多根据地内还没有普遍的认真的彻底的实行。有些地方只把减租减息当作宣传口号，未动手实行，或明减暗不减。另外若干地方则又犯了"左"的错误。因此，中央在详细研究各地经验之后，对土地政策做出总的决定，规定了土地政策的三条基本原则和具体办法。三条基本原则是：(一)承认农民是抗日和生产的基本力量，因此要扶助农民，实行减租减息，保障农民的人权、政权、地权、财权；(二)承认大多数地主是要求抗日的，一部分开明士绅是赞成民主改革的，故应交租交息，保障地主的人权、政权、地权、财权，只对坚决不愿改悔的汉奸分子采取消灭其封建剥削的政策；(三)承认资本主义生产方式是中国现时比较进步的生产方式,而富农是农村中的资产阶级,是抗日与生产的一个不可缺少的力量,因此目前不是削弱而是奖励富农生产与联合富农。上述三条基本原则,是共产党抗日民族统一战线及其土地政策的出发点。在农村统一战线中,地主与农民间的矛盾的处理,双方都应服从整个民族抗日的利益,采取调节双方利益的方针。

2月15日 毛泽东致电季米特洛夫,指出了当前的局势和中共的主要工作。电报还指出,"据去年4月的统计材料,党员数量是763477人。一年来从党的队伍里开除了许多人。现在我们没有全面的统计材料,但是中共人数大约是60万。按照去年9月的统计材料,军队人数(包括游击队和后方部队)共有568159人,有283149支步枪和手枪、4858挺各种机枪和269门各种火炮"。

2月18日 中共中央致电季米特洛夫,汇报了在满洲的工作情况：已经找到了满洲的党组织,在延安集中了以韩光为首的14名满洲籍工作人员,他们到达晋察冀地区后将成立在中央局领导下的满洲工作委员会,然后逐步潜入满洲。现在这些人在做准备,3月可能从延安出发。

2月 周恩来在重庆会见西康省主席刘文辉。周恩来向刘文辉扼要地分析了国内政治形势,指出必须坚持抗战,坚持民主,反对独裁。周恩来说：在反对蒋介石法西斯统治的斗争中,共产党愿意同国民党民主派合作,尤其希望西南地方的民主力量能同共产党密切联系,具体配合。在现阶段,就是要促进西南地方民主力量的团结,联合起来坚决抵制和反对蒋介石政府的一切反动政策。共产党愿意在政治上给地方民主力量以支持。经周恩来及各方面的工作,刘文辉加强了同共产党的联系。在刘文辉的要求下,中共中央南方局于当年6月派王少春夫妇到雅安同刘文辉建立经常联系,并在刘的总部设立秘密电台,同延安直接通报,一直坚持工作到1949年刘文辉起义。

3月12日 毛泽东、朱德复电彭德怀,就阎锡山部梁培璜第六十一军配合日军"扫荡"八路军太岳区,摧毁抗日根据地的严重事件,指示彭德怀："六十一军横行,势必还击,但目前不宜组织大规模的战事,致招决裂,而应组织若干突击队坚决打击其个别出犯部队,以警戒其行动,以后再观其态度,决定对策。"13日,毛泽东同朱德致电八路军驻山西办事处处长王世英：请向阎锡山交涉,要求阎令第六十一军撤回原防区,制止杀人掠地行动,以固团结。

4月11日 中共中央政治局召开会议,毛泽东在会上作了关于目前时局问题的发言。他说:蒋介石的政策是外宽内紧,积极准备太平洋战争后的行动,现蒋经国已到西北。蒋介石对我们现已组织政治攻势与军事攻势,我们准备对付蒋的进攻。今后两年将是最困难的时期。

4月13日 毛泽东在关于时局的报告中指出:去年冬季国际形势有两件大事,一件是苏联在反法西斯战争中取得了主动权;再一件就是爆发了太平洋战争,美国参战。日本反苏战争爆发的可能性大。如果日苏战争爆发,国民党有可能发动第三次反共高潮,他们布置很久了。今明两年是我党最困难的两年,我们准备在这两年中间地方缩小,人口减少,军队缩小,党员减少,财政经济缩小。我们的困难有两种,一种是反共高潮的困难,另一种是我们自己的经济困难。今天的困难,是黎明之前的黑暗,是胜利前夜的困难。在没有反共高潮时,要工作照常,加强干部教育。反共高潮来了,要应付反共高潮,但不放弃教育。

4月17日 中共中央指示各地党部和八路军、新四军负责人:有各种材料表明,蒋介石及国民党"正准备于日苏战争爆发前后,举行第三次反共高潮",要求做好应付准备。

4月18日 周恩来致电毛泽东和中央书记处,分析了国内形势,指出国民党的反共活动又加紧,并举出109条事实说明时局的危机,国民党有发动第三次反共高潮的可能,新的反共高潮已在上涨。中共中央根据周恩来提供的材料和估计发出了准备应付第三次反共高潮的指示,并将材料通知各地。

4月18日 毛泽东、朱德、王稼祥致电彭德怀、左权、聂荣臻等:如日苏开战,国民党有发动第三次反共高潮的可能,并可能进攻陕甘宁边区。为应付可能的事变起见,我们准备于必要时从晋察冀军区及第一二九师抽调若干部队到晋西北填防,以便第一二〇师在事变后能抽出大部兵力渡过黄河以西应付时局。

4月21日 毛泽东复电周恩来:"一百零九条已收到,中央已根据你的材料及估计发了准备应付第三次反共高潮的指示,同时将你的材料通知远方及各地干部,并在延安干部中作报告。日苏战争时机当在五月至八月以内,在爆发前我们一面准备应付反共高潮,同时继续抓紧党内教育,以整顿学风党风文风为中心,认真进行改造作风巩固内部的工作,这无论是为着应付目前困难与迎接将来光明都是必要的。"

4月21日　彭德怀电告毛泽东、朱德并告聂荣臻：阎锡山为和缓日军威胁，趁我反"扫荡"之疲劳，以第六十一军步步为营，不断向我推进，经15日至17日三天战斗，已将该军之第四十六师全部和第四十八师一个团消灭。现该军军长梁培璜已派来代表要求和平解决，阎锡山来电谓来日将并肩协同抗日。经过此次战斗，可能暂时稳定太岳局面。

4月26日　毛泽东致电季米特洛夫指出，蒋介石最近实行了一些很严重的反动措施，并在积极准备条件，以利用日苏战争爆发时再次掀起反共浪潮。电报还指出："蒋介石三次约见驻重庆的张元夫，打算把他派回新疆，说服盛世才投靠蒋介石。同时他要说明穆斯林领袖马伊斯·乌德展开对新疆地下工作的破坏活动。请将这个情况预先告知苏方。"

5月3日　中共中央政治局召开会议。会议同意毛泽东的提议，为准备应付突然事变，加强陕甘宁边区与晋西北的防务，统一军事指挥，决定组织陕甘宁晋绥联防军司令部，以贺龙为司令员，关向应为政治委员。并决定晋西北成立中央分局，关向应为书记，林枫为副书记，分局直属中央领导。会议还决定成立后方工作委员会，叶剑英为主任，叶季壮等为委员。

13日，中共中央军委发出成立陕甘宁晋绥联防军司令部的指示，规定联防军司令部直辖下列各部队：第一二〇师、留守兵团、晋西北新军、第三五九旅、陕甘宁边区保安部队、炮兵团。

5月7日　毛泽东复电周恩来：我们正从军事、财政各方面准备对敢于进攻者施以痛击，已组成联防军司令部，统筹晋西北与陕甘宁边区两处军事。

5月9日　中共中央就最近国民党实行的反动措施致电季米特洛夫指出，蒋介石希望英美迅速战胜日本，这种希望化作泡影之后，他又有了另一种希望，这就是，日本人可能不会加强在华进攻战。在这种情况下，蒋介石也不必用自己的主力开展进攻行动。当英美面临很多困难并害怕中国同日本单方面媾和，而苏联的处境也很艰难的时候，蒋介石认为这是实行反动措施最有利的时机。

5月上旬　周恩来估计蒋介石将加紧军事反共，致电中共中央建议：速调大军准备给胡宗南以迎头痛击，"只有打得痛，才能使他知难而退"；同民主势力、地方势力、国民党中的联共势力结成联盟，一旦内战扩大，他们即"有机可乘来反对党治要求实现民主"。5月21日，中共中央政治局开会讨论时局问题,毛泽东在发言中说:恩来的意见认为国民党的反共战争是要来的,但现在时机未到。

5月19日 朱德致电胡宗南,揭露他正在积极准备进攻陕甘宁边区,企图夺取延安。指出:"事属骇人听闻,大敌当前,岂堪有此!"

5月28日 周恩来通知郭沫若:国民政府开始清查中共党员和逮捕左翼文化人士,准备一网打尽,请通知同志们注意防范。

5月底至6月 中共南方工作委员会因叛徒出卖遭到严重破坏。1941年7月,江西省委被破坏后,中共南方工作委员会与江西省委的联系中断。1942年4月,中共南方工作委员会派组织部部长郭潜到曲江交通站,向江西省委和粤北省委传达南委总结工作的情况,并检查江西工作。5月26日,郭潜被国民党特务逮捕,当晚叛变。27日,郭潜带领国民党特务逮捕了粤北省委书记李大林等人,破坏了粤北省委。此间,周恩来急电南委,指示即告正在曲江的廖承志,要他即到重庆,如走不了应和他母亲何香凝住在一起。南委还未与廖承志联系上,郭潜就在5月30日领着特务逮捕了廖承志。接着,郭潜和国民党特务直扑南委机关住地广东大埔,6月6日在大埔高陂镇先后逮捕了南委宣传部部长涂振农、副书记张文彬。6月8日,周恩来得悉廖承志在曲江被捕的消息后又指示六点:(一)南委与江西、粤北断绝一切往来,负责同志立即分散隐蔽。(二)南委与廖承志和香港归来的一切公开关系完全断绝,他们的关系南方局另设法联络。(三)停止派人往桂林取款,以免波及。(四)立即斩断一切上层的公开关系。(五)南委直接管辖的下级党部暂作静止,不动声色,不做任何活动。(六)立即停止与江西电台联络。并要求此电立即执行,切勿犹豫,还须将执行情况电告南方局。因南委电台受到袭击,方方未接到此电。但他根据急剧恶化的形势和南方局的其他指示精神采取了一定的疏散隐蔽措施,使部分同志未遭逮捕。7月9日,郭潜带着国民党特务前往桂林,破坏了中共广西省工委机关,逮捕了工委副书记苏曼等30余人,书记钱兴得房东掩护脱险。8月,周恩来致电广东军政委员会书记尹林平,指示南委地区除敌占区、游击区党组织照常活动外,国民党统治区党组织一律暂时停止活动;已暴露身份的党员干部一律转移,其余干部应利用职业隐蔽下来,执行勤学、勤业、勤交友的方针。并要尹林平迅速传达到他所知道的党组织。

6月13日 毛泽东致电周恩来:请为被国民党杀害的鄂西

特委书记何彬等人开追悼会，抗议逮捕刘英、廖承志等。同时指出，今明两年的斗争极紧张残酷，将可能付出极大牺牲。为保存革命力量，"大后方党宜将省委特委一概取消，只留县委区委，必要时连县委区委也取消，只留支部。省特县区四级干部均转入支部工作，可以开辟很多新支部，其任务是勤学、勤业、勤交朋友三项，以待时机"。

6月15日 季米特洛夫就目前形势致电毛泽东，指出：中国共产党要采取一切办法尽可能地改善同蒋介石的关系，加强中国的抗日统一战线。"我们知道，蒋介石和国民党首领在想方设法挑衅共产党，其目的在于使共产党威信扫地，陷入孤立。如果我们的人听从这种挑衅，而不是明智地作出反应，那么就不能认为我们方面的政策是正确的。"

6月19日 周恩来就国民党在西北布置反共军事行动、廖承志被捕和桂林《新华日报》分馆被封事，质问刘为章。刘否认西北的布置，对后二事答应转告何应钦查明。

6月19日 周恩来致电毛泽东，电文说：（一）蒋原拟于三四月反共，由于日本的攻势和国际形势对苏有利而暂缓，加上联络参谋到延安发现我已有防御布置，遂作罢。估计白崇禧将先从宁夏作局部挑衅，发生冲突后，即造谣向我进攻，如国内外舆论没有反应，则有可能从南面进行冒险进攻。如我"应付得好，还可挽救"。（二）根据蒋最近抗日消极和制造八路军南下的谣言，估计蒋的中心意图是挑动日本进攻苏联。蒋目前不敢投降，也不敢放手内战。我们应力争把抗战坚持下去，发生投降和内战都极不利。太平洋战争爆发后，我方任何让步不能生效。蒋已企图消灭我大后方组织，因此对突然事变的发生，不能毫无警惕和防御。

6月24日 毛泽东致电季米特洛夫，指出："近几个月我们已经采取一些目前可以采取的步骤，改善同国民党的关系。例如：同蒋介石派到延安来的工作人员和同重庆参谋部的工作人员进行谈判等。谈判进程暂时还不错。今年夏季和秋季是决定性的。我们要尽一切可能争取有利于抗战的局面。"

6月26日 毛泽东电复周恩来："国共关系一时不会好转，也不会破裂，是拖的局面。但希特勒倒后，国际局势变化，势必影响中国，国共关系好转和民主共和国的前途还是有的，我们好好做下去，目前国际国内都是关键。"

6月30日　毛泽东致电周恩来,请他考虑利用纪念"七七"的机会,找王世杰谈一次国共两党关系问题,并表示愿意见蒋介石一谈,请王向蒋转达。

7月2日　毛泽东致电中共驻重庆代表董必武,要他立即就缓和国共关系问题与国民党方面开始商谈。毛泽东在电报中指示董必武:(一)要求国民党联络参谋返回延安;(二)询问释放在皖南事变中被捕的新四军军长叶挺的可能性;(三)询问日苏间如发生战争国民党将采取何种方针;(四)表明中共中央要求在目前及战后加强两党合作,建立三民主义国家的坚定态度,询问国民党方面意见;(五)要求见蒋。

7月3日晚　中共中央驻重庆代表董必武遵照中共中央电示,与国民党代表王世杰谈话约两个小时。

7月6日　毛泽东关于出席参政会问题给董必武指示,指出:为争取国共关系的好转我们准备出席参政会,不争参政员名额,但以维持原额为宜。

7月7日　中共中央发表《为纪念抗战5周年宣言》,宣言指出:"摆在我国抗战面前有两个问题,即:(一)如何争取时间,克服困难,以达抗日最后胜利;(二)如何对目前的抗战及对战后中国的建设取得各党派的一致意见,以便更好地团结抗战,团结建国。这就是时间与团结的两大问题。"中国共产党认为:中国各抗日党派不但在抗战中应是团结的,而且在抗战后也应是团结的。"战后的中国,应当是独立的、统一的、和平的、民主和、民生幸福的、经济繁荣的中国,应当是各党派合作经过人民普选的民主共和国。宣言希望"按合理原则改善国共两党及一切抗日党派间的关系","商讨解决过去国共两党间争论问题",和"争取抗战最后胜利及建设战后新中国的一切有关问题"。

7月7日　为纪念全民族抗战五周年,延安各界万余人集会,陕甘宁边区政府主席林伯渠、八路军总司令朱德发表演说。日本在华共产主义同盟及反战同盟代表大山,国民党军事委员会驻第十八集团军联络参谋周励武相继讲话。晋西北士绅参观团在会上向毛泽东、朱德献旗、献词。

7月7日　毛泽东就新疆问题致电季米特洛夫,认为盛世才处于反动分子的包围之中,这些人不断进行反苏反共活动,肯定背后有国民党代表人撑腰。电报说,"盛世才已经解除了我们干部的职务并使他们处于警察的监视之下。但是盛世才不只是解除了我们干部的工作,而且他还虚伪地指责他们从事反革命活动,要求我们把这些同志撤走"。

7月9日　毛泽东就国共关系和整风学习问题致电刘少奇,提出我们的方针是极力团结国民党,设法改善两党关系,并强调战后仍需合作建国。因此就须估计日本战败时,新四军及黄河以南部队须集中到华北去。故掌握山东及山东的一切部队,造成新四军向北转移的安全条件,实有预先考虑之必要。

7月11日　国民党代表张治中与中共代表周恩来、董必武举行会谈。中共代表主要表示了以下几点:(一)抗战胜利中共有坚定信心;(二)在取得胜利前必遭空前困难;(三)克服困难办法主要是国共合作,障碍两党团结的军事政治问题总可谈得解决办法,这是因为:A.中共军队在委员长领导下抗日,其历史不同,有其自身特点,想把它一下子变成另一种特殊,绝难做到,在真正民主共和制下,共产党并无永远保持特殊军队之意。B.政权问题,共产党人虽有局部的和临时的政权,但为抗日需要,共产党人至今尚无与中央政权对立的全国性政权系统,这与内战时期另有中央政权是不同的;(四)请联络参谋速归延安;(五)请中央指派人员和共产党代表经常接洽;(六)请中央了解中共中央"七七宣言"所表明的政治态度。同时,周恩来、董必武都先后提出请国民党释放叶挺及廖承志的问题,并要求见蒋。对于向延安派回联络参谋事,王世杰、张治中都满口应承;至于中共中央要求见蒋事也同意转达。只是他们一再强调军政统一问题,认为这是解决两党关系之症结所在。所以,谈判时,王世杰与张治中一面要周恩来、董必武考虑具体办法,一面则明确提出进一步商谈是否仍应以何、白皓电即"中央提示案"为基础的问题,要求周恩来等郑重考虑。而在商得结果之前,他们一致表示不好转达释放叶挺等事。

7月16日　蒋介石接见苏联驻华大使潘友新,重申今后有关新疆事务,苏联政府应与中央政府直接洽商,以免发生误会,并告以对新省政治调查与督察事项,已派朱绍良赴新负责主持,希一并转达苏联政府。

7月17日　周恩来会见代表蒋介石对其父周懋臣去世表示吊唁的张治中,提出希望同蒋介石面谈。当日将情况电告毛泽东,主张同蒋谈些"解决问题的意见"。

7月中旬　就日前东江游击队政委林平来电请示同广东国民党当局谈判原则问题,周恩来电示林平,必须坚持以下原则:政治独立,不混编,不派政工人员,不调训部队,专在游击区打击敌人。

7月21日　蒋介石约见周恩来。8月14日,蒋介石再约见周恩来。第一次会面时,蒋介石说已指定张治中和刘斐同中共谈判,国民党的联络参谋将继续去延安。第二次谈话时,蒋介石表示想好好解决国内问题。周恩来也表示愿与张治中、刘斐商量解决问题的途径。接着,蒋介石的话转入正题,说他一星期后将去西安,想在那里同毛泽东会面,请周恩来电告延安。周恩来在同蒋会谈后立刻致电毛泽东,报告他同蒋介石会面情况。他分析蒋介石这次约见毛泽东,"在态度上还看不出有何恶意,但在其初步解决新疆及回回问题之后,他又自己北上布置,其目的未可测"。他提出两个办法供中共中央选择:一是毛泽东称病,以林彪为代表,到西安见蒋一谈;二是要求蒋带周恩来来到西安,然后由周飞延安,偕一人(林彪或其他负责人)回西安见蒋。周恩来估计:前一个办法可行,后一个办法不易得到蒋介石的同意,除非偕同出来的是朱德。中共中央采取周恩来的第一个办法。8月17日,中央书记处致电周恩来:"毛(泽东)现患感冒,不能启程,拟派林彪同志赴西安见蒋,请征蒋同意。如能征得蒋同意带你至西安,你回延面谈一次,随即偕林或朱赴西安见蒋则更好。"

7月23日　盛世才致电蒋介石表示,"钧座对于新省关怀提携及对职个人爱护关切之意,铭感无既"。他还特别指出,与苏联副外交人民委员的谈话及答复苏方文件,将于最近用"专禀秘密报告"。显然,盛世才和重庆国民政府的关系似乎越来越近。

7月27日　国民政府公布第三届参政员名单共248人,其中中国共产党参政员有毛泽东、林祖涵、秦邦宪、陈绍禹、邓颖超、董必武六人。这届参政会以减少群众团体参政员,增加地方参政员为由,将中国共产党参政员吴玉章减去,救国会参政员全被减去。同日,国民政府公布《国家总动员会议组织条例》,规定该会设置在行政院内,由行政院长指派各部部长或聘任中央党部、国防最高委员会、中央设计局等单位负责人为委员,并由院长从委员中指定三人为常务委员。该会对外不行文,一切决议由行政院施行。

7月27日　毛泽东致电季米特洛夫,指出:"蒋介石同意接见周恩来,这是他在太平洋战争爆发后的第一个积极举动。其原因是:英美和苏联签订了条约和协议,国内民众经受着困难和同中共中央实行协商的政策。"

7月31日 毛泽东致电刘少奇,对国共关系作出估计,指出:(一)目前英、美不愿意中国内战,国民党近日态度好转这是一个原因。此种好转还会发展,我正极力争取。(二)我们现向国民党表示,在战后或在反攻阶段具备了北上可能条件时,我黄河以南部队可以开赴黄河以北。(三)国共关系,现因国内外情势变化及我们坚持合作政策,他们已有改取政治解决的表示。最近恩来见蒋介石谈得还好,蒋已重新指定张治中、刘斐与我们谈判,另指定卜士奇任日常联络,蒋之联络参谋继续来延安,都是好转征兆,但不能求之过急。

8月13日 延安《新中华报》发表社论《纠正统一战线中的"左"右倾错误》。社论列举了"左"、右倾的具体表现,批判了"左"比右好的错误观点。号召一切共产党员应该做坚持统一战线的模范,做坚持团结的模范。纠正在执行统一战线政策发生的个别的"左"、右倾向。要求全党正确执行党中央的政策,以达到克服困难,克服投降危险,争取时局好转的目的。

8月19日 周恩来接毛泽东复电,电文说:"依目前局势,我似应见蒋。"当天,周恩来致电毛泽东,认为他与蒋会晤时间"似嫌略早",可由林彪或朱德"先打开谈判之门",如蒋约林或朱来渝,也可答应,"以便打开局面,转换空气;一俟具体谈判有眉目",毛泽东再来渝。

8月19日 中共中央致电季米特洛夫,指出:"毛泽东应否去西安同蒋介石会晤,我们还没有决定。请告您对这个问题的意见。"21日,季米特洛夫在回电中说:"我们认为,蒋介石和毛泽东私下会晤和谈判是很重要的。至于会晤地点、个人安全保证等,这你们看得更清楚。请你们自己决定。"

8月29日 毛泽东复电周恩来:根据目前局势,"我去见蒋有益无害",已定先派林彪见蒋,然后确定我去西安的时间。

9月3日 毛泽东复电周恩来,重申亲自见蒋介石的重要性,指出:"目前不在直接利益我方所得之大小,而在乘此国际局势有利机会及蒋约见机会我去见蒋,将国共根本关系加以改善。这种改善如果做到,即是极大利益,哪怕具体问题一个也不解决也是值得的。蒋如约我到重庆参加十月参政会,我们应准备答应他。蒋在兰州停顿了半个月,这几天可能即到西安,林彪准备在蒋电约后即动身去,我则在林去后再定去西安的日期。"

9月5日 周恩来致电毛泽东,认为毛泽东见蒋介石的时机不成熟。电文说:"我们认为见蒋时机尚未成熟",其理由:"(一)蒋虽趋向政治解决,但他之所谓政治是要我们屈服,决非民主合作;(二)蒋对我党我军的观念仍为非合并即大部消灭;(三)蒋对人的观念仍包藏祸心(即打击我党领导,尤其对毛,西安事变后尚想毛、朱出洋,时至今日犹要叶挺太太劝叶悔过自新,吾屡次请回延不理,此次我在电答时提到愿回延接林或朱出来亦不许),因此可说他对我党我军及民主观念并无丝毫改变。次之,在局势方面,并非对我有利:(一)蒋对国际局势的看法,一面承认日寇有续攻中国可能,而英美一时无大力援华,且反内战,但何(应钦)等却看到苏联今日处境需要对华让步,英美亦须中国拖住日本,他正好借此依他的想法解决西北及国内问题。(二)中共'七七'五周年宣言,本是我党历年主张的发展,而他却认为由于苏联让步,中共亦不得不屈服。(三)毛出为谋改善根本关系,而蒋则可利用此机会打击地方和民主势力,以陷我于孤立。因此,蒋毛见面的前途可能有两个:一、表面进行得很和谐,答应解决问题而散。二、约毛来渝开参政会后,借口留毛长期驻渝,不让回延(此着万不能不防)。若如此,于我损失太大。我们提议林出勿将话讲死,看蒋的态度及要解决的问题如何,再定毛是否出来。"毛泽东采纳了周恩来的建议,决定先由林彪去西安见蒋介石。

9月8日 毛泽东就国共合作中之斗争方针问题致电周恩来。电报说:"(一)林彪见蒋时,关于我见蒋应说我极愿见他,目下身体不大好,俟身体稍好即可出来会见,不确定时间。如张文伯愿来延则先欢迎他来延一叙,如此较妥。(二)我们与民主政团及地方军人的合作,应服从于国共合作,国共合作是第一位的,决定性质的,其他合作是第二位的,次要性质的,如果二者发生矛盾,应使第二位服从第一位,这是基本原则,必须坚持。(三)目前似已接近国共解决悬案相当恢复和好时机,对于国民党压迫各事,应极力忍耐,不提抗议,以求悬案之解决与和好之恢复,并请注意。(四)我西安办事处已于3日接办公厅通知,4日接三十四集团军通知邀林彪前往,现在交涉飞机,准备日内动身。"

9月14日 林彪偕伍云甫在国民党联络参谋周励武陪同下

乘车前往西安会见蒋介石。17日,林彪一行抵达西安。但蒋介石已离开西安返回重庆,蒋行前留话要林转往重庆面谈。毛泽东要林彪在西安国民党各方接洽后再赴重庆。于是,林彪在西安逗留将近半个月,先后与李宗仁、胡宗南、范汉杰、谷正鼎和国民党代表张治中洽接。9月29日,林彪一行离开西安前往重庆。

9月14日 周恩来就国共合作中的斗争方针问题致电毛泽东。他在电文中总结了中共统一战线的经验教训。周恩来认为:中国共产党原来的统战方针是国共合作为主,同地方实力派和小党派的合作为辅。武汉时期过于重视国共合作,"致完全冷落了小党派及地方势力,且为国民党所吓住"。鉴于这一教训,重庆时期由于毛泽东确定的斗争三原则和革命的两面政策指导,在注意维护国共团结的情况下,努力于对国共以外其他方面的统战工作的开展,并取得了若干成绩。

9月15日 毛泽东就国共合作问题复电周恩来,指出:国内关系总是随国际关系为转移,蒋介石第一次反共高潮,发生于德苏协定、苏芬战争及英美反苏时期;第二次反共高潮发生于德苏协定继续存在,英、美、苏关系尚未好转,而轴心国则成立三国同盟时期。自苏德战起,英、美、苏关系好转,今日国共两党间即没有大的冲突。我们目前的任务是促成两党谈判,促成具体解决问题。听说蒋介石已回重庆,我们仍要林彪到西安后要求赴重庆,以期打开谈判门路。

9月15日 毛泽东关于避免与国民党打磨擦问题致电陈毅,指出目前正恢复两党谈判,极力争取国共关系好转,使新四军取得合法地位,以便坚持抗战。要求新四军五师在这次行动以后,应极力避免打磨擦仗,并设法与周围国军取得和解。

9月18日 毛泽东致电林彪,嘱他在西安与各方多谈,然后赴见蒋介石;并询问与胡宗南会谈结果。

10月7日 中共谈判代表林彪一行到达重庆。13日,林彪在张治中陪同下会见蒋介石。双方寒喧后,林即对蒋介石说明毛泽东本拟亲自来见他,只因当时有病未能前来,待身体康复后仍愿来与他一晤。蒋问林:"汝此次来渝,毛润之先生有何意见转告余否?"林称:"我未动身以前,延安方面接得校长电报,毛先生即提出中共中央会议讨论,并约我数度谈话,其所指示者,大抵系根本问题一如中共对于抗战建国之观察,与国内统一团结问题,以及对于委座之期望等。"接着,林围绕如何抗战建国与团结统一,以及两党争论问题谈了约一小时。林特别转告毛泽东的意见，希望国共两党今后"应彼此接近，彼此相同，彼此打成一片"。林彪说："此三句口号已成为中共普遍成熟之思想，见之于中共'七七'宣言，且已成为政治上全党所一致遵从之行动，谁也不能动摇。因此，就中共言，不仅现在决不采取违反此种思想之畸形政策，即到将来亦必如此；不仅现在要拥护委座，即到将来，亦必拥护。"林进而表示："过去外面传说国共纷歧之所在，不外主义与党的问题。但此二者皆可趋于一致。即如共产主义与三民主义实具有共同之理想，所谓'天下为公，世界大同'，即此两主义根本一致之观点。""只要彼此不采取主观主义与教条主义，而能认识救国之需要，以共趋于救国之鹄的，则客观需要如何设施，即如何设施，自然能归于一致。""我党名称虽为共产党，实际即为救国之党，过去所制定之所谓十大纲领、三大纲领，语其所旨，不外求民族之独立，民权之平等，与民生之自由，""至于将来社会条件如何成熟，是否需要社会革命，此完全为将来未定之问题，也许为吾人今身之所不克亲见"。故"今后如能做到'彼此接近，彼此相同，彼此打成一片'，则将来国共两党也许可以合而为一"。说到这里，林批评国民党"一部分人总是希望挑起内战"，强调"中国社会之特点，决不容国内再发生战争，否则，必为全国社会之所反对"。林表示，"无论就中国社会、地理、经济与军事各方面而论，皆希望中国从此能统一团结，而不可发生内战"。蒋对林之谈话初则频频点头，至听到批评国民党有人主张内战时，则一再看手表，明显地不愿再听了。谈话就此而止。

10月16日 周恩来、林彪会晤张治中。林彪要求国民党"三停、三发、两编"（即停止全国军事进攻，停止全国政治压迫，停止对《新华日报》的压迫；发饷，发弹，释放新四军被俘人员；允许中共军队编两个集团军）。张治中建议林彪先同各方面多接触，然后再和他谈。

10月17日 周恩来为国民党即将召开国民参政会，致电毛泽东并中共中央书记处，估计蒋对主席团人选的安排有三种可能：（一）照旧；（二）不同我们接洽，故意选我一人；（三）接洽后选我们一人。提出：第一种可听之，第二种讨厌，如第三种，毛泽东可参加。请示中央意见。18日，毛泽东电复：在延安的参政员请假，董必武、邓颖超出席，应采取"七七宣言"所持的态度。10月21日，周恩来收到中共中央书记处来电：如国民党方面提周恩来入参政会主席团，可予同意。

10月22日至31日 第三届国民参政会第一次会议在重庆召开,到会参政员200余人。中共参政员董必武、邓颖超出席了会议。董必武等人被推选为驻会委员。

10月26日 周恩来致电毛泽东和中共中央书记处,指出当前通过谈判解决国共两党间具体问题的时机还不成熟。电报认为:蒋介石及国民党人都倾向于以政治方法解决中共问题,来代替全面的军事破裂。但是,第一,他们并不急于解决,以为时间越长,中共的困难就越大,就越有利于迫使中共就范。第二,他们所说的政治解决,"乃是我们听命(服从调遣、统一编制、奉行法令等)于他们的领导,决非民主的合作和平等的协商"。第三,"他们的政治解决的中心仍以军事为主,而以能否服从调遣、变更防地为前提"。第四,他们决不先提要求(不仅一切人避开不谈,连张治中、刘斐也绝不先开口),而要看中共方面能作出什么让步。周恩来对蒋介石有着深刻的了解。他预测蒋介石此时可能采取的种种对策:(一)如不解决具体问题,则目前可在表面上缓和,而实际上绝不放松压迫;(二)如愿解决问题,必须我先让步(必须是军事上,而且是防地上让步),我不可能有具体收获;(三)如我们只作口头上让步(如表示愿听调遣,但有实际困难,一时尚难移动等),则他们亦照常口惠而实不至(如中条山战役时答应发饷弹,二届参政会时答应释放叶挺);(四)如我们能做某些地区的让步(如东江游击队改编、湖北撤退等),他们也可实行某些让步(如"三发"等),但不会实现我们的全部要求;(五)如向蒋提出全部要求,而不提愿听调遣事,"蒋必默然不语,必使关系弄僵,不利于形势之缓和"。周恩来在电报中建议为缓和国共两党关系,对当前同国民党谈判拟采取以下方针:(一)先尽力缓和两党表面上的关系,在军队、政权等根本问题上只从原则上说服国民党加以改变,"至少使他们当面不能反驳";(二)再次见蒋时,不提全部要求,或只谈原则,不提具体问题,或说愿听调遣,但有困难,要求"停止接济";(三)对张治中除要求停打外,还谈防地,说明愿听调遣,但须解决困难,就此提出要求。林彪此来可完成两个任务,一是缓和双方表面关系,二是重开谈判之门。若要超过此种任务,则非在防地上大让步不可,恐今日尚嫌其早。林在此亦不能太等久了,同意所提方针,重在缓和关系,重开谈判之门,一切不宜在目前提的问题均不提。林彪在第二次见蒋后即回延安。

10月27日 周恩来答复毛泽东25日询问林彪在第一次见蒋时曾否谈到他见蒋的时间地点问题的来电,说林第一次见蒋时即提到毛甚愿见蒋,唯适患伤风,蒋即问毛好,未及其他。电文报告了同林彪见张治中的情况,鉴于林彪提出的要求被张治中打断,周恩来建议改变老一套的谈判办法,即最好多谈一般原则,不涉及具体问题,以缓和这次谈判的空气。

10月下旬　周恩来会见国民党联络参谋陈宏谟。陈表示谈判中心在于八路军能否接受命令、听从调遣,至于防地问题,可以不尽如1940年10月"皓电"的要求,但军队必须移动。

11月12日至27日　中国国民党五届十中全会在重庆召开。会议通过了特种委员会的报告,提出对共产党仍本"宽大政策"。这个报告说:"第十二次大会中,总裁盱衡时局,对外对内作政策上之指示,对共产党仍本宽大政策,只要今后不违反法令,不扰乱社会秩序,不组织军队割裂地方,不妨碍抗战,不破坏统一,并能履行二十六年九月二十二日共赴国难之宣言,服从政府命令,忠实的实现三民主义,自可与全国军民一视同仁。恭聆之余,于十一月二十六日晚集会详细研究,金认总裁经审慎考虑而发表之指示,大会应敬谨接受,拟在宣言中将此种意思明白宣示。惟为防止基层党政机关及人民误解起见,应由国民政府发表文告:在我国境之内,无论其为何人及其何种名义,凡有私自组织军队企图割据地方,违反国家纪纲,扰乱社会秩序等情事,皆为国法所不容,政府必予以依法之制裁。务望均能彻底觉悟,服从法令,严守纪律,精诚奉行三民主义。诚能如此,则不问其过去之思想与行动如何,亦不问其为团体或为个人,政府当一视同仁,不特不予歧视,而且保障其公民应得之权利与自由。至本党更应加强组训,使一般同志对共产党皆有确切之认识,对于思想迷误之青年,尤应感化劝导,尽量宽容,使之信仰三民主义,克尽国民天职,以完成时代之使命。"

11月29日　中共中央发布《关于国民党十中全会问题的指示》,指出:这次会议通过的决议案,要求我们不超过在国民党所设定的严格范围,则答应和我们合作。这是国共两党长期接洽和他们通过许多动摇犹豫之后才决定的。国民党五届十中全会对于从1939年到现在四个年头的国共不良关系,做了一个总结。这个决议在某种意义上和1937年3月间国民党五届三中全会关于"根绝赤祸"的那个决议案有些类似,它是严厉的,但却是表示时局好转的开始。

12月1日　毛泽东致函蒋介石。他在信函中写道:"前承宠召,适染微恙,故派林彪同志晋谒,嗣后如有垂询,敬乞随时示知,自当趋辕聆教。郑委员延卓兄来延宣布中央德意,惠及灾黎,军民同感,此间近情已具告郑兄,托其转陈,以备采择。"

12月8日 中共中央发言人对中国国民党五届十中全会发表谈话。中共中央发言人在谈话中表示:全会坚持抗战,加强团结之意图,吾人深同感。……在对外对内的最重要政策上,国共两党之见地,基本上并无二致。抗战以来,共产党、八路军、新四军即始终站在祖国战争的最前线,虽孤悬敌后,饷械弹医,异常缺乏,饥寒交迫,困难万分,犹始终服从蒋委员长之命令,坚持阵地,未尝后退一步。蒋委员长曾云:"地无分南北,年无分老幼,无论何人,皆有守土抗战之责任。"共产党员及广大人民,本此训示,组成游击队,与主力军配合一致,抗拒敌军,坚持五年有半,至今尤屹若长城,抗击敌军15个师团,占在华敌军之半数。中共中央发言人强调指出:"中国共产党人的立场,一切以抗日民族统一战线为基础,凡合乎团结抗战之利益者,无不诚意实行,这是坚持不变的。"

12月12日 中共中央南方局向中共中央提出关于国共关系的报告提纲。南方局认为:国民党对待共产党的政策变化,可分为三个阶段:第一阶段是1936年至1938年,国民党重在组织上解决,即企图融化共产党;第二阶段是1938年至1942年,重在军事上解决,企图削弱和消灭共产党;第三阶段从国民党五届十中全会开始,趋向好转的一面已渐增长,坏转的一面已渐减弱。中国共产党目前的方针应是:(一)争取好转,勿忘防御;(二)争取合作,勿忘斗争;(二)争取发展,勿忘巩固。中共必须准备克服行将到来的空前困难,一方面努力于敌后,坚持边区的建设,大后方的埋头苦干,沦陷区的隐蔽待机;另一方面努力向国民党及各党派、各地方、各中间分子多提积极的建议。既要防止过分乐观情绪,又要纠正不相信可以争取好转的右倾悲观情绪。

12月14日 周恩来在南方局办事处党员大会上报告了国共关系问题。周恩来着重讲明了现阶段的国内外形势和国民党的政策,以及中国共产党的方针。他指出:国民党与中共的关系有好转,好转不等于解决,它对我仍是采取控制和局部压迫的方针,且遗留问题还很多,局部压迫还很厉害。我们的方针是三个坚持,三个反对(坚持抗战,反对投降;坚持团结,反对分裂;坚持进步,反对倒退);三个争取,三个勿忘(争取好转,勿忘防御;争取合作,勿忘斗争;争取发展,勿忘巩固),强调做好"三勤"。周恩来指出,两党关系处在两可之间,或者是相机解决,或者继续拖下去。

12月16日 中共谈判代表周恩来和林彪在张治中陪同下会见蒋介石。林彪表示拥护国民党五届十中全会宣言和决议的新精神,并要求彻底实行"三停、三发、两编"。蒋介石表示,国民党对统一团结问题不是政治手段,希望"大家在政令下工作",还说各政治团体要集中起来,希望问题很快解决。答应发给药品,但不许再提新四军事,说承认新四军,等于不承认政府。会见后,林彪将谈话情况电告中共中央,建议中央研究后给予指示。

12月16日 周恩来致电中共中央,认为这次蒋介石对林彪的谈话,一是显然对军队数目、组成、地区及干部使用有若干不同意见;二是对于中共及边区的所谓政治团体要集中领导,语意含混,显然还未定出具体办法。周恩来在电报中还建议"主动的找张治中谈下列问题":(一)中共要求合法化,也欢迎国民党至边区和敌后组党办报;(二)军队扩编一定数目,实行统一军制;(三)边区改行政区,人员不动,实行中央法令,华北各省政府改组,并划行政区;(四)作战区域战后重新划分,目前可依情况做适当调整。

12月18日 中共中央书记处复电提出:(一)在允许中共合法条件下,可同意国民党到边区及敌后办党;(二)军队编四个军12个师,新四军在内;(三)边区改行政区,人员、地境不动;(四)黄河以南部队战后北移,目前只作准备,李先念部实在无法调动,但东江曾生部在适当条件下目前即可调整。

12月21日 毛泽东就国共关系问题致电季米特洛夫,"最近可以看出,国共关系有某种改善。我们在争取更大的改善,为此我们派林彪去了重庆。事情进行得不错。一旦谈判取得成绩,我打算去重庆同蒋介石会晤"。

12月24日 周恩来、林彪与国民党代表张治中进行谈判,提出四点意见:(一)共产党合法化,国民党可以到中共区域办党办报,共同实行三民主义。(二)八路军扩编为四军12个师。(三)陕甘宁边区依现有区域为行政区,直属中央政府;改组华北地方政权,实行中央法令。(四)中共军队战后原则上接受开往黄河以北之规定,目前只能做准备工作,如情况许可时(比如反攻),可磋商移动。周恩来和林彪还声明,如此四项可以谈,林即留此继续谈,倘相距太远,就请蒋介石提示具体方针,交林带回延安商量。张治中答应将四点报蒋,他本人认为第四条最困难。30日,张治中在电话上告诉周恩来说,他们已开过会,认为条件相距甚远,未作决定。

12月31日 在经过国民政府军事委员会军令部研究由何应钦上报蒋介石的书面意见中,明确表示反对共产党合法化。这个书面意见声称:"如准其取得合法地位,则尔后不但对其公开分子之活动难于防制,即对其潜伏分子之防制,彼亦可于受到清查时立即公开,以取得法律上之保障,且其党既取得合法地位,则不便绝对禁其于前后方各地(尤其是学校),设立机关吸收党员,结果将使防制工作完全失效。"对于共产党要求编制四军12师问题,这个书面意见也持反对立场,认为"我如允予考虑,即使将来不再作更多之要求,而名义饷款给予之后,彼在军政上是否即肯收束,在军令上是否即肯听命,殊无把握",如此"无异多予以几擅自扩军之工具,一经彼等在沦陷区内加以配置,则此十二个师所分布之地方,将变成十二军区,彼等既有正式国军名义,即可发号司令,并征丁征粮,所有地方合法政府均难以拒绝,且番号既多,扩充更易,其尔后实力将更见扩张"。对于共产党要求承认边区现状问题,这个书面意见同样表示反对,因据说共产党在陕甘宁所占地区已达29个县区之多。至于共产党所说战后开赴黄河以北问题,这个书面意见不表赞同。它断言:"战后军队即须复员,再开往黄河以北有何用处。"总之,这个书面意见明确认为:"一、判断林、周等此次所提四项要求,系根据本党所示宽大政策而来,其目的在对于党政军各方面取得合法地位,不能认为有悔过诚意;二、本党宽大政策之真正作用,应为瓦解中共,绝非培养中共,故林、周所提四项,不能做为商谈基础。""如须商谈则应以下列原则为基础:(1)中共不应有军队,其军队须由各战区长官各就驻在于战区内者,切实点验编遣整训,并指挥其作战,不得再自立系统及保留变相武装;(2)中共不应在各地方擅立非法政府,其各地非法政治组织须一律取消,由各该省府派员接管,恢复原有行政系统及区划;(3)以上两项办到后,始可予中共以合法地位。"这个书面意见认为:"假定上述原则中共不肯接受,则不必强求商谈,尽可加紧防制,为停止于非法地位,以期动摇其内部,增加其苦闷,俾便将来解决。"

1943年2月，苏联军队在斯大林格勒城郊全歼了被围的德国侵略军，取得了斯大林格勒保卫战的胜利，对整个第二次世界大战的进程产生重大影响。在库尔斯克会战失败后，德国不得不在所有的战场上转入战略防御。与此同时，英美联军于7月发起西西里岛战役，使得墨索里尼政权迅速倒台。在太平洋战场上，美军也与日军展开了逐岛争夺战，并转入战略反攻。为了商讨进一步配合对日作战问题，中、美、英三国政府首脑于11月在埃及开罗举行了会议，签署了《开罗宣言》。随后，苏、美、英三国首脑在伊朗首都德黑兰举行会议，决定在欧洲开辟第二战场，以便尽快打败法西斯德国。

1943 年

1月1日 毛泽东致电周恩来、林彪，告知与郑延卓谈话的情况："郑延卓在延两星期，明日返渝。我同他谈了两次，表现尚好。参观了许多地方，接谈了几十个人。据称：观感与外边所见两样。谈到边区，我说区域维持现状，人员加以委任。谈到军队，我说应编四军十二师。此外停捉停打停封，发饷发弹发药，也说到了。""谈到三民主义，我说现应实行七分资本三分封建的民生主义，议会制的民权主义。谈到社会主义，我说将来要实行的，现在无条件。""他要求我给蒋一信，我答应了。"

1月9日 中共代表周恩来、林彪与国民党代表张治中举行谈判。张治中提出中共1942年12月18日所提的四项办法同国民党方面的要求"相距较远"，解决问题须根据"皓电"提示精神，正式谈判须由何应钦、白崇禧主持，承认中共合法和边区政府无问题，十八集团军太多不行，并且必须遵照"皓电"限期开动。周恩来、林彪表示中共的四项办法同"皓电"精神并无不合,距离只在部队数目和移动时间方面。这次谈判无具体结果。随后,周恩来又会见张治中,逐条宣读中共方面最后的四项意见。(一)党的问题。在《抗战建国纲领》下取得合法地位,并实行三民主义。中央亦可在中共地区办党、办报。(二)军队问题。希望编四军12师,请按中央军队待遇。(三)陕北边区。照原地区改为行政区,其他各区另行改组,实行中央法令。(四)作战区域。原则上接受中央开往黄河以北的规定,但现在只作准备,战事完毕,保证立即实施。如战时情况可能(如总反攻等),亦可商量移动。张治中逐条抄录并核对后送交蒋介石。蒋立刻召集临时军事会议。会上发言的,大多表示不能接受。蒋介石没有表态,只是说:"好吧,再说吧!"

1月10日 周恩来、林彪致电中共中央,报告谈判情况,并建议为顾及蒋方面子,在谈判中可承认以"皓电"为基础,关于驻地的移动,请示可否让步以李先念部同山东于学忠部对调,以便统一山东。

1月12日 中共中央政治局召开会议,讨论国共谈判问题,认为以李先念部移防作为于学忠部移出山东的交换条件,事实上难以办到,理由是由于日军封锁,部队移动走不通,说明"暂时不动,将来必动",较为有理有利,并决定由毛泽东起草给周恩来和林彪的复电。

1月14日 张治中约见周恩来,提出希望中共放弃军队,为周恩来拒绝。

1月16日 毛泽东关于国共谈判问题致电周恩来、林彪说,现在彼方提出以"皓电"为基础,何应钦、白崇禧为主持人,是否有拖延之目的?你们向张提改组华北地方政府,实行中央法令,是何内容?我军驻地问题,似宜暂不移动。解决问题的时机是否成熟,可否再等一下更有利?

1月21日 周恩来回电说,估计此次谈判仍在两可间,或拖或相机解决,目前趋向是政治解决,但局部压迫决不会放弃。我们答应以"皓电"为基础,在于使我们站在更有理地位,逼彼拿出具体条件,林彪带回延安,并非认为目前即可解决。何、白主持谈判是事实,就是张出面,何仍是幕后人,蒋总是让别人做坏人,他做好人。李先念与于学忠对调事,上次谈判时,林彪原则上说可以对调,张治中则讲以后再谈。华北政府问题,只讲了一般原则,未谈具体内容。两方条件相距太远,目前不会接近。周恩来在电报中提出结束此次谈判的两种办法:(一)说明我们所提四条与何、白"皓电"精神基本相同，只是数目时间之差。如国方不同意，要他们提出对策，由林彪带回报告；(二)向他们直接要方案，或由林向蒋介石要求提示后返延。2月8日，周恩来收到毛泽东复电，同意周恩来所提的前一种办法，"可照来电所提办法进行"。

1月25日 毛泽东复彭德怀1942年12月18日来电时指出："我们应争取在抗战后与国民党建立和平局面，在民主民生上做文章，上年'七·七'宣言在这个基点上发的。""去年九月蒋约我见面，派了林彪，现尚未回；到适当时机，我准备出去见蒋，以期谈判成功"，也是从这个基点出发的。"就是精兵简政，除当前作用外，也有这个作用，我们既不准备打内战，无须多兵，兵少又可减轻国民党的畏惧心理，求得和平，以待全国人民的觉悟，如果人家要打，我们也有恃无恐。"

1月27日 中共中央山东分局发出《关于李仙洲部来鲁后的统战工作指示》，就李部入鲁提出如下对策：(一)以疏通团结为主，鼓励、推动其与敌作战，对非友好行为不到万不得已时，不要轻易使用武装反击；(二)努力建设根据地，紧紧依靠群众，使我立于不败之地；(三)正确执行敌后备政策，尤其是"三三制"，做到真正尊重民意机关和友党友军；(四)李部所过各区(如鲁南、沂蒙)，应以我军正式名义接洽联络；(五)提高警惕，严阵以待，以防突然袭击。

2月5日 周恩来致电毛泽东，反映国民党动向。电报说：国民党特别会议在决定今年的工作计划时，提出"肃清"黄河以南的中共部队，"肃清"大后方的隐蔽分子，并加强"自首"运动。西安国民党军对陕甘宁边区的封锁，不仅有政治原因，而且有经济原因，因西安的官僚商人可借此赚钱，如边区食盐六元一斤，运到西安可卖20多元，而西安的布运到延安出售，可获利三倍。

2月7日 为进一步改善国共关系，毛泽东、朱德、王稼祥、叶剑英联名致电各战略区，就主动加强统一战线工作作出指示，指出：国际国内的政治形势日趋好转，国民党方面上层虽仍采取拖的办法，而下层与局部已出现迫切需要与我党我军调整关系的现象。我方应不放松每一机会和每一事件，主动地加强局部统战工作，改善关系，以求更加促进国内整个形势的好转。各战略区应本此方针，按具体情况作出安排。如有磨擦事件，必须先经报告批准，不许自由行动。

2月10日 中共中央书记处致电周恩来、林彪,要求与国民党方面交涉释放陈潭秋等人的问题。中央指示周恩来、林彪在与张治中谈判时,提出释放在迪化被盛世才扣留的徐杰(即陈潭秋)、毛泽民等140余人。说明这些人一部分是在国共合作后应盛世才的要求派去新疆工作的;一部分是在苏联治病回国途中在新疆停留;一部分是到新疆养病的(其中有些是残废)。他们是在重庆调整与新疆关系时,被盛世才诬加罪名而拘捕的。要求重庆方面去电新疆释放他们,并准其经兰州、西安返回延安。即使上述要求一时不能实现,也不妨提出备案,作为将来交涉的根据。

2月12日 毛泽东致电林彪并告周恩来:可以答应以"皓电"为谈判基础。可以你的名义提出李先念部与于学忠对调作为委曲求全的表示,并说此点回来商量,不作为中央肯定的意见。可以准备答应少编一二个师,但此点既然目前谈不到,即不应具体提出,只说回来商量。"国共谈判成功大概要等到实行反攻前夜,不到反攻,彼方认为是不需要和我妥协的。彼方目前正在注视日、苏变化,以为日、苏开战彼可渔人得利。"

2月下旬 根据中共中央2月12日指示,周恩来同林彪见张治中,表示如国民党有具体办法,愿继续谈,或由蒋介石召见周、林谈,以便回延报告。张治中答,如承认何、白"皓电"精神,尚可继续谈。具体办法须待何应钦由印度回后才能答复。3月3日周恩来将这次谈话的情况电告中共中央,说目前国民党对共产党的态度与他去年的估计大致不错,即于他有利时机解决。否则是拖。但局部压迫决不放松,采取上宽下紧逼我就范的政策。对小党派,最近有些改变。除对救国会外,都采取拉拢政策。对文化界也在拉拢中间分子,争取知识分子,企图孤立我们。目前政治斗争更复杂,新的困难也在增加,要求我们更要机动策略谨慎地处理各事。

3月5日 中共中央召开政治局会议,讨论宪政运动问题。周恩来在会议上说:我们的态度是要坚持新民主主义的原则,参加宪政运动,表明我们愿从政治上来解决。12日,周恩来根据书记处会议的决定,在延安各界纪念孙中山逝世18周年大会上,作了《关于宪政与团结问题》的演讲。他说:国民党及其政府如果要实施宪政,就必须真正拿革命三民主义做基础,必须首先实行保障人民自由、开放党禁和地方自治这三个最重的先决条件。如果真愿用政治方式合理解决国共关系,就应该承认中共在全国的合法地位;承认边区及各抗日根据地为其地方政府；承认八路军、新四军及一切敌后武装为其所管辖、接济的部队；恢复新四军番号；撤销对陕甘宁边区及各抗日根据地的封锁和包围。在演讲中周恩来表示：我们很愿望国共关系能够恢复到孙中山先生在世之日的那样密切的合作，但只有做到了上述各点，国共团结了，才具备实施宪政的先决条件。

3月10日 由陶希圣写的以蒋介石名义发表的《中国之命运》一书出版。全书宣扬法西斯主义和封建主义，反对共产主义，指责解放区和八路军、新四军为"新式割据"、"新式军阀"，暗示两年一定要解决共产党。为发动第三次反共高潮作舆论上的准备。

3月16日 中共中央政治局召开会议，毛泽东在会上作关于时局与方针问题的报告。关于时局问题，指出：德国是今年被打坍还是明年？首先要估计到第一种可能；第二种可能，即今年不能打坍，第二条战线未能建立等，也要估计到。这两种可能性是哪一种，现在还不能确定。日本是扶汪打蒋的方针。国民党进攻，外援不到，要求内援，所以国共谈判未停，国共关系有好转可能。中国抗战有打七八年的可能，我们还要坚持两年到两年半（关于时局问题，毛泽东在20日召开的政治局会议上又作了补充说明：罗斯福企图先打败日本，丘吉尔则主张先打败德国，后打日本。苏联计划打日本由美国、中国担负，打德国由英国、苏联对付。日苏不战是世界局势的一个枢纽，国共关系要看日苏关系的变化）。

3月16日 刘少奇指示新四军：国民党虽已放弃武力解决共产党方针，仍加紧采用政治进攻，应提高警惕。同时对日军"扫荡"后国民党军韩德勤部进入抗日根据地问题，提出了解决的意见。

3月17日 是年春，国民党军王仲廉部根据军令部的命令，自安徽蒙城地区东进，企图向新四军淮北根据地进攻。鲁苏战区副总司令兼江苏省主席韩德勤为扩大地盘，并接应王仲廉部东进，亲率第八十九军、独立第六旅、保安第三纵队等部，于3月中旬侵入淮北抗日根据地中心区金锁镇、界头集、山子头一带。新四军代军长陈毅规劝韩部顾全大局，退出新四军防区无效，遂决心先歼韩部。新四军第四师主力在第二师、第三师各一部的配合下，由第四师师长彭雪枫、政治委员邓子恢统一指挥，于3月17日晚冒雨对据守在山子头的韩部总部进攻，18日14时结束战斗。击毙保安第三纵队司令王光夏、独立第六旅旅长李仲寰等人，生俘韩德勤本人及韩部官兵1000余人。王仲廉部闻讯后,迅即退至津浦路以西。

3月23日 中共中央书记处开会讨论释放韩德勤问题,决定:如韩同意向西去,则发还一部分人枪就地解决问题;如韩不同意西去,则暂时留一时期,待国民党表示态度后解决。

3月25日 陈毅由新四军军部到达第四师师部,主持与韩德勤的谈判。3月27日,陈毅致电中共中央,建议在蒋介石对韩德勤问题下决心之前,主动送韩出境。中央同意陈毅的建议后,新四军于4月1日礼送韩德勤出境,发还人枪,并划定活动区域,《新四军陈毅军长与韩德勤会谈备忘录十条》也在当天签订。

3月26日 彭德怀向毛泽东、朱德报告:国民党蒋鼎文令第二十四集团军庞炳勋管辖的第十四军、第二十七军、新五军及由地方民团土匪编成的游击队约十个团,准备向北推进,收复平顺、武安和涉县;向西收复中条山。根据目前情况,拟在自卫原则下给其一部以打击。

3月27日 关于国民党第一战区司令长官兼冀察战区总司令蒋鼎文命令庞炳勋部向八路军进攻一事,毛泽东同朱德复电彭德怀:"蒋、庞挑衅以事先设法消弭,不致引起冲突为上策,因坏人故意寻衅,此时引起较大冲突事,对我极为不利。仅在万不得已时,才可在严格自卫原则下,给向我进攻之部队以部分打击。"

3月28日 周恩来应约同林彪见何应钦。何主要谈两党磨擦问题。周恩来、林彪就韩德勤被新四军俘获一事作出解释,同时提出国民党军队在鄂东、苏北、皖东、广东等地的进攻问题。要求再见一次蒋,并给准备返回延安的百余人发护照。何同意由张治中答复。

3月30日 中共中央书记处召开会议,会议同意毛泽东为中央书记处起草的复周恩来、林彪电。关于国共谈判问题,指出:"周回林留,或周、林均回,仍须向彼方正式提出,如彼不允,则林独回。"关于制止磨擦问题,指出:"无论华北、华中、边区,中央都曾几次下令禁止磨擦,我军亦无任何侵犯友区行动。但彼方进攻之事则屡起",请交涉制止。

4月4日 陈毅代表彭雪枫和韩德勤代表吕汉劲签署《新四军陈毅军长与韩德勤会谈备忘录》。双方商定本着实行三民主义,团结抗战之精神,消除过去成见和误会,互相协助,以坚持苏北敌后抗战。据此在双方驻防地区,进行了军事情报交换等方面的广泛合作。

4月6日 中共中央书记处在《关于不和国民党以外势力签订秘密文件给周恩来的指示》中指出,无论国民党对我态度怎样不好,都不要与国民党以外之中外人员团体或党派签订秘密协定,以免给国民党以借口。

4月12日 国民党军顾祝同调集14个团的兵力,向苏南溧水、溧阳两地的新四军部队发起进攻。新四军第十六旅被迫自卫,奋战三昼夜,击溃顽军进犯,并歼其一个团。

4月20日 中共中央书记处同意"北方局对山东工作的总结和指示"。在肯定了山东工作的成绩的同时,中央书记处指出,山东党存在的基本缺点是还没有把自己造成为团结山东各阶级各党派共同抗日的中心,基本群众还没有普遍发动起来,形成统一战线的优势。存在的另一个主要问题是没有很好掌握住民族矛盾,没有能团结各阶级各党派对付当前的民族敌人,反而在统战工作中打一些不应该打的地方实力派,打跑了一些可能争取的中间力量,放松了少数应该给以严重打击的对象。因此,今后要从各个方面做好统战工作,争取和团结各种不同对象,共同抗日。

5月8日 毛泽东就目前不要刺激国民党等问题,复电周恩来并告林彪,指出:国民党联络参谋徐佛观、郭仲容已到延安。国民党联络参谋陈宏谟、郭亚生已于1943年2月从延安撤回重庆,由徐佛观、郭仲容接替他们的工作。

5月11日 国民党顽固派开始部署对陕甘宁边区的军事进攻。第九十军第五十三师撤离河防,由韩城开抵洛川。13日,第一军第一六七师也撤离河防由大荔开到颁县。

5月13日 朱德致电傅作义,指出陈长捷、何文鼎率部南下,迫近八路军防区,"难免引起不幸事件,实于团结抗战大相妨碍",要求予以制止。

5月15日 共产国际执行委员会主席团作出《关于提议解散共产国际的决定》。20日,共产国际执委会书记处致电中共中央书记处指出,"作出此种提议的主要原因是,这个集中的国际联合组织的组织形式已不符合各个国家作为民族工人政党的共产党的今后发展的需要,甚至是其发展的障碍。请在〈中共〉中央尽快讨论这个提议并告你们的决定"。22日,共产国际向全世界公布了这个决定。26日,中共中央发出《关于共产国际执委主席团提议解散共产国际的决定》,完全同意共产国际的提议,指出:"中国共产党在革命斗争中曾经获得共产国际的许多帮助,但是,很久以来中国共产党人即已能够完全独立的根据自己民族的具体情况和特殊条件决定自己的政治方针、政策和行动。"并宣布"自即日起,中国共产党解除对于共产国际的章程和历次大会决议所规定的各种义务",表示中国共产党人将继续英勇地站在抗日战争的最前线,和国民党及一切抗日党派、无党派人士合作,战胜日军及德意法西斯。当晚,中共中央书记处在延安召开干部大会,传达共产国际执委主席团和中共中央的两个历史性文件。中共中央政治局主席毛泽东在干部大会上作报告,指出共产国际解散是一件"划时代的大事",号召全党同志应提高责任心,发挥创造力。6月10日,共产国际正式解散。6月12日,国民党西安劳动营训导处处长、复兴社特务张涤非等九人,趁共产国际解散之机,在西安召集所谓文化团体座谈会,并以假冒"民众团体"名义,发表通电,要求"解散中国共产党"、"共产党交出政权军队"、"取消边区"。为了正确认识和说明解散共产国际这一重大历史事件,延安《解放日报》分别于5月28日和6月27日发表社论:《论共产国际底解散》《再论共产国际的解散》,充分肯定了共产国际的历史作用,详细论述了解散共产国际的原因,并有力驳斥了反共分子的攻击。

5月18日 毛泽东就在陵川、林县一带避免与国民党军发生冲突,致电彭德怀,指出:国民党正在寻衅发动反我斗争,因此我军配合作战部队必须避免与国民党军队任何冲突,避免给国民党任何借口,该地敌、我、友三方情况如何望即报。

5月中旬 毛泽东会见近日到达延安的国民党联络参谋徐佛观、郭仲容,同他们恳谈国共关系问题,请他们向重庆、西安国民党方面转达共产党精诚团结的意旨。

6月1日 毛泽东致电彭德怀,对国民党的现状和中国共产党今后的工作方针作出指示。这个指示指出:国民党对日、对外(英、美)、对共、对民、对党(中央与地方、西西与复兴)五个方面均无妥善办法,危机日渐增长。国民党对日本扶汪倒蒋新政策毫无对策,投降者增多,战力大损;英、美仍是集中对德,援蒋甚少,口惠实不至,国民党亦无办法;对中国共产党疑忌甚大,不愿解决两党关系问题,但只能宣传中共"罪状",打击中共威信,实行特务破坏,此外亦无办法;甘、黔、川、陕民变四起,规模甚大,除镇压外无他办法;党内纠纷不绝,有增长趋势。

凡此均使抗战局势,处于日益困难地位。抗战还须准备三年,彼时中国情况如何,深堪注意。关于中国共产党今后的工作方针,毛泽东指出：中国共产党应在此三年中力求巩固,屹立不败。对日应用一切方法坚持必不可少之根据地,反"扫荡"、反"蚕食"之军事斗争与瓦解日伪之政治斗争均须讲究最善方策;对国民党应极力避免大的军事冲突,使彼方一切力量均用在对日斗争方面;对人民除坚持"三三制"外,应以大力发展农业、手工业,如人民(主要是农民)经济趋于枯竭,我党即无法生存,为此除组织人民生产外,党、政、军自己的生产极为重要;对党内政策,一是整顿三风(应坚持一年计划),二是审查干部(清查内奸包括在内),三是保存干部(送大批干部来后方学习)。如能实施上述各项,不犯大错,中国共产党即可立于不败之地。

6月4日 周恩来应约同张治中谈话。张治中说：何应钦称前方磨擦正在继续,情况不明,谈判"须搁一搁"。周恩来回答：谈判暂搁是我们"意〈料〉中事",在这种情况下林彪决定回延,如要谈时可再来。他自己也拟回延安,以便使延安了解外间情况,找得更好的解决办法。并希望同林彪见蒋介石一次。6月7日,周恩来、林彪见蒋介石,蒋介石表示允许周、林回延安。这是皖南事变后一年半来蒋介石第一次答应周恩来回延安。周恩来将这一情况向中共中央作了报告。6月5日和9日,周恩来接连接到中央书记处来电,催他速回,并嘱途中"勿耽搁"。

6月6日 国民党河防大军已调至陕甘宁边区周围。国民党趁共产国际解散之机,掀起反共浪潮,并下令将驻防黄河沿岸陕西韩城至潼关段的河防大军,调到陕甘宁边区南面的分县、铜川等地集中,配合原包围封锁边区的国民党部队,由胡宗南统一指挥,准备进攻延安。为此,何应钦、白崇禧等人到西安,偕胡宗南赴耀县召开会议,协调各部队指挥关系,准备对陕甘宁边区采取军事行动。18日,胡宗南在洛川召开第八战区军事会议,参加会议的有第九十军、暂编第二十五师、新编第三十七师等部师长以上人员。这次会议决定：把驻守河防的第一军调往颁州、淳化一带,第九十军开到洛川一带,并修筑九处飞机场。这些新调来的河防大军,连同原来包围陕甘宁边区的两个集团军,共约50万人。按照这次军事会议的部署,准备兵分九路,"闪击延安"。7月2日,胡宗南电令各部于10日前完成一切准备,待命行动。

6月15日 毛泽东致电周恩来、林彪："何时动向,盼于七月一日前赶到延安,共商'七七'宣言,成都、西安两地望勿耽搁,一则求速,一则避嫌。"

6月16日 中共中央政治局召开会议,毛泽东作关于形势问题的发言,他说:现在苏联的力量增加,有可能在今年冬季把德军打出去。关于国共关系。两年来我党采取"和国"方针,不刺激国民党,也没有在报纸上反对国民党。去年我们估计国民党在5月会有一次反共高潮,但没有来,只搞了两次反共宣传。最近周恩来、林彪见蒋介石时,蒋说要照他的《中国之命运》一书所说的办,要共产党交出军权、政权。王明认为国民党是民族联盟、民主主义与民粹派的这种估计,是不正确的。现在国民党不是大革命时代的国民党。他们所说的"民权主义"实际上是法西斯主义,没有民主。民生主义是闹得民不聊生,到处发生民变。在会议讨论"七七宣言"的起草问题时,毛泽东又说:我看日本的崩溃是必然的,国民党自蒋介石出版《中国之命运》一书后好转的可能很少。对国民党不采用决裂的态度。国民党部弱了,没有力量向我们大举进攻。边区现在进行生产建设,精兵简政、拥政爱民,做得很好。我们还需要时间,进行整风一年,读马列主义一年,读中国问题一年。我们的对敌政策是反"扫荡"、反"蚕食"斗争;对国民党是避免公开武装冲突,把同盟者国民党的力量用去对付日本;对民政策是拥政爱民,发展生产,使我党与农民关系弄好;对党内是保存干部,教育干部,进行整风。会议还继续听取刘少奇关于华中工作的报告。

6月17日 邓宝珊奉电召去重庆路经延安,受到热情欢迎。毛泽东、朱德、贺龙分别设宴招待,邓宝珊和毛泽东数次会谈,针对蒋介石正在发动的第三次反共高潮,毛泽东阐述了中共政策,决心争取民主团结,把抗战进行到底,并希望邓宝珊给予合作。邓还会见了林伯渠、谢觉哉、徐特立、吴玉章等中共中央领导人。

6月24日 中共中央发出关于国民党的特务政策和中国共产党反特斗争的指示,指出:国民党的特务政策是经过一个发展过程的:1927年大革命失败后,国民党对共产党是采取肉体消灭政策;1931年顾顺章叛变后,就采取了自首政策;1935年的一二九运动及全民族抗战爆发后,国民党则采取了有系统的内奸政策。今天,国民党同我们斗争的主要形式是特务斗争。全民族抗战以后的国民党(主要是西西、复兴),已经不是大革命时的国民党,也不是内战时期的国民党,而是有丰富反动统治经验、破坏革命与中共的方法非常精明、很有组织的国民党。我们必须百倍地提高警惕性与巩固自己的队伍,才能在斗争中取得胜利,否则即无胜利的可能。

6月26日 顾祝同向蒋介石发出密电,报告在苏南部署重兵准备袭击新四军的军事计划。蒋介石阅后批复:"准予备案,并饬肃清残余,加强地方自卫,以杜后患。"

6月28日 为参加中共七大的筹备工作和整风学习,周恩来以及林彪、方方、邓颖超、孔原、高文华、伍云甫、徐冰等114人,分乘五辆卡车,从重庆红岩出发返回延安。周恩来回延期间,中共中央南方局的工作由董必武主持。7月9日,周恩来一行到达西安,当晚即研究各方面情况,并在西安逗留的四天中分别会见胡宗南、熊斌、邓宝珊、孙蔚如、彭昭贤、胡公冕等人。13日,周恩来、林彪致电毛泽东,内称:根据连日接洽和研究结果,蒋令胡宗南准备进攻尚未进入行动阶段,中央考虑戒备有必要,但延安民众大会通电"刺激太甚",重庆、西安宜暂缓印发。16日,周恩来一行抵达延安,受到毛泽东、朱德、刘少奇、任弼时、叶剑英、张闻天等人及各界代表的欢迎。

6月 为准备迎击胡宗南"闪击延安"的计划,八路军第一二〇师第三五八旅主力奉命由晋西北调到陕甘宁边区,驻扎在延安以南、鄜县以西之葫芦河地区,以便增强陕甘宁边区的防御力量。

6月 戴笠提出在共产国际解散的情况下国民党对中共的对策方案,他声称这个方案的原则和目标是"利用第三国际解散时机,把握中共弱点,以达到政治解决为原则,惟在军事上仍须旋极大压力,促其就范","以使中共将军权、政权交还中央为主要目的"。并具体拟出以下四个方案:第一方案军事上十八集团军完全国军化,一律听中央编遣,政治上取消边区政府,听候中央处置,党务上正式解散中国共产党;第二方案军事上十八集团军调驻黄河以北指定地区,取消政委制度,解散军内共党组织,政治上取消各边区政府、组织,听候中央处置,党务上中共修改党章党纲,改组为纯政党性之团体;第三方案军事上取消十八集团军之政委制度,解散该军内之共党组织,政治上改组边区政府,恢复原有行政区,党务上保存中共现有组织的存在,但在国民党任何机关中不进行秘密活动与党团组织;第四方案军事上取消十八集团军之政委制度,政治上改组陕甘宁边区为陕西省两个行政区,并放弃其在甘、宁两省之侵占地区,党务上保存中共组织之存在,但在国民党内之任何机关中不得进行秘密组织与党团活动。上述方案的实行步骤为:发动社会舆论,加强宣传攻势;一面进行谈判,一面进行分化；在谋政治解决期间，国民党在政治、军事、党务、宣传、特务方面，应配合进行，并据此拟订具体的工作计划。

7月2日 中共中央发表为全民族抗战六周年纪念宣言。指出在国际范围内各反法西斯侵略的国家的不利情况，已经根本改变了。呼吁国民党加强抗战，加强团结，改良政治。并表示中共准备与中国国民党及其他党派继续进行协商，解决已经存在的问题，改善各党派间的关系。

7月4日 毛泽东致电董必武说，蒋介石正增兵包围陕甘宁边区，内战可能爆发，请发动国统区广大群众及各界人士起来呼吁制止内战。同时，对张治中、刘为章及各国驻重庆使馆说明，我们正在研讨解决国共关系的办法，以赢得同情和制止的时间。

7月4日 中共中央军委向八路军、新四军发出关于蒋介石进攻边区军事部署的情况通报。指出1942年10月国民党五届十中全会后，形势似稍有好转，但不久蒋介石即令朱绍良、胡宗南准备进攻边区。通报列举5、6月两月及近日内，胡宗南军事进攻准备情况以及具体部署，特别是将河防部队大部撤出置于边区周围，这是前所未有的，现胡宗南进攻陕甘宁边区的部队已集结完毕，只须待命进攻。

7月4日 朱瑞、罗荣桓、黎玉、萧华致电中共中央军委、八路军总部，报告国民党军李仙洲部入鲁、于学忠部出鲁引起山东重大变化及我之对策；对于学忠部西开不加钳制，并在一定条件下给予便利，对李仙洲部东进北上尽量迟滞其时间，并在自卫原则下，乘其伸入根据地立脚未稳之际，予以歼灭一部。但不放松与之政治疏通及扩大敌顽矛盾。对于布防区域附近之地方部队，争取可能争取者，歼灭最坚决反共部分，力求控制鲁中山区及莒县、日照、诸城间山区，并互相联络，以便继续向外围发展。

7月4日 毛泽东电示董必武：蒋介石正加紧增兵包围陕甘宁边区，内战可能爆发，请发动国统区各界人士和广大群众，行动起来制止内战，并与英、美等国驻重庆使馆联系，交涉制止中国内战。

7月6日 朱德在致蒋介石的电报中指出："当此抗战艰虞之际，力谋团结，犹恐不及，若遂发动内战，兵连祸结，则抗战团结之大业势将破坏，而使日寇坐收渔利。"电文还历数了自5月以来，边区周围友军，不断向八路军进逼,八路军一再退避的事实。指出边区的形势自6月18日胡宗南在洛川召开军事会议后,"河防大军,纷纷西调,粮弹运输,络绎于途"。边境出现战争景象。"南线友军已发动内战之准备",并"声言大举进攻,消灭边区,打倒共产党",对此形势,"谨电奉陈,敬乞明示方针"。他强烈要求蒋介石立即制止进攻边区的反共内战。中央政治局决定,将朱德电文印成小册子,向附近国民党军队散发。

7月7日 中共中央政治局召开会议,讨论关于对付国民党发动的反共宣传与准备进攻陕甘宁边区问题。毛泽东在会上发言指出:此次蒋介石、胡宗南调集河防兵力积极准备进攻边区,国民党公开宣传"取消中共""取消边区",制造反共舆论的举动,是他们企图利用德苏及日苏的紧张关系,估计日本会进攻苏联,利用共产国际解散机会,实行军事压迫、政治阴谋,企图解散中共、取消边区、取消八路军的反动行为。我们过去两年采用不刺激国民党和"和国"政策,保持了两年多的比较平静,是正确的。现在情况变化,就不适用了,而是要采用以宣传对付他们的反共宣传,以军事对付他们的军事进攻。会议同意毛泽东的意见,作出四项决定:(一)在坚持统一战线,实行三民主义,拥护国民党政府和蒋介石的原则下,集中力量痛斥国民党反共分子的反动政策与挑起内战、破坏抗日团结的"第五纵队"的行为。立即公布朱德总司令致蒋、胡的电报及反对西安特务张涤非制造反共宣传的新闻。延安各机关、学校、部队应配合学习"七七宣言"举行热烈的讨论。(二)7月9日召开延安各界群众大会,纪念全民族抗战六周年,在群众大会上表示坚持抗战,反对内战,坚持团结,反对分裂,并用大会名义发表通电。(三)进行军事上的作战准备,但后方机关不到必要时不要移动。(四)由中央书记处对各地发出一个内部通知,陕甘宁边区各地由西北局发出。

7月8日下午 胡宗南部炮击陕甘宁边区关中分区驻军前沿警戒阵地。

7月8日 毛泽东致电周子健转周恩来、林彪:"胡宗南进攻部署已完成,请你们努力在西安设法转圜,力求避免战事。并告必武。"

7月8日 毛泽东致电彭德怀:"蒋、胡乘第三国际解散有进攻边区部署我方正力请求避免,不得已时恐须一战。"

7月8日 中央书记处向各中央局、中央分局发出指示,决定向国民党发动宣传反击。这个指示指出国民党趁共产国际解散的机会,准备以武力进攻陕甘宁边区,迫我就范。同时发动宣传攻击,以造成反共舆论。中央要求在准备粉碎其军事进攻的同时,在7月内召集民众会议,组织当地舆论,呼吁制止内战,惩办挑拨内战分子,以造成压倒反动气焰之势潮,援助陕甘宁边区的自卫斗争。

7月9日 毛泽东致电彭德怀指出:蒋介石、胡宗南尽撤河防兵力开到洛川、中部、邠州线,密令积极准备待命攻击。我已调晋西北四个团渡河南开准备作战,晋西北现仅留六个小团,颇为空虚。同时,事变有可能发展至两党破裂,我党不能不事先有所筹划。如至那种局面,拟从五台、太行抽调十个大团(约2万人)西开应变。

7月9日 朱德致电蒋介石、何应钦、胡宗南等:"顷据留守处萧主任劲光报称:7日下午2时,贵部第八十军第一六五师,向我关中分区警戒阵地发射迫击炮弹10余发。当天下午5时,又发射数发,贵部第一军第一六七师王师长,于6日到我关中分区南部之织田镇看地形。7日,该师复有某团长至我防区附近侦察地形。据民众称:贵军将分9路进攻该区等情。特此奉达,请予制止。"

7月9日 延安3万多民众举行大会,要求全边区人民紧急动员起来,为保卫边区而奋斗。大会通过《呼吁团结反对内战》通电,要求:(一)国民党立即撤退包围边区的军队,开赴抗日前线;(二)惩办挑拨内战的特务机关;(三)讨伐33个投敌将领;(四)审判日本奸细吴开先等并提出了坚持抗战,反对内战;坚持团结,反对分裂;坚持抗日民族统一战线等14个口号。同日,中共中央指示董必武,速将"七七宣言",朱德总司令致电蒋介石、胡宗南,延安新华社揭穿西安特务假造民意的新闻及延安民众大会通电,秘密印发各报馆、各外国使馆、各中间党派、文化人士,并设法寄往成都、桂林、昆明各界及地方实力派。

7月10日 八路军总部为准备迎击国民党顽固派军队对陕甘宁边区的进犯,决定由冀中军区抽调军队开赴晋西北地区;由太行军区、太岳军区、冀南军区抽调部队开赴陕甘宁边区,以加强陕甘宁边区和晋绥区的防卫力量。

7月10日 由于共产党的政治揭露和军事的充分准备,以及国内外舆论的谴责,蒋介石命令胡宗南停止进攻。

7月11日　蒋介石、胡宗南复电朱德，表示无意进攻边区，说是误会。12日，晋西北行署主任续范亭通电全国，反对进攻边区，以免亡国惨祸，呼吁制止内战，挽救危亡。

7月12日　《解放日报》发表毛泽东起草的社论《质问国民党》，谴责国民党领导的许多机关发动了一个破坏团结抗战的运动。社论指出，国民党同日军一样，要"解散"共产党，解散八路军和新四军，取消边区，是因为有反共反人民的思想；撤退河防大军准备进攻边区，发动内战，这是极端错误的行为；社论要求蒋介石将胡宗南军队调回河防，并呼吁爱国的国民党人制止这个内战危机，共同挽救民族于危亡。

7月12日　胡宗南下令撤退部队。国民党的第三次反共高潮被制止了。

7月13日　中共中央政治局召开会议讨论关于国民党准备进攻陕甘宁边区和中共的对策问题。毛泽东发言指出：由于近日盟军在西西里岛登陆，苏联打退德国攻势，重庆各国大使的干涉，而主要是我们党动员广大群众对蒋介石、胡宗南调兵进攻边区与公开宣传"取消中共""取消边区"表示坚决的反抗，使国民党不得不暂时和缓进攻边区的形势。但在新调来进攻边区的军队尚未完全撤走时，不能认为已停止了这次进攻。中央在发表1943年"七七宣言"时，对国民党采取了比较和缓的态度。而发现国民党积极布置进攻边区与公开宣传取消中共后，我们采用"坚持抗战，反对内战""坚持团结，反对分裂"的方针，并动员群众准备力量，表示坚决反抗，是非常必要的。延安民众在全民族抗战六周年纪念大会上呼吁团结、反对内战通电的态度，也是完全正确的。过去两年来采取不刺激国民党的政策是正确的，我们取得比较平静的环境来进行各种建设。中央今后除继续在全国贯彻整顿"三风"、精兵简政、统一领导、拥政爱民、发展生产、审查干部六大政策外，并须利用这次事件迅速进行下列各项工作：（一）实行政治攻势，打击国民党的反共气焰。（二）在军事上实行必要的准备，调若干兵力来边区及晋西北，加强军事技术训练，组织机关自卫军及加强民兵工作。（三）加紧进行清查特务奸细的普遍突击运动与反特务的宣传教育工作。（四）加强党内与人民中的阶级教育。（五）进行揭露国民党种种罪恶行为与反动思想、政策的宣传工作，以对抗国民党的反革命宣传。

7月13日　《解放日报》发表毛泽东写的关于中国政治黑暗，抗战不力，英美盟邦大不满意的新闻稿。新闻稿说：英、美人士对中国政治黑暗，和蒋介石将美、英援助不用在前线打日本而用在补充后方部队，大不满意。最近熊式辉在纽约、华盛顿、伦敦的招待会上，都在这些方面受到美、英人士的质问。英、美向熊式辉表示，在这种情况下不能以大量的武器继续援助国民党政府。

7月13日 毛泽东致电彭德怀、董必武，指出：我党宣传反击已收效，国民党第三次反共高潮已被制止。连日来各国记者纷纷质问当局，英、美、苏大使也警告中国政府不要内战，否则即将停止援助。11日胡宗南复朱德电，言词为从来未有之谦和。12日胡已下令部队调回。内战危机或可避免。

7月15日 中共中央书记处电示山东分局并北方局，就应付各派国民党军队的原则作出指示：对友好者坚决团结之，对顽固而暂时尚未向我进攻者则设法中立之，对向我进攻者则坚决反击之。但一切磨擦仗均须将顽方攻我压我情况电告中央，以便通知国民党中央，杜绝其借口反诬蔑。

7月18日 《解放日报》发表题为《再接再励，消灭内战危险》的社论，社论中不点名地批评蒋介石的《中国之命运》一书。社论说："今年三月，大后方出版了一本中国法西斯主义'经典'。""这本'经典'的中心思想，一句话说完，就是要在两年内解决中国共产党，以便实行法西斯主义。"

7月23日 刘少奇在给陈毅、饶漱石《关于加紧进行阶级教育打破对国民党的幻想的指示》中说，我们应在坚持民族统一战线与三民主义的方针下，对国民党顽固派进行尖锐的不怕刺激的批评，要在人民中、在党内军内扫除国民党蒋介石的影响，去掉对他的幻想，宣传只有中国共产党才能救中国民族于危亡。

7月30日 毛泽东就敌后工作方针、政策和任务，向各中央局、中央分局、区党委发出指示，被迫暂时停止，争取一年和平已有希望，但我军事防御准备绝不松懈。

8月1日 新四军全体指战员致电中共中央，谴责和控诉顽固派数年来反对共产党，诬蔑和进攻新四军的罪行，表示决心为保卫抗日根据地而英勇战斗。

8月2日 中共中央办公厅举办欢迎周恩来、邓颖超等由重庆回到延安的干部晚会。毛泽东以及在延中央委员、各单位领导干部出席晚会。李富春主持欢迎晚会,任弼时代表中央致欢迎词,周恩来在会上发表演说,痛斥国民党趁共产国际解散之机,叫嚷取消中国共产党的谰言,并正告反共分子,中共不仅不会因为他们的造谣中伤而分裂,反而会因他们的阴谋破坏而更加警觉,更加团结、巩固起来。他表示中共仍然准备与国民党继续进行协商,共同消灭内战的危机,解决存在的问题。

8月2日　中共中央政治局召开会议,毛泽东在会上宣布国民党第三次反共高潮已被制止。

8月5日　中共中央总学委发出关于进行一次国民党的本质及对待国民党的正确政策的教育问题的通知,指出边区周围局势暂较缓和,保卫边区与审查干部工作仍然继续进行,应趁此时机有系统地进行一次关于国民党本质及对待国民党的正确政策的教育。自从全民族抗战以来,党内不少同志对国民党、三民主义、蒋介石以及抗日民族统一战线有不正确的认识,在实践上亦犯了许多错误,因此,教育全党把这些问题彻底弄清楚,无论对目前保卫边区和审查干部的工作,还是对从思想上政治上使党更加巩固、统一和布尔塞维克化的事业,都有极端重大的意义。中央总学委指定《中共中央为抗战六周年纪念宣言》等五个文件,《质问国民党》等三篇社论为中心内容,决定自8月16日至8月31日的半个月中,各单位一律以主要力量进行这个教育。

8月11日　毛泽东、周恩来电董必武,告以国民党的法西斯统治正在步步加强,应动员大后方民主进步力量以多种多样的形式,开展反对中国法西斯化宣传运动,组织文化界起来反对国民党的法西斯文化专制,但不要暴露隐藏的文化人。

8月13日　毛泽东在给各中央局、中央分局《关于打退国民党第三次反共高潮后的形势和党的政策》中指出,在国民党抗战不力和政治黑暗已引起国内外日益不满,同情中共日多的形势下,党的政策是"尽一切方法避免和国民党破裂,避免大内战,同时揭露国民党抗战不力与反共阴谋,对抗国民党的反共言论,并准备自卫实力"。电报指出:蒋介石及国民党进攻边区的阴谋,虽因我们的揭穿,有准备,及外国人的干涉而暂时停止,但他们的阴谋并未放弃,同时在全国广泛发动要求解散共产党的舆论。"蒋之代表张治中在周恩来、林彪两同志离渝前,非正式地告诉你们,说国民党在国际解散后拟有两个方案,一是要中共交出军权、政权以取得党的合法化,一是国共两党合一。据今年七月统计,全部在华日军三十六个师六十万人,国民党只抗击二十五万人,共产党抗击了三十五万人。全部汪精卫、王克敏的伪军六十二万人(大部分是蒋介石军队投敌伪化的),国民党只牵制了广东方面的六万人(但并不攻击他们),在华北、华中五十六万伪军,均为共产党所抗击,国民党对之一枪不打。"

8月13日 《解放日报》公布《两年来国民党五十八个叛国将领概观》,指出全民族抗战迄今,国民党将领及其所率军队,叛国投敌现象,层见迭出。据近两年来不完备材料,不是33人,而有58人之多。

8月16日 周恩来在《论中国的法西斯主义——新专制主义》一文中,公开揭露了蒋介石国民党的法西斯主义特点、危险及实质,号召全国人民包括国民党中那些愿意抗战愿意民主的党员和我们一道去反对法西斯主义,解散法西斯的特务组织。文中郑重指出,今天我们必须强调蒋介石的《中国之命运》和反动的取消中共的主张的危险及其实质。它"不仅对于中国人民是一种警醒和教育,首先对于我们党内也是一种警醒和教育,并且这是最实际的肃清党内对于大资产阶级的投降主义的思想"。

8月19日 周恩来致函毛泽东,建议揭穿国民党利用参政会搞阴谋。周恩来根据董必武来电所谈的国民党最近动态,指出蒋介石"有由一般的反共宣传进入与我们争民主口号的可能",蒋介石声明要开国民大会,公布宪法,虽然都是骗局,但不会毫不影响。提议由董必武先观察情况,并同各党派商量出席参政会事;在反法西斯特务运动中,揭穿蒋的假民主和消极抗战;我们的对外宣传应建立专对重庆以及大后方的广播,并指定专人每日收编广播电文。毛泽东同意周恩来的上述建议。

8月24日 《解放日报》发表《国共两党抗战成绩的比较》《中国共产党抗击的全部伪军概况》两份重要文件,以详尽的材料说明:共产党抗击了全部侵华日军共36个师团60万人的58%(35万人),国民党仅仅抗击42%(25万人);共产党又抗击全部伪军62万人的90%以上(56万人),国民党仅仅牵制伪军不足10%。文件进而指出:蒋介石在其所著的《中国之命运》一书中说"没有国民党就没有中国",是完全没有根据的。很明显不是"没有国民党就没有中国",而是没有共产党就没有中国。

8月25日 毛泽东在一份党内指示中要求彻底消灭党内党

外对于国民党及蒋介石的各种错误思想,应根据《解放日报》发表的文章、文件,在党内和群众中专门进行两个月的学习和讨论,并争取各中间阶层。某些重要文章,应印成单行本广为散发。

8月 国民政府主席林森逝世。随后蒋介石当上了国民政府主席,并指使修订了《国民政府组织法》,规定"国民政府主席为中华民国元首,对外代表中华民国","国民政府主席为陆海空大元帅","国民政府公布法律,发布命令由国民政府主席依法署名行之",以法律的形式完成了集全国大权于一个人的目的。至此,蒋介石一身兼任国民政府主席、国民党总裁、国防委员会委员长、军事委员会委员长、行政院院长等数十个职务,一手总揽国民党的党政军大权。

9月6日至13日 国民党五届十一中全会在重庆召开。在这次全会上有些顽固分子污蔑中共"破坏抗战,危害国家",叫嚣"打下延安","消灭共产党"。蒋介石在闭幕会上说:"中共问题是一个纯粹的政治问题,因此应该以政治方法来解决。"他表示:"如各位同意余之见解,则吾人对共产党之言论,无论其如何百端诬蔑,其行动无论如何多方扰乱,吾人始终一本对内宽容之旨,期达精诚感召之目的,当仍依照十中全会之宣言'凡能诚意信仰三民主义,不危害抗战之进行,不违背国家之法令,无扰乱社会之企图与武装割据之事实者,我政府与社会,应不问其过去思想行动之如何,亦不问其为团体为个人,一体尊重其贡献能力效忠国家之机会'。本此方针,始终容忍,竭诚期待该党之觉悟,并应宣明中央对于共党亦别无任何其他要求,只期其放弃武力割据,暨停止其过去各地袭击国军破坏抗战之行为,并望其实践二十六年共赴国难之宣言,履行该宣言申所举之四点,即(一)为实现三民主义而奋斗;(二)取消一切推翻国民党政权的暴动政策及赤化运动,停止以暴力没收地主土地的政策;(三)取消现在的苏维埃政府,实行民主政治,以期全国政权之统一;(四)取消红军名义及番号,改编为国民革命军,受国民政府军事委员会之统辖,并待命出动,担任抗日前线之职责。共党果能真诚实践,言行相符,则中央可视其尚有效忠抗战之诚意,自当重加爱护,俾得共同努力,完成抗战建国之大业。"全会对共产党的方针是"暂时拖,将来打"。

9月9日 毛泽东、周恩来致电董必武,推测国民党有可能找董必武谈话,要预作准备。11日、17日、29日又连续电告董必武,先是要求董在把国民党情况弄清以前,暂不要到国民参政会报到;后因国民参政会第三届第二次大会通过反共决议,告董不出席参政会驻会委员第一次会议,以示抗议。

9月上旬至10月上旬

中共中央政治局举行会议,批判全民族抗战初期王明右倾投降主义错误,明确指出:王明右倾投降主义错误的实质是放弃无产阶级在抗日民族统一战线中的领导权。

9月13日

《解放日报》发表社论《法西斯主义就是祸国亡国主义》,抨击中国的法西斯主义者又唱起对日军侵略"国际解决"和"安内攘外"的老调,专心致志于反共。指出中国的法西斯主义,决不能决定中国之命运,但中国国民党之命运,中国国民党当局诸公之命运,吉凶祸福,却将由国民党政策是否有认真转变来决定。呼吁国民党取消军统局等各种特务机关,取消一党专政,还政于民,以免祸国亡党。

9月16日

中共中央书记处致电董必武,指示他出席国民参政会。指示说,对国民党反共决议,中央决定发表一文件回答之。本次参政会中"如有反共报告提案及决议,视情况或当场抗议,或退席后再提书面抗议,由你依具体情况行之"。

9月16日

中国战区参谋长、中印缅美军司令史迪威向蒋介石建议,调动国民党和共产党的军队共同进攻日军,并要蒋介石把美国援助的武器装备拨一部分给共产党军队。此建议被蒋介石拒绝,并引起蒋的不满,美国政府被迫将史迪威召回美国。

9月18日至27日

国民参政会三届二次大会在重庆召开。会前,中共参政员董必武获悉大会将通过反共决议,拟不出席。国民党派参政会秘书长王世杰前往敦劝,声明决无利用会议反共之意,董必武遂报到出席。21日军政部部长何应钦在军事报告中,攻击污蔑十八集团军及中国共产党。何报告完毕,董必武提出质问,并据实验斥何对中共和十八集团军之造谣污蔑,国民党CC分子王普涵、王开明等人即叫嚣捣乱。董必武当即向会议主席声明退席并表示不再出席本次大会,以示抗议。董必武离会后,国民党参政员互相指责,会场一片混乱。26日,黄炎培等人访董必武,希望董必武继续参加会议,董必武表示不再出席本次会议,如组织协议机关,或可出席。27日,国民参政会三届二次会议在国民党操纵下,以圈定的多数强行通过《关于十八集团军之决议》,污蔑共产党破坏政令军令之统一。同日,国民参政会三届二次大会选出休会期间驻会委员,他们当中有董必武、许德珩、黄炎培等人。

9月25日 董必武致电毛泽东、周恩来，报告蒋介石今日在国民参政会上的讲演内容及其实质。电报说，蒋今日在参政会讲演中，表示愿实行民主政治，组织宪政促进会与党派协进会，还竭力拉拢张君劢、左舜生、李璜，允派杨杰赴美研究军事，等等。董必武说，蒋的目的是对中间党派采取组织拉拢，分化中国共产党与中间党派的关系。29日，毛泽东、周恩来复电董必武说，蒋介石在参政会的讲话是欺骗，告诉各中间党派不要上当。电报说，要告诉各中间党派"不要过于乐观，要静观国民党事实表现。蒋及国民党每遇一次危机，即来一次宪政欺骗，毫无诚意，不要上当"。毛泽东、周恩来指示董必武不要出席本届参政会驻会委员会第一次会议，以示对该会通过之反共决议的抗议。

9月27日 新疆边防督办盛世才秘密杀害中共中央驻新疆代表、八路军驻新疆办事处主任陈潭秋以及毛泽民、林基路等共产党干部。

9月27日 国民党当局无理查封被他们允许公开设立的八路军驻重庆办事处电台。董必武致函蒋介石，要求恢复改为中共代表设置使用，并在谈判中多次提出，但国民党当局坚持不答应启封。

10月2日 董必武致电毛泽东，汇报他同国民党代表王世杰会谈情况。电报说："刚与王世杰谈，他说：他自己本可不管，但看到目前时局激荡得很快，不得不设法谈一谈。蒋此次用大力渡过危机，参政会的决议不是了不起的，一面是督促政府执行政治解决方针，一面是劝告十八集团军，措词虽有些不好，实际是没有什么。他问：有什么办法可以使时局不恶劣下去。我说：事情的演变解释指出：自共产国际解散后，国党认为中共孤立无援，内部分裂（这是张道藩、潘公展公开讲的），胡军增兵进攻边区。我声明我党的基本态度，还是七七宣言所说的，而今年宣言，与去年宣言基本精神还是一样，有人批评周回去变了，但周正是打仗状态到延的，在打仗时骂已是次要问题，并指出十一中全会决议由头很厉害。他说：如照延广播所说，中央政府老早不应该要了。我说，我们欢迎政治解决，故出席参政会，而参政会又来一决议，这更加一裂痕。我再三说，我党坚决拥护抗战，绝对不愿内战，没有任何对国党不利的企图，并列举过去国党困难时，均没有乘机作什么。又解释四点诺言，指出他们对诺言的曲解。他未作声。后来他问：三四月间周、林和何、张所谈的意见。我把大概情形谈了，并说何当时就搁下不谈了。他说：

首先要把双方的刺激停止。我说：这是要双方做才行。他说：只要大家肯做是可以做到的。他问：还有什么方法。我说：至少要把包围边区的状况解除，胡军七月增兵现仍未复原防，使延安与外通气，如此才能慢慢谈。其他我即指出，国党有人说延安容易威胁你们，如存此心什么事都弄不好，试想边区不到二百万人，能养多少兵，怎样能威胁。他说：要先停止双方刺激，使感情不恶化，再分步骤。并说：他有出国希望，愿在出国前与蒋谈，如蒋愿意即代约我与蒋见面。他曾再三声明，反共宣传不是蒋的意思。后来他提到参政会驻会委员及宪政筹会事说张、左提到我党。我说现对此我无兴趣，最主要还是把目前紧张状态和缓。他要我同邵力子谈谈，最后他问我的职权，我答以只管重庆事情，关于延安的事，可以转达，谈话至此。"

10月5日 毛泽东致电董必武说，延安对国民党已取缓和态度，并表示愿意恢复国共两党谈判，以后谈判由你担任，见蒋介石时除申述欢迎政治解决外，应指明整个西北国民党军队备战甚急。延安不相信国民党对政治解决具有诚意，但延安欢迎政治解决，不愿破裂。如继续合作，则延安保证继续实践四条诺言，并要求国民党撤退包围边区的军队。电文还要董必武见王世杰或邵子力时，除申述上述意旨外，还应指明：内战必投降，这是死路，愿彼方善处；中共准备对付任何险恶局面，但首先愿意继续合作；着重指出国民党胡宗南令董钊率部开赴榆林对我威胁甚大，刺激最深，延安不能不准备自卫。

10月5日 邵力子约见董必武说："国共关系应当用政治方法解决而且是可以解决"，希望董必武能出席在10月15日举行的国民参政会驻会委员会。董必武表示："我党的基本态度，是希望坚持抗战、团结、进步、民主，两党关系是可以好转的。" 11日，董必武会见王世杰、邵力子，申述了中共上述意见。王、邵当即解释说："中央决无对边区用兵之意"，希望国共两党问题通过商谈作政治解决外，还提出了派人"到边区看一下"。

10月5日 《解放日报》发表毛泽东撰写的长篇社论《评国民党十一中全会及三届二次国民参政会》。社论指出：国民党人在五届十一中全会以后，可能有三种发展方向：一是投降日本人；二是照老路拖下去；三是改变政治方针。走第一个方向是死路，走第二个方向也不是活路，走第三个方向才是生路。社论深刻地批判了国民党当局的法西斯独裁和内战政策所造成的严重危机，同时表示："在蒋先生和国民党愿意的条件下，我们愿意随时恢复两党的谈判。"同日，中共中央宣传部通知各中央局、中央分局：这个文件就是党的方针，就是对于时局的总结。各地报纸要登载这篇重要社论，并大量印成小册子，广为散发。同日，针对国民党希望国共双方停止刺激，不使感情恶化的要求，毛泽东致电董必武，通知他从6日起《解放日报》及新华社一切揭露国民党的稿件暂时停止，以示对国民党的缓和态度。中宣部也同时把这个精神通知了各中央局、中央分局、各区党委。毛泽东在致董必武的电报中还说："以后谈判由你担任"，见蒋介石时除表示欢迎政治解决外，应指明"整个西北国民党军队备战甚急，延安不相信政治解决具有诚意，但延安欢迎政治解决不愿破裂，如继续合作，则延安保证继续实践四条诺言，要求撤退若干军队"。

10月6日 董必武致电毛泽东，请示是否出席参政会驻会委员会15日的会议问题。董必武说："我不出席第一次会，在政治上的作用不大，因我党已宣布欢迎政治解决，对王、邵的私人关系，恐引起不融洽之感，特别是对邵会影响以后谈话的桥梁。"10日，毛泽东电复董必武，"可以出席常驻会及参加宪政会"。15日，董必武出席了三届二次国民参政会驻会委员会第一次会议。国共两党关系又开始缓和。

10月14日 毛泽东在中共中央西北局高干会议上作报告时指出：这次高干会与上次高干会不同的，就是准备打仗的问题。我们反对破裂，反对内战，但投降派煽起破裂，就要有办法对付。报告指出：我们党现在是有22年经验的党，有军队有根据地的党，我们的八路军、新四军堪称政治上坚强的军队。我们党已有22年三次革命的经验，不能再容许王明路线占领导地位了。王明路线曾企图占党的统治地位，1938年时危害过党，直到中共六届六中全会才在政治上克服了。王明路线的特点是：（一）以速胜论反对持久战；（二）以一切经过统一战线反对独立自主；（三）军事上反对游击战主张运动战；（四）在组织上闹独立性，不服从中央，宗派主义，报告对十大政策做了阐述，指出当前各根据地最中心的任务是四项：第一是对敌斗争；第二是发展生产；第三是整顿三风；第四是审查干部。

10月20日 国民政府国防最高委员会决定设置宪政实施协进会，该会由54名会员组成，周恩来等人被指定为会员，董必武等人为常务委员，孙科、王世杰、黄炎培三人为召集人。

10月21日　毛泽东、朱德、彭德怀致电邓小平、滕代远：蒋介石对陕甘宁边区进攻的军事布置仍在积极准备，决定由冀鲁豫边区调三个大团（保证每团2500人）到陕北，于1944年2月底到达绥德待命。11月5日，毛、朱、彭再次致电邓、滕，内称：冀南骑兵团（现在冀鲁豫边区），拟抽调来延安。陕甘宁边区南、北、西三面皆有国民党军队修筑的堡垒，我军仅有少数炮兵，作用不大。拟从太行抽调两个工兵连来延安，均望1944年2月底到达，愈早愈好。

11月1日　国民参政会正、副秘书长邵力子、雷震以宪政实施协进会名义宴请各党派宪政实施协进会会员董必武、孔祥熙、孙科、吴铁城、傅斯年、王世杰等人讨论宪法草案、国民大会、言论开放问题。

11月11日　毛泽东、朱德、彭德怀致电邓小平、滕代远等，指出："敌正在加紧对华诱降，蒋仍未放松对边区军事准备，我为推迟内战，坚持敌后抗战，尽可能屯兵陕北，是十分必要的。"望以六团单位补足7500人，由杨得志率主力5000人，年底或1944年正月初出动来延安。

11月12日　蒋介石在宪政实施筹备会开幕时亲自找董必武谈话，要求请周恩来来重庆，说是"如请他出来什么都好谈些"，并且对董必武所提恢复6月以前边区状况，明确表示要董放心，他"决不会在国内动武的"。

11月16日　董必武与邵子力、褚辅成、黄炎培、张君劢、王造时等商谈宪政实施协进会事。是晚，宪政实施协进会举行第一次常务会议，出席的有董必武、孙科、王世杰、王云五、左舜生、褚辅成、张君劢、傅斯年、黄炎培、莫德惠。会议讨论了办事细则，并决定各提案的处理方法，还决定分设三组：第一组关于宪法草案研究事项；第二组关于民意机关事项；第三组关于宪政有关法令实施状况事项。

11月下旬　毛泽东派人到陕甘宁边区政府交际处接邓宝珊、续范亭到自己住处谈话，朱德、周恩来在座。毛泽东说：国民党可能采取三个方向，第一个是直接投降和内战方向，这条路是走不通的；第二个是一面假装抗日，一面积极反共，这条路最终也是行不通的；第三个是根本放弃法西斯独裁和内战政策，这才是一条生路，我们大家必须为此而努力奋斗。三民主义必须通过三大政策来实现。现在日本的困难越来越大，抗战胜利在望，只须国共两党继续努力了。

12月1日 中共中央总学委发出关于学习《反对统一战线中的机会主义》的通知。此文是选录季米特洛夫、曼努意斯基等人1935年至1939年的部分文章编辑而成，其总的精神是反对统一战线中的机会主义。总学委在通知中指出："季米特洛夫等同志在这里用马列主义的革命立场解决了统一战线是积极政策而非消极政策，统一战线与投降主义的严格区别，统一战线下右倾的增长与反右倾的必要，团结中的斗争，以斗争求团结，民族战争与民主民生的密切联系，无产阶级在民族运动中的领导责任，中国共产党在抗日战争中的正确路线等问题。这些问题在中国，毛泽东同志和共产党中央都曾从同样的革命立场达到同样的正确结论，但也曾有些同志从相反的立场得出相反的结论。"中共中央政治局于12月28日又对此问题向各中央局、中央分局发出指示，要求将王明后一时期的主要错误，在高级干部中传达讨论，总结历史的经验教训，达到全党在以毛泽东为首的中央周围的团结。

12月1日 美、英、中三国政府首脑罗斯福、丘吉尔、蒋介石签署的《开罗宣言》发表。宣言说：对日作战的目的在于制止及惩罚日本的侵略；剥夺日本自上次世界大战开始后在太平洋所夺得或占领的一切岛屿，使日本所窃取于中国的领土，例如东北地区、台湾、澎湖列岛等归还中国；把日本从它用武力所攫取的所有土地上驱逐出去；在相当时期，使朝鲜自由独立；坚持作战到日本无条件投降。同日，美、英、苏三国政府首脑参加的德黑兰会议结束，同时发表《德黑兰宣言》和《关于伊朗的宣言》。

12月12日 中共中央南方局发出《关于国共两党关系的报告提纲》。报告提纲说："我党的基本方针是不变的，应坚持抗战，坚持团结，坚持进步与民主是不变的。我们的目前方针即在现阶段促进国民党的好转方针应该是：（一）争取好转，勿忘防御，即是说加强策略教育不刺激不挑衅，以诚恳协商的态度，以实事求是的精神，争取国共关系的好转……（二）争取合作，勿忘斗争……（三）争取发展，勿忘巩固……"强调全党必须加强"两条战线的斗争，要防止由于目前趋势而走到'左'倾的过分乐观情绪，同时也要纠正由于不相信可以争取好转的右倾悲观情绪"。

12月16日 毛泽东同彭德怀复电邓小平，指出："努力生产，注意积蓄，准备迎接更加艰苦局势之到来，这是完全对的，请你坚持此方针。"复电着重分析目前国际形势及敌后的任务，指出："开罗会议，打击了日本诱降（但未最后放弃），堵塞了蒋介石寻求妥协之门,给与澎湖、台湾、满洲支票,可能招致日寇正面进攻之祸。德黑兰会议肯定开辟欧洲第二战场,与蒋希望快在太平洋反攻相违背。故蒋此次由开罗飞返重庆不及前次废约之大吹大擂、兴高采烈了。时局于抗日、革命是极为有利的,但困难仍在增加(如开罗会议可能促使日本财阀军阀间各派别之矛盾减少而较前更妥协团结,坚持持久战争等),特别处于敌后之华北须有充分准备,再坚持三五年,防止在德黑兰、开罗会议及苏联不断胜利下,引起轻敌,放松长期准备。请随时注意各区实际情形予以纠正。"

12月19日 毛泽东、朱德、周恩来致电董必武:主张恢复给蒋介石、何应钦发战报,由重庆办事处抄转备案,以便必要时作为反驳的根据,并要董将国民党搞磨擦的事件,随时电告,以便向蒋介石、何应钦抗议。

12月28日 宪政实施协进会举行第三次常务会议,董必武出席了会议。会议讨论了关于提高国民参政会权限的三条建议,通过了关于废除图书杂志审查等提案。

进入1944年以后，世界反法西斯战争已经胜利在望。苏联红军发动一系列战略性进攻战役解放了全部国土。6月6日，由美国、英国和加拿大等国部队组成的盟军在法国诺曼底登陆，开辟了欧洲第二战场，并于秋冬两季完全解放德占西欧国家。与此同时，美军于7月攻下关岛，8月中旬控制了日本在太平洋上的一个重要基地——马利亚纳群岛。

1944 年

1月16日 中共中央为调整国共关系，提议举行国共谈判。毛泽东约见国民政府军事委员会驻延安联络参谋郭仲容，面告中共拟从周恩来、林伯渠、朱德等人中择一人或三人同行到重庆见蒋介石，并嘱其报告当局。郭仲容当日致电国民政府军事委员会军令部。2月2日，国民政府军令部复电郭仲容，内称："周、朱、林各位来渝，甚表欢迎，来时请先电告。"

1月18日 中共中央书记处就有关对待国民党军队执行自卫原则问题电示各中央局、中央分局并转有关区党委：为保持国共两党间之平静，争取抗战最后胜利起见，要求有关部队对于国民党军队，以自卫原则谨守防地，不得发生由我启衅之任何事件。仅在彼方进攻时，应执行自卫原则。如发生大的事件，须先行报告，待命处理。

1月 毛泽东会见国民党方面联络参谋郭仲容。郭征询关于两党合作的意见，毛泽东答：中国共产党拥蒋抗战与拥军建国两项方针，始终不变。郭要求林伯渠、朱德、周恩来赴渝，毛泽东答：林、周或可先后赴渝。郭又提及何、白"皓电"和西北军事二点，毛泽东答：谈判可以何、白"皓电"为基础，反攻时胡宗南部与边区部队可按比例开赴前线。

2月1日 朱德致电蒋介石、何应钦、徐永昌、胡宗南,告知驻甘肃省镇原县及西峰镇等地的国民党军新编第二师、暂编第五十九师及当地保安队,近日不断向陕甘宁边区进犯,并声言于2月间大举进攻,请转令各该部队,各返原防,勿开衅端。

2月2日 国民党当局复电延安,欢迎周恩来、林伯渠、朱德三人同去重庆。为试探国民党的态度,17日,毛泽东告知郭仲容,中共决定先派林伯渠去重庆谈判。所以,从这个时候起,林伯渠就开始转入与国民党进行谈判的准备工作。

2月4日 毛泽东就国共关系问题致电董必武。电报指出:"观察今年大势,国共有协调之必要与可能,而协调之时机,当在下半年或明年上半年。但今年上半年我们应做些工作。除延安报纸力避刺激国民党,并通令各根据地采谨慎步骤,力避由我启衅外,拟先派伯渠于春夏之交赴渝一行,恩来则准备于下半年赴渝。上月郭参谋见我,要求林、朱、周赴渝,我即以林、周或可以后赴渝答之。郭又提及何白皓电、西北军事二点,我则答以谈判可以何白皓电为基础,反攻时胡宗南部与边区部队,可按比例开赴前方。我并告郭:我党拥蒋抗战与拥蒋建国两项方针,始终不变。"

2月8日 毛泽东、朱德、彭德怀致电邓小平、滕代远,就对待阎锡山部进犯的方针问题作出指示。1月28日,阎锡山所属第六十一军以及杂牌武装1万余人,侵占太岳根据地之浮山西南地区,挑起事端。为此,毛泽东等人在2月的电报中指出:目前须争取时局平静,第六十一军东进,可能是蒋介石、阎锡山设置的挑衅计划。对此,除向阎提出要他加以制止外,应令太岳部队顾全大局,先行忍让,不与其冲突,同时在适当地点修筑防御工事,非最后不得已时,不要发生冲突。同日,朱德致电阎锡山指出:第六十一军三个团与太岳部队小有接触,太岳部已后退,第六十一军节节迫近,难免引起冲突,目前抗战阵营亟须团结,请制止第六十一军的行动。

2月9日 毛、朱、彭再次致电邓、滕,指出:日军有进攻西北企图,阎部东进目的在于挑起国内冲突,万万不可中计,阎部无论东进多少,我军应让出一块地方,坚持不打方针,至少六个月内,不得发生冲突。

2月10日 毛泽东等人又发电指出:蒋介石欲以反共,缓和日军打通平汉路和对西北的进攻,我们应巧妙揭破其诡计,不中蒋缓兵之计。

2月14日　关于浙东新四军反击国民党军队的进攻问题，中共中央书记处复电张云逸、饶漱石电："你们取自卫立场是必要的。为着打击进攻的顽军采取迂回动作也是必要的。"

2月17日　毛泽东会见国民党联络参谋郭仲容，告以中共中央决定派林伯渠赴重庆谈判，行期在3月12日以后，郭仲容可以随行。18日，毛泽东将会见郭仲容的情况写信告诉林伯渠。

2月18日　郭仲容再电国民政府军事委员会军令部：中共决定先派林伯渠去重庆。在此前后，国民党中央执委会曾专门召开秘密会议，蒋介石也多次找人研究，商讨林伯渠到重庆后的对策。

2月21日　毛、朱、彭电示邓、滕：据各方电告，日军在山海关、锦州集中二三十万人，准备进攻西北，应注意继续侦察，并须严重注意日军"扫荡"华北，要在精神上、物质上预作准备。滕代远、邓小平、杨成武电报毛泽东、朱德、彭德怀：阎锡山之第十九师集中于洪洞以西、第二十五师集中于霍县以西，扬言要侵占我同蒲县，请示对策。3月6日，毛泽东等复电：如阎部继续进攻，应坚决击退之。

3月1日　中共中央政治局向各中央局、中央分局发出《关于宪政问题的指示》，指出：在国际、国内形势逼迫及舆论要求下，国民党不得不于五届十一中全会声称在抗战结束一年后实行宪政，并允许各地在其种种限制下讨论宪政问题。虽其目的在于欺骗人民，借以拖延时日，稳定国民党的统治。但是只要允许人民讨论，就有可能逐渐冲破国民党的限制，使民主运动推进一步。这个指示说："中央决定我党参加此种宪政运动，以期吸引一切可能联合的民主分子于自己周围，达到战胜日寇、建立民主国家之目的。"延安和各根据地可在适当时机举行有多数党外人士参加的宪政座谈会，并向党内干部说明中央对宪政运动的政策，防止发生"左"或右的偏向，检查"三三制"执行情况，力求巩固与非党人士的合作。

3月5日　中共中央政治局开会讨论宪政运动问题，提出在大后方要利用旧民主，强调国会制度，主张民权自由、开放党禁和人民自治。毛泽东在会上发言谈判时局和方针问题时指出：我们的方针是使国民党既不能投降又不能打内战。我们是不愿打内战的。去年下半年给国民党的政治攻势，逼出了国民党五届十一中全会声明对共产党问题要政治解决。现在我们还是处在困难的地位，例如经济困难、党内整风和反特斗争没有弄好,我们要有一年的和平环境才能完成上述工作。我们的七大也要抓住三民主义和四项诺言,强调避免内战,集中力量抗日,强调战后和平。

3月11日 蒋介石在重庆发表演说,坚持其一党专政和消灭异己的方针,重弹"国家至上""民族至上""军事第一"的老调。15日,又密示张治中,令其在与中共谈判时,必须坚持军令、政令、纪律之绝对统一。

3月12日 周恩来在延安各界纪念孙中山逝世19周年大会上发表《关于宪政与团结问题》的演说,指出中国共产党历来主张现时中国应实行孙中山的革命的三民主义,也就是新民主主义,现时中国的宪政,应该是新民主主义的宪政;我们热望民主自由的宪政真能实施,而不是徒托空言。在演说中,周恩来明确提出关于国共关系政治解决的原则和条件,这就是:解决办法"应该是双方的与公平合理的",中共坚守1937年的四项诺言,国民党则应当:(一)承认共产党在全国的合法地位;(二)承认边区及各抗日根据地为其地方政府;(三)承认八路军新四军及一切敌后武装为其所管辖所接济的部队;(四)恢复新四军的番号;(五)撤销对陕甘宁边区及各抗日根据地的封锁和包围。

3月15日 蒋介石就外籍记者赴延安及林伯渠将赴重庆一事发布训示,要求国民党负责人员注重其宣传性,"各负责人员,每次与林祖涵谈话情形与内容,可逐日予以公开发表"。尤应注意对国际之宣传,注意:"(一)说明中共之国际性,使欧美人士明了其阴险可怕,实不同于欧美各国之共产党;(二)指出中共系百分之百的实行共产主义,其所谓奉行三民主义者,纯系挂羊头卖狗肉之伪装;(三)切实说明中共军队完全为乌合之众,实不堪一击,其到处招兵买马,添购枪炮,无非欲借数量之扩充,以补质量之低劣。"

3月16日 毛泽东、朱德、彭德怀致电罗荣桓、黎玉、萧华并告滕代远、邓小平,指出:争取国内和平,团结抗战,坚持敌后斗争是我党的一贯方针。对国民党顽固派的斗争,应坚持自卫原则,决不衅自我开,使我们在政治上经常保持主动地位。27日,再次电示:华北日军三个师以上兵力向黄河北岸集中,长江日军一部向信阳集中,有打通平汉铁路之势。因此,反对国民党顽固派的斗争更须严格坚持自卫原则,不应见小忘大,衅自我开。

3月21日 中共中央宣传部发出通知,要求在宣传上对国民党采取和缓的态度。通知说:"3

月12日延安举行的孙中山纪念会及周恩来同志的演说,应作为这一时期我党关于国内问题宣传的基准。自国共关系即已趋于缓和,我们为了继续团结国民党,准备对日反攻计,应该争取时局的进步,应该改变前此(去年7月至9月)对国民党公开正面猛烈抨击的态度。在那一时期那种斗争是正确的、必要的、收得成效的,在现在时期,宣传上采取和缓态度亦是正确的、必要的。至于孙中山三民主义口号及其进步内容,则在现在革命阶段无论何时均是适用的,不应放弃的。但各地为了进行时事教育,为了整风防奸,除上述政策应予指明外,在对内的口头宣传上,可以仍着重于暴露反共分子(不是整个国民党)的反动及区别三民主义与共产主义的不同。各级党的领导机关,尤其宣传部门,应善于灵活地配合这两者。"

3月27日 毛泽东、朱德、彭德怀致电黎玉、萧华、滕代远、邓小平,就有关对国民党顽军应采取自卫原则作出指示。这个指示指出:"(一)华北敌三师以上,向黄河北岸集中,长江敌一部向信阳集中,有打通平汉路模样,英美记者团有于近日来延讯,因此反顽斗争,更须严格坚持自卫原则,不应见小忘大,衅自我开。寅巧电计达,望认真执行。(二)李仙洲离鲁时,给地方顽军以坚决反共迷惑敌人之阴谋方针,我欲破其阴谋,必须利用与扩大敌顽间,伪顽间,顽军相互间之各种矛盾,加以具体研究,灵活执行一打一拉,在自卫原则下,有理有利的打,能造成更多拉的条件,能和缓磨擦,达到争取与中立多数,孤立少数顽固分子,无理无利的乱打,不仅消失拉的条件,反而促使顽方团结与日妥协制我。(三)最近已给赵保元重大打击后,赵、王可能妥协,我应主动拉王孤赵。对赵部俘虏亦应优待,首先分别接近,用小组座谈办法,耐心答复一切对我怀疑问题,启发其本身困难与痛苦,尽可能帮助其解决,启发其了解赵通敌反共阴谋,告以根据地减租减息、民主及八路军制度,征求对我批评,愿留者欢迎,不愿留者欢送,改变过去夸张自己,打击别人的工作方式。并公开告赵,如能停止反共,团结抗日见诸事实,允予退还所俘人枪。"

3月 国民党要人何应钦、吴铁城、陈立夫、梁寒操、徐恩曾等人在嘉陵新村开会,研究"关于林伯渠来渝对策"和"对中共政治解决方案"。关于谈判的原则,决定"注重其宣传性,而不期待其成功","在大的原则上坚持,俾中外人士易于理解","对具体细目表示无不可以商量之态度"。这样做的目的在于"改取缓和办法,逐步令其交出军权政权,使其易于接受实行"。3月15日,蒋介石对林伯渠来渝的准备事项作了专门指示:"此次林祖涵之来渝,我方与之谈判,所持军事与政治之根本要求,两相比较,政治方面可酌予放宽一步,但于军事方面之军政、军令与纪律三者,必须坚持绝对之统一,要求其严格遵守,而不容有丝毫违反。"为执行这一方针,同时为了防止林伯渠到重庆后扩大中共在国际上的影响,制订了软化、监视林伯渠的活动计划:"(1)即电西安注意林到西安后之活动,并派员随车来渝,注意其在途次之动态与表现。(2)到渝后,借招待之名,指定住所,派宪兵担任警卫,借以监视其活动。(3)发动与林过去有友谊关系之国民党党国元老与之往来以感动之,设法使其表示愿意脱离延安。(4)派精通外语及有政治修养之干部充任对林招待,经常随林出入。(5)控制其与外人接近,其与外人谈话,事先予以劝导,发言不得违背国家民族之立场。(6)请其到中政校讲话,摘予发表并予以评论。(7)运用各党派对我抱好感之人士与林谈话,表示劝告中共放弃军权政权以谋国家之统一。"

4月3日 毛泽东致电中共中央华中局和山东局:"中原大战,国共有重新协商之望,已派林伯渠同志艳日(29日)由延赴渝谈判。我华中、山东各部务遵前令集中注意于对付敌伪,整训部队,发展生产,整顿三风及谨慎地清查特务,切勿刺激国民党,望通令所属知之。"6日,又将上述内容电示中共中央北方局并转冀鲁豫分局。

4月5日 毛泽东同朱德、彭德怀致电罗荣桓、黎玉、萧华、李作鹏并告滕代远、邓小平:"近日,日将库页岛权益还苏,北和苏联,南抗美、英,进攻中国(打通平汉路甚至粤汉路),'扫荡'敌后,东条此项政策,更加明显,因此日蒋冲突今年必更剧,故争取国内平静,准备拉蒋抗日,是目前政策中心。"

4月6日 毛泽东、周恩来两次电嘱董必武:速将特务受命准备诬蔑中共等情况透露给记者,使有精神准备,并注意揭破。

4月初 胡宗南奉蒋介石命,令西安一带国民党机关连日动员布置特务伪装各种人物,准备沿途包围即将进入陕甘宁边区的中外记者参观团,向外国记者制造种种伪证,诬蔑中共。

4月15日 中共中央书记处召开会议,讨论国共谈判问题,周恩来说,国民党现在对我们主要采取政治斗争,我们的方针,照主席估计的,目前还是求和缓。毛泽东说:这次总的态度是不卑不亢,表示我们要想求和缓,要求抗战到底,团结到底,不表示盛气凌人的态度。我们要求与他们一同抗日，使他们不感觉我们威胁他们。对中间派主要是宣传民主，争取他们的同盟。对英、美主要是宣传抗战，要求英、美派人常驻陕甘宁边区。会议决定：为了和缓国共关系，这次谈判我党不提方案，表示我们是要同国民党合作的。目前要解决的中心问题是要国民党停止进攻我军，停止在大后方捉人、杀人，停止封锁我抗日根据地。在同国民党谈到宪政问题时，可以要求先实行上述条件以及宪政上的民主自由、开放党禁和地方自治。

4月16日 国民党当局拟订《中共政治问题解决办法草案》，其主要内容如下：(一)方针：国家军令政令必须统一。(二)进行步骤：第一，军令军政问题：1.绝对服从军令严守纪律；2.人事应遵照中央法规办理；3.军需必须独立，严格遵守编制，员额及给与规定；4.军队教育应遵照中央颁行之教育纲领、教育训令实施，并由中央随时派员校阅。第二，关于第十八集团军问题：1.第十八集团军可准增编一个军，即共编为两个军(每军三师每师三团)；2.编制按照国军通行编制，由军政部颁发；3.不准在编制外另设支队及其他名目，以前所有者应一律取消；4.军费由中央按照国军一般给予规定发给；5.该集团军各级部队长、副部队长人选，准予按照人事法规呈保请委；6.该集团军如保送干部前来西安或桂林军官训练团受训，可予照办。第三，关于政令问题：1.严格遵守政府现行法令规章；2.实行新县制；3.取消现有一切破坏政令之行为。第四，关于陕甘宁边区问题：1.名称：改为陕北行政区，其行政机构称为陕北行政公署；2.区域：陕西省之绥德、米脂、吴堡、葭县、清涧、延长、延川、延安、保安、安定、安塞、甘泉、鄜县及定边、靖边之各一部(定边县城不在内)，甘省之合水、环县及庆阳之一部(县城不在内)，以上共18县(内三县系一部分)；3.隶属及管理：陕北行政公署暂隶属行政院，但归陕西省政府领导；4.组织：区公署设主任一员，其详细组织，由政府以命令定之，县以下之行政机构，一律按照中央现行规定，不得变更；5.人事：区公署主任由中央简派，其所辖各县县长，依照各省通例办理；6.其他各地区所有不合法行政组织，一律取消，由各该省政府派员接管，恢复其原有之行政系统及区划。第五，以上四项如中共均能确实遵办以后，政府可准予中国共产党之合法地位。

4月29日 林伯渠作为中共代表，偕王若飞、伍云甫以及国民政府军事委员会联络参谋郭仲容离开延安，于5月2日抵达西安。国民政府代表王世杰、张治中也于同日由重庆抵达西安，以便同中共代表林伯渠会谈。林伯渠动身前，周恩来于4月15日在中共中央政治局会议上说：国民党对我现在是以政治斗争为主。这次我们不提方案，目的只在和缓国共关系，表示我们是要与国民党合作，扩大我党的政治影响，扩大对社会各界的活动。毛泽东说：这次总的态度是不亢不卑，表示我们是想求和，要求抗战到底，团结到底，对中间派主要宣传民主，对英美要宣传抗战。5月10日，中共中央书记处致电林伯渠，告诉他可按周恩来3月12日讲演中所提五条同王、张谈判。

5月1日　新四军第五师致电国民党军各部，呼吁友军消除成见，团结救国，协力粉碎日军一切进犯，挽救中原。国民党军桂系部队第一八九师第五六五团以及挺进第四纵队不听劝告，于5月9日借口配合中原战场反攻平汉路，向新四军第五师防区进攻，造成礼山南部大山寺磨擦事件，新四军第五师被迫自卫。

5月3日　张治中、王世杰同胡宗南到八路军西安办事处访晤林伯渠等人。从5月4日至11日，中共代表林伯渠与国民政府代表张治中、王世杰，在西安举行了五次会谈，每次半日。

5月4日　国共双方代表在西安开始进行正式接触，张治中首先表示，他们是代表中央政府及蒋介石来欢迎的，因为郭参谋电报中说林伯渠先生有病，须乘飞机赴渝，而飞机每月只有2日和6日两次，故蒋介石派他们先来西安商量一个具体解决问题的轮廓。林伯渠说，中共中央的意见去年林彪等已谈过多次，要求国民党方面首先提出一个解决问题的具体办法。张治中等表示他们不能提办法，现在亦不能向蒋介石请示，坚持要林伯渠首先提，企图以此来摸共产党的底。

5月6日　国共双方代表继续会谈。张治中出示其1943年所记的林彪所提的四项条件，要求林伯渠表示意见。林伯渠以周恩来在延安纪念孙中山逝世19周年大会上所作的《关于宪政和团结问题》讲演中阐明的承认中共合法地位、承认边区地方政府、承认中共领导的军队、恢复新四军番号、撤销对各根据地的封锁和包围五点要求作为这次谈判的基础，但遭到国民党方面的拒绝。国民党方面提出谈军事问题和边区问题，林伯渠表示同意。在谈判边区问题时，林伯渠提出，边区辖区及民主制度不变。国民政府代表则提出，把边区改为陕北行政区，直属行政院，执行国民政府的法令。

5月7日、8日　国共双方代表再谈。张治中最终提议以林彪提案四军12师为限，林伯渠同意以此作为最低条件向中共中央请示。

同时,双方对军队作战区域、人事、经济、边区及党的问题等,亦原则上交换了意见,张、王事实上倾向照林彪提案解决。

5月9日 随张、王同来西安的国民参政会副秘书长雷震将国民政府代表整理的关于四次商谈的初步意见以书面形式送交中共代表林伯渠,请其签字认可,以便上报蒋介石。当天,林伯渠对这个书面意见进行了某些修改,于5月11日签字后交给张、王。林伯渠修改后的文字如下:"(甲)关于军事者:(一)十八集团军暨原属'新四军'之部队服从军事委员会之命令。(二)前项部队之编制,最低限度照去年林彪所提出之四军十二师之数。(三)前项部队经编定后,仍守原地抗战,但须受其所在地区司令长官之指挥,一俟抗战胜利后,应遵照中央命令移动,以守指定集中之防地。(四)前项军队改编后,其人事准由其长官依照中央人事法规定呈报请委。(五)前项军队改编后,其军需照中央所属其他军队同等待遇。(乙)关于陕甘宁边区。(一)名称可改称为陕北行政区。(二)该行政区直属行政院,不属陕西省管辖。(三)区域以现有地区为范围(附地图),并由中央派员会同堪定。(四)该行政区当实行三民主义,实行抗战建国纲领,实行中央法令,其地方特殊情形而需要之法令,可呈报中央核定实行。(五)该行政区预算,当逐年编呈中央核定。(六)该行政区及十八集团军等部队经中央编定发给经费后,不得发行钞票,其已发之钞票由财政部妥定办法处理。(七)该行政区内,国民党可以去办党办报,并在延安设电台,同时国民党也承认中共在全国的合法地位,并允许在重庆设电台,以利两党中央能经常交换意见。(八)陕甘宁边区现行组织暂不予变更。(丙)关于党的问题者:依照抗战建国纲领之规定,予中共以合法地位,停捕人,停扣书报,开放言论,推进民治,立即释放因新四军事件而被捕之人员及一切在狱之共产党员,如廖承志、张文彬等(包括新疆被押人员在内),并通令保护第十八集团军及新四军之军人家属。(丁)其他:(一)中共表示继续忠实实行四项诺言,拥护蒋委员长领导抗战并领导建国,国民党表示愿由政治途径公平合理的解决两党关系问题。(二)撤销陕甘宁边区之军事封锁,现在对于商业交通即先予以便利。(三)敌后游击区的军事、经济、政治问题服从国民政府及军事委员会的领导,一切按有利抗战的原则去解决。"

5月11日 毛泽东致电林伯渠,电文说:在同国民党方面谈判时,可以周恩来今年3月12日在延安纪念孙中山会上演讲中提出的五条,加上此次你从延安带去的六条作为基本条件,并要求恢复西安、重庆办事处的电台和重庆、西安、延安间的自由往来。

5月11日 中共中央书记处致电华中局并转鄂豫边区党委、北方局并转冀鲁豫分局,对向河南发展的方针作出指示。中央指出:日军已大举向河南进攻,平汉路以东及河南大部地区已成敌后地区,秩序紊乱,人民抗日武装必然蜂起。目前,我们在各方面应避免刺激国民党,因此八路军、新四军决不应向河南推进,以免引起与国民党方面的磨擦。然而,河南地方党员在目前情况下应该起来参加和领导河南人民抗战,组织抗日游击队及人民武装,建立根据地保卫家乡。现在河南党的组织与中央已断绝联系,中央无法派人前去指导。为此,北方局、华中局应分担发动和指导河南及皖北人民抗日游击战争的任务,并决定:郑州以西地区由北方局负责;平汉路以东由冀鲁豫分局负责;豫南及皖北地区由华中局负责。

5月12日 张治中、王世杰从西安致电蒋介石,报告与中共代表林伯渠商谈情况。电报说:"职等2日抵西安,林祖涵同日到达,3日职等偕胡副司令长官往十八集团军办事处作初次访晤,自4日至11日曾约林祖涵来职等寓所商谈,计经五次,每次半日,林于谈话中表示此来系向钧座报告情况,及请示办法,职等遂详询彼对各项问题之意见,彼所提议,诸多不当。嗣经职等一再驳斥纠正,彼渐将提议降低,综计历次谈话暨林最末次提议各项摘要如下:(一)第十八集团军暨前新四军部队,服从军委会命令至少编为4军12师,仍守原地抗战。但须受所在地区司令长官之指挥,抗战胜利后,应遵中央命令移动,以守指定集中之防地,其人事由中央加委,其军需照中央所属其他部队同样办法同等待遇。(二)陕甘宁边区,改为陕北行政区,直隶行政院,以现在地区为范围,实行三民主义及中央法令,但现行组织暂不予变列,以后不得发行钞票,该行政区内,中央可以办党办报。(三)希望予中共以合法地位,并盼释放被捕人员,撤除边区军事封锁,对于边区商业交通,首先予以便利。(四)中共当表示忠实实行四项诺言,拥护蒋委员长领导抗战,并领导建国,以上为林祖涵提议之大要,所有商谈详情容再面陈,职等拟不在此间予林以书面意见,当俟回渝请示后提出,并定本月16日偕林祖涵及其秘书王若飞乘班机返渝,谨并陈明。"

5月13日 中共中央书记处同意毛泽东所拟关于国共谈判条件致林伯渠电,并决定先向林伯渠说明中共中央正在讨论,要他16日赴渝继续谈判。

5月15日

毛泽东将所拟订的谈判方案电告林伯渠,提出解决目前急切问题的20条意见:"(甲)关于全国政治者:(一)请政府实行民主政治与言论、出版、集会、结社及人身之自由;(二)请政府开放党禁,承认中共及各爱国党派的合法地位,释放爱国政治犯;(三)请政府允许实行名符其实的人民地方自治。(乙)关于两党悬案者:(一)根据抗战需要抗战成绩及现有军队实数,应请政府将中共军队编为十六个军,四十七个师,每师一万人;为委曲求全计,目前至少给予五个军十六个师的番号;(二)请政府承认陕甘宁边区及华北、华中、华南敌后各抗日根据地民选抗日政府为合法的地方政府,并承认其为抗日所需要的各项设施;(三)中共军队防地,抗战期间维持现状,抗日结束后另行商定;(四)请政府在物质上充分援助十八集团军及新四军:自一九四〇年以来,政府即无颗弹、片药、文钱、粒米之接济,此种状况请予改变;(五)同盟国援助中国之武器、弹药、药品、金钱,应请政府公平分配于中国各军,十八集团军及新四军应获得其应得之一份;(六)请政府撤销对于陕甘宁边区及各抗日根据地的军事封锁与经济封锁;(七)请政府停止对于华中新四军及广东游击队的军事攻击;(八)请政府通令取消'奸党'、'奸军'、'奸区'等诬蔑与侮辱共产党、十八集团军、新四军及抗日民主地区的称号。此等诬蔑与侮辱的称号过去还是暗中流行,近更公开见诸报纸;(九)请政府停止特务人员对于共产党、十八集团军、新四军及抗日民主地区的破坏活动。此种活动,变本加厉,中共获有充分证据,如不停止,妨碍团结实重且大;(十)请政府释放各地被捕人员,例如一九四一年皖南事变时被俘的新四军官兵叶挺等,广东的廖承志、张文彬等,新疆的徐杰、徐梦秋、毛泽民、杨之华、潘同等,四川的罗世文、车耀先等,湖北的何彬等,浙江的刘英等,西安的宣侠父、石作祥、李玉海、陈元英、赵祥等。此等人员,均爱国志士,久羁缧绁,惨受非刑,请予省释,以利抗日;(十一)请政府禁止在报纸、刊物上发表对中共造谣诬蔑的言论。……(十二)又据确息:西安一带特务机关,准备于外国记者团到西安时,沿途伪装各种人物与伪造各种证件向外国人告状,借达到破坏中共信誉之目的,闻彼辈捏造之中共罪状共达十余项之多,似此不但妨碍团结,而且有辱国体,请政府予以制止。彼等伪装伪造,发踪指示,奔走布置,中共获有充分证据,如不制止,难免引起不快之后果;(十三)请政府彼等伪装伪造,发踪指示,奔走布置允许中共在全国各地办党办报,中共亦允许国民党在陕甘宁边区及敌后各抗日民主地区办党办报;(十四)请政府停止对重庆中共《新华日报》之无理检查(例如禁登十八集团军及新四军的作战消息,禁登中共文件等),破坏发行,威胁订户,扣压邮寄等事情;(十五)请政府发还在三原被政府扣留之英美援助十八集团军的药品一百零一箱;(十六)请政府允许恢复重庆、西安两处电台,以利通讯;(十七)请政府允许中共代表及十八集团军办事处人员有往来于渝延间及西延间之自由,及允许西渝两办事处人员有在该两地居住与购买生活物品之自由。"

5月17日 林伯渠、王若飞和张治中、王世杰同机由宝鸡飞抵重庆,继续进行谈判。19日,林伯渠会见蒋介石。22日,林伯渠将中共的20条意见交付张治中、王世杰,张、王阅后认为所提太多,并说"条文如此写法,无异暴露国民党之罪状",不肯接受,希望修改。

5月22日 周恩来在中共中央西北局作关于时局的报告,指出:目前时局的特点是随着国共力量对比的变化,中共在国际国内的地位提高了。林伯渠去重庆谈判,国民党军队在河南战役的溃败,中外记者团将来边区,这几件大事,暴露了国民党的弱点,解放区大门打开了,边区将对全国发生影响。报告阐述接待中外记者参观团的目的是同他们接近,搞好关系,以利于打垮日军。为此,必须采取"宣传出去"和"争取过来"的方针,即要宣传我们有反攻日军和建设国家的能力,争取他们来看机关、工厂、学校,看后把边区的实际情况宣传出去。为实现上述方针,必须把握民族、人民和党的立场,实行主动、真实、诚朴、虚心、认真五个原则。

5月23日 林伯渠、董必武、王若飞致电中共中央书记处,报告两天来的谈判情况,并对谈判的形势作了估计。电文中说:"我们从延安出发时的一些估计,必须随情况的改变而改变了,争取和平已不成基本问题,林彪过去提案已不适合今天情况,照原订之方针反被蒋利用去加强其党内对于一党专政的信心,且作向盟邦粉饰团结的工作。同时,使英美难于说话,使小党派不敢硬挺,使国民党内以孙(科)、邵(力子)为首要求实行民主的力量也不能抬头,对于促进全国团结抗战进步,绝无所得。这种情形,在西安最后数日已稍感觉,到重庆后更为清楚。"

5月23日 林伯渠致电毛泽东,报告关于国民政府代表张治中、王世杰拒绝接受中共20条意见问题。电报说:"昨日(养日)约张、王在张宅会谈,先说电台问题,回答仍是由军令部拨一专台,不能自设。我接着把中央二十条交给他们,张、王看后,沉默很久,才说出以下意见:(一)全文是宣布罪状精神,完全没有实践诺言及拥蒋表示;(二)与西安谈判内容不符,为何又不以林彪案为谈判基础;(三)你们无决心解决问题诚意;(四)是否因我们这样欢迎你,以为示软可欺;(五)我们正在令有关各部门研究西安谈判材料,准备提示案;(六)希望你考虑修改二十条内容词句,并告你们中央。我的答复:(一)全文都是要实事求是解决问题;(二)西安初步谈判的意见,约定各向自己中央请示,并非最后决定,而且我曾提过6军18师,现在文件是5军16师,已有让步;(三)我们是真正诚意要解决问题,所以我才出来,我们中央于接到西安的谈判经过后,即来答复;(四)我们说不上欺人,只是想公平合理解决问题;(五)你们既拒绝接受我党中央文件,则你们中央的提示案,我也要请示我党中央才能决定接受与否;(六)二十条内容、字句,在此无研究修改余地。我与张、王争辩两小时,张、王最后托打电话,退到内室密商半小时,出来后,将二十条文件交还我,坚决拒受与转递给蒋。情况如此,请予指示。"

5月28日 中共中央在给华中局下达的指示中强调:汤恩伯在河南几乎完全溃败,国民党腐败无能已达到惊人程度,挽救全民族危亡的全部责任,更加明显地看到是落在我党身上,新四军与华中党虽是远离中央,但它所负担的责任非常重大。同时,中共中央将此指示转发给北方局、山东分局、冀鲁豫分局、晋察冀分局、晋绥分局。

5月31日 毛泽东致电林伯渠,电文说:"请向张王声明,拥蒋及执行四项诺言等,屡经申明,故未重述于上次文件中,为尊重他们意见,故将其加入于此次文件。又二十条均属事实,请求政府解决极为必要,为尊重他们意见,改为十二条,其余八条作为口头要求,仍请政府考虑解决。"

6月3日 中共中央致电林伯渠、董必武、王若飞,同意他们对时局的估计与谈判方针,同时将修改后的提案12条和口头要求八条一并电告,指示据此同张治中、王世杰谈判,并望全部告诉即将来华的美国副总统华莱士和各民主党派人士。

6月5日 林伯渠、董必武、王若飞致电毛泽东,报告了十天来的活动及各方面的动态。电报说,同国民党方面的谈判,我们全遵照党中央指示进行。蒋介石目前虽极困难,但绝无解决问题诚意,今天只是作出谈判姿态给中外看。此点苏、美、英人士、中间党派、地方实力派及孙科、许宝驹、王昆仑都同我们看法一致。我们也不急于催张治中、王世杰，也不拒绝谈判和冷落他们，我们态度是："不闭谈判之门，也不存急切解决之想"，而把精力主要用在宣传我实行民主抗战的成绩及力量上，用在推动国民党内外一切不满现状的人积极起来争取民主活动，并使这一运动互相配合上。此外还汇报了和美武官详谈情况，中间党派、左翼文化界及妇女界、国民党内部等情况。

6月5日 国共谈判再次在重庆举行。中共中央代表林伯渠将修订的意见书交王世杰、张治中。中共中央向国民党方面提出的修改后的意见包括12条意见书和八条口头要求。中共中央的12条意见书这样写道："国共两党合作抗战，已历七年，中共谋国之忠诚，抗敌之英勇，执行三民主义，实践四项诺言，拥护国民政府及蒋介石先生抗战建国之始终如一，均为有目所共见。惟目前抗战形势，极为严重，日寇继续进攻，而国内政治情况，与国共两党关系，尚未走上适合抗战需要之轨道。为克服目前困难，击退日寇进攻，并认真准备反攻起见，中共方面认为惟有实行民主与增强团结一途。为此目的，中共希望政府方面解决若干急切的问题，这些问题，有关于全国政治方面者，有关于两党悬案方面者，兹率直胪陈如下：甲、关于全国政治者：（一）请政府实行民主政治与保障言论、出版、集会、结社及人身之自由。（二）请政府开放党禁，承认中共及各抗日党派的合法地位，释放爱国政治犯。（三）请政府允许实行名符其实的人民地方自治。乙、关于两党悬案者：（一）根据抗日需要，抗战成绩，及现有军队实数，应请政府对中共军队编16个军，47个师，每师1万人。为委曲求全计，目前至少给予5个军16个师的番号。（二）请政府承认陕甘宁边区及华北、华中、华南敌后各抗日根据地民选抗日政府为合法的地方政府，并承认其为抗日所需要的各项设施。（三）中共军队防地，抗战期间维持现状；抗战结束后另行商定。（四）请政府在物质上充分接济十八集团军及新四军。自1940年以来，政府即无颗弹、片药、文钱、粒米之接济，此种状况，请予改变。（五）同盟国援助中国之武器、弹药、药品、金钱，应请政府公平分配于中国各军，十八集团军及新四军应获得其应得之一份。（六）请政府饬令军政机关撤销对于陕甘宁边区及各抗日根据地的军事封锁与经济封锁。（七）请政府饬令军事机关停止对于华中新四军及广东游击队的军事攻击。（八）请政府饬令党政机关释放各地被捕人员，例如皖南事变时被俘的新四军官兵叶挺等，广东的廖承志、张文彬等，新疆的徐杰、徐梦秋、毛泽民、杨之华、潘同等，四川的罗世文、车耀先、李桩、张少明等，湖北的何彬等，浙江的刘英等，西安宣侠父、石作祥、李玉海、陈元英、赵祥等，此等人员均系爱国志士,请予恢复自由,以利抗日。(九)请政府允许中共在全国各地办党办报,中共亦允许国民党在陕甘宁边区及敌手各抗日民主地区办党办报。以上各条,仅举其大且要者,中共方面诚恳希望我国民政府予以合理与尽可能迅速之解决。诚以西方反希特勒斗争,今年可望获胜,东方反攻日寇,明年必可开展,而目前则日寇正在大举进攻威胁抗日阵线,若我国共两党不但继续合作,而且能将国内政治予以刷新,党派关系予以改进,则不特于目前时局大有裨益,且于明年配合同盟国举行大规模之反攻,放下坚固之基础,愿我政府实利图之。"中共中央委托林伯渠提出的八条口头要求是:(一)停止对于华中新四军及广东游击队的军事攻击。(二)通令取消"奸党""奸军""奸区"等诬蔑与侮辱共产党、第十八集团军、新四军及抗日民主地区的称号。(三)停止特务人员对于共产党、第十八集团军、新四军及抗日民主地区的破坏活动。(四)请政府禁止在报纸刊物上发表对中共造谣诬蔑的言论。(五)闻特务所捏造之中共罪状,共十余项之多,似此不但阻碍团结,而且有辱国体,请政府罅彼等伪装伪造。(六)停止对重庆中共《新华日报》之无理检查,破坏该报发行,实行威胁定户,扣压邮寄等事情。(七)请政府放还在三原被政府军队扣留,前英美援助第十八集团军的药品101箱。(八)请政府允许恢复重庆、西安两处电台,以利通信。

6月5日 国民政府代表王世杰、张治中将《国民政府对中国共产党问题政治解决提示案》交给林伯渠。这个提示案的内容是:"兹以林代表祖涵在西安所表示之意见为基础,作以下之提示案:甲、关于军事问题:(一)第十八集团军及其在各地之一切部队,合共编为四个军,十个师,其番号以命令定之。(二)该集团军应服从军事委员会命令。(三)该集团军之员额按照国军通行编制,(由军政部颁发)不得在编制外另设纵队支队或其它名目,以前所有者应依照中央核定之限期取消。(四)该集团军之人事,准予按照人事法呈报请委。(五)该集团军之军费,由中央按照国军一般给与规定发给,并须按照经理法规办理,实行军需独立。(六)该集团军之教育,应照中央颁行之教育纲领,教育训令实施,并由中央随时派员校阅。(七)该集团军之各部队应限期集中使用,其未集中以前及其在各战区之部队,应归其所在地战区司令长官整训指挥。乙、关于陕甘宁边区问题:(一)该边区之名称定为陕北行政区,其行政机构称为陕北行政公署。(二)该行政区域以其现有地区为范围,但须经中央派员会同勘定。(三)该行政区公署直隶行政院。(四)该行政区需实行中央法令,其因地方特殊情形而需要之法令,应呈报中央核定施行。(五)该行政区之主席,由中央任免,其所辖专员县长等,得由该主席提请中央委派。(六)该行政区之组织,应呈请中央核准。(七)该行政区预算,应逐年呈中央核定。(八)该行政区及第十八集团军所属部队驻在地区,概不得发行钞票,其已发之钞票,与财政部妥商办法处理。(九)其他各地所有中共自行设立之行政机构,应一律由该省政府派员接管处理。丙、关于党的问题:(一)在抗战期内,依照抗战建国之纲领规定办理,在战争结束后,依照中央决议召开国民大会制定宪法实施宪政,中国共产党当与其他政党遵守国家法律,享受同等待遇。(二)中国共产党应再表示实行其四项诺言。附拟口头酌定事件如下:中共如将以上办法实行后,则(一)中央对于撤去防护地区之守备部队,可予考虑,并可恢复该地区与其他邻地之商业交通。(二)中共人员违法被捕者,政府亦可以从宽酌予保释。"

6月6日 林伯渠致函张治中、王世杰,指出:国民政府的"提示案"与中共《关于解决目前若干急切问题的意见》12条,相距甚远。尽管如此,仍愿将"提示案"报告中共中央,也要求国民政府代表将中共12条转报其中央,并且再次声明,西安谈话记录,是"为最后共同作战的初步意见"。

6月8日 张治中、王世杰复函林伯渠说,6月5日所提的12条,因与前面所提"出入太大,不能转呈"。"西安谈话记录,既经过你修改、签字,应作为你的意见,且已将此件上报,政府'提示案'已尽量容纳了你的意见。"

6月11日 林伯渠再次写信给张治中、王世杰,对他们拒绝接收中共意见书转报国民政府中央提出抗议。信中说对他们8日来函,"有两点甚难理解"。第一,谈判是两党的公事,非个人的私事,我们彼此都是要遵照各自中央的意见去和对方谈判,并将对方的意见详细报告自己的中央,最后得到双方中央的一致意见,才能使问题真正获得解决。今天,你们承认我是中共中央的代表,而又拒绝接收和转报中共中央正式提出的意见,只是片面地要求我个人接受你们党中央的"提示案",试问我个人如何能做主,谈判又如何能够进行?第二,中共中央所提的12条与西安初步商谈的意见是略有出入,比如编军数目,我首先提出要六军18个师,你们只允四军12个师,我未坚持己见,同意将你们所提的最低限度的数目向我党中央请示,现在中共中央提出的不是六军18个师,而是五军16个师。但是,你们的"提示案"与你们在西安所谈的也有出入,你们原说给四军12个师,现"提示案"又只允四军十个师。当时在西安都曾声明那只是初步交换的意见，不是最后决定，商定各自向其中央报告请示后，到重庆再谈。所以，这种谈判过程中的出入，是双方都有的，是不足为异的。现在彼此所应重视与继续谈的是双方中央提出的正式意见，而你们拒绝转交中共中央提出的12条意见，这是很难理解的。林伯渠在信中最后说，今天全国人民和盟邦人士均希望中国能够实行民主团结，国共关系能够很好解决，以便动员全国抗日力量，配合盟邦向敌后反攻，使中国获得自由解放。因此，中共对此次谈判是不惜委曲求全，竭诚求得合理解决。同时，也盼二位将中共中央的12条意见转报你们中央，以利谈判之进行。

6月12日 毛泽东接见中外记者西北参观团。他在接见时指出，中国一个很大的缺点是缺乏民主。共产党希望于国民党的也就是从各方面实行民主。同时，中国人需要统一，但是，这个统一应该建筑在民主的基础上。他重申"坚持国共与全国人民的合作，为着打倒日本帝国主义，建立独立民主的中国而奋斗，中国共产党此种政策始终不变"。

6月15日 张治中、王世杰复函林伯渠，称已将中共12条意见转呈国民党中央，解决办法仍照国民政府"提示案"，不能变动。谈判遂成僵局。

6月17日 毛泽东电告林伯渠说：张治中、王世杰既不愿考虑中共中央所提意见，而又片面地提出所谓"提示案"，中共坚决不能接受，指示立刻将国民政府的所谓"提示案"退还张治中、王世杰。

6月30日 关于国共谈判问题，毛泽东致电林伯渠、董必武，指出：现梁寒操已发表谈话，以应林伯渠、周恩来名义分别在延安、重庆两地发表公开谈话以答复之，文稿另电告，关于谈判事，可利用美机来延安机会，请张治中、王世杰两人或一人偕林伯渠来延安商谈国民政府"提示案"。如张、王均拒绝，则林单独回延安讨论，好作具体回答。

6月30日 林伯渠、董必武致电毛泽东、周恩来说，国民党代表张治中、王世杰已收下中共12条意见书，请示是否还要退还国民政府"提示案"，是否还要求张、王到延安谈判，并说，已将双方提案的要点密告美国使馆和史迪威司令部。同日，毛泽东复电林伯渠、董必武说，国民政府"提示案""如未退回，即不必再退回，而另用伯渠、恩来名义分别在渝、延两地发表公开谈话"。电文认为，中共12条及民政国府"提示案"可经美国友人密交华莱士(华是6月20日抵重庆访问的),并在中间人士传观,暂不公布。仍可请张治中、王世杰两人或其中一人偕林伯渠去延商谈"提示案",如张、王均拒绝,则林单独回延讨论,以便作具体回答。

6月30日 中共中央军委致电滕代远、邓小平,对打击阎部东侵问题作出指示,指出:阎锡山勾结日军、侵犯我军防区的行为,已为国内及英美人士所知,而且妨害我抽兵南渡配合发展中原以及秋冬整军屯粮等大计。提议利用高苗雨季、不易增援之时,寻求在运动中消灭阎部第六十一军,或以围攻其突出部,吸引援军歼灭其主力。如太岳军区兵力不够,应从太行军区增援主力一部,并事先做好各种具体准备工作。

6月 为促使国民政府改善国共之间的关系,美国政府决定派副总统华莱士访华。华莱士出访时,以考察农业为名,取道莫斯科,了解苏联对中国国民党的态度,以便与蒋介石商谈有关中苏及中共问题。当获悉苏联支持蒋介石在中国的统治地位和美国在远东的领导地位后,华莱士一行即于6月20日到达重庆。从6月21日开始,就国共问题为中心,同蒋介石举行了五次会谈。华莱士与蒋介石初次会谈时,即明白表示:"国共之争,各执一词,究竟真相如何,非外人所宜置评。"但"西北方面现有武装精良、战力充沛之师甚众,中国政府不以抗日,而以监视共军;延安方面受封锁威胁,亦以其武力不用于抗战,而以对付国军,同室操戈,相互牵制之兵力达数十万人,曷胜惋惜"!华莱士相信,"设中央采纳其若干建议,并准其参加政府,共同致力于抵抗侵略,革新政治,则延安当会改变其反中央之态度,而与政府团结合作"。华莱士还转达罗斯福的意见:"国共两党,不宜延续内争,务须促其团结,一致抗日,倘两党不能直接商谈合作,则可邀一友人从旁促成,吾人愿任此一友人。"

7月1日 周恩来在延安对新华社记者发表谈话:国共两党谈判由西安谈到重庆,已历时两月,尽管政府提案与中共提出的书面意见内容相距尚远,商谈仍在继续。中共中央现正研讨政府提案,期谋合理解决。只要在有利于团结抗战及促进民主的条件下,中共无不乐于商讨。7月2日,林伯渠在重庆对《新华日报》记者发表了同样内容的谈话。3日,中共代表林伯渠约见国民政府代表张治中,要求国民政府将民主尺度放宽,接受八路军按五个军16个师扩大编制的方案,并表示欢迎张治中、王世杰赴延安商谈。

7月4日 林伯渠、董必武致电毛泽东,电报说,在目前时局下,谈判绝无解决希望,启封电台及放人等小问题也不可能解决。蒋介石要谈判,不敢公开和中共破裂,是在故作姿态,欺骗舆论,即令谈判破裂,好把责任尽量推给中共。真正具体解决问题的时机,还有待于时局更大的发展。我们对谈判仍是不抱任何幻想而把主要精力用在向各方宣传和推进大后方争取民主运动及研究上。我们已将双方条件的主要内容及蒋无诚意谈判的事实告诉了关心这一问题的中外人士。我们也认为根据今天的情况,不能采取退回"提示案"、拒绝商谈的形式。

7月6日 林伯渠与王世杰会谈。会谈中林询问国民党方面对中共中央提案的答复,再请张治中、王世杰到延,并就国民党中宣部部长梁寒操6月28日在《大美晚报》的造谣提出质问。王世杰表示:中共提出的民主自由问题,他们是在想办法解决,关于中共军队扩编四个军十个师,请重新考虑。关于启封电台和放人等小问题,待大问题解决后都可解决。他们二人去延事,要待重庆谈出一点结果后才能去。

7月6日 林伯渠、董必武两次致电毛泽东,汇报了6日国共双方代表会谈情况。电报说:"目前谈判绝无望具体解决问题,但他们总要故意做出谈判姿态,不完全拒绝去延安,也不让我离渝。"电报提出:现在我们的原则是,一方面要求张治中、王世杰对我提案逐条提出具体意见;另一方面访问国民党的一些中央常委,如孙科、邵力子、吴铁城、邹鲁、居正等。

7月6日 中共中央发布全民族抗战七周年纪念24条口号,要求国民政府保护大后方目前正在兴起的人民民主运动,立即改革内政,实行民主,给人民言论、出版、结社、集会自由,取消党禁,允许各抗日党派合法存在,迅速调整国共关系,加强国共两党的团结。

7月7日 毛泽东复电林伯渠、董必武,指出:关于国共谈判,现在应"是要求和张、王见面,在见面时声明提示案已转交中央,中央来电认为双方意见相距尚远,为求进一步商谈计,邀请张、王偕林来延一行。如张、王拒绝来延则林回延报告谈判经过,以便讨论对提示案之复案。如彼方既不派张、王来延,又不让林回延作详细报告,则继续商谈无法进行,对于提示案之复案亦无从作出,谈判拖延之责全在彼方,我方不任其责"。

7月18日 毛泽东会见中外记者西北参观团成员,路透社、

《多兰多明星周刊》《巴尔的摩太阳报》记者武道，同他进行了关于国共两党关系等问题的谈话。毛泽东说：我们批判地接受中国长期的传统，继承那些好的传统，而抛弃那些坏的传统。我们接受一切来自国外的、对中国有用的东西，我们抛弃坏的东西，例如法西斯主义。1943年7月以前，我们在一段长时间内克制对国民党的批评，因为我们期待着国共两党关系会得到改善。然而发生了国民党进行军事威胁的七月事件，我们在7、8、9三个月进行了十分广泛的批评。1943年9月，国民党在五届十一中全会上提出和共产党的分歧应通过政治方式解决，从那时到1944年5月，我们没有进行批评。最近提出的批评是由于以下原因造成的：第一，国民党军队没有打好，没能顶住日军的进攻。第二，来自华盛顿和伦敦的批评比我们尖锐激烈得多，并指出中国有不抵抗的危险。鉴于全国局势的严重性，我们才提出批评。为了改变局势，国民党必须改变它的根本政策，它必须在政治和经济领域采取同人民团结的政策。只有这样，军事形势才能得到改观。我诚恳地盼望你和其他志愿援助中国人民的外国朋友们，帮助国民党认清新的形势。我们一切希望都是为了团结和民主。

7月19日　　毛泽东致电李先念，中共中央华中局、北方局、山东分局、冀鲁豫分局、晋察冀分局等，通报时局近况，指出：(一)国民党军队在河南、湖南作战中大溃败。(二)国民党政府直接包围陕甘宁边区的军队并未减少，封锁依然存在。(三)英、美、苏记者到边区已一个多月，他们感到兴奋。蒋介石在事前沿途布置反共宣传，又派一批人同来监视他们，进行破坏中共工作，但未达到目的。这些人现已离边区，他们出去后可能进行破坏宣传。但是英、美、苏三国主要记者尚留边区，他们愿意多看一看，并将赴晋西北参观。他们对英、美、苏的新闻报道将有利于我们。(四)罗斯福三次致电蒋介石要求派美国军事代表团来延安，均被蒋拒绝；此次华莱士来华，正式提出罗斯福第四次电报，蒋始被迫答应。美军事人员18人不日可到延安。(五)国共谈判无进展，实际上仍不承认我党的合法地位，关于军队只承认我们十个师即10万人的名义，关于政权只承认陕甘宁边区一处，我党提出的其他要求都不答应。林伯渠尚在重庆，但是根本调整国共关系，要待蒋更困难及美方施以更大压力时才有希望。(六)国民党政治、军事、经济、文化机构，腐化达于极点，酝酿着极大危机。(七)我党在华北、华中、华南三个敌后战场，近几个月有新发展，消灭了许多敌伪军，夺回了许多土地。在人民面前，我党领导的敌后战场与国民党领导的正面战场间的区别越来越明显了，一个在进攻，在发展，在巩固；一个在退却，在萎缩，在充满着危机。但是我党困难仍是很多的,日军将向我们施行残酷进攻,经济困难依然极大,决不可粗心大意,失去警惕性。

7月22日 由美国驻中国战区司令兼蒋介石参谋长史迪威派出的以包瑞德为团长的美军观察组(又称迪克西使团),一行18人分两批先后由重庆飞抵延安,受到中共中央和边区党政军领导人的热烈欢迎。毛泽东、朱德、周恩来会见了观察组全体人员,毛泽东、周恩来分别同包瑞德和团员谢伟思作过多次重要的谈话。这些谈话和观察组在延期间的所见所闻,给美国的对华政策产生了一定影响。中共中央在7月18日发出的《关于外交工作的指示》中,把这次接待美军观察组和6月的中外记者参观团等,看作是"我们在国际间统一战线的展开,是我们外交工作的开始"。美军观察组一直留在延安,直到1946年4月20日才宣布撤走。

7月23日 林伯渠同张治中、王世杰举行会谈。林问国方对中共所提12条之具体意见,张、王答复说,"提示案"即是具体的答复意见。

7月26日 毛泽东出席为美军观察组第一批人员到达延安举行的晚宴。席间同坐在身旁的观察组成员、美国驻华大使馆二等秘书、中缅战区司令部政治顾问谢伟思进行交谈。在交谈中,毛泽东提出美国是否有可能在延安建立一个领事馆的问题,并说他提出这一问题,是因为考虑到在抗日战争结束后美军观察组会立即撤离延安,而那时正是国民党发动进攻和打内战的最危险的时机。

7月27日 周恩来同谢伟思谈话。在谈到国共谈判问题时周恩来说,国民党是利用谈判来捞宣传上的好处,主要是为做给美国舆论看;国民党希望战争结束时能把共产党一举歼灭;它会继续不断地衰落。另外,还就美军在太平洋的进展和美国未来对日的战略以及中国大陆战场的重要性等问题同谢伟思交换了意见。

8月6日 毛泽东致电林伯渠,指出:"(一)梁寒操对外记者所谈,我们决定暂时不理,俟九月底外记者从晋西北返延时将向他们发表谈判经过。(二)国民党将阎锡山与外记者所谈诬蔑我党的全部谬论在西安报上发表,我们决定日内将叶剑英六月二十二日与记者团谈话登报并广播,同时发表文章、消息揭穿阎锡山。"

8月9日 国民党中央宣传部部长梁寒操出面举行外国记者招待会,宣布"国共关系已有改进,并将继续改进","政府的观点和共产党的观点事实又无严重分歧","根本解决问题的障碍,是在于中共党人一方面宣称他们有意合作,但事实不然,他们所作的事情和他们的说话相反"。他还宣称国民党中央"始终以最大诚恳,宽容与忍耐,谋谈判之成功",等等。

8月10日 国民政府代表王世杰、张治中致函中共中央代表林伯渠。信函说:"自5月3日弟等与先生晤见于西安,往复商谈,至今已达1月。自6月5日弟等以中央政府提示案面交先生,为时已2月有余,迄今尚未得到中共方面之切实答复,此等情形超出弟等意料之外。政府在提出提示案以前,特命弟等赶赴西安与先生晤谈至两周之久,借以充分洞悉中共方面之意见,用意已见慎重。政府提示案之内容,不但对于去岁中共代表林彪师长所请求,基本范围已全部容纳,即对先生最近在西安所表示意见,亦已大部容纳。这是事实,只须将有关文件略予比较、分析,即可知。然立意政治解决既为中共所表示赞同,团结与统一又为中共所宣言拥护,弟等今兹实不能不敢请先生向中共主持诸公,剀切敷陈,促其接受政府提示案,并速予答复。至6月5日先生交来中共方面十二条意见,弟等于6月15日业就政府指示及弟等观感,以书面送达左右,兹因先生一再敦促弟等为更详尽之答复,因将政府意见再为先生详谈。"关于实行民主政治,保证自由,承认中共合法地位与地方自治问题,信函说:"对于此类问题,政府提案中业已剀切申示两点,即在抗战期内厉行中共暨一切党派所已接受之抗战建国纲领,在抗战结束后1年内实行宪政,予各党派以同等地位。"关于军队编制数额,军队驻地,医饷军械问题,信函说:"十八集团军过去规定编制,原为4.5万人,政府提示案允许编为4军10师,确属从宽核定。带兵官自行扩编军队,其事原不可为训,且政府正励行精兵政策,一般军队,均在裁减单位,于此时期独允许十八集团军扩编为4军10师自属委曲求全之至。关于军队驻地,政府亦正考虑至再,提示案一面指示集中使用之原则,一面规定在未集中使用前,受所在地战区司令长官之整训指挥,原则与事件实情兼顾。……至于军饷,提示案业允许第十八集团军享有与一般国军相同之待遇。"关于要求政府承认陕甘宁边区及华北根据地民选抗日政府问题,信函说:"陕北边区问题,政府愿予考虑,并已于提示案中,提出十分宽大之办法,借以容纳中共之意见;至其他任何地区之行政机构,自当依照提示案之指示,由各该地省政府接管,以免分歧而杜流弊。"

8月12日 《解放日报》发表经毛泽东审阅修改的社论《衡阳失守后国民党将如何》。毛泽东在审改时重拟了标题(原题为《论衡阳的失陷》),并加写了三段话,指出:衡阳失守是国民党政府和统帅部不要民众与自愿放弃主动权的消极战略的结果。"政府的措施中,没有一件是号召和组织民众起来参加保卫衡阳、保卫西南与西北的。西安国民党人竟在报纸上批评延安在联合国纪念大会上数万到会民众所表示的保卫西安与西北的坚强意志,认为是'共产党的阴谋'。总之,一切大好河山,都是由国民党包办,不要人民干预。可是国民党先生们啊,这些大好河山,并不是你们的,它是中国人民生于斯、长于斯、聚族处于斯的可爱的家乡。""一切问题的关键在政治,一切政治的关键在民众,不解决要不要民众的问题,什么都无从谈起。要民众,虽危险也有出路;不要民众,一切必然是漆黑一团。国民党有识人士其思之。"

8月12日 毛泽东致电林伯渠、董必武:"(一)你们所拟谈话稿甚好,略加修改用恩来谈话方式于本日发表,你处收到后速在重庆及各处散布,并立即设法送往外国。(二)衡阳失守,敌后抗战地位更形重要,我军四十七万须要求政府全部承认,不要谈五军十六师了。(三)外国人在延安很高兴,他们对我军的发展甚感兴趣。"

8月12日 周恩来向新华社记者发表谈话,驳斥国民党中央宣传部部长梁寒操7月26日在记者招待会上散布的所谓国共问题已有了一些解决,双方观点无原则分歧、谈判障碍在于中共等谎言。周恩来在延安答新华社记者问指出,国共谈判迄今还无结果,"根本障碍在国民党固执一党统治与拖延实行三民主义"。只有国民党"立即放弃一党独裁政治,立即放弃削弱与消灭异己的方针,立即实行民主政治,并从民主途径中,公平合理的解决国共关系,才能得到效果"。周恩来还指出,国内军事冲突并未停止,内战危机并未过去。要战胜日本帝国主义,国共两党必须团结,国共之间存在的问题必须从速解决。而要解决,"只有国民党的统治人士立即放弃一党独裁政治,立即放弃削弱与消灭异己的方针,立即实行民主政治,并从民主途径中,公平合理的解决国共关系,才能得到效果"。

8月14日 《解放日报》发表经毛泽东审阅修改的题为《韩钧同志谈晋西事变真象》的新闻报道。报道首先说:"西安《西京日报》所载阎锡山对中外记者团谈话中,有阎锡山在一九三九年准备冬季攻势时,新军二纵队负责人韩钧率部叛变等语。本报记者为使人了解此亲痛仇快事件的真象,特访问当时亲历艰危的韩钧同志。"韩钧谈话分三部分:(一)阎锡山仇视人民;(二)阎日两军夹击决死战;(三)究竟谁是叛军?毛泽东审阅时,在第三部分的末尾加写了一段话:

"对这件事,不独薄一波、韩钧及其他在决死队、牺盟会工作的共产党人与非共产党人能够以我们的亲身经验去证明,还有国民党老前辈续范亭先生(他是阎氏任命的暂一师师长,后为新军总指挥)也能以亲身经验作证明。更重要的是山西全省的老百姓,他们能够将阎氏的罪恶如数家珍地告诉人们的。"

8月15日 《解放日报》发表经毛泽东重新改写的社论《欢迎美军观察组的战友们!》,社论说:在过去,在盟国政府与盟国人民面前,他们所了解的中国抗战情形、所得印象,是中国抗战的主力军是国民党,将来反攻日军也主要依靠国民党。"这些印象,直到现在还是统治着盟国朝野大多数人的思想的。""所以出现了这种完全违反事实的现象的原因,主要的在于国民党统治人士的欺骗政策与封锁政策。""只许国民党的丑诋、恶骂、造谣、诬蔑,向世界横飞乱喷,决不许共产党、八路军、新四军的真象稍许透露于世。""但是事实胜于雄辩,真理高于一切,外国人中国人的眼睛,决有一天会亮起来的。现在,果然慢慢地亮起来了,中外记者团与美军观察组,均先后冲破国民党的封锁线,来到延安了。这是关系四万万五千万中国人反抗日寇解放中国的问题,这是关系中国两种主张两条路线谁是谁非的问题,这是关系同盟各国战胜共同敌人建立永久和平的问题。""关于国民党的抗战不力、腐败无能这一方面,大半年以来的外国舆论与中国舆论,已经成了定论了。关于共产党的真象究竟如何这一方面,大多数的外国人与大后方的中国人,还是不明白的,这是因为国民党的反动宣传与封锁政策为时太久的原故。但是情况已经在开始改变。大半年以来的外国舆论中,已经可以看见这种改变是在开始。这次记者团与观察组的来延,将为这种改变开一新阶段。"

8月17日 毛泽东在董必武向周恩来请示如何对待增补国民参政员问题的电报上批示:"应与张、左(指张澜、左舜生)商各党派联合政府。参政会可同意增人,取积极态度,但是第二位的。以上请周考虑拟复。"8月18日,周恩来起草的复董必武、林伯渠的电报中说:请考虑目前由我党向全国提议并向国民党要求提前召集各党派及各界团体代表会议,改组政府,然后由此政府召开真正民选的国民大会,讨论反攻,实行民主,这一提议是否可能引起大后方响应,尤其是小党派、各地方实力派的同情。毛泽东在电报上写了如下批注:"应先召集党派及团体代表会,改组政府,方有召集民选国大之可能;否则是即使召集,也是假的。我们如此提议,蒋必不从,将来他召集假国大,我有理由说话。此意我党七大应作决定。"

8月18日 关于第三届第三次国民参政会问题,毛泽东致电董必武、林伯渠,指出:"参政会开会,你们可仍持去年出席的态度。小党派如有民主提案,我们可副署,但不单独提案,表示在政治解决未达到目的前,一切提案都无从说起。"如林伯渠未离渝可出席。何应钦、俞鸿钧等如向我进攻,"我取针锋相对态度还击之,并对外发表抗议"。

8月22日 毛泽东复电林伯渠、董必武、王若飞,对他们16日来电提出的在国共谈判中关于军队数目应如何措词问题,答复如下:"应作如下措词:为了准备配合盟国反攻,敌后四十七万军队,不仅不能减少,而且应奖励它,装备它,增强它,政府首先应全部承认它的合法地位,承认其一部取消其大部的想法是违反抗战需要的,而且是办不到的。我们在建议书中是请求政府给予四十七个师的番号,所谓五军十六师是暂时至少数目,其余三十一个师仍请政府继续给予番号,决不是可以取消这些军队,也决不是不再请求给予番号。盟国援华物资一定要公平合理分配。这样说,和建设书原意是适合的。"

8月23日 毛泽东同谢伟思就国共关系问题进行长时间谈话。毛泽东指出:国共两党关系的状况是解决中国问题的关键。我们共产党人深知内战的惨痛经验。对中国来说,内战将意味着长年累月的破坏和混乱,中国的统一,它对远东的稳定作用,以及它的经济发展,统统会推迟下去。中国防止内战的希望在很大程度上有赖于外国的影响。在这些外国中,尤其最重要的是美国,国民党在今天的处境下必须看美国的脸色行事。国民政府应该立即召开一次临时(或过渡的)国民大会,应邀请一切团体派代表参加。在人数分配方面切实可行的妥协可以是,国民党大概占代表数的一半,所有其他代表占另一半,蒋介石将被确认为临时总统。这次临时国民大会必须有全权改组政府并制定新的法令——保持有效到宪法通过之时为止。它将监督选举,然后召开国民大会。我们现在只是要求:美国政策要努力引导国民党改革自己。国民党已在忙于为发动内战制造借口。我们可以说,内战是不可避免的,但不是十分明确的。

8月26日 毛泽东、刘少奇、陈毅致电饶漱石、张云逸,关于对顽军李明扬、陈泰运部的斗争策略作出指示。指出:对李明扬、陈泰运的反动行为,应分别采取不同的方针,即对李明扬不多置议,仍设法多方争取;对陈泰运则采取坚决斗争的方针。首先应收集李、陈部反动的确实证据,先向他们提出抗议,重点放在自卫立场予以打击。电报认为，目前还不应该立即采取大军进攻的办法，应先将李、陈各种勾结日伪对我危害的行为，加以揭露，使人民及李、陈部下了解是非曲直，造成解决陈泰运的条件。如果采取了这些步骤，然后在自卫的立场上进行还击，甚至歼灭他，则对大局不会有坏影响。

8月30日　中共中央代表林伯渠致函国民政府代表张治中、王世杰，指出：国民政府"提示案"与中共提出的书面意见12条及口头意见八条，在原则问题上相距太远。中共无法接受。希望中央政府在解决全国政治问题与国共关系上，应把整个国家民族的利益放在首位，从有利于全国团结抗战，有利于促进民主出发，只有这样，才能使双方的谈判易于接受。林伯渠在信中再次邀请王、张赴延安继续谈判，以便看看中共是怎样忠实实行四项诺言与彻底实行三民主义的。

9月4日　中共中央关于改组国民政府问题给林伯渠、董必武、王若飞发出指示，提出改组国民政府的主张及其实施方案，认为目前"向国民党及国内外提出改组政府主张，时机已经成熟。其方案为要求国民政府立即召集各党、各派、各军、各地方政府、各民众团体代表，开国事会议，改组中央政府，废除一党统治。然后，由新政府召开国民大会，实施宪政，贯彻抗战国策，实行反攻。……这一主张，应成为今后中国人民中的政治斗争目标，以反对国民党一党统治及其所欲包办的伪国民大会和伪宪"。从这时起，废除国民党一党专政，成立联合政府，便成为国共谈判中所要解决的中心问题，成为国民党统治区人民运动的中心要求。

9月5日至18日　国民参政会在重庆召开三届三次会议。出席这次全体大会的参政员共164人，讨论的中心议题是促进宪政实现和加强经济建设。中共参政员林伯渠、董必武参加了这次会议。7日，中共中央致电林伯渠、董必武、王若飞，指出同意用中共中央的名义致函参政会，并利用林在参政会作报告机会，提出中共关于改组政府之主张和步骤的办法，并联系说明这是中共原来提案中三条政治主张的具体解决方案。这次参政会结束的第二天，延安权威人士对国共谈判发表评论，指出：四个半月的国共谈判告一段落，从双方在谈判中的态度看，"中共中央及其代表十分宽容忍耐，委曲求全，但由于政府方面对错误政策之顽固不化，对谈判缺乏诚意，玩弄手段，以致谈判毫无结果"，蒋介石一再强调"军令政令之统一"，我们认为要谈军令、政令之统一，必须彻底改变军令、政令的性质，即改变国民政府所执行的军事、政治、经济、文化等项政策，必须彻底改组政府与统帅部，由真正能代表人民利益的人去掌握政令军令，使其能代表全国各方面的力量及人民的意愿。对于参政会推选五位参政员来延安视察，交换意见，我们表示欢迎。24日，《解放日报》发表《评此次国民参政会》的社论，指出：国民参政会三届三次大会是一次不平常的会议，表现了国民党专制统治的深刻危机，反映了全国人民对国民党误国误民政策的愤怒，社论要求国民党和蒋介石必须彻底将寡头专制变为真正的民主政治。

9月6日 林伯渠、董必武、王若飞致电中共中央，请示指出改组政府成立联合政府之主张的办法。

9月6日 美国总统罗斯福私人代表、前美国陆军部部长赫尔利，美国战时生产局局长纳尔逊抵达重庆。当天下午，赫尔利等晋见蒋介石。罗斯福于8月10日通知国民政府将派其私人代表赫尔利来华；8月19日又正式宣布派赫尔利、纳尔逊来华，协商军事、经济等问题。赫尔利来华使命有五项：（一）阻止国民党政府之崩溃；（二）支持蒋介石为中华民国国民政府主席及统帅三军之委员长；（三）协调蒋介石与美军统帅之关系；（四）促进中国军用物资之生产，并阻止其经济崩溃；（五）统一中国所有军事部队，以达成击败日军之目的。9月19日，罗斯福致电蒋介石，要求蒋授予史迪威将军不受限制的指挥中国所有军队（包括国民党和共产党军队）之权力。史迪威曾指责蒋介石无意为抗战付出更大的努力，无意建立真正的民主制度，无意与中共建立共同战线，对于中国统一和真正抗日的主要障碍就是蒋介石自己。蒋介石对史迪威极为不满，9月25日，采取备忘录方式致罗斯福私人代表赫尔利，以史迪威在华任职两年，对中美合作极少贡献为理由，拒绝授予史迪威以指挥全部中国军队之重责，并要求另派"富于友谊合作精神"的美国将领，接替史迪威职务。10月18日，罗斯福复电蒋介石，同意召回史迪威，并建议魏德迈将军为中国战区参谋长。21日，中印缅美军总司令、中国战区参谋长史迪威，被罗斯福免职返国。与史迪威持相同政见的美国驻华大使高思也辞职回国。10月31日，魏德迈将军抵重庆，就任中国战区统帅部参谋长。11月30日，赫尔利取代高思任美国驻华大使。

9月7日 《解放日报》发表经毛泽东修改审定的关于在国民参政会开幕会上蒋介石氏说话不当的新闻稿，批评蒋介石用武断的词令，掩饰目前的军事危机，唱其无条件的统一论，不讲民族的解决。毛泽东在加写的文字中指出："这种将一切都统一于国民党、统一于寡头政治的统一论，是与全国人民迫切要求在民族独立与民主自由的基础上实现国家统一的民主统一论,针锋相对的,其中包含了阴风惨惨的杀机。"

9月15日 毛泽东复林伯渠、董必武、王若飞14日来电,指出:(一)关于美国物资分配,不管将来事实上之结果如何,我们应在原则上主张按照抗战成绩(我军打击敌伪六分之五)为标准,不应按照现有两党军队数量为标准,因此我们应主张至少两党平分援助物资,前电所说至少三分之一不恰当,请改正。(二)小党派既不赞成我党单独向参政会提出改组政府,即请作罢。至于林报告谈判经过时是否应当顺便提到此点则请你们酌情决定,但在再复张治中、王世杰的信中则必须正面提出。

9月15日 上午,中共代表林伯渠在国民参政会三届三次会议上作了《关于国共谈判的报告》,向大会介绍了四个月来国共谈判中的主要问题、重要分歧、事实真相及挽救抗战危局准备反攻的救急办法等。他郑重要求召开各党、各派、各抗日部队、各地方政府、各人民团体代表参加的紧急国事会议。并作了废除国民党一党专政,组织各抗日党派联合政府,以求国内政治问题根本解决的详细报告。他在讲到谈判的重要问题时说:我们所要求于国民党中央的,首先是在全国实行民主政治。这是因为今天民族敌人正深入国土,抗战尚在艰巨时期,必须全国军民团结一致,才能坚持抗战与争取抗战胜利。用什么方法来团结和发动全国力量呢?我们认为应该在抗战中实行民主政治,才能团结和动员全国一切力量,以拯救我们国家民族的灾难。这是中共自全民族抗战以来的一贯主张。其次,从国共两党关系上说,希望解决一些悬案,主要是有关军队、政权与党三个方面的问题。我们经过七年多的作战,正规军已增加到47.75万人,并组织了民兵220万人。我们要求政府发给我们五个军16个师的番号;在敌后已建立了15个抗日根据地,人民选举了自己的政府,管辖了8800万人口,我们希望政府承认这些抗日民主政权,并撤销对陕甘宁边区的军事、经济封锁;在党的方面,我们要求政府给中共以公开合法的地位,对其他党派也是如此。林伯渠在报告谈判的重要分歧时指出:中共所领导的在敌后作战的军队,近八年来在异常艰苦的敌后环境,坚持与发展了华北、华中、华南敌后三大战场,抗击了绝大部分侵华的日军与伪军,本应全部编成47个师才是合理的。在西安谈判时,我只提出请国民政府暂编六个军18个师,后又提出先给五个军16个师的番号,而国民政府只答应给四个军十个师,并要"限期集中",将编余的人员"限期取消";我方要求国民政府承认敌后民选的抗日政权,而国民政府却要"取消";关于要求给我党和各党派以公开合法地位,给人民言论、集会、结社及人身自由。释放叶挺、廖承志及其他政治犯,国民政府都未能做到。这一报告,得到了各民主党派各阶层人士的热烈响应。同日下午,国民政府代表张治中在国民参政会三届三次会议上作了题为《关于中共问题商谈经过》的报告。

9月16日 蒋介石在参政会上发表关于政治、外交、军事及经济情况的报告,强调中国现正处于最艰苦的时期,必须加强战斗力,因此,军令必须统一,一切军队必须听命于军委会的调遣,第十八集团军不要再扩大编制,更不可在正规军以外另立其他名目,就地筹饷派款。蒋介石在谈到中共问题时,仍旧强调中共必须服从他的军令、政令、法纪,说是只有在"军令统一""政令统一""法纪统一"之下,中共问题才获得解决。但又说林伯渠15日的发言"态度很好",表示继续以政治方法解决中共问题,可以考虑第十八集团军扩编为12个师,俟依法核编完成,就照国民党军一样发给饷械及医药用品。

9月16日 林伯渠、董必武致电中共中央,报告张治中、王世杰9月10日给林的复信的用意及林、董准备回答的信函内容。18日、27日,毛泽东先后两次致电林伯渠、董必武,指出张、王10日信函是无理取闹,应严肃批评,非如此不足以杀彼辈之气焰。仍可请五参政员及张治中、王世杰来延,但不必再催,来与不来,或迟或早来,听其自然。同时将修改后的张治中、王世杰的复信电告林、董。

9月20日 延安《解放日报》发表了延安权威人士对国共谈判的评论,指出中共在谈判中表现了"对国家民族的重大责任感及大公至诚的态度"。而国民党"对于目前危局,熟视无睹,轻率乐观,对于贻国家民族于此危急之局,毫无引咎自责之意。在整个谈判中,抱着自大与武断之精神,企图以国民党一党一派之私利,超越于民族利益之上,而强迫他人服从之"。评论还进一步批驳了国民党方面提出的"军令""政令"必须统一的滥调。评论指出:"我们是最坚决地拥护政令军令的统一的,但是这政令须是代表人民意志的政令,这军令必须有利抗战的军令。相反,如果这政令是引导国家走向法西斯暴政的政令,这军令是致使抗战失败的军令,则为任何中国的爱国者和民主战士所不能服从,亦绝不容许其统一的,中国人民是严肃的鄙视这种反革命的'统一'滥调的。""今日欲谈军令政令之统一,必须彻底改变军令政令之性质,必须彻底改变国民政府执行的军事、政治、经济、文化等项政策,必须彻底改组政府与统帅部,把那些投降派、失败主义者、专制主义者与法西斯分子赶出去,由真正能代表人民利益的人去掌握政令军令,使其能代表全国各方面的力量及人民的意志。必如此方能真正挽救目前的危机及争取抗战胜利。必如此,方能谈得到军令政令之统一。必如此,军令政令之统一才于国家民族有利。关于改组现在抗战不力腐败无能之国民党寡头专制政府这一点,林伯渠同志于其在参政会报告中提出,可谓恰合时宜。"

9月21日　中共参政员林伯渠、董必武对记者发表谈话,代表中共欢迎王云五、胡霖、傅斯年等五位参政员组成的陕北考察团赴延安考察。

9月24日　《解放日报》发表经毛泽东修改审定的社论《评此次国民参政会》。社论指出:国民参政会三届三次大会"是一次不平常的会议。它表现了国民党寡头专制统治的军事、政治、经济各方面的深刻危机,反映了全国人民对于国民党误国政策之愤怒,暴露了国民党内部各集团之互相倾轧和斗争,也揭破了国民党统治集团玩弄'民主'伪装'民主'的卑鄙伎俩"。社论正告国民党统治集团及蒋介石:"'不变应万变',固然不行,'万变保不变',亦一样不行。现在需要彻底的一变,即将寡头专制变为真正的民主政治。"

9月27日　毛泽东关于复张治中、王世杰9月10日给林伯渠的来信问题,致电林伯渠、董必武,指出:由于美国需要与国民党情况危急,国民党急于按照他们自己的愿望解决问题,张、王10日信又最无理取闹,复张、王信原稿语气欠健,不足以杀彼辈之气焰,故修改如另电。你们收到并交张、王后,请在报上发表,如不能发表,则印单张广为散发,并多送外国人。毛泽东重新起草的林伯渠复张治中、王世杰信,再次强调指出:"现在唯一挽救时局的办法,就是要求国民政府与国民党立即结束一党专政的局面,由现在的国民政府立即召集全国各抗日党派,各抗日部队,各地方政府,各民众团体的代表,开紧急国是会议,成立各党派联合政府,并由这个政府宣布并实行关于彻底改革军事、政治、经济、文化各方面的新政策。"并指出:"我们这个建议,实是代表全国人民的要求,即贵党中亦有不少人士同具此心。""此计不决,则两党谈判即使可能解决若干枝节问题,至于关系国家民族的重大问题,必不能获得彻底解决的。"这封信在10月13日交给张治中、王世杰。

9月 国民参政会主席团向大会印发了国共谈判双方来往的七个重要文件：（一）1943年林彪在重庆所提四项。（二）1944年5月11日林伯渠在西安签字的国共两党谈判记录。（三）中共中央向国民政府提出之意见书（此件于1944年6月5日由林伯渠面交王世杰、张治中）。（四）国民政府对中共问题政治解决之"提示案"（此件也于1944年6月5日由王世杰、张治中面交林伯渠）。（五）国民政府代表王世杰、张治中致中共中央代表林伯渠的信（1944年8月10日）。（六）中共中央代表林伯渠致国民政府代表王世杰、张治中的信（1944年8月30日）。（七）9月10日张治中、王世杰给林伯渠的信。

9月 美国总统罗斯福私人代表赫尔利来华活动，其使命为就解决国共两党关系、立即结束一党专政、成立民主联合政府等问题举行首次会谈。在林、董首先陈述了国共两党在政治军事等问题上的严重分歧和中共中央对于解决两党关系的既定主张之后，赫尔利说，他约林、董谈话是蒋介石允许的，蒋也允许他必要时去延安；中共军队组织、训练都好，力量强大，是决定中国命运的一种因素；蒋介石为抗日的领袖，是全国公认的事实；中国现政府不民主；等等。董、林的电报还指出，"蒋见我态度强硬，怕我们不承认他是抗战领袖"。

10月18日 赫尔利又约林、董吃饭，双方再度进行会谈。赫尔利声称：蒋介石在10月15日与其谈话时专门说，他个人对中共的观点已经完全改变，但部下还不明了。国共合作后，中共应取得合法地位，有言论、出版、集会等自由，在军事领导机关中也应有中共党员参加，分配军事物资也不应偏于那一党派。他计划先约张治中、王世杰与林、董谈，得出两党合作的初步结果后由他同蒋介石商量，蒋同意后他便到延安和毛泽东谈，求得双方合作的基础。最后蒋介石、毛泽东见面，发表宣言，实现合作。

10月19日 周恩来在中共中央党校作《关于统一战线情况及策略》报告，指出：今年是统一战线八年以来的新时期，"新时期的特点就是划分两个中国，一个是法西斯中国，衰弱、死亡；一个是自由中国（新民主中国），兴盛、发展，这两个中国逐渐为全国人民与同盟国家所认识"。与两个中国并存的有五大矛盾：民族矛盾，国共矛盾，国内矛盾，国际矛盾，国民党内矛盾。在这五大矛盾中，民族矛盾仍是基本矛盾，其他矛盾是从属的。其他四种矛盾又以国共矛盾为主。我们对矛盾的态度和政策是：对于民族矛盾，我们认为"客观矛盾的存在，必产生斗争，以斗争为目的，必决定两方死活，求得解决矛盾";对于国共矛盾,我们主张"以斗争求团结,必可暂时合作,求得和缓矛盾"。周恩来说:国共两党都看到了"利用客观矛盾的存在,求得主观的发展"这一点。但是,"斗争须分别主从,我们以缓和其他矛盾来解决基本矛盾";而国民党则不分主从,"以加强其他矛盾来缓和基本矛盾",使"其他矛盾激烈化起来了"。我们依靠人民,自力更生解决问题,而国民党却依靠外援,等待胜利。这些是中国共产党与国民党的原则区别。周恩来在报告中还对五大矛盾作了较详细的分析,并且指出,矛盾"将是循着长期性、不平衡性的规律向前发展"的,但是,最终"我们将是胜利者,国民党将是失败者"。

10月20日 中共中央军委致电邓小平、滕代远并转太岳,作出关于对阎锡山部方针的指示,指出:陈诚与阎锡山会晤以后,有中央军接防秋林、阎部调河东之确实消息。我方为取得将来对阎部有更多政治理由,也便于冬季整训和生息民力,暂时和缓对阎关系,似有必要。提议放回阎部俘虏100人至200人,分送第六十一军、第五十九军及吕梁山,使之到处散布影响与面呈阎锡山,在释放俘虏时口头说明第六十一军不该联日反共,打八路军、决死队,阎司令长官不该污蔑八路军不抗日,决死队是叛军,今后如不再重复以前错误,我们愿意谅解,各守原防互不侵犯。是否能达到暂时和缓目的要看将来发展,不要因此松懈自己,更不要在任何文字上表示愿意和解,恢复旧好。

10月20日至25日 新四军第四师发起涡北反顽战役。10月中旬,国民党第一军军长王毓文率骑八师、暂十四师、第三十师共约万人,自安徽涡阳、蒙城地区,进犯萧县、永城抗日根据地,并于20日向新四军四师防区猛攻。新四军守备部队打退顽军多次进攻,并于当晚组织两个团出击,突袭王毓文部指挥机关,迫使顽军全线后撤。21日,第四师各部展开追击,直至25日,共歼顽军团长以下3600余人,彻底粉碎了顽军进攻,控制了涡河以北地区。

10月21日 美国政府任命赫尔利代替高思为驻华大使;任命魏德迈代替史迪威为美军中国战区司令兼同盟国军中国战区总司令,蒋介石的参谋长。

10月23日 赫尔利同林伯渠、董必武举行第三次会谈。赫尔利说,蒋介石10月21日交他一方案,被他当场退回。至于方案的内容,他保守秘密。他只打了一个比喻说,蒋叫你们在前面打,他们在后面打,意思就是要消灭你们。他问蒋为什么不可以和共产党并肩作战？他已告蒋,要马上行动,实行民主,释放政治犯,不能再等了。

10月　在延安的美方人员戴维斯、谢伟思等人同毛泽东、周恩来、朱德一起,探讨了中国共产党领导的军队同美军合作的可能性。周恩来代表中国共产党表示：对美军准备在华北采取的军事行动,中共愿在军事上给予合作。

11月4日　董必武致电中共中央建议：(一)在西南加强同地方实力派的联系,促使他们向蒋介石要求民主,但不公开反蒋。(二)组织联合政府问题,也要在川、康、滇酝酿起来。(三)请党中央速与昆明龙云通电,并要龙转告刘辉。电报说：我在渝向各党派进行工作。

11月7日　美国总统私人特使、内定为美国新任驻华大使赫尔利由林伯渠陪同,自重庆飞抵延安,毛泽东、周恩来等亲临机场迎接。赫尔利到达延安后,与毛泽东、周恩来举行了多次会谈。

11月8日上午　双方开始第一次会谈。中共方面参加的是：毛泽东、周恩来、朱德。美国方面参加的是：赫尔利、包瑞德、一名译员和一名秘书。赫尔利首先说明自己是受罗斯福的委托作为他的私人代表,来谈判关于中国的事情。这次来延安,还得到蒋介石的同意和批准。赫尔利表示：美国无意于干涉中国的内政,而只是打算做那些可能有助于最后打败日本人的事情。他声称：蒋介石同意由一个美国调解代表团来促进民主,并通过"统一中国的军事力量"来加速打败日本的步伐。赫尔利说：为了达到这个目标,蒋介石准备承认共产党和各少数党派的合法地位,允许共产党以某些形式参加军事委员会。接着,他在会上宣读了一份他于10月28日起草、经国民党方面修改过的题为《为着协定的基础》的文件。它的内容是："一、中国政府与中国共产党将共同工作,来统一在中国的一切军事力量,以便迅速击败日本与重建中国。二、中国共产党军队,将遵守与执行中央政府及其全国军事委员的命令。三、中国政府和中国共产党将拥护为了在中国建立民有、民治、民享的孙中山的原则,双方将遵行为了提倡进步与政府民主程序的发展的政策。四、在中国,将只有一个国民政府和一个军队。共产党军队的一切军官与一切士兵当被中央政府改组时,将依照他们在全国军队中的职位,得到一样的薪俸与津贴,共产党军队的一切组成部分将在军器与装备的分配中得到平等待遇。五、中国政府承认中国共产党的政党地位,并将承认共产党作为一个政党的合法地位。中国一切政党将获得合法地位。"这五点主要是要中国共产党的军队遵守并执行国民政府及其军事委员会的命令,要共产党军队的一切军官和士兵接受政府的改组,然后国民政府才承认共产党的合法地位。

11月8日下午 双方举行第二次谈判。毛泽东首先表示欢迎赫尔利来延安,接着毛泽东说:中国需要在民主的基础上团结全国抗日力量。首先希望国民政府的政策和组织,迅速来一个改变,这是解决问题的起点。如果没有这一改变,也可能有某些协定,但是这些协定是没有基础的。因此必须改组现在的国民政府,建立包含一切抗日党派和无党派人士的联合国民政府,改变现在政府的不适合于团结全中国人民打日本的老政策。关于改组军队,"我以为应当改组的是丧失战斗力、不听命令、腐败不堪、一打就散的军队,如汤恩伯、胡宗南的军队,而不是英勇善战的八路军新四军"。在不破坏解放区抗战力量及不妨碍民主的基础上,我们愿意和蒋介石取得妥协,即使问题解决得少一些、慢一些也可以,我们并不要求一下子解决所有的问题。但是要破坏解放区抗战力量和妨碍民主,那就不行了。然后,毛泽东对《为着协定的基础》提出具体修改意见,主要是:增加将现在的国民政府改组为包含所有抗日党派及无党派政治人士的代表的联合国民政府、改组统帅部为包含所有抗日军队代表的联合统帅部的条文;将原条文中的中国共产党的军队要遵守和执行国民政府及其军事委员会的命令,共产党军队的一切军官和士兵要接受国民政府的改组,修改为一切抗日军队应遵守与执行联合国民政府及其联合统帅部的命令,并应为这个政府及统帅部所承认;增加保障人民各种自由权利的规定;要求承认中国共产党及一切抗日党派的合法地位。他说:"关于如何解决,赫尔利将军今天上午提出的五点建议,希望作为形成协定的基础。我们感到需要讨论一些与这个基础有关的问题。至于具体条款,我还不准备提出。大多数中国人民,包括我们共产党人在内,首先希望国民政府的政策和组织迅速来一个改变,不可能达成什么协定。没有这一结果,协议没有稳固的基础。因此必须改组现在的国民政府,以便建立包含一切抗日党派和无党派人士的联合国民政府。同时,现在政府的不适合于团结全中国人民打日本的老政策,必须有所改变,以适合于团结全中国人民打日本的政策。"毛泽东指出:"改组政府,最重要和最必要,它是挽救国民党直接统治区域的军事、政治、财政、经济各方面的严重危机的首要问题。解放区尽管面临困难,但没有危机。如果不改组国民政府,就无法振作大后方军队的士气,就无法挽救国民党统治区域的严重危机,虽有大量坦克、飞机等新式武器,也是无济于事的。国民党统治的各种机构,腐化达于极巅;改组政府,首先是为挽救国民党统治区域的危机,如果国民党自以为大权在握,不肯改变,它自己的危机便会无法挽救。关于'政府民主程序'的问题,我党认为似乎首先应当改组国民政府,成立联合政府,改变政策。可是蒋先生历次所表示的,却是想拖,拖到战争结束一年后,才来办这件事;有人向他提出改组政府和成立联合政府,他便一巴掌打回去。如果按蒋先生的办法,只有把危机拖长和扩大,使国民政府有崩溃之危险。对于这一危险,不只我们共产党人,就是外国朋友,如许多外国记者,都是感觉到的。如果蒋先生坚持拖延到战后解决危机,并违背建议改组政府的人民,危机将会拖延和扩大,政府会面临崩溃的危险。"

11月9日 下午3时,双方进行第三次会谈,讨论经过修改后的协定草案。会谈一开始,中共方面提出经过修改的协定草案。赫尔利看过后表示:这个方案是正确的,他将尽一切力量使蒋介石接受。他提出了一些具体意见。会议按照他的提议作了修改。毛泽东说:"我们所同意的方案,如蒋介石先生也同意,那就非常好。"赫尔利说:"我将尽一切力量使蒋接受,我想这个方案是对的。"赫尔利还说:"如果蒋先生表示要见毛主席,我愿意陪毛主席去见蒋,讨论增进中国人民福利、改组政府和军队的大计。"毛泽东说:"我很久以前就想见蒋先生,过去情况不便,未能如愿。现在有美国出面,赫尔利将军调停,这一好机会,我不会让它错过。我还不了解蒋先生是否会同意我们的五要点。他同意,我即可与他见面。我总觉得在我和蒋先生见面时,要没有多大争论才好。"毛泽东还强调说:"我很希望在赫尔利将军离开中国以前见蒋先生。"赫尔利主张毛泽东立即去重庆同蒋介石会见。他将"以美国国格来担保毛主席及其随员在会〈见〉后能安全地回到延"。"不管毛主席、朱总司令或周副主席,无论哪一位到重庆去,都将成为我的上宾,由我们供给运输,并住在我的房子里。"接着,毛泽东说:"这次赫尔利将军回去,可以把我们所同意的要点,征求蒋先生的同意。现在张治中、王世杰二先生快来了,还有五参政员也决定来此。张、王来时,如同意五要点,那末事情就好办了。我们事前取得同意,我见蒋先生的时候,就可以没有多大争论。就是说,在见面以前,实际问题早已解决。这样的步骤比较适当吧。"赫尔利建议毛泽东在协定上签字,并表示他也要签字,题目定为《中共与中国政府的基本协定》。双方商定,今天先把文件准备好,明天签字。当晚,中共中央召开会议,一致通过当天讨论的文件,授权毛泽东代表中共中央在文件上签字。这个经过讨论后议定的协定草案全文如下:"一、中国政府、中国国民党与中国共产党应共同工作,统一中国一切军事力量,以便迅速击败日本与重建中国。二、现在的国民政府应改组为包含所有抗日党派和无党无派政治人物的代表的联合国民政府,并颁布及实行用以改革军事政治经济文化的新民主政策,同时军事委员会应改组为由所有抗日军队代表所组成的联合军事委员会。三、联合国民政府应拥护孙中山先生在中国建立民有民治民享之政府的原则,联合国民政府应实行用以促进进步民主的政策,并确立正义、思想自由、出版自由、言论自由、集会结社自由、向政府请求平反冤抑的权利、人身自由与居住自由,联合国民政府亦应实行用以有效实现下列两项权利:即免除威胁的自由和免除贫困的自由之各项政策。四、所有抗日军队应遵守与执行联合国民政府及其联合军事委员会的命令,并应为这个政府及其军事委员会所承认,由联合国得来的物资应被公平分配。五、中国联合国民政府承认中国国民党、中国共产党及所有抗日党派的合法地位。"

11月10日 上午10时,毛泽东等人开始同赫尔利进行第四次会谈。毛泽东首先说明:"(一)关于我们所同意的文件,请赫尔利将军转达罗斯福总统。(二)关于我们与赫尔利将军商谈的纲领协定,我们已取得中国共产党中央委员会的同意。我们的工作方式是民主的。昨天晚上我们中央委员会开了会,一致通过这一文件,并授权我代表中国共产党中央委员会在这个文件上签字。中央委员会的同志们,对于赫尔利将军帮助中国人民的热忱,大家都很感谢。(三)我今天还不能和赫尔利将军同去重庆。我们决定派周恩来和你同去。……总之,我们以全力支持赫尔利将军所赞助的这个协定,希望蒋先生也在这个协定上签字。"赫尔利也说:"毛主席,你当然理解,虽然我认为这些条款是合情合理的,但我不敢保证委员长会接受它。"当天中午12时45分,毛泽东和赫尔利分别在《中国国民政府、中国国民党与中国共产党协定》上签字。这个协定还有待于国民党政府主席蒋介石签字。下午2时许,赫尔利乘飞机返回重庆,周恩来亦同机前往,以继续与国民党方面的谈判。毛泽东应赫尔利的建议,写信给美国总统罗斯福。信中说:"我很荣幸地接待你的代表赫尔利将军。在三天之内,我们融洽地商讨一切有关团结全中国人民和一切军事力量击败日本与重建中国的大计。为此,我提出了一个协定。""这一协定的精神和方向,是我们中国共产党和中国人民八年来在抗日统一战线中所追求的目的之所在。""我现在托赫尔利将军以我党我军及中国人民的名义将此协定转达于你。"赫尔利回到重庆的第二天,将延安协定的副本送给宋子文,请他将文件译出并交蒋介石。宋子文接到协定副本后,和王世杰一起来到赫尔利处,指责他"被共产党的旧货单子欺骗了",并表示,国民政府永远不会答应共产党的要求。蒋介石也不同意协定中关于成立国民联合政府条文,他决定对这个协定中关于"联合政府"一点,拒绝同意之外,其余各项尽可能一一商谈。蒋介石拒绝"联合政府"实际上也就拒绝了这个协定草案。赫尔利认为这是中国共产党签署的把军权交给国民政府的唯一的文件。国民政府和中共达成协议,将在政治上和道义上加强国民政府,并将防止崩溃。因此,他主张国民党接受这个协定,并作出修改,但国民党当局坚决不肯答应。

11月15日 国民党当局向美国总统罗斯福的特使赫尔利提交四条反建议:(一)中央政府承认中共军队,并认为此种承认为必要。中共军队应当遵守和执行中央政府及其国防军委会的命令。(二)中国共产党和中国国民党将共同支持孙逸仙的原则,在中国建立一个民有、民治、民享的政府。两党将制定政策,促进政府民主程序的进步和发展。根据《抗战建国纲领》的规定,言论自由、出版自由、集会和结社自由及其他民事权利的开放,在战争期间将以不妨碍孙逸仙的三民主义原则和有效进行战争为限,予以保证。(三)中国只有一个国民政府和一个军队,经中央政府整编后,中共军队的官兵在薪饷、津贴、军火及其他配备方面,享受与其他部队同等待遇。(四)中国共产党和中国其他政党将取得合法地位。

11月16日 赫尔利致电罗斯福,报告了他于10日在延安同毛泽东签订的《五条协定草案》和国民党人的反应。电报说:"在和共产党完成这个建议案并返回重庆后,我发现国民党和国民政府根本不接受这个提案。不过,几天来国民党、国民政府和委员长一直在为修订或提出建议而工作。我与两党一致同意,在没有达成一致意见或最终否决之前,要对建议案的条款保密。局势非常困难。蒋介石似乎认为,建议案最终会导致共产党控制政府。我认为,他不能证明他的观点是正确的。我正不断与委员长和他的助手磋商,可能会使他们认识到,与共产党达到合理的协议是必要的。蒋宣称,他希望统一中国军队,在政府中给中共代表席位,并为便于组成民主政府,进行一定的改革。但是,他希望这一切不能好象是受共产党所迫而为之。我相信蒋介石本人是急于和所谓的共产党达到协议的。国民党和蒋介石政府中的许多高级官员，以及他的私人助手，都强烈反对他这样做。我想您明了，建议案中几乎所有的基本原则都是我们的。我仍在寻找一个方案，实现统一，却不出现打败任何重要派别的现象。这本身就是个大难题。从统一中国军队和军事形势的严重性来看，我知道时间是决定性因素。尽管如此，我仍尽可能耐心地与各方会商。不过，我正不懈地力争尽早达成协议。"对言论自由、出版自由、集会结社自由以及其他公民自由权，予以保障。各项自由权利，仅受抗战期间各种军事需要之限制。

11月20日 周恩来致电毛泽东：据我们所得消息，蒋介石准备组织政学系政府，通不过，则请党外数人参加。郭仲容等来探我们的态度，我均告以非联合政府、联合统帅部不能解决问题。周恩来来电还询问民主纲领是否已起草。21日，毛泽东复电周恩来：民主纲领（即联合政府纲领）请你起草，并和小党派非正式商量后电告我。

11月21日 周恩来两次会见赫尔利。赫尔利在自己的办公室向周恩来宣读了国民党当局于11月17日提出的三点反建议。其主要内容是："（一）国民政府为达成中国境内军事力量之集中与统一，以期迅速击溃日本，及战后建国之目的，允许中国共产党的军队加以整编，列为正规国军，其军费饷款军械及其他补给与其他部队受同等待遇。国民政府并承认中国共产党为合法政党。（二）中国共产党对于国民政府之抗战及战后之建国，应尽全力拥护之，并将其一切军队移交国民政府军事委员会管辖。国民政府并指派中共将领以委员资格，参加军事委员会。（三）国民政府之目标本为中国共产党所赞同，即为实现孙总理之三民主义，建立民有民治民享之国家，并促进民主化政治之进步及其发展之政策。"国民党当局这三条反建议的中心内容是拒绝中共建立联合政府的主张，片面要求中共将军队交给国民政府"整编""管辖"，然后再承认中共的合法地位。赫尔利在自己的办公室向周恩来宣读了国民党于11月17日提出的三点反建议。赫尔利在宣读后即向周说明：在你们所提方案中，我认为最重要者，就是承认共产党的合法地位以及参加决策机构。但他们认为承认共产党合法地位是违反孙中山的原则的，我已经争过了。但蒋委员长现在还是只肯承认共产党的合法地位，不愿承认其他党派的合法地位。他们开始也不愿意你们参加中枢机构，因为这是神经中枢，一切军队调动和外国物资的来源与分配都要经过那里。我也说服他们接受了。至于联合政府,他们是怕你们插进一个脚趾,会把他们挤掉,我叫他们不要怕,他们认为我从延安回来就被共产党包围了,所说的都是共产党的话。但蒋仍告诉我：他允许你们参加政府,但不愿写在这个建议上。赫尔利解释说,我原来不知道实际情形,所以在延安时,毛泽东提出意见后我也添上一大堆,现在看来,也许他们这个建议才是谈判的基础。赫尔利的意思很明白,即他试图告诉周,他已经为共产党争到了所有目前可以争到的东西。但周当场表示：共产党只参加军事委员会而不参加政府,结果仍然不能参加决策,军事委员会的委员都是挂名的,不但没有实权,而且从不开会。当天下午,在具体研究之后,周恩来与董必武再度拜会赫尔利以了解进一步商谈的可能性。周恩来当时向赫尔利提出：第一,蒋介石对联合政府态度如何？赫尔利回答说："这件事已经过去了",作为一个见证人而不是当事人,他不能使用同意这个字眼儿,但他认为联合政府的主张是适当的和民主的,问题在于国民党不能接受"联合"这个字眼儿,而他也不能单方面表示同意共产党方面的意见,所以他只能转而劝共产党与政府间取得谅解。第二,中共代表只参加军事委员会而不参加政府,仍不能参加决策。赫尔利解释说,蒋介石和国民党代表对此均有承诺,允许共产党参加政府,只是不愿写在纸上。第三,军事委员会的委员徒有虚名,并无实权,而且从不开会,冯玉祥、李济深便是先例。赫尔利回答说,军事委员会应该行使权力,而且能够行使权力,因为军事委员会将成为最高统率机关。

11月22日 周恩来和董必武到赫尔利寓所会见王世杰,宋子文参加。周恩来说,他这次代表中共中央出来谈判,目的在于实现民主的联合政府,以谋全国团结,抗战胜利。而国民党方面的协定草案没有这个精神,我们是不同意和不满意的。但由于中国人民的需要,友邦的好意,抗战反攻的急迫,我们一方面仍坚持联合政府的主张,并愿为之继续奋斗；另一方面我们也愿从我们协定和你们协定的当中先找到共同点,来作初步的解决,以为民主的联合政府准备步骤。接着周恩来向王世杰问道："政府准备采取何种措施,使党派合法？"王世杰回答："现在政府还没有具体考虑这个问题,并无具体计划。"周恩来又问："根据政府的建议,足以表示国民党并不准备放弃一党专政。王先生的意见如何？"王世杰回答："这首先是一个法律问题。在法律上,目前无从宣布废止党治。""不过政府在实际上并非不准备容纳党外人士。"周恩来请王世杰明确回答："如果邀请中共代表参加政府,请问这种代表是属观察者的性质,还是有职有权？"王世杰说："这一点我不能具体答复,因为没有讨论。"周恩来再问:"如果共产党代表参加军委会,其实际职权如何?王先生是否能够见告?"王世杰说:"现在军委会每周至少开会一次。"周恩来立刻反驳:"这是汇报,不是开会。""我们要提醒王先生几句,汇报不是开会,譬如冯玉祥、李济深将军就从没参加开会。"王世杰表示不准备放弃一党专政。周恩来不同意国民党的协定草案,坚持联合政府主张,但愿从双方协定中找出共同点,为成立联合政府作准备步骤。

11月22日 王世杰奉命将修正国共协议三原则提交赫尔利转交周恩来。此外,王世杰还提交了国民政府准备实行的三项办法:(一)在行政院设置战时内阁性之机构(其人数为七人至九人),俾为行政院决定政策之机构,并将使中国共产党及其他党派之人士参加其组成。(二)关于中共军队之编制及军械补给等事,军事委员会将指派中国军官两人(其中一人为现时中共军队之将领)暨美国军官一人,随时拟具办法,提请军事委员会委员长核定。(三)在对日作战期间,军事委员会委员长将指派美国将领一人为所属中共军队之直接指挥官。

11月22日 周恩来、董必武又应约同蒋介石会面。蒋介石表示希望毛泽东和朱德来重庆。周恩来开门见山地说:"我们对于联合政府的主张,是仍坚持的,并愿为它奋斗到底。"但他也留了余地:"民主联合政府是指政府的性质,并非要改国民政府的名称。"蒋介石忙着说:"好,我们革命党就是为实现民主的,我做的就是民主。不要要求,我自会做的。如果要以要求来给我做,那就不好了。""政府的尊严,国家的威信,不能损害。"周恩来毫不退让"我应该声明:对三民主义国家及实行三民主义的元首是应该尊重的,但政府并非国家,政府是内阁,政府不称职是应该调换的改组的。提到要求,一个政党总有自己的要求","不能向政府直接要求时,只有向人民公开说话"。面对周恩来凌厉的词锋,蒋介石只能含糊其词地回答:"是的,是的。"

11月23日 中共六届七中全会召开主席团会议,讨论国共两党谈判、国内形势等问题。毛泽东在会上说:来一个协定,去一个协定,现在又来一个协定,我们坚持同赫尔利在延安签订的协定是有道理的,现在蒋介石不同意,要发动一个尖锐的批评。我们开七大宣布组织解放区联合委员会,这是一个步骤;另外一个步骤解放区联合委员会暂时不搞,还是提成立联合政府。可调一些人到广西、广东去,中国的国土蒋介石丢到哪里,我们就到哪里。华中来电决定向南发展,基本上可同意。还要准备几千干部到满洲去。

11月29日、30日 周恩来将所拟准备向国民党当局提出的谈判复案及其备忘录电告毛泽东。其主要内容如下：（一）国民政府为达成中国境内军事力量之集中与统一，以实现迅速击败日本与重建中国之目的，允将国防最高委员会改组为包含所有抗日党派和无党派政治人物的代表的联合的国防最高委员会，并由这个联合的国防最高委员会决定和颁布用以改革军事政治经济文化的新民主政策，并改组行政院使之成为各抗日党派的联合内阁，改组军事委员会，使之成为各抗日军队代表所组成的军事委员会。（二）中国共产党对于国民政府之抗战及战后建国，决全力拥护之，其一切军队应遵守与执行改组后之国防最高委员会及军事委员会的命令，同时国民政府允将中国共产党军队编列为正规国军，由联合国得来物资应被公开分配。（三）国民政府之目标，为实现孙中山先生之三民主义，建立民有民治民享之国家，并实行用以促进民主与进步的政策，因此，国民政府承认中国共产党及其所有抗日党派为合法政党，释放爱国政治犯，并在有利于抗战的前提下确立正义、思想自由、出版自由、言论自由、集会结社自由、人身自由、居住自由、免除威胁自由及免除贫困自由等。如国民政府一时不能改组其国防最高委员会及其行政院与军事委员会，中国共产党愿提出备忘录三点：（一）中国敌后解放区根据战争之需要与人民之要求，将先组成中国解放区联合委员会，以统一敌后各解放区政府军事的领导，并便于参加今后的联合国防最高委员会。（二）为适应目前战争最迫切之需要，中国战场应设立联军统帅部，由美国方面的代表担任统帅，中国所有抗日军队应有负责代表参加此统帅部以统率在中国战场的所有抗日军队，并负责进行各军的编制、装备、训练和补给。（三）中国共产党及其军队愿重申诺言，坚持彻底的抗战胜利，坚决反对内战，保证决不向中国任何抗日部队进行军事挑衅，并保证在陕甘宁边区及敌后解放区彻底实行孙中山的三民主义，彻底实行民主政治，给一切抗日党派以合法权利，保障一切抗日人民的人权、政权、地权、财权及言论、出版、集会、结社、信仰、居住之自由。周恩来还在电报中说明复案采纳了孙科的意见，"是用现有形式放进我们内容"。如原则同意，提议由董必武先回延报告，他拟将复案交赫尔利转蒋。

12月1日 毛泽东电复周恩来：（一）国民党方面的方案同五条协定距离太远，联合政府和联合统帅部是解决目前时局的关键，既不同意,则无法挽回时局;(二)国民党态度至今未变;(三)党中央须召开会议讨论。电报说:过早交复案不利,应坚持五条协定,俟七大开后再议复案,请周恩来、董必武同时回延,并告赫尔利,周不能原机返渝。

12月2日 周恩来将毛泽东来电中提出的三点意见转告赫尔利:第一,政府三项与延安五条距离太远,我们认为联合政府与联合军事委员会是解决目前时局问题的关键。这既不能获得蒋介石的同意,因此无法挽救危局。第二,国民党的态度至今未变,梁寒操三天前在记者招待会上宣称,中国目前所需者只是军令统一,党派合法问题须留待战后一年再讲。第三,根据目前形势,中共中央必须召开会议,再行讨论,因此他将留在延安,不再来到重庆。赫尔利想改变这种僵局,对周恩来说:"请你告诉毛主席,梁寒操的话不能算数,他根本不懂委员长的意思。委员长说过,他愿意现在承认共产党的合法地位。""务必参加进来,你们是同我——美国政府合作。只要我们合作,我们就能逐步改组政府。"

周恩来回答:"也许我们之间对于联合政府的提议有不同的了解。参加并无实权,并非联合政府,这就是关键的所在。"

12月4日 周恩来同赫尔利、魏德迈、麦克卢尔、包瑞德进行会谈,赫尔利等几位美国人尽力想说服周恩来接受蒋介石政府的三项建议,均被周拒绝。会谈时,赫尔利首先提出要求:"联合政府目前尚不可能。参加政府,参加军事委员会,蒋委员长则已答应。我希望你们参加进来,然后一步一步改组。你认为如何?"周恩来回答道:"联合政府本为毛主席在延安向赫尔利将军所提出者,赫尔利将军亦认为合理。至于参加政府及军事委员会之举,即令做到,也不过是做客,毫无实权,无济于事。"赫尔利说:总希望你们参加,"先插进一只脚来"。周恩来举出自己亲身感受来回答:"关于参加政府问题,我们素有经验。先拿别人的经验而言,白崇禧不止参加政府,而且是军训部长,结果毫无实权。我自己从西安事变以来,八年之中近七年时间是留在国民政府所在地。我做政治部副部长时,每星期有三次参加军事汇报,有意见也无法讨论,即令提出,蒋委员长也不过说好好而已。老实说,我对这样做客,实在疲倦了。"赫尔利又说:"只要参加政府,就可获得承认,就可获得美国军官帮助训练和作战,就可获得物资的供给。你们拿到这些东西,就可以强大起来。为什么一定要改组政府呢?"周恩来严正地回答:"这是一个救中国的问题。抗战不仅要军事,而且要政治、兵役、粮食、供养,乃至生产,都要政府来办理。政府不改组,就无法挽救目前的危局。"他进一步指出:"参加的一面是不能在政府中有任何作为;另一面就要受到牵制,一切不好的军令政令都来了。"魏德迈的参谋长麦克鲁也参加劝说:"我们美国有句话,叫要舍身救火。现在一把火烧起来了,你们得救。"周恩来犀利地回答说:"不错,火应当救。但是要两只手能动,才能救火。现在请我们来做客,也只能坐在旁边看火。"赫尔利又改换一种方式继续劝说周恩来:"如果你们在不满意的条件之下,竟能参加政府,那就表示你们是最大的爱国者。"周恩来不想再纠缠下去了。他斩钉截铁地回答说:"我们参加政府,就要替人民负责。现在我们参加进去,不能负责。这样的政府,我要参加,我就是不信上帝,我的良心也过不去。譬如政府要我参加,我党要我考虑,我个人都要拒绝。"

12月7日 周恩来和董必武飞返延安。8日,周恩来在中共六届七中全会报告了在重庆谈判的经过。会议认为,国民党方面既已拒绝五条协定,而所提三条明显地不同意成立联合政府和联合统帅部,因此,已无法求得双方的基本共同点,为了答复各方询问,准备早日公布五条协定,以引起舆论注意和督促国民政府改变态度。会议决定:一、周恩来、董必武不再去重庆谈判,并致函赫尔利说明原因。二、筹建解放区联合委员会,由陕甘宁边区参议会发起。成立准备委员会,由党内周恩来、林伯渠等14人和党外李鼎铭、续范亭等21人共同组成。

12月8日 毛泽东和周恩来同包瑞德进行会谈,坚决拒绝蒋介石的三点建议,批评赫尔利背弃与中共签署的五点建议并为蒋介石的反建议作说客。毛泽东说:蒋介石提出的三点建议等于要我们完全投降,交换的条件是他给我们一个全国军事委员会的席位,而这个席位是没有任何实际作用的。赫尔利说我们接受这个席位,就是"一只脚跨进大门",我们说如果双手被反绑着,即使一只脚跨进了大门也是没有任何意义的。我们欢迎美国的军事援助,但不能指望我们付出接受这种援助要由蒋介石批准这样的代价。美国的态度令人不解,五点建议是赫尔利同意的,现在他又要我们接受牺牲我们自己的蒋介石的建议。在五点建议中,我们已作了我们将要作的全部让步,我们不再作任何进一步的让步。由于蒋介石已拒绝成立联合政府,我们决定成立解放区联合委员会,这个委员会是组成一个独立政府的初步的步骤。

12月8日 周恩来写信给赫尔利,说明不能再去重庆谈判的理由。他说:国民党方面"既拒绝我党五条最低限度提案，而政府所提三条又明显不同意联合政府、联合统帅部的主张，使我们实无法找得两方提案的基本共同点。因此，我实无再去重庆谈判之可能"。他在信中表示为了击败共同敌人，始终愿同美方继续磋商军事合作的具体问题，并同美军观察组保持密切联系。

12月11日　赫尔利致电毛泽东，答复周恩来8日的信：不同意现在公布五条协定；国民政府愿意进一步谈判，我等待您对这一问题的专门答复。

12月11日　毛泽东、周恩来同包瑞德会谈。毛泽东说蒋介石提出的建议相当于完全的投降，而交换条件是给我们一个没有任何实际作用的全国军事委员会的席位，我们不能接受。美国开始同意我们的条件，后来又要求我们接受国民党的，我们难以理解。我们欢迎美国帮助我们进行军事训练，但不能指望我们付出接受帮助要经蒋介石批准这样的代价。五点建议中我们已经作了全部让步，我们不再作任何进一步的让步。我们将为另外组成一个独立政府作出准备。

12月12日　毛泽东、周恩来关于中国共产党同国民党谈判的原则、立场致电王若飞，指出：（一）我们毫无与美方决裂之意，五条协议草案赫尔利不愿发表，我们即可不发表。我们想发表的仅是我们向蒋建议的五条；（二）牺牲联合政府，牺牲民主原则，去几个人到重庆做官，这种廉价出卖人民利益的勾当，我们决不能干；（三）解放区联合委员会，等七大开会后再说。要王若飞将此意见转告包瑞德和戴维斯。

12月15日　王若飞在重庆会见孙科。孙科认为中共关于改组政府和统帅部的要求是合理的，但实行须有步骤。并提议国防最高会议如有委员30人，可考虑国民党15人，军队十人，各党派五人。他说蒋曾表示可以考虑此种方案。孙认为蒋无良策解决中国问题，可能愿意接受此种方案。

12月15日　毛泽东在陕甘宁边区参议会发表题为《一九四五年的任务》演说，指出："我们唯一的任务是配合同盟国打倒日本侵略者，必须使全国人民明白，用人民的力量，促成由国民党、共产党、其他抗日党派及无党无派人士，在民主基础上召集国事会议，组织联合政府，才能统一中国一切抗日力量，反对日本侵略者的进攻，并配合同盟国，驱逐日本侵略者出中国。中国人民不论在大后方，在沦陷区，在解放区，都要为此目标而奋斗。"

12月16日 周恩来复信赫尔利说：国民党方面对中共的五点建议出乎意外和直截了当的拒绝，使谈判完全陷入停顿，我回到重庆已无所裨益。可以暂不公布中共的五点建议，但将在适当的时机予以公布。周恩来明确指出，谈判的基本困难就是国民党不愿意放弃一党专政和接受成立一个民主联合政府的建议。

12月18日 毛泽东复电程子华，指出："敌对蒋仍是一打一拉，目前又到了拉的时候，但将来还可能打。""蒋对我党不愿作任何原则上让步，我党应坚持联合政府，在此种立场上不关闭谈判之门，其他不应再谈，结果仍是拖。""希望你们努力向雁北、绥东、察哈尔、热河及冀东敌占区发展，扩大解放区。同时努力从事城市工作。"

12月21日 赫尔利再电周恩来希望周能到重庆谈判。

12月22日 毛泽东致电赫尔利说，周恩来正从事重要会议的筹备工作，难以离开延安，并且国民政府并未表示充分诚意，以保证在五点建议的基础上继续谈判。他提议在延安举行一次会谈。

12月25日 中共中央发出《关于目前形势与任务的指示》。这个指示指出：罗斯福总统的代表赫尔利于11月来延安，目的在于调停国共关系。国共谈判尚无结果，但未关闭谈判之门。国民党军队溃败不堪，重庆及国统区人心惶惶，各界人士希望共产党拿出办法来，使我党在国统区人民中威信极大提高。最近八个月来，中国政治形势起了大变化。已由过去多年的国强共弱，达到现在的国共几乎平衡，并正在走向共强国弱的状况。中共现在已确实成了抗日救国的决定因素。1945年的任务，各地应按照自己的特点部署，特别要注意抓好发展生产、城市工作以及扩大解放区三个方面：争取1945年军民生产有一个普遍的高涨，由现在的克服困难，走向将来的丰衣足食；努力在敌占大城市及交通要道中普遍建立地下组织，发展广大的地下军，并在将来占领大城市；扩大解放区的面积和人口，数年以后如能达到100万至150万有纪律有训练的军队，中国的命运就可由我们掌握了。完成1945年的任务，一切决定于任务的提出与政策的恰当，精密地掌握政策的执行。

12月28日 周恩来致函赫尔利，说明中国共产党不愿在关于"联合政府"问题上继续进行抽象的讨论。因此,他向国民政府提出四点要求,请赫尔利转达国民党当局。这四点要求是:(一)释放全国政治犯,如张学良、杨虎城、叶挺、廖承志及其他大批被监禁的爱国志士;(二)撤退包围陕甘宁边区及进攻华中新四军华南抗日纵队的国民党大军;(三)取消限制人民自由的各种禁令;(四)停止一切特务活动。诚能如此,则取消一党专政,建立根据人民意志的民主的联合政府的可能性,方可窥其端倪。对此要求,蒋介石视作"趁火打劫"。赫尔利亦复电表示"至感遗憾","因与吾人原定先谋原则上之同意,再讨论细节之程序相违"。为促使双方再度商谈,赫尔利在周不愿前往重庆的情况下,经国民党当局同意,提议:"(一)行政院宋代院长子文、王世杰博士、张治中将军及余本人,同赴延安,作短期之勾留,与阁下面商一切;(二)若原则上已获同意,则毛主席及周将军应与吾人同回重庆,以完成协定。"

1945年1月，苏军开始了对德国的全面反攻，与英美加盟军在欧洲各国反法西斯武装的配合下，分别解放了东欧、西欧所有国家，并攻入德国本土。2月，苏、美、英三国首脑在雅尔塔举行会议，进一步协调盟国的行动，加快了战胜德日法西斯的步伐。5月2日，苏军攻克柏林。5月8日，德国无条件投降，欧洲战争结束。为了维护战后世界和平问题，7月17日至8月2日，苏、美、英三国首脑在德国的波茨坦举行会议。8月6日和9日，美国分别向日本的广岛和长崎各投下一颗原子弹；苏联也对日宣战，出兵中国东北。

1945 年

1月1日　　蒋介石发表元旦广播讲话，指责人民群众和各抗日党派拥护的取消国民党一党专政及成立民主联合政府和联合统帅部的主张。他在广播讲话中声称要"还政于民"，以召开"国民大会"来对抗成立民主联合政府的主张，坚持其国民党一党专政的政策。3日，延安权威人士对蒋介石的元旦讲话发表评论，指出："还政"之说是蒋氏早已发出的不兑现的空文，召开"国民大会"是蒋氏用以抵制全国人民所瞩望的建立联合政府的挡箭牌。这篇评论质问蒋介石：不先消灭寡头专政，彻底改组现在的国民政府，代之以民主的联合政府，消灭特务机关，给予人民以言论集会结社自由，有什么民选的国民大会可言？

1月6日　　蒋介石与赫尔利商谈同中共继续谈判的方针。这次会商时决定由赫尔利偕宋子文、张治中、王世杰到延安谈判，以表"诚意"。

1月7日　　赫尔利致电毛泽东、周恩来，提议在延安举行有他参加的国共两党的会议。他在电文中写道：中共12月28日（1944年）信中提出的附加四点，与他们原来设想的谈判程序有距离。但他相信国民党可能做出一种解决问题的让步。表示他将陪国民党方面代表宋子文、王世杰、张治中一同到延安会谈。

1月11日 毛泽东电复赫尔利，指出他在1月7日来电中提出的在延安召开两党会议不会获得结果，提议在重庆召开有国民党、共产党和民主同盟三方参加的国事会议的预备会议，各党派代表应有平等地位和行动自由，请赫尔利向国民政府转达。毛泽东在电文中写道："1944年11月间敝党方面所提五条已为国民政府所拒绝。国民政府所提三条，敝党方面又万难同意，因有先由国民政府自动实行释放政治犯等四条之请求，借以证明国民政府是否有诚意在民主基础上解决国事问题。今接阁下来信，提议在延安开两党会议，并有阁下参加，盛意可感。但是鄙人仍恐此会议得不到何种结果，徒劳阁下等之往返。八年来一切两党秘密会议，均证明国民党方面毫无诚意。鄙人现请阁下向国民政府转达敝党方面之下述提议：在重庆召开国事会议之预备会议，此种预备会议应有国民党、共产党、民主同盟三方代表参加，并保证会议公开举行，各党派有平等地位及往返自由。上述提议，如荷国民政府同意，则周恩来将军可到重庆磋商。"

1月15日 王若飞致电毛泽东、周恩来、董必武，报告14日约民盟的沈钧儒、黄炎培等座谈中共关于召开有国民党、共产党和民盟三方面参加的国是会议预备会议的提议的情况。电文说：他们认为中共方面的态度完全正确，完全符合全国人民的要求，并提出加速准备中共、民盟及国民党内民主派间的共同纲领草案等项建议。毛泽东批阅了电文，请周恩来起草共同纲领。21日，周恩来为中共中央起草复王若飞电，指出：与民盟座谈得很好，共同纲领此间正在起草。预备会议应讨论国是会议和联合政府之组织及其实际步骤，应通过共同纲领，应保证放人、撤兵、给人民自由、废除特务四条的实现。

1月18日 周恩来、董必武致电王若飞，指出目前对大后方文化人整风不宜扩大到党外，因为现正开展民主运动，"正好引导文化界进步分子联合中间分子，向国民党当局作要求学术、言论、出版自由的斗争，向顽固分子作思想斗争，揭露国民党文化统制政策的罪恶，并引导其与青年接近，关心劳动人民生活，以便实际上参加和推动群众性的民主运动。这也就是很好的整风"，而"抽象地争论世界观、人生观"，"必致松懈对国民党内顽固派的斗争,招致内部的纠纷"。主张即使党内文化人整风也"应多从目前实际出发","引导同志们更加团结,更加积极地进行对国民党的斗争,而防止同志们相互埋怨、相互猜疑的情绪的增长"。

1月20日 赫尔利致函毛泽东,说他相信国民政府准备作出重要的让步,建议再派周恩来到重庆谈判。22日,毛泽东致电赫尔利,告知周恩来将前往重庆与国民党方面谈判。

1月24日 周恩来飞抵重庆。行前,毛泽东指示:一、争取联合政府,与民主人士合作;二、召开党派会议作为具体步骤,国民党、共产党、民盟参加;三、要求国民党先办到以下各项——释放张学良、杨虎城、叶挺、廖承志等,撤退包围陕甘宁边区的军队,实现一些自由,取消特务活动。周恩来登机前,在延安机场向新华社记者发表谈话。他说:这次去渝,是代表中共中央向国民政府、中国国民党、中国民主同盟提议:召开党派会议,作为国是会议的预备会议,以便正式商讨国是会议和联合政府的组织及其实现的步骤问题。赫尔利到机场迎接周恩来,并把他送到曾家岩住地。当晚,新任国民政府代理行政院院长的宋子文设宴为周恩来洗尘,陪同出席的有赫尔利、张治中、王世杰。宴会后,宋子文说明政府准备在行政院之下设立一个行政委员会,由国、共和其他党派三方面出人参加。周恩来说:"这次我来重庆,是为了召开党派会议。上次我曾声明,我们要求成立联合政府的主张并不放弃,并声明要继续为这个主张而奋斗。有了主张,没有步骤不行,因而提出召开党派会议。联合政府是立场,党派会议是方针,一个是立场,一个是方针,必须弄清楚。"周恩来强调指出:"今天国民党主张在行政院之下设立一个新机构,但是整个系统不变。这个系统,就是一党专政。新机构属于行政院,行政院属国防最高委员会管辖,国防最高委员会又属国民党中常委管辖。蒋主席也不是人民选举的,是国民党中常会推选的。这一套系统不改变,我们也无法参加政府。"

1月24日 周恩来抵渝后发表声明指出:"去年十一月,我曾和赫尔利将军由延飞渝。彼时,我奉我党中央之命,与国民政府当局商谈具体实现联合政府问题,不幸竟被拒绝,致无结果而回。现又经过月余,时局日趋严重,为着动员与统一中国人民一切抗日力量,配合同盟国战胜日本侵略者,并为挽救当前危机起见,急须与政府及各方面商讨建立民主的联合政府之具体步骤。此次来渝,即系本此方针,代表我党中央,向国民政府、中国国民党、中国民主同盟提议:召开党派会议,作为国事会议的预备会议,以便正式商讨国事会议和联合政府的组织及其实现的步骤问题。我认为除此并无别途可以动员和统一全中国人民的力量,击退敌人的进攻,配合盟国的反攻,也并无别途可以挽救目前的危机。"声明强调:"目前全国人民所期望于国民政府的,实为立即废除一党专政,成立民主的联合政府与联合统帅部,承认一切抗日党派的合法地位,取消一切镇压人民自由的法令,废除一切特务机关,停止一切特务活动,释放政治犯,撤退包围陕甘宁边区和进攻八路军、新四军的军队,承认中国解放区一切抗日军队及民选政府的合法地位等等,甚望政府当局速加采纳。"

1月25日 周恩来同赫尔利会晤。赫尔利说,昨晚同国民政府方面人士商谈了五点:(一)去年11月21日的三条仍要做;(二)行政院下设各党派参加的战时内阁性的新机构;(三)成立有国民党、共产党、美国各一人参加的整编委员会,整编中共军队;(四)为中共军队设一美军官做总司令;(五)国民政府承认中共合法。周恩来予以拒绝,声明这不是解决问题的办法。随后周恩来应约同宋子文商谈,参加的有赫尔利、王世杰、张治中。宋子文陈述国民党和美国方面商量的几点,周恩来坚持先解决一党包办问题。会谈无结果。周恩来将会谈情况电告毛泽东。第二天,周恩来继续同赫尔利会晤。

1月27日 周恩来致电毛泽东,报告25、26日同赫尔利、宋子文、王世杰、张治中会谈情况。电报说,赫尔利和宋子文提出在政务委员会以外的两个补充办法:(一)由美国、国民党、共产党各派一人组织军队整编委员会;(二)由美国派一将官任敌后中共军队的总司令,国民党、共产党各派人为副总司令。周恩来拒绝了这两个补充办法,指出这是不公允和无理的。

1月28日 毛泽东复电周恩来1月27日的来电,指出:"你拒绝了赫尔利的两个补充办法是很对的。这是将中国军队尤其将我党军队隶属于外国,变成殖民地军队的恶毒政策,我们绝对不能同意。""如果谈到国民大会问题时,应表示:我们不赞成在国土未完全恢复前召集任何国民大会,因为旧的国大代表是贿选的过时的,重新选举则在大半个中国内不可能。即使在联合政府成立后也是如此,何况没有联合政府。"毛泽东在电文中还指出对国民党、赫尔利的错误主张和无理要求应进一步驳斥,并应将其意见转告民主党派,以共同抵制蒋的"国大"把戏。

1月28日（或29日）

周恩来和王若飞参加孙科在其寓所举行的晚餐会。到会的还有吴铁城、王昆仑、黄炎培、章伯钧、李璜、左舜生、沈钧儒、邵力子。在晚餐会上，他们议论了国共问题。孙科主张以中共的方案作讨论的基础。周恩来介绍几次来渝谈判经过和双方分歧点，说明只有取消国民党一党专政，实行民主，才有出路。

1月30日

周恩来同宋子文、王世杰、张治中会谈。在王、张口头承认应结束一党统治后，周恩来问如何做法。当王、张表示倾向于召集党派会议时，周恩来追问会议的成分和内容，并提出成分应是国民党、共产党、民主同盟三方，内容应是讨论结束一党统治、共同纲领、改组政府。并说要有一个基本的政治解决方案，才会有利于真正解决问题。

1月31日

周恩来同王世杰谈判。王主张中共参加最高国防军事委员会；政府承认党派合法；同意召集党派会议，但不接受结束一党统治。周恩来表示不赞成成立整编委员会，主张改组军事委员会，坚持结束一党统治。

2月2日

周恩来与王世杰谈判。周恩来提出关于召集党派会议的协定草案：（一）党派会议应包含国民党、共产党及民主同盟三方面代表。会议由国民党政府负责召集，出席代表由各方自己推出；（二）党派会议有权讨论和解决如何结束党治、如何改组政府，使之成为民主联合政府，并起草共同施政纲领；（三）党派会议的决定和起草的施政纲领草案，应在将来的国是会议上通过后，方能成为国家的法案；（四）党派会议应公开进行，并保证各代表有平等地位及来往自由。与此同时，王世杰也将国民党方面的方案正式递交周恩来。不过国民党人已将党派会议的名义取消，而代之以"政治咨询会议"，实际上否定了共产党要求的本质内容。其主要条文如下：为加强抗战力量，促进全国团结与统一，国民政府同意召开有国民党代表与其他党派代表，以及其他若干无党派代表参加的会议，此项会议可称之为政治咨询会议。此项会议应研讨：（一）结束训政与实施宪政之步骤；（二）今后施政方针与军事统一之办法；（三）国民党以外党派参加政府之方式。对以上问题如获一致结论，当提请国民政府准予实行。在会议期间，各方应避免互相攻击。看了国民党方面的方案，周当场声明：王世杰的提议文中没有改组政府的肯定字样，文字表现也不平等，故仍应以中共提议的文字为讨论基础。王则表示：（一）以"国民党以外党派参加政府"之表述，实即为改组政府，文字不提改组政府,为的是他便于向国民党人解释;(二)文字还可以修改;(三)人数不宜过多,无党派人士总要几个;(四)提出国是会议名称会约束党派会议的商讨,其提案中并无约束中共之处;(五)所谓"一致结论",即表示在会议中可不受表决的拘束;(六)至于公开进行、平等地位、来往自由等,绝对保证,希望不写在文字上。对此,周说明:他将把国民党人的意见报告延安,关于会议的协定及文字究如何决定,待报告双方中央后再行商榷。由于中共提出的关于召集党派会议的协议草案未被国民党当局接受,遂由周恩来、王世杰共同主持草拟了一建议案。建议案提出由国民政府召集一次有各党派及无党派人士代表参加的政治协商会议,其任务是商定:"(一)从事结束训政时期,以建立宪政之步骤;(二)将来共同遵行之政治决策及军队之一元化;(三)国民党外各党各派参加政府之方式。"并要求在政治协商会议进行期间,各党派必须停止一切责难。当时及3日,周恩来、王世杰分别将此建议案报告国共两党中央,并通过赫尔利。

2月3日 中共六届七中全会主席团举行会议,讨论周恩来1月31日和2月2日关于同国民党方面谈判情况及党派会议问题的来电。毛泽东发言指出:去年9月提出建立联合政府的主张是正确的。这是一个原则的转变,以前是你的政府,我要人民,9月以后是改组政府,我可参加。联合政府仍然是蒋介石的政府,不过我们入了股,造成一种条件。为着大局,可能还要忍耐一点。如何避免缴枪,要采取慎重步骤。但要注意前途是流血斗争,绝不能剥笋,无法剥笋,要反对右的危险。党派会议是预备会议性质,是圆桌会议,不是少数服从多数。对我们提出的条件,国民党要先实行几条才能召开国是会议。蒋介石如提出召开国民大会,我们要抵制。

2月3日 毛泽东致电周恩来,指出:罗斯福、丘吉尔、斯大林已在开会,数日后即可见结果。苏联"红军迫近柏林,各国人民及进步党派声势大振。苏联参与东方事件可能性增长。在此种情况下,美、蒋均急于和我们求和政治妥协"。"请明白告诉国民党及小党派:除非明令废止一党专政,明令承认一切抗日党派合法,明令取消特务机关及特务活动,准许人民有真正自由,释放政治犯,撤销封锁,承认解放区,并组织真正民主的联合政府,我们是碍难参加政府的。"

2月3日 毛泽东再次致电周恩来,指出中共参加政府的先决条件是:废除一党专政,承认一切党派合法,取缔一切特务机构及特务活动,真正开放自由,释放政治犯,撤销对边区的封锁,承认解放区,组织真正的民主联合政府。可将此条件直告赫尔利、宋子文、王世杰、张治中及其他党派人士。当前罗斯福、邱吉尔、斯大林正在克里米亚开会,美蒋都急于与中共妥协,故应加强与国民党的联合,一定要坚持中共参加政府的先决条件。国方如不同意实行此先决条件就是骗局,中共就不参加政府。并望周恩来返回延安,但须"做到仁至义尽而回"。

2月4日至11日 苏、美、英三国召开雅尔塔会议。苏、美、英首脑斯大林、罗斯福、邱吉尔及三国外长,在苏联克里米亚半岛的雅尔塔举行会谈,着重讨论关于彻底击败法西斯德国,铲除德国军国主义和纳粹主义,分区占领德国和柏林问题,同时还讨论了苏联对日作战、战后世界等问题。会议签订了秘密的《雅尔塔协定》,规定在德国投降及欧洲战争结束后两个月或三个月内,苏联将参加同盟国方面对日作战,其条件为:(一)外蒙古的现状须予维持;(二)由日本1904年日俄战争中所夺取的权益,须予恢复,即库页岛南部及邻近一切岛屿须交还苏联,大连港国际化并保障苏联的优先权利,中东铁路南满铁路由中苏合营;(三)千岛群岛须交还苏联。会议通过并发表了《克里米亚会议公报》,声明苏、美、英三国已经制定彻底击败法西斯德国的军事计划,德国投降后,将由苏、美、英、法四国共同占领和管制,并彻底解除德国的武装。会议决定,苏、美、英三国将同其他盟国一起建立一个国际组织,并决定于4月25日在美国旧金山召开联合国会议,制定宪章,邀请法国和中国共同发起。

2月5日 毛泽东复电周恩来:"狄巴斯(当时任美国驻华使馆武官)带来信件已悉,同意你的做法,但请注意(一)对王世杰提案(指王世杰提出的政治咨询会议草案)不完全拒绝,只说可回延商讨;(二)不要强调国是会议;(三)强调如无真民主,我们是万难加入政府的。请于三四天内探明各方真意后回延。"

2月8日 周恩来、王若飞与孙科、王世杰、左舜生、李璜、沈钧儒、黄炎培、张申府、章伯钧、王昆仑在参政会商讨国内团结问题。

2月9日 周恩来复函王世杰说:"先生所提之政治咨询会议草案,亦与敝党意见相距太远,但尚准备将敝党之主张作成复案,送达贵方,以供研讨。忽得蒋先生3月1日之公开演说,一切希望,均已断绝。""此实表示政府方面一意孤行,使国内团结问题之商谈再无转圜余地。"在这种情况下,"敝党方面自无再具复案之必要"。

2月9日 周恩来会见赫尔利。赫尔利将王世杰关于政治咨询会议的意见相告。周恩来将党派会议协定草案文稿交赫尔利看,表示不能同意王的意见。10日,周恩来继续同宋子文、张治中、王世杰、赫尔利谈判,会谈中,周恩来强调在召开党派会议之前,国民政府必须实现中共提出的释放政治犯等四条主张。赫尔利敷衍其事,提出发表由他和宋子文起草、有利于国民党的共同声明,当场遭到周恩来断然拒绝。后赫尔利又提出要周恩来起草共同声明,周恩来提出如要发表声明,必须说明中共方面的要求以及国共双方主张的不同之点,以明真相。

2月11日 周恩来复毛泽东5日电:苏、美、英和蒋方对国共问题的真正态度是,苏联倾向于扶持民主运动和组织联合政权;美"深恐分裂",正"拉拢局面";英"不耐地此种拖延,想另打开局面";蒋"无民主可能",但形式上想敷衍。同日,周恩来会见赫尔利。赫尔利仍要周恩来起草共同声明,并说将向罗斯福报告国共关系已接近。周恩来说,如果发表声明,就要说明我方的要求和国共双方意见不同之点何在,以明真相。同时还指出应将真相报罗斯福。为避免赫尔利的曲解,周恩来于2月中旬写出声明一份交赫尔利,阐明两党的基本分歧。

2月12日 毛泽东致电周恩来说:"你断然拒绝赫尔利企图控制我军的打算完全正确。我们必须坚持先决条件,否则将长独裁之志气,灭民主之威风。重庆载有民盟纲领的《新华日报》,卖到200元1份,可见民意所在。今日美国新闻广播说美洲10家华侨报纸要求废止一党专政,成立联合政府,可见我党主张已得海外拥护。我们必须攻掉美国政府的扶蒋主张,不要怕他们生气和大骂。"

2月13日 周恩来由赫尔利陪同会见蒋介石,周将中共关于召开党派会议的意见及参加政府的先决条件告蒋。蒋答:"各党派会议等于分赃会议,组织联合政府,无异推翻政府。"拒绝接受中共所提先决条件。周恩来逐条予以批驳。国共谈判又陷入僵局。16日,周恩来飞返延安。

2月14日 国民政府代表王世杰在外国记者招待会发表口头声明,说政府方面做出了让步:(一)承认了共产党的合法地位;(二)在军事委员会中容纳共产党高级人员;(三)在行政院中附设一机构,吸收中共和其他党派代表参加;(四)组织一个有美国、国民党、共产党三方派人组成而由美国人当主席的三人委员会,负责改编中共军队。这些均被中共拒绝。

2月15日

中共中央代表周恩来离渝前就国共谈判问题发表声明,阐明中共拒绝国民政府整个提议的原因,主要是因为国民政府拒绝了中共关于建立民主的联合政府联合统帅部,以统一中国一切军事力量,以改革政治、军事、文化各方面政策的建议。声明指出王世杰14日的说法是"不坦白和不公平的"。他只讲了国民党在谈判中作的"让步",而并没有说明在什么条件或前提下,才有这些所谓的"让步"。国民党愿作这点儿"让步"的先决条件是:(一)共产党首先把全部军队交给国民政府军事委员会;(二)国民党在政府中之一党统治地位不能动摇。周恩来指出在此前提下的"一切让步,不是落空,便是没有任何意义,甚至不是让步而是束缚或破坏抗日力量"。另外,国民党拒绝接受中共关于召集党派会议、建立民主联合政府、联合统帅部,改革政治、经济、军事、文化各方面的政策的建议。16日,周恩来飞返延安,抗战后期的国共谈判至此告一段落。

2月17日

新华社发表毛泽东写的关于国共谈判无结果周恩来返回延安的新闻稿。新闻稿说:"一月二十四日由延安飞赴重庆的中共中央代表周恩来同志,在重庆留了三个星期,和国民党政府方面举行了多次商谈,由于国民党当局依然坚持一党专政,反对联合政府,反对人民与民主,并企图吞并八路军、新四军,以致仍如过去谈判一样,未能成立任何协议,恩来同志仍于十六日上午十二时飞返延安。"

2月18日

中共六届七中全会举行全体会议,听取周恩来关于同国民党谈判情况的报告。毛泽东发言指出:自去年9月以来,每次谈判都对我们有益,特别是这一次,因为每谈一次就孤立了一次顽固派。国民党军队现在情况与以前不同了,不但杂牌军而且中央军也开始变化了。谈判的方针我看是对的,赫尔利来时我们开了中央会议,现在还是那五条方针。国民党和赫尔利都是要我们廉价或无代价下水,我们抵制了这些东西,现在又要套我们的军队,我们也抵制了。我们提出八条和党派会议,这是有原则的妥协,"左"一点、右一点(不妥协或无原则的妥协)都是危险的。毛泽东还说,中共要求派代表参加制定《联合国宪章》的旧金山会议。

2月18日

周恩来在中共六届七中全会主席团会议上报告同国民党谈判的情况、美国对华政策以及其内部在对日战略问题上的不同主张。他说:此次谈判依据三点:(一)争取联合政府,与民主人士合作;(二)开党派会议;(三)释放张学良、杨虎城、叶挺、廖承志等,撤退包围边区的军队,取消特务活动。国民党的办法是以民主的幌子来保持一党专政和个人独裁。这次会见了蒋介石,蒋说:国民党是人民的唯一革命组织,联合政府是推翻政府,党派会议是分赃会议。对此,我逐条作了批驳。美方现在还是扶蒋拉共打日本。重庆现在是天怒人怨,国民党已不能照旧独裁统治下去,想要弄一些民主幌子。

2月18日 周恩来致电赫尔利,说明中国目前没有民主的联合政府,现在的国民政府完全是国民党独裁统治,既不能代表解放区9000万人民,也不能代表国民党统治区域广大人民的公意。因此绝不能单独由国民政府派遣其代表出席1945年4月25日在旧金山举行的联合国会议。在出席会议的中国代表团中,国民党的代表人数只应占代表团人数的三分之一,中共代表和民主同盟的代表应占三分之二。国民党代表中还应包括国民党民主派的代表,如此方能代表全中国人民的意愿,否则绝不能代表中国解决任何问题。要求将意见转达美国总统。20日,赫尔利复电表示不能同意。

2月24日 中共中央关于新四军向南发展的战略方针致电华中局,指出:"积极布置南进,同时又根据情况审慎考虑具体步骤,这种精神完全正确,中央和你们是一致的。"苏南粟裕部、浙东何克希部、皖南部队,应就现地扩大及深入农村工作,整训及扩大部队,准备跃进。目前要争取半年左右时间,深入扩大苏南工作,这是我党我军在江南生根落脚的基础。

2月25日 中共中央在《关于发展国民党统治区的民主运动给王若飞的指示》中指出,由于国内外逼蒋让步的条件尚未成熟,国共谈判不能望其速成,而只能用公开谈判的形式援助大后方运动,并决意使民主统一委员会能在大后方宣告成立,责成王若飞以中共代表身份参加该项运动。关于旧金山会议,指示中说,中央已告赫尔利,国民党单独出席是不行的,必须由国、共、民盟三方合组的代表团出席,国民党代表只应占三分之一。

2月27日 中共中央致电太岳区党委并告北方局,对削弱与瓦解阎锡山部队扩大太岳解放区作出指示,指出,阎锡山勾通日军,扶持伪军,配合日伪进攻抗日根据地。为争取抗日反攻的胜利,太岳区必须加强晋西南各项工作,缩小阎锡山控制地区,削弱与瓦解阎锡山的部队,并须于1945年内做出成绩。为利于上述任务的完成,临汾、乡宁、吉县及其以南各县,划归太岳区党委领导。该地区情况复杂,太岳区党委似宜南移,以便就近指导。北方局和八路军总部应挑选适宜回晋南地区或阎部工作的干部,逐渐派回开展晋西南或瓦解阎部工作,并可利用各种社会关系,也可分批放回一些阎部俘虏展开间接工作。

3月1日 宪政实施协进会在重庆举行第五次全体会议。蒋介石以该会会长身份主持会议并发表演说,声称"吾人只能还政于全国民众代表的国民大会,不能还政于各党各派的党派会议",以召开国民党控制下的"国民大会"来对抗举国一致要求成立的联合政府,继续坚持其独裁统治。他还公然要求美国干涉中国的内政,提出成立一个有美国代表参加的三人委员会管理整编中共军队为国军的一切事宜。

3月2日 中共中央致电王若飞,指出:蒋介石1日的公开演说,证明他仍坚持一党独裁,反对建立联合政府。对蒋介石准备在11月召开御用国会必须坚决反对。中共和民盟的意见相同,主张先建立临时的联合政府,待国土恢复、条件具备时,再开全民普选的国民大会,成立正式的民主政府。

3月2日 新华社记者对蒋介石在宪政协进会上的演说发表评论作了逐条批驳,并在结语中指出:"综观蒋氏演说,最清楚地暴露了国民党内反动集团的立场和企图。此种立场与企图,与全国人民及海外华侨所自由表达的意见,是完全背道而驰的。"评论要求立即废止一党专政,成立一个有威信的民主的联合政府来领导抗战,争取胜利,并在战后召集真正的民主选举的国民大会,制定宪法,组织民主的正式政府。

3月2日 赫尔利以美国驻华大使身份发表声明,声称蒋介石"并无法西斯心理",而中共是"有武装的政党",是"统一"中国的障碍,要中共将军队交给蒋介石。他还声称"美国只同蒋介石合作,不同中共合作"。

3月5日 毛泽东在王若飞3日来电上批注一些意见。关于目前逼蒋让步条件,毛泽东批注:"根本谈不到成熟。"关于王世杰的提议,毛泽东批注:"王提议应拒绝。"关于来电所述周恩来再去重庆可以推进大后方民主运动的意见,毛泽东批注:"看见了一方面利益,但马上出动,政治上不利。"关于下届国民参政会,毛泽东批注:"不争议席,听其委派,但均可参加。"8日,周恩来根据毛泽东批注的意见,为中共中央起草复王若飞电。

3月7日 毛泽东在王若飞6日关于有消息传出蒋介石可能指派中共方面参加旧金山会议代表团的来电批示："似须电若飞,向王世杰提出我方出席人选,免蒋随意委派。"

3月7日 周恩来致电王世杰,指出:(一)蒋介石3月1日的讲话表明政府方面一意孤行,使国内团结问题的商谈再无转圜余地,所以,对王所拟政治咨询会议的草案不再答复;(二)国民党一手垄断旧金山会议代表团,不但不公平、不合理,而且表示了分裂的立场。提出代表团应有中共和民主同盟人员,中共由周恩来、董必武、秦邦宪参加,如不采纳,将对国民政府代表团在国际会议的一切言行保留发言权。要王世杰将意见转达国民政府。

3月8日 新华社发表毛泽东写的新华社记者对国民党中央宣传部长王世杰7日谈话的评论,揭露他在答外国记者称"现在政府决将关于国民大会召集问题,提付国民参政会审议"这一说法的欺骗性。

3月8日 周恩来为中共中央起草致王若飞电:蒋介石以御用国会伪装民主,这更危险可恶,必须公开揭穿,严词驳斥。电文建议说服民主同盟同中共配合痛击,秘密印发《解放日报》评蒋介石演讲的文章。电文还指出:现在更要到处坚持中共关于开党派会议、结束一党统治、成立联合政府及战后无拘束的国民大会选举这一系列主张;对旧金山会议,仍应提出参加等。

3月9日 周恩来将致王世杰信的内容通知已回美国的赫尔利,要他转达罗斯福。后来赫尔利复电,要求勿作最后决定,待他来后商谈。

3月13日 毛泽东会见9日返抵延安的谢伟思。毛泽东在谈话中指出,美国对涉及中国的问题依然没有一个明确的看法,美国政策依旧是暧昧不明的。还指出:中国战后最急需的是发展经济。中国必须建立起轻工业以供应市场,提高人民的生活水平。像中国这样大而又落后的国家,在未来的长时间里,必须是农业占优势。农民问题是中国未来的基本问题。除非在解决农业问题的基础上,中国工业化不可能取得成功。中国必须实行土地改革和民主,中国共产党的政策将给中国带来民主和坚实的工业化的手段。最后指出:蒋介石拒绝成立任何真正的联合政府,他宣布在1945年11月召开国民党一手炮制的国民大会,他现在走的道路是直接导向中国内战和国民党毁灭的道路。必须向中国的自由主义者和中国的朋友美国,讲清楚蒋介石决心立即在国民党独占的基础上建立立宪政府这一最新策略所具有的危险。和平过渡到宪政的唯一希望就是成立联合政府。

3月27日 国民政府公布中国出席旧金山会议代表团成员名单,中共方面代表只有董必武一人。

3月27日 中共中央致电王若飞,指出:出席旧金山会议代表团名单既已公布,为委曲求全,我们同意董老参加,但须告王世杰、邵力子,对只给中共一名代表表示不满。

4月1日 陕甘宁边区政府副主席李鼎铭抗议国民政府行政院,盗用陕甘宁边区人民的名义,批准所谓《陕西省陕北各县联合临时参议会设立办法》,指出:国民党局这种盗用名义的办法及其在边区周围加紧封锁、修筑工事、屯集大军等行为,充分暴露了国民党破坏边区、积极准备内战的阴谋。国民党当局如果执迷不悟,继续以人民为敌,一定会碰得头破血流,自取灭亡。

4月1日 下午,毛泽东在住处和周恩来、朱德、董必武同谢伟思进行最后一次谈话。毛泽东说:中国共产党对美国的政策,是寻求友好的美国支持在中国实现民主和在对日作战中进行合作。对国民党的政策仍旧是:一方面批评并试图激励其进步;另一方面提出能够作为实现真正统一、民主和使全国一切力量致力于赢得战争的基础的妥协。这个妥协必须意味着国民党和蒋介石专政的结束,这个妥协必须包括承认共产党军队是国家军队的一部分,解放区政权是合法的地方政府。对于国民党,我们不打第一拳,不放第一枪。但是蒋介石现在计划召开的国民大会一定会带来内战。一旦受到攻击,我们将予以反击。一旦中国发生内战,希望美国对国共双方采取不插手政策。谢伟思于1945年4月4日离开延安,奉召回美国。

4月2日 美国驻华大使赫尔利在华盛顿记者招待会上发表扶蒋反共谈话,声称:"中国共产党曾向美国要求供给武器军火,但以武器供给一武装之政党,无异于承认其为一对日交战者,而美国已承认重庆国民政府为中国之政府,中国一日如有拥有武力之政党存在,则中国即一日不能获得统一。"这个谈话公然表示,美国政府只同国民党"合作",不同共产党合作。赫尔利于22日由华盛顿返回重庆。

4月6日 出席旧金山会议的中国代表团中共代表董必武偕伍修权、陈家康等由延抵渝。当日,民盟举行欢送董必武赴旧金山的茶会,沈钧儒、黄炎培、左舜生、章伯钧、张申府、陶行知、史良、翦伯赞等出席作陪。董必武发表了为团结建国,建立联合政府而共同努力奋斗的讲话。

4月9日 毛泽东对《新华日报》5日时评《我们的坚定而明确的态度——评赫尔利将军谈话》,写一批语:"重庆此件很好。延安暂取不理态度。"美国驻华大使赫尔利4月2日在华盛顿美国国务院的一个记者招待会上,公开宣布美国的军事援助只给国民政府,攻击中国共产党和它领导的军队阻碍了中国的统一。《新华日报》的时评指出,赫尔利的谈话"有助长中国分裂与内战的危险,有拖延抗战胜利的危险"。

4月23日 国民政府公布第四届国民参政会名单。本届共有参政员290名,其中包括中共参政员毛泽东、周恩来、董必武、林伯渠、吴玉章、秦邦宪、陈绍禹、邓颖超八人。

4月23日至6月11日 中国共产党第七次全国代表大会在延安召开。大会正式代表547人,候补代表208人。毛泽东主持这次大会,他在开幕词中指出,中国面临着两种前途和两种命运的斗争,中共的任务是要用全力去争取光明的前途和两种命运,反对另外一种黑暗的前途和黑暗的命运。在大会上,毛泽东作《论联合政府》的政治报告、关于形势和思想政治问题的报告、关于讨论政治报告的结论和关于选举问题的讲话;朱德作《论解放区战场》的军事报告和关于讨论军事问题的结论;刘少奇作了《关于修改党的章程》和关于讨论组织问题的结论;周恩来作《论统一战线》的重要发言。任弼时、陈云、彭德怀、张闻天、陈毅、叶剑英、杨尚昆、彭真、聂荣臻等也在大会上发言。毛泽东在《论联合政府》的书面政治报告中讲到中国共产党的一般纲领时说,我们主张在彻底打败日本侵略者之后,建立一个以全国绝大多数人民为基础而在工人阶级领导之下的统一战线的民主联盟的国家制度。我们把这样的国家制度称之为新民主主义的国家制度。周恩来在《论统一战线》的发言中阐述了国共两党抗日民族统一战线的形成和发展过程,并总结了第一次大革命以来统一战线的经验教训。他指出:必须对敌人、队伍、司令官这三方面认识清楚。敌人是帝国主义、封建势力,敌人营垒是会变化的。队伍包括无产阶级、农民、小资产阶级、自由资产阶级,有时甚至包括大地主大资产阶级的一部分。对队伍要作严格的区别。"右的不区别,'左'的强调区别而不去求得今天统一的方法,都是不正确的。"司令官即领导权的问题,是"统一战线最集中的一个问题"。"右的是放弃领导权,'左'的是把自己孤立起来,成了'无兵司令'、'空军司令'。可以说右倾是把整个队伍送出去,'左'倾是把整个队伍推出去。"这次代表大会通过了政治决议案、军事决议案和新的党章。大会系统地总结中共24年来领导中国革命的经验,深刻地论述新民主主义的基本理论,指出中共的路线是"放手发动群众,壮大人民力量,在我党的领导下,打败日本侵略者,解放全国人民,建立一个新民主主义的中国"。毛泽东在大会上作的口头政治报告指出:"我们对国民党的方针,是又团结又斗争。讲到斗争,我们是有理、有利、有节的。我们是在自卫的立场上和它斗,我们是有理的;这斗争是局部的,对我们有利才斗;但这种斗争又是暂时的,为了团结我们是有节制的。反过来讲,自卫的、局部的、暂时的斗争,要有利于团结。国民党天天想打我们,但也不敢和我们作大的决裂。"5月31日,毛泽东在《中国共产党第七次全国代表大会的结论》中指出:"我们要用各种办法制止内战。现在的揭露就是一种方法,我们要经常揭露,在大会文件上、在报纸上、在口头上揭露。此外,还要用别的办法来制止内战。内战越推迟越好,越对我们有利。抗战八年以来,我们的政策就是使蒋介石既不能投降又不能'剿共'。我们的政策还要这样继续下去,使他不敢轻易地发动内战,但是我们要准备他发动内战。"大会总结了武装斗争、统一战线和党的建设的经验,深刻地论述了进行新民主主义革命的"三大法宝"以及党的三大作风——理论和实际相结合、密切联系群众和自我批评。大会通过的新党章规定,以马克思列宁主义的理论与中国革命的实践之统一的思想——毛泽东思想,作为中国共产党的一切工作的指针。全会贯彻执行发扬民主、增强团结的方针,对历史上党内的错误,从团结的愿望出发,开展批评与自我批评,对犯错误的同志,采取一分为二的态度,耐心帮助教育,团结他们一道工作。大会还选举了新的中央委员会。

4月25日至6月26日 联合国大会在美国旧金山举行。出席这次盛会的有50个国家,代表总数为282名。中国政府派代理行政院长宋子文为首席代表,顾维钧、王宠惠、魏道明、胡适、吴贻芳、李璜、张君劢、董必武、胡霖为代表,施肇基为高级顾问。董必武于4月12日偕秘书章汉夫(《新华日报》总编)、陈家康(周恩来私人秘书)离重庆去旧金山出席会议。6月8日,旧金山会议决定：新的世界组织定名为联合国。各国代表讨论、通过并签署了《联合国宪章》。顾维钧代表国民政府签字，董必武代表解放区签字。10月24日，《联合国宪章》开始生效，联合国正式成立。

4月 国际反法西斯战争取得重大胜利。4月1日，美军六个师约10万人在琉球群岛中最大的冲绳岛登陆，盟军攻势已逼近日本和中国大陆。25日，苏军与英美盟军在德国中部易北河边的托尔高城会师，柏林处在全面包围之中。27日，意大利法西斯头目墨索里尼被游击队抓获，28日被处死。5月2日，苏联红军占领德国首都柏林，驻意大利境内的百万德军也向盟军投降。

5月5日至21日 中国国民党在重庆举行第六次全国代表大会。蒋介石致开幕词，表示不能废除一党专政，要提前召开国民大会，实现"还政于民"，"即使遇到困难或阻力，本党亦应毅然决然执行我们革命建国的使命，力排万难，促其实现"。反共仍是这次大会的一个中心议题。5月18日，蒋介石在大会讲话中声称："今日的中心工作，在于消灭共产党！日本是我们国外的敌人，中共是我们国内的敌人，只有消灭中共，才能达成我们的任务。"潘公展在作《关于中共问题的特别报告》中说："与中共的斗争无法妥协。今日之急务，在于团结本党，建立对中共斗争之体系，即创造斗争之优势与环境。……当前对中共之争论，应集中于反驳联合政府，反驳抗日战争中有两条路线的论调，反驳中共具体纲领，与反对解放区人民代表大会。"国民党六大除了一套公布的决议外，还有一套不公布的决议，其中包括《本党同志对中共问题的工作方针》，攻击中共联合政府的口号是"企图颠覆政府"，"凡我同志均应提高警觉，……整军肃政，加强力量"，准备"解决"中共。大会决定成立特种委员会，专门进行反共活动。会议还通过了增强沦陷区反攻力量等议案，决定召开国民大会。29日，新华社对国民党六大发表评论，指出这次大会由于国民党反动统治集团的顽固坚持，决定拒绝联合政府的主张，召集国民党一手包办的国民大会，继续坚持其反人民反民主的"统一"，并准备以所谓"妨碍抗战，危害国家"的罪名解决共产党。这正式表明国民党当局已经走上了坚持独裁、准备内战的道路。

5月7日 德国宣布无条件投降。8日，德军最高统帅部代表杜尼兹，在柏林近郊的苏军总司令部签署无条件投降书。6月5日，苏、美、英、法在柏林签订四国共同占领德国协定。

5月23日 国民党当局纠集第三战区第五十二师、第七十九师等包括美国训练装备的精锐部队在内的十个师,委派上官云相为指挥官,李觉为前敌总指挥,后分三路向新四军苏浙军区进攻。新四军部队为顾全大局于6月4日退出新登,8日又撤出临安和天目山地区。国民党得寸进尺,深入解放区达百里。新四军被迫自卫,于19日发起天目山反顽战役,历时五天,歼灭顽军6800余人,保卫了苏浙根据地,粉碎了顽军企图将新四军逐出江南的计划。

6月16日 中共中央负责人就国民党定于7月7日召开第四届国民参政会问题,发表《关于不参加本届国民参政会的声明》。指出:国民政府决定7月7日召开所谓国民参政会,中共方面将不出席。这是因为:(一)自1944年9月以来,中共与中国民主同盟及其他广大民主人士,一致要求国民党取消一党专政,召开各党派及无党派代表会议,成立民主联合政府。此项主张,实为中国大多数人民公意之反映,但经国共几次谈判后,已被国民政府所拒绝。(二)此次所谓新的国民参政会之召集,国民政府事先并未与本党及其他民主党派协商,完全是国民党一手包办,中共及民主党派无合法地位。(三)国民党六大一意孤行,决定于11月12日召集分裂民族、准备内战的所谓国民大会,而在国民参政会上将要通过许多具体办法,以便实现国民党的反动决议。根据上述理由,中共决定不参加此次会议,以示抗议。

6月17日 中共中央致电王若飞,就对美、对蒋方针问题作出指示,指出:美国政府目前的政策确是扶蒋抗日反共,其错误在于认为蒋介石可以打败日本,统一中国,但结果会与其希望相反。须知美国现行政策是确定了的,不到山穷水尽,不会改变。蒋介石的内战方针也是确定了的,除非我有力量胜过他,才能制止之。我们反对内战,同时要表示不怕内战,以压蒋之气焰,坚同盟者对我之信心。当前我们除扩大武装,扩大解放区,并派兵建立华南战略根据地外,在大后方应着重农村武装斗争之积极准备及国民党军队中的工作。七大以后,中央拟为大后方准备这两项工作的干部,训练后陆续派去。18日,毛泽东再电王若飞,指出:中共对参政会态度已于今日广播。复七参政员电发出后,估计蒋不一定要他们来,如许其来,只来参观,亦应欢迎之,并争取你陪他们同来。揭露美械助蒋内战事,将由剑英发表公开声明,以后并将经常供给你们此项材料,便于对外宣传。

6月19日 中共七届一中全会举行第一次会议。毛泽东在会上指出:参加蒋介石召开的国民大会是危险的,故我们拒绝参加。我们决定不参加,把一个问题摆在美、蒋面前,也使中间派有文章做。这次国民大会开不开得成,蒋介石下决心的时候是在11月。不开的好处是大家不合法;开的好处是蒋介石骑虎难下,成为众矢之的。我们的解放区人民代表会议则是稳当的、有利无弊的。它可能向两个方向发展,一个是向联合政府发展,选举一个解放区联合会;另一个也是向联合政府发展,但要经过一个曲折。成立解放区联合会,这是一个重大的步骤,前途就是成立一个新民主主义的政府。

6月19日 周恩来在中共七届一中全会第一次会议讨论关于解放区人民代表会议问题时指出:国民党如独裁地召开所谓国民大会,我们就召开解放区人民代表会议,同他对立,日期定在11月,现在民主党派和外国记者也知道我们要开这个会。

7月1日 褚辅成、黄炎培等六位国民参政员,由王若飞陪同抵达延安。毛泽东、朱德、周恩来、林伯渠等前往机场迎接。2日,六位参政员到杨家岭拜访毛泽东。当晚,中共中央设宴招待六位参政员,并举行盛大欢迎晚会。毛泽东、朱德、周恩来、李富春等领导人出席。由周恩来致欢迎词,代表中共中央欢迎六位在大后方为抗战、民主、团结奋斗多年的老朋友。黄炎培讲话说,在延安看不到荒废的土地和游手好闲的人,得出一个结论:共产党是进步的、踏实的。3日,毛泽东、周恩来约见章伯钧、左舜生;毛泽东、朱德、周恩来、林伯渠到招待所看望六位参政员,并就停止召开"国民大会",从速召开政治会议等问题同他们进行商谈。4日,中国共产党代表与六位参政员会谈,一致同意停止国民大会工作,从速召开政治会议。中共方面建议,政治会议之组织,由中国国民党、中国共产党、中国民主同盟三方面各自推出三分之一的代表,并经其他方面同意的无党派代表人士共同组成之。政治会议之性质应该是公开的、平等的、自由的、有决定权的。政治会议应议的事项为:关于民主改革的紧急措施;关于结束一党专政与建立民主的联合政府;关于民主的施政纲领;关于将来国民大会的召集。政治会议召开以前,应释放政治犯。5日,六位参政员离延安飞返重庆,毛泽东等到机场送行。访问延安的参政员返重庆后对记者说:"本届参政会中共方面的参政员仍不拟出席,中共代表王若飞临时因家务牵制,未及偕行来重庆。日来数度商讨之结果,前途颇为乐观,一切尚有逐步解决之希望。"10日,蒋介石接见赴延安归来的六位参政员,表示对他们携回的中共书面意见加以研究考虑。

7月6日 数月以来,国民党军郭长清部多次进攻晋绥根据地,晋绥联防军在再三忍让之后奉命反击,将郭部赶回黄河以西。6月中旬,晋绥联防军又在绥中、三眼井、园脑包地区,与郭长清部激战六天,歼其500余人。8月上旬,绥西全部解放。

7月7日 中共中央发布纪念全民族抗战八周年口号。这次提出的口号共22条,强调立即废除国民党一党专政,实行民主政治,动员、统一和扩大全国人民的一切抗日力量,彻底消灭日本侵略者;坚决反对国民党一党包办的、制造分裂的、准备内战的伪国民大会,立即召开各党派代表和无党派人士参加的国事会议,建立民主的联合政府;要求立即释放张学良、杨虎城、叶挺等被捕的抗日将士和陈潭秋、廖承志、马明方等在狱的共产党;中国解放区军队要继续向一切被敌伪占领而又可能攻克的地方,发动广泛的进攻,扩大解放区,缩小沦陷区,并准备随时粉碎敌人的进攻等。

7月7日 《解放日报》发表社论《纪念抗战八周年》。社论指出,摆在中国人民面前的困难和障碍有:日本侵略者还有力量;盟国美英统治阶层中的帝国主义分子企图恢复在远东的殖民统治,不愿中国人民获得真正的独立与解放;国民党统治集团的寡头专制和对人民的摧残;等等。但是任何企图阻碍我们胜利的国内及国际反动力量都将被中国人民从历史舞台上赶下去。

7月7日 蒋介石于全民族抗战八周年纪念日向全国军民发表广播演说,强调"外求独立""内求统一"是所谓现行的国策。

7月7日 中共中央军委发出关于对美国反动政府及美军人员对策的指示,指出:自从美国驻华大使赫尔利公开发表全力支持蒋介石集团,而不与中共合作以后,中共对美国态度是:反对美国现在对华的错误政策(扶蒋、反共、防苏);反对美国政府中的帝国主义分子(如赫尔利等);支持其中进步的对中共同情的分子。批评美国政府的扶蒋反共政策,要求其加以改变,特别要强调美军对日作战,如无我军配合则不能缩短战争、减少牺牲这一点,逼迫美国政府重新考虑其政策。在美方未与我方确立军事合作以前,不许他们派人到前方去,特别不准在敌后我区建立通信机关。

7月10日 新华社发表毛泽东写的评论《评蒋介石参政会演说》。评论指出:以粉饰蒋介石独裁统治为目的而召集的第四届国民参政会,从蒋介石致的开幕词来看,所谓

1945年11月12日召集"国民大会"的公案，大概就此收场了。在这件公案中蒋介石和帝国主义者赫尔利唱的是双簧，对于这类违反人民意志的任何欺骗，是断乎不许可的。中国人民所要的是立即实行民主改革，例如释放政治犯，取消特务，给人民以自由，给各党派以合法地位等。12日，毛泽东又为新华社撰写社论《评赫尔利政策的危险》。社论指出：以美国驻华大使赫尔利为代表的美国对华政策，越来越明显地造成了中国内战的危机。可以确定地说，支持中国反动势力、以中国人民为敌的赫尔利式的政策，如果继续不变的话，那就将给美国政府和美国人民以千钧重负和无穷祸害。19日，新华社再次发表评论赫尔利政策的文章，评论引用了美国《读者文摘》6月号发表的文章《在中国爆发了世界命运的危机》，说中国或者走"毛泽东和中国共产党所指出的俄国极权主义道路"，或者走"蒋介石和国民党所指出的俄国极权主义道路"，或者走"蒋介石和国民党所指出的美国民主主义的道路"。新华社指出：这是赫尔利政策的又一个公开说明，所谓"美国民主主义的道路"在中国就是"在伪装民主下的封建法西斯主义的道路"，我们一定不走这条路，而要走毛泽东所指出的新民主主义道路。

7月17日至8月2日 苏、美、英三国首脑斯大林、杜鲁门、丘吉尔在德国柏林西南之波茨坦会晤，讨论德国投降后欧洲问题的处理、与原轴心国签订和约的方式以及占领德国的原则等问题。26日，以中、美、英三国共同宣言的形式发表波茨坦公告，促令日本无条件投降，规定对日本领土实行占领，完全解除日军武装，惩治战争罪犯，不准日本保存和发展可使其重新武装的工业，毁灭日本制造战争的力量。

7月21日 胡宗南部暂编第五十九师、骑兵第二师、预备第三师等，分别由淳化、方里镇等地向晋绥联防军的爷台山阵地发动进攻。23日，中共中央书记处开会研究胡部进犯事，决定一面揭露胡宗南挑起内战、破坏抗日的罪行，一面准备在边区之内歼灭胡军一部，使其缩手。同日，八路军总司令朱德、副总司令彭德怀致电蒋介石、胡宗南，要求其制止对陕甘宁边区爷台山的进攻。25日，蒋介石反而又命令河套、伊盟等地军队向绥西、绥南解放区进攻，扬言将在绥远、察哈尔两省建立"防区区"，防止八路军前往东北。26日，陕甘宁晋绥五省边区联防司令贺龙通电蒋介石、胡宗南，要求立即停止对边区的进攻，撤返原防。27日，爷台山防区守军经几天顽强自卫，终因寡不敌众，撤出爷台山、官庄、于村一线阵地,胡宗南部占领宽50公里、纵深十公里地区内的41个村庄。为保障陕甘宁边区南部的安全,中央军委决定趁胡部立足未稳之际予以反击,并成立了以张宗逊为司令员的南线临时指挥部,组织新编第四旅、第三五八旅等部队投入收复失地的战斗,战至8月上旬,将入侵的胡宗南逐出边区,取得爷台山反击战的胜利。

7月22日 新华社发表毛泽东写的关于时局的评论《内战危险空前严重》。评论指出：第四届国民参政会已于20日闭幕,整个会议所讨论的中心问题是"国民大会"问题,19日通过一个决议案。这个决议包含了某些妥协性,但是并未变更国民党要召开"国民大会"的反动计划。"国民大会"这个法宝仍然拿在独裁者手里,他想什么时候使用都由他,而且即使没有"国民大会"仍然可以打内战,中国人民绝对不可稍有疏忽与大意。"只有三个条件可能改变中国的政治形势：第一个,解放区军民一致团结起来,坚决地扩大解放区,缩小沦陷区,坚决制止内战；第二个,国民党统治区的人民民主力量一致团结起来,坚决反对内战；第三个,英、美、苏三国在东方问题上团结一致,反对中国的内战。中国人民应该为争取三个条件,反对内战危险而奋斗。"

7月22日 毛泽东致电中共中央重庆工委委员徐冰、刘少文,指出："蒋一切布置都是准备反共的,内战危机空前严重,望将延安反内战新闻在大后方设法传播。这些新闻的措词将使中间派认为太尖锐,但日后将证明我们意见之正确性。"毛泽东在电文中表示："望用最大注意力布置云、贵、川三省农村据点,准备将来打游击,不使我党在国民党发动内战时处于完全挨打与束手无策的地位。"22日,毛泽东再次致电徐冰、刘少文,告知胡宗南由河南前线及西安等处调动四个军的兵力,开到陕甘宁边区边境三原、淳化一带,其一部已袭入我关中地区,内战危机突趋严重,让他们向邵力子提出质问,要求制止内战。

7月22日 毛泽东致电王震、王首道,指出："蒋介石一切准备都是反共产的,内战危险空前严重。""你们的唯一任务是争取目前一刻千金的时间,在粤北、湖南创立五岭根据地,并与广东我军连成一片,准备于内战时牵制南方一翼。"不要希望在浏阳、醴陵、衡阳、宝庆(今邵阳)一带建立根据地,蒋介石必于日军失败后出死力铲除这些根据地,那时将使我军处于不利地位。

7月23日 中共中央致电徐冰、张明,告以在国民参政会期间蒋介石调集九个师进攻边区。指示他们向大后方人民、民主人士及各国使节、新闻界说明蒋介石挑起内战，呼吁共同起来制止。并令王炳南、龚澎在记者会议上进行揭露，《新华日报》加强宣传和戒备。

7月23日　中共中央书记处召开会议，讨论如何打退胡宗南部对陕甘宁边区淳化县爷台山的进攻。毛泽东说：胡宗南他们已经战役展开，问题是大打还是小打，小打就是打爷台山。要准备他们大打大闹。大打，要准备他们打到延安。毛泽东要求西北局和陕甘宁晋绥联防军司令部全力组织好这次战斗。会议决定：集结八个团的兵力，由张宗逊、王世泰指挥，打击进入关中的国民党顽军；将胡宗南部进入边区事通知美军观察组和国民党联络参谋；由朱德致电胡宗南、蒋介石提出抗议。

7月25日　新华社发表毛泽东写的关于爷台山战事扩大的新闻稿。新闻稿说，爷台山战事扩大，蒋军正面攻击部队，除暂五十九师外，又增加一个师，并配备有许多新式武器。"爷台山为一重要据点，蒋军志在必得，然后深入关中分区，据为向北进攻之有利阵地。但我军士气高涨，决不让任何反动派轻易窜入，屠杀边区人民。关中全区民众已迅速动员起来，协助守军作战，送茶水，抬伤兵，热烈异常，对于战胜这些反动派，具有充分的信心。"

7月25日　徐冰至参政会访晤邵力子，告以国民党军队进攻陕甘宁边区，发生冲突，提出双方军队各回原地，邵力子答称，此次事件系中共军队突出边区所致，只要中共军队退走，决可无事。

7月26日　中、美、英三国发表《波茨坦公告》，促令日本无条件投降。

7月27日　毛泽东致电徐冰、刘少文：21日至今七天侵入边区之胡宗南部，计有第三十六军之暂十五师、暂五十九师和第十六军之预备第三师，战线长达百余里。我们决将入侵之胡军打出去。

7月27日　《新华日报》发表了徐冰与邵力子于25日在参政会会晤时的谈话，并加编者按说明"淳化事件"的经过，驳斥了邵力子对事件的歪曲，并呼吁全中国、全世界人民共同起来制止这场祸国殃民的内战。

7月30日　毛泽东就美国大使馆劝告中共不要批评赫尔利

一事致电徐冰、刘少文,指出:美国报纸经常批评外国元首,为什么中国人不能批评赫尔利?赫尔利曾经批评中共,把中共和军阀并列,并且是当作整个党来批评的,为什么中共不能批评他?"我们的批评是将美国政府与美国人民分开,又将美国政府中决定对华政策的人物与其他人员分开,又将美国政府一部分错误政策与其他正确政策分开,只要美国政府的现行扶蒋反共政策有一天能够改变,我们就将停止批评这个政策,否则是不可能停止的。以上意见,请向有关方面给予解释。"

7月30日 毛泽东致电徐冰、刘少文,告以胡宗南军此次进入分为四路,共侵占八路军防地44个村。东面第一路侵入陕甘宁边区34里,中间第二路侵入边区24里,中间第三路侵入边区12里。西面第四路侵入边区十里,东西两端顽军相距45里。指示他们将上述情况在报上公布,并向各方交涉。"如彼方全部撤退,我方保证不超出边区原有防地一步。如爷台山不撤,难免一战,我方已调集相当兵力待命。"

8月4日 孙科于重庆接见记者,说"淳化事件"是胡宗南保安队哗变所致,解决问题的唯一方法是建立联合政府。

8月6日 美国在日本广岛投下第一颗原子弹。9日,美国在日本长崎又投下一颗原子弹。

8月7日 以宋子文为首包括蒋经国(蒋介石私人代表)在内的国民政府代表团抵达莫斯科,与苏联签订了《中苏友好同盟条约》,这个条约规定:占领东北的苏军从日本投降后第六周起开始逐步撤退,由中国接收地方主权。还规定中苏双方首先是在现地进行外交交涉,即国民党政府派出代表与在东北的苏联驻军当局谈判苏军撤军时间和程序。蒋介石为此委任蒋经国为东北外交特派员,在长春设立公署。

8月8日 苏联政府宣布对日作战,苏联红军进入中国东北,向日本关东军大举进攻。

8月9日 毛泽东发表《对日寇的最后一战》的重要声明,指出:"对日战争已处在最后阶段,最后地战胜日本侵略者及其一切走狗的时间已经到来了。在这种情况下,中国人民的一切抗日力量应举行全国规模的反攻,密切而有效力地配合苏联及其他同盟国作战。八路军、新四军及其他人民军队,应在一切可能的条件下,对于一切不愿意投降的侵略者及其走狗实行广泛的进攻,歼灭这些敌人,夺取武器和资财,猛烈地扩大解放区,缩小沦陷区。"从此中国人民的抗日战争进入了战略反攻阶段。

8月9日 中共中央召开中共七届一中全会第二次会议。会议着重讨论时局问题。毛泽东阐述了苏联参战后的形势和党的方针、任务。他说:苏联参战,使抗日战争进入最后阶段。我们准备发表一个声明。我们的任务有四项,即配合作战、制止内战、集中统一、国共谈判。现在同苏联红军配合作战,是痛快的。具体如何配合,还要等战争的展开。我们现在要做的是配备干部,发展攻势,准备几十个旅打仗,考虑一个计划。防御的问题在解放区一般地是不存在了,只有局部还有敌人的"扫荡",因此我们应广泛发展进攻,这与制止内战有关。我们要对日本军队放手进攻,这不会犯冒险主义,要学习较大规模的作战。如果在战略上今天还不放手就会犯错误,当然战役上要谨慎。日本交防给蒋介石,这种接防一般地是难于制止的,中间是蒋,我们的文章就在左右两翼做。我们在第一个时期的主要方针是取之于日伪,扩大了地方,扩大了力量,然后才有可能在第二时期回过头来对付内战的威胁。在干部分配、财政、城市工作、装备分配等方面,都要考虑集中统一问题,大城市归中央管。在苏、美、中协定的基础上准备继续国共谈判,国共谈判要在国际的基础上(不是一切)来解决。苏联参战后,美国的政策可能有某些改变,但靠蒋介石是一定的。所以我们与美、蒋是一个长期的麻烦。内战的危险随着日本的垮台而增加。

8月9日 毛泽东同朱德致电斯大林:"我们代表中国人民,对苏联政府的对日宣战,表示热烈的欢迎。中国解放区的一万万人民及其军队,将以全力配合红军及其他同盟军队消灭万恶的日本侵略者。"

8月9日 中共中央主席毛泽东对苏联对日宣战发表声明:中国人民热烈欢迎苏联对日宣战。"由于苏联这一行动,对日战争的时间将大大缩短。对日战争已处在最后阶段,最后地战胜日本侵略者及其一切走狗的时间已经来到了。在这种情况下,中国人民的一切抗日力量应举行全国规模的反攻,密切而有效力地配合苏联及其他同盟国作战。""中国民族解放战争的新阶段已经到来了。全国人民应该加强团结,为夺取最后胜利而斗争。"

8月9日 中共中央发出指示,指出国民党正在企图利用盟军登陆之机,准备大规模内战。因此,闽、粤、赣边党的工作方针,应放在放手发动群众,坚持与发展各地武装据点,实行人民武装自卫的斗争。闽、粤、赣边是将来内战国民党与我党必争的战略据点,故现在必须加强一切必要的准备。中央对军事、武工队、农民组织、干部等问题都提出了具体意见。

8月10日　日本政府向苏、中、美、英四国请降。日本外相东乡访苏驻日大使,表示日本政府愿意接受《波茨坦公告》,准备无条件投降,唯一要求是保留天皇,并把这一决定通过瑞士、瑞典等中立国政府通知各国政府。11日,苏、中、美、英四国政府复文规定:"日本一切陆海空军当局以彼等控制之下的一切部队(不论其在何处)",必须"停止积极活动,交出武器"。

8月10日至11日　朱德总司令为日本投降事向各解放区所有武装部队连续发布七道命令:限令日伪军投降,我军应即占所有城镇及交通要道,实行军事管理,维持秩序,如遇拒绝投降缴械者,应坚决消灭之。

8月10日　蒋介石从东京英语国际广播中获悉日本侵略者乞降的消息后,当晚,就匆匆对陆军总司令何应钦发出训令:"令敌驻华最高指挥官,转饬所部,即就现态势停止一切军事行动",并警告辖区内敌军"不得向我已指定之军事长官以外任何人投降缴械"。

8月11日　蒋介石连续发出三道命令:(一)国民党军队"积极推进";(二)电延安朱德、彭德怀,要中共部队"原地驻防";(三)伪军"维持治安",冈村宁次不得向国民党军以外的部队投降。

8月11日　中共中央作出《关于日本投降后我党任务的决定》。决定指出:"苏联参战后,日本已宣布投降。国民党积极准备向解放区收复失地,夺取抗日胜利的果实。这一争夺战,将是极猛烈的。""目前阶段,应集中主要力量迫使敌伪向我投降,不投降者,按具体情况发动进攻,逐一消灭之,猛力扩大解放区,占领一切可能与必须占领的大小城市与交通要道,夺取武器与资源,并放手武装基本群众,不应稍有犹豫。为此目的,各地应将我军大部迅速集中,脱离分散游击状态,分甲乙丙三等,组织成团或旅或师,变成超地方性的正规兵团,集中行动,以便在解决敌伪时保证我军取得胜利。解决敌伪后,主力应迅速集结整训,提高战斗力,准备用于制止内战方面。但各地均应保留必要数量之地方兵团与游击队,放手提拔地方干部带兵,用以保卫地方,民兵枪枝必须保留,决不可一切皆集中。""将来阶段,国民党可能向我大举进攻,我党应准备调动兵力,对付内战。"决定说，苏联参战，日本已表示投降。在这种形势下，我们可考虑恢复国共谈判，对美国和国民党的批评暂取和缓态度。但绝对不能对蒋介石抱幻想，应在人民中揭露其欺骗，对他发动内战的危险应有充分精神准备，而在目前主要应集中力量解决敌伪，夺取最大的胜利。

8月11日 中共中央致电王震、王首道："苏联参战，日本投降，内战迫切，你们任务仍是迅速到达湘粤边与广东部队会合，坚决创造根据地准备对付内战。"

8月12日 为中共中央起草致晋绥、晋察冀两分局电："我绥远部队务用全力歼灭傅作义东进部队，我晋冀、平北、冀东三区部队务速分兵北进，迎接外蒙军及红军。"傅作义当时任第十二战区司令长官，他率领五原东进部队中的四个军，在占领归绥(今呼和浩特市)后继续向张家口东进。按照中共中央指示，晋绥军区全力抗击自归绥沿平绥线向张家口进攻的傅作义部队。8月23日，晋察冀部队从日伪手中攻占察哈尔省会张家口，打通与晋绥军区的联系，配合长城以外的苏蒙军解放察哈尔全省。冀东三个军分区部队分别向承德、赤峰、沈阳进军。

8月12日 中共中央致电山东分局：要万毅东北军速即完成出发准备，待命开往东北。

8月12日 中共中央致电华中局，指出："江南力量就现地向四周发展，夺取广大乡村及许多县城，准备内战战场。"江北力量的任务是"力争占领津浦路及长江以北，津浦以东、淮河以北一切城市，消灭伪军，准备与李品仙、何柱国作战，并以有力部队配合八路军占领陇海路"。

8月12日 中共中央根据国共力量对比，确定各战略区必须力争占领之交通线及其沿线大小城市的范围。重新规定华中新四军的任务是：江南部队就地向四周发展，夺取广大乡村和许多县城，准备反对内战的战场，不作占领大城市的打算；江北部队力争占领津浦路及长江以北、津浦路以东、淮河以北的一切城市，消灭敌伪军，以有力地配合八路军占领陇海路，并准备在李品仙、何柱国进攻时进行自卫战争。

8月12日 美国驻国民党政府大使赫尔利在给美国政府的电报中说："我已建议依照投降条件，日本须将所有在中国的武器……交给中国国民政府。"同日，麦克阿瑟以远东盟军总司令的名义，命令日本政府和中国战区的日军，只能向国民政府及其军队投降，不得向中国人民的武装力量缴械。

8月13日 毛泽东在《解放日报》发表为新华社写的评国民党中宣部发言人谈话和蒋介石的评论。评论指出："国民党中央宣传部发言人发表谈话说，第十八集团军朱德总司令于八月十日在延安总部所发表的限令敌伪投降的命令，是一种'唐突和非法之行动'。这种评论，荒谬绝伦。根据这种意见，可以逻辑地解释朱德总司令根据波茨坦公告和敌人投降的意向，下令给所属部队促使敌伪投降，倒反错了，应该劝使敌伪拒绝投降，才是对的，才算合法。无怪中国法西斯头子独夫民贼蒋介石，在敌人尚未真正接受投降之前，敢于'命令'解放区抗日军队'应就原地驻防待命'，束手让敌人来打。无怪这同一个法西斯头子，又敢于'命令'所谓地下军（实际上就是实行'曲线救国'的伪军和敌伪合流的戴笠系特务）和伪军，'负责维持地方治安'，而不许解放军抗日军队向敌伪'擅自行动'。这样的敌我倒置，真是由蒋介石自己招供，活画出他一贯勾结敌伪、消除异己的全部心理了。可是中国解放区的人民抗日军队，绝不会中此毒计。""现在我们向全国同胞和世界盟邦呼吁，一致起来，同解放区人民一道，坚决制止这个危及世界和平的中国内战。"

8月13日 毛泽东在延安干部会议上作《抗日战争胜利后的时局和我们的方针》的讲演。他指出，抗日战争胜利后新的情况和任务是国内斗争，是建立一个无产阶级领导的人民大众的新民主主义的国家，还是建立一个大地主大资产阶级专政的半殖民地半封建的国家？目前这个斗争表现为蒋介石要篡夺抗战胜利果实和我们反对他的篡夺的斗争。蒋介石要发动全国规模的内战的方针已经定了，他还要坚持独裁的反动方针。我们对此要有准备。讲演指出："对于蒋介石发动内战的阴谋，我党所采取的方针是明确的和一贯的，这就是坚决反对内战，不赞成内战，要阻止内战。今后我们还要以极大的努力和耐心领导着人民来制止内战。但是，必须清醒地看到，内战危险是十分严重的，因为蒋介石的方针已经定了。按照蒋介石的方针，是要打内战的。按照我们的方针，人民的方针，是不要打内战的。""从整个形势看来，抗日战争的阶段过去了，新的情况和任务是国内斗争。蒋介石说要'建国'，今后就是建什么国的斗争。是建立一个无产阶级领导的人民大众的新民主主义的国家呢，还是建立一个无产阶级领导的人民大众的新民主主义的国家呢？还是建立一个大地主大资产阶级专政的半殖民地半封建的国家？这将是一场很复杂的斗争。目前这个斗争表现为蒋介石要篡夺抗战胜利果实和我们反对他篡夺的斗争。""全国性的内战不论哪一天爆发,我们都要准备好。早一点,明天早上就打吧,我们也在准备着。这是第一条。现在的国际国内形势,有可能把内战暂时限制在局部范围,内战可能暂时是若干地方性的战争。这是第二条。第一条我们准备着,第二条是早已如此。总而言之,我们要有了准备。有了准备,就能恰当地应付各种复杂的局面。"毛泽东在讲演中明确提出对蒋介石要采取针锋相对的方针,人民得到的权利必须用战斗来保卫。他说:一方面要尽力争取和平,反对内战;另一方面对帝国主义和反动派不抱幻想,不怕威吓,坚决保卫人民的斗争果实,努力建立无产阶级领导的、人民大众的、新民主主义的新中国。目前"内战危险是十分严重的"。"蒋介石对于人民是寸权必争,寸利必得",因此,我们的方针是"针锋相对,寸土必争"。我们是按照蒋介石的办法办事。我们的方针是放在自己力量的基点上,叫作自力更生。我们能够依靠自己组织的力量,打败一切中外反动派。

8月13日 朱德以八路军总司令的名义致电蒋介石,坚决拒绝蒋介石11日让八路军、新四军"原地驻防待命"的命令。明确指出:"这个命令不但不公道,而且违背中华民族的民族利益,仅仅有利于日本侵略者和背叛祖国的汉奸们。"

8月14日 日本政府照会美、英、苏、中四国政府,宣告接受《波茨坦公告》。15日,日本天皇裕仁以广播《终战诏书》的形式向日本民众宣布无条件投降。

8月14日 新华社记者揭破蒋伪合流反对中国人民的大阴谋。指出南京伪政权及重庆蒋政权,都是彻头彻尾反人民的封建、买办、法西斯的反动政权。日军要垮台了,因而他们又要合在一起,共同反对中国人民与中国共产党,蒋介石8月11日给所谓"地下军"及伪军的命令,就是蒋伪合流,共同反共反人民大阴谋的公开暴露。

8月14日 蒋介石向毛泽东发出第一封邀请电,请他到重庆商讨国家大事。电文说:"倭寇投降,世界永久和平局面,可期实现,举凡国际国内各种重要问题,亟待解决,特请先生克日惠临陪都,共同商讨,事关国家大计,幸勿吝驾,临电不胜迫切悬盼之至。"16日,毛泽东复电蒋介石,表示将考虑同他会见的问题。电文说:"朱总司令本日午有一电给你,陈述敝方意见,待你表示意见后,我将考虑和你会见的问题。"

8月15日 朱德以中国解放区抗日军总司令名义,向日本侵略军中国派遣军总司令冈村宁次发布命令,令其"所指挥的一切部队,停止一切军事活动,听候中国解放区八路军、新四军以及华南抗日纵队的命令,向我方投降(被国民党军队所包围之日军除外)"。并具体部署了投降事宜。要求冈村宁次及其指挥的在华北、华中及华南的日军指挥官,对执行这一命令负绝对责任。

8月15日 蒋介石以中国战区最高统帅的名义,急电南京日军最高指挥官冈村宁次,提出要求日军投降的六项原则,令其通令所属日军停止军事行动。又令在"军事行动停止后,日军可暂有其武装及装备,保持现有态势,并维持所在地之秩序及交通,听候中国陆军总司令何应钦之命令"。

8月15日 朱德以中国解放区抗日军总司令名义,致美、英、苏三国政府函,提出下列要求和声明:中国国民政府及其统帅部不能代表中国解放区、中国沦陷区人民和抗日武装;中国解放区、中国沦陷区一切抗日的人民武装力量有权接受被我军包围之日伪军投降,有权参加国际有关会议;请美国政府立即停止对国民党之租借法案,不能援助国民政府打内战。

8月15日 蒋介石的发言人在重庆记者招待会上关于所谓共产党违反蒋介石委员长对朱德总司令的命令时说:"委员长之命令,必须服从。""违反者即为人民公敌。"

8月16日 新华社发表毛泽东写的评论《评蒋介石发言人谈话》,指出这是蒋介石公开发出的全面内战的信号。制止内战唯一的办法是:"坚决迅速努力壮大人民的民主力量,由人民解放敌占大城市和解除敌伪武装,如有独夫民贼敢于进犯人民,则取自卫立场,给以坚决的反击,使内战挑拨者无所逞其伎。"评论指出:在全民族抗日的八年中,中国共产党从没有一次放松提醒人民,制止内战危险。共产党同中国人民同全世界关心中国和平的人士一样,认为新的内战是一个灾难。但是共产党认为内战仍然是可以制止的,制止内战的一个条件:要力量。全体人民团结起来,壮大自己的力量,内战就可以制止。评论指出,"人民公敌"就是蒋介石。

8月16日 朱德致电蒋介石,提出了制止内战的六项主张,要求蒋介石立即废除一党专政,召开各党派会议,成立民主的联合政府,罢免贪官污吏及一切反动分子,惩办汉奸，废止特务机关；承认各党派的合法地位；取消一切镇压人民自由的反动法令；承认中国解放区的民选政府及抗日军队，撤退包围解放区的军队；释放政治犯；实行经济改革及其他各项民主改革。朱德在电报中再次拒绝蒋介石在8月11日的命令，表示坚决地彻底地反对蒋的错误命令，直至他公开承认错误，并公开收回这个错误命令之时为止。

8月16日 中共中央向重庆局发出指示，应集中宣传反对内战、反对独裁、主张和平、主张民主四个口号，要揭穿蒋介石企图嫁其内战责任于中共的欺骗阴谋。

8月20日 蒋介石第二次致电毛泽东，邀请他赴重庆谈判。电报说："来电通悉，期待正殷，而行旌迟迟未发，不无歉然。朱总司令电称一节，似于现在受降程序未尽明了。查此次受降办法，系由盟军总部所规定，分行各战区，均予依照办理，中国战区亦然，自未便以朱总司令之一电破坏我对盟军共同之信守。朱总司令对于执行命令，往往未能贯彻，然事关对内妨碍犹小，今于盟军所已规定者亦倡异议，则对我国家与军人之人格将置于何地。朱总司令如为一爱国爱民之将领，只有严守纪律，恪遵军令，完成我抗战建国之使命。抗战八年，全国同胞日在水深火热之中，一旦解放，必须有以安辑之而鼓舞之，未可蹉跎延误。大战方告终结，内争不容再有。深望足下体念国家之艰危，悯怀人民之疾苦，共同勠力，从事建设。如何以建国之功收抗战之果，甚有赖于先生之惠然一行，共定大计，则受益拜惠，岂仅个人而已哉！特再驰电奉邀，务恳惠诺为感。"

8月20日 也就是蒋介石发出第二封邀请电的当天，毛泽东和周恩来商定，由周恩来先行赴渝见蒋，并电告中共中央南方局徐冰与邵力子交涉，速派飞机来延。

8月21日 毛泽东为中共中央起草致华中局电，改变上海起义的方针，指出："浙东主力到上海有被消灭危险，不如仍在浙东，困难时可退浙南。日本投降条约即将签字，蒋介石已委任上海官吏，在此形势下上海起义变为反对蒋介石，必被镇压下去，宜改为群众组织各种团体发动清查汉奸斗争，立即建立群众性及《新华日报》上海版两种报纸，分开出版，而不建立政府。"

8月22日 毛泽东复电蒋介石，答复他第二封来电，电文说："兹为团结大计，特先派周恩来同志前来进谒，到后希予接洽为恳。"

8月23日　蒋介石第三次致电毛泽东,邀往重庆谈判。电文说:"承派周恩来先生来渝洽商,至为欣慰。惟目前各种重要问题,均待与先生面商,时机迫切,仍盼先生能与恩来先生惠然偕临,则重要问题,方得迅速解决,国家前途实利赖之"。电报还说已准备飞机迎接。

8月23日　国民党陆军总司令何应钦命令在中国日军在原地"作有效之防卫",不向解放区人民军队投降,对已经被人民军队解放的地区,"应由日军将其收回",移交给国民党政府。

8月23日　中共中央政治局举行扩大会议,根据对国际国内形势的分析,研究同国民党谈判的方针。毛泽东在会议开始时首先发言说:"恩来同志先去谈判,我后一下。现在的情况是抗日战争的阶段已经结束,进入和平建设阶段。全世界欧洲、东方都是如此,都进到和平建设时期。不能有第三次世界大战是肯定的。"他说:中国有两种可能进入和平情况,一种是我们可以得到一部分大城市,一种得不到。现在是得不到,原因有二:一是苏联为了国际和平和受中苏条约的限制,不可能帮助我们;二是蒋介石利用其合法地位,使日本完全投降他。我们只能承认这个事实。只能在得不到大城市的情况下进入和平阶段。蒋介石的地位,有利的方面是,有合法地位与大城市;不利的方面是,在他面前摆着强大的解放区,他内部有矛盾,他不能满足人民的民主、民生的要求。我们的地位,有利的方面是,抗日的功劳蒋介石不能磨灭,在全国人民中的地位为大革命和内战时期所没有过,为民主、民生而奋斗的纲领,能解决蒋介石所不能解决的问题;不利的方面是,没有大城市,没有机械化的军队,没有合法的地位。我们现在新的口号是:和平、民主、团结(过去是抗战、团结、进步)。和平是能取得的,因为苏美英需要和平,不赞成中国内战;中国人民需要和平。国民党也不能下决心来内战,因为它的摊子未摆好,兵力分散,内部矛盾,无论如何弱于日军加伪军,加上解放区的存在,我们不易被消灭,人民与国际反对内战,因此内战是可以避免与必须避免的。提出和平、民主、团结三大口号是有现实基础的。蒋介石想消灭共产党的方针没有改变也不会改变,他之所以可能采取暂时的和平,是由于有上述诸条件,以便医好自己的创伤,壮大自己的力量,将来等待机会消灭我们。关于承认解放区和人民军队的争论,一定是非常激烈的,可能要打打停停,甚至可能要打痛他才能逼他让步。对国民党的批评,本来是决定停一下的,因日本突然投降,蒋下令要我们"驻防待命",不得不再批评一下,今后要逐渐缓和下来。以后仍是"蒋反我亦反,蒋停我亦停",以斗争达团结,有理有利有节。不可能设想在蒋的高压下,没有斗争可以取得地位。中国的局面,现在是独裁加若干民主,并将有相当长的时期。我们还是钻进去给蒋介石"洗脸",而不是"砍头"。这个弯路将使我们党在各方面达到更成熟,中国人民更觉悟,然后实现新民主主义的中国。准备以中共中央委员会名义发表一个宣言,提出和平、民主、团结的口号。这次谈判应该去,不能拖,而且估计也不会有什么危险。随后,毛泽东全面分析了战后形势,阐述了中共在国共谈判中将采取的政策以及今后中国革命的发展道路问题。毛泽东在谈到关于内战与和平问题时说,我们现在的口号是"和平、民主、团结",这三大口号是有现实基础的,是能得到国内外的广大同情的。和平能够取得,这是因为:苏美英需要和平,不赞成中国内战;中国需要和平,过去是大敌当前,现在是疮痍满目;前方各解放区损失很大,人民需要和平,我们需要和平;国民党也不能下决心打内战,因摊子没摆好,兵力分散,内部有矛盾。国民党本身的困难,加上解放区的存在和我们不易被消灭,人民与国际反对内战,因此内战是可以避免与必须避免的。虽然蒋介石想消灭共产党的方针没有改变,也不会改变;但由于上述诸条件,他可能只好暂取和平,以便医好伤疤,壮大力量,将来等待机会消灭我们。我们要利用这个暂时的和平。会议结束前,毛泽东在再次发言中还对这次谈判可能产生的历史性结果和中共今后的斗争道路作了重要说明。他说:"今天的方针是七大定下来的,七大的方针就是反对内战。当前内战的威胁是存在着的,但国民党有很大困难,至少今年不会有大内战,和平是可能的。我们要准备有所让步以取得合法地位,利用国会讲坛去进攻。我们很需要这样一个时期来教育全国人民,来锻炼我们自己。谈判不成,国民党进攻我们,是否打?应该打。条件是打胜仗。我是否去重庆?还是出去,决定少奇同志代理我的职务,书记处另推陈云、彭真同志为候补书记,以便我和恩来同志出去后,书记处还有五人开会。"周恩来对局势同样有着清醒的判断,他在会上发言说:"从抗战转到和平,实现这个方针的后盾,一个是力量,一个是人心。我们是争取主动,迫蒋妥协。"这时,中共中央已经决定周恩来先去重庆谈判,他这样谈到自己的任务:"中央决定我出去,我个人想是一个侦察战,最重要的是看蒋开的是什么盘子。我们是诚意要求和平的,当然不能失掉我们立场。大家关心的是毛亲自出去的问题。这个今天还不能十分肯定,因为总要谈得拢才能出去,今天也不能作不出去的决定,看我出去谈判如何再决定,蒋的阴谋也必须考虑。"周恩来在会议发言中指出,国际上,美苏目前在东方问题上距离不大,都不愿有第三次大战;苏联不直接援助我们,对中国人民是有利的。在国内,蒋介石今天要下决心打下去还不可能,我们有准备就不怕。从抗战转到和平,我们实现这个方针的后盾和依靠,一个是力量,一个是人心。他估计,在即将举行的谈判中可能有三种情况:一、双方让步,求得妥协;二、我党争取主动,迫蒋妥协;三、出现"一面谈,一面打"或"打打停停"的局面,"我吃亏,他理亏"。他还说:谈判求得妥协,须双方让步。我们是诚意要求和平,当然,不能失掉立场。实现和平的后盾,一是力量,一是人心。我们要争取主动,迫蒋妥协。也可能边谈边打,或者打打停停。实现新民主主义的中国这个总任务没有变。将来会有一个新的革命高潮,我们准备迎接。会议决定,先派周恩来前往重庆,随后毛泽东再去进行谈判。同中国国民党谈判的方针是依靠人民的力量,同蒋介石的反共方针作针锋相对、有理、有利、有节的斗争,迫使他在一定程度上接受人民的意愿,实行一定的政治改革,以维持国内和平,逐步实现政治民主化。在毛泽东去重庆谈判期间,由刘少奇代理中共中央主席职务。会议并增选陈云、彭真为中共中央书记处候补书记。会议还决定朱德、刘少奇、周恩来、彭德怀为中共中央军委副主席。会议根据毛泽东的提议,讨论并通过了《目前紧急要求》。这份文件由周恩来起草,最初为12条,内容包括:承认解放区的民选政府和抗日军队;撤退包围和进攻解放区的国民党军队;划定八路军、新四军和华南抗日纵队接受日军投降的地区;解放区抗日军队有权派代表参加处置日本投降后的一切重要工作;严惩汉奸,解散伪军;释放爱国政治犯;承认各党派合法地位;取消特务机关;取消一切妨碍人民自由的法令和对新闻出版的检查条例;召开政治会议,商讨抗战结束后的紧急措施,成立民主的联合政府等。毛泽东看后,增加了两条:救济受难同胞;公平合理地整编军队,办理复员。后来,经秦邦宪提议,将12条合并为六项,于8月25日在《中共中央对目前时局宣言》中发表。会议认为,应当力争一个有利于人民的和平建设时期;即使是暂时的和平,也应当积极争取。

8月24日 毛泽东复电蒋介石,他将偕周恩来赴渝进行谈判,表示"亟愿与先生会见,共商和平建国之大计"。电报说:"俟飞机到,恩来同志立即赴渝进谒,弟也准备随即赴渝。"

8月24日 国民政府国防部副总参谋长白崇禧致函蒋介石,提出抢占地盘和利用伪军阻止八路军收复日军占领区域的建议。主要内容为:

"(一)请迅速由海陆两途推进派遣部队控制要点,以免归顺或观望之伪军被奸党威迫利诱;(二)请速即发表北平行营命令以便先遣要员率一小部空运部队早达平津,指挥先遣军及伪军巩固要点,控制机场及海口,以保持交通联络,并安定民心及归顺军之军心;(三)令由行营指挥河北滦东二带之归顺之伪军,布防山海关、喜峰口、古北口之线,以防奸军东窜渗入东北境内,夺取伪械,发展组织。因苏军进入伪满境内,其撤退完毕有3个月以内之时间,倘此时任奸军渗入,苏军以不干涉内政为口实,想不至拒止,我对奸军投鼠忌器,东北环境恐日趋困难矣;(四)黄河以北党政军各机关渐次向北推进,联络通讯即已困难,协同一致亦属不易,请划定行营管辖区域及所属战区,俾便督导指挥。"

8月25日 美军中国战区司令官魏德迈再次致电毛泽东。当天,毛泽东复电魏德迈。复电说:"鄙人承蒋委员长三电相邀,赫尔利大使两次表示愿望来延,此种诚意,极为心感。兹特奉达,欢迎赫尔利大使来延面叙,鄙人及周恩来将军可以偕赫尔利大使同机飞渝,往应蒋委员长之约,以期早日协商一切大计。"

8月25日 中共中央政治局七名委员同从重庆回来的王若飞一起,再次研究毛泽东去重庆的问题。经过反复权衡利弊,决心同意毛泽东去重庆。同日,中共中央发表《对目前时局的宣言》。宣言指出:由于日本的投降,中华全民族八年所坚持的神圣的抗日战争,已经胜利地结束了!全世界反法西斯战争也胜利结束了!在全中国与全世界,一个新的时期,和平建设的时期,已经来临了!中国共产党认为在这个新的历史时期中,"我全民族面前的重大任务是:巩固国内团结,保证国内和平,实现民主,改善民生,以便在和平民主团结的基础上,实现全国的统一,建设独立自由与富强的新中国,并协同英、美、苏及一切盟邦巩固国际间的持久和平"。第二天,中共中央举行政治局会议,继续讨论去重庆谈判的有关问题。毛泽东在会上发言说,"我去重庆的问题,昨晚政治局七同志与若飞同志商谈,决心答复魏德迈的电报,去,这样可以取得全部主动权。要充分估计到蒋介石逼我城下之盟的可能,但签字之手在我。必须作一定的让步,在不伤害双方根本利益的条件下才能得到妥协。我们让步的第一批是广东至河南,第二批是江南,第三批是江北,要在谈判中看看。在有利条件下是可以考虑让步的。陇海路以北迄外蒙一定要由我们占优势。东北行政大员由国民党派,我们去干部,一定有文章可做。如果这些还不行,那末城下就不盟,准备坐班房。我们的历史上除何鸣事件外,还没有随便缴枪的事。如果是软禁,那倒不怕,正是要在那里办点事。红军不入关,美国不登陆,形式上是中国自己解决问题,实际上是三国过问。三国都不愿中国内战,国际压力是不利于蒋的独裁的。所以重庆是可以去,必须去。领导核心还在延安,党内也不会有什么扰乱,将来还可能有多一些的同志到外面去。因为有了里面的中心,外面也就能保得住。延安不要轻易搬家。由于我们的力量、全国的人心、蒋介石自己的困难、外国的干预四个条件,这次去是可以解决一些问题的"。中共中央政治局鉴于形势的发展,紧急决定派毛泽东、周恩来、王若飞为代表,立即赴重庆同国民党进行谈判。

8月25日 中共中央根据政治局23日扩大会议的讨论,发表《对目前时局的宣言》,提出和平、民主、团结三大口号,阐明中国共产党争取和平民主反对内战独裁的方针。宣言要求国民政府实行以下紧急措施,以奠定和平建设的基础:"(一)承认中国解放区的民选政府和抗日军队,撤退包围与进攻解放区的军队,以便立即实现和平,避免内战。(二)划定八路军、新四军以及华南抗日纵队接受日军投降的地区,并给他们以参加处置日本的一切工作的权利,以昭公允。(三)严惩汉奸,解散伪军。(四)公平合理地整编军队、办理复员,救济难胞,减轻赋税,以苏民困。(五)承认各党派合法地位,取消一切防碍人民集会、结社、言论、出版自由的法令,取消特务机关,释放爱国政治犯。(六)立即召开各党派和无党派代表人物的会议,商讨抗战结束后的各项重大问题,制定民主的施政纲领,结束训政,成立举国一致的民主的联合政府,并筹备自由无拘束的普选的国民大会。"宣言表示中国共产党愿意与中国国民党及其他民主党派努力求得协议,以期各项紧急问题得到迅速解决。

8月26日 中共中央向党内发出《关于同国民党进行和平谈判的通知》。通知指出:日军迅速投降,改变了整个形势,蒋介石垄断了受降权利,大城要道暂时不能属于我们,但华北方面我们还要力争,凡能争得应全力争之。现在,苏、美、英三国均不赞成中国内战,我党又提出和平、民主、团结三大口号,并派毛泽东、周恩来、王若飞赴渝和蒋介石商量团结建国大计,中国反动派的内战阴谋,可能被挫折下去。在内外压力下,可能在谈判后,有条件地承认我党地位,我党亦有条件地承认国民党的地位,造成两党合作(加上民主同盟等)、和平发展的新阶段。假如此种局面出现之后,我党应努力学会合法斗争的一切方法,加紧国民党区域城市、农村、军队三大工作。在谈判中,我党亦准备给以必要的不伤害人民根本利益的让步。如果国民党还要发动内战,我党就有理由采取自卫战争,击破其进攻。绝对不要被反动派的气势汹汹所吓倒。但是不论何时,又团结又斗争,以斗争之手段达到团结之目的;有理、有利、有节;利用矛盾,争取多数,反对少数,各个击破等项原则,必须坚持,不可忘记。通知还分别对华北、华东解放区和华中、华南解放区的斗争作了原则的指示,教育全党绝对不要因为谈判而放松对蒋介石的警惕和斗争。

8月26日 中共中央向党内发出关于日本投降后的形势、任务和方针的指示。这个党内指示指出:两星期来,我军收复大小59个城市及广大乡村,连以前所有,共有城市175个,获得了伟大的胜利。华北方面收复了威海卫、烟台、益都、杨柳青、张家口、丰镇等处,今后一个时期仍应继续攻势,尽可能夺取或切断平绥、沪宁各线。如中国反动派必欲内战,有来犯者,只要好打,必站在自卫立场上坚决歼灭之。但是,不论何时,又团结又斗争,以斗争之手段,达团结之目的;有理、有利、有节;利用矛盾,争取多数,反对少数,各个击破等项原则,必须坚持。绝对不要依靠谈判,绝对不要希望国民党发善心,必须依靠自己手里的力量,行动指导上的正确,党内团结及对人民有良好的关系。坚持依靠人民,才是出路。

8月26日 蒋介石正式请求赫尔利前往延安。

8月27日 国民政府代表张治中、美国驻华大使赫尔利飞抵延安,迎接毛泽东等到重庆与国民政府进行和平谈判。

8月28日 毛泽东、周恩来、王若飞在赫尔利、张治中陪同下于下午3点45分飞抵重庆,开始同国民政府进行长达43天的谈判。毛泽东在重庆机场发表书面谈话说:"本人此次来渝,系应国民政府主席蒋介石先生之邀请,商讨团结建国大计。现在抗日战争已经胜利结束,中国即将进入和平建设时期,当前时机极为重要。目前最迫切者,为保证国内和平,实施民主政治,巩固国内团结。国内政治上军事上所存在的各项迫切问题,应在和平、民主、团结的基础上加以合理解决,以期实现全国之统一,建设独立、自由和富强的新中国。希望中国一切抗日政党及爱国志士团结起来,为实现上述任务而共同奋斗。本人对于蒋介石先生之邀请,表示谢意。"到机场欢迎的有蒋介石的代表周至柔,参政会秘书长邵力子、副秘书长雷震,及各界著名人士张澜、沈钧儒、左舜生、章伯钧、陈铭枢、谭平山、黄炎培、冷御秋、郭沫若等。毛泽东与欢迎者一一握手并合影,然后乘车至张治中官邸桂园稍事休息。前一阶段剑拔弩张的国共关系趋向缓和。下午5点多钟,毛泽东一行从机场到达八路军办事处红岩村。中共中央南方局、八路军办事处和《新华日报》《群众》周刊的干部在红岩的小礼堂举行欢迎会。会后毛泽东、周恩来、王若飞到蒋介石官邸林园。当晚8时,蒋介石设宴为毛泽东等洗尘。美国大使赫尔利、驻华美军总司令魏德迈和张群、王世杰、邵力子、陈诚、张治中、吴国桢、周至柔、蒋经国等作陪。重庆谈判期间,毛泽东、周恩来住在红岩办事处。张治中看到红岩地处郊区,同各界人士交往不便,主动腾出自己在曾家岩的住所桂园供毛泽东使用。毛泽东以桂园作为他在市内的办公地点,每天上午8时从红岩乘车到桂园,下午6时从桂园回到红岩。他在重庆,除会客和处理谈判问题外,还继续领导全党和解放区的工作。具体的谈判,由周恩来、王若飞同国民政府代表张治中、王世杰、邵力子等人进行。28日、29日,毛泽东应邀下榻于蒋介石官邸林园。

8月28日 《解放日报》发表社论《新时期的路标》,指出:中共中央关于时局宣言中所提出的要求国民党当局承认中国解放区的民选政府和抗日军队,承认各党派合法地位,取消特务机关,立即召开各党派和无党派代表人物的会议,商讨抗战结束后的各项重大问题,制定民主的施政纲领,成立举国一致的民主的联合政府,并筹备民选的国民大会等,是当前最迫切的行动纲领,它的意义是提出了行将到来和平建国时期的总方针:和平、民主和团结。这也是中共和中国人民的基本口号。

8月28日 朱德总司令对即将开赴东北工作的干部发表讲话说,国民党不要和平,要消灭我们,但事实上行不通。我们是要民主、团结、和平,建设新中国。无论时局如何变化,我们都要准备好,使抗日战争的胜利果实不致被人家抢去。我们要积极向东北发展,派5万军队,万把干部去,去争取3000万群众和我们在一起,把东北变为民主的东北。

8月29日 周恩来、王若飞举行茶会招待各界人士,说明中国共产党要求国民政府实行中共25日公布的中共中央《对目前时局的宣言》中的六项紧急措施。

8月29日 国共重庆谈判开始进行。参加重庆谈判的除了毛泽东和蒋介石外,中共方面的成员还有中共中央军委副主席周恩来和中共中央秘书长王若飞,国民政府方面的成员还有四川省政府主席张群、国民政府外交部部长王世杰、国民参政会秘书长邵力子和国民政府军委政治部部长张治中。当天上午,毛泽东、周恩来、王若飞在林园同张治中商谈谈判的内容和程序问题。当天下午,毛泽东、周恩来同蒋介石举行首次会谈。蒋介石表示一切问题愿听取中共方面意见,并重提所谓中国无内战的说法。毛泽东列举十年内战和抗日战争中的大量事实指出,说中国没有内战是欺骗。最后蒋介石提出谈判三原则:(一)所有问题整个解决;(二)一切问题之解决均须不违背政令、军令之统一;(三)政府之改组,不得超越现有之法统之外。随后,毛泽东、周恩来、王若飞与张治中、王世杰、邵力子、张群会谈。这一天的谈判,主要是商讨进行这次和平谈判的必要性及谈判的原则、方针和程序问题。从8月28日至9月1日,谈判均停留在一般性的"商谈"。国民政府方面借口"倘若政府先提具体方案,也许使中共方面认为理论已有一种定见,而有碍会谈的进行",要求中共先提出方案。他们表面上似乎无具体谈判方案,实则会谈的方针蒋介石早已确定。蒋在他日后公布的日记中写道:"对毛泽东应召来渝后的方针,……政治与军事应整个解决。但对政治之要求予以极度之宽容,而对军则事严格之统一,不稍迁就。"

8月29日 国民政府陆军司令何应钦在蒋介石的授意下,密令各战区重新印发蒋介石在1933年反人民内战期间编印的《"剿匪"手本》,进行"赤匪不灭,军人之羞"的法西斯教育,加紧在军队中进行反共和发动内战动员。9月20日,蒋介石密电各战区司令长官,要求"抓紧时机","控制所有战略据点、交通线"。双十协定公布后,蒋介石又对其部下颁发"剿匪"即进行反革命内战的密令。

8月29日 中共中央发出关于切实布置可能为蒋介石所占地区的合法斗争的指示,强调:凡我不能切实占领的大城市及交通要道的工作仍须做长期打算,积蓄力量,以待将来。

8月29日 中共中央下达关于迅速进入东北控制广大乡村的指示,指出:"晋察冀和山东准备派到东三省的干部和部队,应迅速出发,部队可用东北军及义勇军等名义,只要红军(指苏军)不坚决反对,我们即可非正式地进入东三省。进入东三省后开始亦不必坐火车进占大城市,可走小路,控制广大乡村和红军未曾驻扎之中小城市,建立我之地方政权及地方部队,大大地放手发展。山东干部和部队如能由海道进入东三省活动,则越快越好。热河、察哈尔两省,我必须完全控制,必须迅速派干部和部队到一切重要区去工作,建立政权与地方武装。"

8月29日 刘少奇致电张云逸、饶漱石、赖传珠：在顽军进攻时，必须打几场完全的歼灭战才能稳定华中局势，并有助于国内和平与目前的谈判。为了要打胜仗，你们及所有高级军事干部必须反复研究毛泽东所著《中国革命战争的战略问题》一书，实行书上的一切指导原则。

8月30日 周恩来与国民政府代表张治中、王世杰、张群、邵力子商谈政治军事问题。

8月30日 朱德、刘少奇、任弼时致电陕甘宁晋绥联防军司令贺龙，说明毛泽东赴重庆谈判，蒋介石不敢不保障毛泽东的安全，并说："目前在前线上最能配合与帮助谈判的事情，就是能在顽军向我解放区进攻时，在自卫原则下打几个胜利的歼灭战。"

8月31日 周恩来、王若飞与国民政府代表王世杰、张群、张治中、邵力子进行长时间商谈。

8月 国民党第十二战区司令长官傅作义奉命进攻绥远、热河、察哈尔三省解放区，攻占归绥、集宁、丰镇。

8月 抗日战争胜利后，国民党当局调动第一、第五、第六三个战区的军队共二十几个师，由刘峙任"剿共"总指挥，大举进攻豫、鄂两省解放区，四面包围李先念、王树声等部。豫鄂解放区的人民军队，对进犯军作了坚决斗争。

9月1日 周恩来与国民政府代表张群、王世杰、邵力子、张治中会谈军事问题。在此之后，双方代表接连几天交换意见。

9月2日 上午10时，毛泽东在桂园约见王世杰。周恩来和王若飞也在场，毛泽东就有关国共关系的重大问题提出了八条原则性意见。据王世杰事后追记，双方交谈的要点如下："一、政治会议问题：毛之主张如下：(甲)此次双方会谈有结果时，由政府与其他党派人士，亦非正式与之交换意见。(乙)交换意见后由蒋主席约集其他党派人士及无党派者若干人（名额及人选可由蒋主席酌定），与政府及中共代表开一会议，以极短之时间通过政府与中共所商谈之结果。此一会议，即可名之为政治会议，该会议亦不必常开会，以后有必要时，始再召集。二、国民大会问题：毛之意见如下：国民大会问题，如政府坚持旧代表必须有效，则中共不能与我方成立协议，但中共可不因是而不出席国民会议。三、自由问题：毛氏完全赞同下列文字（其大意系予所拟）'抗战结束后，关于身体信仰论出版集会结社等事，当给与人民以一般民主国家人民在平时所享有之自由，同行法令当依此原则分别予以废止或修正'。四、关于政党问题：毛氏表示谓应予各党派以合法地位，但亦不反对制定政治结社法，惟谓结社不宜受限制。予（王世杰，以下同）谓小党林立法国之覆辙可为鉴戒，彼谓中国情形不致蹈法国覆辙。五、关于释放政治犯问题：毛氏谓应列入共同声明之文字中。予谓此事政府准备自动办理，恐不愿列入共同声明。至何人宜释放，彼可酌提人名于政府。六、关于所谓'解放区行政'问题：予谓此事政府至多恐只能作下列之然诺：收复区（予不等同用'解放区'名词）内原任抗战行政工作人员，政府可依其工作能力与成绩酌量使其继续为地方服务，不因党派关系而有所歧视。毛泽氏对以上意见未提异议，惟续询问对此等区域内之地方民选团体将如何处置？予谓制度恐不可分歧。七、关于中共军队问题：（甲）毛泽氏谓中共军队须改编为四十八师。予拒绝讨论，只请注意两点，十二师数系中央尚未裁军时所定之数。中央最近数月已裁去八十余师。（乙）军队指挥问题。毛氏表示谓宜以北平行营给予中共将领，俾秉承蒋委员长之命，指挥中共在山东、江苏、河北、热、察、绥等地方之军队。予谓此不可行。中央军事委员会中或可有中共将领参加。八、受降问题：毛氏最后表示谓南京总受降纵因盟国规定，不能加派中共人员，分区受降必须指定若干中共将领在其区域内执行。"会谈中，毛泽东对中共方面的意见作了具体的解释。接着周恩来同王世杰继续进行商谈。当天晚上8时半，毛泽东与周恩来、王若飞去林园赴蒋介石晚宴。在座的还有孙科、吴铁城、张群、王云五、张伯苓、傅斯年等。宴会后，毛泽东与蒋介石在蒋介石官邸就中共军队组编数目、军队驻地、解放区、政治会议、国民大会代表等问题进行商谈。关于军队问题，蒋介石表示：中共军队之编组，去年张、王与中共代表林伯渠在西安谈判时，已允予整编为八个师至十个师，"嗣后余顾念事实，于去年冬国民参政会上允许编组为10个至12个师，现在抗战结束，全国军队均须缩编，但余诺言仍为有效，不过12师之数乃中央所能允许之最高限度。至于军队驻地，可由中共提出方案，经双方商讨决定"。关于解放区问题，蒋介石声称：中共所提解放区，为事实所绝对行不能者。吾人应本革命者精诚坦白之精神与态度，来解决这一问题，只要中共对于军令政令之统一能真诚做到，则不仅各县行政人员中央经过考核可酌予留任，即省行政人员，如主席，中央亦必本"用人惟才"之旨，延引中共人士参加。关于政治问题，蒋介石提出：拟改组国防最高委员会为政治会议,由各党各派人士参加,共同参与政治。中央政府之组织与人事,刻因国民大会即将召开,拟暂不变动,一俟国民大会集议,新政府产生之时,各党派与无党派人士均可依法参加中央政府。但中共方面如现在即欲参加中央政府,中央亦可考虑。关于国民大会,蒋介石声称:已经当选的国民大会代表仍应有效,中共方面如欲参加,则除已当选者外,可以酌量增加名额。此后,国共双方代表又进行了多次谈判。经过43天激烈的谈判,在国际国内和平舆论的压力下,国共两党终于达成协议。1945年10月10日,周恩来、王若飞和王世杰、张群、邵力子、张治中,代表国共双方在重庆桂园签署了《政府与中共代表会谈纪要》(即双十协定)。10月10日,会谈纪要签字。10月12日,《新华日报》报道了签字时的场面:"《国民政府与中共代表会谈纪要》是在双十节下午在曾家岩桂园客厅内签字。签字完成后,邵力子先生说:'此次商谈,得以初步完成,多有赖于毛先生不辞辛苦奔波。'时毛泽东同时正在桂园楼上,就请他下楼,和在场者一一握手,这一个有历史意义的文献,就在愉快融洽的情绪中产生。"双十协定虽然在关于国民大会、军队国家化、解放区地方政府及停止武装冲突等重大问题上未达成协议,但其成就仍然是重大的。第一,国民党当局终于不得不在协定中承认了中共提出的关于和平建国的基本方针。

协定宣布"必须共同努力,以和平、民主、团结、统一为基础","长期合作,坚决避免内战,建设独立、自由和富强的新中国"。第二,协定宣布国民政府应"迅速结束训政"。第三,国民党当局不得不在协定中承认了共产党及一切党派"在法律之前平等"和"应保证人民享受一切民主国家人民在乎时应享受之身体、信仰、言论、出版、集会结社之自由权利"。有些问题虽然未成协议,但协定公布了双方的主张与分歧,有助于全国人民了解谈判的真相。因此,双十协定的签订对今后政局的发展是有利的。国民党当局如果坚持内战、独裁、势必在政治上陷于被动,其和谈阴谋也必然不攻自破。这个会谈纪要是以国共双方协商的方式产生的一个正式文件。重庆谈判的举行和会谈纪要的发表,表明国民党方面"承认为中共的地位","承认了各党派的会议",中国共产党关于和平建设新中国的政治主张被全国人民所了解,从而推动了全国的和平民主运动的发展。毛泽东在当时就指出:"谈判的结果,国民党承认了和平团结的方针。这样很好。国民党再发动内战,他们就在全国和全世界前输了理,我们就更有理由采自卫战争,粉碎他们的进攻。"会谈纪要签订后,周恩来、王若飞留在重庆就悬而未决的问题继续同国民党方面商谈,但经多次谈判仍无结果,于是周恩来也于11月25日返回延安。

9月2日 上午10时,日本向盟国投降的签字仪式在停泊于东京湾的美国"密苏里"号军舰上正式举行。日本天皇和政府的代表、外相重光葵,日本大本营代表、陆军参谋总长梅津美治郎在投降书上签字。接着由盟军统帅麦克阿瑟及中国政府代表徐永昌和美、苏、英、澳、加、法、荷等国代表依次签字。日本投降书中说:日本政府与帝国大本营,接受美、中、英三国元首7月26日在波茨坦宣布的,以及后由苏联附署的宣言各条款,宣布日本武装部队向同盟国无条件投降,即刻停止战争,日皇与日本政府统治国家的权力,将服从盟国最高统帅。9月9日,中国政府在南京举行了中国战区侵华日军投降签字仪式,仪式由何应钦主持,日本驻中国派遣军总司令冈村宁次签署了投降书。日本的投降,标志着中国抗日战争和世界反法西斯战争胜利结束。抗日战争是中国人民100年来在反对外国侵略者的斗争中第一次取得完全胜利的民族解放战争,是世界反法西斯战争的重要组成部分。抗日战争的胜利,是全民族团结抗战的伟大胜利,是第二次国共合作的伟大胜利。

后　记

2025年是世界反法西斯战争暨中国抗日战争胜利80周年。

80年前胜利结束的那场战争，是中国人民抵抗日本帝国主义侵略的正义战争，是世界反法西斯战争的重要组成部分，是近代以来中国反抗外敌入侵第一次取得完全胜利的民族解放战争，成为中华民族走向振兴的重大转折点。

面对日本的野蛮侵略，在以国共合作为基础的抗日民族统一战线的旗帜下，无论是正面战场，还是敌后战场，千千万万爱国将士浴血奋战、视死如归，各界民众万众一心、同仇敌忾，奏响了一曲气壮山河的抗击日本侵略的英雄凯歌，用生命和鲜血谱写了一首感天动地的反抗外来侵略的壮丽史诗。这既是中国共产党顺应历史潮流采取正确政策的结果，也是与国民政府及时调整政策、发生转变分不开的。抗日民族统一战线的建立，正面战场与敌后战场的配合作战，最终使中国人民赢得这场战争。

本书以抗日战争为时限，以第二次国共合作为主线，以大事记的形式详细记录了抗日民族统一战线的建立、巩固和发展，记述了全国各族人民万众一心、英勇抗战的光辉历程。

由于作者水平有限，加之时间仓促，疏误之处在所难免，请广大读者予以批评指正。

作者
2025年1月